阪大の英語
20カ年［第9版］

武知千津子 編著

はしがき

今や少子化が進み，大学進学希望者が全員入学できるなどと言われる時代です。しかし，全員入学といっても，それは募集定員と18歳人口を単純に並べ，数ある大学に18歳人口を配分した場合のことです。当然，名だたる大学はそうはいきません。

大阪大学もそうした大学のひとつです。実際，1997年度に大問が多少整理されはしましたが，大阪大学の入試問題は傾向に大きな変化はありません。つまり，求められるレベルは易しくなってはいないのです。受験生の英語力だけでなく，考える力，表現する力，知的好奇心や教養をさまざまな角度から試す良問を出題し続けています。

過去問を調べるのには，もちろん「赤本」シリーズがありますが，特に英語だけを取り上げ，多年度の問題を掲載して詳しい解説をつけた本書は，長年にわたって傾向に大きな変化のない大学だからこそ可能であり，意味のあるものなのです。本書がみなさんの勉強のお役に立てることと信じております。

大切なことは，「なぜそれが正解なのか」「どう考えれば応用力がつくのか」です。解説はぜひ丁寧に読んでください。ゆるぎない実力を培うためには，納得がいくまで粘り強く取り組むことが欠かせないと思います。みなさんが本書を十分活用して，目標を達成されることを心から願っております。

編著者

CONTENTS

第1章　英文和訳

第 2 章　長文総合

第3章　自由英作文

第4章　和文英訳

（編集部注）本書に掲載されている入試問題の解答・解説は，出題校が公表したものではありません。

●掲載内容についてのお断り

- 外国語学部は初年度入試が行われた2008年度より掲載しています（旧大阪外国語大学の問題は掲載していません）。
- 外国語学部のリスニング問題は大学入試シリーズ『大阪大学（文系）』に近年のものを掲載しています。概要は「分析と攻略法」を参考にしてください。

阪大英語の分析と攻略法

分 析 Analysis

阪大の英語は，大問構成から言うと，①**英文和訳**，②**長文読解総合問題**，③**自由英作文**，④**和文英訳**の4題です。外国語学部はこれにリスニングが加わって計5題です。

1997年度以降，大問構成は変わっていません。受験生の力をはかる上で，十分に練られた問題になっている証でしょう。「読む」と「書く」はそれぞれ2題出題されているわけですが，あえて2題ずつにしてあるのは，それぞれの力をより深く見るためです。同じ「読む」でも，短い文章を細かく分析できる力と，長い文章を全体にわたって読み切り，要点を把握する力は同じではありません。「書く」と言っても，決まった内容を英語に直す力と，書く内容を自ら考え，人を納得させる文章に仕上げる力はまったく異なると言ってもよいかもしれません。

このように，阪大の英語はさまざまな面から受験生の持つ力を試す問題になっていると言えます。以下，大問別に傾向を見ましょう。

1 英文和訳

大問1は英文和訳で，2種類の英文が出題されます。全文訳もまれにありますが，ほとんどは部分和訳で，2つの英文に1カ所ずつ課されています。文章全体は近年各々100語程度かそれ以下ですが，和訳箇所の分量はその半分にもおよびます。60語近い長さにわたる箇所が1文ということもあります。語彙や表現はそれほど難解ではありませんが，関係詞節や副詞節，挿入が多く，読みやすくまとまりのある日本語にするには，英語力だけでなく，日本語の力もかなり求められます。

2 長文総合

1996年度以前は，長文総合問題は大問2・3と2題ありましたが，1997年度以降は大問2の1題だけになりました。小問は部分和訳，内容説明，同意語句，指示内容，空所補充，内容真偽など，総合問題らしく多岐にわたる設問です。

文章の長さは，1997年度以降おおむね600～750語程度になっています。論説が中心で，科学的なものが多く見られますが，社会的，時事的なものも取り上げられています。いずれにしても，ひとつの論説の初めから終わりまで読み通すことになりますから，筆者の論点を正確に把握・理解する読解力が必要でしょう。

設問自体は無理のない素直なものが多く，答えやすい良問です。読み通す速度が勝負と言えそうです。

なお，外国語学部は学部独自の問題になっており，部分和訳，内容説明といった記述中心の設問が出題されています。例年 1000 語を超える文章が使われており，いっそう速読即解の力が求められます。

3 自由英作文

制限語数は 1999 年度までは 60 語程度，2000 年度以降は 70 語程度が続いていましたが，2022 年度は 80 語程度に増加しました。2013 年度に「～に賛成か反対か，その理由は？」という形式，2017 年度に中学生の相談（日本文）を読んでアドバイスを書くという形式で出題された以外は，あるテーマについて取り上げる物事を自分で考え，それを取り上げた理由を添える形式や指定されたテーマについて具体例や自分の経験を述べるという形式です。

4 和文英訳

学部独自の出題がある外国語学部以外は和文は 2 種類です。そのうち 1 問は文学部のみ別問題になっています。外国語学部は一連の文章中の数カ所を英訳する形式です。いずれも英語に直すことを前提としていない，こなれた日本語の文章ですから，文構造や文型面でそのまま英語にはならないのがふつうです。

語彙レベルでも「ないものねだり」(2013 年度)，「探りを入れる」(2014 年度)，「かゆいところに手が届ききらぬ」(2015 年度)，「童心に帰る」(2017 年度）など，すぐに英単語が思い浮かびそうにないものが含まれています。逐語訳ではなく，和文の「内容」を英語で表現することが求められる高度な問題だと言えるでしょう。

阪大英語に取り組む前に

たとえば，物理学について述べている文章中に，the movement of falling bodies という表現が出てきたとしましょう。これを「落ちていく体の動き」としたのでは，少し恥ずかしいと言わざるをえません。「落下する物体の運動」としたいところです。単語の訳ひとつ取ってみても，何が話題になっているかによってふさわしい日本語訳があります。その判断は，英単語の知識だけではできません。いわゆる「教養」が必要になってくるのです。自由英作文でも，語ることのできる内容がなければ，せっかくの英語力も発揮できません。阪大英語の裏には，歴史や社会や科学あるいは人間そのものに対する旺盛な好奇心，知識をもとにした柔軟な思考力を試そうという意図があることを覚えておいてください。

攻略法 Strategy

1 英文和訳

語彙の充実

語句の知識は多ければ多いほどよいのは当然です。極端な難語は見られないものの，viable（2011 年度），claw（2016 年度），allot（2018 年度）などは，市販の主な単語集には載っていません。したがって，日頃の勉強では頻出語であるかないかにかかわらず，どんどん覚えてしまうべきでしょう。

訳語は単語集に見られる代表的なものに固執しすぎないことも大切です。もちろん，即座に何らかの訳語が浮かぶことは必須ですが，あくまでその文（章）の中でふさわしい日本語にするべきです。たとえば，direct という語はだれでも見たことがあり，何らかの訳語もすぐに思い浮かぶでしょう。attention も同様だと思います。では directed attention（2020 年度）ではどうでしょうか。あるいは，primary は「主要な，第一の」という訳語が浮かぶ人が多いと思いますが，primary colors（2004 年度）は「主要な色，第一の色」とは訳しません。これらは文脈からどういうことか，何のことかわかる（はずの）ものです。その語の持つ意味の「守備範囲」を踏まえて，自然な訳語を心がけましょう。

文構造の把握

〈分析〉でも述べたとおり，阪大の英文和訳は 1 文が長いことが特徴です。単語の意味を追いかけて，なんとなく意味をなす日本語を書くのでは，評価される解答になりません。最終的には意訳も必要ですが，それも英文が正しく分析できていてこそです。文型は何か，修飾語句（節）は何が何をどのように修飾しているか，などと日頃から丁寧に分析する習慣をつけてください。この分析――英語らしさの理解――は英作文にも生きてきます。和訳と英訳は表裏一体と考えて取り組みたいものです。

うまい日本語の書き慣れ

英文の内容が理解できても，それを日本語で表現するのは別の力です。特に阪大の英語の和訳では，うまい日本語になりにくいことがよくあります。これには書いて慣れる以外に方法はありません。訳文は必ず書いてみましょう。その上で，解答例と比較して，自分にとって訳しにくかった箇所をどう処理しているか，十分に研究してください。特に関係詞節や挿入などで長くなる文は，思い切った意訳を求められることがあります。意訳をするのは勇気がいりますから，どんな場合にどうすればよいのか，その判断ができるようになることを目指しましょう。

2 長文総合

同意語句や空所補充は一見語彙問題のようです――もちろん選択肢の単語の意味がわからないと困ります――が，むしろ文脈が把握できているかどうかを試す問題と考えられるものが多くなっています。とはいえ，難問はないと言ってよく，たいへん素直な問題が大半です。内容説明や指示内容も，「本文中のここを使えば答えられる」というのがはっきりした設問になっています。したがって，長い文章をすばやく読み通せることが大問攻略のカギと言えます。すばやく，かつ正確に読み通すには次のことが大切です。

語彙の充実＋文構造の把握

これは英文和訳の攻略法と同じです。いずれも考え込まずに英文に適用できるところまで鍛え上げておきたいですね。それで初めて，ひとまとまりの文章を論旨を追って読む余裕ができるからです。

論旨の把握

論旨を追うには，1段落ごとに「要点メモ」を書いてみるとよいでしょう。具体的には，本書の「長文総合」の章にある「**各段落の要旨**」を参考にしてください。まとめようとすることが理解を進める手段になりますから，ぜひ書きながら考える練習をしてください。その際には，1段落を1文程度に凝縮すると，文章の流れがつかみやすくなります。特に外国語学部は，設問が内容説明中心ですから，ぜひ「要点メモ」を実践してみましょう。

文章の通読

阪大の長文総合問題のように長い英文に対処するには，英語力以前に，ある程度の長さの文章を読み通すことに抵抗がないようにしておくことが必要かもしれません。これは日本語でも鍛えることができます。読書を心がけるのはもちろんですが，新聞の社説や時事問題の解説記事を毎日ちゃんと読むだけでもずいぶん違います。大切なことは，何かを読むことによって「頭を働かせること」です。つまり，読んで「なるほど」と納得するのであれ，「どういうことだ？」とさらに疑問を持つのであれ，読んだことによって何らかの刺激を受けることです。そうした刺激を受けられるだけの好奇心や思考力を培いたいですね。

阪大の英文は，内容的にたいへんおもしろいものが多いです。ただ入試問題としてこなすだけではもったいない。それを読んで楽しめるくらいの受験生であってほしいですし，おそらく大学もそういう学生を求めていると思います。

3 自由英作文

阪大の自由英作文はなかなかユニークです。分量はそれほど多くありませんが，しっかりとした主張がなければ70～80語書くことはけっこう難しいものです。
何がテーマになるかは予想がつきにくいですが，次のことを心がけて常に一定のレベルのものが書けるようにしておきましょう。

求められている内容の的確な判断

たとえば，「ボランティア活動をするとしたら，どのようなことをしたいか」(2001年度) というテーマで実際に自由英作文を書いてもらうと，「アフリカに行って飢えている人たちに食糧を供給したい」といった内容の解答を見受けることがあります。おそらくニュース番組などで悲惨な状況を知り，なんとかしてあげたいと心から思ったのでしょう。ですが，どうやって食糧を調達し，配給するつもりでしょう。2004年度のように「あなたが億万長者で…」といった想定はされていませんから，この設問では，受験生のみなさんが今できることを求めていると思います。出来上がった解答が英語面では申し分ないとしても，内容面では的外れな解答ということになります。

知識・情報の豊富さと視点の転換

また，「アフリカ」は広いです。具体的にどの国でしょう。漠然とした知識で書くと，読み応えのない抽象的な理想論になりがちです。テーマによっては，ある程度の（正確な）知識が必要です。日頃からいろいろなことに関心を持っていたいものです。同時に「読み応え」というと，何か壮大なことを書かなくてはと思いがちですが，このテーマなら，「学校の行き帰りに必ずゴミをひとつは拾うこと」などとすれば，現実的で，読み手に「なるほど」と思ってもらえるのではないでしょうか。阪大の自由英作文は「頭の柔らかさ」が決め手となるかもしれません。

実際の書き進め方

本書の「自由英作文」の章は，以下のような構成になっています。

〔問題文の訳〕（問題文が英語の場合）
構成を練る → **日本語で考える** → **英訳する** → 解答例

「**構成を練る**」は，自分の主張が明確に伝わる話の順序を考える段階です。「**日本語で考える**」では，自分の英語力を超えないように簡潔な日本語にすることがポイント。〔**英訳前の手直し**〕を参考にしてください。「**英訳する**」はあえて未完成な英文にしてあります。〔**推敲する**〕に進む前に自力で改善点を発見してみましょう。基本的な文法や語法のミスを防ぐトレーニングになります。

「**解答例**」で，最終的な仕上がりを検討してください。このプロセスを身につければ，テーマが何であっても対応できます。

4 和文英訳

語彙の充実

英文和訳の項で述べたのと同じく，語彙は豊かであればあるほど有利です。そして，ある語句の「意味の広がり」を体得しておくべきなのも同じです。これは，単語集の訳語の暗記だけでは身につきません。実際に使われている文脈とともに蓄えられるものですから，できるだけ多くの英文に接しておくことが重要です。

また，辞書を読むこともおすすめです。訳語は単語集より多く列挙されていますし，例文もあります。特に似たような訳語になるものの使い分けは，実例を見るとよくわかります。たとえば，「待っていたけれど，とうとう彼は来なかった」の「とうとう」は何を使いますか。at last と思った人，そこで失点です（辞書を見てみましょう）。

英語らしさの意識

こなれた日本語を英語に直す場合，骨格がしっかりしていなければ始まりません。英語はどんなに複雑な文でも結局５つの文型のどれかに収まります。まずは，日本語をそれに合わせて整える，つまり「何が／どうした／何を」という骨組み（文型の要素）と，「どのような（何が）・いつ・どこで・どのように」という修飾部分とをうまく切り分ける作業をする必要があります。

自信を持って英語に直すには，日英両方の文のつくりの違いを十分に理解しておくことです。だからこそ，英文和訳で英文の構造分析をしっかりしておく必要があるのですね。

英文和訳したあと，頭に残っているのは和文だけではありませんか？　せっかく立派な生の英語を相手にしたのに，あとに残るのが日本語だけではもったいない。丸暗記する必要はありませんが，和訳箇所などはもとの英語がどうだったか，ちょっと思い出してみるようにしてはどうでしょう。それが英語らしさを体得する第一歩となると思います。

実践あるのみ

上記のようなことを意識した上で，やはり自分で書いてみることが一番です。なんとか自力で英文を書き上げることを実際にやってみなければならないのです。

過去問演習以外には，『[実戦編］英作文のトレーニング』（Ｚ会）や『大学入試英作文実践講義』（研究社出版）などを使って数をこなしてください。

自由英作文でもそうですが，名詞の数や冠詞，動詞の時制などはどんな文章を書く場合でも常に注意を払うべき点です。こうしたところで失点しないことは最低限の条件です。

リスニング（外国語学部）

※外国語学部のリスニング問題は，大学入試シリーズ『大阪大学（文系）』に掲載しています。

概要

リスニングは，年度によって形式・分量に違いがあります。2013年度以前は，2011年度を除いて，一連の文章を2つに分けたり，2つの異なる話を使ったりして，リスニングの時間自体が前半と後半に分かれていました。この時には，日本語での記述による内容説明と，日本語の要約文に設けてある空所に適切な語句を補って完成させる問題とに分かれていました。2011年度と2014年度以降は，一連の文章が通しで読まれ，設問は日本語での記述による内容説明のみです。分量は，2013年度が合計で約730語，2018年度が約700語とやや多めでしたが，他の年度は500～600語程度です。設問の傾向は，以前は，語句レベルやごく短い文で答えられるものが中心で，解答個数は8～10個ほどでしたが，2014年度以降はまとまった長さの記述が求められ，解答個数は5個程度です。

攻略法

言うまでもなく，リスニングは実際の音を聞くことが第一です。練習材料としては大学入試シリーズ『大阪大学（文系）』はもちろん，難関校過去問シリーズ『東大の英語リスニング20カ年』に収載されている講義形式の問題も適しています。外国語学部のリスニング問題は，選択肢がなくすべて記述式ですので，『東大の英語リスニング20カ年』を使う場合は，選択肢を見ずに解答すると実践的な練習になります。

会話文の教材でも，内容を聞き取るという点では講義と同じですから，あらゆる機会をとらえて音声を聞き，耳を鍛えてください。今後会話文の出題がないとは言えません。

また，聞くことに加え，自ら声に出す作業も十分に行ってください。リスニングの本文はもとより，読解英文も単語帳の単語も，すべて声に出して読んでみること。文章がすらすら読めるレベルにまで音になじんでおけば，聞き取るのもずっと楽になります。逆に言えば，すらすら読めない文章の内容が十分把握できているかどうかは怪しいものです。声に出すことで，内容把握力＝聞き取り力が上がるのは当然と言えます。読解力も同時につくはずですから，心がけて音読をしてみてください。

実際の試験では，設問は問題冊子に日本語で印刷されていますから，あらかじめ必ず目を通してください。どのような点に注意して聞き取らなければならないか，大きなヒントになります。

なお，実際に受験した生徒たちによると，リスニングは試験開始から30～40分後にスタートし，時間は15～20分程度だそうです。今後も同様かどうかはわかりませんが，途中でリスニングが入ることを想定して時間配分を計画しておきましょう。

第１章　英文和訳

1

2022年度〔1〕

次の英文(A)と(B)を読み，それぞれの下線部の意味を日本語で表しなさい。

(A) Many owners identify what they think is a dog's "guilty look", but science has shown that this is actually a reaction to the owner's body language at that moment. Guilt is a relatively complex emotion. The dog is simply worried that it's about to be punished, without knowing what it's done wrong.
(https://www.bbc.co.uk/programmes/articles/5dVxCLC17wL7G7Q0hlYRHd8/eleven-pawsome-facts-about-dogs)

(B) The notion that religion is a force produced by cultural evolution, and that it primarily exists to produce functional benefits to individuals and groups can explain why religions are *in decline* in some parts of the world. As human societies created nations, and devised mechanisms for self-governance, the gods who were so effective at enforcing group norms and ethical behavior through punishment were no longer as necessary.
(Vedantam, Shankar & Mesler, Bill. 2021. *Useful delusions: The power and paradox of the self-deceiving brain*. W. W. Norton & Co. より一部改変)

出典追記：(A) Eleven pawsome facts about dogs, BBC Radio 4
(B) Useful Delusions : The Power and Paradox of the Self-Deceiving Brain by Shankar Vedantam and Bill Mesler, W. W. Norton & Company Inc.

全 訳

(A) 犬の罪の意識

多くの飼い主は，犬の「後ろめたそうな表情」だと彼らが思う顔つきがわかるが，科学はこの顔つきが実はそのときの飼い主の身体言語に対する反応だということを示している。後ろめたさは，比較的複雑な感情である。犬は，自分が何をしでかしたのかわからないまま，単に，今にも罰せられるのではないかと不安なだけなのだ。

(B) 宗教の衰退の理由

宗教は文化的進化によって生み出される力であり，主に個人や集団にとって実用的な恩恵を作り出すために存在するという考えは，世界の一部の地域で宗教が「衰退して」いる理由を説明しうる。人間社会が国家を作り，自治の仕組みを考案すると，罰を与えることによって集団の規範や倫理的行動を強制するのにあれほど有効だった神々は，もう以前ほど必要ではなくなったのだ。

解 説

(A) ▶第1文

Many owners identify what they think is a dog's "guilty look",

直訳 「多くの所有者は犬の『後ろめたそうな顔つき』だと彼らが思うものを特定する」

- owner は続く内容から「所有者」ではなく「飼い主」が妥当。
- identify は「〜が何であるかわかる」の意。「〜を認める，認定する」などとしてもよい。
- what they think is a dog's "guilty look" は，もとになるのが they think (that) it is a dog's "guilty look"「彼らはそれが犬の『後ろめたそうな顔つき』だと思う」という文。主格の関係代名詞 what とその動詞以下の is a dog's "guilty look" の間に主節の they think がはさまった形。what は基本どおり「もの」でもよいし，内容上「顔つき」とすることもできる。

but science has shown that this is actually a reaction to the owner's body language at that moment.

直訳 「しかし，科学は，これは実際には，そのときの飼い主の身体言語への反応であることを示している」

- but science has shown that … は直訳のままでよい。「科学によって…ということが明らかになっている」などと整えることもできる。

- this is actually a reaction to the owner's body language at that moment も直訳のままで問題ない。at that moment は「その瞬間の」が文字どおりだが，「瞬間」は意味が狭すぎるので，「とき」としておくのがよい。

▶第2文

Guilt is a relatively complex emotion.

直訳 「後ろめたさは比較的複雑な感情である」

- 直訳のままでよい。guilt は「罪悪感」としてもよい。

▶第3文

The dog is simply worried that it's about to be punished, without knowing what it's done wrong.

直訳 「犬は単に，それが何を間違って行ったか知らずに，それが今にも罰せられることを不安に思っているだけだ」

- The dog is simply worried that … の that 節は「…すること」が直訳だが，不安や心配の内容を表すとき，日本語ではしばしば「…ではないか」のように言う。逆に，英作文のときに whether 節にしないように注意したい。
- it's about to be punished の it は the dog を指す。「自分が」などとすると自然。
- be about to *do* は「今にも～しそうである」の意。
- punish は「～を罰する」で，scold「～を叱る」ではないので，安易に意訳しないほうがよいだろう。
- without knowing what it's done wrong の it's は it has の短縮形で，it は the dog を表す。it's about の it と同様「自分」とすればよいが，2回入れるとくどいので，どちらか一方だけを訳出する。
- do *A* wrong は「*A* を間違って行う，*A* をまずくやる」が文字どおりの意で，通常やってはならないことを「しでかす」ことを表す。「自分が何をしでかしたのか」「どんな間違いをしたのか」などとすると内容がうまく伝わる。
- without knowing「～を知らずに」は，「何を間違ったかはわからないが罰を与えられそうなので心配している」という内容から，「わからないまま」などとするのがふさわしい。

(B) **▶第1文**

The notion that religion is a force produced by cultural evolution,

直訳 「宗教は文化的進化によって生み出される力であるという考え」

- that religion is a force「宗教は力であるということ」は the notion の同格節の1つ目。

● produced by cultural evolution「文化的進化によって生み出される」は force を修飾する形容詞用法の過去分詞の句。

and that it primarily exists to produce functional benefits to individuals and groups

直訳 「そしてそれは主に個人や集団にとっての機能的恩恵を作り出すために存在するということ」

● the notion の同格節の２つ目。

● it primarily exists to …「それ（＝宗教）は主に…するために存在する」primarily は「何よりもまず」「第一に」「本来」などでも文意に反しない。不定詞は目的を表す副詞用法。

● functional benefits は，「機能的恩恵」ではやや意味がわかりにくい。宗教の存在意義を述べていることや第２文の内容を考慮すると，「実用的な恩恵」「実際的な便益」などとするのがよさそうである。

can explain why religions are *in decline* in some parts of the world.

直訳 「なぜ世界の一部の地域で宗教が『衰退して』いるのかを説明できる」

● can explain は主語 the notion に対する述語動詞。

● why religions are *in decline*「なぜ宗教が『衰退して』いるのか」は「宗教が『衰退して』いる理由」とすることもできる。in decline が斜字体で強調されているので，訳文では「　」でそれを示しておくのがよいだろう。

● in some parts of the world の some は「一部」を表すことを押さえておきたい。「いくつかの」では，「数個」のイメージになる。たとえば 100 のうちの 30 や 40 も some である。「世界の一部の地域で」などとする。「世界に（宗教が『衰退している）地域がある」とすることもできる。

● The notion … can explain why ～「…という考えは，なぜ～なのか〔～する理由〕を説明することができる〔説明しうる〕」は無生物主語なので，「…という考えによって～を説明できる〔～が説明されうる〕」などと整えることもできる。なお，can は可能とも可能性とも解釈できる。

▶第２文

As human societies created nations, and devised mechanisms for self-governance,

直訳 「人間社会が国家を作り，自治の仕組みを考案したとき〔ので〕」

● as は主節の内容に応じて訳を決定する必要がある。「とき」とも「ので」ともできそうである。「～すると」とややあいまいに訳すのもよいだろう。

● human societies created nations, and devised mechanisms for self-governance は直訳のままで問題ない。

● devise は「～を工夫する，考案する」の意。

●self-governance は「自己統制」としてもよい。

the gods who were so effective at enforcing group norms and ethical behavior through punishment were no longer as necessary.

直訳 「罰を通じて集団の規範や倫理的なふるまいを強制するのに非常に効果的だった神々はもう以前ほど必要ではなかった」

●were effective は「有効だった」「効力があった」などとしてもよい。

●at は be good at ～「～が得意・上手である」などの at と同様，「どのような場面，状況で」なのかを表す。so は「非常に」でもよいが，「そんなに」の意を持つものであり，人間が自治を行うようになる以前に発揮していた力をイメージさせて，「あれほど」などとすれば very との違いが表現できる。

●enforce は「～を守らせる」などとすることもできる。norm は「規範」の意。behavior は「行動」とすることもできる。

●through punishment は「罰を通じて」が直訳で enforcing を修飾する。through は手段を表し，「罰（を与えること）によって」などとすると自然である。

●were no longer as necessary は，no longer「もう～ない」が否定の副詞であり，not as … as ～「～ほど…ない」の変型。as ～ は文意上「以前ほど」であることは明らかなので省略されているが，日本語では補う必要がある。なお，動詞は were だが，日本語のバランスとしては「必要ではなくなった」とするのがよい。

解答

(A) 多くの飼い主は，犬の「後ろめたそうな表情」だと彼らが思う顔つきがわかるが，科学はこの顔つきが実はそのときの飼い主の身体言語に対する反応だということを示している。後ろめたさは，比較的複雑な感情である。犬は，自分が何をしでかしたのかわからないまま，単に，今にも罰せられるのではないかと不安なだけなのだ。

(B) 宗教は文化的進化によって生み出される力であり，主に個人や集団にとって実用的な恩恵を作り出すために存在するという考えは，世界の一部の地域で宗教が「衰退して」いる理由を説明しうる。人間社会が国家を作り，自治の仕組みを考案すると，罰を与えることによって集団の規範や倫理的行動を強制するのにあれほど有効だった神々は，もう以前ほど必要ではなくなったのだ。

2 2021 年度〔1〕

次の英文(A)と(B)を読み，それぞれの下線部の意味を日本語で表しなさい。(B)については，引用符の中の単語は英語のままでよい。

(A) One of the oddest aspects of American culture is our general dismissal of commensality. <u>Most human cultures have considered food preparation and consumption, especially consuming food together, as essential to family, tribal, religious, and other social bonds. Some people would go even further and say that as social creatures, eating together makes us more socially adept and indeed happier human beings.</u> However, in our highly individualistic society the value of eating and drinking together is probably honored more in the breach than in the observance.

(Ludington, Charles C. & Booker, Matthew M. 2019. *Food fights: How history matters to contemporary food debates.* The University of North Carolina Press より一部改変)

(B) In language, the relationship between the form of a signal and its meaning is largely arbitrary. For example, <u>the sound of "blue" will likely have no relationship to the properties of light we experience as blue nor to the visual written form "blue," will sound different across languages, and have no sound at all in signed languages. No equivalent of "blue" will even exist in many languages that might make fewer or more or different color distinctions.</u> With respect to language, the meaning of a signal cannot be predicted from the physical properties of the signal available to the senses. Rather, the relationship is set by convention.

(Boroditsky, Lera. 2019. "Language and the brain." *Science*, 366(6461), October 4. DOI: 10.1126/science.aaz6490 より一部改変)

出典追記：(A) Food Fights: How History Matters to Contemporary Food Debates by Charles C. Ludington and Matthew Morse Booker, The University of North Carolina Press
(B) Language and the brain, Science 04 Oct 2019: Vol.366 Issue 6461 by Lera Boroditsky, American Association for the Advancement of Science (AAAS)

全 訳

(A) 食事を共にすることの意味

アメリカ文化の中で最も奇妙な側面の一つは，私たちが一般に食事を共にする習慣を放棄していることである。たいていの人間の文化は，調理と食事，とりわけ人と一緒に食事をすることを，家族，部族，宗教，その他の社会的絆にとって欠かせないものと見なしてきた。より踏み込んで，社会的動物として，一緒に食事をすることによって，私たちはいっそう人づきあいの上手な，さらにはより幸せな人間になるとさえ言う人もいるだろう。しかし，私たちの高度に個人主義的な社会においては，共に飲食することの価値は，おそらく順守されるより違反されるほうが多いだろう。

(B) 言葉の音や表記の恣意性

言語において，ある信号の形態とその意味の関係は，たいてい恣意的なものである。たとえば，blueという音は，私たちが青色として経験する光の特性とも，blueという視覚でとらえられる書かれた形とも，おそらく何の関係もないだろうし，言語によって発音は異なるだろうし，手話ではまったく何の音ももたない。blueに相当するものは，色の区別がもっと少なかったり，多かったり，あるいは異なっていたりする多くの言語には，存在さえしないだろう。言語に関しては，ある信号の意味は，感覚でとらえられる，その信号のもつ物理的な特性からは推測できない。そうではなく，その関係は慣習で決まっている。

解 説

(A) ▶下線部第1文

Most human cultures have considered ～ as …

直訳 「たいていの人間の文化は～を…と見なしてきた」

- consider *A* as *B*「*A*を*B*と見なす，考える」はconsider *A* (to be) *B*「*A*を*B*と思う，考える」が正式だが，regard *A* as *B*「*A*を*B*と見なす」の類推から，しばしばasを使う例がみられる。

food preparation and consumption, especially consuming food together,

直訳 「食べ物の準備と消費，とりわけ食べ物を一緒に消費すること」

- have consideredの目的語部分。
- food preparation「食べ物の準備」は「調理，料理」のこと，(food) consumption「食べ物の消費」は「食べ物を食べること」であり，両方を合わせて「調理と食事」などとまとめられる。

- especially consuming food together「とりわけ一緒に食べ物を消費すること」が「食事」を補足する形で添えられており,「とりわけ一緒に食事をすること」などと整えられる。「一緒に」は「人と」を補うと自然になる。

essential to family, tribal, religious, and other social bonds.

直訳 「家族の,部族の,宗教の,そしてその他の社会的絆にとって不可欠な」

- as に続く部分。
- family は以下の tribal などと同様,形容詞的に bonds を修飾していることに注意。family bonds で「家族の絆」の意になる。日本語としては,形容詞の tribal「部族の」, religious「宗教の」を名詞のように訳し「家族,部族,宗教,その他の社会的絆にとって欠かせない」などとするほうが読みやすいかもしれない。
- また,as「～と（して)」とのつながり具合を考えると,「欠かせないもの（と見なす)」と補うと自然になる。

▶下線部第 2 文

Some people would go even further and say that …

直訳 「さらに進んで…と言う人もいるだろう」

- go further and say ～ で「さらに（進んで）～と言う」の意の成句。
- even は比較級 further を強調する副詞で「さらに,いっそう」の意だが,「さらに」が重複するので,「とさえ言う」「と言う人さえいる」など他の箇所で生かすとよい。
- なお,後続箇所で,「さらに,いっそう」にあたる語が再度出てくるので,解答例では go further and say を「より踏み込んで～と言う」と変化をつけている。

as social creatures, eating together makes us more socially adept and indeed happier human beings.

直訳 「社会的動物として,一緒に食事をすることは私たちをより社会的に熟達し,実際,より幸せな人間にする」

- as social creatures は「社会的動物〔生物〕として」が直訳で,そのままでよい。
- 無生物主語なので,「一緒に食事をすることで私たちは（いっそう…）になる」などと整えられる。
- more socially adept と happier は human beings を修飾する。adept が未知の語であっても,文意・文脈から推測する努力をしたい。下線部第 1 文で,食事を共にすることが人と人との絆にとって欠かせないと述べられていることから,socially「社会的に,社交的に」より優れた人間になるという意味にすれば文脈に沿う。実際,adept は直訳のとおり,辞書的には「熟達した,精通した」の意。「人づきあいがより上手な」「社交により長けた」などとするとよいだろう。

●indeed「実際」は，ただ人づきあいが上手なだけでなく，人間としての幸福感が増すという，さらに広い意味で人にとって有益であることを強調しており，「さらには」などと訳すのが適切。

(B) ▶下線部第1文

●まず，全体の構造を押さえる。the sound of "blue" が主語，それに対する述部が，will likely have …，will sound …，have … の3つである。

the sound of "blue" will likely have no relationship to the properties of light we experience as blue

直訳 「blue という音はおそらく私たちが青色として経験する光の特性と何の関係もないだろう」

● "blue" はこの語の発音自体を問題にしているので「青色」と訳してはならないことに注意。訳文でもそのまま blue と表記するのが適切。

●have no relationship to ～「～と何の関係もない，無関係である」

●likely は副詞で「たぶん，おそらく」の意。will も「～だろう」と推測を表す。

●property はしばしば複数形 properties で「特性，特質」の意。

●we experience as blue「私たちが青色として経験する」は，properties を先行詞とする関係代名詞節。which が省略されている。

nor to the visual written form "blue,"

直訳 「また，視覚的な書かれた形 blue とも（関係が）ない」

●relationship to ～「～との関係」の2つ目。否定文なので，nor「～もまた…ない」が使われている。

●the visual written form「視覚的な書かれた形」とは端的には文字自体のことで，「目に映る書かれた形」とほぼ直訳でもよいだろうし，「視覚でとらえられる文字」「視覚的な筆記形態」など，いろいろ工夫できる。

● "blue" の前には前置詞がなく，ただ form と並んでいるので同格であり，「blue という目に映る書かれた形」などとする。

●この箇所の blue はつづり文字自体を問題にしているので，やはり「青色」と訳さず，そのままつづること。

will sound different across languages, and have no sound at all in signed languages.

直訳 「言語によって異なって聞こえるだろうし，手話ではまったく何の音ももたない」

●sound different「違って聞こえる」は，言語が異なれば「青色」をどう言うかも異なることを表しており，「発音が違う」などとするとよい。「『青色』を表す言葉の音が違う」と説明的に訳すことも考えられる。

● across は「〜を横切って」が本義だが，複数のものを横切れば，異なる領域に入ることから，「異なる」「変わる」「違う」といった語とともに用いると「〜によって（異なる）」「〜が違えば（変わる）」などの意味になる。
● at all は否定文で「まったく〜ない」と強い否定を表す。
● signed language「手話」

▶下線部第２文

No equivalent of "blue" will even exist in many languages that might make fewer or more or different color distinctions.

直訳 「より少ない，より多い，異なる色の区別をするかもしれない多くの言語には，blue に相当するものが存在さえしないだろう」

● equivalent of 〜 は「〜と同等のもの，相当物，相当語句」の意。
● that might make … color distinctions「…な色の区別をするかもしれない」は，languages を先行詞とする関係代名詞節。make distinctions は「区別をする」の意。
● fewer or more or different は color distinctions を修飾する。「より少ない，より多い，異なる色の区別」が直訳。日本語では「色の区別がより少ない，あるいはより多い，あるいは異なる」などとするとわかりやすい。

解答

(A) たいていの人間の文化は，調理と食事，とりわけ人と一緒に食事をすることを，家族，部族，宗教，その他の社会的絆にとって欠かせないものと見なしてきた。より踏み込んで，社会的動物として，一緒に食事をすることによって，私たちはいっそう人づきあいの上手な，さらにはより幸せな人間になるとさえ言う人もいるだろう。

(B) blue という音は，私たちが青色として経験する光の特性とも，blue という視覚でとらえられる書かれた形とも，おそらく何の関係もないだろうし，言語によって発音は異なるだろうし，手話ではまったく何の音ももたない。blue に相当するものは，色の区別がもっと少なかったり，多かったり，あるいは異なっていたりする多くの言語には，存在さえしないだろう。

3

2020年度〔1〕

次の英文(A)と(B)を読み，それぞれの下線部の意味を日本語で表しなさい。

(A) Perhaps the most defining feature of deep friendship is "doing for," as when my friend has my back in a combat situation, or brings me soup or medicine when I'm sick. Only strong bonds, built through embodied mutual activities, have the power to motivate real sacrifices. But it is unclear why online "friends" would bother to do the hard work of friendship.

(B) Attention restoration theory looks at the two main types of attention that humans employ: directed and undirected attention. Directed attention requires us to focus on a specific task and block any distractions that may interfere with it. For instance, when we are working on a math problem, or engrossed in reading a literary passage or in assembling or repairing an intricate mechanical object, our brains are totally dedicated to the task at hand, requiring our direct undivided attention. After we complete the task we often feel mentally fatigued or drained. Conversely, when we are outdoors, we may enjoy observing patterns or a sunset, clouds, flowers, leaves or a beautiful meadow, which call on our undirected attention.

From *Renewal: How Nature Awakens Our Creativity, Compassion, and Joy* by Andrés R. Edwards, New Society Publishers

全 訳

(A) 友情の底にあるもの

おそらく，深い友情の最も典型的な特徴は，戦っている状況で自分を守ってくれたり，病気のときにスープや薬を持ってきてくれたりする場合のように，「その人のために何かをすること」だろう。互いに具体的な行動をとることを通じて築かれる強い絆だけが，本当に犠牲を払おうという気持ちを起こさせる力を持っている。しかし，ネット上の「友人」が，なぜわざわざ友情というきつい仕事をしようとするのかは，はっきりしない。

(B) 2種類の注意

注意回復理論は，人間が払う主に2つの種類の注意に注目している。方向性注意と無目的注意である。方向性注意を働かせるとき，私たちは特定の作業に集中し，それを妨げるおそれがある，気を散らすどんなものも遮断することになる。たとえば，数学の問題に取り組んでいたり，文学作品の一節を読むことや複雑な機械を組み立てたり修理したりすることに夢中になっているとき，私たちの脳は目の前の作業に完全に専念し，そのため私たちはまっすぐ分散せずに注意を向けなくてはならない。その作業が完了すると，私たちは精神的に疲労したり消耗したりしているのを感じることが多い。逆に，屋外にいるとき，私たちはさまざまな模様や夕日，雲，花，草木の葉，あるいは美しい草地を観察することを楽しむが，これには私たちの無目的注意が使われている。

解 説

(A) ▶下線部第1文

Perhaps the most defining feature of deep friendship is “doing for,”

直訳 「おそらく，深い友情の最も定義となるような特徴は『のためにすること』である」

- Perhaps「たぶん，おそらく」は，原文と同様，文頭でよいが，修飾される「である」にかかることが明確になるように，補語が始まる直前に置いてもよい。いずれにしても「おそらく」と推測を表しているので，文末は「である」と断定的にするより，「だろう」としておくのがよい。
- defining は「定義となるような」が文字どおりの意味だが，最上級の「最も」と合わせるとややぎこちない。定義とは，ある物事がどのようなものかを説明し，その特徴を示すことなので,「典型的な」などとするとよい。

- "doing for" は「のためにすること」が直訳だが,これでは日本語として意味をなさない。doing と for の目的語を補って訳したい。友情の特徴を述べている点と,as when 以下の具体例の内容を考慮して,のちほど補う。

as when my friend has my back in a combat situation, or brings me soup or medicine when I'm sick.

直訳 「私の友人が戦闘状況で私の背中を持ったり,私が病気のときにスープや薬を持ってきたりするときのように」

- 「私」と筆者個人を表す代名詞が使われているが,「友情」の定義という一般論について述べているので,日本語では「私を/私の」を明示しないほうが自然である。必要なら「自分」などとするとよい。
- have *one's* back は「人をかばう,守る」の意の成句。これ自体の知識がなくても,文脈から十分推測できる。また,話し手側が恩恵を受ける場合,日本語では「〜してくれる」と補うのが自然。「かばってくれる」「守ってくれる」などとする。「助けてくれる」「味方をしてくれる」なども許容範囲。
- in a combat situation は武力的な戦闘では状況が特殊すぎるので,論争など日常的な対立にも当てはまる訳にしておくのが適切。
- or brings me soup or medicine when I'm sick は my friend を主語とする when 節の2つ目の述語動詞部分。上記のとおり,「私」を省いてよい。
- こうした内容を踏まえると,前半の "doing for" は,for の目的語として「友人」「相手」「その人」などとなるだろう。doing の目的語は,「その人」のためになることならどんなことにでも当てはまるように,「何かを」程度で幅を持たせておくのが適切である。

▶下線部第2文

Only strong bonds, built through embodied mutual activities, have the power to motivate real sacrifices.

直訳 「強い絆だけが,それは具体化した相互の活動を通じて築かれるが,真の犠牲を動機づける力を持つ」

- Only strong bonds が同文の主語。built 以下は分詞構文だが,この分詞句を形容詞用法のように訳して,「…を通じて築かれる強い絆だけが」としたほうが日本語としてはわかりやすい。
- embodied は「具体化した」が直訳。「具体的な」などと整える。mutual activities「相互の活動」は,どちらかが一方的に相手に尽くすのではなく,甲が乙のために何かすることもあれば,その逆のこともあるという,互いが互いのために具体的な行動をとることを表している。「互いに具体的な行動をとることを通じて,とることによって」などと，言葉を補ってわかりやすく訳したい。

- have the power to ～ は「～する（という）力を持つ」が直訳で，そのままでよい。不定詞は the power を修飾する形容詞用法。
- motivate real sacrifices「真の犠牲を動機づける」は英語らしい名詞中心の表現。日本語は「～する」と動詞を含む表現を好むので，「真の犠牲を払おうという気持ちにさせる」などとすると自然な日本語になる。

▶下線部第３文

But it is unclear why online "friends" would bother to do the hard work of friendship.

直訳 「しかし，なぜオンラインの『友人』がわざわざ友情のきつい仕事をするのかははっきりしない」

- But it is unclear …「しかし，（それ）ははっきりしない」は，it が why 以下を受ける形式主語。
- online "friends"「オンラインの『友人』」の online は「ネット上の」「ネットでつながった」などとするとわかりやすい。"friends" は，筆者のいう友情の定義から外れており，本来の意味ではないことを表すために引用符を用いている。訳では「　」をつけておく（"　" はもともと日本語の記号ではないので避ける）。
- would は should と同様，話し手の驚きや意外な気持ちを表し，推測ではないので「だろう」は不適。特に訳出はしなくてよいが，「いったいなぜ」などとすることもできる。bother to *do* は「わざわざ～する」の意。
- the hard work of friendship の of は同格を表す。「友情というきつい仕事」とするのが適切。work は「任務」「務め」などとしてもよいが，その場合は「任務〔務め〕を果たす」と動詞を整えること。

(B) **▶下線部第１文**

Directed attention requires us to …

直訳 「向けられた注意は，私たちに…することを要求する」

- directed は下線部第２文の例を見ると，「指図された」「命令に従った」の意ではなく，「方向づけされた」の意と考えられる。「方向をもった」「方向〔志向〕性の」「１つの方向に向けられた」など，意味が明快になる訳語を選ぶこと。
- require *A* to *do* は「*A* に～することを要求する」の意。この文は無生物主語になっているので，「方向性注意によって，私たちは…しなくてはならない」「方向性注意を働かせるとき，私たちは…せざるを得ない〔…することになる〕」などと整えるとよい。

focus on a specific task and block any distractions that may interfere with it.

直訳 「特定の作業に集中し，それを邪魔するかもしれない気を散らすものをどれも遮断する」

● a specific task「特定の作業」は，文意を考えると，あえてaを「1つの」と訳出してもよいだろう。

● block は「～を遮断する，閉めだす」の意。any は，肯定文中では「どれでも」の意で，通常単数形を取る。ここでは複数形になっているが，文意上この意味で訳すのが妥当だろう。

● that は distractions「気を散らすもの」を先行詞とする関係代名詞。interfere with ～は「～を邪魔する，妨げる」の意。may は「～かもしれない」でよいが，同文ではよくないことが起こる可能性を表しているので，「～するおそれがある」「～しかねない」などとすることもできる。it は a specific task を受ける。

▶下線部第2文

For instance, when we are working on a math problem, or engrossed in reading a literary passage or in assembling or repairing an intricate mechanical object,

直訳 「たとえば，私たちが数学の問題に取り組んでいるとき，あるいは文学の一節を読むこと，複雑な機械的な物を組み立てたり修理したりすることに夢中になっているとき」

● For instance「たとえば」

● when 節の内部の構造を正確に分析すること。

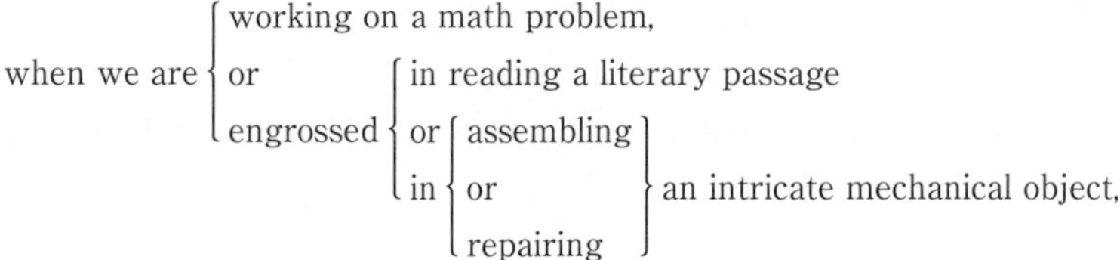

● work on ～は「(問題など) に取り組む」の意。

● engrossed は working と are を共有している。be engrossed in ～で「～に夢中になっている，没頭している」の意。これ自体の知識がなくても文意から推測できるし，できなくてはならないだろう。

● a literary passage は「文学（作品）の一節」などとすると自然である。

● or in assembling or repairing an intricate mechanical object は，be engrossed に続く in ～の2つ目であり，assembling も repairing も in の目的語。また内容上 an intricate mechanical object は assembling，repairing の共通の目的語である。assemble は「～を組み立てる」，intricate は「複雑な，込み入った」の意。mechanical object「機械的な〔機械仕掛けの／機械で動く〕物」は，「機械」で十分であり，むしろこのほうがわかりやすい。

our brains are totally dedicated to the task at hand, …

直訳 「私たちの脳は，手元の仕事に完全に捧げられている」

- be dedicated to ～ は「～に専念している，打ち込んでいる」などとするとわかりやすい。totally は「完全に，すっかり」の意。
- the task は「作業」などとすれば，同文前半にある具体例とのバランスがよい。at hand は the task を修飾しており，「手元の，手近にある」が直訳，「目の前の」などとすると文意に沿う。

requiring our direct undivided attention.

直訳 「私たちの直接の分割されない注意を要求する」

- requiring は分詞構文。原則どおりに考えると，意味上の主語は文の主語の our brains だが，文意から，もう少しおおまかに「脳が目の前の作業に専念していること」とも考えられる。our brains が主語であることをはっきり示したいなら，and require とすればよいのだから，このようなあいまいさが分詞構文の持ち味かもしれない。いずれにしても，これもある意味で無生物主語なので，「私たち」を主語にして整え直すことで日本語としてのバランスがとれるだろう。
- direct は「直接の，じかの」ということだが（directed ではないので注意），undivided「分割されない」とともに，「注意があれこれ分散せず，目の前の作業だけにまっすぐ〔一直線に〕向く」ことを表している。それが伝わるような訳語の選択，日本語表現を工夫したい。

解答

(A) おそらく，深い友情の最も典型的な特徴は，戦っている状況で自分を守ってくれたり，病気のときにスープや薬を持ってきてくれたりする場合のように，「その人のために何かをすること」だろう。互いに具体的な行動をとることを通じて築かれる強い絆だけが，本当に犠牲を払おうという気持ちを起こさせる力を持っている。しかし，ネット上の「友人」が，なぜわざわざ友情というきつい仕事をしようとするのかは，はっきりしない。

(B) 方向性注意を働かせるとき，私たちは特定の作業に集中し，それを妨げるおそれがある，気を散らすどんなものも遮断することになる。たとえば，数学の問題に取り組んでいたり，文学作品の一節を読むことや複雑な機械を組み立てたり修理したりすることに夢中になっているとき，私たちの脳は目の前の作業に完全に専念し，そのため私たちはまっすぐ分散せずに注意を向けなくてはならない。

4

2019年度〔1〕

次の英文(A)と(B)を読み，それぞれの下線部の意味を日本語で表しなさい。

(A) In December 1877, Thomas Edison made history by recording 'Mary Had a Little Lamb' on his phonograph and playing it back. This was not just 'an epoch in the history of science', it was a revolution for the human voice. Before then, hearing someone talk was exclusively a live experience : you had to be listening as the sounds emerged from the speaker's mouth. We can read the text of great speeches that predate the phonograph, like Abraham Lincoln's Gettysburg Address, but how exactly the president delivered the lines is lost forever. The phonograph captured the way things are said, and this can be just as important as the words themselves. When someone says 'I'm all right', the tone of their voice might in fact tell you they are *not* all right.

(B) In recent years, study after study examining exercise and weight loss among people and animals has concluded that, by itself, exercise is not an effective way to drop pounds. In most of these experiments, the participants lost far less weight than would have been expected, mathematically, given how many additional calories they were burning with their workouts. Scientists involved in this research have suspected and sometimes shown that exercisers, whatever their species, tend to become hungrier and consume more calories after physical activity.

全 訳

(A) 蓄音機の発明の意義

1877年12月，トーマス=エジソンは「メリーさんの羊」を自作の蓄音機に録音，再生して歴史を作った。これは「科学の歴史の新時代」というだけでなく，人間の声にとっての革命だった。それ以前は，だれかが話すのを聞くことは，もっぱら生の体験だった。話し手の口から音声が出てくるときに耳を傾けていなくてはならなかったのである。エイブラハム=リンカーンのゲティスバーグ演説のような，蓄音機が発明されるより前に行われた偉大な演説の文書を読むことはできるが，リンカーン大統領がその言葉を厳密にはどのように発したのかは永遠にわからない。蓄音機は，物事がどのように言われるかをとらえたが，これは言葉そのものと同じくらい重要なものになりうる。だれかが「私は大丈夫です」というとき，その人の声の調子は実際には大丈夫では「ない」ことを伝えているかもしれないのである。

(B) 運動の減量効果

近年，人や動物の運動と減量を調べた研究が次々と，運動はそれだけでは体重を減少させる効果的な方法ではないという結論を下している。こうした実験のほとんどにおいて，運動でどれほど余計にカロリーを燃焼しているかを考慮に入れて，計算上予測されていたであろうものと比べると，実験対象が減らした体重ははるかに少なかった。この調査に携わった科学者たちは，運動するものは，どんな種であれ，運動のあとにはより空腹になり，いっそう多くのカロリーを摂取する傾向があるのではないかと考え，ときにはそれを証明してきた。

解 説

(A) ▶下線部第１文

Before then, hearing someone talk was exclusively a live experience :

直訳 「それ以前は，だれかが話すのを聞くことは，排他的に生の経験だった」

- Before then は直訳の「それ以前は」で問題ない。「蓄音機が発明される以前は」ということ。
- hear *A do*「*A* が～するのを聞く」と第5文型の hear が動名詞で主語になっている。
- exclusively「排他的に」とは「他のものは含まない」，つまり「完全に～のみ」の意。「もっぱら」などとすると自然。「じかに経験するしかなかった」などとすることもできる。

●live［laiv］は「生の，目の前の」の意の形容詞。

●コロン（：）は，内容上密接に関係するものが続くことを表す記号。ここでは a live experience とはどういうことかを言い直した内容が続いているので，訳出するなら「つまり，すなわち」などとできる。あえて訳出しなくてもよい。

you had to be listening

直訳 「あなたは聞いていなくてはならなかった」

●主語 you は一般の人を表す。日本語では訳出しないほうが自然。

●listening は「聞いている」より，注意を払っているニュアンスの「耳を傾けている」などとするとわかりやすい。

as the sounds emerged from the speaker's mouth.

直訳 「話し手の口から音が出てくるときに」

●as は内容上「～するときに」の意と考えるのが妥当。日本語では同じ訳になるが，when よりも同時性の意が強いことを表す。

●the sounds は，人が発するものなので，「音声」とするほうが自然である。

●過去形 emerged は時制の一致のためなので，日本語では現在形のように訳す。

▶下線部第２文

We can read the text of great speeches

直訳 「私たちは偉大な演説の本文を読むことができる」

●text は演説を文字に書き起こしたもののことであり，そのように説明的な訳をしてもよいし，「文章，文書」などとすることもできる。

that predate the phonograph, like Abraham Lincoln's Gettysburg Address,

直訳 「エイブラハム=リンカーンのゲティスバーグ演説のような，蓄音機に先行する」

●that predate the phonograph「蓄音機に先行する」は，speeches を先行詞とする関係代名詞節。phonograph は，下線部より前の部分で「エジソンが発明したもの」であり，「音を記録するもの」であることが述べられており，「蓄音機」という言葉を出したい。

●predate は「(時間的に) ～に先行する」の意。「蓄音機に（時間的に）先行する（演説)」は，「蓄音機が発明されるより前に行われた」などと言葉を補ってわかりやすく整えたい。

●like Abraham Lincoln's Gettysburg Address は直訳のままでよい。固有名ばかりであり，phonograph と同様，「教養」が求められる。「ゲティスバーグ演説」は government of the people, by the people, for the people「人民の，人民による，人民のための政治」という有名なフレーズが使われた演説である。

but how exactly the president delivered the lines is lost forever.

直訳 「しかしどのように，厳密にその大統領がその行を述べたかは永遠に失われている」

●how exactly「どのように厳密に」が文字どおりだが，日本語としては「厳密に（は）どのように（deliver したか）」とするのが自然。

●the president は前述のリンカーンを指している。日本語では「その」は外したほうが自然。あるいは「リンカーン大統領」と再度名前を出してもよいだろう。

●deliver は「述べる，（演説など）をする」の意。the lines は「印刷物の行，台本のせりふ」の意をもつ。ここでは単純に「言葉」などとし，delivered と合わせて「言葉を発した，言葉を述べた」などとできる。

●is lost forever「永遠に失われている」とは，当時録音装置はなく，口調や話す速さや間がどのようだったか記録が残っていないということであり，「永遠にわからない」などとすればわかりやすい。

(B) ▶下線部第１文

In most of these experiments, the participants lost far less weight (than …)

直訳 「これらの実験のほとんどにおいて，参加者たちは（…より）はるかに少ない体重を減らした」

●In most of these experiments は直訳のままでよい。

●the participants は「参加者たち」が直訳だが，前後の文の among people and animals と whatever their species より，人間以外の動物も調べられたことがわかるので，「～者，～した人たち」といった，人間に限定する訳語は避けたい。たんに「(実験) 対象」とするとよい。

●「(…より) はるかに少ない体重を減らす」では不自然なので，「参加者が減らした体重ははるかに少なかった」などと，通りのよい表現を工夫すること。

than would have been expected, mathematically,

直訳 「数学的に予測されていたであろうよりも」

●than の直後に述語動詞が続いていることから，than は weight を先行詞とする主格の疑似関係代名詞。「～体重〔もの〕と比べると」などとすると前後とのつながりがよくなる。

●たんなる過去完了 had been expected ではないので，多少もたつくが，推測の意味を訳出しておくのが無難である。

●mathematically「数学的に」は，文意から考えると「数字上，計算上」程度の意味と考えられる。

given how many additional calories they were burning with their workouts.

直訳 「どれほど多くの追加のカロリーを彼らが運動で燃焼しているかを考えると」

- given S V は「SがVすることを考えると，考慮すると」の意。given はこの他にもさまざまな品詞，意味で使われる要注意の語なので，辞書で確認しておきたい。
- additional「追加の」は，with their workouts「運動で」と合わせて考えると，運動をしていない状態で消費するカロリーに加えて運動で消費するカロリーということ。全体として「運動でどれほど余計にカロリーを燃焼して〔消費して〕いるか」などと整えられる。

▶下線部第2文

Scientists involved in this research have suspected and sometimes shown that …

直訳 「この調査に関わった〔携わった，参加した〕科学者たちは…と考え，ときには（それを）示してきた」

- involved in this research「この調査に関わった〔携わった，参加した〕」は Scientists「科学者たちは」を修飾する形容詞用法の過去分詞。
- have suspected and sometimes shown that … は，that 節が have suspected と (have) shown の共通の目的語であることに注意。
- suspect は証拠のない推測を表すので，続くのは that 節だが「…ではないかと考え」などとするのが適切。show は科学的調査という文脈上，「明らかにする，証明する」などと訳すとしっくりくる。

exercisers, whatever their species, tend to become hungrier and consume more calories after physical activity.

直訳 「運動するものは，彼らの種が何であれ，身体的活動のあと，より空腹になり，より多くのカロリーを摂取する傾向がある」

- 主語 exercisers「運動するもの」を補足する whatever their species は，後に続く may be が省略されている。文章の第1文に among people and animals とあることを考えると，「運動するものは，人間でも動物でも」などとすることもできる。
- physical activity「身体的活動」はこの場合「運動」のことであり，そのように訳してもよいだろう。
- tend to には，become と consume が続いている。また，「身体的活動のあと〔運動後〕」は内容上，直前の consume more calories だけでなく，become hungrier にもかかると考えるのが妥当。「傾向がある」とともに，訳を入れる箇所を間違えないように注意したい。
- consume は通常「～を消費する」だが，「より空腹になって」とあることから，「カロリーを燃焼する，使う」ことではなく，「摂取する」の意。

(A) それ以前は，だれかが話すのを聞くことは，もっぱら生の体験だった。話し手の口から音声が出てくるときに耳を傾けていなくてはならなかったのである。エイブラハム=リンカーンのゲティスバーグ演説のような，蓄音機が発明されるより前に行われた偉大な演説の文書を読むことはできるが，リンカーン大統領がその言葉を厳密にはどのように発したのかは永遠にわからない。
(B) こうした実験のほとんどにおいて，運動でどれほど余計にカロリーを燃焼しているかを考慮に入れて，計算上予測されていたであろうものと比べると，実験対象が減らした体重ははるかに少なかった。この調査に携わった科学者たちは，運動するものは，どんな種であれ，運動のあとにはより空腹になり，いっそう多くのカロリーを摂取する傾向があるのではないかと考え，ときにはそれを証明してきた。

解答

5

2018年度〔1〕

次の英文(A)と(B)を読み，それぞれの下線部の意味を日本語で表しなさい。

(A) Growing older is an activity we are familiar with from an early age. In our younger years upcoming birthdays are anticipated with a glee that somewhat diminishes as the years progress. Our younger selves feel that time moves slowly, whereas, with advancing years, time seems to fly at an ever-quickening pace. And late in life, or when a person is faced with a terminal illness no matter what their age, the sense of a finite amount of time remaining becomes acute, and there may be a renewed focus on making the most of one's allotted time in life.

From *Ageing: A Very Short Introduction* by Nancy A. Pachana, Oxford University Press

(B) Culture is the location of values, and the study of cultures shows how values vary from one society to another, or from one historical moment to the next.

But culture does not exist in the abstract. On the contrary, it is inscribed in the paintings, operas, fashions, and shopping lists which are the currency of both aesthetic and everyday exchange. Societies invest these artefacts with meanings, until in many cases the meanings are so "obvious" that they pass for nature. Cultural criticism denaturalizes and defamiliarizes these meanings, isolating them for inspection and analysis.

Anna Tripp, *Gender*, published 2000, Red Globe Press

全 訳

(A) 時間に対する感覚の変化

年をとることは，幼いときからよく知っている活動である。若い頃は，近づいてくる誕生日を楽しみにして待つものだが，この喜びは年月が進むにつれていくぶん少なくなっていく。若い頃は時間がゆっくりと過ぎるように感じるのに，年をとるにつれて，時間はますます速度を上げて飛ぶように過ぎ去るように思えてくる。そして晩年には，あるいは何歳であれ病気が末期にさしかかっているときには，残された時間は限られているという感覚が鋭くなり，人生で自分に割り当てられた時間を最大限に生かすことに新たに気持ちが向くかもしれない。

(B) 文化の研究とは

文化とは，価値観が宿るところであり，諸文化の研究は価値観が社会によって，あるいは歴史上のある時期から次の時期に移ると，どのように変わるかを明らかにする。

しかし，文化は抽象的に存在しているわけではない。それどころか，文化は美的交換だけでなく日常的な交換の通貨でもある絵画，オペラ，服飾，あるいは買い物リストの中に刻み込まれている。社会はこうした人工物に意味を付与し，ついには，多くの場合，その意味は自然なものとして通用するほど「自明な」ものになる。文化批評は，このような意味から自明性をはぎ取って異化し，調査や分析ができるように意味を分離するのである。

解 説

(A) ▶下線部第１文

Our younger selves feel that time moves slowly,

直訳 「私たちのより若い自我は時間がゆっくり動くと感じる」

- younger は，英文(A)の冒頭から２文目の In our younger years にも見られるように，特定の対象との比較ではなく，漠然と「人生の比較的若い頃」を表す絶対比較級。selves は「自我，自己」が文字どおりの訳だが，この文意では意味が際立ちすぎるので，「自分」程度にするか，主語部分全体を「若い頃は」と副詞句のように収めるのがよいだろう。
- moves「動く」は，主語が time「時間」であることから「過ぎる，進む，流れる」などと日本語として自然な表現にする。

whereas, with advancing years,

直訳 「だが一方，進む年月とともに」

●whereas は「～が，～のに」など，逆接になることがわかる表現であれば，簡素な訳でもよい。

●with advancing years は「年をとるにつれて，年（を重ねる）とともに」の意の慣用表現。

time seems to fly at an ever-quickening pace.

直訳 「時間は絶えず速くなる速度で飛ぶように思える」

●fly は，主語の time「時間」に合わせて「飛ぶように過ぎる」などと整える。

●at a ～ pace「～な速度で」の pace を修飾する ever-quickening に使われている ever- は「絶えず，常に」の意を添える。「絶えず速くなる（速度で）」は「ますます速度を上げて」「どんどん速く」などと自然な日本語を心がける。

●なお，「年をとるにつれて」とのバランスから，「思えるようになる」「思えてくる」と，変化を示す表現を添えることも考えられる。

▶下線部第2文

And late in life, or when a person is faced with a terminal illness no matter what their age,

直訳 「そして人生において遅くに，あるいは，彼らの年齢が何であれ，ある人が末期疾患に直面しているときには」

●late in life「晩年には」などと整える。

●a terminal illness は病気の種類ではなく，「病気が末期的な状態」つまり「病気がすでに手の施しようのない状態に至り，病人は回復の見込みのない状態」であることを表す。したがって，is faced with ～「～に直面している」も「病気に直面している」というより，「病気の末期にさしかかっている」と考えるのが妥当。

●no matter what their age の後には is が省略されている。また，単数の a person を their などで受けるのは近年の傾向。厳密な表現 his or her は煩雑であり，従来の男性単数 his で受ける方法は性別の偏りになるため，一般論での a person，everyone などの単数名詞を they，them，their で受けることが増えている。ただし，日本語では「だれが」を示さずに一般論を述べることができる場合も多い。この文でも a person は訳出しなくても通用する。

the sense of a finite amount of time remaining becomes acute,

直訳 「残っている時間の有限の量の感覚が鋭くなる」

●a finite amount of time remaining「残っている時間の有限の量」は，名詞中心の英語らしい表現。日本語は述語が入るほうを好むので，「時間の有限の量」は「時間（の量）が限られている」などとするとよい。また，remaining「残っている」も，日本語では人の側から見て「残されている，残された」と表現することが多い。

● the sense of ～ becomes acute「～の感覚が鋭くなる」の of は，上記の修正を施すと「～という」とするのが適切。

and there may be a renewed focus on …

直訳 「そして，…への新たな集中があるかもしれない」

● ここも名詞中心の表現。「～に新たに集中するかもしれない」「～に改めて気持ちが向くかもしれない」などと，わかりやすい日本語を工夫したい。

● and は直前の「鋭くなる」を「鋭くなり」とすれば十分。逆に英作文のときに「～し（て），…」という表現に and を書かないという誤りが見受けられることが増えているので注意したい。and が常に「そして」などのはっきりした訳になるわけではない。

making the most of one's allotted time in life.

直訳 「人生における人の割り当てられた時間を最大限に利用すること」

● make the most of ～「～を最大限に生かす，活用する」は知っておきたい表現。

● one's は一般論での「人」を表す one の所有格だが，日本語では「自分の」などとするのが妥当。

●「人生における自分の割り当てられた時間」は，やはり time という名詞中心に修飾語句がついているので，allotted「割り当てられた」を中心にした「人生で自分に割り当てられた時間」などと整えると，日本語の通りがよい。

Ⓑ ▶下線部第１文

culture does not exist in the abstract.

直訳 「文化は抽象的に存在しない」

● in the abstract「抽象的に」は，「抽象観念の中に」とすることも可能。

● 直訳のままでも通用するが，「文化は～ない」と否定し，このあと「では何なのか，どのようなものなのか」という展開になるので，「文化は抽象的に存在しているわけではない」「抽象観念の中に存在しているのではない」などとすれば，文章の流れを適切に示すことができる。

▶下線部第２文

On the contrary, it is inscribed in the paintings, operas, fashions, and shopping lists

直訳 「それどころか，それは，絵画，オペラ，ファッション，買い物リストの中に刻み込まれている」

● On the contrary「それどころか」は，前言を打ち消して，逆の事実を明示するための前置きの表現。「対照的に」ではこの表現の意味を正しく表さないので注意。

● it は culture「文化」を受け，直前で訳出しているが，「それどころか，それは」と

「それ」が重なること，同文が「文化とはどのようなものか」という筆者の主張を述べている箇所であることから，再度「文化とは」と訳出しておくほうが望ましい。

● is inscribed in ～ は，inscribe *A* in *B*「*A* を *B* に刻み込む」の受動態で「～に刻み込まれている」という，そのままの訳でよい。

which are the currency of both aesthetic and everyday exchange.

直訳 「美的と日常的交換両方の通貨である」

● which の先行詞は，paintings, operas, fashions, and shopping lists すべてである。paintings の前にだけ the があることに注意。

● both *A* and *B*「*A* と *B* の両方」の *A*，*B* は，形容詞 aesthetic「美的」と everyday「日常的」で，これらが exchange を修飾している。「美的と」では日本語は不自然なので，「美的および日常的交換」「美的交換だけでなく日常的交換」などと整える。なお，everyday は形容詞，2語につづる every day は副詞の扱いである。

● currency「通貨」は，訳語としてはこのままでよい。内容的には「交換を効率的に行うために必要な媒体」を表す。「絵画…が通貨である」とは，たとえばファッションなら，メーカーが新しいファッション，つまり服飾に関する新しい価値観を社会に示すと，人々はその価値観を受け入れ（たり，拒否したりす）る。逆に，人々の価値観をメーカーが察知して，ニーズに合ったものを提供してもいる。このように，作り手から大衆へ，大衆から作り手へと価値観が行き来しており，ファッションなどはそうした価値観のやりとりを取り持っているという意味で通貨と同じだということである。

▶下線部第3文

Societies invest these artefacts with meanings,

直訳 「社会はこれらの人工物に意味を付与する」

● invest *A* with *B*「*A* に *B* を付与する，与える」 invest *A* in *B*「*A* を *B* に投資する」と区別しておくこと。

● artefacts「（自然のものに対して）人工物」は，「文化」が完全に人間の作ったものであり，自然物とは対照的であることを表す。artifact ともつづる。

…, until in many cases the meanings are so “obvious” that they pass for nature.

直訳 「ついに多くの場合，その意味はたいへん『明白な』ので，それらは自然で通る」

● until は前にカンマがあり，「～まで」と訳し上げるのではなく，「…して，とうとう，ついに（は）～」と訳し下ろす。結果的に生じる事態を表すので，日本語では適当な述語部分に「～になる」を添えるとバランスがよい。

● in many cases「多くの場合（において）」はそのままでもよいし，文末で「～ことが多い」と処理してもよい。

- the meanings are so "obvious" that … は，so ～ that …「たいへん～なので…／…するほど～」の構文。until とのバランスを考慮して，「その意味はたいへん『明白に』なるので…する／その意味は…するほど『自明に』なる」とするとよい。
- pass for ～「～で通る，～として通用する」の意。for のあとにある nature は前述の artefacts「人工物」と対照をなしており，「自然なもの」と言葉を補うとよい。

解答

(A) 若い頃は時間がゆっくりと過ぎるように感じるのに，年をとるにつれて，時間はますます速度を上げて飛ぶように過ぎ去るように思えてくる。そして晩年には，あるいは何歳であれ病気が末期にさしかかっているときには，残された時間は限られているという感覚が鋭くなり，人生で自分に割り当てられた時間を最大限に生かすことに新たに気持ちが向くかもしれない。

(B) 文化は抽象的に存在しているわけではない。それどころか，文化は美的交換だけでなく日常的な交換の通貨でもある絵画，オペラ，服飾，あるいは買い物リストの中に刻み込まれている。社会はこうした人工物に意味を付与し，ついには，多くの場合，その意味は自然なものとして通用するほど「自明な」ものになる。

6　2017年度〔1〕

次の英文(A)と(B)を読み，それぞれの下線部の意味を日本語で表しなさい。

(A) The advantage of the scientific approach over other ways of knowing about the world is that it provides an objective set of rules for gathering, evaluating, and reporting information, such that our ideas can be refuted or replicated by others. This does not mean that intuition and authority are not important, however. Scientists often rely on intuition and assertions of authorities for ideas for research. Moreover, there is nothing wrong with accepting the assertions of authority as long as we don't accept them as scientific evidence.

From *Methods in Behavioral Research* by Paul Cozby, McGraw-Hill

(B) Animals that are active at night usually have large eyes that let them make use of any available light. With owls, the eyes are so big in comparison to the head that there is little room for eye muscles, meaning owls can't move their eyes. Instead, owls must move their entire head to follow the movement of prey. However, having fixed eyes gives owls better focus, with both eyes looking in the same direction. And even though it seems that owls can twist their head completely around, most owls turn their head no more than 270 degrees in either direction.

San Diego Zoo Animals & Plants, Zoological Society of San Diego

全　訳

(A) 科学的手法とは

科学的手法が世界について知る他のさまざまな方法より優れているところは，私たちの考えが他の人たちによって反証されたり，再現実験されたりできるというぐあいに，情報を収集，評価，報告するための一連の客観的な規則が得られることである。しかし，こう言うからといって直観や権威が重要ではないというわけではない。科学者たちは，研究の発想について，直観や権威の所説に頼ることが多い。さらに，科学的な証拠として受け入れるのでないかぎり，権威の所説を受け入れることに何ら問題はない。

(B) フクロウの目と，首の動き

夜活動する動物は，利用できるいかなる光も使えるようにしてくれる大きな目を持っているのがふつうである。フクロウに関していえば，頭部（の大きさ）に比して目が非常に大きいので，目の筋肉を納める余地がほとんどなく，そのためフクロウは目を動かせないということになる。代わりに，フクロウは獲物の動きを追跡するために，頭部全体を動かさなくてはならない。しかし，目が固定されているおかげで，両目が同じ方向を見ているため，フクロウはよりうまく焦点を合わせることができる。そして，フクロウは頭部を完全に1周回せるように見えても，ほとんどのフクロウは左右のいずれにも270度しか回さないのである。

解　説

(A) ▶下線部第1文

The advantage of the scientific approach over other ways of knowing about the world is …

直訳 「科学的手法の，世界について知る他の方法より有利な点は…である」

- The advantage of *A* over *B*「*A* の，*B* より有利な点」は，「*A* が *B* より優れているところ」などとすればわかりやすい。*A* にあたる the scientific approach は「科学的研究方法〔手法〕」の意。the＋単数は，「その手法」という特定の一つのことではなく，「他の方法」に対して「科学的手法というもの」を表す総称単数。
- *B* にあたる other ways of knowing about the world は「世界について知る他の方法」が直訳だが，ways が複数であり，「科学的手法」ではない方法がいろいろとあることを表現して，「さまざまな」などと言葉を補うとよい。

that it provides an objective set of rules for gathering, evaluating, and reporting information,

直訳 「それが，情報を収集し，評価し，報告するための，客観的な一連の規則を提供すること」

- it は the scientific approach を指す。直訳のままでもかまわないが，無生物主語なので，「それで…規則が得られる」などとすることもできる。
- an objective set of rules for ～「～のための客観的な一連の規則」で，a set of が使われているのは，物事の規則が一項目だけということは通常はないため。日本語では訳出しなくても意味は通る。
- information は，3つの動名詞 gathering，evaluating，reporting の共通の目的語であることに注意。「収集し，評価し，報告する」の「し」を省けばすっきりした訳になる。

such that our ideas can be refuted or replicated by others.

直訳 「私たちの考えが他の人たちによって間違いを証明されたり，再現されたりできるようなぐあいに」

- such that S V は「S が V するようなぐあいに」と，やり方や様子を表す。「科学的手法が一連の客観的な規則を提供する」のは，どのようにしてなのかを説明した箇所である。
- refute「～を論破する，～の間違いを証明する」の意。科学に関する文章なので「～を反証する」と訳すとよい。
- replicate「～を再現する」も，科学が話題になっていることから，「同じ結果が得られるかどうか実験を再現する」ことと考えられるので，「再現実験する」などと訳すことが可能。

▶下線部第2文

This does not mean that intuition and authority are not important, however.

直訳 「しかし，これは直観や権威が重要でないことを意味しない」

- however が文末にあるが，日本語では冒頭に「しかし」とする。
- This「これ」は，「科学的手法が他の方法より優れている」という前文の内容を受けており，これはその反証可能性，再現性という客観的な面を根拠としている。ところが，下線部直後では「科学者たちは研究の発想について，直観や権威の所説に頼ることがよくある」と，客観的とは言えないものに科学者が頼っていることが示されている。下線部第2文は，そうした一見矛盾する陳述の間を取り持つ役割を果たしていることになる。「科学的手法が客観的で優れていると言ったからといって，直観や権威が重要ではないという意味ではない」という同文のニュアンスが伝わる日本語にしたい。

Ⓑ ▶下線部第１文

With owls, the eyes are so big in comparison to the head that …

直訳 「フクロウに関しては，その目は頭との比較でたいへん大きいので…」

● With owls の with は，What's the matter with you？「どうしたのですか（あなたに関して，何が問題なのか)」や as is often case with ～「～にはよくあることだが（～に関してはしばしば実態であるとおり)」に使われている with と同様に，「～に関して，～について」と「関連」を表す。

● so ～ that …「とても～なので…」の構文が使われている。「…するほど～」と訳し上げることもあるが，that 以下が比較的長く，下線部の前の内容「夜行性の動物は通常目が大きい」を受けて「(たとえば）フクロウに関していえば，目がとても大きいので」と，「目の大きさ」の流れで下線部第１文が前とつながるように訳し下ろしておくのがよいだろう。

● in comparison to ～「～と比較して」は in comparison with ～が一般的だが，文意から同意と判断できる。「頭部（の大きさ）に比べて〔比して〕」などとすればわかりやすい。

there is little room for eye muscles, meaning owls can't move their eyes.

直訳 「目の筋肉のための余地がほとんどなく，それはフクロウが目を動かせないことを意味する」

● there is little room for eye muscles は直訳でもよいが，「目の筋肉を納める余地」などと補うと日本語としてなめらかである。

● little は「ほとんどない」と否定的な訳であることに注意。a little は「少しある」と肯定的に訳す。room は不可算では「余地」の意。

● meaning … は前述の内容が意味上の主語にあたる分詞構文。直訳でも伝わるが，「そのため，フクロウは…ということになる」などと工夫することもできる。

▶下線部第２文

Instead, owls must move their entire head to follow the movement of prey.

直訳 「その代わりに，フクロウは獲物の動きを追うために，頭全体を動かさなくてはならない」

● Instead の訳は「その代わりに」のままでよいが，「目を動かすことができない代わりに」の意であることはつかんでおきたい。

● owls must move their entire head は直訳で通用する。entire は「まるごと全体」を表す。

● to follow the movement of prey の不定詞は「～するために」と目的を表す副詞用法。follow は「～のあとを追う，ついていく」の意。「～を追跡する」と訳すこともできる。prey は「獲物，えじき」の意。不可算名詞である。

▶下線部第3文

However, having fixed eyes gives owls better focus,

直訳 「しかし，固定された目を持っていることは，フクロウによりよい焦点を与える」

- 無生物主語であり，また better focus が名詞中心表現なので，「固定された目を持っているので，フクロウはよりうまく焦点を合わせることができる」などと日本語として通りのよい訳にしたい。

with both eyes looking in the same direction.

直訳 「両目が同じ方向を見ている状態で」

- with O C は「O が C の状態で」が直訳で，付帯状況を表す。さまざまな訳が可能な表現であり，文意全体から意味を判断する必要がある。ここでは，焦点をうまく合わせられる理由にあたると考えられる。「両目が同じ方向を見ているため」などとする。
- 文の主語（無生物主語）も理由になるように処理したので，「目が固定されているおかげで，両目が同じ方向を見ているため」などと「理由」を表す言葉を異なるものにして整える。あるいは「…よりうまく焦点を合わせることができる。両目が同じ方向を見ているからである」などと，分けてまとめることもできる。

解答

(A) 科学的手法が世界について知る他のさまざまな方法より優れているところは，私たちの考えが他の人たちによって反証されたり，再現実験されたりできるというぐあいに，情報を収集，評価，報告するための一連の客観的な規則が得られることである。しかし，こう言うからといって直観や権威が重要ではないというわけではない。

(B) フクロウに関していえば，頭部（の大きさ）に比して目が非常に大きいので，目の筋肉を納める余地がほとんどなく，そのためフクロウは目を動かせないということになる。代わりに，フクロウは獲物の動きを追跡するために，頭部全体を動かさなくてはならない。しかし，目が固定されているおかげで，両目が同じ方向を見ているため，フクロウはよりうまく焦点を合わせることができる。

7

2016 年度〔1〕

次の英文(A)と(B)を読み，それぞれの下線部の意味を日本語で表しなさい。

(A) Human beings are good at finding all the ways in which to be creative within prescribed limits — painting inside a rectangular frame, writing in iambic pentameters or composing a sonnet. Scientists sometimes like to study how that creativity occurs, what it achieves, and where else to look for inspiration. Many artists are nervous about scientific analysis. They fear its success, worried that art might lose its power, or they might be diminished, if the psychological roots of their work and its impact on us were exposed.

From *100 Essential Things You Didn't Know You Didn't Know about Math and the Arts* by John D. Barrow, W. W. Norton & Company Ltd

(B) From a broad range of early cultures, extending back to about a million years, natural objects began to be used as tools and implements to supplement or enhance the capacities of the hand. For example, the hand is capable of clawing soil to dig out an edible root, but a digging stick or clam shell is also capable of being grasped to do the job more easily, in a sustainable manner, reducing damage to fingers and nails.

From *Design : A Very Short Introduction* by John Heskett, Oxford University Press

全 訳

(A) 芸術的創造性の根源の研究

人間は，長方形の中に絵を描いたり，弱強五歩格を書いたり，十四行詩を作ったりするといった，所定の制限の範囲内で創造的であるあらゆる方法を見出すのが得意である。科学者たちは，そのような創造性がどのようにして生まれるのか，それが何を成し遂げるのか，そして，他のどこにひらめきを求めるべきかを研究したいと思うことがある。多くの芸術家が，科学的分析に不安を感じている。彼らは，もし自分の作品や作品が私たちに与える影響の心理学的根源が明らかになったら，芸術はその力を失うかもしれない，あるいは，彼らの権威が貶められるかもしれないことを心配して，その分析が成功することを恐れているのである。

(B) 道具の使用

およそ100万年前にまでさかのぼる，初期の幅広い文化から，手の能力を補ったり高めたりするために，自然物が道具や器具として使われ始めた。たとえば，食べられる根を掘り出すのに，手は土をかき出すことができるが，掘り棒や二枚貝の殻も，それを握ることによって，指や爪の損傷を減らしながら，その作業をもっと簡単に持続的に行うことができる。

解　説

(A) ▶下線部第1文

Scientists sometimes like to study …

直訳 「科学者たちは，ときどき…を研究するのが好きだ」

- sometimes は「～することがある，時に（は）～する」などとすれば，訳がなめらかになる。
- like to *do* はこの場合「～したいと思う，～したがる」とするのが妥当。

how that creativity occurs, what it achieves, and where else to look for inspiration.

直訳 「その創造性がどのようにして起こるのかということ，それが何を成し遂げるのかということ，そして他のどこに霊感を探すべきかということ」

- study の目的語にあたる名詞節，名詞句である。
- 一つめはほぼそのままでもよいが，「そのような創造性はどのようにして生じる〔生まれる〕のか」などと整えることもできる。
- 二つめはそのままでよい。
- 三つめのみ wh-+to 不定詞の句になっており，不定詞部分は「～すべきか，～すればよいか」と should の含みを持つ。look for ～ は目的語の inspiration が目に見える物ではないので，「～を（探し）求める」などとしたい。これに伴って where は「どこに」となる。「どこを」や「どこで」では意味を成さない。また，else「他の（どこに）」の訳出を忘れないように注意。inspiration は「霊感」では少々神がかった印象が強いので,「ひらめき」などとするとよい。

▶下線部第 2 文

Many artists are nervous about scientific analysis.

直訳 「多くの芸術家が科学的分析に神経質である」

● 最終文に They fear「彼らは恐れている」とあり,その内容から are nervous about ～ は「～に不安を感じている」などとするとわかりやすい。

● 数量の語句を述語に置く傾向のある日本語表現を用いるなら,「科学的分析を不安に感じている芸術家は多い」とすることもできる。

▶下線部第 3 文

They fear its success, …

直訳 「彼らはその成功を恐れている」

● 直訳のままでよいが,its が scientific analysis であることを念頭に置いて文の内容を考えること。

worried that art might lose its power, or they might be diminished, …

直訳 「芸術がその力を失うかもしれない,あるいは彼らが小さくされるかもしれないと心配して」

● worried 以下は分詞構文。内容から,付帯状況を表すと考えられる。fear と並ぶ述語部分のように訳さないこと。前に be 動詞も and もないことから,適切に判断したい。

● art might lose its power は直訳のままでよい。

● they might be diminished の主語は,同文冒頭の They と同様,Many artists を受けており,diminish は「名声,権威などを傷つける,貶める」の意とするのが適切。

if the psychological roots of their work and its impact on us were exposed.

直訳 「もし彼らの作品や作品が私たちに与える影響の心理学的根源が暴かれたら」

● ポイントは,and が何と何をつないでいるかを適切に判断することである。考えられるのは次の 2 通りである。

① the psychological roots of their work と its impact on us（were の主語が 2 つ）

② their work と its impact on us（of の目的語が 2 つ）

文法的にはいずれも問題はないので,内容から判断する。①では「彼らの作品の心理学的根源と私たちに対するその影響が明らかにされる」となる。「彼ら」=「芸術家」が芸術の力や自分たちの権威が貶められるかもしれないと恐れる条件として,「芸術作品が私たちに及ぼす影響が明らかにされる」ことはあてはまらない（芸術作品が人々に影響を及ぼしているのはすでに事実である）。また,科学者が興味を示しているのは,創造性やインスピレーションがどこからどのように起こるのかということであり，「彼らの作品や作品が私たちに与える影響の根源を明らかにする」ことを目指していると考えられるので，②のように解釈するのが妥当。

- if … were exposed は主節の might も含めて仮定法過去。be exposed「暴かれる」は「明らかにされる」，さらに「明らかになる」としてもよいだろう。

(B) For example, the hand is capable of clawing soil to dig out an edible root, …

直訳 「たとえば，手は食べられる根を掘り出すために土を掘ることができる」

- 直訳でほぼ問題ないが，claw を「かく，かき出す」，edible を「食用になる」などとも訳せる。

but a digging stick or clam shell is also capable of being grasped

直訳 「しかし，掘り棒や二枚貝の殻も握られることができる」

- 「握られることができる」は明らかに日本語として不自然だが，ただ「握ることができる」とするだけでなく，後続の部分を検討して調整する必要がある。

to do the job more easily, in a sustainable manner,

直訳 「持続的な仕方でその仕事をより容易にするために」

- 不定詞は「目的」を表すと考えられるが，前部とのつながりや表されている状況を考えると，「握ることによって，その仕事をより容易にすることができる」などとするとわかりやすい日本語になる。
- manner は way と同様，「方法，仕方」の意。in a sustainable manner「持続的な仕方で」は「持続的に」とするとよい。

reducing damage to fingers and nails.

直訳 「指や爪への損害を減らして」

- 付帯状況を表す分詞構文で，「損害を減らしながら」と同時進行とも，「(持続的に行い) 損害を減らすこともできる」と連続的出来事とも訳せる。

解答

(A) 科学者たちは，そのような創造性がどのようにして生まれるのか，それが何を成し遂げるのか，そして，他のどこにひらめきを求めるべきかを研究したいと思うことがある。多くの芸術家が，科学的分析に不安を感じている。彼らは，もし自分の作品や作品が私たちに与える影響の心理学的根源が明らかになったら，芸術はその力を失うかもしれない，あるいは，彼らの権威が貶められるかもしれないことを心配して，その分析が成功することを恐れているのである。

(B) たとえば，食べられる根を掘り出すのに，手は土をかき出すことができるが，掘り棒や二枚貝の殻も，それを握ることによって，指や爪の損傷を減らしながら，その作業をもっと簡単に持続的に行うことができる。

8

2015年度〔1〕

次の英文(A)と(B)を読み，それぞれの下線部の意味を日本語で表しなさい。

(A) Of the total energy produced on Earth since the industrial revolution began, half has been consumed in the last twenty years. Disproportionately it was consumed by us in the rich world ; we are an exceedingly privileged fraction. <u>Today it takes the average citizen of Tanzania almost a year to produce the same volume of carbon emissions as is effortlessly generated every two and a half days by a European, or every twenty-eight hours by an American. We are, in short, able to live as we do because we use resources at hundreds of times the rate of most of the planet's other citizens.</u>

From *At Home : A Short History of Private Life* by Bill Bryson, Doubleday,

(B) Humor is the broad term used to describe situations, characters, speech, writing or images that amuse us. <u>At the physical level, it is no more than an involuntary response to a stimulus—laughter. Although we can imitate this in social contexts where we feel an obligation to be polite, genuine laughter comes upon us spontaneously ; it is beyond our control.</u> It may be a motor response, but we seek out experiences that will result in laughter, and if we don't get the physical reaction, we don't feel that we have been amused.

From *Mastering Advanced English Language* by Sara Thorne, Red Globe Press

全 訳

(A) 炭素排出量の不均衡

産業革命が始まって以降，地球上で生産された総エネルギーのうち，半分がこの20年で消費された。バランスの悪いことに，それは富裕国にいる私たちが消費したのだ。私たちは，地球上で非常に特権的な部分にいるのである。

今日，一人のヨーロッパ人が2日半ごとに，あるいは一人のアメリカ人が28時間ごとに，楽々と排出しているのと同じ量の炭素を，一人の平均的なタンザニアの国民が排出するのには，1年近くかかる。要するに，私たちが今のような暮らしができるのは，この惑星の他のほとんどの国の人々の何百倍もの速度で資源を消費しているからなのだ。

(B) 笑いの特徴

ユーモアは，私たちを面白がらせる状況，人物，話，文章，画像を説明するのに幅広く使われている言葉である。身体的なレベルでは，ユーモアは刺激に対する無意識の反応，つまり笑いにすぎない。礼儀正しくすべきだと感じるような社交的な場で作り笑いをすることはできるが，本物の笑いは自然に起こるものだ。自分では制御できない。笑いは運動神経の反応かもしれないが，私たちは結果的に笑いにつながるような経験を探し求め，そうした身体的な反応が得られなければ，面白かったとは感じないのである。

解 説

(A) ▶下線部第1文

Today it takes the average citizen of Tanzania almost a year to …

直訳 「今日，平均的なタンザニア国民が…するのにほとんど1年かかる」

- It takes *A B* to *do*「*A* が〜するのに *B*（時間）がかかる」の構文が使われている。
- citizen は「市民」の訳語もあるが，ここではタンザニアという国家レベルの内容であり，「国民」と訳す（本来この語は共和国の国民を表す）。
- almost a year「ほとんど1年」は「1年近く」とも訳せる。

produce the same volume of carbon emissions as …

直訳 「…同じ量の炭素排出を生み出す」

- the same … as 〜「〜と同じ…」
- volume は「分量，体積」の意。

●「同じ量の炭素排出を生み出す」は，「同じ量の炭素を排出する」などと，日本語として自然な表現を工夫する。

(the same … as) is effortlessly generated every two and a half days by a European, or every twenty-eight hours by an American.

直訳 「2日半ごとに一人のヨーロッパ人によって，あるいは28時間ごとに一人のアメリカ人によって，努力なしに生み出されている（のと同じ…）」

●as は volume (of carbon emissions) を先行詞とする，主格の疑似関係代名詞。

●is generated by …「…によって（排出が）生み出される」は，「…によって排出される」，さらに日本語は能動表現を好むので「(ヨーロッパ人／アメリカ人）が排出する」と訳すとよい。なお，a European，an American の不定冠詞は，「一人の」と訳出しておくほうが，タンザニア国民との対比がよく伝わる。「タンザニア国民」は the があるため不定冠詞はないが，citizen が単数であり，こちらにも「一人の」をつけることができる。

●effortlessly は「楽々と，やすやすと」が定番の訳。

●every two and a half days と every twenty-eight hours は，それぞれ「2日半ごとに」，「28時間ごとに」の意の副詞。every day「日ごとに（＝毎日)」，every week「週ごとに（＝毎週)」などと同様，every を伴った時を表す副詞は，前置詞をつけない。

▶下線部第2文

We are, in short, able to live as we do because …

直訳 「要するに，私たちは…だから，現在しているように暮らすことができる」

●in short「要するに，手短に言うと」の意の熟語。挿入になっているが，日本語では冒頭に置くとよい。

●live as we do の do は live を受ける代動詞。これを訳出すれば「私たちが今暮らしているように暮らす」だが，「今のように暮らす」「現在のような暮らしをする」などと整える。

●because 以下は，直訳のように訳し上げる以外に，「暮らせるのは…だからだ」と訳し下ろすこともできる。

we use resources at hundreds of times the rate of most of the planet's other citizens.

直訳 「私たちはその惑星の他の国民のほとんどの，何百倍もの速度で資源を使う」

●use は，変わらぬ現状を表しており，「使う」より「使っている」とするのが自然。I go to school by bicycle. を「私は自転車で通学する」ではなく，「通学している」と訳すのと同様である。また，「使い尽くす」イメージをより強く出すなら，use を「消費する」などとすることもできる。

● at the rate of ～「～の速度で」の rate を，hundreds of times「何百倍もの」が修飾していることに注意。倍数は，as＋原級＋as ～の前に置く以外に，このように名詞にじかにつけることができる。*ex.* three time as long as ～＝three times the length of ～「～の3倍長い〔3倍の長さ〕」

● the planet「その惑星」は当然地球のことであり，「この惑星」か「地球」と訳すのが自然。

● citizen は第1文と同様「国民」の意だが，国単位での比較なので，「他の国の人々」などとすれば，イメージがくっきりと出る。

(B) **▶下線部第1文**

At the physical level, it is no more than an involuntary response to a stimulus—laughter.

直訳 「身体的なレベルでは，それは刺激に対する無意識の反応，笑いにすぎない」

● ほぼ直訳のままでも通用するが，it は前文の Humor を受けており，そのように訳出しておくとよい。

● no more than ～は「～以上（のもの）ではない」が直訳だが，only と同意の表現で，名詞の前で使うときは「～にすぎない」と訳すのが定番。

▶下線部第2文

Although we can imitate this in social contexts

直訳 「私たちは社会的な状況でこれを模倣することができるけれども」

● this は laughter「笑い」を受けており，「笑いを模倣する」とはどういうことかを考えたい。同文後半にある genuine laughter「本物の笑い，心からの笑い」が対比されているので，「心から笑っているのではなくそう見せかける，笑っている顔や様子を真似する」こと，つまり「作り笑いをする」といった訳が考えられる。また，後続の内容から「愛想笑いをする」とすることもできるだろう。

● social contexts は where 以下の内容から考えて，「社交的な場面」「人づきあいの場」などとするとわかりやすい。

where we feel an obligation to be polite,

直訳 「礼儀正しくする義務を感じる」

● where は contexts を先行詞とする関係副詞。

●「～する義務を感じる」は，「～しなくてはならないと感じる」などとすれば通りがよい。

genuine laughter comes upon us spontaneously ; …

直訳 「本物の笑いは自発的に私たちを襲う」

● come upon ～は，辞書では「（感覚・感情が）～を襲う」の訳が挙がっているが，

「襲う」は通常は良くない感情に使う（「恐怖に襲われる」など）。主語が「笑い」であることを考えると，「起こる」「湧く」「こみ上げる」などと工夫する必要がある。また，そのように日本語を整えると，「私たちを」は入れどころがないので，訳出はしなくてよい。

● spontaneously は，「無意識に，自然に，自発的に」の意。下線部第１文にある形容詞 involuntary と通底する語。

it is beyond our control.

直訳 「それは私たちの制御を超えている」

● it は genuine laughter を受けている。「それ」と訳出してもよいが，省いても誤解は生じない。

● beyond は動詞から派生した語を伴うと，「～できない」と訳せる。「私たちの制御を超えている」は，「私たちには制御できない」となる。この「私たち」は人間一般を表しているが，comes upon us の「私たちを」を訳出しないので，ここだけ「私たち」があると唐突であり，特定の集団をイメージさせる可能性もある。したがって，この「私たち」も省くか，あるいは「自分では」として日本語を整えたい。

解答

(A) 今日，一人のヨーロッパ人が 2 日半ごとに，あるいは一人のアメリカ人が 28 時間ごとに，楽々と排出しているのと同じ量の炭素を，一人の平均的なタンザニアの国民が排出するのには，１年近くかかる。要するに，私たちが今のような暮らしができるのは，この惑星の他のほとんどの国の人々の何百倍もの速度で資源を消費しているからなのだ。

(B) 身体的なレベルでは，ユーモアは刺激に対する無意識の反応，つまり笑いにすぎない。礼儀正しくすべきだと感じるような社交的な場で作り笑いをすることはできるが，本物の笑いは自然に起こるものだ。自分では制御できない。

9

2014年度〔1〕

次の英文(A)と(B)の意味を日本語で表しなさい。

(A) It is true that science requires analysis and that it has fractured into microdisciplines. But because of this, more than ever, it requires synthesis. Science is about connections. Nature no more obeys the territorial divisions of scientific academic disciplines than do continents appear from space to be colored to reflect the national divisions of their human inhabitants.

From *Cosmic Apprentice : Dispatches from the Edges of Science* by Dorion Sagan, University of Minnesota Press

(B) One way in which we evade responsibility for our actions is to hide behind the advice of others. Indeed, one of the main reasons we ask other people what they think is that we hope they agree with what we want to do, and so provide external validation for our choice. Lacking the courage of our own convictions, we seek strength in those of others.

From *The Pig That Wants to Be Eaten: And Ninety Nine Other Thought Experiments* by Julian Baggini, Granta Books

全　訳

(A) 科学分野の総合の必要性

科学は分析を必要とし，専門分野に細分化してきたのは確かである。しかし，このために，科学はかつてないほど総合を必要としている。科学は物事の関連性を扱うものである。自然は科学の学問領域の区分に従うわけではなく，それは，宇宙から見た大陸は，そこに暮らす人々が国家で分断されていることを反映するように色分けされて見えるわけではないのと同じことである。

(B) 人の助言を求めるわけ

自分の行動に対する責任を逃れる方法の一つは，人の助言の陰に隠れることである。実際，私たちが他の人にどう思うか尋ねる主な理由の一つは，彼らに私たちがしたいと思っていることに賛成してもらい，それによって，自分の選択に対して外部から承認を与えてもらいたいと思うからである。自分自身の思うところを実行する勇気がないので，私たちは他の人の確信に力を求めるのだ。

解　説

(A)　▶第1文

It is true that science requires analysis …

直訳 「科学が分析を必要とすること…は真実だ」

●It は that 以下を真主語とする形式主語。true は「真実の」が基本訳だが，第2文冒頭の But との呼応で，「…は確かだ。(しかし…)」として，譲歩を表す訳がふさわしい。あるいは，その呼応を「確かに…（だが)」と強調的に訳してもよいだろう。

and that it has fractured into microdisciplines.

直訳 「そして，それが微小な学問分野に分裂してきたこと」

●この that 節は形式主語 It に対する真主語の2つ目。that 節内の it は science を指す。

●microdisciplines「微小な学問分野」は，大括りな science「科学」が分かれたものであることから「専門分野」を指すと考えるのが妥当。したがって，has fractured into … も「…に細分化してきた」などとするのが文意に合う。第2文とのつながりを考えると，microdisciplines の複数形が持つニュアンスを「さまざまな」「多くの」などと訳出するのもよいだろう。

▶第2文

But because of this, more than ever, it requires synthesis.

直訳 「しかし，これのせいで，かつて以上に，それは総合を必要とする」

●because of this は「このために」などと滑らかにしたい。

●more than ever は「これまで以上に」「かつてないほど」などと整える。

●it は再び science を指し，英語では代名詞だが，日本語では改めて「科学」と訳出した方がむしろ自然だろう。

▶第3文

Science is about connections.

直訳 「科学は関連についてである」

●*A* is about *B* は「*A* は *B* にかかわっている，携わっている」と訳されることが多く，*B* が *A* の関心・従事の対象であることを表す。「科学は connections を扱う」とすればよい。また，日本語では *A* の一般的な定義や特徴を述べるとき「*A* は～するものである」と表現することがよくある。「科学は connections を扱うものである」とすると落ち着きがよい。

●connectionsは「関連，関係」だが，「何との」関連・関係かがはっきりしないと，日本語では言葉足らずに感じる。科学は複数の要素の関連性を法則化するものであり，「物事の関連性」などと言葉を補うとよいだろう。

▶第4文

Nature no more obeys the territorial divisions of scientific academic disciplines than …

直訳 「自然が科学的学問分野の領域的分割に従わないのは…と同じである」

●no more ～ than …「～しないのは…しないのと同じである，…しないのと同様に～しない」の構文。この構文をうまく処理するポイントは，まずthanより前の部分を通常の否定文（この場合Nature does not obey … disciplines）と考えて訳すこと。筆者の主張はこの部分なので，前半の内容を正しく理解しておけば，意訳する必要が出てきた場合にも自信をもって行える。

●the territorial divisions of scientific academic disciplines「科学的学問分野の領域的分割」は，第1文のmicrodisciplines「専門分野」のことを考えると，scientificは物事の性質が「科学的」であるということではなく，「科学の」程度の意味だと判断できる。「科学の学問領域の区分」などとするのが妥当。

do continents appear from space to be …

直訳 「大陸は宇宙から…であるようには見えない」

●doがあるのはthanの後でよく見られる疑問文と同じ語順の倒置が起きているためであり，continents appear … と同じと考えてよい。

●no more ～ than … の構文の処理のもう一つのポイントは，than以下に否定語はないが，否定文のように訳さなくてはならないことである。continents do not appearと考えて訳す。

●from space「宇宙から」は「宇宙からは」「宇宙から見ると」と言葉を補うか，修飾関係を変えて「宇宙から見た大陸」などと工夫する。

(be) colored to reflect the national divisions of their human inhabitants.

直訳 「その住人の国家的分割を反映するために色をつけられている」

●be colored「色をつけられている」とは，世界地図などで国境をわかりやすくするために，国ごとに異なる色がつけられていることを指していると考えられる。「色分けされて（見える）」などとするとよい。

●to reflectは「～を反映するために」と目的を表す副詞用法の不定詞。

●the national divisions「国家的分割」は「色をつけられている」の意味と考え合わせれば，「国ごとに分断されていること」などとすればわかりやすい。

●of their human inhabitants「その住人の」のtheirはcontinentsを指す。つまり「大陸で暮らす人々の」ということであり，前の部分と合わせると「大陸で暮らす人々が国ごとに分断されていること」などと訳せる。なお，human「人間の」はinhabitantsが「ある場所に生息する動物」も指すので，正確を期すために入っている。

Ⓑ ▶第1文

One way in which we evade responsibility for our actions is …

直訳 「私たちが自分の行動の責任を回避する一つの方法は…である」

●ほぼ直訳のままでよい。in which は，元となるのが in one way といった副詞句であることを踏まえて意味を取る。evade は「～（義務など）を回避する，逃れる」の意。

to hide behind the advice of others.

直訳 「他人の助言の後ろに隠れること」

●ここもほぼ直訳でよいが，「責任回避」の方法という文意から，「陰に隠れる」などとしてもよいだろう。

▶第2文

Indeed, one of the main reasons we ask other people what they think is that …

直訳 「実際，私たちが他の人々に彼らが何を考えるか尋ねる主な理由の一つは…ことだ」

●Indeed は，同文が第1文の具体的説明に当たるので「実際，現に」などの訳がよい。

●one of the main reasons ～ is that …「～ことの主な理由の一つは…ことだ」が文字通りの訳だが，内容上「～ことの主な理由の一つは…からだ」としてもよい。

●we ask other people what they think は ask O_1 O_2「O_1 に O_2 を尋ねる」の第4文型で，この箇所は reasons を先行詞とする関係副詞節。前に why が省略されている。what they think は「何について」かが述べられていないが，第1文の「他人の助言」や第2文後半の内容から，「自分の行動や考えについて」と判断できる。したがって，「どう思うか」と訳すのが妥当。

we hope they agree with what we want to do, and so provide external validation for our choice.

直訳 「彼らが私たちのしたいことに賛成し，そしてそれで私たちの選択に外的承認を与えることを望む」

●we hope they agree with what we want to do の部分はほぼ直訳通りでよい。

●and so provide external validation for our choice は，provide *A* for *B* = provide *B* with *A*「*B* に *A* を与える」が大きな枠組み。等位接続詞 and によって provide が並列されるのが（we）hope なのか，（they）agree なのか勘違いしないように注意。

and 以下に「外的承認を与える」とあるので，agree と並んで they＝other people が主語である。したがって，so「それで」は前述の「私たちのしたいことに賛成することによって」の意となる。external validation「外的承認」はそのままでもわかるが，「外部から承認を与える」などとすればわかりやすい。なお，agree や provide の部分は，「私たち」に恩恵のある事態なので，「賛成してもらう〔くれる〕，与えてもらう〔くれる〕」と補うとよい。英語の第4文型を中心とした，いわゆる「授受」の文では，話者が主語の場合は「やる，あげる」，目的語（誰に）の場合は「もらう，くれる」をつけると自然な文になることが多い。

▶第3文

Lacking the courage of our own convictions, we seek strength in those of others.

直訳 「自分自身の信念の勇気を欠いて，私たちは他人のそれらの中に力を求める」

- Lacking … convictions の部分は分詞構文で，主節の内容から理由を表していると考えられる。the courage of our own convictions「自分自身の信念の勇気」では言葉足らずで意味が不明なので工夫を要する。「勇気」とは，何かを実際に行う気力のことであり，「自分自身の信念を実行に移す勇気」「自分自身の信念に従って行動する勇気」などと内容をよく考えて言葉を補いたい。実際，「勇気をもって自己の所信を実行する」という意味で have the courage of *one's* convictions という表現を用いることもある。
- we seek strength in those of others は those が指すものをきちんと訳出すること。複数形であることから convictions を受けると判断できる。「私たちは他の人の確信に力を求める」となる。なお，「他の人たちの確信」とは，第2文の内容から，「私たち」のしたいことに賛成し「それでよい」と承認を与えた，その確信である。そうした文意を理解していれば，自信をもって解答できるだろう。

(A) 科学は分析を必要とし，専門分野に細分化してきたのは確かである。しかし，このために，科学はかつてないほど総合を必要としている。科学は物事の関連性を扱うものである。自然は科学の学問領域の区分に従うわけではなく，それは，宇宙から見た大陸は，そこに暮らす人々が国家で分断されていることを反映するように色分けされて見えるわけではないのと同じことである。

(B) 自分の行動に対する責任を逃れる方法の一つは，人の助言の陰に隠れることである。実際，私たちが他の人にどう思うか尋ねる主な理由の一つは，彼らに私たちがしたいと思っていることに賛成してもらい，それによって，自分の選択に対して外部から承認を与えてもらいたいと思うからである。自分自身の思うところを実行する勇気がないので，私たちは他の人の確信に力を求めるのだ。

10

2013年度〔1〕

次の英文(A)と(B)を読み，それぞれの下線部の意味を日本語で表しなさい。

(A) The fundamental reason why exceptional creativity and genius tend to elude institutional training is that they arise from many elements, such as motivation and personality, whereas schools, colleges, and universities focus chiefly on only one element : intelligence. Whatever intelligence consists of—and there is still no consensus after a century of intelligence testing—it does not appear to be the same as creativity. Intellectual skills and artistic creativity surely do not mutually exclude each other, but neither do they necessarily accompany each other.

From *Genius: A Very Short Introduction* by Andrew Robinson, Oxford University Press. By permission of Oxford University Press

(B) Like Galileo, Newton stressed the importance of comparing theories and models with experiments and observations of the real world, and always carried out relevant experiments himself, whenever possible, to test his ideas. This is so deeply ingrained as part of the scientific method today that it may seem obvious, even to non-scientists, and it is hard to appreciate the extent to which, even into the seventeenth century, many philosophers would speculate about the nature of the physical world in an abstract way, without ever getting their hands dirty in experiments. The classic example is the argument about whether two different weights dropped from the same height at the same time would hit the ground together.

From *Deep Simplicity : Bringing Order to Chaos and Complexity* by John Gribbin, Penguin

全 訳

(A) 知能と創造性

特異な創造性や非凡な才能が，組織的な教育課程で得られない傾向にある根本的な理由は，そうしたものが動機や個性といった，多くの要素から生じるのに対し，学校，専修学校，大学は主にひとつの要素，つまり知能にのみ焦点を当てるということである。何をもって知能とするのであれ，そして知能テストが行われるようになってから100年経ってもまだその統一見解はないのだが，知能は創造性と同じものであるようには思えない。知的な技能と芸術的な創造性は，確かに互いに排除し合うものではないが，必ずしも相伴うとも限らない。

(B) 科学的手法に必要なもの

ガリレオと同様，ニュートンは理論やモデルを，現実世界の実験や観察と比較する重要性を強調し，可能なときは常に，自分の考えを検証するために，自ら関連する実験を行った。このようなことは，今日の科学的手法の一部として非常に深く浸透しているので，科学者ではない人にとっても明らかなことに思える。そして，17世紀に入っても，多くの哲学者がどれほど物理的世界の性質について，実験で自らの手を汚すことなく，抽象的に思索していたか，きちんと理解するのは難しい。典型的な例は，2つの異なるおもりを同じ高さから同時に落とした場合，同時に地面に着くのかどうかに関する議論である。

解 説

(A) ▶下線部第1文

Whatever intelligence consists of

直訳 「たとえ知能が何で構成されているとしても」

- *A* consist of *B*「*A* は *B* で構成されている」の *B* にあたるのが whatever で，「たとえ何であっても，何であるにせよ」の意の譲歩節をつくっている。consist はそのままの訳でもよいが，「知能が何で成り立っているか」=「どのような要素があれば知能だといえるのか」と考えれば，「何をもって知能とするのであれ」などと意訳できる。なお，intelligence は「知性」や「理解力，思考力」の訳語もあるが，続く箇所に intelligence testing「知能検査」とあることから，「知能」が適切。

—and there is still no consensus after a century of intelligence testing—

直訳 「そして，知能テストの1世紀後にまだ一致はない」

● consensus は「(大多数の) 一致した意見, 統一見解」の意。文脈上,「何をもって知能とするか」に関する統一見解のことだと考えられる。

● a century of は a lot of などと同じ仕組みで「1 世紀間の」と期間を表していると考えるのが妥当。「100 年間の知能テストのあと」ではぎこちないので,「100 年間にわたって知能テストが行われてきたあとに」「知能テストが行われるようになって 100 年経って」などと整えたい。still は「(100 年後) でもまだ, なお」の意。

it does not appear to be the same as creativity.

直訳 「それは創造性と同じであるようには見えない」

● it は intelligence「知能」を指す。

● appear to be ～ は「～であるように見える, 思える」の意。

● the same as ～「～と同じ (もの, こと)」 ほぼ直訳のままでよいが,「知能は創造性と同じものであるようには思えない」と整えるとわかりやすい日本語になる。

▶下線部第 2 文

Intellectual skills and artistic creativity surely do not mutually exclude each other,

直訳 「知的技能と芸術的創造性は確かに互いに互いを排除しない」

● 主語はほぼそのままでよい。

● surely「確かに」はこのあとの but と合わせて「確かに…だが」と譲歩を表す。

● mutually「相互に」と each other「お互い」は意味が重複するが, exclude「～を排除する」の目的語が必要であるため, each other が置かれている (each other は代名詞であって副詞ではない)。「互いに排除し合う」「互いに相容れない」などとすればよい。

but neither do they necessarily accompany each other.

直訳 「しかし, それらは必ずしも互いを伴うとも限らない」

● neither do they … accompany は前述の否定文を受けて,「～もまた…ない」の意の表現。neither のあとは疑問文と同じ語順の倒置になるため, do が入っている。どの部分に「も」をつけるかは文脈次第であり, 注意が必要。同文では主語も目的語も直前の部分と同じなので, 動詞に「も」を含める。また, neither で否定文になっているので, necessarily は「必ずしも～というわけではない, ～とは限らない」と部分否定の訳にしなくてはならない。

(B) **▶下線部第 1 文**

it is hard to appreciate the extent to which, …

直訳 「…の程度を正しく理解するのは難しい」

● it は to appreciate 以下を真主語とする形式主語。appreciate は「正しく理解する, 認識する, 評価する」の意。

●the extent to which S V は「SがVする程度」という直訳ではわかりにくいことが多い。S V to the extent「Sはその程度までVする」がもとになる文であり，「どの程度SはVするか」「どれほどSはVするか」などとするとよい。

even into the seventeenth century, many philosophers would speculate about the nature of the physical world

直訳 「17 世紀に入っても，多くの哲学者は物理的世界の性質について思いめぐらしたものだった」

●even into the seventeenth century の前置詞が in ではなく into であることも丁寧に考えたい。in では「17 世紀においても」だが，into は中に入ってくる「動き」を表す。前の時代から 17 世紀への時間経過を感じさせる語であり，「17 世紀に入っても〔なっても〕」などとしたい。

●would は過去の習慣を表し，「～したものだった」が定番の訳だが，文全体の流れにおさまりにくい。「～していた」とすれば十分過去の習慣であることが伝わる。

●speculate about ～ は「～について熟考する，思いを凝らす」の意。主語が哲学者なので「思索する」などとしてもよい。

●the nature は，あとに of the physical world「物理的世界の」が続くことから考えると「自然」ではなく「性質」の意。

●philosopher の訳は「哲学者」でよいが，17 世紀当時では学問の細分化は起きておらず，現在の文科系の哲学者のイメージとは異なり，むしろ「学者」に近い。現在でも最高学位 Ph. D.「学術博士」が Doctor of Philosophy であるのは，その名残り。ちなみに 17 世紀当時は，現在の物理学にあたる学問の名称は natural philosophy「自然哲学」だった。

in an abstract way, without ever getting their hands dirty in experiments.

直訳 「抽象的な仕方で，実験で自分の手を汚すことはまったくなく」

●speculate を修飾する副詞句が 2 つ，カンマだけで並置されているので，一種の言い換えと考えられ，実際，ほぼ同じことを述べているとも言えるが，without 以下を先に訳して並列すれば，違和感のない日本語になる。

●without ever は，without に「～ない（=not)」の意が含まれているため，not ever = never の意味合いを持つ。ただし，訳文の滑らかさを考えて，あえて「決して～せず」と強く訳出しなくてもよいだろう。

●getting their hands dirty は get O C「OをCにする」の第 5 文型。

▶下線部第 2 文

The classic example is the argument about …

直訳 「古典的な例は…に関する議論である」

●ほぼ直訳のままでよいが，classic には「典型的な」の訳もあるので，「典型（的な）例は」としてもよい。

whether two different weights dropped from the same height at the same time

直訳 「同じ高さから同時に落とされた２つの異なるおもりが…かどうか」

- dropped が述語動詞ではなく，weights を修飾する形容詞用法の過去分詞であることに注意（述語動詞はこのあとの would hit）。
- 直訳のままでも意味はわかるが，「２つの異なるおもりが同じ高さから同時に落とされた場合」などと，節にすればわかりやすい。また，日本語は能動表現を好むので，「おもりを…落とした場合」とすれば，さらに自然になる。

would hit the ground together.

直訳 「いっしょに地面にあたるだろう」

- 文意上，「同時に地面に到達する，地面に着く，着地する」などと日本語を整えたい。文全体の述語動詞は現在形の is だが，whether 以下は過去に行われた議論であるため，would は「２つのおもりを落としたら，その後どうなるか」という未来の will が時制の一致の要領で過去形になったと考えられる。あるいは，主語である whether 節を「～したら」と if 節のように扱えるので，仮定法の would とも考えられるが，いずれにしても，日本語のまとまりを考えると，あえて「だろう」は訳出しなくてよい。

解答

(A) 何をもって知能とするのであれ，そして知能テストが行われるようになってから 100 年経ってもまだその統一見解はないのだが，知能は創造性と同じものであるようには思えない。知的な技能と芸術的な創造性は，確かに互いに排除し合うものではないが，必ずしも相伴うとも限らない。

(B) 17 世紀に入っても，多くの哲学者がどれほど物理的世界の性質について，実験で自らの手を汚すことなく，抽象的に思索していたか，きちんと理解するのは難しい。典型的な例は，２つの異なるおもりを同じ高さから同時に落とした場合，同時に地面に着くのかどうかに関する議論である。

11

2012年度〔1〕

次の英文(A)と(B)を読み，それぞれの下線部の意味を日本語で表しなさい。

(A) Culture is not something in opposition to biology ; rather, culture is the form that biology takes in different communities. <u>One culture may differ from another culture, but there are limits to the differences. Each must be an expression of the underlying biological commonality of the human species. There could not be a long-term conflict between nature and culture, for if there were, nature would always win ; culture would always lose.</u>

From *Mind: A Brief Introduction* by John R. Searle, Oxford University Press

(B) What is cinema and what is a film ? A mere hundred years old, the cinema has — in its different manifestations — become at once so obvious and so ubiquitous that one hardly appreciates just how strange a phenomenon it actually is. <u>Not only an extraordinary entertainment medium, a superb story-telling machine, it also gives a kind of presence and immediacy to the world unparalleled elsewhere, and undreamt of before the cinema was invented. Nothing else seems to give such intense feelings ; nothing involves people so directly and tangibly in the world out there and in the lives of others.</u>

From *Studying Contemporary American Film: A Guide to Movie Analysis* by Thomas Elsaesser and Warren Buckland, Bloomsbury Publishing Plc.

全 訳

(A) 文化の生物学的限界

文化は生態と対立するものではない。それどころか文化とは，生態がさまざまな異なる共同体においてとる形態なのである。ある文化が他の文化と異なっているということはあるかもしれないが，そうした違いにも限度がある。それぞれの文化は，その根底に横たわる人間という種の生物学的な共通性が表れ出たものに違いないからだ。自然と文化の間には，長期にわたる対立というものはありえないだろう。なぜなら，もしそのような対立があるとしたら，自然が常に勝利し，文化は常に敗北することになるだろうから。

(B) 映画の特徴

映画芸術とは，そして映画とはどういうものなのだろうか。映画は，その現れ方こそさまざまであったが，ほんの100年前に生まれるやいなや，すぐにいたるところで目につくものになったので，この現象が実際どれほど奇妙なものであるかということは，ほとんど理解されていないのである。映画は，並外れた娯楽媒体，すばらしい物語装置であるだけでなく，他に並ぶものがなく，映画が発明されるまでは夢想だにしなかったある種の存在感と直接性を世界に与えてもくれる。これほど強烈な感情を与えてくれるものは，映画をおいて他にないように思われる。別の世界や他人の人生に，これほど直接的にまた迫真性を持って人を引き込むものはない。

解 説

(A) ▶下線部第１文

One culture may differ from another culture, but …

直訳 「ひとつの文化は別のもうひとつの文化と異なるかもしれないが…」

- one と another は3者以上のうちの任意のひとつと，それとは別のひとつを指す。日本語では「ある文化」と「(それとは) 別の文化」などとすればよい。
- may はあとの but と合わせて「～かもしれないが…」と譲歩を表す。may は推測や可能性を表すので「～ということもあるだろう」などの訳でもよい。

there are limits to the differences.

直訳 「その違いに制限がある」

- limits to *A*「*A* にかかる制限，限界」の意。*A* が「違い」なので，「限界，限度」などの訳語が適切。

▶**下線部第2文**

Each must be an expression of the underlying biological commonality of the human species.

直訳 「それぞれは，背後にある人間という種の生物学的共通性の表現に違いない」

- Each のあとには culture が省略されている。補って訳す方が文意は明快になる。
- must の訳は「～でなければならない」と「～に違いない」のいずれが適切か微妙な文だが，筆者の判断，つまり「～に違いない」としておく方が無難に思われる。
- an expression of the … commonality は，of の前後が動詞と主語，つまり「commonality が express する」という関係。それを考えると expression は「表現」よりも「表出，表れ（出たもの）」などとするのが適切。the underlying biological commonality は「生物学的共通性」とそのままの訳でもよいが，「生物として共通なところ，点」などと柔らかく訳し広げることもできる。
- of the human species「人間という種」「人類」などと訳を工夫すること。
- 同文は第1文の理由にあたるので，「～に違いないからだ」と補ってもよい。

▶**下線部第3文**

There could not be a long-term conflict between nature and culture,

直訳 「自然と文化の間には，長期的紛争はありえないだろう」

- could は控えめを表す仮定法過去。「ありえなかった」と過去のことのように訳さないように注意。
- conflict は，between 以下が「自然と文化」であることを考えると「対立」「衝突」などの訳語がよい。

for if there were, nature would always win; culture would always lose.

直訳 「というのも，もしあれば，自然は常に勝つだろう。文化は常に負けるだろう」

- for は，「というのも～だからだ」と根拠を添える接続詞。
- if there were は主語にあたる a long-term conflict between nature and culture が省略されている。これをすべて訳出する必要はないが，「そのような対立〔衝突〕があるとすれば」などと補った方がわかりやすい。ここも仮定法過去。
- nature would … always lose はセミコロンで区切られているが，日本語では and で接続されているような訳，つまり「自然が常に勝ち，文化が常に負けるだろう」とする方が自然。

(B) ▶**下線部第1文**

Not only an extraordinary entertainment medium, a superb story-telling machine,

直訳 「並外れた娯楽媒体，優れた物語機械だけではない」

- あとに also があり，not only *A* but also *B*「*A* だけでなく *B* も」の構文であると判

断できる。butがないのは，この箇所がbeingの省略された分詞構文であるため。したがって，末尾は「…であるだけではなく」と処理するのが適切。

- story-telling machineは「物語をしてくれる機械装置」「物語装置」などと訳を工夫したい。

it also gives a kind of presence and immediacy to the world

直訳 「それは一種の存在と直接性を世界に与えもする」

- itはthe cinema「映画」を受ける。
- a kind of *A* は「*A* の一種」とも「一種の *A*」とも訳せる表現だが，前者では明確に「*A* のひとつに含まれるもの」を表し，後者では「*A* と言ってもよいもの」の意になる。この文では後者の訳が適切。
- presence「存在」は，「映画が与えてくれるもの」であることを考えると，「存在感」といったニュアンスで使われていると言える。たとえば，書物と違い，映画では映像が「そこに在る」ということを表している。
- immediacy「直接性」も同様に考えれば，「直接見たり聞いたりできること」を表している。訳語としては「直接性」のままでも通用するだろう。

unparalleled elsewhere, and undreamt of before the cinema was invented.

直訳 「他のところには並ぶものがなく，映画が発明される以前には夢にも思われなかった」

- unparalleledとundreamtは，内容から考えてthe worldではなく，presence and immediacyを後置修飾していると判断すべき。
- elsewhere「他のところには」は「映画以外のところには」の意。具体的な場所ではなく，「娯楽や表現の分野」の意味での「ところ」である。訳は「他には」で十分。
- undreamt ofのofは，もとになる動詞dreamのdream of *A*「*A* を夢見る」という語法の名残で，省略することもある。undreamという動詞で使われることはなく，undreamt〔undreamed〕(of) で「夢にも思わない」という形容詞のみ。
- before the cinema was inventedは，内容とカンマの使い方から，undreamt ofのみにかかると判断すること。

▶下線部第2文

Nothing else seems to give such intense feelings ;

直訳 「他の何もそれほど強烈な感情を与えないようである」

- elseは「映画の他に」の意。そのように訳出してもよい。
- Nothingで表される否定の意味は，日本語でどこに入れるのがわかりやすく自然か考えたい。もともとthing「もの」が否定されているのだから，「他に～するものはない」などとできる。

nothing involves people so directly and tangibly

直訳 「人々をそれほど直接的に，そして明白に巻き込むものはない」

● tangibly の訳がポイントとなる。映画では映像や音声があり，文字媒体と違って，直接描かれている人物などだけでなく，その周囲の様子もすべて同時に見ることができる。そうした具体性や直接性を表しており，もとの形容詞 tangible が「触れることができる（ほど明らかな）」の意であることも考えると，「迫真性〔現実味，臨場感〕を持って」などと訳せる。

● involves は，人の立場から言えば「（映画に）引き込まれる」ことになるので，「引き込む」と訳すとわかりやすい。

in the world out there and in the lives of others.

直訳 「外のそこにある世界や他人の人生の中に」

● involves を修飾する部分。

● out there は here ではない場所を漠然と表すが，同文では鑑賞者から見た映画の中の世界を指している。and 以下の内容とのバランスから「他の世界」程度でよい。

● others は具体的には映画の登場人物のことだが，訳語としては「他人」でよい。

解答

(A) ある文化が他の文化と異なっているということはあるかもしれないが，そうした違いにも限度がある。それぞれの文化は，その根底に横たわる人間という種の生物学的な共通性が表れ出たものに違いないからだ。自然と文化の間には，長期にわたる対立というものはありえないだろう。なぜなら，もしそのような対立があるとしたら，自然が常に勝利し，文化は常に敗北することになるだろうから。

(B) 映画は，並外れた娯楽媒体，すばらしい物語装置であるだけでなく，他に並ぶものがなく，映画が発明されるまでは夢想だにしなかったある種の存在感と直接性を世界に与えてもくれる。これほど強烈な感情を与えてくれるものは，映画をおいて他にないように思われる。別の世界や他人の人生に，これほど直接的にまた迫真性を持って人を引き込むものはない。

12

2011 年度〔1〕

次の英文(A)と(B)を読み，それぞれの下線部の意味を日本語で表しなさい。

(A) Silence is an act of nonverbal communication that transmits many kinds of meaning dependent on cultural norms of interpretation. Our tendency to describe silence as an absence of speech reveals a particular cultural bias, implying that something is missing, but silence is a "something" with purpose and significance. <u>Silent behavior occurs in all societies, although its message varies both between and within different groups. It conveys meaning, as does all communication, partly from the situational and interactional contexts of its use. Emphasizing the "use" of silence also focuses on the fact that silence does not simply exist but is actively created by participants.</u>

From *Language, Culture, and Communication* by Nancy Bonvillain, Prentice Hall

(B) Freedom of the mind requires not only, or not even especially, the absence of legal constraints but the presence of alternative thoughts. <u>The most successful tyranny is not the one that uses force to assure uniformity but the one that removes the awareness of other possibilities, that makes it seem inconceivable that other ways are viable, that removes the sense that there is an outside.</u> It is not feelings or commitments that will render a man free, but thoughts, reasoned thoughts.

From *THE CLOSING OF THE AMERICAN MIND* by Allan Bloom.

全　訳

(A) 沈黙の意味

沈黙とは，解釈の文化的規範によってさまざまな種類の意味を伝える，非言語的伝達の行為である。私たちが沈黙を発話の欠如と評しがちであることは，何かが欠けているということを暗示する，ある特定の文化的先入観を示しているが，沈黙とは目的と意味を持った「何か」である。沈黙という行為は，それが伝えるメッセージは異なる集団間でも集団内でもさまざまではあるが，あらゆる社会で生じるものである。すべての意思伝達と同様，沈黙は，一部にはそれが使われる場面ややり取りの文脈から意味を伝える。沈黙の「活用」を強調することは，沈黙がただ存在するのではなく，当事者が積極的に創り出すものであるという事実に焦点を当てることにもなるのだ。

(B) 精神の自由に必要なもの

精神の自由というものには，法的な束縛がないということだけが必要なわけではなく，あるいはそういったものがないということを取り立てて必要としているのでもない。そうではなく，他の考え方があるということも必要なのだ。最も成功する専制政治とは，画一性を確保するために実力に訴えるものではなく，他の可能性があることに気づかせず，他の方法が実行可能だということなどありえないように思わせ，他の世界があるとは感じさせない政治である。人間を自由にするのは，感情や関与ではなく，思考，それも筋の通った思考なのだ。

解 説

(A) ▶下線部第1文

Silent behavior occurs in all societies,

直訳 「沈黙の行為はすべての社会で起こる」

- Silent behavior「沈黙という行為」と，同格的に表現すると自然。
- occurs は主語とのバランスを考えて「生じる」「行われる」などと訳すとよい。
- in all societies「すべての社会で」で間違いではないが，「あらゆる社会で」などとすると日本語が美しい。

although its message varies both between and within different groups.

直訳 「そのメッセージは異なる集団の間と内部の両方で変わるけれども」

- its message「それが伝えるメッセージ」あるいは「それが伝えること」などと言葉を補うとよい。
- varies「異なる」「さまざまである」などと訳すとわかりやすい。
- between と within が different groups という目的語を共有している。between は「異なる集団間で」，within は「それぞれの集団の内部で」ということ。

▶下線部第2文

It conveys meaning, …, partly from the situational and interactional contexts of its use.

直訳 「それは…一部にはそれの使用の状況的，相互作用的文脈から意味を伝える」

- It は「沈黙という行為」を表す。
- partly from the … contexts of its use は「一部にはそれ（＝沈黙）が使われる文脈から」と，名詞 use を動詞に変換して訳すとよい。一般的に，英語は名詞中心の表現が多いが，日本語では動詞（述語）を含む表現の方が自然であることが多い。
- situational は，もとの名詞が situation「置かれている状況」であることを考慮して訳語に工夫を加える。
- interactional も，interaction「相互作用」がこの場合は「人と人とのやり取り」を表すことから訳を考える。

as does all communication

直訳 「あらゆるコミュニケーションがするように」

- as は「～する（のと同じ）ように」と様態を表す接続詞で conveys を修飾する。
- does は conveys meaning partly from … its use を表す代動詞。主語 all communication と倒置になっているが，通常の語順 all communication does と，訳の上での違いは生じない。

▶下線部第 3 文

Emphasizing the “use” of silence also focuses on the fact that …

直訳 「沈黙の『使用』を強調することは…という事実に焦点を当てもする」

- use は下線部第 2 文と同様，「沈黙を『用いること』」などと，動詞に変換することもできる。
- also の「も」は，「焦点を当てることにもなる〔ことでもある〕」などと滑らかに。

silence does not simply exist but is actively created by participants.

直訳 「沈黙は単に存在するのではなく，参加者によって積極的に創造される」

- not simply … but ～ は，文意から not only *A* but also *B*「*A* だけでなく *B* も」というより，not *A* but *B*「*A* ではなく *B*」で，simply は exist を修飾すると考えられる。
- actively は is created とのバランスから「積極的に」「能動的に」などがふさわしい。
- participants とは「会話に参加している人たち」のこと。「当事者」と訳すと簡潔。

(B) The most successful tyranny is not the one that uses force to assure uniformity but …

直訳 「最も成功する専制政治は画一性を確実にするために力を使うものではなく…である」

- 文全体は not *A* but *B*「*A* ではなく *B*」の構文。
- the one は「専制政治」を受ける代名詞。

●uses force は「力に訴える」「実力行使する」などと工夫する。

●to assure の不定詞は「～するために」と目的を表す副詞用法。assure は「確保する」などと訳すと目的語とのバランスがよい。

●uniformity は，後続の内容から「他に可能性のないこと」を表しており，「画一性」などと訳せる。

the one that removes the awareness of other possibilities,

直訳 「他の可能性の認識を取り除くもの（＝政治)」

●that は the one を先行詞とする主格の関係代名詞。このあとに続く that makes と that removes も同様。

●the awareness of other possibilities は（be） aware of other possibilities の名詞化であり，「他の可能性に気づくこと」などとできる。これを removes「取り除く」とは，「気づかなくさせる，気づかせない」ということになる。

that makes it seem inconceivable that other ways are viable,

直訳 「他の方法が実行可能であることをありえないように思わせる（政治)」

●it は that 以下「他のやり方が実行可能だということ」を受ける形式目的語。makes は使役動詞として使われており，make it seem … 「it を…に見えさせる，思わせる」となっている。

●inconceivable「思いもよらない，ありえない」

that removes the sense that there is an outside.

直訳 「外部があるという感覚を取り除く（政治)」

●the sense that の that は同格。「～という感覚」となる。それを「取り除く」というのは，「感覚を奪う」「感じなくさせる」ということ。

●an outside「外部，外側」とは，「自分たちがいる世界の外」つまり「自分たちのとは違う世界」のこと。「外の世界」「別の世界」などとすれば十分。

解答

(A) 沈黙という行為は，それが伝えるメッセージは異なる集団間でも集団内でもさまざまではあるが，あらゆる社会で生じるものである。すべての意思伝達と同様，沈黙は，一部にはそれが使われる場面ややり取りの文脈から意味を伝える。沈黙の「活用」を強調することは，沈黙がただ存在するのではなく，当事者が積極的に創り出すものであるという事実に焦点を当てることにもなるのだ。

(B) 最も成功する専制政治とは，画一性を確保するために実力に訴えるものではなく，他の可能性があることに気づかせず，他の方法が実行可能だということなどありえないように思わせ，他の世界があるとは感じさせない政治である。

13

2010年度〔1〕

次の英文(A)と(B)を読み，それぞれの下線部の意味を日本語で表しなさい。

(A) Some people still persist in a view of the natural world and its inhabitants as having no other value than to serve humans as tools, objects, and resources. This approach is very different from that of indigenous people who recognize no such hierarchy and do not see a separating wall between humans and the animal and plant kingdoms. They regard all creatures of the earth as fellow travelers and spiritual teachers.

From *A Beginner's Faith in Things Unseen* by John Hay, SpiritualityandPractice.com

(B) A legacy of humans' evolutionary past is the fact that extensive brain development occurs after a child is born. Other creatures have a genetic inheritance that includes a specialized body and mind fitted to a specific environment, but humans have a brain that grows while exposed to the environment. Brain development and the environment interact. A child is born with an ability to grasp complex patterns and learn from a wide number of possible environments. Interaction with the environment shapes a child's brain, narrowing its learning potential to fit the actual community in which the child lives.

From *Manual of Articulation and Phonological Disorders : Infancy through Adulthood* (*second edition*) by Ken Mitchell Bleile, Thomson Learning

全 訳

(A) 自然界に対する異なる姿勢

自然界とそこに住む生物を，道具，単なる物，あるいは資源として人間の役に立つ以外には何の価値もないとする考え方に，いまだに固執している人々がいる。この姿勢は，そのような序列を認めず，人間と動植物界を隔てる壁があるとは思っていない原住民の姿勢とは大きく異なる。彼らは，地球上のすべての生物は旅の友であり，精神的な師であると考えるのだ。

(B) 脳の発達と環境の相互作用

人類の進化の歴史の遺産は，人間の子供は生まれたあとに，脳が大きく発達するということである。他の生物は，特定の環境に合った特殊な体と頭脳を含む遺伝的な継承体質を有するが，人類は環境に触れる中で発達する脳を持っている。脳の発達と環境とは相互に作用しあう。子供は複雑な世の中のしくみを理解し，出会う可能性のある数多くの環境から学ぶ能力を持って生まれる。環境と相互作用することによって，子供の潜在的学習能力は，その子が実際に暮らしている社会に適合するように絞り込まれ，その脳が形づくられていくのである。

解 説

(A) ▶下線部第1文

Some people still persist in a view of the natural world and its inhabitants as …

直訳 「ある人たちは…としての自然界とその居住者たちの見方にまだ固執している」

- Some people …「…する人が〔も〕いる」と，述語動詞以下が主語 people にかかるように訳すと自然。
- persist in ～「～に固執する」
- a view of *A* as *B*「*B* としての *A* の見方」は，view *A* as *B*「*A* を *B* と見なす」の名詞化。「*A* を *B* と見ること，*A* を *B* とする考え方」など，内容がよりわかりやすく伝わるよう日本語を工夫する。
- its inhabitants「その居住者」は，「自然界に暮らすものたち」=「そこに住む生物」のこと。

having no other value than to serve humans as tools, objects, and resources.

直訳 「道具，物，資源として人間の役に立つより他の価値を持たない」

- other ～ than …「…より他の～」は「…以外の～」とできる。
- objects は多義的だが，「生物」なのに「ただのモノ」と見なしているというニュアンスと考えられる。

▶下線部第2文

This approach is very different from that of indigenous people

直訳 「この接近（方法）は現地の人々のそれとはたいへん違う」

- This approach「この接近（方法）」は，第1文の a view のことを指しているので，「考え方」「とらえ方」「(物事に対する) 姿勢」などとするとよい。
- that は前述の名詞を受け，修飾語句のみを変えるときの代名詞。the approach に相当するので，上記の approach の訳とそろえる。

● indigenous people「現地の人々」とは「原住民，先住民」のこと。

who recognize no such hierarchy

直訳 「そのような階層を認めない（原住民）」

● recognize「認める」は，「あるものが存在すると認める」というニュアンス。

● such hierarchy「そのような階層」とは，「自然界の生物は人間の役に立つ以外に何の価値もない」，つまり人間が上でその他の生物はその下に位置するという見方のこと。訳語はそのままでもよいし，「上下関係」「序列」などとしてもよい。

and do not see a separating wall between humans and the animal and plant kingdoms.

直訳 「そして人間と動物界，植物界の間の仕切り壁を見ない（原住民）」

● see は「見て取る」，つまり「そういうものがあると理解する」のニュアンスで前述の recognize とほぼ同じ意味合い。「～があるとは思っていない」などとわかりやすい訳語を選ぶ。

● a separating wall between *A* and *B*「*A* と *B* を隔てる壁」 between が separating にかかるように訳すと自然。

● kingdom には「～界」の訳語が適当。the animal and plant kingdoms「動植物界」

(B) ▶下線部第１文

Brain development and the environment interact.

直訳 「脳の発達と環境は相互作用する」

● 直訳のままで問題ないが，「相互に作用しあう」「脳の発達と環境とは相互作用をする」など，少し言葉を足すとさらに読みやすくなる。

▶下線部第２文

A child is born with an ability to …

直訳 「子供は…する能力とともに生まれる」

● be born with ～ は「～を持って生まれる」「生まれながらに～を持っている」などとする。

grasp complex patterns and learn from a wide number of possible environments.

直訳 「複雑なパターンをつかみ，幅広い数の可能な環境から学ぶ（能力）」

● grasp「つかむ」=「把握する，理解する」

● complex patterns は「世の中に存在するさまざまな物事のしくみ」のことを指していると考えられる。あいさつの仕方ひとつでも，出会った相手が友達か，友達の親か，先生かによって変わってくる。ここでの pattern とはそうした「型」のことである。あまり説明的になる必要はないが，ただ「パターン」として終わるのではなく，どういうことを表しているのかイメージして訳語を考えるようにしたい。

- a wide number of ～「数多くの～」
- possible environments は「その子が置かれる可能性のある環境」ということ。「出会う可能性のある環境」などと工夫するとよい。

▶下線部第３文

Interaction with the environment shapes a child's brain,

直訳 「環境との相互作用は子供の脳を形づくる」

- 直訳のままでもよいが，無生物主語なので「環境との相互作用によって，子供の脳は形づくられる」などとすることもできる。その場合，意味上の主語が同じである分詞構文 narrowing の訳も合わせることを忘れないようにしたい。

narrowing its learning potential to fit the actual community in which the child lives.

直訳 「その学習する潜在能力を，その子が生きる実際の共同体に合うように狭める」

- narrow「～を狭める」では否定的な意味合いが強いので，「～を絞り込む」などとしたい。分詞構文は付帯状況であり，訳しあげても訳しおろしてもよいだろう。
- its learning potential の its は the child's の意。potential は「潜在能力」だが，learning「学習（する）」という形容詞と合わせて「潜在的学習能力」とするとよい。
- to fit「～に合う〔適合する〕ように」 目的を表す副詞的用法の to 不定詞。narrow にかかっている。
- the actual community「実際の共同体」は，前文の possible environments「出会う可能性のある環境」に対して，その子が現実に置かれている社会のこと。community は society よりも「身近な地域共同体」といったニュアンスを持つ。actual と合わせて，実際にその中に身を置いており，生身の人間に対してもっとも影響力の強い社会を表すために使われていると考えられる。訳語としては「社会」でよい。
- in which the child lives「その子が生き（てい）る〔暮らしている〕」は community を修飾する関係代名詞節。

解答

(A)　自然界とそこに住む生物を，道具，単なる物，あるいは資源として人間の役に立つ以外には何の価値もないとする考え方に，いまだに固執している人々がいる。この姿勢は，そのような序列を認めず，人間と動植物界を隔てる壁があるとは思っていない原住民の姿勢とは大きく異なる。

(B)　脳の発達と環境とは相互に作用しあう。子供は複雑な世の中のしくみを理解し，出会う可能性のある数多くの環境から学ぶ能力を持って生まれる。環境と相互作用することによって，子供の潜在的学習能力はその子が実際に暮らしている社会に適合するように絞り込まれ，その脳が形づくられていくのである。

14

2009 年度〔1〕

次の英文(A)と(B)を読み，それぞれの下線部の意味を日本語で表しなさい。

(A) Slang is more pervasive than ever, and teachers nationwide are wearying of the unyielding fight against improper speech and a breed of student that simply refuses to learn the correct way to use language. <u>Furthermore, when asked what they perceive to be the cause of this situation, most of them point straight at new inventions, such as e-mail, cell phones, and *instant messaging, wholeheartedly believing them to be the source of any perceived decline in youth literacy.</u>

From Instant Messaging : The Language of Youth Literacy, by David Craig, *The Boothe Prize Essays 2003*

(B) The current understanding of anticipated climate change and its effect on ecosystems and societies, uncertainties and all, is not anecdotal. Rather, it is articulated explicitly as a consensus view of a world-wide community of researchers. Too few politicians and members of the public appreciate this. And <u>although not every individual scientist involved will fully agree with each sentence and each probability estimate in the **IPCC's reports, few if any will seriously question that what the IPCC delivers is as good a piece of scientific advice on climate change as anyone could hope to get.</u>

From Rising to the climate challenge, *Nature Vol. 449. No. 755* (*2007/10/18*)

〔注〕

*instant messaging　「インスタント・メッセージ」(対話やメッセージのやりとりなどができるインターネット上の機能)

**IPCC　気候変動に関する政府間協議会

全 訳

(A) スラングに対する教師の認識

スラングはいまだかつてないほど広く使われ，国中どこでも教師たちは不適切な話し方との，また正しい言葉遣いを学ぶことを頑なに拒絶するタイプの生徒たちとの手強い戦いにうんざりしている。さらに，この状況を招いた原因は何だと思っているのかと尋ねられると，教師たちの大半は，Eメール，携帯電話，インスタント・メッセージのような新しい発明品を即座に挙げる。認識されている若者の読み書き能力の低下がどのようなものであれ，これらのものがその原因だと，心底信じているのだ。

(B) 気候変動とその影響の予測について

予想される気候変動と，その生態系や社会への影響，および不確定要素その他に関する現在の理解は，信頼できない話ではない。むしろそれは，世界中の科学者の集団の一致した意見として明確に述べられている。このことを正しく理解している政治家や一般の人はほとんどいない。そして関係するすべての科学者が，IPCC の報告書にあるすべての文面や確率評価について全面的に賛成しているわけではないが，IPCC がもたらす情報は，だれもが手にすることを望みうる，気候変動に関する最も優れた科学的助言であるということを本気で疑う者は，たとえいたとしてもきわめて少数であろう。

解 説

(A) Furthermore, when asked what they perceive to be the cause of this situation,

直訳 「さらに，この状況の原因は何であると理解しているか尋ねられるとき」

- when asked＝when (they are) asked　副詞節では，主節と同じ「主語＋be 動詞」が省略されることがある。when は「～すると」の方がつながりはなめらか。
- perceive *A* to be ～「*A* が～であるとわかる，理解する」の *A* が what になっている。

most of them point straight at new inventions, such as e-mail, cell phones, and instant messaging,

直訳 「彼らのほとんどは，Eメールや携帯電話やインスタント・メッセージのような発明をまっすぐに指差す」

- point straight at ～ の point at ～「～を指差す」は「指摘する」こと，straight は

「迷いなく，ぐずぐずせず，即座に」のニュアンス。

- ~, such as …「(たとえば) …のような~」は例を挙げる表現。such ~ as … となることもある。

wholeheartedly believing them to be the source of any perceived decline in youth literacy.

直訳「それらが，若者の読み書き能力において認識されているどのような低下であれ，その源であると心から信じて」

- wholeheartedly 辞書では「真心をこめて」の訳が見られるが，文脈上「心全部で」=「心底」と文字通りの意味で解釈すべき。
- believe *A* to be ~「*A* が~であると信じている」 believing は付帯状況の分詞構文。
- any は肯定文中では単数名詞を伴って「どのような~でも」の意。
- source「源」=「(直接の) 原因」

(B) **although not every individual scientist involved will fully agree with …**

直訳「関係するすべての個々の科学者が完全に…に賛成するわけではないだろうが」

- not every ~「すべての~が…というわけではない」 部分否定。fully とも呼応し「完全に…というわけではない」というニュアンスも生んでいる。individual「個々の」は every を強調するための語句。「ひとりひとり，それぞれに」きちんと聞いてみれば，意見がまったく一緒とはいかない，ということ。必ずしも訳出しなくてよい。
- involved「関係している」は名詞を後ろから修飾する。
- will は現在の事柄に関する推量を表す。

each sentence and each probability estimate in the IPCC's reports,

直訳「IPCC の報告の個々の文，個々の見込みの見積もり (に賛成する)」

- each は前述の every や individual と同様，「ひとつひとつ丁寧に確認すれば」のニュアンスを持つ。
- probability estimate「見込み〔確率〕の見積もり」が直訳だが，「確率評価〔推定〕」という定訳がある。
- in the IPCC's reports「IPCC の報告 (書) 中の」は sentence にも estimate にもかかる。

few if any will seriously question that …

直訳「もしいるとしても，わずかしか…ということを真剣に疑わないだろう」

- few は few scientists の意。
- if any は few や little のあとで「いる〔ある〕としてもほとんどない」の意。本文にはカンマはないが，カンマではさんで表記されることが多い。

●question that ～「～ということを疑う」は通常，否定文で使われる。

what the IPCC delivers is …

直訳 「IPCC が述べることは…である」

●deliver「～を伝える，述べる」

as good a piece of scientific advice on climate change as anyone could hope to get.

直訳 「だれであれ手に入れることを望めるのと同じくらい良い，気候変動に関する科学的助言」

●good a piece of scientific advice の通常の語順は a good piece of scientific advice だが，as ～ as … の前の as は副詞であり，名詞を修飾することができないので，a＋形容詞＋名詞は as の後ろでは形容詞＋a＋名詞の語順になる。なお，advice は不可算名詞なので，数える必要があるときには a piece of ～ を使う。この文脈では a piece of ～ の訳出は不要。

●on climate change「気候変動に関する」

●anyone は肯定文中では「だれでも」の意。結果的に as ～ as any …「どの…にも劣らず～」の構文になる。内容としては最上級に等しい。

●could は「(だれでも) ～できるだろう」の意の仮定法過去。上記の as ～ as any … と組み合わせれば「だれが入手することを望むとしても，その望みうるものに劣らないくらい良い」＝「だれが望むのにも劣らず良い」＝「望みうる最も良い」ということになる。

解答

(A) さらに，この状況を招いた原因は何だと思っているのかと尋ねられると，教師たちの大半は，Eメール，携帯電話，インスタント・メッセージのような新しい発明品を即座に挙げる。認識されている若者の読み書き能力の低下がどのようなものであれ，これらのものがその原因だと，心底信じているのだ。

(B) 関係するすべての科学者が，IPCC の報告書にあるすべての文面や確率評価について全面的に賛成しているわけではないが，IPCC がもたらす情報は，だれもが手にすることを望みうる，気候変動に関する最も優れた科学的助言であるということを本気で疑う者は，たとえいたとしてもきわめて少数であろう。

15

2008 年度〔1〕

次の英文(A)と(B)を読み，それぞれの下線部の意味を日本語で表しなさい。

(A) When Takanori Shibata first began robotic research 14 years ago, he wasn't interested in inventing a robot to help with jobs around the house. He wanted to design something that would improve the quality of people's lives. Shibata thought about animals and how they enriched the lives of the people who interact with them.

As Shibata studied the interplay between animals and humans, he learned how pets have positive psychological and social effects on people, and began focusing on that aspect. In addition to cheering people up, domesticated animals can reduce stress and encourage communication in humans, particularly people who suffer mental and physical problems. He decided to design a therapeutic robot, one that would be unfamiliar, yet lovable. In 1998, he created Paro, modeled after a baby harp seal.

From Animals provided inspiration for therapeutic robot by SEANA K. MAGEE, *The Japan Times* (*Kyodo*), *June 16, 2007*

(B) How we handle our own feelings of impatience, hostility, and anger is a far more powerful example to our children than what we tell them to do with theirs. We don't want to impose our black moods on our children, but neither do we want to pretend that our angry feelings don't exist. In any case, we may as well be honest, for even when we try to cover up our anger, our children sense how we feel.

全 訳

(A) 心理療法ロボットの開発

柴田崇徳は，初めてロボットの研究を始めた 14 年前，家庭での仕事を助けるロボットの発明には興味がなかった。彼は人々の生活の質を高めるものを設計したいと思っていた。柴田は，動物について，そして動物が彼らとふれあう人々の生活をいかに豊かにしてくれるかについて考えた。

柴田は，動物と人間との相互作用について研究していく中で，ペットが人々にどれほど心理的かつ社会的な好ましい影響を与えるかを知り，その面に注目し始めた。ペットは人々を元気づけるだけでなく，人間の，特に心や体の問題を抱えている人々のストレスを軽減したり，コミュニケーションを促したりすることがある。彼は人の心を癒すロボット，おなじみのロボットとは違うが愛らしいものを作ることにした。1998 年，彼はタテゴトアザラシの赤ちゃんをモデルにしたパロを創作した。

(B) 感情を隠さないことの大切さ

私たちが自分自身のいらだち，敵意，怒りの感情にどのように対処するかを示すことは，子供たちに対して，そういう感情をどう処理するかを口で言うよりもはるかに説得力のある手本となる。私たちは自分のむっとした気分を子供に押しつけたいとは思わないが，自分たちの怒りの感情が存在しないようなふりもしたくはないものである。いずれにせよ，私たちは正直でいる方がよい。なぜなら，怒りを隠そうと思っても，子供は私たちがどういう気持ちなのかを感じ取るからである。

解 説

(A) ▶下線部第１文

As Shibata studied the interplay between animals and humans,

直訳 「柴田は動物と人間の間の相互作用を研究しながら」

● as S V「S が V しながら，S が V するうちに」 同時進行を表す。

● the interplay between ～「～（の間）の相互作用」

he learned how pets have positive psychological and social effects on people,

直訳 「彼はペットがいかに人間に肯定的な心理的社会的影響を持っているか学んだ」

● learned「知った」 この語は「学んだ」が適切とは限らない。新しい情報や知識を得ることを表す語である。

●positive「肯定的な」ということなので,「好ましい,望ましい」などと意訳できる。

●have effects on ～「～に影響を与える,及ぼす,影響がある」

and began focusing on that aspect.

直訳 「そして,その側面に焦点を当て始めた」

●focus on ～「～を重点的に扱う」ということ。文脈に合わせて「～を集中的に研究した」など意訳が可能。

▶下線部第2文

In addition to cheering people up,

直訳 「人々を元気づけることに加えて」

●in addition to ～「～に加えて,～だけでなく」

●cheer *A* up「*A* を励ます,元気づける」

domesticated animals can reduce stress …

直訳 「飼い慣らされた動物はストレスを減らす可能性があり…」

●domesticated animals「飼い慣らされた動物」→「ペット」

●can reduce stress の can は可能性。reduce は目的語に合った訳語を選択。「ストレスを軽減することがある」

and encourage communication in humans,

直訳 「そして,人間の中のコミュニケーションを促進する(可能性がある)」

●can に続く述語動詞の二つめ。

●encourage「～を促進する,奨励する」 目的語とのバランスを考えて訳語を選ぶ。

●communication in humans「人間の中のコミュニケーション」とは「人が他の人と意思疎通をすること」ひいては「意思疎通しようという気持ち」と考えられる。つまり,「人と接しようとすること」という含みを持っている。

particularly people who suffer mental and physical problems.

直訳 「とりわけ,精神的な,そして身体的な問題を被っている人たち」

●直前の humans の補足。

●suffer「(苦痛など)を経験する,被る」→「(問題)を抱えている」

●mental and physical problems は「心や体の問題」とすれば語調がやわらぐ。

▶下線部第3文

He decided to design a therapeutic robot,

直訳 「彼は治癒力のあるロボットを設計することを決意した」

●decided to *do*「～することにした」くらいの柔らかい訳でもよい。

●design「設計する」だが,ここでは「作る」くらいの訳で十分だろう。

●a therapeutic robot「治癒力のあるロボット」は,前述の内容から「心理面での治癒力がある」,つまり「人の心を癒すロボット」と言える。

one that would be unfamiliar, yet lovable.

直訳 「なじみがないが，それでも愛らしいもの」

● robot を補足説明している箇所。one は a robot，that は関係代名詞。

● would be は「まだできていないが，できた暁には～なるだろう」というニュアンス。

● unfamiliar「なじみのない」は，従来のロボットのイメージと違うことを表す。

● yet lovable「それでも愛らしい」 yet は but よりも強く対比を表す。lovable「愛らしい，かわいい，魅力的な」

(B) ▶下線部第1文

How we handle our own feelings of impatience, hostility, and anger is …

直訳 「どのようにして私たちが自分自身のいらだち，敵意，怒りに対処するかは…である」

● how S V「どのようにしてSがVするか，SがVする方法」だが，比較の対象が what we tell「私たちが何を言うか」であり，「実際に対処する方法を見せること」と言葉を補うとよい。

● handle「～を扱う，～に対処する」

● our own feelings of ～「～という私たち自身の感情」 of は同格。

a far more powerful example to our children than …

直訳 「子供たちにとって…よりはるかに強力な例」

● far は比較級を強調する副詞。「(…より) はるかに～」のニュアンス。

● an example to ～は「～にとっての手本，模範」が適切。

● powerful は「手本」との関係で「説得力のある，影響力の大きい」などとする。

what we tell them to do with theirs.

直訳 「私たちが彼らに，彼らのものに関してしなさいと言うこと」

● 文構造が取りにくいので注意。tell *A* (人) to *do* とも見えるが，それでは what (目的語になるはず) の説明がつかない。what を tell *A* (人) *B* (物) の *B* (物) の位置に当てはめると，結果的に what to do with ～「～をどう処理するか」という内容が見えてくる。

● them は our children，theirs は their feelings of impatience, hostility, and anger。

● 前述の通り，How ～と what ～が比較されており，「実際にどうするか (を示す)」の方が，「何をしなさいと言う」より説得力がある，という内容を十分把握して訳す。

▶**下線部第２文**

We don't want to impose our black moods on our children,

直訳 「私たちは，私たちの暗澹とした気分を子供に押しつけたいとは思わない」

- impose *A* on *B*「*A* を *B* に押しつける」
- black moods「暗澹たる気分」は具体的には，前述の「いらだち，敵意，怒り」。これらを「人に押しつける」というのは，「そういう気持ちから人にあたる」といったところであろう。

but neither do we want to pretend that our angry feelings don't exist.

直訳 「しかし，私たちは私たちの怒った感情が存在しないふりもしたくない」

- neither V S は前述の否定文を受けて，「またＳもＶしない」。V S は疑問文の語順の倒置。何を「も」とするかは内容次第。ここではＳＶは前と同じ we want であり，それに続く不定詞が新たなものになっている。「～もしたくない」と訳す。
- pretend that ～「～というふりをする」
- ここは「親として」望まないことを述べており，解答例の「～ものである」は「親としてこうありたいものだ」という気持ちを表すのに添えた。

解答

(A) 柴田は，動物と人間との相互作用について研究していく中で，ペットが人々にどれほど心理的かつ社会的な好ましい影響を与えるかを知り，その面に注目し始めた。ペットは人々を元気づけるだけでなく，人間の，特に心や体の問題を抱えている人々のストレスを軽減したり，コミュニケーションを促したりすることがある。彼は人の心を癒すロボット，おなじみのロボットとは違うが愛らしいものを作ることにした。

(B) 私たちが自分自身のいらだち，敵意，怒りの感情にどのように対処するかを示すことは，子供たちに対して，そういう感情をどう処理するかを口で言うよりもはるかに説得力のある手本となる。私たちは自分のむっとした気分を子供に押しつけたいとは思わないが，自分たちの怒りの感情が存在しないようなふりもしたくはないものである。

16

2007年度〔1〕

次の英文(A)と(B)を読み，それぞれ下線部の意味を日本語で表しなさい。

(A) Scientists and animal trainers have devoted their lives to trying to understand what the world looks like to animals. After all, the planet is full of perceptive creatures—of whom we are a small minority—and it's more than a matter of idle curiosity to consider how life appears to them. Humans can't help approaching this problem from a human perspective. We posit our own intelligence, our behavior, emotions, and language skills, as the norm. A horse-trainer friend of mine is often asked if horses are intelligent. "It depends who's writing the test," he likes to say. I've often wondered how it would turn out if humans weren't the ones writing the tests, defining the norm.

From What Do Animals Think ?, *Discover on May 1, 2005*, by Verlyn Klinkenborg

(B) Communication is far more than speech and writing. Most of us are unaware that we are communicating in many different ways even when we are not speaking. The same goes for other social animal species. We rarely learn about this mostly non-verbal human communication in school even though it is very important for effective interaction with others. Growing up in a society, we learn how to use gestures, glances, slight changes in tone of voice, and other auxiliary communication devices to modify or emphasize what we say and do. We learn these highly culture-bound techniques over years largely by observing others and imitating them.

From *Hidden Aspects of Communication* by Dennis O'Neil, Palomar College

全 訳

(A) 人間の視点と動物の視点

科学者や動物の調教師たちは，生涯をかけて，動物には世界がどのように見えているかということを理解しようとしてきた。そもそも，この惑星は知覚力のある生物であふれており，私たち人間はそれらのうちのごく少数派である。だから，動物にとってこの世界がどのように見えるかを考えることは，単なる好奇心以上の問題なのである。人間は，この問題に対し，どうしても人間の視点から取り組んでしまう。私たちは自身の知能，行動，感情，言語技能を基準として考えてしまう。馬の調教師をしている私の友人は，馬は知能が高いのかとよく聞かれる。「それは，誰がそのテストを作るかによるね」と言うのを彼は好む。もし，テストを作って基準を定義する者が人間でなければ結果はどうなるであろうか，と私はしばしば思う。

(B) 言葉によらない意思疎通の方法

意思疎通とは，しゃべったり書いたりすることをはるかに越えたものである。私たちのほとんどは，話していないときでさえも多くのさまざまな方法で意思疎通をしていることに気づいていない。同じことが，集団で生活する他の動物の種にも当てはまる。このような，ほとんど言葉を用いない人間の意思疎通は，他人との効果的なやりとりのためにとても重要であるにもかかわらず，それについて学校で学ぶことはめったにない。社会の中で成長しながら，私たちは言うことやすることを修正したり強調したりするために，身振り，まなざし，声の調子のわずかな変化，そして他の補助的な意思疎通の手段をどのように利用するかを学んでいく。私たちは，文化と強く結びついたこのような技術を，主に他人を観察してまねることにより，何年もかけて学ぶのである。

解 説

(A) ▶下線部第１文

Scientists and animal trainers have devoted their lives to …

直訳 「科学者や動物の訓練をする人たちは人生を…に捧げてきた」

- animal trainers「動物の訓練師，調教師」
- devote *A* to *B*「*A* を *B* に捧げる」

trying to understand what the world looks like to animals.

直訳 「動物にとって世界がどのように見えるかを理解しようとすること」

●try to *do*「～しようと（努力）する」が devote *A* to *B* の前置詞 to の目的語として動名詞になっている。

●what S looks like「Sがどのように見えるか」 understand の目的語。

▶下線部第2文

After all, the planet is full of perceptive creatures

直訳 「結局，その惑星は知覚力のある生物でいっぱいである」

●after all は通常「結局」の訳だが，「最終結論」というより「そもそも，なんといっても～だから」と，前文への根拠などを補足するのにもよく使う。

●the planet「その惑星」とは「地球」のことなので，「この」とするのが適切。

―of whom we are a small minority―

直訳 「そのうちの，私たちは小さな少数派である」

●of whom の whom は perceptive creatures を受けている。we are a small minority of them がもとの文。

●a small minority「小さな少数派」→「少数派の中でも小さい」のだから「ごく少数派」などと工夫する。

●挿入箇所なので訳し下ろして，うまく収まるように日本語を整えること。

and it's more than a matter of idle curiosity

直訳 「そして，それはつまらない好奇心の問題以上である」

●it は形式主語。真主語はこのあとの不定詞以下。more than ～「～以上(のもの)」

●a matter of ～「～のこと，～に関わる事柄」→「～の問題」

●idle curiosity「つまらない好奇心」 idle には「価値のない，役に立たない」の意がある。more than の訳は，こちらにかけた方が日本語として通りがよい。

to consider how life appears to them.

直訳 「彼らにとって生活がどのように見えるのかを考えること」

●to consider ～「～を考えること」 形式主語 it が受ける真主語。

●life「生活」では文意に合わない。あらゆる生物の生の営みすべてを表す。「世の中，世間」という訳語が辞書にあるが，これでもまだ人間だけに関わる感じがする。「この世界」などと工夫したい。

●how S appears to them「彼らにとってSはどのように見えるのか」 間接疑問文。them は（perceptive）creatures を受ける。

▶下線部第3文

Humans can't help approaching this problem

直訳 「人間はこの問題に接近せざるをえない」

●can't help *doing*「～せざるをえない」でもよいが，他の動物の立場に立とうと努力しながらも，人間である以上「どうしても～してしまう」などとすることもできる。

●approach「～に接近する」の目的語が「問題」や「仕事」なら,「取り組む」がよい。

from a human perspective.

直訳 「人間的視点から」

●approach を修飾する副詞句にあたる。

●human は「人間的」より「人間の」とする方が文意をよく表す。

(B) ▶下線部第１文

The same goes for other social animal species.

直訳 「同じことが他の社会的動物種の方にも行く」

●The same「同じこと」と名詞で使われている。

●go for ～はさまざまな訳があるが，主語が the same (thing), this, that など前文の内容を受ける場合,「～に適用される，当てはまる」となることが多い。

●other social animal species「他の社会的動物種」→「集団で生活する他の動物の種」social の内容をかみくだいて訳すとわかりやすくなる。

▶下線部第２文

We rarely learn about this mostly non-verbal human communication in school

直訳 「私たちは，この大部分が非言語的な人間の意思疎通について，学校でめったに学ばない」

●we は一般論の主語であり，必ずしも訳出しなくてよい。

●rarely learn about ～「～についてめったに学ばない」→「学校で学ぶことはめったにない」 数量や頻度の語句は，述語にもってくると収まりがよいことが多い。

●mostly non-verbal human communication「大部分が非言語的な人間の意思疎通」→「ほとんど言葉を用いない人間（同士）の意思疎通」などと工夫する。

even though it is very important for effective interaction with others.

直訳 「それが他人との効果的な相互作用のためにはたいへん重要であるのに」

●though「～にもかかわらず」を even が強調している。even 自体の訳はでない。「たとえ～でも」の訳もあるが，ここでは文脈上不適切。

●it is very important for ～「それは～にとってたいへん重要である」の it は前半の this mostly non-verbal human communication を指す。

●effective interaction with others「他人との効果的相互作用」→「他人との効果的なやりとり」などと工夫する。特に interaction は「コミュニケーション」のことを述べていることをふまえて，適切に処理したい。

▶下線部第３文

Growing up in a society, we learn …

直訳 「ある社会の中で成長して，私たちは…を学ぶ」

● growing up は分詞構文。後続の内容から付帯状況の「～しながら」がふさわしい。
● in a society「ある社会の中で」だが,「ある」は必ずしも訳出しなくてよい。
● learn「学ぶ」は,「学んでいく」とすれば,「成長しながら」とよく合う。

how to use gestures, glances, slight changes in tone of voice, and other auxiliary communication devices

直訳 「身振り, 一瞥, 声の調子のわずかな変化, そして, 他の補助的な意思疎通の装置の使い方」

● how to use ～「～の使い方」だが,「どのようにして～を使うか」ともできる。
● gestures「身振り(手振り)」 これ以降 devices まで, すべて use の目的語。
● glances「一瞥」だが,「視線, まなざし, 目配せ」などと工夫したい。
● slight changes in tone of voice「声の調子のわずかな変化」 列挙されている他の目的語がすべて名詞なので,「声の調子をわずかに変えること」などとせずにそのままの方がそろう。
● and other auxiliary communication devices「そして, 他の補助的な意思疎通の装置」だが, 他の目的語のことも考えて, devices を「手段」などと工夫すべき。

to modify or emphasize what we say and do.

直訳 「私たちが言い, することを修正したり, 強調したりするために」

● to modify or emphasize「修正したり, 強調したりするために」 不定詞は目的を表す副詞用法。use を修飾する。modify は「目的に合わせて修正する」ニュアンス。
● what we say and do「私たちが言い, すること」は, modify と emphasize の共通の目的語。「私たちが言ったりしたりすること」「私たちが言うことやすること」などと整える。

解答

(A) 科学者や動物の調教師たちは, 生涯をかけて, 動物には世界がどのように見えているかということを理解しようとしてきた。そもそも, この惑星は知覚力のある生物であふれており, 私たち人間はそれらのうちのごく少数派である。だから, 動物にとってこの世界がどのように見えるかを考えることは, 単なる好奇心以上の問題なのである。人間は, この問題に対し, どうしても人間の視点から取り組んでしまう。

(B) 同じことが, 集団で生活する他の動物の種にも当てはまる。このような, ほとんど言葉を用いない人間の意思疎通は, 他人との効果的なやりとりのためにとても重要であるにもかかわらず, それについて学校で学ぶことはめったにない。社会の中で成長しながら, 私たちは言うことやすることを修正したり強調したりするために, 身振り, まなざし, 声の調子のわずかな変化, そして他の補助的な意思疎通の手段をどのように利用するかを学んでいく。

17

2006 年度〔1〕

次の英文(A)と(B)を読み，それぞれの下線部の意味を日本語で表しなさい。

(A) The dictionary tells us that luck is the favorable or unfavorable occurrence of a chance event that could not have been foreseen. Of course, we don't need a dictionary to define luck for us : it is one of the critical aspects of our lives, and it plays an important role in how we make sense of things that happen to us, and to others. You don't have to be a gambler or a fortune-teller to believe in luck. Even people who consider themselves completely rational and who immediately dismiss superstition will still say "good luck" every now and again ; perhaps they assume that the other party believes in luck, even if they don't believe in it themselves. But believe in it or not, luck is unavoidable.

(B) Most living cells seldom last more than a month or so, but there are some notable exceptions. Liver cells can survive for years, though the components within them may be renewed every few days. Brain cells last as long as you do. You are given a hundred billion or so at birth and that is all you are ever going to get. It has been estimated that you lose five hundred brain cells an hour, so if you have any serious thinking to do there really isn't a moment to waste. The good news is that the individual components of your brain cells are constantly renewed so that no part of them is actually likely to be more than about a month old. Indeed, it has been suggested that there isn't a single bit of any of us that was part of us nine years ago. It may not feel like it, but at the cellular level we are all youngsters.

全 訳

(A) 運を信じるか否か

辞書によると，運とは，予測できなかった偶然の出来事の，好都合あるいは不都合な発生のことを言う。もちろん，自分たちのために運を定義づけるための辞書などは必要ない。それは人生の重大な局面の一つであり，自分あるいは他人の身にふりかかることの意味をどのように理解するかにおいて重要な役割を果たすものである。運を信じるのに，賭博(とばく)師や占い師である必要はない。自分のことを完全に理性的だと考えている人や，迷信を即座に退ける人でさえ，やはりときどきは「幸運を祈ります」と言うものである。ひょっとすると彼らは，自分自身では運を信じていなくても相手が信じていると思っているのかもしれない。しかし，信じていようといまいと，運とは避けられないものなのである。

(B) 細胞の寿命

生きている細胞のほとんどは1カ月かそこら以上生きることはほとんどないが，いくつかの注目すべき例外がある。肝臓の細胞は，中の成分が数日ごとに新しくなっているかもしれないが，何年間も生き続ける。脳の細胞は人が生きているかぎり生き続ける。人は1千億個かそこらを出生時に授かるが，一生で得られるのはそれきりである。人は1時間に500個の脳細胞を失うと推定されているので，何か真剣に考えることがあるのなら，本当に一瞬も無駄にはできない。救われる点は，脳細胞の個々の成分は絶えず新しくなっているので，それらのどの部分も実際にはできてから約1カ月以上はたっていないだろうということである。実際，我々の体は9年前と同じ部分はひとかけらもないということが言われている。そういう感じはしないかもしれないが，細胞レベルでは我々は皆若者なのである。

解 説

(A) ▶下線部第1文

You don’t have to be a gambler or a fortune-teller

直訳 「あなたは賭博師や占い師である必要はない」

- you は一般論を表す主語なので訳出は不要。
- don’t have to *do*「～しなくてよい，～する必要はない」
- gambler「賭博師」，fortune-teller「占い師」

to believe in luck.

直訳 「運を信じるために」

●目的を表す副詞用法の不定詞。

●luck は「運」と訳すべき。通常は「幸運」かもしれないが，本文冒頭に luck is the favorable or unfavorable occurrence of a chance「luck とは偶然の出来事の好都合な，あるいは不都合な発生」という辞書の定義が載っているから。

▶下線部第 2 文

●前半の骨組みは Even people … will say "good luck"「…な人々さえも『幸運』と言う」。good luck は後半の内容から，人に向かって「幸運〔成功〕を祈ります」と言うせりふと考えられる。

●後半は perhaps they assume that …「おそらく彼らは…と思っている」が骨組み。

Even people who consider themselves completely rational

直訳 「自分自身を完全に理性的と見なす人々でさえ」

●who 以下は people を先行詞とする関係代名詞節の一つ目である。consider O（to be）C「O を C と見なす」

●rational「理性的な，合理的な」

and who immediately dismiss superstition

直訳 「そしてすぐに迷信を捨てる（人々でさえ）」

●people を先行詞とする関係代名詞節の二つ目である。

●immediately「即座に」，dismiss「～を捨てる」，superstition「迷信」

will still say "good luck" every now and again ;

直訳 「なお，ときどき『幸運を祈ります』と言うだろう」

●still は「それでもなお」の意。every now and again = every now and then「ときどき」 sometimes と同じで「～と言うことがある」も可。

perhaps they assume that …

直訳 「おそらく彼らは…と思っているだろう」

●assume は「（明確な証拠はなくても）想定する」の意。文末は perhaps「おそらく」との呼応で「～だろう，かもしれない」などを補う。

the other party believes in luck,

直訳 「相手方は運を信じている」

●the other は「2 者のうちの他方」の意。party には「当事者」の意味があり，the other party で「相手方」の意味となる。

even if they don't believe in it themselves.

直訳 「彼ら自身はそれを信じていなくても」

●even if ～「たとえ～でも」の譲歩。it はここでは luck のこと。文末の themselves

は主語の they を強めて「彼ら自身は」の意。

▶下線部第3文

But believe in it or not, luck is unavoidable.

直訳 「しかし，信じようと信じまいと，運は避けられない」

● believe in it or not ＝ whether they believe in it or not の意。*A* or *B* が副詞句で使われており，*A* と *B* が反意語句なら whether がなくても「*A* だろうと *B* だろうと」と譲歩の意味になる。*ex.* young or old「老いも若きも」 rain or shine「降っても照っても」=「どんな天気でも」

● unavoidable「避けられない，不可避である」

(B) **▶下線部第1文**

It has been estimated that …

直訳 「…と見積もられている」

● It は形式主語，真主語は that 節。estimate は「〜を見積もる」

you lose five hundred brain cells an hour,

直訳 「あなたは1時間に500個の脳細胞を失う」

● you は一般論の主語なので訳出しないか，「人は」などとする。

● an hour の an は「1時間につき」と単位を表す不定冠詞。

so if you have any serious thinking to do

直訳 「だから，もしするべき真剣な考え事をあなたが持っているなら」

● 「だから，真剣に考えることがあるならば」などと自然な日本語にしたい。

there really isn't a moment to waste.

直訳 「無駄にできる一瞬は本当にない」

● not a 〜で「ひとつの〜もない」という強い打消し。

▶下線部第2文

The good news is that …

直訳 「よい知らせは…ということだ」

● 内容を汲んで「救われる点は…ということだ」などと意訳したいところ。

the individual components of your brain cells are constantly renewed

直訳 「あなたの脳細胞の個々の構成要素は絶えず更新されている」

● component「構成要素，成分」，renew「〜を新しくする，〜を更新する」

〜 so that …

直訳 「〜してその結果…」

● 通常は so の前にカンマがあり，「…するために〜」という目的構文と区別される。ここはカンマがないが，結果として訳す方が自然なケース。

no part of them is actually likely to be …

直訳 「それらのどの部分も実際には…である可能性はなさそうだ」

- be likely to *do*「～しそうである」が主語の no で否定文になるので「どの部分も～していることはなさそうだ」という意味になる。
- actually「（予想と違って）実際には」

more than about a month old.

直訳 「生後約１カ月以上」

- ～ old は「～歳」としてよく使われる。～ years old である必要はない。a month old なら「生後１カ月」である。主語が「脳細胞の成分」なので「できてから１カ月以上」とするとよい。

解答

(A) 運を信じるのに，賭博師や占い師である必要はない。自分のことを完全に理性的だと考えている人や，迷信を即座に退ける人でさえ，やはりときどきは「幸運を祈ります」と言うものである。ひょっとすると彼らは，自分自身では運を信じていなくても相手が信じていると思っているのかもしれない。しかし，信じていようといまいと，運とは避けられないものなのである。

(B) 人は１時間に 500 個の脳細胞を失うと推定されているので，何か真剣に考えることがあるのなら，本当に一瞬も無駄にはできない。救われる点は，脳細胞の個々の成分は絶えず新しくなっているので，それらのどの部分も実際にはできてから約１カ月以上はたっていないだろうということである。

18

2005年度〔1〕

次の英文(A)と(B)を読み，それぞれの下線部の意味を日本語で表しなさい。

(A) <u>One of the most interesting forms of insect behavior is exhibited by the social insects, which, unlike the majority of insect species, live in organized groups. The social insects include wasps, bees, and ants. Characteristically an insect society is formed of a parent or parents and a large number of offspring. The individual members of the society are divided into groups, each having a specialized function and often exhibiting markedly different bodily structures.</u>

(B) Research is hard work, but like any challenging job well done, both the process and the results bring immense personal satisfaction. But <u>research and its reporting are also social acts that require you to think steadily about how your work relates to your readers, about the responsibility you have not just toward your subject and yourself, but toward them as well, especially when you believe that you have something to say that is important enough to cause readers to change their lives by changing what and how they think</u>.

From *The Craft of Research* by Wayne C. Booth, Gregory G. Colomb, and Joseph M. Williams, The University of Chicago Press

全　訳

(A) 社会性昆虫

昆虫の行動形態で最も興味深いもののひとつが社会性昆虫に見られるが，社会性昆虫とは，大多数の昆虫種とは異なり，組織化された集団の中で生活するものである。社会性昆虫にはスズメバチ，ミツバチ，アリがいる。特徴として，昆虫の社会は一匹ないし複数の親と多数の子供たちで構成されている。その社会の個々の構成員は複数のグループに分かれ，そのグループそれぞれに専門の役割があり，また著しく異なった身体構造が見られることが多い。

(B) 研究と報告

研究というものは大変な仕事だが，うまくいったどんな困難な仕事もそうであるように，その過程と結果の両方が大きな個人的満足感をもたらしてくれる。しかし，研究やその報告は，自分の取り組んだことが読み手にどう関わるのか，すなわち自分の取り上げた主題や自分自身に対してだけでなく，読み手に対して自分が持っている責任についても，しっかりと考える必要のある社会的行動でもある。何をどう考えるかを変えることによって読み手が生活を変えることになるくらい重要なことを，自分がこれから述べるのだと信じているときには，特にそうである。

解　説

(A) ▶第1文

One of the most interesting forms of insect behavior

直訳 「昆虫のふるまいの最も興味深い形態のひとつは」

- このように修飾語句がついた名詞句を日本語にするときには，「興味深い形」→「形態の中で最も興味深い」というように形容詞を述語にしたり，名詞を動詞のように訳したりするとわかりやすくなることがよくある。

is exhibited by the social insects

直訳 「社会性昆虫によって示される」

- exhibit は「提示して見せる」の意。
- social insects は「社会性昆虫，群居性の昆虫」などと訳される。

…, which, …, live in organized groups.

直訳 「…その昆虫は組織された集団で暮らしている」

- 非制限用法なので，which の前まででいったん文を完成し，「…だが，その昆虫は組織された集団で暮らしている」とするのが定訳。

unlike the majority of insect species

直訳 「昆虫の種の大部分と違って」

●unlike「〜とは違って」

●the majority of 〜は前から訳して「大部分の〜」としてもよい。

●species「種」

▶第2文

The social insects include wasps, bees, and ants.

直訳 「社会性昆虫は，スズメバチ，ミツバチ，アリを含む」

●S include O は「SはOを含む」が直訳だが，「SにはOが含まれる」「Sの中には，Oもある」などと訳せるので，場面に応じて使い分ける。

●wasps「スズメバチ」があるので，bees は正しく「ミツバチ」としたい。

▶第3文

Characteristically an insect society is formed of a parent or parents and a large number of offspring.

直訳 「特質上，昆虫の社会は，親や親たちと多数の子孫で形作られる」

●characteristically「特徴として，特質上」

●is formed of 〜「〜で構成されている」

●a parent or parents は「一匹ないし複数の親」とするとすっきり訳せる。

●a large number of 〜「多数の〜」

●offspring「子孫，子供」

▶第4文

The individual members of the society

直訳 「その社会の個々のメンバーは」

●「メンバー」はそのままでも通用するかもしれないが，「構成員」や「その社会に属するものはそれぞれ」などと工夫したい。

are divided into groups,

直訳 「グループに分けられる」

●groups と複数形であることを意識して「いくつか〔複数〕のグループ」としたり，「グループ分けされる」としたりすることもできる。

each having a specialized function

直訳 「それぞれが特殊化した機能を持っている」

●each のあとに group が省略されている。

●having は付帯状況の独立分詞構文で，and each group has 〜の意。

and often exhibiting markedly different bodily structures.

直訳 「そして，しばしば著しく異なる身体の構造を示す」

● 分詞構文の二つ目。exhibit は第 1 文にもあったが，ここでも「〜を示す」→「〜が見られる」などとするとよい。

● markedly「著しく，際立って，明らかに」

● bodily structures「身体（の）構造」

(B) research and its reporting are also social acts

直訳 「研究とその報告はまた，社会的行動でもある」

● also はどこに「も」をつけるか慎重に。設問箇所の前でも research「研究」とその process「過程」と results「結果」のことを述べており，新たな主語が導入されたわけではない。したがって，「研究とその報告も」ではなく，「研究とその報告は〜でもある」とすべき。

● social acts「社会（的）行動」

that require you to think steadily

直訳 「あなたに絶えず〔しっかりと〕考えることを要求する（行動）」

● that は acts を先行詞とする関係代名詞。

● require *A* to *do*「*A*（人）に〜することを要求する」だが，主語が無生物なので「*A*（人）が〜しなければならない，〜する必要がある」とするとよい。

● steadily「絶えず，しっかり」

about how your work relates to your readers,

直訳 「あなたの仕事が読者とどのように関係するのかについて」

● think を修飾する副詞句の一つ目。your work は研究や調査なので，「あなたが取り組んだこと」などと文脈に合った訳出を工夫すること。

● relate to 〜「〜に関係する，関わる」

about the responsibility you have not just toward 〜, but toward … as well,

直訳 「〜に対してだけでなく，…に対してもあなたが持っている責任について」

● think を修飾する副詞句の二つ目だが，and などの接続詞がないので，一つ目の言い換えと考えられる。「つまり，すなわち」などを補うとよい。responsibility の後に関係代名詞が省略されている。

● responsibility toward 〜「〜に対する責任」 この toward が not just 〜 but … as well「〜だけでなく…も」と二つ続くところがミソ。

not just toward your subject and yourself,

直訳 「あなたの主題やあなた自身に対してだけでなく」

● subject「主題」 ここでは取り組んだ研究や調査のテーマのこと。

but toward them as well,

直訳 「彼らに対しても」

● them は readers を受ける。

especially when you believe that …

直訳 「特にあなたが…と信じているときに」

● require を修飾するが，長文なのでこの前でいったん文を切り，「…と信じているときには，特にそうである」とまとめるとよい。

● that 以下は believe の目的語。

you have something to say that is important enough to …

直訳 「あなたは…するほど十分に重要な，言うべきことを持っている」

● that は something を先行詞とする関係代名詞。

● have something to say「言うべきことがある」ということは，これからそれを述べようとしているということでもある。「～するほど重要なことをこれから言おうとしている」と訳せば，わかりやすくなる。

cause readers to change their lives

直訳 「読者が自分の生活を変える原因となる（ほど重要な言うべきこと）」

● cause *A* to *do*「*A* が～する原因となる，*A* に～させる」

by changing what and how they think.

直訳 「彼らが何をどのように考えるかを変えることによって」

● by *doing*「～することによって，～して」と手段・方法を表す。what と how が they think を共有している。それぞれ関係詞と解釈すれば「考えること」「考え方」となるが，間接疑問文として訳した方が日本語としては内容がわかりやすいだろう。

解答

(A) 昆虫の行動形態で最も興味深いもののひとつが社会性昆虫に見られるが，社会性昆虫とは，大多数の昆虫種とは異なり，組織化された集団の中で生活するものである。社会性昆虫にはスズメバチ，ミツバチ，アリがいる。特徴として，昆虫の社会は一匹ないし複数の親と多数の子供たちで構成されている。その社会の個々の構成員は複数のグループに分かれ，そのグループそれぞれに専門の役割があり，また著しく異なった身体構造が見られることが多い。

(B) 研究やその報告は，自分の取り組んだことが読み手にどう関わるのか，すなわち自分の取り上げた主題や自分自身に対してだけでなく，読み手に対して自分が持っている責任についても，しっかりと考える必要のある社会的行動でもある。何をどう考えるかを変えることによって読み手が生活を変えることになるくらい重要なことを，自分がこれから述べるのだと信じているときには，特にそうである。

19

2004年度〔1〕

次の英文(A)と(B)を読み，それぞれの下線部の意味を日本語で表しなさい。

(A) Lectures on videotape, on audiotape and — if delivered from detailed, antique notes—even in the lecture hall, come closer to the way knowledge is stored in books or on the Internet than to the manner in which it can be created and obtained through open questions and collaboration. As a method of conveying information, lectures lack the speed and the free-ranging exploration typical of computer access to data. <u>The information they contain is rarely the reason for our interest in them ; the source of their fascination is the eloquence and angle of vision of the lecturer. What makes such presentations worthwhile is the opportunity they afford of seeing, and asking questions about, how another human being perceives the world</u>.

From *A Pedagogy of Becoming* by Jon Mills, Rodopi

(B) Colors have specific significance based on the various meanings our culture associates with them, and we use them like a simple language. Blood is red, for example, so red in many cultures is seen to be an aggressive color and is used both as a warning, as in the sign system used for road traffic, and to signify passion, as in the gift of a red rose. <u>In traffic signs, green, the color of nature and harmony, is used as the opposite of red to mean 'safe to go'. Perhaps because we associate darkness and 'the night' with death, clothes at funerals are black to acknowledge mourning, whereas at carnivals we put together as many bright, primary colors as possible</u>.

全 訳

(A) 講義の魅力

ビデオテープや音声テープによる講義，そして――詳細な価値ある古い原稿によってなされたものなら――講堂で行われる講義でさえ，開放型の質問や共同研究によって知識が生み出されたり得られたりする方法よりも，本やインターネット上に知識が蓄えられる方法により近いものである。講義は，情報を伝達する方法としては，コンピュータによるデータへのアクセスに代表されるような，スピードや範囲自在の探索というものに欠ける。講義に含まれる情報が，私たちが講義に興味を持つ理由になることはめったにない。講義の魅力のもとは，講演者の雄弁さや，ものの見方なのである。そのような講義に価値があるのは，別の人間が世界をどのように感じているかを見たり，またそれについて質問したりする機会を与えてくれるからである。

(B) 色の文化的意味

色は，私たちの文化がそれらと関連づけるさまざまな意味に基づく，特定の意義を持っており，私たちは色を簡単な言語のように用いる。例えば，血液は赤いが，それゆえ多くの文化では赤が積極的な色になっているのがうかがえ，路上交通に用いられる標識のシステムにあるような警告として，また赤いバラの贈り物にみられるように，情熱を表すためにも用いられている。交通信号においては，自然や調和の色である緑は，赤とは逆に，「進んでも安全」であることを意味するのに使われている。おそらく私たちは暗闇や「夜」から死を連想するので，葬儀のときの服は哀悼の気持ちを示すために黒なのであり，一方，お祭りのときには鮮やかな原色をできるだけたくさん組み合わせるのだ。

解 説

(A) ▶下線部第1文

- The information (which) they contain …の which が省略されている。
- they は前文の lectures「講演，講義」を受ける。they が指すものを明らかにせよという条件はないが，内容確認のために訳出しておくとよい。they contain を「講義が含む」とそのまま訳すより，「講義に含まれる（情報）」とした方が，日本語としては自然だろう。

The information they contain is rarely the reason for …

直訳 「それらが含む情報はめったに…の理由ではない」

●rarely は「めったに～ない」という準否定語。

●「…はめったに～の理由ではない」→「…が～の理由であることはめったにない」などと，日本語を整える。

our interest in them ;

直訳 「私たちの講義に対する関心」

●them は主語の they と同様 lectures「講義」を受ける。「私たちがその講義に関心を持つ（理由）」と，述語を好む日本語らしい訳にするとよい。

the source of their fascination is …

直訳 「講義の魅力の源は…である」

●their は lectures を受ける。

●source「源，もと」，fascination「魅力」

the eloquence and angle of vision of the lecturer.

直訳 「講演者の雄弁さ，そしてものの見方の角度」

●vision はここでは「ものの見方」。angle of vision「ものの見方の角度」が直訳だが「どの向きからものを見るか」ということであり，結局「ものの見方」と訳せる。

▶下線部第2文

What makes such presentations worthwhile is …

直訳 「そうした発表を価値のあるものにしているものは…である」

●主語は what の導く名詞節。make のあとは such presentations が目的語，worthwhile が補語で，make O C「O を C にする」の第5文型。

●presentations「発表」は，「講演者の発表」=「講義，講演」のこと。

●worthwhile「価値がある」

●what は関係代名詞とも疑問詞（間接疑問文を作る）とも考えられる。後者とすると「何がそのような講義を価値のあるものにしているか」となり，文全体としては，「そのような講義に価値があるのは…だからだ」とまとめることができる。

the opportunity they afford

直訳 「それらが与えてくれる機会」

●opportunity の後に関係代名詞 which が省略されている。「それら（＝講義）が与えてくれる機会」

of seeing, and asking questions about, …

直訳 「…を見たり，…について質問したりする（機会）」

●seeing と asking questions about が目的語を共有している。

●of *doing* は前の opportunity を修飾する。they afford the opportunity of *doing*「そ

れらは〜する機会を与えてくれる」がもとになっている。

how another human being perceives the world.

直訳 「別の人がどのように世界を知覚しているか」

● perceive は「五感，特に目によって物事を知覚する」こと。「世界を感じ（取っ）ている，理解している」などとして，seeing と訳語が重なるのを避けたい。

(B) ▶下線部第1文

● 文の骨組みは green … is used … to mean 〜「緑は〜を意味するのに使われる」。

In traffic signs, green, the color of nature and harmony,

直訳 「交通信号においては，自然や調和の色である緑は」

● the color of … は green の補足説明。「緑は自然と調和の色だが」と訳し下ろしてもよいが，「自然や調和の色である緑」と訳し上げておく方が，あとのつながりや日本語としてのまとまりがよい。

is used as the opposite of red

直訳 「赤と正反対のものとして使われる」

● as 以下は直訳でもよいが，「赤とは逆に」「赤とは正反対で」などの意訳も可能。

to mean ‘safe to go’.

直訳 「『行くのに安全な』を意味するために」

▶下線部第2文

Perhaps because we associate darkness and ‘the night’ with death,

直訳 「おそらく私たちは暗闇や『夜』で死を連想するので」

● 副詞 perhaps は because 節を修飾する。associate *A* with *B*「*A* で〔から〕*B* を連想する，*A* を *B* と結びつけ（て考え）る」

clothes at funerals are black

直訳 「葬式での服は黒である」

● at は「その場に居合わせる」のニュアンス。

● at funerals は clothes を修飾しているが，日本語では「葬儀のときには」と副詞的に織り込んでもおさまりがよい。

to acknowledge mourning,

直訳 「哀悼の意を知らせるために」

● 不定詞は「目的」を表す副詞用法。

● acknowledge は「認める」がよく使われる訳語だが，「〜に気づいている〔知っている〕ことを知らせる」の意味合い。

● mourning「悲しみ，哀悼」を「示す」などとするとわかりやすい。

whereas at carnivals

直訳 「しかし一方，祭りでは」

- whereas は対照を表す接続詞。「〜だが，一方…」の意。at は前述と同じ「その場に居合わせる」の意。「祭りでは，祭りのときには」などとできる。

we put together as many bright, primary colors as possible.

直訳 「私たちはできるだけ多くの鮮やかな原色を組み合わせる」

- we put together … colors「私たちは色を組み合わせる」が骨組み。
- as many 〜 as possible「可能な限りたくさんの〜」
- bright「鮮やかな」と primary「原初の」が colors を修飾するが，primary colors で「原色」なので，「鮮やかな原色」とすればよい。

解答

(A) 講義に含まれる情報が，私たちが講義に興味を持つ理由になることはめったにない。講義の魅力のもとは，講演者の雄弁さや，ものの見方なのである。そのような講義に価値があるのは，別の人間が世界をどのように感じているかを見たり，またそれについて質問したりする機会を与えてくれるからである。

(B) 交通信号においては，自然や調和の色である緑は，赤とは逆に，「進んでも安全」であることを意味するのに使われている。おそらく私たちは暗闇や「夜」から死を連想するので，葬儀のときの服は哀悼の気持ちを示すために黒なのであり，一方，お祭りのときには鮮やかな原色をできるだけたくさん組み合わせるのだ。

20

2003年度〔1〕

次の英文(A)と(B)を読み，それぞれの下線部の意味を日本語で表しなさい。

(A) As a beginning we should try to clarify our thinking by looking, in some historical depth, at the presuppositions that underlie modern technology and science. Science was traditionally aristocratic, speculative, intellectual in intent; technology was lower-class, empirical, action-oriented. The quite sudden fusion of these two, towards the middle of the nineteenth century, is surely related to the slightly prior and contemporary democratic revolutions which, by reducing social barriers, tended to assert a functional unity of brain and hand. Our ecological crisis is the product of an emerging, entirely novel, democratic culture. The issue is whether a democratized world can survive its own implications. Presumably we cannot unless we rethink our axioms.

(B) Did you ever think, when you held or looked at a beautiful pearl, that its origin was irritation? An oyster, in response to the irritating presence of sand within its shell, creates a thing of beauty. Not only is the conflict resolved but value is created. When we understand that conflict includes the potential for us to create beautiful pearls and contribute to the world and to ourselves, then we begin to open up our shells, less concerned about letting life in. Embracing conflict can become a joy when we know that irritation and frustration can lead to growth and fascination.

全 訳

(A) 民主化と科学技術

最初に我々は，現代の科学技術および科学の根底にある前提を，歴史的にいくらか突っ込んで見てみることによって，我々の考え方を明らかにするよう努めるべきである。科学は，伝統的に意味合いが貴族的・純理論的・知的なものであったが，技術の方は，下層階級的・経験主義的・行動中心的であった。これら二つのものが19世紀半ば頃にまったく突然融合したことは，わずかに前および同時期に起こった民主主義革命と確かに関係がある。この革命は，社会的障壁を低くし，脳と手は機能的に一体であることを主張する傾向があった。我々の生態の危機は，新生のまったく斬新な民主主義文化の産物である。問題は，民主化された世界が，それ自身が及ぼす影響を乗り越えて生きていけるかどうかである。我々が自明の真理を再考しない限り，おそらくそれは不可能であろう。

(B) 人間の成長

美しい真珠を手に取るか見るかしたとき，真珠の起源が刺激であるということを考えたことがあるだろうか。（真珠を形成する）二枚貝は，殻の中の刺激を起こす砂の存在に反応し，一つの美しい物を作り上げる。相容れない物の葛藤が解決されるだけでなく，価値までもが創造されるのだ。葛藤には，私たちが美しい真珠を創造し，世界や自分自身のためになる可能性が含まれているということを理解すると，私たちは人生を受け入れることにそれほど不安を感じずに，自分の殻を開き始める。いら立ちや欲求不満も成長や魅力につながり得ることがわかれば，葛藤を受け入れることも一つの喜びとなり得るのである。

解　説

(A) **The quite sudden fusion of these two,**

直訳 「これら二つのきわめて突然の融合は」

● of の前後が動詞と主語の関係にあたるので，「これら二つがまったく突然に融合したこと」とするとわかりやすい。なお，「これら二つ」とは，下線部直前の文にある science「科学」と technology「技術」のこと。

towards the middle of the nineteenth century,

直訳 「19世紀半ばに向かう（融合）」

● towards「～に向かう」は時を表す語句をしたがえた場合，「～近く，～頃」などと訳すとよい。主語 fusion を修飾する。

is surely related to the … democratic revolutions

直訳 「民主主義革命と確かに関係がある」

● be related to ～「～に関係がある」

slightly prior and contemporary 直訳 「わずかに前の，そして同時期の」

● revolutions を修飾する。述語を好む日本語としては，「わずかに前，そして同時期に起こった」などと補うとつながりやすい。

which, …, tended to assert ～ 直訳 「～を主張する傾向があった（革命）」

●revolutionsを先行詞とする関係代名詞節。

●訳し上げるとわかりにくいので，非制限用法的に訳し下ろすのがよいかもしれない。その場合revolutionsまででいったん文を切り，「(そして) その革命は～を主張する傾向があった」とすればよい。

by reducing social barriers, 直訳 「社会的障壁を減らすことによって」

●by *doing*「～することによって」 手段を表す。

●reduceは「減らす」だが，目的語がbarriers「障壁」なので，「障壁を低くする」などと意訳してもよい。

●social barriersは，下線部直前に「科学は貴族的，技術は下層階級的」とあるように，扱う分野が社会階級で画然と区別されていたことを表す。

a functional unity of brain and hand.

直訳 「脳と手の機能的統一性（を主張する)」

●直訳のままで通用するが，何のことかは納得しておきたい。brainは思考や知的活動を，handは具体的作業を象徴する。下線部直前のscience「科学」がspeculative, intellectual「純理論的，知的」であり，brainはこれを表している。対照的にtechnology「技術」はempirical, action-oriented「経験主義的，行動中心的」とされ，handはこれを受けている。つまり，「理論と実践」は一体のもの（unity）であるべきだということを述べている。

Ⓑ ▶**下線部第1文**

When we understand that ～, then …

直訳 「私たちが～を理解するとき，そのとき…」

●thenは順序を表し「それから，そうすると」とも訳せる。そこから「～を理解すると」などとまとめることができる。

conflict includes the potential 直訳 「葛藤は可能性を含む」

●conflictは「相容れないものの対立，衝突，葛藤」の意。

●下線部の前までに述べられている真珠の例では，自分の中に入っている「砂」をなんとかしたいというのが貝の「葛藤」である。

for us to create beautiful pearls and contribute to the world and to ourselves,

直訳 「私たちが美しい真珠を作り，世界と自分自身に貢献する（可能性)」

●potential for *A* to *do*「*A*が～する可能性」 for *A*は不定詞の意味上の主語。

●不定詞はpotentialを修飾する形容詞用法で，to createと(to) contributeの二つ。contribute to ～「～に貢献する」

●なお，ここでのpearl「真珠」は「すばらしいもの」を表す比喩である。

we begin to open up our shells 直訳 「私たちは私たちの殻を開き始める」
- open up ～「～をすっかり開ける」が直訳（up は「完全に」の意）。
- shell「殻」は直前の「真珠」と同様，比喩で「自分だけの世界」のこと。

less concerned about letting life in.
直訳 「人生を中へ入れることに対してそれほど心配せずに」
- 付帯状況を表す分詞構文。less の前に being が省略されている。less は「それほど～なく」と訳すとよい。
- be concerned about ～「～を心配する」 let *A* in は「*A* を中へ入れる」だが，life「人生」が目的語なので「人生を受け入れる」などと訳を工夫すること。shell で守られた「自分に都合のよい世界」を開いて（open up），「必ずしも楽なものとは限らない人生というもの」を受け入れるという流れになる。

▶下線部第 2 文

Embracing conflict can become a joy 直訳 「葛藤を含むことは喜びになり得る」
- embrace はもともと「抱きしめる，抱擁する」の意。「腕の中にある」という意味で，「進んで腕の中に受け入れる」ニュアンスがある。したがって，let in と同じく「受け入れる」と訳した方がよいだろう。
- can は「可能性」の意。「～する可能性がある，～し得る」

when we know that … 直訳 「私たちが…を知るとき」
- 第 1 文と同じく「…を知ると，…がわかれば」と条件のようにも訳せる。

irritation and frustration can lead to growth and fascination.
直訳 「いら立ちや欲求不満は，成長や魅力につながり得る」
- irritation「刺激，いら立ち」 真珠の例では「刺激」がふさわしいが，ここでは frustration「欲求不満」とのバランスも考えて「いら立ち」などと訳したい。
- lead to ～「～につながる，結果的に～になる」

解答

(A) これら二つのものが 19 世紀半ば頃にまったく突然融合したことは，わずかに前および同時期に起こった民主主義革命と確かに関係がある。この革命は，社会的障壁を低くし，脳と手は機能的に一体であることを主張する傾向があった。

(B) 葛藤には，私たちが美しい真珠を創造し，世界や自分自身のためになる可能性が含まれているということを理解すると，私たちは人生を受け入れることにそれほど不安を感じずに，自分の殻を開き始める。いら立ちや欲求不満も成長や魅力につながり得ることがわかれば，葛藤を受け入れることも一つの喜びとなり得るのである。

第 2 章　長文総合

21

2022年度 外国語学部以外〔2〕

次の英文を読んで，以下の設問に答えなさい。

Take a moment to pay attention to your hands. It will be time well spent, because they are evolutionary (i)marvels. Hold one up and examine it. Open and close it. Play with your fingers. Touch the tips of your four fingers with your thumb. Rotate your wrist. You should be able to turn it 180 degrees with ease. Ball your hand up into a fist until your thumb lies on top of and lends support to your index, middle, and ring fingers. That is something no ape can do.

Twenty-seven bones connected by joints and ligaments, thirty-three muscles, three main nerve branches, connective tissue, blood vessels, and skin equipped with highly sensitive touch receptors are behind (A)the most delicate and most complex tool for grasping and touching that evolution has ever produced. The palm is protected by a massive sheet of fibrous tissue that makes it possible to grip things powerfully. The fingers are slender and small-boned, partly because they contain no muscles. They are controlled remotely, like puppets hanging from strings. But those strings are highly flexible *tendons attached to muscles found not only in the palm of the hand and forearm but also all the way up to the shoulder.

Between this equipment and our complex brains, we can do things no other creatures on the planet are capable of doing: kindling fire, gathering the finest (ii)kernels of grain from the ground, knitting, cutting, knotting nets, turning tiny screws, typing on a keyboard, or playing basketball or a musical instrument.

Our thumbs have a special role to play in our (iii)dexterity. We can easily match them up with any finger. That allows us to feel and touch, to grab and hold. The saddle joint at the base of the thumb rotates like a ball joint. Our thumb is much longer, more powerful, and more flexible than that of our nearest relatives, the great apes. It allows us to execute(iv) a delicate grip as easily as a powerful pinch. Chimpanzees can also clamp small objects between the sides of their thumbs and their fingers, but much less forcefully and without any sensory input from their fingertips. That means they have no means to hold or move tools such as pens or screws precisely between the tip of their thumb and their other fingers.

A great ape holds larger tools — a stick, for example — pressed into their palm at right angles to their forearm. There are not many other options available to them. In contrast to chimpanzees and gorillas, we have highly flexible wrists that allow us to hold an object so that it becomes an extension to our forearm. (B)This intensifies the force of a blow. It also means enemies and dangerous animals can be kept at arm's length. If an animal does come within range and full advantage is then taken of the extra *leverage, bones can be broken.

It is not only the flexibility granted by the fully opposable thumb that makes the human hand so special, but also its extraordinary ability to feel and to touch. It operates almost like an independent sensory organ. We use it to feel the temperature of a breeze and of water. With its help we are able to fit a key directly into a lock, even in the dark. We can detect uneven surfaces with our fingers that we cannot see with our naked eye. With a little bit of practice, we can use our fingers to tell real silk from synthetic silk or real leather from fake leather, even with our eyes closed.

Our sense of touch detects delicate differences and sends this information via a dense network of receptors and neural pathways to our spinal cord and from there to our brain. Our fingers can even replace our eyes as ways to perceive the world, as the Dutch paleontologist Geerat Vermeij, who has been blind since the age of three, can attest. A specialist famous for his work on marine *mussels and their ecosystems, he has never seen a fossil. Out in the field, he feels the complex structures of mussels and of the rocks in which they are found. With his fingers, he "sees" details many sighted scientists miss.

There is no doubt about it: our hands are an exceptional (v) development in the history of evolution.

(Böhme, Madelaine, Braun, Rüdiger & Breier, Florian. 2020. *Ancient bones: Unearthing the astonishing new story of how we became human* (Jane Billinghurst, Trans.). Greystone Books より一部改変)

*tendons：腱

*leverage：てこの作用，力

*mussels：ムラサキイガイ

設問(1) 下線部(i)~(v)の語句の本文中での意味に最も近いものを，(イ)~(ニ)から1つ選び，記号で答えなさい。

(i) marvels

(イ) concepts　(ロ) innovations　(ハ) outcomes　(ニ) wonders

(ii) kernels

(イ) breeds　(ロ) points　(ハ) seeds　(ニ) waves

(iii) dexterity

(イ) elegance　(ロ) manipulation　(ハ) skillfulness　(ニ) strength

(iv) execute

(イ) imitate　(ロ) perform　(ハ) relax　(ニ) select

(v) exceptional

(イ) advanced　(ロ) characteristic

(ハ) major　(ニ) remarkable

設問(2) 下線部(A) the most delicate and most complex tool は具体的には何を指しているか，日本語で答えなさい。

出典追記：Ancient Bones: Unearthing the Astonishing New Story of How We Became Human by Madelaine Böhme, Rüdiger Braun, and Florian Breier, Greystone Books

設問(3)　第 2 段落で著者は人の指について「糸で吊るされた操り人形のようだ」と述べていますが，これは人の指がどのような仕組みで動くことを表したものか，本文中から読み取り，45 字程度の日本語で答えなさい。句読点も 1 字に数えます。
〔解答欄〕51 字

設問(4)　下線部(B) This の指す内容を日本語で答えなさい。

設問(5)　本文の中で類人猿の手の能力を示すものとして言及されているものを下記の(イ)～(ホ)から 2 つ選び，記号で答えなさい。

(イ)　Holding a fist so that the thumb lies on top of and lends support to other fingers

(ロ)　Holding an object and pressing it into the palm at right angles to the forearm

(ハ)　Holding an object between the tip of the thumb and other fingers

(ニ)　Holding enemies and dangerous animals at arm's length

(ホ)　Holding tiny things using no sensory input from the fingertips

設問(6)　世界を知覚するにあたって指が目の代わりになることを古生物学者の Geerat Vermeij 氏の例はどのように示しているか，本文の内容に即して 65 字程度の日本語で説明しなさい。句読点も 1 字に数えます。
〔解答欄〕72 字

全 訳

■人間の手の驚くべき特徴

❶ ちょっと自分の手に注意を払う時間をとってほしい。無駄にはならないだろう。なぜなら，手は進化上の驚異だからだ。片手をあげてじっくり見てみよう。開いたり閉じたりしてみよう。指をあれこれ動かしてみよう。親指で他の4本の指の先に触れてみよう。手首を回してみよう。楽に180度回せるはずだ。手を，親指が上にきて人差し指，中指，薬指に力を貸すようになるまでこぶしに丸めてみよう。それはどの類人猿にもできないことだ。

❷ 関節とじん帯でつながれた27個の骨，33の筋肉，3つの主要神経枝，結合組織，血管，そして高感度の触覚受容体が備わった皮膚が，進化がこれまで生み出した中で，握ったり触ったりするための，最も繊細で複雑な道具の背後にある。手のひらは，物をしっかり握ることを可能にする大きな1枚の繊維組織で保護されている。指が細くて骨が小さいのは，筋肉がないことが理由の一部である。指は，糸でつられた操り人形のように，遠隔で操作される。しかし，その糸は柔軟性の高い腱であり，これが手のひらと前腕の中にある筋肉だけでなく，肩までずっと続く筋肉にもつながっている。

❸ この装備と私たちの複雑な脳の協力で，私たちは，たとえば，火をおこすこと，いちばん小さな穀物の粒を地面から拾い集めること，編み物をすること，物を切ること，縄を結んで網を作ること，小さなねじを回すこと，キーボードでタイプすること，バスケットボールをしたり楽器を演奏したりすることといった，地球上の他のどの動物にもできないさまざまなことができる。

❹ 私たちの親指は，私たちの器用さにおいて特別な役割を果たしている。私たちは，親指をどの指とも簡単に合わせることができる。そのおかげで，私たちは手触りを確かめたり触れたり，つかんだり握ったりできる。親指のつけ根にある鞍関節は玉継手のように回転する。私たちの親指は，最も近い親戚である大型類人猿のものよりもずっと長く，力強く，柔軟である。そのおかげで，私たちは力強くつまむのと同じくらいたやすく繊細に握ることができるのである。チンパンジーも，親指の側面と他の指の間に小さな物を固定することができるが，人間に比べると力強さはずっと少なく，感覚を伝える指先からのインプットは何もない。それは，チンパンジーには，ペンやねじのような道具を，きちんと親指と他の指の先で持って動かす手段はないということを意味する。

❺ 大型類人猿は，たとえば棒のような，もっと大きな道具を，前腕と直角に手のひらに押しつけて握ることはできる。彼らにできる他のやり方は多くはない。チン

パンジーやゴリラと比べて，私たちは非常に柔軟な手首を持っており，そのおかげで物を私たちの前腕の延長になるように握ることができる。このことは一撃の威力を高める。それは，敵や危険な動物を寄せつけないようにしておけることも意味する。もし動物が実際に射程内に入り，追加できるてこの力が最大限に使われると，骨が砕けることもある。

❻　人間の手をこのように特別なものにしているのは，他の指と完全に向かい合わせにできる親指によって与えられた融通性だけでなく，その手触りを確かめて触れる並外れた能力でもある。人間の手は，独立した感覚器官と言ってよいほどの仕事をする。私たちは，そよ風や水の温度を感じ取るのに手を使う。手の助けを借りて，私たちは暗闇の中でさえも，鍵を鍵穴に直接差し込むことができる。肉眼では見えない表面のでこぼこを指で知ることができる。ほんの少し練習すれば，目をつぶっていても，指を使って正絹と人絹，本革と合皮を識別することができるようになる。

❼　私たちの触覚は，繊細な違いを感じ取り，この情報を受容体と神経経路の密なネットワークを介して脊髄へ，そしてそこから脳へと送る。私たちの指が，世界を知覚する方法として目の代わりにさえなりうるのは，3歳のときから目が見えないオランダの古生物学者ヒーラット=ヴァーメイが証明できるとおりである。海にすむムラサキイガイとその生態系の研究で有名な専門家だが，彼は一度も化石を目で見たことはない。現場に出ると，彼はムラサキイガイや，それが見つかる岩の複雑な構造に手で触れてみる。彼は指で，多くの目の見える科学者が見逃す細部を「見る」のである。次のことは間違いない。私たちの手は，進化の歴史上，例外的に発達したものである。

各段落の要旨

❶ 人間の手は，進化上の驚異である。私たちが当たり前にしている指の動き方，手首を回すこと，こぶしを握ることなどは，どの類人猿にもできない。

❷ 手は，関節とじん帯でつながれた27個の骨、33の筋肉，3つの主要神経枝，結合組織，血管，高感度の触覚受容体の備わった皮膚で構成される，繊細で複雑な構造をしている。

❸ そのような手と複雑な脳の協力で，人間は他のどの動物にもできないさまざまなことができる。

❹ 人間の親指は他の指と向かい合わせにすることができ，つけ根の回転する鞍関節のおかげで，力強くつまむことも繊細に握ることもできるので，細かい作業が可能だが，それはチンパンジーにはできないことである。

❺ 大型類人猿は棒などを前腕と直角に握ることはできるが，人間の手首はもっと柔軟で，物を前腕の延長になるように握ることができるため，敵や危険な動物を寄せつけない強力な一撃を加えることができる。

❻ 人間の手が特別なのは，独立した感覚器官と言ってもよいほど並外れた触覚のためでもある。

❼ 人間の手が世界を知覚する方法として目の代わりにさえなりうることは，ある目の見えない古生物学者が現場で岩の複雑な構造に手で触れることで，目の見える科学者が見逃す細部を「見る」ことができることでも例証される。

解 説

設問(1) 正解は (i)―(ニ) (ii)―(ハ) (iii)―(ハ) (iv)―(ロ) (v)―(ニ)

(i) ▶当該箇所は「(手にちょっと注意を払っても時間の) 無駄にはならないだろう。なぜなら，手は進化上の marvels だからだ」となっている。続いて「少し時間をとってみる価値がある」ことが述べられており，同段最終文 (That is something …) で人間の手や指の動きが「どの類人猿にもできないことだ」としていることから，肯定的な評価を表す語であることがわかる。**(ニ) wonders「驚くべきもの」**が適切。marvel も「驚くべきもの」の意。(イ)「概念」 (ロ)「新しい物」 (ハ)「結果」

(ii) ▶当該箇所は「いちばん小さな穀物の kernels を地面から拾い集めること」となっている。「落穂拾い」をイメージしたい。**(ハ) seeds「種」**が適切。kernel は「穀粒，実」の意。(イ)「種類，品種」 (ロ)「点」 (ニ)「波」

(iii) ▶当該箇所は「私たちの親指は，私たちの dexterity において特別な役割を果たしている」となっている。同段は以下，他の指と向かい合わせにでき，容易に動く親指があるおかげで，最も近い親戚であるチンパンジーにはできない繊細なことが人間にはできることを述べている。**(ハ) skillfulness「巧みさ」**が適切。dexterity は「器用さ」の意。(イ)「優雅さ」 (ロ)「操作」 (ニ)「強さ」

(iv) ▶当該箇所は「繊細な握りを execute (する)」となっている。英語らしい名詞中心の表現であり，「繊細に握る」ことを表している。直訳では，「繊細な握りを行う」という表現になると考えられる。**(ロ) perform「～を行う」**が適切。execute は「～を実行する，果たす」の意。(イ)「～を模倣する」 (ハ)「～を緩める」 (ニ)「～を選び出す」

(v) ▶当該箇所は「私たちの手は，進化の歴史上の exceptional 発達である」となっている。文章全体で，人間の手は最も近縁の種であるチンパンジーにはできない繊細なことができると述べられており，第6段第1文 (It is not only …) には「人間の手をこのように特別なものにしている」との記述もある。**(ニ) remarkable「驚くべき，めざましい」**が適切。exceptional は「例外的な」の意で，この文章では「他に類を見ない，特別に優れている」の意で使われている。(イ)「進歩的な」 (ロ)「特徴的な」 (ハ)「主要な」

設問⑵ ▶下線部は「最も繊細で複雑な道具」の意。直後に「握ったり触ったりするための」とあり，第1段の内容からも「手」のことであることは容易に判断できる。注意点は，第1段最終文（That is something …）で人間の手にできることが類人猿にはできないと述べられているので，「人間の手」とすることである。

設問⑶ ▶問題文で取り上げられている記述は第2段第4文（They are controlled …）にあり，「指は，糸でつられた操り人形のように，遠隔で操作される」となっている。「操り人形」の比喩は「遠隔操作されている」ことを表している。直後の第5文（But those strings …）に指の腱がどこにつながっているのかの記述がある。手のひらと前腕の筋肉だけではなく，上腕部の筋肉（肩にまで続く筋肉）にもつながっていると述べられており，そこを中心にして「手のひらや前腕だけでなく，上腕部の筋肉にまでつながる柔軟性の高い腱で指が遠隔操作されて動く仕組み」としてもよい。解答例のように第3文（The fingers are …）に注目して，「指は指の筋肉で動いているわけではない」ことを中心にして，腱のつながる筋肉の箇所を簡潔に表現することもできる。この内容を45字程度でまとめる。解答欄のマス目は51字まで書ける。

設問⑷ ▶解答欄は16.4cm×1.7cm。当該文は「このことは一撃の威力を高める」となっており，直前の文には「私たちは非常に柔軟な手首を持っており，そのおかげで物を私たちの前腕の延長になるように握ることができる」とある。この内容をまとめる。

設問⑸　正解は㈺・㈭

㈠――× 「親指が上にきて他の指に力を貸すようになるまでこぶしに丸めること」

▶この記述は第1段第9文（Ball your hand up …）にあり，人間の手の動きについて述べている。

㈺――○ 「物体を握り，それを前腕と直角に手のひらに押しつけること」

▶第5段第1文（A great ape holds …）に「大型類人猿は…棒のような…道具を，前腕と直角に手のひらに押しつけて握ることはできる」とあることと一致する。

㈧――× 「物を親指と他の指の先ではさんでつまむこと」

▶第4段第7文（Chimpanzees can also …）に「チンパンジーも，親指の側面と他の指の間に小さな物を固定することができるが…」，および同段第8文（That means they have …）に「チンパンジーには，ペンやねじのような道具を，きちんと親指と他の指の先で持って動かす手段はない」とあることから，類人猿には当てはまらない。

(ニ)━━×「敵や危険な動物を寄せつけないでおくこと」

▶この記述は第5段第5文（It also means …）の「敵や危険な動物を寄せつけないようにしておける」に該当するが，これは人間が前腕の延長になるように物を握れることから可能になることである。

(ホ)━━○「指先からの感覚的インプットを何も使わずに小さな物をつまむこと」

▶類人猿への言及は第4段第7文〜第5段最終文（Chimpanzees can also … bones can be broken.）に見られる。第4段第7文には「チンパンジーも，親指の側面と他の指の間に小さな物を固定することができるが…感覚を伝える指先からのインプットは何もない」とあることが，この記述と一致する。

設問(6) ▶ヒーラット=ヴァーメイについては最終段第2〜5文（Our fingers can even … sighted scientists miss.）に述べられている。第2文にヴァーメイは「3歳から目が見えない」とあり，第3文にもあるように「一度も化石を目で見たことがない」。しかし，第4・5文に「彼はムラサキイガイや，それが見つかる岩の複雑な構造に手で触れ…指で，多くの目の見える科学者が見逃す細部を『見る』」とある。この内容を65字程度でまとめる。解答欄のマス目は72字まで書ける。

解答

設問(1) (i)—(ニ) (ii)—(ハ) (iii)—(ハ) (iv)—(ロ) (v)—(ニ)

設問(2) 人間の手

設問(3) 指自体に筋肉はなく，手のひらや前腕など別の場所の筋肉につながる腱で遠隔操作されて動く仕組み。(46字)

設問(4) 人間の手首が非常に柔軟であるため，物を前腕の延長になるように握れること。

設問(5) (ロ)・(ホ)

設問(6) 幼少期に視力を失ったが，ムラサキイガイの化石やそれが見つかる岩石に指で触れて複雑な構造を探り，多くの目の見える科学者が見逃す細部に気づく。(69字)

22

2022年度 外国語学部〔2〕

次の英文を読んで，以下の設問に答えなさい。

How do human brains create social reality? To answer this, let's consider it from a brain's point of view. For your whole life, your brain is trapped inside a dark, silent box called your skull.

Your brain constantly receives data from your eyes, ears, nose, and other sense organs. It also receives a continuous stream of sense data from inside your body as your lungs expand, your heart beats, your temperature changes, and the rest of your insides carry on their symphony of activity.

All this data presents a mystery to your brain-in-a-box. Together, the data represents the end result of some set of causes that are unknown.

When something in the world produces a change in air pressure that you hear as a loud bang, some potential causes could be a door slamming, a gunshot, or a fish tank toppling to the floor. When your stomach unleashes a gurgle, the cause might be hunger, indigestion, nervousness, or love.

So, your brain has a problem to solve, which philosophers call a 'reverse inference problem'. Faced with ambiguous data, your brain must somehow guess the causes of that data as it plans what to do next, so it can keep you alive and well.

Fortunately, your brain has another source of information that can help with this task: memory. Your brain can draw on your lifetime of past experiences, some of which were similar to the present moment, to guess the meaning of the sense data.

①A slammed door, rather than a fish tank, may well be the best candidate for a loud bang if, for example, there is a strong breeze blowing through a nearby window, or if your heartbroken lover has just stormed out of the room and you've experienced similar exits in past relationships.

Your brain's best guess — right or wrong — manifests itself as your action and everything you see, hear, smell, taste and feel in that moment. And this whirlwind of mental construction all happens in the blink of an eye, completely outside of your awareness.

The esteemed neuroscientist Gerald Edelman described daily experience as ②'the remembered present'. You might feel like you simply react to events that happen around you, but in fact, your brain constantly and invisibly guesses what to do next and what you will experience next, based on memories that are similar to the present moment.

A key word here is 'similar'. The brain doesn't need an exact match. You have no trouble climbing a new, unfamiliar staircase because you've climbed staircases in the past. So similarity is enough for your brain to help you survive and thrive in the world.

In psychology and philosophy, things that are similar to one another form a category. For example, think about fish, a common-sense category that includes many taxonomic groups of aquatic animals. ③Fish come in all colours, shapes and sizes. They swim with a variety of motions. Some travel in schools and others are solitary. Some live in oceans, some in ponds, and some in human homes.

A typical fish may have fins and scales and breathe underwater, but some fish have no scales (such as sharks), some have no fins (such as the hagfish), and a few can breathe on land (such as the lungfish). Despite this, we still consider all of these creatures similar and call them fish. We would never consider a dog to be a fish.

You might think that categories exist in the outside world, but in fact, your brain makes them. If I ask you to imagine a fish as a pet, your brain creates a category that could include bettas, goldfish and guppies. But if I ask you to imagine a fish in a restaurant, your brain would more likely build a category from cod, haddock and salmon. ④So a category like 'fish' is not something static in your brain. It is an abstract category that your brain creates, based on context.

The most important similarities forming a category like 'fish' are not about physical looks but about function. You don't eat a betta sandwich for lunch or keep a salmon in an aquarium, because the function of a pet is different from the function of a meal.

Similarly, the function of a fishbowl is usually to hold live fish, but in another context it can become a vase for flowers, a container for pencils or spare change, a drinking bowl for a thirsty dog, a fire extinguisher for a small blaze, or even a weapon to hurl at an attacker.

Abstract categories are tremendously flexible. Consider the following three objects: a bottle of water, an elephant and a pistol. These objects do not look alike, feel alike, smell alike, or have any other obvious physical similarities. It turns out that they do share a physical function: they can all squirt water. So they form a category.

But they also share another function that, unlike water-squirting, is completely untethered from their physical nature. They are members of the category, 'things that would fail to pass through airport security'. This purely abstract category is only based on function and is a product of human minds.

Purely abstract categories, in fact, drive many of your actions and experiences. When your brain makes guesses about the sense data around and within you, those guesses often form an abstract category based on function.

⑤<u>To explain a feeling of shortness of breath, your brain might construct a category containing physical exercise, a punch in the gut, surprise, lust and a hundred other potential causes that are all similar to the present moment, so it can whittle them down and act.</u> Category construction is the process by which your brain figures out what something is, what to do about it, and how it should regulate your organs, hormones and immune system as it prepares for action.

Abstract categories are also the engine behind social reality. ⑥<u>When we impose a function on an object, we categorise that object as something else.</u> Throughout our history, all manner of objects have belonged to the abstract category 'money': not only paper rectangles and metal discs, but also shells, barley, salt, and carved boulders too heavy to move. We even impose the functions of money on intangibles such as mortgages and Bitcoin.

We share such categorisations and make them real — sometimes with only a small group, and sometimes with a large population, as with money and countries and citizenship.

(Feldman-Barrett, Lisa. 2021. "The mind-blowing science behind how our brains shape reality." https://www.sciencefocus.com/the-human-body/the-mind-blowing-science-behind-how-our-brains-shape-reality/ より一部改変)

設問(1) 下線部①の意味を日本語で表しなさい。

設問(2) 下線部②が示す内容を日本語で具体的に説明しなさい。

設問(3) 下線部③の意味を日本語で表しなさい。

設問(4) 下線部④において筆者は 'fish' というカテゴリーについて触れているが，本文中でどのような具体例を挙げて解説しているか，日本語でわかりやすく説明しなさい。

設問(5) 下線部⑤の意味を日本語で表しなさい。

設問(6) 下線部⑥について筆者はどのような具体例を挙げて解説しているか，本文に即して日本語でわかりやすく説明しなさい。

全 訳

■脳が構築する現実

❶ 人間の脳は，どのようにして社会的現実を作り出すのだろうか。これに答えるために，脳のほうの観点からそれを検討してみよう。生涯にわたって，あなたの脳は頭蓋骨と呼ばれる暗い沈黙した箱の内部に捕らえられている。

❷ あなたの脳は，目，耳，鼻，その他の感覚器官からのデータを絶えず受け取っている。また，肺が広がり，心臓が鼓動し，体温が変化し，他の内臓がその活動の交響曲を奏でるとき，脳は絶え間ない感覚データをあなたの体の内部から受け取る。

❸ これらのデータはすべて，箱の中に入った脳には謎として示される。合わせて，そのデータは未知の一組の原因の最終結果を表している。

❹ 世界で何かが，大きなバンという音に聞こえる気圧の変化を生み出したとき，可能性のある原因は，ドアをばたんと閉めたこと，発砲，水槽が床に倒れたことなどが考えられる。お腹がゴロゴロいえば，原因は空腹，消化不良，緊張，あるいは愛情かもしれない。

❺ したがって，脳は解決すべき問題を抱えており，これを哲学者たちは「逆推測問題」と呼んでいる。あいまいなデータを前にして，あなたの脳は次に何をすべきか計画するのに，何らかの方法でそのデータの原因を推測しなければならない。そうすればあなたは生き続け，健康であり続けられるのである。

❻ 幸いにも，脳はこの任務の手助けとなるもう一つの情報源を持っている。記憶である。脳は，感覚データの意味を推測するために，現在の状況と似たものが含まれるこれまでの人生の過去の経験を引き出すことができる。

❼ ①たとえば，近くの窓から強い風が吹き込んでいるなら，あるいは，あなたの深く傷ついた恋人が怒って部屋から飛び出して行ったばかりで，過去の恋愛関係で同じように部屋を出て行かれた経験があるなら，倒れた水槽ではなく，ばたんと閉じられたドアが，大きなバンという音の原因として最も可能性が高いだろう。

❽ あなたの脳の最善の推測は，正しかろうと間違っていようと，あなたの行動と，そのときにあなたが見，聞き，においをかぎ，味わい，肌で感じるすべてとなって現れる。そして，精神構築のこの旋風はすべて，あなたがまったく自覚することなく，一瞬のうちに起こる。

❾ 高く評価されている神経科学者ジェラルド=エデルマンは，日々の経験を「記憶された現在」と説明する。あなたは自分の周りで起こる出来事にただ反応しているだけだと感じるかもしれないが，実は，あなたの脳は絶えず，そして見えないところで，次に何をすべきか，あなたが次に何を経験することになるか，現在の状況

と類似した記憶に基づいて推測している。

⑩ ここでカギとなる言葉は「類似した」である。脳は正確に一致するものを必要としてはいない。これまで見たことがなくなじみのない階段を難なく上れるのは，過去に階段を上ったことがあるからだ。したがって，あなたがこの世界で生き延び，元気にやっていくのを脳が手助けをするのには，似ているということで十分なのである。

⑪ 心理学や哲学においては，互いに似ているものは一つのカテゴリーを形成する。たとえば，多くの水生動物の分類群を含む常識的なカテゴリーである魚について考えてみよう。③魚にはあらゆる色，形，大きさのものがいる。泳ぐときの動きもさまざまだ。群れで移動するものもあれば，単独でいるものもある。海で暮らすものもいれば，池で暮らすもの，また人間の家庭で暮らすものもいる。

⑫ 典型的な魚はひれとうろこを持ち，水中で呼吸するかもしれないが，中にはうろこを持たないもの（たとえばサメ），ひれを持たないもの（たとえばヌタウナギ），少数ではあるが陸上で呼吸するもの（たとえばハイギョ）もいる。こうしたことにもかかわらず，私たちはこれらの種のすべてを似ていると見なし，魚と呼ぶ。犬を魚であると考えることは決してないだろう。

⑬ カテゴリーは外部世界に存在していると思うかもしれないが，実は，脳がカテゴリーを作っているのである。もしあなたにペットとしての魚を想像してくださいと言えば，あなたの脳はベタや金魚，グッピーを含むであろうカテゴリーを作り出す。しかし，もしレストランで見る魚を想像してくださいと言えば，あなたの脳はタラ，ハドック，サケからカテゴリーを作り上げる可能性が高いだろう。したがって，「魚」のようなカテゴリーも，脳の中にある何か固定的なものではない。それは，状況に基づいて脳が作り出す抽象的なカテゴリーなのである。

⑭ 「魚」のようなカテゴリーを形成する最も重要な類似性は，物理的外見ではなく，役割に関するものである。昼食にベタのサンドイッチを食べたりサケを水槽で飼ったりしないのは，ペットの役割は食事の役割とは異なるからである。

⑮ 同様に，金魚鉢の役割は，通常生きた魚を入れておくことだが，別の状況では，花瓶，鉛筆や余った小銭を入れるもの，喉が渇いた犬の飲み水入れ，ちょっとした火が出たときの消火器，あるいは，攻撃してくるものに投げつける武器にさえなる。

⑯ 抽象的なカテゴリーは驚くほど柔軟性がある。以下の3つのものを考えてほしい。一瓶の水，ゾウ，ピストルである。これらのものは見た目も，手触りも，においも同じには思えないし，何か他の明らかな物理的類似性もない。だが，確かにそれらは物理的機能が共通していることがわかる。つまり，それらはみんな水を噴出することができるのだ。したがって，3者で一つのカテゴリーを形成する。

⑰ しかし，それらは，水を噴出することとは違って，その物理的な性質とは全く

関係のないもう一つ別の機能も共通している。3つとも「空港の警備を通過しないであろうもの」というカテゴリーに属する。この純粋に抽象的なカテゴリーは，機能にのみ基づいており，人間の思考の産物である。

⑱ 純粋に抽象的なカテゴリーは，実は，人の行動や経験の多くをかき立てるものである。あなたの脳があなたの周囲やあなたの内部の感覚データについて推測するとき，それらの推測は多くの場合，機能に基づいて抽象的なカテゴリーを形成する。

⑲ ⑤息切れを感じている原因を説明するために，脳は，運動，腹部への殴打，驚き，欲情，その他，すべて現在の状況に似たあらゆる原因を含むカテゴリーを構築するかもしれない。それで脳は考えられる原因を絞り込んで，行動を起こすことができるのである。カテゴリーの構築は，脳が，あるものが何なのか，それについてどうするべきか，そして行動に備えるために人の器官，ホルモン，免疫系をどのように調整すべきかをはじき出す過程なのである。

⑳ 抽象的なカテゴリーはまた，社会的な現実の背後にある推進力でもある。ある対象に何らかの機能を負わせるとき，私たちはその対象を何か他のものとしてカテゴリー化する。人類の歴史を通じてずっと，長方形の紙や丸い金属だけでなく，貝殻，大麦，塩，動かすには重すぎる彫った岩まで，あらゆる種類のものが「貨幣」という抽象的なカテゴリーに属してきた。私たちは，抵当権やビットコインのような形のないものにさえ貨幣の機能を与えている。

㉑ 私たちはそうしたカテゴリー化を，貨幣や国や市民権に関してそうであるように，ときには小さな集団だけと，ときには大きな人間集団と共有し，それを実在させている。

❶ 人間の脳はどのようにして社会的現実を作り出すのだろうか。
❷ 脳は身体の外部・内部からくる絶え間ない感覚データを受け取っている。
❸ これらのデータは脳にとっては謎である。
❹ たとえば，バンという音がした場合，あるいはお腹がゴロゴロいう場合，それぞれ原因はいろいろと考えられる。
❺ こうしたとき脳は「逆推測問題」と呼ばれる問題を抱えており，あいまいなデータを基にして次にすべきことを計画するために，そのデータの原因を推測しなければならない。
❻ この任務の手助けとなるもう一つの情報源は記憶である。
❼ バンという音は，強い風が吹いていたり，怒った恋人が飛び出して行ったりしたのなら，水槽が倒れたのではなく，ドアが勢いよく閉まったのが原因だろう。
❽ 脳が行った推測は，その人の行動と感覚のすべてとなって，人が自覚することなく一瞬のうちに現れる。
❾ 日々の経験は，身の周りで起こる出来事にただ反応しているのではなく，現在の状況と類似した記憶に基づいた脳の推測である。

各段落の要旨

⑩ 脳が正しく推測するのには「類似している」ということで十分である。
⑪ 心理学や哲学では，似ているものは一つのカテゴリーを形成する。たとえば，魚には外見，行動，生息場所の点でさまざまなものがいる。
⑫ 典型的な魚はひれとうろこを持ち，水中で呼吸するが，これと多少異なる特徴をもつものでもおおよそ同じなら魚と呼ぶ。
⑬ カテゴリーは外部世界に存在していると思うかもしれないが，カテゴリーを作っているのは脳である。たとえばペットの魚と食用の魚は別だとするのは，状況に基づいて脳が作り出す抽象的なカテゴリーである。
⑭「魚」のカテゴリーを形成する最も重要な類似性は，物理的な外見ではなく，役割に関するものである。
⑮ 金魚鉢の役割も，状況によっては花瓶，小物入れ，犬の飲み水入れ，消火器，武器にもなる。
⑯ 抽象的なカテゴリーには驚くほどの柔軟性があり，一瓶の水，ゾウ，ピストルという物理的類似性はまったくない3つも，水を噴出することができるという機能面の共通点から一つのカテゴリーを形成する。
⑰ さらにその3つは「空港の警備を通過しないであろうもの」というカテゴリーにも属すが，このカテゴリーは純粋に抽象的で，機能にのみ基づいた人間の思考の産物である。
⑱ 純粋に抽象的なカテゴリーは，人の行動や経験をかき立てるものである。
⑲ 息切れを感じている原因を説明するために脳がカテゴリーを構築するとすれば，それは次にどうすべきかをはじき出す過程と言える。
⑳ 貝殻や塩といったものに「貨幣」という機能を負わせるときに私たちが作り出す抽象的なカテゴリーは，社会的な現実の背後にある推進力でもある。
㉑ 私たちはこうしたカテゴリー化をときには小さな集団だけと共有したり，大きな人間集団と共有したりして，それを実在させている。

解　説

設問(1)　A slammed door, rather than a fish tank, may well be the best candidate for a loud bang

直訳　「水槽よりもむしろばたんと閉じられたドアが，大きなバンという音の最善の候補だろう」

- A slammed door, rather than a fish tank は第4段第1文（When something in …）の内容を受けており，「倒れた水槽ではなく，ばたんと閉じられたドアが…」などと言葉を補って訳すとよい。
- may well ～ は「たぶん～だろう」の意。
- 「音の候補」とは，「音の原因として考えられるもの」を表しているので，the

best candidate for a loud bang は「大きなバンという音の原因として最も可能性が高い」などとするとわかりやすい。

if, for example, there is a strong breeze blowing through a nearby window,

直訳 「たとえば，近くの窓を通って強い風が吹いているなら」

- 「窓を通って吹いている」は「窓から吹き込んでいる」などと自然な日本語に整える。

or if your heartbroken lover has just stormed out of the room and you've experienced similar exits in past relationships.

直訳 「あるいは，あなたの深く傷ついた恋人がちょうど部屋を激しい勢いで出て行ったばかりで，あなたが過去の関係で同様の退去を経験しているなら」

- heartbroken は「深く傷ついた，悲嘆にくれた」の意。
- storm は「(怒って) 勢いよく進む」の意。out of ～「～ (の中) から (外へ)」が続いており，「怒って部屋から飛び出して行ったばかりで」などとできる。
- similar exits「同様の退去 (を経験する)」は「同じように部屋を出て行かれた経験がある」などとわかりやすく整えたい。
- 「過去の関係」は文脈から「過去の恋愛 (関係)」と考えられるので，言葉を補っておくと読みやすい。

設問(2) ▶解答欄は 14.7cm×3.5cm。当該箇所は「エデルマンは，日々の経験を『記憶された現在』と説明する」となっており，下線部は「日々の経験」とはどういうものかを表していることになる。直後の文に「あなたは自分の周りで起こる出来事にただ反応しているだけだと感じるかもしれないが，実は，あなたの脳は…次に何をすべきか，あなたが次に何を経験することになるか，現在の状況と類似した記憶に基づいて推測している」とある。この内容を，「日々の経験は…ではなく～であるということ」という形にまとめる。

設問(3) ▶**下線部第１文**

Fish come in all colours, shapes and sizes.

直訳 「魚は，あらゆる色，形，大きさで来る」

- come in ～「(主語は) ～のものがある」の意。基本的には商品などが販売・製造される種類や形状を表す。たとえば，This shirt comes in five colours.「このシャツは５色ある」といった使い方をする。
- fish は基本的に単複同形。「魚にはあらゆる色，形，大きさのものがいる」などとなる。

▶下線部第 2 文

They swim with a variety of motions.

直訳 「魚はさまざまな動きで泳ぐ」

- 「泳ぐときの動きもさまざまだ」などと自然な日本語になるように整えたい。
- 原文に also はないが，前文で「色，形，大きさ」が多様であることを述べており，文章の流れとして「も」を補うのが適切である。

▶下線部第 3 文

Some travel in schools and others are solitary.

直訳 「あるものは群れで旅をし，あるものは群居しない」

- Some … and others ～ は「…するものもあれば〔いれば〕，～するものもある〔いる〕」が定番の訳し方である。
- travel は広く「移動する」ことを表す語である。通勤や光や音などの伝達にも使うことを確認しておきたい。
- school は「魚，クジラ，イルカなどの群れ」の意。英語では，どの生物であるかによって「群れ」を表す語が異なるので，これも一度確認しておくこと。in schools は「群れで」の意。
- solitary は「群居しない」つまり「群れをつくらない」ことを表す語。前半の「群れ」との対比がはっきり出るようにするには「単独でいる」などとするとよい。

▶下線部第 4 文

Some live in oceans, some in ponds, and some in human homes.

直訳 「あるものは海で暮らし，あるものは池で，あるものは人間の家庭で」

- Some の反復は，前文の Some … and others ～ の変型。訳し方は同様でよい。
- live in oceans「海で暮らす」の live が以下の 2 つでは省略されており，日本語では in ponds「池で暮らす」，in human homes「人間の家庭で暮らす」と，「暮らす」をその都度言うほうが自然である。

設問(4) ▶解答欄は 14.7cm×3.5cm。下線部は「したがって，『魚』のようなカテゴリーも，脳の中にある何か固定的なものではない。それは，状況に基づいて脳が作り出す抽象的なカテゴリーなのである」となっている。同段第 2・3 文（If I ask you to … haddock and salmon.）で「ペットとしての魚」と「レストランで見る魚」では，思い浮かべる種類が異なる例が挙がっている。この例を盛り込み，「『魚』というカテゴリーが固定的なものではなく，脳が作り出すものであると解説している」とまとめる。なお，「固定的なもの」は，同段第 1 文（You might think …）に「カテゴリーは外部世界に存在している（と思うかもしれない）」が同じ意味であり，この表現も利用するとよりわかりやすくなる。

設問(5) To explain a feeling of shortness of breath, your brain might construct a category

直訳 「呼吸の不足の感じを説明するために，あなたの脳はカテゴリーを構築するかもしれない」

●shortness of breath「呼吸の不足」とは「息切れ」のこと。

●「息切れの感じを説明する」は，「なぜ息切れを感じているのか，その原因を説明する」ということであり，日本語ではそのように言葉を補うのがわかりやすい。

containing physical exercise, a punch in the gut, surprise, lust and a hundred other potential causes that are all similar to the present moment,

直訳 「運動，腹部への殴打，驚き，欲情，すべて現在の瞬間と似ている，可能性のある他の100の原因を含む」

●containing「～を含む」はcategoryを修飾する形容詞用法の現在分詞。以下physical exerciseからpresent momentまでがこの目的語である。physical exercise「運動」 a punch in the gut「腹部への殴打」 surprise「驚き」 lust「欲情」

●a hundred other potential causes「可能性のある他の100の原因」は文字どおりの100個ではなく，「多数」を表すと考えるのが妥当。「可能性のある原因」とは「息切れの原因と考えられるもの」ということ。

●that are all similar to the present moment「すべて現在の状況と似ている」はcausesを先行詞とする関係代名詞節。momentは「瞬間」，すなわち時間というより「(特定の) 機会」のニュアンスと考えるほうが文意には合うと思われる。

…, so it can whittle them down and act.

直訳 「その結果，脳はそれらをそぎ落とし，行動を起こせる」

●…, soはso thatのthatが省略されたもの。「…，その結果～する」の意。

●whittleはなじみのある語とは言えないので，文脈から正しく推測することが求められる。themはpotential causes「考えられる原因」を指しており，これは非常にたくさんあることが述べられていた。このあとに (can) act「行動を起こせる」とあることから，原因はこれだと判断がついたと考えられる。downのイメージとして，boil down ～「(話などが) つまるところ～になる」などに見られるように，最終的にどこに落ち着くかということを表し，多くの候補から「絞り込む」ことを述べていると考えられる。whittle downはもともと「(木など) をナイフで少しずつ削る」の意。そこから「～を減らす，そぐ」の意でも使う。

設問(6) ▶解答欄は14.7cm×3.5cm。下線部は「ある対象に何らかの機能を負わせるとき，私たちはその対象を何か他のものとしてカテゴリー化する」となっている。

このあと，「人類の歴史を通じてずっと…あらゆる種類のものが『貨幣』という抽象的なカテゴリーに属してきた」とあり，私たちになじみ深い紙幣や硬貨だけが貨幣なのではなく，貝殻や本来は食品である大麦や塩，動かせもしない大きな岩も貨幣として使われてきたことが述べられている。さらに，同段最終文（We even impose …）には，形のない抵当権やビットコインにも貨幣の機能を持たせていることが述べられている。これらの例を使って，「あるものに何らかの機能を負わせるとき，それを本来のものとは異なるカテゴリーに分類すると解説している」とまとめる。

解答

設問(1)　たとえば，近くの窓から強い風が吹き込んでいるなら，あるいは，あなたの深く傷ついた恋人が怒って部屋から飛び出して行ったばかりで，過去の恋愛関係で同じように部屋を出て行かれた経験があるなら，倒れた水槽ではなく，ばたんと閉じられたドアが，大きなバンという音の原因として最も可能性が高いだろう。

設問(2)　日々の経験は，自分の身の周りで起こる出来事への単なる反応ではなく，現在の状況と類似した過去の記憶に基づいて，次に何をすべきか，次に何を経験することになるかを脳が見えないところで絶えず推測したものであるということ。

設問(3)　魚にはあらゆる色，形，大きさのものがいる。泳ぐときの動きもさまざまだ。群れで移動するものもあれば，単独でいるものもある。海で暮らすものもいれば，池で暮らすもの，また人間の家庭で暮らすものもいる。

設問(4)　ペットの魚を思い浮かべる場合には，脳はベタ，金魚，グッピーを含むカテゴリーを作り出し，レストランで見る魚の場合にはタラ，ハドック，サケからなるカテゴリーを作り上げるというように，「魚」というカテゴリーは外部世界に固定して存在しているものではなく，状況に基づいて脳が作り上げるものだと解説している。

設問(5)　息切れを感じている原因を説明するために，脳は，運動，腹部への殴打，驚き，欲情，その他，すべて現在の状況に似たあらゆる原因を含むカテゴリーを構築するかもしれない。それで脳は考えられる原因を絞り込んで，行動を起こすことができるのである。

設問(6)　長方形の紙や丸い金属，貝殻，大麦，塩，巨石から，抵当権やビットコインのような無形のものまで，あらゆるものが貨幣として使われてきたように，あるものに何らかの機能を負わせるとき，それを本来のものとは異なるカテゴリーに分類すると解説している。

23

2021 年度 外国語学部以外〔2〕

次の英文を読んで，以下の設問に答えなさい。

Is any environment more secluded from our imagination than the seas surrounding Antarctica? Icebergs grind above a seabed dotted with salps, sea squirts, sponges, and other barely animate organisms. The sun scarcely rises for half the year. Under the elemental conditions at these latitudes, Antarctic blue whales exist in a world defined by bioacoustics. Blue whales, Earth's largest animals, call to others of their kind, though exactly what these cries communicate remains a mystery. Whether to attract a mate, to repel (i) a rival, or for some other social purpose, the sounds blue whales make are less song, more drone — a tectonic rumble on the furthest edge of human hearing. That the sounds of blue whales seem simple might suggest they are unchanging across generations. But these atonal sounds have begun evolving. Since at least the 1960s, their pitch has downshifted the equivalent of three white keys on a piano. Scientists have theories as to why — some worrisome, some hopeful, all involving humans.

The deepening of Antarctic blue whales' sounds is not unique to the subspecies (A). Groups of pygmy blue whales found near Madagascar, Sri Lanka, and Australia, as well as fin whales, which live in seas around the world, have also dropped their pitch. (Even before this change, fin whales emitted sounds so low as to be nearly imperceptible to humans; the wavelengths of their calls were often longer than the bodies of the whales themselves.) In a study last year that analyzed more than 1 million individual recordings of whale calls, scale shifts were found across species, and among populations that don't necessarily interact with one another. Which is to say (ii), whatever has triggered the change doesn't seem to have a specific geographic origin.

The underwater clamor caused by maritime traffic and extractive industries might seem a likely culprit. After all, such noise is known to interrupt whales' foraging and interfere with their vocal interactions. But although some whales do adapt(B), in limited ways, to artificial sounds in the ocean — by pausing their calls to avoid competing with the passage of cargo ships, for example — scientists don't believe that the deepening whale calls are a response to sonic pollution. They have identified lowered pitches even across populations of whales that live in seas without major shipping routes, where mechanical noise is negligible(iii).

Another possible explanation for the change in whale calls is the achievements of global conservation efforts. At the start of the 20th century, an estimated 239,000 Antarctic blue whales occupied the Southern Ocean. By the early 1970s, decades of commercial whaling — initially by Norwegian and British whalers, and later by illegal Soviet fleets — had decreased the blue-whale population in the region to a mere 360. But since protection of the subspecies began in 1966, that number has begun to rebound. Scientists have speculated that the whale's anatomy(iv) determines that the louder it gets, the higher the pitch of its calls. As populations have grown, then, the whales may have decreased their volume because they are more likely to be communicating over short distances. In other words, Antarctic blue whales may be lower-toned today than in previous decades simply because they no longer need to shout.

Last year's study of whale calls also suggests a more ominous reason for the drop in pitch, however: Perhaps whales don't need to be so loud because sound waves travel farther in oceans made acidic by the absorption of carbon dioxide.

Carbon dioxide in the atmosphere, meanwhile, may indirectly influence whale voices in other ways. Recent monitoring of Antarctic blue whales shows that, during the austral summer, their pitch rises. Researchers have hypothesized that in warmer months, the whales must use their forte volume to be heard amid the cracking ice — a natural sound amplified by unnatural(C) processes, as rising temperatures exacerbate(v) ice-melt. So the impacts of a warming planet may modulate animal sounds even in remote places with barely any humans, and where the most thunderous notes come not from ships, but from the clatter of breaking ice.

We may not yet know what the sounds of blue whales mean. But whether through our intent to preserve these creatures, or as a result of refashioning their environment, our deeds (vi) echo in their voices.

(Giggs, Rebecca. "Whale songs are getting deeper." *The Atlantic*, October 2019.)

設問(1) 下線部(i)〜(vi)の語句の本文中での意味に最も近いものを，(イ)〜(ニ)から1つ選び，記号で答えなさい。

(i) repel

(イ) call on　(ロ) drive away

(ハ) escape from　(ニ) reconcile with

(ii) Which is to say

(イ) Moreover　(ロ) None the less

(ハ) On the other hand　(ニ) Put another way

(iii) negligible

(イ) extremely limited　(ロ) hardly pleasant

(ハ) relatively loud　(ニ) very significant

(iv) anatomy

(イ) animal language　(ロ) body structure

(ハ) musical ability　(ニ) space science

(v) exacerbate

(イ) delay　(ロ) freeze

(ハ) reduce　(ニ) worsen

(vi) echo in

(イ) are irrelevant to　(ロ) become unnoticeable in

(ハ) have an impact on　(ニ) work in favor of

設問(2) 下線部(A) the subspecies が指すものを本文中の英語で答えなさい。

出典追記：Whale Songs Are Getting Deeper, The Atlantic October 2019 by Rebecca Giggs

設問(3) 下線部(B) adapt は具体的にはたとえばどういう行動をとるのか。本文の内容に従い，25 字以内の日本語で説明しなさい。句読点も 1 字に数えます。

設問(4) 下線部(C) unnatural はどのような意味で unnatural であると考えられるか，25 字以内の日本語で説明しなさい。句読点も 1 字に数えます。

設問(5) 本文の内容に従い，この文章のタイトルである “Whale songs are getting deeper” という現象の原因であると考えられるものを下記の(イ)～(ヘ)から 2 つ選び，記号で答えなさい。

(イ) Drones are spotted by blue whales.

(ロ) Many ships pass over blue whales.

(ハ) Some nations have resumed commercial whaling.

(ニ) The number of blue whales has increased.

(ホ) Seawater now has a higher level of acidity.

(ヘ) The sound of melting ice is getting noisier.

全 訳

■クジラの声が低くなっている原因

❶ 南極大陸を取り囲む海よりも私たちの想像とかけ離れた環境があるだろうか。氷山が，サルパ，ホヤ，海綿動物その他の，生きているかいないかわからないような生物が点在する海底の上でぎしぎしと音を立てている。1年の半分は太陽がほとんど昇らない。このような緯度の自然条件のもと，南極のシロナガスクジラは生物音響学で定義される世界に存在している。シロナガスクジラは地球上最大の動物で，同じ種の他の個体に呼びかけるが，こうした呼び声が厳密に何を伝えているのかは謎のままである。つがいの相手を呼び寄せるためであろうと，競争相手を追い払うためであろうと，あるいは他の何らかの社会的な目的のためであろうと，シロナガスクジラが出す音は，歌というより単調な低音，つまり人間の耳でとらえられる極限の，地鳴りのようなゴロゴロ音である。シロナガスクジラの出す音が単調に思えることは，その音が何世代にもわたって変化していないことを示唆しているかもしれない。しかし，この無調の音は漸進的な変化を始めているのだ。少なくとも1960年代から，その音の高さが，ピアノの白鍵で3つ分に相当するほど下がっているのである。科学者たちはその理由に関してさまざまな説を立てている。憂慮すべきものもあれば，希望に満ちたものもあるが，すべて人間が関わっている。

❷ 南極のシロナガスクジラの出す音が低くなっていることは，この亜種に特有なことではない。世界中の海で暮らしているナガスクジラだけでなく，マダガスカル，スリランカ，オーストラリア付近で見られるピグミーシロナガスクジラの群れも声が低くなっているのである。（この変化が起こる前でも，ナガスクジラは人間の耳にはほとんど聞き取れないほど低い音を出していた。彼らの出す呼び声の波長は，クジラ自身の体よりも長いことが多かった） 100万を超える別個のクジラの呼び声の録音を分析した昨年のある研究では，音階の変化が種を超えて見つかり，また必ずしも互いに交流があるわけではない群れ同士の間で見つかった。つまり，変化を引き起こしたものが何であれ，それに特定の地理的な起源はないように思えるということだ。

❸ 海上交通や天然資源採取産業によって引き起こされる水面下の騒音がもっともらしい原因に思えるかもしれない。何と言っても，そのような騒音はクジラがエサを探すのを邪魔し，彼らが声で連絡を取り合うことに干渉することが知られているのだから。しかし，たとえば貨物船の通過と競合するのを避けるために呼び声を中断するなど，方法は限られているとはいえ，海中の人工的な音に適応するクジラも確かにいるが，科学者たちは，クジラの呼び声が低くなっていることが騒音公害へ

の反応だとは考えていない。彼らは，主な航路がなく，機械音がわずかしかない海で暮らすクジラのさまざまな群れでも声が低くなっていることを突き止めているのだ。

❹ クジラの呼び声の変化に対するもう一つの可能性のある説明は，地球規模での保護活動のなせる業だというものだ。20世紀の初めには，推定23万9000頭の南極のシロナガスクジラが南極海にあふれていた。1970年代初頭には，初めはノルウェーと英国の捕鯨者によって，後には違法なソビエトの船団によって行われた，何十年もの商業捕鯨が，その地域のシロナガスクジラの数をほんの360頭にまで減少させていた。しかし，この亜種の保護が1966年に始まって以降，その数は戻り始めている。科学者たちはクジラの解剖学的形態が要因で，呼び声が大きくなればなるほどその高さが上がると推測している。そして，数が増えるにつれ，短い距離でやり取りする可能性が高まるため，クジラは音量を小さくしたのかもしれない。言い換えると，南極のシロナガスクジラが今日，過去数十年よりも声が低くなっているのは，単にもう大声を出す必要がないからなのかもしれない。

❺ しかし，クジラの呼び声に関する昨年の研究は，高さの低下に対してもっと不吉な理由も示唆している。クジラがそれほど大きな声を出す必要がないのは，音波は，二酸化炭素の吸収で酸性化した海では，より遠くまで伝わるからかもしれないというのである。

❻ 一方，大気中の二酸化炭素は，別の点で間接的にクジラの声に影響を及ぼしているかもしれない。南極のシロナガスクジラの最近の調査は，南半球の夏の間，クジラの声の高さが上がることを示している。研究者たちは以下のような仮説を立てた。比較的暖かい月には，クジラは割れる氷のただなかで聞こえるように音量を上げなくてはならない。氷の割れる音は，気温の上昇が氷の融解を悪化させるため，不自然な作用によって増幅される自然の音だ。したがって，地球温暖化の影響は，ほとんど人間のいない，そして最もとどろきわたる音が，船からではなく割れる氷のきしみから響いてくる隔絶した場所でさえ，動物の声の調子を変えるのかもしれないのだ。

❼ シロナガスクジラの声が何を意味しているのか，私たちはまだわかっていないかもしれない。しかし，こうした動物を保護しようとする私たちの意図によってであれ，彼らの生きる環境を変えてしまった結果としてであれ，私たちの行為が彼らの声に影響を及ぼしているのである。

❶ 南極に生息するシロナガスクジラが発する音がこの60年くらいの間に明らかに低くなっている。理由にはさまざまな説があるが，すべて人間が関わると考えられている。

❷ クジラの出す音が低くなっているのは南極のシロナガスクジラに限ったことではな

各段落の要旨

く，他の地域の他の種でも確認されており，原因に特定の地理的な起源はないように思えることがわかった。

❸ 海上交通や天然資源採取産業が引き起こす水面下の騒音がもっともらしい原因のように思えるかもしれないが，こうした騒音公害がわずかしかない海で暮らすクジラでも声が低くなっていることがわかっている。

❹ もう一つの説明は，地球規模での保護活動かもしれない。商業捕鯨で激減したクジラの数が，20 世紀後半に始まった保護活動で増加に向かうにつれ，短い距離でやり取りする可能性が高まり，声が小さく低くなったことが考えられる。

❺ 昨年の研究では，二酸化炭素の吸収で酸性化した海では音波がより遠くまで伝わるため，クジラがそれほど大きな声を出す必要がなくなったのかもしれないという不吉な理由が挙げられた。

❻ 二酸化炭素は間接的にクジラの声に影響を及ぼしているかもしれない。氷が割れる音がしても声が届くようにするには大きな声を出す必要があるが，地球温暖化で氷の融解が悪化し，動物の声に影響している可能性がある。

❼ シロナガスクジラの声の変化が何を意味しているかはまだ不明だが，人間の行為が彼らの声に影響を及ぼしているのである。

解　説

設問(1)　正解は　(i)―(ロ)　(ii)―(ニ)　(iii)―(イ)　(iv)―(ロ)　(v)―(ニ)　(vi)―(ハ)

(i)　▶当該箇所は「競争相手を repel ために」となっている。縄張りやつがいの相手をめぐって，競争相手を「追い払う」といった意味であると推測できる。**(ロ) drive away「～を追い払う」**が正解。repel も「～を追い払う」の意。(イ)「～を訪ねる」(ハ)「～から逃げる」(ニ)「～と和解する」

(ii)　▶ which is to say は，that is to say「つまり，すなわち」の変型であり，前文の内容を受けるときに使われることがある。**(ニ) Put another way「別の言い方をすると」**が正解。(イ)「さらに」(ロ)「それにもかかわらず」(ハ)「他方で」

(iii)　▶当該箇所は「主な航路がなく，機械音が negligible 海」となっている。「主な航路がない」ことから，機械音は「ほとんどない」と考えられる。**(イ) extremely limited「きわめて限られている」**が正解。negligible は「無視できるほどの，わずかな」の意。(ロ)「ほとんど心地よくない」(ハ)「比較的大きい」(ニ)「たいへん重要な」

(iv)　▶ anatomy は「解剖学的構造，形態」の意。**(ロ) body structure「身体構造」**が正解。文意からはやや推測しづらい。単語自体を知らない場合は，各選択肢を下線部の前後と照らし合わせて，文脈上無理のないものを残す消去法を使うことになるだろう。(イ)「動物の言語」(ハ)「音楽的能力」(ニ)「宇宙科学」

(v) ▶当該箇所は「気温の上昇が氷の融解を exacerbate」となっている。気温が上昇すれば，氷の融解は進む。選択肢の中では(ニ) **worsen「～を悪化させる」**しか合うものはない。exacerbate も「～を悪化させる」の意。(イ)「～を遅らせる」(ロ)「～を凍らせる」(ハ)「～を減少させる」

(vi) ▶当該文は「こうした動物を保護しようとする私たちの意図によってであれ，彼らの生きる環境を変えてしまった結果としてであれ，私たちの行為が echo in 彼らの声」となっている。「シロナガスクジラの保護」については第4段（Another possible explanation …），「シロナガスクジラの生きる環境を変えたこと」については第6段（Carbon dioxide …）に述べられており，いずれもクジラの声が低くなっている原因として考えられる項目に挙げられている。また，第1段最終文（Scientists have theories …）には「科学者たちはその理由に関してさまざまな説を立てている。憂慮すべきものもあれば，希望に満ちたものもあるが，すべて人間が関わっている」ともある。人間の行為が彼らの声に「影響している」の意と推測できる。(ハ) **have an impact on「～に影響を及ぼす」**が正解。echo in ～は「～（の中）に反響する」が文字どおりの意味。人間の行為の結果がクジラの声として鳴り響くというイメージで，この語が使われていると考えられる。(イ)「～とは無関係である」(ロ)「～においては人目を引かなくなる」(ニ)「～のために働く」

設問(2)　正解は　Antarctic blue whales

▶当該文は「南極のシロナガスクジラの出す音が低くなっていることは，この亜種に特有なことではない」となっており，続く文に「ナガスクジラやピグミーシロナガスクジラの群れでも声が低くなっている」とある。したがって，「音が低くなっていることは，南極のシロナガスクジラに特有なことではない」ということである。本文中の英語で答える条件なので，Antarctic blue whales が正解。複数形でしか出てきていないことに注意。

設問(3)　▶当該箇所は「方法は限られているとはいえ，海中の人工的な音に適応するクジラも確かにいる」となっており，続くダッシュ（—）以下で「たとえば貨物船の通過と競合するのを避けるために呼び声を中断することによって」とある。この部分を 25 字以内にまとめる。

設問(4)　▶当該箇所は「不自然な作用」となっており，直後に「気温の上昇が氷の融解を悪化させる」とある。「気温の上昇」とは地球温暖化のことであり，人間が排出する二酸化炭素などが主な原因と考えられていることを踏まえた表現であることから，「人為的」という意味で「不自然」だと述べていると判断できる。したがって,「氷の融解は，人為的な地球温暖化が原因だという意味」などとまとめられる。

設問(5)　正解は(ニ)・(ホ)

(イ)━━×　「持続低音はシロナガスクジラに突き止められる」

▶第1段第6文（Whether to attract …）に「シロナガスクジラが出す音は，歌というより単調な低音…である」とあるように，「持続低音」はクジラの出す音のことを表しているだけである。

(ロ)━━×　「多くの船がシロナガスクジラの上を通過する」

▶第3段最終文（They have identified …）に「主な航路がなく，機械音がわずかしかない海で暮らすクジラのさまざまな群れでも声が低くなっている」とあり，船の出す音はクジラの声が低くなっていることとは無関係である。

(ハ)━━×　「商業捕鯨を再開した国がある」

▶本文にこのような記述はない。

(ニ)━━○　「シロナガスクジラの数が増えた」

▶第4段第1文（Another possible explanation …）に「クジラの呼び声の変化に対するもう一つの可能性のある説明は，地球規模での保護活動のなせる業だというものだ」とあり，同段最後から2番目の文（As populations have grown, …）に「(保護のおかげで) 数が増えるにつれ，短い距離でやり取りする可能性が高まるため，クジラは音量を小さくしたのかもしれない」とある。

(ホ)━━○　「海水は今，酸性度が高くなっている」

▶第5段のコロン以下（Perhaps whales don't …）には「クジラがそれほど大きな声を出す必要がないのは，音波は，二酸化炭素の吸収で酸性化した海では，より遠くまで伝わるからかもしれない」とある。

(ヘ)━━×　「融解する氷の音がだんだん大きくなっている」

▶第6段第2文（Recent monitoring …）に「南半球の夏の間，クジラの声の高さが上がる」とあり，クジラの声が低くなっている原因ではない。

解答

設問(1)　(i)—(ロ)　(ii)—(ニ)　(iii)—(イ)　(iv)—(ロ)　(v)—(ニ)　(vi)—(ハ)

設問(2)　Antarctic blue whales

設問(3)　貨物船の通過音との競合を避け，鳴くのをやめる行動。(25字)

設問(4)　氷の融解は，人為的な地球温暖化が原因だという意味。(25字)

設問(5)　(ニ)・(ホ)

24

2021年度 外国語学部〔2〕

次の英文を読んで，以下の設問に答えなさい。

Writing is an unnatural act. As Charles Darwin observed, "Man has an instinctive tendency to speak, as we see in the babble of our young children, whereas no child has an instinctive tendency to bake, brew, or write." ①The spoken word is older than our species, and the instinct for language allows children to engage in articulate conversation years before they enter a schoolhouse. But the written word is a recent invention that has left no trace in our genome and must be laboriously acquired throughout childhood and beyond.

Speech and writing differ in their mechanics, of course, and that is one reason children must struggle with writing: it takes practice to reproduce the sounds of language with a pencil or a keyboard. But they differ in another way, which makes the acquisition of writing a lifelong challenge even after the mechanics have been mastered. Speaking and writing involve very different kinds of human relationship, and only the one associated with speech comes naturally to us. Spoken conversation is instinctive because social interaction is instinctive: we speak to those with whom we are on speaking terms. When we engage our conversational partners, we have an inkling of what they know and what they might be interested in learning, and as we chat with them, we monitor their eyes, their face, and their posture. If they need clarification, or cannot swallow an assertion, or have something to add, they can break into the conversation or follow up in turn.

We enjoy none of ②this give-and-take when we cast our bread upon the waters by sending a written missive out into the world. The recipients are invisible and inscrutable, and we have to get through to them without knowing much about them or seeing their reactions. At the time that we write, the reader exists only in our imaginations. ③Writing is above all an act of pretense. We have to visualize ourselves in some kind of conversation, or correspondence, or oration, or soliloquy, and put words into the mouth of the little avatar who represents us in this simulated world.

The key to good style, far more than obeying any list of commandments, is to have a clear conception of the make-believe world in which you're pretending to communicate. There are many possibilities. A person thumb-typing a text message can get away with acting as if he is taking part in a real conversation. An activist composing a manifesto, or a minister drafting a sermon, must write as if they are standing in front of a crowd and whipping up their emotions.

Which simulation should a writer immerse himself in when composing a piece for a more generic readership, such as an essay, an article, a review, an editorial, a newsletter, or a blog post? The literary scholars Francis-Noël Thomas and Mark Turner have singled out one model of prose as an aspiration for such writers today. They call it classic style, and explain it in a wonderful little book called *Clear and Simple as the Truth.*

The guiding metaphor of classic style is seeing the world. The writer can see something that the reader has not yet noticed, and he orients the reader's gaze so that she can see it for herself. The purpose of writing is presentation, and its motive is disinterested truth. It succeeds when it aligns language with the truth, the proof of success being clarity and simplicity. The truth can be known, and is not the same as the language that reveals it; prose is a window onto the world. The writer knows the truth before putting it into words; he is not using the occasion of writing to sort out what he thinks. ④ Nor does the writer of classic prose have to argue for the truth; he just needs to present it. That is because the reader is competent and can recognize the truth when she sees it, as long as she is given an unobstructed view. The writer and the reader are equals, and the process of directing the reader's gaze takes the form of a conversation.

A writer of classic prose must simulate two experiences: showing the reader something in the world, and engaging her in conversation. The nature of each experience shapes the way that classic prose is written. The metaphor of showing implies that there is something to see. The things in the world the writer is pointing to, then, are *concrete*: people (or other animate beings) who move around in the world and interact with objects. The metaphor of conversation implies that the reader is *cooperative*. The writer can count on her to read between the lines, catch his drift, and connect the dots, without his having to spell out every step in his train of thought.

Classic prose, Thomas and Turner explain, is just one kind of style, whose invention they credit to seventeenth-century French writers such as Descartes and La Rochefoucauld. The differences between classic style and other styles can be appreciated by comparing their stances on the communication scenario: how the writer imagines himself to be related to the reader, and what the writer is trying to accomplish.

Classic style is not a contemplative or romantic style, in which a writer tries to share his idiosyncratic, emotional, and mostly ineffable reactions to something. Nor is it a prophetic, oracular, or oratorical style, where the writer has the gift of being able to see things that no one else can, and uses the music of language to unite an audience.

Less obviously, classic style differs from ⑤practical style, like the language of memos, manuals, term papers, and research reports. (Traditional stylebooks such as Strunk and White are mainly guides to practical style.) In practical style, the writer and reader have defined roles (supervisor and employee, teacher and student, technician and customer), and the writer's goal is to satisfy the reader's need. Writing in practical style may conform to a fixed template (a five-paragraph essay, a report in a scientific journal), and it is brief because the reader needs the information in a timely manner. Writing in classic style, in contrast, takes whatever form and whatever length the writer needs to present an interesting truth. The classic writer's brevity "comes from the elegance of his mind, never from pressures of time or employment."

⑥Classic style also differs subtly from plain style, where everything is in full view and the reader needs no help in seeing anything. In classic style the writer has worked hard to find something worth showing and the perfect vantage point from which to see it. The reader may have to work hard to discern it, but her efforts will be rewarded. Classic style, Thomas and Turner explain, is aristocratic, not egalitarian: "Truth is available to all who are willing to work to achieve it, but truth is certainly not commonly possessed by all and is no one's birthright."

The different prose styles are not sharply demarcated, and many kinds of writing blend the different styles or alternate between them. (Academic writing, for example, tends to mix practical and self-conscious styles.) Classic style is an ideal. Not all prose should be classic, and not all writers can carry off the pretense. But knowing the hallmarks of classic style will make anyone a better writer, and it is the strongest cure I know for the disease that enfeebles academic, bureaucratic, corporate, legal, and official prose.

(Pinker, Steven. 2014. *The sense of style: The thinking person's guide to writing in the 21st century*. Penguin Books より一部改変)

設問(1) 下線部①の意味を日本語で表しなさい。

設問(2) 下線部②が指す内容を日本語で具体的に説明しなさい。

設問(3) 下線部③が指す内容を日本語で具体的に説明しなさい。

設問(4) 下線部④の意味を日本語で表しなさい。

設問(5) 下線部⑤が指す内容を日本語で具体的に説明しなさい。

設問(6) 下線部⑥の意味を日本語で表しなさい。

出典追記：The Sense of Style : The Thinking Person's Guide to Writing in the 21st Century by Steven Pinker, Viking Books

全訳

■書くという行為の本質

❶ 書くことは不自然な行為である。チャールズ=ダーウィンが述べたように，「幼い子どもの喃語に見られるとおり，人間には話そうとする本能的傾向があるが，一方，焼いたり，醸造したり，文字を書いたりする本能的傾向をもつ子どもはいない」。①話し言葉は人類の誕生より前からあり，言語に対する本能のおかげで，小学校に入学する何年も前に，子どもは明瞭な会話ができる。しかし，書き言葉は，私たちのゲノムには何の痕跡も残っていない最近の発明であり，子ども時代を通じ，またその後もずっと，苦労して習得しなければならないものである。

❷ 話すことと書くことは当然その仕組みが違っており，それこそ，子どもたちが書くことに苦労しなければならない理由である。つまり，言語の音を鉛筆かキーボードで再現するのには練習がいるということだ。しかし，話すことと書くことは別の点でも異なっており，そのため書くことの習得は，その仕組みが身についたあとでも生涯続く課題になる。話すことと書くことには，非常に異なった種類の人間関係が関わっており，私たちが自然にできるのは話し言葉に関連する人間関係だけである。口頭での会話が本能的なのは，社会的交流が本能的だからである。私たちは，話をする間柄である人たちと話す。会話の相手と関わるときには，相手が知っていることや知りたがっているかもしれないことを私たちはうっすらと知っており，彼らと話しながら，彼らの目，顔，姿勢を観察している。相手がもっと明快に話してくれることを必要としていたり，主張を信じられなかったり，付け加えたいことがあったりする場合は，彼らは話に割り込んだり，自分の話す番で話を引き継いだりすることができる。

❸ 書いた文書を世間に向けて送ることで見返りを期待できない場合，このやりとりは少しも享受できない。受け手は目に見えず，その思考は読めず，彼らのことをたいして知ることも，彼らの反応を見ることもなく，彼らに言いたいことをわからせなければならない。ものを書くとき，読み手は私たちの想像の中にしか存在しない。ものを書くことは，何よりもまずふりをする行為なのである。私たちは，自分が何らかの会話，通信，演説，独白をしているのを思い浮かべて，この模擬世界で自分の代わりをしている小さなアバターに言うべき言葉を教えてやらなければならないのだ。

❹ よい文体のカギは，どのようなものであれ戒律の一覧に従うどころでは全くなく，自分が伝達をするふりをしている架空の世界を明確に理解することである。多くの可能性がある。親指でメールを打っている人は，現実の会話に参加しているか

のようにふるまうことをうまくやってのける。声明文を作成している活動家や説教の下書きをしている牧師は，群衆の前に立って彼らの感情をかき立てているかのように書かなければならない。

❺ 随筆や記事，論評，社説，会報，ブログといった，もっと一般的な読者層に向けた文章を書いているとき，書き手はどんな仮想現実に入り込むべきなのだろうか。文学者のフランシス=ノエル=トーマスとマーク=ターナーは，今日のそのような書き手にとっての目標として，散文の手本を一つ選び出している。彼らはそれを標準的な文体と呼び，『真実のように明快で簡潔に』という素晴らしいちょっとした書物の中で説明している。

❻ 標準的な文体の導きとなるメタファーは，世界を見ることである。書き手は読み手がまだ気づいていないことを見ることができ，読み手が自分で見られるように，読み手の視線を正しい方向に導く。ものを書く目的は提示であり，その動機は私心のない真実である。それは，言語と真実をまっすぐに結びつけるときに成功し，成功の証拠は明快さと簡潔さである。真実は知ることができるが，真実はそれを明らかにする言語と同じものではない。散文は世界への窓である。書き手は，言葉に置き換える前に真実を知っている。書き手は，自分が考えていることを整理するために書く機会を利用しているのではない。④標準的な散文を書く人は，真実を擁護する必要もない。書き手はただ真実を提示する必要があるだけだ。それは，読み手は有能であり，さえぎるもののない視界を与えられているかぎり，真実を見ればそれを認識できるからである。書き手と読み手は対等であり，読み手の視線を方向づける過程は，会話という形式をとる。

❼ 標準的な散文の書き手は，2つの経験のモデルを作らなくてはならない。読み手に世界にある何かを見せることと，読み手を会話に加えることである。それぞれの経験の性質が，標準的な散文が書かれる方法を決定する。見せるというメタファーは，見るべきものがあることを含意する。そして，書き手が指し示している世界の物事は，「具体的な」もの，すなわち，世界を動きまわり，物と相互に作用し合う人々（あるいは他の生命のある存在）である。会話というメタファーは，読み手が「協力的である」ことを含意する。書き手は，自分の一連の思考の各段階を詳細に説明しなくても，読み手が行間を読み，書き手の真意をとらえ，点と点を結びつけることをあてにできる。

❽ トーマスとターナーの説明では，標準的な散文は文体の一つにすぎず，その発明は，デカルトやラ・ロシュフコーのような17世紀のフランスの文筆家に功績があると彼らは考えている。標準的な文体と他の文体の違いは，会話の筋書きに関する態度，つまり，書き手がどのように自分自身が読み手と関わることを想像するか，そして書き手が何を成し遂げようとしているかを比較することで理解できる。

❾ 標準的な文体は，書き手が何ものかに対する，自分の特異で，情緒的で，たいていは言うに言われぬ反応を伝えようとする瞑想的な文体やロマンチックな文体ではない。書き手が他の誰にも見ることができないものを見ることができ，聞き手を結びつけるために言語という音楽を使う予言的な文体，神託的な文体，演説的な文体でもない。

❿ それほど明確ではないが，標準的な文体は，社内文書や手引書，学期末レポート，研究報告の言葉遣いといった実用的な文体とは違っている。(ストランクとホワイトのもののような伝統的な執筆便覧は主に実用的な文体の手引きである) 実用的な文体では，書き手と読み手は明確な役割（たとえば管理者と従業員，教師と生徒，専門家と客）をもっており，書き手の目標は読み手の必要を満たすことである。実用的な文体で書くことは，決まった型（たとえば5段落のレポートや科学誌の記事）に従っているかもしれない。そして読み手がよいタイミングでその情報を必要としているため，簡潔である。対照的に，標準的な文体で書くことは，書き手が興味深い真実を提示するのに必要ならば，どんな形式もどんな長さもとる。標準的な文体の書き手の簡潔さは，「書き手の精神の簡潔さから生じているのであり，決して時間や雇われ仕事の圧力から生じているのではない」。

⓫ ⑥標準的な文体は，平明な文体とも微妙に異なる。平明な文体ではすべてが見渡せ，読み手は何かを見て取るのに何の手助けも必要としない。標準的な文体では，書き手は提示するに値するものやそれを見るのに申し分ない有利な位置を見つけるのに骨を折ってきた。読み手は，それを見て取るのに懸命に努力しなければならないかもしれないが，その努力は報われるだろう。トーマスとターナーの説明では，標準的な文体は上流階級的で，平等主義的ではないという。「真実は，それを手に入れるのに進んで努力しようというすべての人の手に入るものであるが，真実が一般にすべての人に所有されているわけではなく，誰の生得権でもないことも確かである」

⓬ 異なる散文の文体ははっきりと区別できないものであり，多くの種類の文章が異なる文体を混ぜ合わせたり，それらを行き来したりする。(たとえば，学術的な文章は実用的な文体と自意識的な文体を混ぜる傾向がある) 標準的な文体は一つの理想である。散文は必ず標準的な文体で書くべきだというわけではなく，すべての書き手がそのふりをすることをうまくできるわけではない。しかし，標準的な文体の特徴を知っていることで，誰でもよりうまく書けるようになるだろうし，それは，学問，官僚，企業，法律，公の散文を弱体化させる病に対する，私が知っている中では最も有力な治療法である。

各段落の要旨

❶ 書くことは，話すという本能的傾向とは異なり，苦労して習得しなければならない不自然な行為である。

❷ 書くことは話すこととは仕組みが異なっており，言語の音を文字に再現するには練習がいるが，その他にも，話すことは社会的交流が本能であることに基づいており，相手の様子を観察しながら行うという，人間関係の点でも異なっている。

❸ ものを書くときには読み手は書き手の想像の中にしか存在せず，したがって書くことは何よりもまずふりをする行為である。

❹ よい文体のカギは，自分が伝達するふりをしている架空の世界を明確に理解することである。

❺ 一般的な読者層に向けた文章の手本となる，標準的な文体と呼ばれるものを説明する文学者たちもいる。

❻ 標準的な文体とは，読み手がまだ気づいていないことに読み手の視線を書き手が導き，言語と真実を明快，簡潔に結びつけるものである。

❼ 標準的な散文の書き手は，読み手に世界にある何か具体的なものを見せることと，読み手を会話に加えることという点から，散文を書く方法を決定することになる。

❽ 先の文学者たちの説明では，標準的な散文と他の文体の違いは，書き手がどのように自分自身が読み手と関わることを想像するか，何を成し遂げようとしているかを比較することで理解できる。

❾ 標準的な文体は，特異で情緒的，瞑想的，ロマンチックな文体ではなく，書き手以外の誰も見ることができないものを示す予言的，神託的，演説的な文体でもない。

❿ 標準的な文体は，読み手と書き手が明確な役割をもち，決まった型をもつこともある実用的な文体とも違っている。実用的な文体では，読み手が必要とする情報を提供することを目的としており簡潔だが，標準的な文体で書くことは，興味深い真実を提示するのに必要なら，書き手はどんな形式や長さでもとる。

⓫ 標準的な文体は，すべてが見渡せ，読み手が何かを見て取るのに苦労しない平明な文体とも微妙に異なる。標準的な文体では，書き手が提示する真実を見て取るのに読み手は努力を要する。

⓬ 標準的な文体は一つの理想であり，その特徴を知っていることで，よりうまく書くことができる。

解　説

設問(1)　▶下線部第1文

The spoken word is older than our species,

直訳 「話される語は私たちの種よりも古い」

● 通常 word は単語を表すが，ここでは文脈上「言語」のニュアンスで使われていると考えるのが妥当。The spoken word は「話し言葉」「音声言語」などとするとよい。the＋単数は特定の一つではなく「～というもの一般」を表す，いわゆる「総称単数」である。

●our species「私たちの種」とは「人類」のことであり，それよりも古いとは「人類が誕生する前からある」ということ。

and the instinct for language allows children to engage in articulate conversation

直訳「そして，言語に対する本能は子どもが明瞭な会話に携わることを許す」

●allow *A* to *do*「*A* が～するのを許す」は，許可されればそれを行うことができるという意味で，しばしば enable と同様に「*A* が～することを可能にする」の意で使われる。無生物主語であり，「(主語のおかげで) *A* は～することができる」などと整えられる。

●engage in articulate conversation「明瞭な会話に携わる」とは，会話に加わって，何を言っているか相手にわからせることを表している。「明瞭な会話ができる」などわかりやすい日本語を工夫したい。

years before they enter a schoolhouse.

直訳「彼らが校舎に入る何年も前に」

●years は shortly before ～「～する少し前に」の shortly と同じ役割を果たしており，before ～を修飾する副詞。複数形にするだけで数が多いことを表せるので，「～する何年も前に」となる。

●enter a schoolhouse「校舎に入る」とは，ここでは入学することを表すと考えるのが妥当。「(小) 学校に入学する」などとできるが，日本語でもこの意味で「学校に入る」と言うこともあるので，直訳でも通用する。

▶下線部第2文

But the written word is a recent invention that has left no trace in our genome

直訳「しかし，書かれた語は私たちのゲノムに何の痕跡も残していない最近の発明である」

●written word は下線部第1文の The spoken word と対照されており，「書き言葉」「文字言語」の意。

●that has left no trace in our genome は invention を先行詞とする関係代名詞節。「私たちのゲノムに何の痕跡も残していない (発明)」が直訳で，ほぼそのままでよいが，「何の痕跡も残っていない」とすると，より自然かもしれない。

●genome「ゲノム」はある生物の遺伝情報全体のこと。日本語では「ゲノム」としているが，英語の発音は［dʒíːnoum］である。

●「私たちのゲノムに何の痕跡も残っていない」とは，「話し言葉」が本能であることと対照的であることを表している。

and must be laboriously acquired throughout childhood and beyond.

直訳 「そして，子ども時代を通じて，またそれを超えて，苦労して獲得されなければならない」

- この部分は invention を先行詞とする主格の関係代名詞 that に続く２つ目の動詞にも見えるが，「発明を獲得する」は無理がある。文の主語 the written word に続く２つ目の動詞と考えるのが妥当。
- must be acquired は受動態だが，日本語では「獲得しなければならない」と能動で表現すると自然である。また，主語が「書き言葉」であり，「習得しなければならない」などとするとつながりがよい。
- laboriously は「苦労して，骨を折って」の意。
- throughout childhood「子ども時代を通してずっと」は be acquired を修飾する。
- beyond は副詞で，時を表す語＋and beyond で「～以降も」の意。「その後も（ずっと)」などと続けるとよい。

設問(2) ▶解答欄は 14.7cm×3.5cm。下線部は「このやりとり」の意。当該文は「文書を送ることで見返りを期待できない場合，このやりとりは少しも享受できない」となっており，「書き言葉」にはないもの，つまり「話し言葉」特有のものだとわかる。第２段第４～最終文（Spoken conversation … up in turn.）に話し言葉で行われていることが述べられており，「話をする間柄である…相手と関わるときには，相手が知っていることや知りたがっているかもしれないことを私たちはうっすらと知っている」(第４・５文)，「話しながら，相手の目，顔，姿勢を観察している」(第５文)，「相手がもっと明快に話してくれることを必要としている，主張を信じられない，付け加えたいことがある場合は，彼らは話に割り込むこと，自分の話す番で話を引き継ぐことができる」(最終文）となっている。こうした，話の内容を理解するために行われる，話し手と聞き手のやりとりを give-and-take「やりとり」と言っていることがわかる。この内容を解答欄に収まるようにまとめる。

設問(3) ▶解答欄は 14.7cm×3.5cm。下線部は「ものを書くことは，何よりもまずふりをする行為なのである」となっている。直後の文に「私たちは，自分が何らかの会話，通信，演説，独白をしているのを思い浮かべて，この模擬世界で自分の代わりをしている小さなアバターに言うべき言葉を教えてやらなければならない」とある。つまり，ものを書くことは，話す自分を想像し，その想像の中の自分に語らせる行為だということを表している。

設問(4) ▶**下線部第１文**

Nor does the writer of classic prose have to argue for the truth;

直訳 「古典的な散文の書き手は真実に賛成する論を張る必要もない」

- 否定文のあとに nor+(助)動詞+S(疑問文の語順)と続けると「～もまた…ない」の意。下線部直前には he (=the writer) is not using …とあるので,「書き手も」ではなく「書き手は…もしない」であり,「も」の入れ方に注意が必要。なお,前段第1文 (Which simulation should …) に an essay, an article, a review,…と列挙されているように,対象が小説に限定されているわけではないので,「作家」という訳語は不適当。
- classic prose は「古典的な散文」が直訳。classic「古典的な」とは,昔ながらの「典型的な」「標準的な」という意味。いずれの訳語でも問題ない。prose「散文」は verse「韻文」(詩や和歌などの類)に対して,語数や韻律に決まりのない通常の文章のこと。
- argue for the truth「真実に賛成する論を張る」が直訳。argue for ～は「～を支持する」「～を擁護する」などとすると日本語としてわかりやすいだろう。

he just needs to present it.

直訳 「彼はそれを提示する必要があるだけだ」

- ほぼそのままでよいが,「彼」「それ」が指すものを示して,「書き手」「真実」とすると読みやすくなる。

▶下線部第2文

That is because the reader is competent and can recognize the truth when she sees it,

直訳 「それは読み手が有能で,真実を見るときそれを認識できるからだ」

- That is because …「それは…だからだ」 前文の内容の理由を述べている。
- competent「有能な」
- can recognize the truth「真実を認識できる」が直訳で,ほぼそのままでよいが,recognize は,たとえば以前に見たことがあるものを再び見たときに「あ,あれだ」と気づくような認識の仕方を表すので,「それとわかる」などとすることもできる。
- when she sees it は「それを見たら」などとすると自然である。日本語ではこの部分が先になるので,it に「真実」を当てはめて訳すこと。なお,the writer を he で受けたので,区別がつくように the reader を she で表している。

as long as she is given an unobstructed view.

直訳 「読み手がさえぎるもののない視界を与えられるかぎり」

- as long as ～は「～するかぎり,～しさえすれば」と条件を表す接続詞表現。
- unobstructed は「さえぎるもののない,よく見える」の意。この部分は「視野」とあることから,can recognize the truth when she sees it にかかると考えられるので，訳出する箇所を適切に整えること。

▶**下線部第 3 文**

The writer and the reader are equals,

直訳 「書き手と読み手は対等な人たちである」

●equal は名詞で「同等の人，対等の人」の意。「対等である」「対等な関係にある」などとわかりやすく整える。

and the process of directing the reader's gaze takes the form of a conversation.

直訳 「そして読み手の視線を方向づける過程は会話の形をとる」

●この部分は，同段第 2 文（The writer can see …）後半の he orients the reader's gaze so that she can see it for herself「書き手は…読み手が自分で見られるように，読み手の視線を正しい方向に導く」を受けている。

●direct「～を向ける，方向づける」

●takes the form of a conversation の of は同格的な意味をもつので，「会話という形」とすることもできる。また conversation は「対話」でもよい。

設問(5) ▶解答欄は 14.7cm×3.5cm。下線部は「実用的な文体」の意。直後に「社内文書や手引書，学期末レポート，研究報告の言葉遣いのような」と具体例が挙がっている。同段第 3 文（In practical style, …）で「実用的な文体では，書き手と読み手は明確な役割をもっており，書き手の目標は読み手の必要を満たすことである」，続く第 4 文で「実用的な文体で書くことは，決まった型に従っている場合があり，簡潔である」と述べられている。これらの特徴や例を使ってまとめる。なお，memos を「メモ」と訳すのは避けたい。日本語の「メモ」，つまり何かを簡単に書き留めたものは英語では note と言い，memo（memorandum の略）は組織の内部でやりとりされるフォーマルな文書を指している。

設問(6) ▶**下線部第 1 文**

Classic style also differs subtly from plain style,

直訳 「標準的な文体は，平明な文体とも微妙に異なる」

●ほぼ直訳のままでよい。

●subtly は「微妙に，少し」の意。

where everything is in full view and the reader needs no help in seeing anything.

直訳 「そこでは，すべてが見渡せ，そして読み手は何を見るのでもそのことにおいて何の手助けも必要としない」

●where は plain style を先行詞とする関係副詞で，in plain style「平明な文体では」の意。訳としては，「そこでは」としてもよい。

- in full view「全体が見渡せて，まる見えで」
- the reader needs no help「読み手は何の手助けも必要としない」
- in *doing* は「～することにおいて，～するときに」が基本訳だが，「見るのに」程度に整えるとよい。この see は目で見ることではなく，見て取るということ。
- anything は肯定文中なので「どんなものでも，何でも」の意。全体として「何を見るのにも何も手助けを必要としない」などとまとめられる。

▶下線部第2文

In classic style the writer has worked hard to find something worth showing

直訳 「標準的な文体では，書き手は見せる価値のあるものを見つけるために懸命に努力してきた」

- work hard は「精を出す」「骨を折る」など，いろいろに訳せるだろう。
- 不定詞は has worked を修飾し，目的を表す副詞用法。
- worth showing「見せる価値のある」は something を修飾する。「見せるに値する」などともできる。show「見せる」も「提示する」などとも訳せる。

and the perfect vantage point from which to see it.

直訳 「そしてそれを見るのに完璧な立ち位置」

- find の2つ目の目的語にあたる部分。
- vantage point は「眺望などの面で有利な位置」の意。
- from which to see it は形容詞用法の不定詞で，修飾される語が前置詞の目的語にあたる場合，その前置詞の役割をわかりやすくするために関係代名詞を利用することがある。see it from the perfect vantage point がもとになっている。it は something worth showing を受ける。

▶下線部第3文

The reader may have to work hard to discern it, but her efforts will be rewarded.

直訳 「読み手はそれを見つけるために懸命に努力しなくてはならないかもしれないが，その努力は報われるだろう」

- discern は「～を見つける，見分ける」の意で，そのままでもよいが，it が something worth showing を受けており，「見出す」「見て取る」「読み取る」などとすることもできる。
- reward は「～に報いる」の意。受動態では「報われる」とするのが適切。

設問(1)　話し言葉は人類の誕生より前からあり，言語に対する本能のおかげで，小学校に入学する何年も前に，子どもは明瞭な会話ができる。しかし，書き言葉は，私たちのゲノムには何の痕跡も残っていない最近の発明であり，子ども時代を通じ，またその後もずっと，苦労して習得しなければならないものである。

設問(2)　話し手は聞き手が知っていることや知りたがることをある程度知っており，話しながら相手の目，顔，姿勢を観察でき，聞き手はもっと説明がほしかったり，主張を受け入れられなかったり，付け加えたいことがあったりする場合，話に割り込むことや話を引き継ぐことができるというように，話し手と聞き手の間で行われる情報のやりとりのこと。

設問(3)　ものを書くということは，会話，通信，演説，独白をしている自分を思い浮かべ，その想像の中の自分に語らせる行為であるということ。

設問(4)　標準的な散文を書く人は，真実を擁護する必要もない。書き手はただ真実を提示する必要があるだけだ。それは，読み手は有能であり，さえぎるもののない視界を与えられているかぎり，真実を見ればそれを認識できるからである。書き手と読み手は対等であり，読み手の視線を方向づける過程は，会話という形式をとる。

設問(5)　社内文書や手引書，学期末レポート，研究報告などの実用的な文章に見られる，書き手と読み手が明確な役割をもっており，読み手の必要を満たすことを目的とした，時に決まった型のある簡潔な文体のこと。

設問(6)　標準的な文体は，平明な文体とも微妙に異なる。平明な文体ではすべてが見渡せ，読み手は何かを見て取るのに何の手助けも必要としない。標準的な文体では，書き手は提示するに値するものやそれを見るのに申し分ない有利な位置を見つけるのに骨を折ってきた。読み手は，それを見て取るのに懸命に努力しなければならないかもしれないが，その努力は報われるだろう。

解答

25

2020年度 外国語学部以外〔2〕

次の英文を読んで，以下の設問に答えなさい。

Science and technology: we tend to think of them as siblings, perhaps even as twins, as parts of STEM (for "science, technology, engineering, and mathematics"). When it comes to the shiniest wonders of the modern world — as the supercomputers in our pockets communicate with satellites — science and technology are indeed (i)hand in glove. For much of human history, though, technology had nothing to do with science. Many of our most significant inventions are pure tools, with no scientific method behind them. Wheels and wells, cranks and mills and gears and ships' masts, clocks and rudders and crop rotation: all have been crucial to human and economic development, and none historically had any connection with what we think of today as science. Some of the most important things we use every day were invented long before the adoption of the scientific method. I love my laptop and my iPhone and my Echo and my GPS, but (a)the piece of technology I would be most reluctant to give up, the one that changed my life from the first day I used it, and that I'm still reliant on every waking hour—am reliant on right now, as I sit typing—dates from the thirteenth century: my glasses. Soap prevented more deaths than penicillin. That's technology, not science.

In *Against the Grain: A Deep History of the Earliest States*, James C. Scott, a professor of political science at Yale, presents a plausible contender for the most important piece of technology in the history of man. It is a technology so old that it predates *Homo sapiens* and instead should be (ii)credited to our ancestor *Homo erectus*. That technology is fire. We have used it in two crucial, defining ways. The first and the most obvious of these is cooking. As Richard Wrangham has argued in his book *Catching Fire*, our ability to cook allows us to extract more energy from the food we eat, and also to eat a far wider range of foods. Our closest animal relative, the chimpanzee, has a colon three times as large as ours, because its diet of raw food is so much harder to digest. (b)The extra caloric value we get from cooked food allowed us to develop our big brains, which absorb roughly a fifth of the energy we consume, as opposed to less than a tenth for most mammals' brains. That difference is what has made us the dominant species on the planet.

The other reason fire was central to our history is less obvious to contemporary eyes: we used it to adapt the landscape around us to our purposes. Hunter-gatherers would set fires as they moved, to clear terrain and make it ready for fast-growing, prey-attracting new plants. They would also drive animals with fire. They used this technology so much that, Scott thinks, we should date the human-dominated phase of Earth, the so-called Anthropocene, from the time our forebears mastered this new tool.

We don't give the technology of fire enough credit, Scott suggests, because we don't give our ancestors much credit for their (iii)ingenuity over the long period—ninety-five percent of human history—during which most of our species were hunter-gatherers. "Why human fire as (c)landscape architecture doesn't register as it ought to in our historical accounts is perhaps that its effects were spread over hundreds of millennia and were accomplished by 'precivilized' peoples also known as 'savages,'" Scott writes. To demonstrate the significance of fire, he points to what we've found in certain caves in southern Africa. The earliest, oldest strata of the caves contain whole skeletons of carnivores and many chewed-up bone fragments of the things they were eating, including us. Then comes the layer from when we discovered fire, and (d)ownership of the caves switches: the human skeletons are whole, and the carnivores are bone fragments. Fire is the difference between eating lunch and being lunch.

Anatomically modern humans have been (iv)around for roughly two hundred thousand years. For most of that time, we lived as hunter-gatherers. Then, about twelve thousand years ago, came what is generally agreed to be the definitive before-and-after moment in our ascent to planetary dominance: the Neolithic Revolution. This was our adoption of, to use Scott's word, a "package" of agricultural innovations, notably the domestication of animals such as the cow and the pig, and the transition from hunting and gathering to planting and cultivating crops. The most important of these crops have been the cereals—wheat, barley, rice, and maize—that remain the staples of humanity's diet. Cereals allowed population growth and the birth of cities, and, hence, the development of states and the rise of complex societies.

From The Case Against Civilization; Did our hunter-gather ancestors have it better?, The New Yorker on September 11, 2017, by John Lanchester

設問(1) 本文中の下線部(i)〜(iv)の語句の意味に最も近いものを，(イ)〜(ニ)から選び，記号で答えなさい。

(i) hand in glove
(イ) closely related　(ロ) in contrast
(ハ) under protection　(ニ) under restraint

(ii) credited
(イ) attributed　(ロ) charged
(ハ) known　(ニ) paid

(iii) ingenuity
(イ) authenticity　(ロ) cleverness
(ハ) sensitivity　(ニ) truthfulness

(iv) around
(イ) existent　(ロ) revolved
(ハ) settled　(ニ) wandering

設問(2) 下線部(a)の意味を日本語で表しなさい。

設問(3) 下線部(b)の意味を日本語で表しなさい。

設問(4) 下線部(c) landscape architecture の意味を説明する部分を本文中から10語以内で抜き出しなさい。

設問(5) 下線部(d) ownership of the caves switches の内容を具体的に日本語で説明しなさい。

設問(6) この文章の内容に合わないものを(イ)〜(ホ)から1つ選び，記号で答えなさい。
(イ) 石鹸はペニシリンより多くの命を救った。
(ロ) 井戸や歯車は科学の知識なしには作ることができなかった。
(ハ) 科学が発達する以前から人類は技術によって他の動物より優位に立ってきた。
(ニ) 人の腸がチンパンジーに比べて3分の1の大きさなのは，火によって食物を調理してきたことと関係している。
(ホ) 文明化以前の人類が火を使って成し遂げてきたことについて，我々の認識が不十分であると述べる研究者もいる。

全　訳

■人類を生み育てた技術

❶　科学と技術。私たちはそれらを，STEM（「科学，技術，工学，数学」を表す）の一部として，きょうだい，あるいは双子とさえ見なしがちである。現代世界の最も輝かしい驚異ということになると，私たちのポケットに入っているスーパーコンピュータが人工衛星と通信するような時代なので，科学と技術は実際，密接に関係している。しかし，人類の歴史の多くの期間，技術は科学と何の関係もなかった。人間の最も重要な発明品の多くは純粋に道具であって，その背後に何ら科学的方法はない。車輪に井戸，L字形ハンドルに水車に歯車に船の帆，時計や舵や輪作，これらはすべて人類の発達や経済の発達には欠くことのできないものであるが，歴史的にはそのどれ一つとして，今日私たちが科学と見なすものとの関連はない。私たちが毎日使っている最も重要なものの中には，科学的方法が取り入れられるずっと以前に発明されたものもある。私は自分のノート型パソコンやiPhone，Echo（スマートスピーカー），GPSが大好きだが，(a)私が最も手放したくない技術，初めてそれを使った日から私の人生を変え，現在でも起きている時間はずっと頼り，今座ってパソコンのキーボードをたたいているまさにこの瞬間も頼みにしている技術は，13世紀に生まれたものである。メガネだ。石鹸はペニシリンよりも多くの死を防いだ。それは技術であって，科学ではない。

❷　『反穀物の人類史――国家誕生のディープヒストリー』の中で，エール大学政治学教授のジェームズ=C.スコットは，人類の歴史で最も重要な技術という立場を狙う，もっともらしい対抗馬を紹介している。それは〈ホモ=サピエンス〉の出現に先立つほど古い技術で，むしろ私たちの祖先である〈ホモ=エレクトス〉に功績があるとすべきものだ。その技術とは火である。私たちは火を，二通りのきわめて重要で典型的な使い方をしてきた。このうち第一の，最もわかりやすい使い方は調理である。リチャード=ランガムが自著『火の賜物』で論じているように，調理ができるおかげで，私たちは食べ物からより多くのエネルギーを取り出し，またはるかに幅広い食物を食べることができる。動物の中で私たちに最も近い親戚であるチンパンジーは，私たちの3倍の大きさの腸を持っているが，それはチンパンジーの食べる生の食物が，ずっと消化しづらいからである。(b)調理された食物から得る余剰のカロリー価のおかげで，私たちは大きな脳を発達させることができたが，その脳は私たちが摂取するエネルギーの，ざっと5分の1を取り込む。これは，ほとんどの哺乳類の脳が10分の1足らずであるのと対照的である。その違いこそ，私たちを地球上で最も優勢な種にしているものなのである。

❸ 火が私たちの歴史にとって重要だったもう一方の理由は，現代人の目にはそれほど明らかではない。私たちは周囲の地形を私たちの目的に合わせるためにそれを使ったのだ。狩猟採集民は移動しながら火を放ち，周囲の環境を切り拓き，新しい植物がはやく育って獲物を引きつけてくれるようにした。彼らはまた，動物を追い払うために火を使った。彼らはこの技術をかなりの頻度で使ったので，スコットの考えでは，地球の人間支配段階，いわゆる人新世は，私たちの祖先がこの新しい道具を使いこなすようになった時期に始まったとすべきなのである。

❹ スコットが言うには，火という技術を私たちは十分に評価していない。というのも，私たちは長期にわたる，つまり，私たちの種の大半が狩猟採集民だった人間の歴史の95パーセントにわたる発明の才が，私たちの祖先にあるとしていないからである。「人間が使う地形建築術としての火が，私たちの歴史の説明の中にしかるべく記録されない理由は，おそらく，その影響が何十万年もかかって広がり，『野蛮人』とも言われる『文明以前の』種族によって完成されたということだろう」と，スコットは書いている。火の重要性を説明するために，スコットは南アフリカの複数の洞窟で見つかったものを指摘している。その洞窟の最も初期の最も古い地層には，肉食動物の完全な骨格と，それらが食べていたもののかみ砕かれた骨の破片が多数含まれている。その中には人間も含まれている。そのあとに来るのは，私たちが火を発見してからの層で，洞窟の所有者は入れ替わっている。人間の骨格は完全で，肉食動物のほうは骨の破片である。火は，ごはんを食べることと，ごはんになってしまうことの違いを生み出すのだ。

❺ 解剖学的に言えば，現生人類はおおよそ20万年前から存在している。その期間の大半を，私たちは狩猟採集民として暮らしていた。それから，およそ1万2000年前，私たちが地球を支配するようになる，その前後で違いがはっきりとわかる瞬間だと，一般に認められているものがやってきた。新石器革命である。これは，スコットの言葉を使えば，農業の導入，とりわけ牛や豚のような動物の家畜化と，狩猟採集から作物を植え栽培することへの移行の「組み合わせ」を，私たちが採用したということだ。こうした作物の中で最も重要なのが，小麦，大麦，米，トウモロコシといった，現在も人類の主食であり続けている穀物である。穀物のおかげで人口は増加し，都市が生まれ，したがって，国家が発達し，複雑な社会が出現することになったのである。

❶ 現代世界では，科学と技術は不可分のように考えられており，実際密接な関係があるが，人類の歴史の大半は，技術は科学と何の関係もなく，人間の最も重要な発明品の多くは純粋に道具である。

❷ ある学者が人類の歴史上最も重要な技術として挙げるのが火であり，その効用の一つは調理であり，そのおかげで人間はより多くのカロリーを摂取できるようになり，

各段落の要旨

大きな脳を発達させることができた。

❸ 火の効用の二つめは，草木を焼き払い，動物を追い払うことであり，これによって人間は環境を変え，地球を支配できるようになっていった。

❹ しかし，火という技術は十分評価されていない。この技術が何十万年もかかって広がり，「文明以前の」種族によって完成されたことが理由だと考えられる。

❺ 現生人類は20万年前から存在し，大半を狩猟採集民として過ごしてきたが，約1万2000年前に地球を支配するようになったのは，農業の導入による。その最も重要な作物が穀物であり，そのおかげで人口の増加，都市の誕生，国家の発達，複雑な社会の出現があった。

解　説

設問(1)　正解は　(i)―(イ)　(ii)―(イ)　(iii)―(ロ)　(iv)―(イ)

(i)　▶ hand in glove は「手袋の中の手」が直訳だが，ぴったりくっついていることから「親密で（ある），緊密に協力して（いる）」の意。**(イ) closely related「密接に関係して（いる）」**が正解。文意からも十分推測できる。

(ロ)「対照的で（ある）」 (ハ)「保護下に（ある）」 (ニ)「拘束されて（いる）」

(ii)　▶ be credited to ～ で「～に功績があると考える」の意。同文が「その技術は〈ホモ=サピエンス〉より古く，〈ホモ=エレクトス〉に credit されるべきだ」となっていることから「その技術は〈ホモ=エレクトス〉が作った，始めた」の意と推測できる。**(イ) attributed「(～に) 帰せられる」**が正解。(ロ)の charged も「～のせいにする」の訳はあるが，過失や事故の原因の意なので不適。

(ハ)「(～に) 知られている」 (ニ)「(～に) 支払われる」

(iii)　▶当該箇所は「火という技術を私たちは十分に評価していない，というのも…ingenuity が，私たちの祖先にあるとしていないからである」となっている。ingenuity は「火という技術」に関連していると考えられる。火を使うことによって摂取できるようになったエネルギーで，人間は大きな脳を発達させることができ，第2段最終文（That difference is what …）にあるように「地球上で最も優勢な種」になった。**(ロ) cleverness「賢さ，巧妙さ」**が適切。ingenuity は「発明の才，巧妙さ」の意。

(イ)「真正性」 (ハ)「感受性」 (ニ)「誠実さ」

(iv)　▶ be around で「周りに〔その辺りに〕いる〔ある〕」が直訳。そこから「存在する」の意でよく使われる。**(イ) existent「存在する」**が正解。

(ロ)「回転させられて」 (ハ)「定住させられて」 (ニ)「放浪して」

設問(2) the piece of technology I would be most reluctant to give up

直訳 「私が最もあきらめたくないであろう技術」

- the piece of technology では「技術」を不可算名詞として用いており，特定の一つであることを表すために the piece of を入れている。日本語では「技術」でかまわない。なお，technology は個々の技術を表して可算名詞扱いすることもできる。
- I would be most reluctant to give up は，technology を先行詞とする関係代名詞節。目的格の which が省略されている。give up は，「(技術を) あきらめる」では不自然なので「手放す」などとしたい。would は仮定法過去。「たとえ手放さなくてはならないとしても」と，even if 節が想定されていると考えればわかりやすい。would をあえて「であろう」などと表現する必要はない。be reluctant to *do* は「～したくない，～するのは気が進まない」の意。

the one that changed my life from the first day I used it

直訳 「私がそれを使った最初の日から私の人生を変えたもの」

- the one は the (piece of) technology を受け，that はこれを先行詞とする主格の関係代名詞で「私の人生を変えた技術」となる。the one 以下は the piece of technology … give up を言い換えている。
- from the first day I used it は day のあとに関係副詞 when が省略されており，「私がそれを使った最初の日から」が直訳。first を「私が初めてそれを使った日から」と動詞を飾るように訳すこともできる。life は「生活」の訳も考えられるが，「最も手放したくない」や，このあとの部分と合わせて「初めて使った日から今日まで」となることを考えると「人生」のほうが文意に合うだろう。

and that I'm still reliant on every waking hour

直訳 「そして，まだ起きているどの1時間も頼っている」

- that は the one を先行詞とする目的格の関係代名詞。be reliant on ～ は「～に頼っている，依存している」の意。
- every waking hour は，「起きている時間は常に〔ずっと〕」などとすると自然。

am reliant on right now, as I sit typing

直訳 「座ってタイプしているまさに今頼っている」

- am reliant on right now は関係代名詞 that の節内の2つ目の述語動詞部分で，「まさに〔ちょうど〕今頼っている」が直訳だが，直前にも「頼っている」ことが述べられているので，「まさに今も」と「も」を補いたい。
- as 以下は「まさに今」を具体的に説明し直している箇所。「タイプしている」とは，この文章を書くためにパソコンに向かってキーボードのキーを打っていることを表している。right now と合わせて「今座ってパソコンのキーボードをたたいているまさにこの瞬間も」などと，言葉を補って，わかりやすい訳を工夫したい。

dates from the thirteenth century

直訳 「13 世紀に始まる」

● dates は下線部冒頭の the piece of technology という主語に対する述語動詞。

● date from ～ は「(ある年代, 時期) に始まる, 生まれる」の意。「13 世紀に生まれる」では不自然なので,「13 世紀に生まれたものである」などと整える。

設問(3) The extra caloric value we get from cooked food

直訳 「私たちが調理された食物から得る余分なカロリー価」

● extra「余分な」は不要なイメージも持つので,「余剰の」などとするとよい。caloric value は「カロリー値」, あるいはただ「カロリー」としても問題ない。

● we get from cooked food は caloric value を先行詞とする関係代名詞節。直訳の「私たちが調理された食物から得る」のままでよい。cooked の訳としては「料理された」もあるが,「料理」には味付けや見た目も考慮した「完成品」のイメージがある。ここでの cooked は「生ではなく火や熱を加えた」ことであり,「調理」のほうが文意には合うだろう。あるいは「火を通した」とすることもできる。

allowed us to develop our big brains

直訳 「私たちが私たちの大きな脳を発達させることを許した」

● allow *A* to *do* はしばしば「*A* が～することを可能にする」と, enable と同様の意味合いで使われ, ここもそのニュアンス。無生物主語の文なので,「(主語のおかげで) 私たちは大きな脳を発達させることができた」などと整えられる。

…, which absorb roughly a fifth of the energy we consume

直訳 「…, それは私たちが消費するエネルギーのおおよそ 5 分の 1 を吸収する」

● which は our big brains を先行詞とする関係代名詞。「私たちの大きな脳」の種類分けをするわけではないので, 非制限用法になっている。訳文でも, あとに続く部分が長いので, 補足説明的に続けるのがよい。

● absorb roughly a fifth of the energy は直訳のままでもかまわない。absorb は「取り込む」「自分のものとして使う」などの訳も可能。

● we consume は the energy を先行詞とする関係代名詞節。「私たちが消費する」が直訳だが, 消費した, つまり使ってしまったエネルギーを取り込むことはできない。consume food を「食物を食べる」, consume plenty of fluids を「水分をたっぷり摂る」などと訳すように,「摂取する」とするとよい。

as opposed to less than a tenth for most mammals' brains

直訳 「ほとんどの哺乳類の脳に関しては 10 分の 1 未満と対照的に」

● as opposed to ～ は「～と対照的に」, less than ～ は「～未満, ～足らず」の意。

● for は「～に関しては」の意で, 資料の数値などを項目別に挙げるときなどによく使われる。この部分は，訳し上げるなら，何の10分の1未満なのかを先取りして訳し込む必要がある。この前でいったん文を切り，「これは，ほとんどの哺乳類の脳が10分の1足らずであるのと対照的である」などと訳し下ろしたほうが簡単かもしれない。

設問(4) **正解は (to) adapt the landscape around us to our purposes**

▶下線部は「地形建築術」が直訳。「地形」は自然のものだが，「建築」は人間が作るものである。地形を人間が作り直すということを述べていると考えられる。下線部直前の部分も含めると「地形建築術としての火」となっている。「火」に関する記述は第2段から始まっているが，同段では「調理」に使う火の重要性が説明されている。続く第3段第1文（The other reason …）後半のコロン（：）以下に，火の2つ目の効用として（to）adapt the landscape around us to our purposes「周囲の地形を私たちの目的に合わせる（ため）」とあり，これが下線部の説明として適切。この箇所は目的を表す副詞用法の不定詞で「合わせること」の意ではないのでtoを省いてよいが，toを入れても10語以内という条件には合う。

設問(5) ▶下線部は「洞窟の所有権が入れ替わっている」の意。直前の文（The earliest, oldest strata …）には「最も初期の最も古い地層には，肉食動物の完全な骨格と，それらが食べていたもののかみ砕かれた骨の破片が多数ある。その中には人間も含まれている」とあり，この時期には洞窟を住みかとしていたのは肉食動物であり，人間は捕食されていたことがわかる。下線部の直後には「(私たちが火を発見してからの層では）人間の骨格は完全で，肉食動物のほうは骨の破片である」とあり，この時期には人間のほうが動物を食べており，洞窟を住みかとしていたことになる。つまり，人間が火を発見するまでは，洞窟を住みかとしていたのは，人間やその他の動物を食べる肉食動物だったが，人間が火を発見してからは，人間が洞窟を住みかとして，動物を食べる側になったということ，などとまとめられる。解答欄は約15cm×1.8cm。

設問(6) **正解は(ロ)**

▶内容に合わないものを選ぶ問題である。

(イ)――○ 第1段最後から2文目（Soap prevented …）の内容と一致する。

(ロ)――× 第1段第5文（Wheels and wells, …）の内容と一致しない。井戸や歯車は，「歴史的にはそのどれ一つとして，今日私たちが科学と見なすものとの関連はない」とされているものに含まれている。直前の文にも「人間の最も重要な発明品の多くは純粋に道具であって，その背後に何ら科学的方法はない」とある。これが正解。

(ハ)――○　第2段第2文（It is a technology …）・第3文（That technology is …）に「それは〈ホモ=サピエンス〉の出現に先立つほど古い技術で，むしろ私たちの祖先である〈ホモ=エレクトス〉に功績があるとすべきものだ。その技術とは火である」とあり，第4段最後から2文目（Then comes the layer …）に「私たちが火を発見してからの（洞窟内の地）層では…人間の骨格は完全で，肉食動物のほうは骨の破片である」と，人間が他の動物を食べていたことを述べている。こうしたことから，この選択肢は文章の内容と一致すると言える。

(ニ)――○　第2段第7文（Our closest animal …）の内容と一致する。

(ホ)――○　第4段第1文（We don’t give the technology …）の内容と一致する。

解答

設問(1)　(i)―(イ)　(ii)―(イ)　(iii)―(ロ)　(iv)―(イ)

設問(2)　私が最も手放したくない技術，初めてそれを使った日から私の人生を変え，現在でも起きている時間はずっと頼り，今座ってパソコンのキーボードをたたいているまさにこの瞬間も頼みにしている技術は，13世紀に生まれたものである。

設問(3)　調理された食物から得る余剰のカロリー価のおかげで，私たちは大きな脳を発達させることができたが，その脳は私たちが摂取するエネルギーの，ざっと5分の1を取り込む。これは，ほとんどの哺乳類の脳が10分の1足らずであるのと対照的である。

設問(4)　(to) adapt the landscape around us to our purposes

設問(5)　もともと洞窟を住みかとしていたのは，人間やその他の動物を食べる肉食動物だったが，人間が火を発見してからは，人間が動物を食べる側になり，洞窟の主となったということ。

設問(6)　(ロ)

26

2020年度 外国語学部〔2〕

次の英文を読んで，以下の設問に答えなさい。

Around the beginning of the nineteenth century, something remarkable happened in Great Britain. All over the country, people at the top of society began to change the way they spoke : they began to adopt the speech patterns of the upper classes in the London area.

Before ①this, there had been greater diversity of speech among Britain's social elite. But the London area model steadily became established as uniquely respectable, or 'received'. By 1869, the phonetician Alexander Ellis could write of 'a received pronunciation all over the country, not widely different in any particular locality, and admitting of a certain degree of variety. It may be especially considered as the educated pronunciation of the metropolis, of the court, the pulpit, and the bar.'

This Received Pronunciation (RP) included fashions that had only recently arisen in the South. The word *after*, for example, was pronounced with a new broad *a*, and without its final *r*. In America, which had been settled earlier, the traditional unbroadened *a* and final *r* were preserved.

Why and how did upper class people all over Britain 'clone' the speech of the social elite in and around the capital ?

The answers are related to the vast empire which Britain built up in the wake of its industrial revolution. With the loss of the American colonies and the defeat of Napoleon, Britain threw its energies into colonizing Africa and Asia. For a century and a half, Britain ruled over an enormous part of the world's territory and population, its economic domination extending ever further, over countries such as China and Argentina. ②This era was also the era of RP.

A small country like Britain could only control a planetary empire through a strict hierarchy of power and authority. The Crown and the London court naturally sat at the top, and colonial subjects were at the bottom. Stratification and rank were vital, and this included ways of speaking. In addition, Britain's industrial powerhouse, fed by materials from the colonies, was generating a new class of people with wealth. It was important for the ambitious and aspirational to acquire the manners of those at the top, and therefore to conceal regional and social markers.

Schooling was a key element in the maintenance of both the empire and RP. The empire required a large proportion of Britain's ruling class to live abroad; they left their sons in boarding schools (known misleadingly as 'public schools') where they were conditioned to behave with the manners of those in authority, and in terms of speech this meant RP. 'Public School Pronunciation' was the name proposed for RP by Daniel Jones, the founding Professor of Phonetics at University College London.

Of course, the great majority of Britons never spoke RP, and in an age before radio many of them hardly even heard it. It was necessary to produce guides to this scarce but important commodity. Jones was pre-eminent among describers of RP, producing ③*An English Pronouncing Dictionary* (1917) and *An Outline of English Phonetics* (1918). Jones was also a real-life model for 'Professor Higgins' in George Bernard Shaw's play *Pygmalion* (1913), on which the musical *My Fair Lady* was later based. The play mocks the injustice of a society which condemns an intelligent woman to the gutter unless she can conceal her origins with RP, a commodity she can't afford. (Higgins teaches her as a bet.)

④Things were very different in the United States. There, geographical and social origins mattered less, and the newly wealthy felt no need to ape aristocratic manners. Immigrants could emulate the speech of the ordinary Americans they mingled with, something that in Britain would have had socially restrictive consequences. Americans never had quite the same need that was felt in Britain for manuals and dictionaries showing the 'received' way to speak. And in time, America naturally came to adopt as its standard the pronunciation of the majority, a family of closely-related accents known as General American.

The twentieth century brought mass communication and culture. At first, this acted in RP's favour. RP dominated BBC radio for fifty years. 'It was no accident that RP became synonymous between the wars with the term "BBC English", for the BBC consciously adopted this type of pronunciation' (Gimson 1981). The general population were now exposed to RP regularly, and free of charge. Many people modified their speech towards it. To some it seemed that regional and social accents might be lost in RP's steady spread. Instead, the social foundations on which RP stood collapsed.

Victorian notions of social hierarchy faded as the new century progressed. Women won the right to vote and men returning from two world wars demanded greater economic equality, while colonial peoples were deemed worthy of self-government.

The pace of social change accelerated rapidly in the 1960s. Pop culture brought new glamour to Britons from the lower classes, like the Beatles. The once accepted 'superiority' of the upper classes was undermined by political scandals and a new freedom in the media to criticize and satirize. Social privilege was no longer seen as prestigious, but rather as unfair. And, for the first time, the speech patterns of those at the top began to be perceived negatively.

Increasingly, noticeably upper class speech became an object of mockery or resentment, appropriate for snobbish villains on stage and screen. Sociolinguist Peter Trudgill has written, 'RP speakers are perceived, as soon as they start speaking, as haughty and unfriendly by non-RP speakers unless and until they are able to demonstrate the contrary.'

At the same time, it became easier for less privileged people to reach higher levels of attainment and success; all five Prime Ministers from 1964 to 1997 were educated at state schools. Those who rose socially felt less pressure than before to modify their speech, including those in broadcasting. And many of those at the very top, consciously or otherwise, modified their speech towards that of the middle or lower classes.

⑤<u>The stigmatization of noticeably upper class speech, together with the growing numbers of people from ordinary backgrounds in positions of influence, meant that it became ever less possible to talk of a 'received' accent defined by reference to the social elite.</u>

Daniel Jones, the first UCL Professor of Phonetics, referred to RP in 1918 as the pronunciation 'of Southern Englishmen who have been educated at the great public boarding schools'. John Wells, the last UCL Professor of Phonetics, referred to it in 1982 as typically spoken by 'families whose menfolk were or are pupils at one of the "public schools"'. This conception, established in the nineteenth century, meaningful to Jones during the First World War and to Wells in the era of Margaret Thatcher, has in the subsequent decades become part of history.

In contemporary Britain, diversity is celebrated. Prominent figures in business, politics, academia and the media exhibit a range of accents. But London and the South are still dominant in wealth, power and influence. Accents of the South, particularly middle and upper-middle class accents, are heard more often than others in public life, and in the TV programmes and films that are seen internationally. Southern speech of this type is a natural teaching standard for 'British English' today ; the abbreviation SSB is used for this Standard Southern British pronunciation. Some call it ⑥'General British', but it's socially and regionally far less general than General American is in North America. It's an accent of England, and certainly not representative of Scotland, Ireland, or the former British colonies, where pronunciation is substantially different.

Although the pace of socio-phonetic change has been rapid in recent decades, there was no overnight revolution in speech patterns ; modern pronunciation has much in common with RP. Indeed, some phoneticians have made efforts to keep the term 'RP' for the modern standard, by redefining it. But the term is linked in many people's minds with the past and with the upper classes. Nowadays journalists and actors will often refer to RP with precisely ⑦these connotations in mind.

A line was finally drawn under the British Empire over twenty years ago, with the handover of Hong Kong in 1997. The turn of the twenty-first century might be taken as a convenient point from which RP can be referred to in the past tense.

From *English After RP : Standard British Pronunciation Today* by Geoff Lindsey, Palgrave Macmillan

設問(1)　下線部①が指す内容を日本語で具体的に説明しなさい。

設問(2)　下線部②が指す内容を日本語で具体的に説明しなさい。

設問(3)　当時の社会的背景を踏まえて，Daniel Jones が下線部③の 2 冊の本を著した理由を日本語で説明しなさい。

設問(4)　下線部④の内容を日本語で具体的に説明しなさい。

設問(5)　下線部⑤の意味を日本語で表しなさい。

設問(6) 下線部⑥の名称について筆者がどのように考えているかを日本語で具体的に説明しなさい。

設問(7) 下線部⑦が指す内容を日本語で説明しなさい。

全 訳

■「標準英語」の歴史

❶ 19世紀が始まる頃，英国で注目に値することが起きた。国中で，社会の最上位層に入る人たちが，話し方を変え始めた。彼らは，ロンドン地区の上流階級のしゃべり方を取り入れ始めたのである。

❷ これ以前には，英国の社会的エリートの間には，もっと多様な話し方があった。しかし，ロンドン地区の話し方が着々と，他に類のないれっきとした，すなわち「標準的な」ものとして確立されていった。1869年には，音声学者アレクサンダー=エリスは，「どの特定の地方でも大きく異ならず，ある程度の多様性を許容する，全国にわたって標準化された発音」について，また「それは特に，ロンドン，宮廷，説教壇，法廷の，教養ある人々の発音と見なせるかもしれない」と書くことができた。

❸ 容認標準発音（RP）は，当時南部で生じたばかりだった話し方も含んでいた。たとえばafterという語は，口を開いて出すaで，語尾のrは出さずに発音された。これより前の時期に人々が移住したアメリカでは，口を大きく開かない伝統的なaと語尾のrが保存された。

❹ なぜ，またどのようにして，英国中の上流階級の人々は，首都とその周辺の社会的エリートの話し方を「まねした」のだろうか。

❺ その答えは，英国がその産業革命のすぐあとに築いた広大な帝国と関係がある。アメリカの植民地を失い，ナポレオンに勝利したあと，英国はアフリカとアジアを植民地化することに精力を注いだ。1世紀半にわたって，英国は，中国やアルゼンチンといった国々に対する経済的優勢をさらに拡大しながら，世界の多大な部分の領土と人口を支配した。この時代はまた，RPの時代でもあった。

❻ 英国のような小さな国は，権力と権威の厳格な階層構造を通じてしか，地球規模の帝国を統制できなかった。国王とロンドンの宮廷が当然その頂点にあり，植民地の臣民たちが最下層にいた。階層化と階級は必須で，これには話し方も含まれていた。それに加えて，英国の産業が有する原動力は，植民地からもたらされる原料で潤い，富を蓄えた新しい階級の人々を生み出しつつあった。野心を抱き，上昇志

向のある人たちにとっては，階層の頂点にいる人たちの作法を身につけ，その結果，出身地域や社会的地位を露わにしてしまうものを隠すことが重要だった。

❼ 学校教育は，帝国とRPの両方の維持においてカギとなる要素だった。帝国は，まとまった人数の英国の支配階級が外国で暮らすことを必要とした。彼らは，息子たちを全寮制学校（「公立学校」と紛らわしい「パブリック=スクール」の名で知られている）に残していき，そこで息子たちは権威ある地位にある人たちの作法でふるまうように訓練されたが，話し方という点では，これはRPを意味した。「パブリック=スクール発音」は，ロンドン大学ユニバーシティ=カレッジの音声学創設の教授であるダニエル=ジョーンズによってRPを表すのに提案された名前だった。

❽ もちろん，英国人の大半は，まったくRPを話してはおらず，ラジオ以前の時代には，彼らの多くは，RPを聞いたことさえほとんどなかった。この供給不十分ながら重要な必需品の手引きを作る必要があった。ジョーンズは，RPを説明する人たちの中で卓越しており，『英語発音辞典』(1917)や『英語音声学概説』(1918)を出版した。ジョーンズはまた，ジョージ=バーナード=ショーの演劇『ピグマリオン』(1913)に登場する「ヒギンズ教授」の実在のモデルでもあった。後のミュージカル『マイ=フェア=レディ』はこの演劇に基づいたものだった。この劇は，知的な女性が，自分には手に入れられない必需品であるRPで自身の出自を隠せない限り，彼女をどん底の生活に追い込む社会の不公正を嘲笑している（ヒギンズは，賭けとして彼女に教えた)。

❾ 合衆国では事情はかなり異なっていた。そこでは，地域的・社会的出自は英国ほど重要ではなく，新興富裕層は，上流階級の作法をまねする必要性を感じなかったのである。合衆国に入ってくる移民たちは，彼らが溶け込んでいった普通のアメリカ人たちの話し方を見習えばよかったが，それは英国では社会的に制限のかかる結果となるであろうものだった。アメリカ人は，「標準的な」話し方を示す手引書や辞書に対して英国人が感じていたのと同じような必要性はまったく持っていなかったのだ。そして，やがてアメリカは，多数派の発音，つまり一般米語として知られる近い関係にある発音の一群を，標準として採用するようになった。

❿ 20世紀になると，マスコミと大衆文化が登場した。当初，これはRPに有利に働いた。RPは50年にわたってBBCラジオを牛耳った。「第一次世界大戦と第二次世界大戦の間の期間に，RPが『BBC英語』と同義になったのは偶然ではない。というのも，BBCはこのタイプの発音を意識的に採用したからである」（ギムソン，1981）。今や，一般大衆はいつも，しかも無料で，RPに触れることになった。多くの人が，それを手本に自分の話し方を修正した。一部の人たちにとっては，地域的・社会的な発音が，RPの着実な拡大で失われたように思えた。ところが，実際には，RPが依って立つ社会的な基盤が崩壊したのだった。

⓫ 社会的階層というビクトリア朝時代の概念は，新しい世紀が進むにつれて薄れていった。女性は投票権を勝ち取り，2つの大戦から帰還した男性たちはもっと大きな経済的平等を要求し，一方植民地の民族たちは，自治に値すると見なされた。

⓬ 社会的な変化の速度は，1960年代に急激に加速した。大衆文化によって，ビートルズのような下層階級出身の英国人は新たな魅力を得ることとなった。かつて当然のものとして受け入れられていた上流階級の「優位性」は，政治的スキャンダルや，メディアにおいて批判や風刺がこれまでになく自由になったことによって失われていった。社会的特権はもはや名誉あるものではなく，むしろ不公正と見なされた。そして，初めて，最上位にいる人たちの話し方が，否定的に受け止められ始めたのである。

⓭ だんだんと，あからさまに上流階級とわかる話し方は，嘲りや敵意の対象となり，舞台や映画では俗物の悪党にふさわしいものとなった。社会言語学者のピーター=トラッドギルは次のように書いている。「RPの話し手は，しゃべり始めたとたんに，RPの話し手ではない人たちに，高慢でよそよそしいと受け取られる。そうではないと行動で示せない限り，ずっとである」

⓮ 同時に，特権をそれほど有していなかった人たちが，より高い水準の功績や成功を手にすることは容易になった。1964年から1997年の間の5人の首相は全員，公立学校で教育を受けた人たちだった。社会的に上昇した人たちは，放送業界の人も含めて，話し方を修正しなくてはならないという圧力を以前ほど感じなくなった。そして，まさしく最上位の人たちの多くは，意識的だろうとそうでなかろうと，自分たちの話し方を中流，下流階級の話し方のほうに変えたのだ。

⓯ 影響力のある地位に就く普通の家柄の人たちが増えるのと相まって，あからさまに上流階級だとわかる話し方を非難することは，社会的エリートを参考にして定義される「標準」発音について語ることがますますできなくなるということを意味していた。

⓰ UCLの初代音声学教授であるダニエル=ジョーンズは，1918年にRPのことを「有名パブリック=スクールで教育を受けた南部イングランド人男性の」発音と言った。現UCL音声学教授のジョン=ウェルズは，1982年にそれを「『パブリック=スクール』のいずれかに通っていた，あるいは通っている男性たちがいる家族」によって普通に話されているものだと言った。19世紀に確立され，第一次世界大戦中にはジョーンズにとって，またマーガレット=サッチャーの時代にはウェルズにとって意味のあったこの概念は，続く数十年で，歴史の一部になってしまった。

⓱ 現代の英国においては，多様性が賛美されている。ビジネス，政治，学問の世界，マスコミの著名人たちは，幅広い発音を示している。しかし，ロンドンと南部地方は，今でも富や権力，影響力において最も有力である。南部の発音，とりわけ

中流階級，上流中産階級の発音が，政財界や国際的に視聴されるテレビ番組や映画では，他の発音に比べてよく聞かれる。この種の南部の話し方が，今日の「イギリス英語」にとっての，もっともな教育標準となっている。略語のSSBが，この標準南部英国英語（Standard Southern British）発音を表すのに使われている。それを「一般英国英語」と呼ぶ人もいる。しかし，それは北米における一般米語と比べると，社会的，地域的に見て一般的というにはほど遠い。それはイングランド地方の発音であって，間違いなく，スコットランド，アイルランド，あるいは英国の旧植民地の代表となるものではない。そうした地域では，発音がかなり異なっているのである。

⑱ この数十年，社会的音声変化の速度は急速なものではあるが，一夜にして言語パターンがごろっと変わるようなことはなかった。現代の発音は，RPと共通点が大いにある。実際，「RP」を再定義することで，RPを現代の標準を表す用語として維持しようと努力している音声学者もいる。しかし，その用語は，多くの人の頭の中で過去や上流階級と結びついている。最近はジャーナリストや俳優が，まさしくこれをほのめかすことを念頭においてRPのことに言及することが多いだろう。

⑲ 20年以上前，1997年の香港返還に伴って，ついに大英帝国に終焉が告げられた。21世紀への変わり目は，そこからRPを過去形で語ることができるようになる都合のよい転換点と考えられるかもしれない。

❶ 19世紀初め頃，英国全体の最上位層の人たちが，ロンドン地区の上流階級のしゃべり方を取り入れ始めた。

❷ 19世紀半ばを過ぎると，ロンドン地区の話し方が「標準的な」ものとして確立されていった。

❸ 容認標準発音（RP）は，当時南部で生じたばかりだった話し方も含んでいた。

❹ なぜ，またどのようにして，英国中の上流階級の人々は，ロンドンとその周辺の話し方を「まねした」のか。

❺ それは，産業革命後に英国がアフリカとアジアを植民地化して築いた帝国と関係がある。

❻ 小国である英国は階層構造によって地球規模の帝国を統制するしかなく，その階層化には話し方も含まれていた。英国の産業を支える植民地からの原料で富を蓄えた新階級が生まれ，上昇志向を持つ彼らは，自身の出身地域や社会的地位を隠すために，最上位階級の人たちの作法を身につけていった。

❼ 帝国は，まとまった人数の支配階級が外国で暮らすことを必要とし，話し方という点では，権威ある地位の人たちの作法としてRPがパブリックスクールで教えられた。

❽ ラジオ以前の時代には，英国人の大半はRPを聞いたことさえなく，社会の上位層に上がるための必需品であるRPの手引きとして，『英語発音辞典』や『英語音声学

各段落の要旨

概説』が出版された。

❾ 合衆国では英国ほど地域的・社会的出自は重要ではなく，やがて多数派の発音が標準として採用されるようになった。

❿ 20世紀になると，マスコミと大衆文化が登場し，RPに有利に働いた。とりわけBBCラジオが意識的にRPを取り入れたことで，一般大衆も常に無料でRPに触れることになったが，一方でRPの存立基盤が崩壊していった。

⓫ 社会的階層というビクトリア朝時代の概念が，新しい世紀が進むにつれて薄れていったためである。

⓬ 社会的変化は，大衆文化による下層階級出身者の魅力の発見や上流階級の政治スキャンダルとメディアによるその批判や風刺で1960年代に急加速し，社会的特権が名誉というよりむしろ不公正と見なされるようになったため，上位層の話し方が否定的に受け止められ始めた。

⓭ あからさまに上流階級とわかる話し方は，嘲りや敵意の対象となっていった。

⓮ 同時に，それほど特権を有していなかった人たちが，より高い水準の功績や成功を手にすることが容易になり，最上位の人たちが逆に，自分たちの話し方を中流・下流階級の話し方に変えた。

⓯ このような変化のため，社会的エリートを参考にして定義される「標準」発音について語ることがますますできなくなっていった。

⓰ 19世紀に確立され，第一次世界大戦中からマーガレット＝サッチャーの時代にかけて何らかの意味があった概念が，続く数十年で過去のものとなってしまった。

⓱ 現代の英国では多様性が賛美されてはいるが，ロンドンと南部地方は今でも富や権力，影響力において最も有力であり，南部発音が表立った場面では最もよく聞かれるものである。それを「一般英国英語」と呼ぶ人もいるが，北米における一般米語と比べると，一般的というにはほど遠く，イングランド地方の発音だというのが事実である。

⓲ 現代の発音はRPと共通点が大いにあり，「RP」を再定義してこれを現代の標準を表す用語として維持しようとする音声学者もいるが，多くの人にとっては過去や上流階級と結びついた用語である。

⓳ 1997年の香港返還によって大英帝国は終焉を告げ，21世紀への変わり目はRPを過去のものとして語る転換点となるのかもしれない。

解　説

設問(1)　▶解答欄は14.7cm×2.8cm。当該文は「これ以前には，英国の社会的エリートの間には，もっと多様な話し方があった」となっている。多様な話し方ではなくなったことを述べている第1段の内容をまとめる。時期は文章冒頭にあるように「19世紀の初頭」であり，「話し方が多様ではなくなった」とは，第1段第2文

(All over the country, …) にあるように「国中で，社会の最上位層に入る人たちが…ロンドン地区の上流階級のしゃべり方を取り入れ始めた」ということである。まとめると「19 世紀初頭に，英国中で社会の最上位層が，ロンドン地区の上流階級の話し方を取り入れ始めたこと」などとなる。

設問(2) ▶解答欄は 14.7cm× 2.8cm。下線部は「この時代」。第５段最終文にあり，同段の内容をまとめる。まず，「いつ」のことかを拾い出すと，第１文（The answers are …）「産業革命のすぐあと」，第２文（With the loss …）「アメリカの植民地を失い，ナポレオンに勝利して」，第３文（For a century …）「１世紀半に及ぶ」とある。「何が起きたか」については，第１文「英国が広大な帝国を築いた」，第２文「アフリカとアジアを植民地化することに精力を注いだ」，第３文「中国やアルゼンチンといった国々に対する経済的優勢をさらに拡大しながら，世界の多大な部分の領土と人口を支配した」とある。すべてを盛り込む必要はなく，要点をまとめるとよい。「大英帝国が，産業革命後にアフリカとアジアを植民地化することに精力を注ぎ，経済的優勢を南米にも拡大しながら，１世紀半にわたって世界の多大な領土と人口を支配した時期」などとなる。

設問(3) ▶解答欄は 14.7cm×3.2cm。下線部の著書名は『英語発音辞典』『英語音声学概説』で，いずれも英語の発音に関わるものである。直前の第８段第２文（It was necessary …）に「この供給不十分ながら重要な必需品の手引きを作る必要があった」とあり，その「手引き」にあたるのがこれらの著書である。「供給不十分」である理由と「必需品」とは何か，またなぜ必需品なのかをまとめる。「供給不十分」の理由は同段第１文（Of course, …）「英国人の大半は，まったく RP を話してはおらず，ラジオ以前の時代には，彼らの多くは，RP を聞いたことさえほとんどなかった」ことである。ここで「必需品」が RP だとわかる。「必需品」である理由は，第７段第２文（The empire required …）の「帝国は，まとまった人数の英国の支配階級が外国で暮らすことを必要とした」ことが関わるが，これは第６段第１文（A small country …）に「英国のような小さな国は，権力と権威の厳格な階層構造を通じてしか，地球規模の帝国を統制できなかった」とあるとおり，大英帝国の維持のためである。第７段第２文に戻れば，その後半に「権威ある地位にある人たちの作法…話し方という点では…RP を意味した」とあるように，支配階級の言葉として RP が欠かせなかったのである。したがって，「大英帝国は厳格な階層構造を通じて維持され，その最上位層の言葉である RP が欠かせなかったが，まだラジオもない当時，大多数の人は RP をまったく話さず，聞いたことさえない人も多かったため」などとまとめられる。

設問(4) ▶解答欄は 14.7cm×3.2cm。下線部は「合衆国では事情はかなり異なっていた」となっており，英国との違いをまとめる。直後の文（There, geographical …）に「地域的・社会的出自は英国ほど重要ではなく，新興富裕層は，上流階級の作法をまねする必要性を感じなかった」とあり，続いて「合衆国に入ってくる移民たちは，彼らが溶け込んでいった普通のアメリカ人たちの話し方を見習えばよかった」ともある。同段第 4 文（Americans never had …）には「アメリカ人は，『標準的な』話し方を示す手引書や辞書に対して英国人が感じていたのと同じような必要性はまったく持っていなかった」とある。結果として，英国でごく一部の人たちの発音を標準としたのに対し，アメリカでは「多数派の発音，つまり一般米語として知られる近い関係にある発音の一群を，標準として採用した」（同段最終文）。これらの事情をまとめると「合衆国では，英国ほど出自が問題ではなかったので，上流階級の発音をまねする必要がなく，移民も移り住んだ地域の普通の人たちの発音を身につけていった。結果的に，多数派の発音が自然に標準として採用された」などとなる。

設問(5) The stigmatization of noticeably upper class speech,

直訳 「著しく上流階級の話し方の非難」

● stigmatization のもとの動詞 stigmatize は「～を非難する」の意。of 以下はこの動詞の目的語に当たる関係。「あからさまに上流階級だとわかる話し方を非難すること」などとするとわかりやすい。

together with the growing numbers of people from ordinary backgrounds in positions of influence,

直訳 「増加する数の普通の素性の人たちが影響力のある地位にあることとともに」

● together with ～「～とともに，～と相まって」は，with O C「OがCの状態で」の付帯状況のパターンになっている。Oに当たるのが the growing numbers … backgrounds，Cが in positions of influence である。

● the growing numbers of people from ordinary backgrounds は「ますます多くの普通の出自〔生い立ち／家柄〕の人たちが」「普通の出自の人たちが…ますます増える」などと整える。

● in positions of influence の in は，通常「～（の中）にいる，ある」だろうが，growing という変化を表す語，「普通の家柄の人」はそもそも影響力のある地位にはいないという判断で，「就いている」ではなく，「就く（ようになる）」などとすべきである。全体で，「ますます多くの普通の家柄の人たちが影響力のある地位に就くようになるのと相まって」「影響力のある地位に就く普通の家柄の人たちが増えるのとともに」などとなる。

meant that it became ever less possible

直訳 「それがますます可能ではなくなることを意味した」

●it は形式主語で，このあとに続く to 不定詞が真主語。

●became ever less possible は「ますます不可能になる」「ますますできなくなる」などと整える。なお，became は meant が過去形なのに合わせて時制の一致をしているので，訳し方に注意。

●*A* mean *B*「*A* は *B* を意味する」は，「*A* は *B*（ということ）だ」という関係を表す。「ますますできなくなるということだった」などとすることもできる。

to talk of a 'received' accent defined by reference to the social elite.

直訳 「社会的エリートへの関連によって定義される『標準の』発音のことを話すこと」

●talk of ～ は「～について話す」が直訳で，「～を話題にする」などともできる。また前の less possible と合わせて「～を話題にすることができない」となることをさらに突き詰めると，話題にできないのは，それが語るに値しない，語ること自体がはばかられるということであり，「～は正しくない」「～ではない」という含みを持つ。

●a 'received' accent defined by reference to the social elite「社会的エリートを参照して定義される『標準』発音」は「社会的エリート（の発音）を参考にして定義される『標準』発音」とできる。

設問(6) ▶解答欄は 14.7cm×3.2cm。下線部は「一般英国英語」の意。直後に「しかし，それは北米における一般米語と比べると，社会的，地域的に見て一般的というにはほど遠い」とあり，その理由として続く文で「それはイングランド地方の発音であって，間違いなく，スコットランド，アイルランド，あるいは英国の旧植民地の代表となるものではない。そうした地域では，発音がかなり異なっている」と述べている。つまり，「一般英国英語」といっても，決して「一般」ではなく，この名称は適切ではないと考えていることがわかる。全体として，「『一般英国英語』は『一般米語』と比べると，社会的，地域的にはるかに限られたイングランド地方の発音であり，スコットランド，アイルランド，旧植民地の発音はかなり異なったものなので，『一般英国英語』という名称は適切ではないと考えている」などとなる。

設問(7) ▶解答欄は 14.7cm×3.2cm。下線部は「この含意」が直訳。connotations は「(語の) 言外の意味，言外にほのめかすこと」というニュアンス。直前の文 (But the term is …) に「その用語は，多くの人の頭の中で過去や上流階級と結びついている」とあり，「この含意」は端的には「過去や上流階級という含意」となる。文章をさかのぼれば，第12段第2・3文（Pop culture brought … criticize and satirize.）に「大衆文化によって…下層階級出身の英国人は新たな魅力を得ることとなった。…上流階級の『優位性』は…失われていった」，第13段第1文（Increasingly, noticeably upper …）には「あからさまに上流階級とわかる話し方は，嘲りや敵意の対象となり，舞台や映画では俗物の悪党にふさわしいものとなった」，同段第2文（Sociolinguist Peter Trudgill …）には「RPの話し手は，しゃべり始めたとたんに…高慢でよそよそしいと受け取られる」とある。つまり，「過去」や「上流階級」をほのめかすということは，それらにまつわる敵意や嘲りをにおわせることである。したがって，「多くの人がRPから連想する『過去』や『上流階級』にまつわる高慢さやよそよそしさに対する敵意や嘲りといった否定的なイメージをほのめかすこと」などとなる。

設問(1) 19世紀初頭に，英国中で社会の最上位層が，ロンドン地区の上流階級の話し方を取り入れ始めたこと。

設問(2) 大英帝国が，産業革命後にアフリカとアジアを植民地化することに精力を注ぎ，経済的優勢を南米にも拡大しながら，1世紀半にわたって世界の多大な領土と人口を支配した時期。

設問(3) 大英帝国は厳格な階層構造を通じて維持され，その最上位層の言葉であるRPが欠かせなかったが，まだラジオもない当時，大多数の人はRPをまったく話さず，聞いたことさえない人も多かったため。

設問(4) 合衆国では，英国ほど出自が問題ではなかったので，上流階級の発音をまねする必要がなく，移民も移り住んだ地域の普通の人たちの発音を身につけていった。結果的に，多数派の発音が自然に標準として採用された。

設問(5) 影響力のある地位に就く普通の家柄の人たちが増えるのと相まって，あからさまに上流階級だとわかる話し方を非難することは，社会的エリートを参考にして定義される「標準」発音について語ることがますますできなくなるということを意味していた。

設問(6) 「一般英国英語」は「一般米語」と比べると，社会的，地域的にはるかに限られたイングランド地方の発音であり，スコットランド，アイルランド，旧植民地の発音はかなり異なったものなので，「一般英国英語」という名称は適切ではないと考えている。

設問(7) 多くの人が，RPから連想する「過去」や「上流階級」にまつわる高慢さやよそよそしさに対する敵意や嘲りといった否定的なイメージをほのめかすこと。

解答

27

2019 年度 外国語学部以外〔2〕

次の英文を読んで，以下の設問に答えなさい。

We have a problem to solve whenever we want to do something but lack the immediate means to achieve it. Most of the goals we reach in our everyday life do not require problem solving because we have a habit or some (i)prior knowledge that allows us to achieve them. (a)Getting to work, for example, requires a series of decisions and actions that might be quite complex but are generally routine and executed automatically. We know how to start our cars, which route to drive, and so on. But if the car will not start one morning, or our usual route is blocked, *then* we have a problem to solve. Like many real world problems these are *ill-defined*, lacking clear procedures or rules for their solution. For example, if the car will not start, a variety of strategies and solutions may be tried. If the battery is flat, we may jump-start it from another car. Or we may borrow a car from a partner or friend, or decide to use public transport.

Ill-defined problems may be quite easy for a human to solve but would be (A)next to impossible for a computer, unless it knew all the things that we know. By contrast, some problems—including many studied by psychologists—are (b)*well-defined*. This means that there is a clear set of rules that can be applied to get from where you are to where you want to be. (ii)Artificial problems usually have this nature. Examples would be an anagram to solve (which we may encounter in doing a crossword), a sudoku puzzle, or a chess problem which requires you to find a checkmate in three moves. If a problem is well-defined, a computer program can in principle be written to solve it.

Problem solving is clearly a key feature of human intelligence. Animals have generally evolved with fixed behaviour patterns. Some of the things they do may seem very clever. For example, birds and other animals may (iii)migrate thousands of miles, arriving (usually) in the right place. Honey bees can signal the location of nectar to their fellow creatures using a sophisticated code. Predator animals follow complex strategies to trap their prey, and so on. But these behaviours have been acquired slowly through evolution and cannot be varied by the individual animal. If the environment changes, it will not be possible for an individual to adapt its behaviour. While there is some evidence of intelligent use of tools to solve (iv)novel problems in some animals, the solution of novel problems is what generally marks our species out as different from both animals and earlier hominids. Neanderthals* had very sophisticated skills—in manufacturing tools and hunting prey, for example — but these skills were isolated from each other. (B)Hence, they could not adapt their tool making if different kinds of prey were encountered. By contrast, our own species, *Homo sapiens sapiens***, was able rapidly to adapt the design of artefacts to achieve changing goals, which is probably the reason that we are the only hominid species to make it to the present day.

Human intelligence does not, (C)in the main, rely on behaviour patterns fixed by evolution, and nor does it depend on habit learning. Humans can and have solved a whole range of novel problems, which is why we have been able to develop such advanced technologies. If we want to understand human intelligence, then we need to study how it is that humans can solve both ill-defined and well-defined problems. Not all problems have a uniquely correct solution, but that does not mean that we should give them up. For example, no human or machine can (v)guarantee to compute the best chess move in most positions, but they can certainly identify moves that are much better than others. (c)Our best scientists are like grandmasters, because science also cannot provide knowledge that is certainly true. Even great scientific theories, like Newton's mechanics, can be later shown to be incorrect or limited in certain respects. In Newton's case, the inaccuracies cannot be detected in systems moving much slower than the speed of light, and Newton's physics was close enough to the truth to allow all manner of technologies to be developed using its principles.

From *Thinking and Reasoning*: *A Very Short Introduction* by Jonathan St. B. T. Evans, Oxford University Press

*Neanderthals　ネアンデルタール人

****Homo sapiens sapiens*　ホモ・サピエンス・サピエンス，新人

設問(1) 本文中の下線部(i)〜(v)の単語に最も意味の近いものを，(イ)〜(ニ)から一つ選び，記号で答えなさい。

(i) prior
(イ) precious　(ロ) premature
(ハ) previous　(ニ) profound

(ii) Artificial
(イ) Artistic　(ロ) Fake
(ハ) Man-made　(ニ) Simple

(iii) migrate
(イ) calculate　(ロ) inhabit
(ハ) memorize　(ニ) travel

(iv) novel
(イ) conventional　(ロ) fictional
(ハ) unemotional　(ニ) unusual

(v) guarantee
(イ) afford　(ロ) dare
(ハ) plan　(ニ) promise

設問(2) 本文中の下線部(a)の意味を日本語で表しなさい。

設問(3) 本文中の下線部(A)〜(C)の語句に最も意味の近いものを，(イ)〜(ニ)から一つ選び，記号で答えなさい。

(A) next to
(イ) eventually　(ロ) nearly
(ハ) secondly　(ニ) successively

(B) Hence
(イ) Besides　(ロ) Moreover
(ハ) Nevertheless　(ニ) Therefore

(C) in the main
(イ) for the most part
(ロ) in this case
(ハ) that is to say
(ニ) to the best of my knowledge

設問(4) 下線部(b) *well-defined* とはどういう性質を指すか，本文の内容に則して日本語で説明しなさい。

設問(5) 下線部(c) Our best scientists are like grandmasters では,「優れた科学者はチェスの名人と似ている」と述べています。なぜそのようなことが言えるのか,筆者の考えに基づいて日本語で説明しなさい。

設問(6) 本文のタイトルとして最も適当なものを,(イ)~(ヘ)の中から一つ選び,記号で答えなさい。

(イ) Artificial intelligence and animal intelligence
(ロ) How to solve well-defined problems
(ハ) Human problem solving
(ニ) Neanderthals and *Homo sapiens sapiens*
(ホ) Newton's mechanics and grandmasters
(ヘ) Solutions to chess problems

全 訳

■人間の問題解決法

❶ 何かをしたいと思うのに,それを成し遂げる直接的な手段がないときは必ず,私たちは解決すべき問題を抱えることになる。日常生活の中で到達する目標のほとんどは問題解決を必要としないが,これは私たちが目標を達成できるようにしてくれる習慣や先行する何らかの知識があるからだ。(a)たとえば,職場まで行くには一連の決定と行動が必要であり,それらはきわめて複雑かもしれないが,概ね決まりきったことで,無意識に行われる。どうやって車のエンジンをかければよいか,どの道を運転していくかなどはわかっている。しかし,もしある朝,エンジンがどうしてもかからないとか,いつもの道が通行止めになっていたら,「そのとき」,解決すべき問題を抱える。現実世界の多くの問題と同様に,こうしたことは解決のはっきりした手順や決まりがなく,「どういうものかよくわからない」。たとえば,車のエンジンがどうしてもかからない場合,さまざまな方策や解決策が試みられるかもしれない。もしバッテリーがあがっているなら,別の車のバッテリーと連結してエンジンをかけるかもしれない。あるいは,連れ合いや友人から車を借りたり,公共交通機関を利用することにしたりするかもしれない。

❷ どういうものかよくわからない問題は,人間にとっては解決するのはきわめてたやすいことかもしれないが,人間が知っていることをすべて知っているのでない

かぎりコンピュータにはほとんど不可能だろう。対照的に，心理学者たちが研究している多くのものをはじめとする，ある種の問題は「どういうものかはっきりしている」。これは，自分が今いるところから行きたいところへたどり着くために適用できる，はっきりとした一連の決まりがあるということである。人工的な問題は，たいていこの性質を持っている。例として挙げられるのは，（クロスワードパズルをしているときに出くわすかもしれない）解決できるつづり換え，数独パズル，3手でチェックメイトを見つけることを求めるチェスの問題といったものだ。問題がどういうものかはっきりしているなら，原則的に，それを解決するためにコンピュータプログラムを書くことができる。

❸ 問題解決は，明らかに人間の知性のきわめて重要な特徴である。動物は一般に，決まった行動パターンとともに進化してきた。動物たちが行うことの中には，非常に賢く見えるものもあるかもしれない。たとえば，鳥や他の動物たちは何千マイルも移動して，（通常）正しい場所にたどり着くかもしれない。ミツバチは蜜のある場所を，精巧な暗号を使って仲間に伝えることができる。捕食動物は獲物を追い込むために複雑な戦略を行う，などである。しかし，こうした行動は進化を通じてゆっくりと獲得されてきたのであり，個々の動物が変えることはできない。環境が変化したら，個々の動物が自分の行動をそれに適応させることは不可能だろう。新奇な問題を解決するために道具を知的に使うという証拠が一部の動物にいくらか見られるが，新奇な問題の解決は，一般に私たち人間を動物とも初期のヒト科の動物とも異なるものとして際立たせているものだ。ネアンデルタール人は，たとえば道具を製作したり獲物をとらえたりする非常に高度な技能を持っていたが，こうした技能はそれぞれが独立したものだった。したがって，彼らは異なる種類の獲物に遭遇したとき，自分たちの道具製作をそれに合わせることができなかった。対照的に，私たち自身の種であるホモ・サピエンス・サピエンスは，変化する目標を達成するために，道具や武器のデザインをすぐにそれに合わせることができたのであり，おそらくそれこそが，私たちが今日まで生き延びてこられた唯一のヒト科の種である理由だろう。

❹ 人間の知性は概して，進化によって固定された行動パターンに依存してはおらず，習慣形成に左右されるものでもない。人間はあらゆる新奇な問題を解決できるし，解決してきたが，だからこそ私たちはこのように進んだ技術を発展させることができたのである。人間の知性を理解したいと思うなら，どういうものかよくわからない問題とよくわかっている問題の両方を，いったいどのようにして人類が解決できるのかを研究する必要がある。すべての問題にこの上なく適切な解決策があるわけではないが，それは私たちが問題を放棄すべきだということではない。たとえば，どんな人間にも機械にも，チェスの駒のほとんどの配置で，いちばん良い駒の

動かし方を算定することはできない。しかし，人間も機械も，他の動かし方よりもずっと良い動かし方を特定することは間違いなくできる。人類の最も優れた科学者はチェスの名人と似ている。なぜなら，科学もまた，間違いなく正しい知識を提供することはできないからである。ニュートン力学のような偉大な科学理論でさえも，ある点で正しくなかったり制限があったりすることがのちに証明されることがある。ニュートンの場合，光の速度よりもずっと遅く動く系ではその不正確さは検知できず，ニュートン物理学は，その法則を使ってあらゆる種類の技術が発展することができるほど真理に近かった。

各段落の要旨

❶ 日常生活の中で達成する目標のほとんどは，それを可能にする習慣や知識があるおかげで難なく目標到達できるが，はっきりした手順や決まりのない事態に直面すると，解決すべき問題を抱えることになる。

❷ どういうものかよくわからない問題を解決することは，人間にとってはたやすいかもしれないが，コンピュータにとってはそうとは限らない。コンピュータが得意とするのは，どういうものかはっきりしている，つまり明確な一連の決まりがある人工的な問題である。

❸ 他の動物の行動には非常に賢く見えるものがあるかもしれないが，それらは進化を通じてゆっくりと獲得されたものであり，個々の動物が変えることはできない。それに対して私たち人間，ホモ・サピエンス・サピエンスは，変化する目標を達成するために，即座に道具類などのデザインを変更するなどの問題解決能力を持っており，この特徴がヒト科の中でも唯一生き延びてこられた理由である。

❹ 人間の知性は，すべての問題に対してこの上なく適切な解決策を常に講じられるわけではないが，他のものよりずっとよい解決策を特定することはできるものであり，だからこそあらゆる新奇な問題を解決して，現在のような進んだ技術を発達させることができたのである。

解 説

設問(1) 正解は (i)―(ハ) (ii)―(ハ) (iii)―(ニ) (iv)―(ニ) (v)―(ニ)

(i) ▶ prior は「(時間的に) 前の，先行する」の意。(ハ) **previous「以前の」**が適切。

(イ)「貴重な」 (ロ)「早すぎる」 (ニ)「深遠な」

(ii) ▶ artificial は「人工的な」の意。(ハ) **Man-made「人に作られた」**が正解。

(イ)「芸術的な」 (ロ)「にせものの」 (ニ)「単純な」

(iii) ▶ migrate は「移動する，渡る」の意。(ニ) **travel「移動する」**が正解。「何千マイルも migrate し…正しい場所にたどり着く」とあることから推測できる。

(イ)「～を計算する」 (ロ)「～に住む」 (ハ)「～を記憶する」

(iv) ▶ novel は「今までになく新しい，新奇な」の意。(ニ) **unusual「ふつうでない，**

珍しい」が最も近い。

(イ)「従来の」 (ロ)「架空の」 (ハ)「感情的でない」

(v) ▶ guarantee to *do* で「～すると保証する」つまり「間違いなく～すると言う」ということ。(ニ) promise「(～すると) 約束する」が正解。

(イ)「(～する) 余裕がある」 (ロ)「あえて (～する)」 (ハ)「(～する) つもりである」

設問(2) Getting to work, for example, requires a series of decisions and actions

直訳 「たとえば，仕事に到着することは，一連の決定と行動を必要とする」

● Getting to work は動名詞句で，文の主語。get to work「仕事に到着する」とは「職場に（たどり）着く」ということであり，「職場まで行く」などと整えたい。

● requires 以下の「一連の決定と行動を必要とする」は，主語と合わせて「職場まで行くには…が必要である」などとすると日本語が自然になる。

that might be quite complex but are generally routine and executed automatically.

直訳 「きわめて複雑かもしれないが，一般的に日課で自動的に行われる」

● that は，a series of decisions and actions「一連の決定と行動」を先行詞とする主格の関係代名詞。

● might はあとの but とともに「～かもしれないが…」と譲歩を表しており，might be と are の２つが that に続く述語動詞である。

● generally「一般的に」はそのままでもよいが，「概ね，だいたい，たいてい」などの訳語もわかりやすい。routine は「日課，決まりきった作業・手順」の意で are の補語。

● executed「実行される，遂行される」は are と合わせて受動態を作っている。automatically は「自動的に」でもよいが，「無意識に，意識せずに」とすれば，より文意に合う。

● 全体で「たとえば，職場まで行くには，きわめて複雑かもしれないが，概ね決まりきったもので意識せずに行われる，一連の決定と行動が必要だ」となるが，「たとえば，職場まで行くには一連の決定と行動が必要であり，それらはきわめて複雑かもしれないが，概ね決まりきったことで，無意識に行われる」などと訳し下ろしていくと，文脈に合ったわかりやすいものになる。

設問(3) 正解は (A)―(ロ) (B)―(ニ) (C)―(イ)

(A) ▶ next to ～ は「～のとなりに」が直訳。すぐそばにあるというところから，「ほとんど～」の意で使われる。(ロ) nearly「ほとんど～，～に近く」が正解。

(イ)「結局は」 (ハ)「第二に」 (ニ)「連続して」

(B)　▶ hence は「したがって，それゆえ」の意。(ニ) **Therefore「したがって」**が同意。「こうした技能はそれぞれが独立したものだった。Hence，異なる種類の獲物に遭遇したとき，自分たちの道具製作をそれに合わせることができなかった」という文脈からも，推測できる。

(イ)「そのうえ」　(ロ)「さらに」　(ハ)「それにもかかわらず」

(C)　▶ in the main は「概して，大部分は」の意。(イ) **for the most part「大部分は，たいてい」**が正解。the main は「主要部分」の意の名詞だが，main「主な」という基本的な形容詞から推測できる。

(ロ)「この場合」　(ハ)「すなわち」　(ニ)「私の知るかぎり」

設問(4)　▶直後に This means that …「これは…ことを意味する」とあり，that 節の内容が下線部の意味を説明していることがわかる。that 節内 there is a clear … you want to be. は「自分が今いるところから行きたいところへたどり着くために適用できる，はっきりとした一連の決まりがある」となっている。「自分が今いるところから行きたいところへたどり着く」は，問題を抱えている状態から，それが解決された状態になることを表す比喩である。したがって，「問題を解決するために使える，一連の明確な規則があるという性質」などとまとめられる。なお，「たどり着く」から「目標を達成する」という表現を思いつくかもしれないが，第1段第2文（Most of the goals …）に「日常生活の中で到達する目標のほとんどは問題解決を必要としない」とあり，問題解決は目標達成の手段とされているので，両者は区別すべきである。下線部は some problems … are *well-defined* と「問題」の特徴を表しており，「問題を解決するために…」が適切。解答欄は 15.1 cm × 1.7 cm。

設問(5)　▶直後に「なぜなら，科学もまた，間違いなく正しい知識を提供することはできないからである」とある。下線部直前の文（For example, no human or …）には「どんな人間にも…チェスの…いちばん良い駒の動かし方を算定することはできないが…他の動かし方よりもずっと良い動かし方を特定することは間違いなくできる」とある。また，当該文の直後の文（Even great scientific theories, …）および最終文（In Newton's case, …）ではニュートン力学の例を挙げ，のちに間違っていたり限界があったりすることが証明されても，日常的な世界では非常に有用な理論であることが述べられている。つまり，最善のもの，確実に正しいものを示すことはできないが，他と比べるとはるかに優れた答えを示すことができるという点で，優れた科学者とチェスの名人は似ているということである。それを解答欄（15.1 cm × 1.7 cm）に収まるようにまとめる。

設問(6) 正解は(ハ)

▶文章冒頭から「何かをしたいと思うのに，それを成し遂げる直接的な手段がないときは必ず，私たちは解決すべき問題を抱える」とあり，「問題解決」がテーマであることがわかる。第２段では ill-defined「どういうものかよくわからない」問題の解決が人間には容易で，コンピュータにはほぼ不可能であること，第３段では今までに出合ったことのない新奇な問題の解決は新人である私たちには可能だが，動物ばかりでなく，初期のヒト科の動物にもできないことを述べており，最終段では人間の知性を問題解決の特徴から述べている。全体的に，人間の問題解決法を論じており，(ハ)**「人間の問題解決（法）」**が適切。

(イ)「人工知能と動物の知能」 (ロ)「どういうものかはっきりしている問題の解決法」

(ニ)「ネアンデルタール人とホモ・サピエンス・サピエンス」

(ホ)「ニュートン力学とチェス名人」 (ヘ)「チェスの問題の解決法」

解答

設問(1) (i)—(ハ) (ii)—(ハ) (iii)—(ニ) (iv)—(ニ) (v)—(ニ)

設問(2) たとえば，職場まで行くには一連の決定と行動が必要であり，それらはきわめて複雑かもしれないが，概ね決まりきったことで，無意識に行われる。

設問(3) (A)—(ロ) (B)—(ニ) (C)—(イ)

設問(4) 問題を解決するために使える，一連の明確な規則があるという性質。

設問(5) どちらも誤りのない最善の答えがわかるわけではないが，他のものよりはるかに優れた解決策を示せるから。

設問(6) (ハ)

28

2019年度 外国語学部〔2〕

次の英文を読んで，以下の設問に答えなさい。

①<u>There is no such thing as the average person.</u> This poses a particular problem for the designer, who usually must come up with a single design for everyone. The designer can consult handbooks with tables that show average arm reach and seated height, how far the average person can stretch backward while seated, and how much room is needed for average hips, knees, and elbows. *Physical anthropometry* is what the field is called. With data, the designer can try to meet the size requirements for almost everyone, say for the 90th, 95th, or even the 99th percentile. Suppose the product is designed to accommodate the 95th percentile, that is, for everyone except the 5 percent of people who are smaller or larger. That leaves out a lot of people. The United States has approximately 300 million people, so 5 percent is 15 million. Even if the design aims at the 99th percentile it would still leave out 3 million people. And this is just for the United States : the world has 7 billion people. Design for the 99th percentile of the world and 70 million people are left out.

②<u>Some problems are not solved by adjustments or averages : Average a left-hander with a right-hander and what do you get ?</u> Sometimes it is simply impossible to build one product that accommodates everyone, so the answer is to build different versions of the product. After all, we would not be happy with a store that sells only one size and type of clothing : we expect clothing that fits our bodies, and people come in a very wide range of sizes. We don't expect the large variety of goods found in a clothing store to apply to all people or activities ; we expect a wide variety of cooking appliances, automobiles, and tools so we can select the ones that precisely match our requirements. One device simply cannot work for everyone. Even such simple tools as pencils need to be designed differently for different activities and types of people.

Consider the special problems of the aged and infirm, the handicapped, the blind or near blind, the deaf or hard of hearing, the very short or very tall, or people who speak other languages. Design for interests and skill levels. Don't be trapped by overly general, inaccurate stereotypes.

③Many devices designed to aid people with particular difficulties fail. They may be well designed, they may solve the problem, but they are rejected by their intended users. Why? Most people do not wish to advertise their infirmities. Actually, many people do not wish to admit having infirmities, even to themselves.

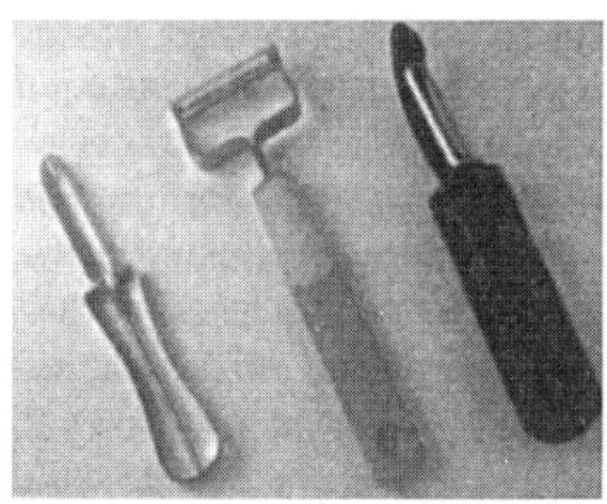

FIGURE 1. Three Vegetable Peelers. The traditional metal vegetable peeler is shown on the left: inexpensive, but uncomfortable. The OXO peeler that revolutionized the industry is shown on the right. The result of this revolution is shown in the middle, a peeler from the Swiss company Kuhn Rikon: colorful and comfortable.

When Sam Farber wanted to develop a set of household tools that his arthritic* wife could use, he worked hard to find a solution that was good for everyone. The result was a series of tools that revolutionized this field. For example, vegetable peelers used to be an inexpensive, simple metal tool, often of the form shown on the left in Figure 1. These were awkward to use, painful to hold, and not even that effective at peeling, but everyone assumed that this was how they had to be.

④After considerable research, Farber settled upon the peeler shown on the right in Figure 1 and built a company, OXO, to manufacture and distribute it. Even though the peeler was designed for someone with arthritis, it was advertised as a better peeler for everyone. It was. Even though the design was more expensive than the regular peeler, it was so successful that today, many companies make variations on this theme. You may have trouble seeing the OXO peeler as revolutionary because today, many have followed in these footsteps. Design has become a major theme for even simple tools such as peelers, as demonstrated by the center peeler of Figure 1.

Consider the two things special about the OXO peeler: cost and design for someone with an infirmity. Cost? The original peeler was very inexpensive, so a peeler that is many times the cost of the inexpensive one is still inexpensive. What about the special design for people with arthritis? The virtues for them were never mentioned, so how did they find it? OXO did the right thing and let the world know that this was a better product. And the world took note and made it successful. As for people who needed the better handle? It didn't take long for the word to spread. Today, many companies have followed the OXO route, producing peelers that work extremely well, are comfortable, and are colorful.

Would you use a walker, wheelchair, crutches, or a cane? Many people avoid these, even though they need them, because of the negative image they cast: the stigma. Why? Years ago, a cane was fashionable: people who didn't need them would use them anyway, twirling them, pointing with them, hiding brandy or whisky, knives or guns inside their handles. Just look at any movie depicting nineteenth-century London. Why can't devices for those who need them be as sophisticated and fashionable today?

Of all the devices intended to aid the elderly, perhaps the most shunned is the walker. Most of these devices are ugly. They cry out, "Disability here." Why not transform them into products to be proud of? Fashion statements, perhaps. ⑤This thinking has already begun with some medical appliances. Some companies are making hearing aids and glasses for children and adolescents with special colors and styles that appeal to these age groups. Fashion accessories. Why not?

Those of you who are young, do not smirk. Physical disabilities may begin early, starting in the midtwenties. By their midforties, most people's eyes can no longer adjust sufficiently to focus over the entire range of distances, so something is necessary to compensate, whether reading glasses, bifocals, special contact lenses, or even surgical correction.

Many people in their eighties and nineties are still in good mental and physical shape, and the accumulated wisdom of their years leads to superior performance in many tasks. ⑥But physical strength and agility do decrease, reaction time slows, and vision and hearing show impairments, along with decreased ability to divide attention or switch rapidly among competing tasks.

For anyone who is considering growing old, I remind you that although physical abilities diminish with age, many mental capacities continue to improve, especially those dependent upon an expert accumulation of experience, deep reflection, and enhanced knowledge. Younger people are more agile, more willing to experiment and take risks. Older people have more knowledge and wisdom. The world benefits from having a mix and so do design teams.

Designing for people with special needs is often called ⑦*inclusive* or *universal design*. Those names are filling, for it is often the case that everyone benefits. Make the lettering larger, with high-contrast type, and everyone can read it better. In dim light, even the people with the world's best eyesight will benefit from such lettering. Make things adjustable, and you will find that more people can use it, and even people who liked it before may now like it better.

The best solution to the problem of designing for everyone is flexibility: flexibility in the size of the images on computer screens, in the sizes, heights, and angles of tables and chairs. Allow people to adjust their own seats, tables, and working devices. Allow them to adjust lighting, font size, and contrast. Flexibility on our highways might mean ensuring that there are alternative routes with different speed limits. Fixed solutions will invariably fail with some people; flexible solutions at least offer a chance for those with different needs.

From *The Design of Everyday Things* by Donald A. Norman, Basic Books

注　*arthritic：関節炎にかかった

設問(1)　下線部①の内容を本文に即して，わかりやすく日本語で説明しなさい。

設問(2)　下線部②の意味を日本語で表しなさい。

設問(3)　下線部③の内容とその理由を，わかりやすく日本語で説明しなさい。

設問(4)　下線部④で述べられている peeler は，なぜ受け入れられたか，その理由を日本語で説明しなさい。

設問(5)　下線部⑤の内容を本文に即して，わかりやすく日本語で説明しなさい。

設問(6)　下線部⑥の意味を日本語で表しなさい。

設問(7)　下線部⑦の内容について，この段落ではどのような具体例が挙げられているか，わかりやすく日本語で説明しなさい。

全　訳

■万人の必要を満たすデザイン

❶　平均的人間などというものは存在しない。このことはデザイナーに特定の問題をもたらす。デザイナーは通常，万人に対して一つのデザインを考え出さなくてはならないからだ。デザイナーは，平均的な腕の長さ，座高，座っているとき平均的

な人は後ろにどれだけ体を反らせるか，平均的な腰回り，膝，ひじにはどれほどの余裕が必要かといったことを示す表の載ったハンドブックを参照できる。「物理的身体測定学」というのが，この分野の呼び名である。データを使えば，デザイナーはほぼすべての人，たとえば，90，95，あるいは99パーセンタイルの人たちにさえ合うサイズ要件を満たそうと努力することはできる。95パーセンタイルの人，すなわちそれより小さな人あるいは大きな人という5パーセントを除いたすべての人に合うように，ある製品をデザインするとしよう。それでも多くの人をのけ者にすることになる。合衆国にはおよそ3億人いるので，5パーセントとは1500万人ということだ。たとえそのデザインが99パーセンタイルを目指しても，なお300万人の人がそこに入らないことになる。そして，これは合衆国だけの話だ。世界には70億人いる。世界の99パーセンタイルの人のためにデザインすれば，7000万人が除外されるのだ。

❷ ②調整したり平均をとったりしても解決しない問題もある。たとえば，左利きの人を右利きの人と平均したところで，いったい何が得られるだろう。すべての人に合う一つの製品を作るのがまったく不可能ということもあるので，解決策はその製品のさまざまな型を作ることである。いずれにしても，たった一つのサイズや種類の服しか売っていない店では，私たちは満足しないだろう。私たちは自分の体に合う服を期待しているし，人は体の大きさがそれぞれ非常に異なる。私たちは衣料品店にある非常に幅広い種類の品物がすべての人やすべての活動に合うことを期待しない。一方で，自分の要件にぴったりと合うものを選べるように，調理器具や自動車や道具に幅広い種類のものがあるのは当然だと考える。一つの道具がすべての人に役立つことは絶対にない。鉛筆のような単純な道具でさえ，活動や人のタイプが異なれば，違ったデザインである必要がある。

❸ 高齢者や虚弱な人，障害のある人，目が見えない人やほとんど見えない人，耳が聞こえない人や難聴の人，身長が非常に低い人や高い人，あるいは他の言語を話す人が，それぞれに抱える特有の問題を考えてみよう。関心事や技能のレベルに合うデザインをしてみよう。あまりにも大雑把で不正確な固定観念にとらわれてはならない。

❹ 特定の困難を抱える人たちを手助けするために設計された多くの道具は失敗する。よく設計されているかもしれないし，問題を解決するかもしれない。それでも意図された使用者に拒否されるのである。なぜだろうか。ほとんどの人は，自分の弱点を触れて回ることは望んでいない。実際，多くの人は，自分に弱点があることを，自分自身に対してさえ認めたくないのである。

❺ 関節炎にかかった妻が使える一組の家庭用の道具を開発したいと思ったとき，サム=ファーバーはすべての人のためになる解決策を見つけようと懸命に努力した。

その結果は，この分野に革命を起こした一連の道具となった。たとえば野菜の皮むき器は，かつては値段の安い，単純な金属の道具であり，図1の左に示されたような形であることが多かった。これは使いにくく，握っていると手が痛くなり，あまりよくむけるものでさえなかったが，だれもがこれはそうならざるを得ないものだと思い込んでいた。

❻ かなり調査してから，ファーバーは図1の右に示されたような皮むき器に決め，それを製造販売する会社オクソーを設立した。その皮むき器は関節炎を患っている人のためにデザインされたものだが，すべての人にとってより良い皮むき器だと宣伝された。実際にそうだった。そのデザインのものは，通常の皮むき器よりも値段が高かったにもかかわらず，とてもよく売れたので，今日では多くの会社がこのテーマに関するバリエーションを作っている。今では多くがこの例にならっているので，オクソーの皮むき器を革命的なものと見るのは困難かもしれない。図1の中央の皮むき器が示しているように，デザインは，皮むき器のような単純な道具に対してさえ主要なテーマになったのだ。

❼ オクソーの皮むき器の特別な点を二つ考えてみよう。値段，そして困難を抱えている人のためのデザインである。値段だって？　もともとの皮むき器がとても安かったので，安い物の何倍もの値段の皮むき器は，それでもまだ安いのだ。関節炎を患っている人のための特別なデザインはどうだろうか。彼らにとっての長所がまったく述べられなかったのなら，どうやってそれがわかったのだろう。オクソーは適切なことをし，世間にこれはより良い製品だと知らせた。そして世間の人たちが注目し，それを成功させた。もっと良い持ち手が必要な人についてはどうだろう。噂が広まるのに長くかからなかった。今日では，多くの会社がオクソーの例にならい，非常にうまく機能し，使いやすく，色彩に富んだ皮むき器を製造している。

❽ あなたは歩行器，車いす，松葉づえ，あるいはステッキを使うだろうか。多くの人は，こうしたものが必要な場合でもそれらを避ける。それらが放つ否定的なイメージ，スティグマのせいである。なぜだろうか。昔は，ステッキはおしゃれなものだった。ステッキが必要ではない人たちが，くるくる回す，それで何かを指す，柄の中にブランデーやウィスキー，ナイフや銃を隠すなど，どんな方法にせよ，それらを使ったものだった。19世紀のロンドンを描いた映画をどれでもよいから見てみればよい。今日，それらを必要とする人たちのための道具が，なぜ凝ったおしゃれなものになり得ないのだろうか。

❾ 高齢者の手助けになることを意図したあらゆる道具のうち，おそらく最も避けられているのは歩行器だ。こうした道具のほとんどは見た目が悪い。それらは「ここに障害者がいます」と告げる。それらを自慢にできる製品に変えてはどうだろうか。あるいは，自己主張のためのファッションに変えてはどうだろう。この考え方

はすでに一部の医療器具で始まっている。企業の中には，子どもや 10 代の若者のための補聴器やメガネを，こうした年代の人たちにとって魅力的な特別な色やスタイルで作っているところがある。ファッションのアクセサリーというわけである。これでどうだろうか。

❿ 読者の中で若い人たち，にやにやしていてはいけない。身体障害は 20 代半ばに始まるなど，早い時期に始まるかもしれない。40 代半ばまでには，ほとんどの人の目は，広い場所の全範囲のどこにでも十分焦点を合わせることができなくなるので，読書用メガネ，遠近両用メガネ，特殊なコンタクトレンズ，あるいは外科的矯正さえ含めて，埋め合わせをする何らかのものが必要になる。

⓫ 80 代 90 代の多くは，まだ心身ともに良好であり，彼らの過ごした年月で蓄積した知恵は，多くの作業でよりすぐれた成果につながる。⑥<u>しかし，体力や機敏さは確かに低下し，反応時間は遅くなり，視力や聴力は衰え，それとともに相容れない作業間で注意を分散したり，すばやく切り替えを行ったりする能力も低下する</u>。

⓬ 年を取ることについて考えている人はだれでも，次のことを思い出してもらいたい。身体的能力は年齢とともに衰えるが，多くの知的能力，とりわけ経験，深い思考，増強した知識の専門的な蓄積に左右されるものは向上し続けるということである。若い人のほうが機敏で，実験したり危険を冒したりするのをいとわない。年配の人のほうが，知識や知恵は豊かだ。世界はその両方がいることで恩恵を受けており，デザインチームもまたそうだ。

⓭ 特別な配慮が必要な人たちのためにデザインすることは，「インクルーシブ=デザイン」あるいは「ユニバーサル=デザイン」と呼ばれることが多い。これらの名称は適切なものだ。多くの場合，だれもが恩恵を受けると言えるからである。印刷文字を大きくして，コントラストを高めれば，だれもがもっと読みやすい。薄暗い光の中では，世界で最も視力のよい人でも，そのような印刷文字から恩恵を受けることになるだろう。いろいろなものを調整可能にすれば，より多くの人がそれを使えるようになり，以前からそれが好きだった人でも，そうなるともっとそれが好きになるかもしれない。

⓮ すべての人のためのデザインをするという問題の最善の解決策は，柔軟性である。たとえば，コンピュータ画面の画像の大きさや，テーブルといすの大きさ，高さ，角度の柔軟性だ。人が自分自身の座席やテーブルや仕事道具を調整できるようにしよう。照明，文字の大きさ，コントラストを自分で調整できるようにしよう。幹線道路での柔軟性とは，速度制限の異なる車線を選択できるようにするということかもしれない。凝り固まった解決策は，きまって一部の人にはうまくいかない。柔軟な解決策は，異なる配慮を必要とする人たちに少なくとも可能性を与える。

各段落の要旨

❶ 身体的な特徴のすべてが平均値だという人間は存在しないため，デザイナーがどんなに努力して製品を作っても，それに合わない人がかなりの数出てしまう。
❷ その問題を解決するために，さまざまな型の製品を作ることになる。
❸ その際必要なのは，年齢・身長・身体的障害・話す言語・関心事・技能レベルなどさまざまに異なる特徴を持つ人たちそれぞれが抱える特有の問題に思いを巡らすことだ。
❹ 特定の困難を抱える人たちのために設計された多くの道具が意図された使用者に拒否されるのは，それがその人の弱点を他の人に明らかに示してしまうためである。
❺ 関節炎を抱える妻のために家庭用の道具を開発したいと思ったサム＝ファーバーは，すべての人のためになる解決策を見つけようと努力し，革命的な一連の道具を作った。
❻ たとえば，ファーバーは入念な調査ののちに皮むき器をデザインし，その製造販売会社オクソーを設立した。この皮むき器は関節炎の人だけでなく，すべての人にとって使いやすいものだった。
❼ オクソーの皮むき器は，値段は従来のものより高かったが，もともと皮むき器は安い物だったので，何倍もの値段でもそれほど高額でなく，だれでも使いやすいデザインなので，関節炎を抱えている人のための特別なものであることを強調しなくてもよく売れた。
❽ 歩行器，車いす，松葉づえ，ステッキは否定的なイメージを持っているために，こうしたものが必要な場合でも，使うことを拒否する人が多いが，かつてステッキはおしゃれなものだった。今日，こうした道具はなぜおしゃれなものになり得ないのだろうか。
❾ 歩行器，補聴器，メガネといった高齢者や障害者を手助けする道具の多くは，見た目が悪く，使用者が障害者であることをあからさまに示すために避けられがちだが，こうしたものを魅力的なデザインにして，自己主張のためのファッションに変えてはどうか。
❿ 自分には関係ないと思っている若者も，障害は 20 代半ばといった早期に始まるかもしれず，また，ほとんどの人は 40 代半ばには視力を補うものを必要とするようになる。
⓫ 80 代 90 代の高齢者は，蓄積した知恵で多くの作業にすぐれた成果を出せるが，体力や機敏さは確かに低下する。
⓬ 知的能力に長けた年配の人と機敏で実行力に長けた若い人の両方がいることで世界は恩恵を受けており，それはデザインチームにも当てはまる。
⓭ 特別な配慮を必要とする人たちのためのデザインは，「インクルーシブ=デザイン」あるいは「ユニバーサル=デザイン」と呼ばれるが，だれもが恩恵を受けるという意味で，これらの名称は適切である。
⓮ すべての人のためのデザインという問題の最善の改善策は，人が自分で調整したり選択したりできるような柔軟性を持たせることである。

解 説

設問(1) ▶解答欄は 14.7cm×2.8cm。下線部は「平均的人間などというものは存在しない」の意。直後に「このことはデザイナーに特定の問題をもたらす」とあるので，下線部は問題の原因にあたる。その問題とは，同段第5文（With data, the designer can …）～最終文より，平均値に基づいてほぼすべての人に合う製品を作ろうとするが，1パーセントの人を除外するだけで，合衆国人口では300万人，世界人口では7000万人を除外したことになる，というものである。これは同段第3文（The designer can consult …）にあるような腕の長さや座り方などが人それぞれで，平均をとってもそこから外れる人が多く存在することが原因なので，この点をまとめる。なお，percentile「パーセンタイル」は，昇順に並べたデータの中で値が小さいほうから何番目にあたるかを表すもので，パーセントとは異なるが，この文章ではその違いを厳密に考える必要はない。

設問(2) Some problems are not solved by adjustments or averages :

直訳 「いくつかの問題は，調整や平均によって解決されない」

- 主語に some が使われている場合，「～もある」とするのが定番。「解決しない問題もある」とするとよい。
- 「調整や平均によって」はそのままでも意味は通るが，「調整したり平均をとったりすることでは」「…しても」などとすればわかりやすく，文意にも合う。

Average a left-hander with a right-hander and what do you get ?

直訳 「左利きの人を右利きの人と一緒に平均してみよ，そうすれば何を得るか」

- 命令文，and … 「～せよ，そうすれば…」の表現になっている。
- average *A* with *B* は average の決まった表現ということではなく，「*A* を *B* と（一緒に）平均する」と文字どおりに考えればよい。「*A* と *B* を平均する」としても内容は変わらない。
- what do you get ?「あなたは何を得るか」は反語で，「何も得られない」というのが真意。それが伝わるように，「平均したところで，何が得られるというのだ〔いったい何が得られるだろう〕」などとすることができる。
- コロンの前後は，「解決しない問題」の例を後半で挙げているという関係なので，コロンを「たとえば」と訳出してもよいだろう。

設問(3) ▶解答欄は 14.7cm×3.2cm。下線部は「特定の困難を抱える人たちを手助けするために設計された多くの道具は失敗する」の意。「失敗する」とは，直後の文の後半にあるように「意図された使用者に拒否される」ということ。理由は同段最終2文（Most people do not …）にある「ほとんどの人は，自分の弱点を触れて回ることは望んでいない。実際，多くの人は，自分に弱点があることを，自分自身に対してさえ認めたくない」ということである。「自分の弱点を触れて回る（advertise their infirmities）」とは，特定の問題を抱える人向けの道具を使うことで，自分がその問題を抱えていることが周りの人に知れてしまうことを表す。「下線部の内容とその理由を説明する」という設問の要件に合うように上記のことをまとめる。

設問(4) ▶解答欄は14.7cm×3.2cm。同段第2・3文（Even though the peeler …）に「その皮むき器は関節炎を患っている人のためにデザインされたものだが，すべての人にとってより良い皮むき器だと宣伝された。実際にそうだった」とある。第3文のIt wasは，あとにa better peeler for everyoneが省略されている。また，第7段第1文（Consider the two …）で「オクソーの皮むき器の特別な点」として「値段」が挙げられ，同段第3文（The original peeler …）に「もともとの皮むき器がとても安かったので，安い物の何倍もの値段の皮むき器は，それでもまだ安いのだ」とある。なお，設問で「皮むき器」がpeelerと英語表記のままであり，この語の訳がわからなくても要点を押さえた解答であればよいと考えられる。「より良い皮むき器」の部分を「より良いもの」などとしてもよいだろう。

設問(5) ▶解答欄は14.7cm×3.2cm。当該文は「この考え方はすでに一部の医療器具で始まっている」となっており，直後の文で「企業の中には，子どもや10代の若者のための補聴器やメガネを，こうした年代の人たちにとって魅力的な特別な色やスタイルで作っているところがある」と例が述べられている。第9段第4文（Why not transform …）の「それらを自慢にできる製品に変えてはどうだろうか」をThis thinkingは直接受けていると考えられる。「それら」が指すのは，同段第1文（Of all the devices …）に挙がっている歩行器をはじめ，第8段第1文（Would you use …）にある車いす，松葉づえ，ステッキなど，障害を抱えている人たちの手助けをするために作られたもののこと。第9段第2・3文（Most of these …）にあるように，「こうした道具のほとんどは見た目が悪い。それらは『ここに障害者がいます』と告げる」ため，使ってもらえない。こうした事態を改善するための考え方であることがわかるようにまとめる。

設問(6) But physical strength and agility do decrease, reaction time slows, and vision and hearing show impairments

直訳 「しかし体力や機敏さは確かに低下し，反応時間は遅くなり，視力や聴力は悪化を示す」

● *A* do decreases, *B* slows, and *C* show impairments という3つのＳＶの列挙であることを見てとること。*A* は physical strength and agility，*B* は reaction time，*C* は vision and hearing である。

● physical strength は「体力」，agility は「機敏さ，敏捷性」の意。

● do はそれが現実であることを強調するもので「確かに，実際」などと訳せる。

● reaction time は「反応時間」と，そのままでよい。

● show impairments は「悪化する，低下する，衰える」などとしてもよい。

along with decreased ability to divide attention or switch rapidly among competing tasks.

直訳 「競合する作業の間で注意を分割したりすばやく切り替わったりする低下した能力とともに」

● 訳し上げるより訳し下ろし，decreased ability を前の部分とそろえた ability decreases のように考えるとまとまりがよい。「それとともに，…する能力も低下する」などとなる。

● competing tasks「競合する〔両立しない〕作業」とは「種類の異なる複数の作業」や「同時にはできない複数の作業」のことだと考えられる。

● それに合わせて divide attention は「注意（力）を振り分ける」などとすると文意に合う。

● switch は自動詞で，attention を目的語にとってはいないので注意。「切り替える」とそのまま訳すと「何を」が足りないように見えるので，「すばやく切り替えを行う」などとするとよい。

設問(7) ▶解答欄は 14.7cm×3.2cm。直後の文に「だれもが恩恵を受ける」とあり，下線部は障害の有無に関係なく，だれにとっても便利なデザインを表している。その例として，同段第3文（Make the lettering larger, …）には「印刷文字を大きくして，コントラストを高めれば，だれもがもっと読みやすい」とある。また最終文（Make things adjustable, …）には「いろいろなものを調整可能にすれば，より多くの人がそれを使えるようになり，以前からそれが好きだった人でも，そうなるともっとそれが好きになるかもしれない」とある。つまり，調整可能にすることで，もとから気に入っていた人にももっと使いやすいものになる可能性があるということである。この2点をまとめる。

設問(1)　デザイナーが身体計測の平均値に基づいて製品を作っても多くの人が除外されてしまうように，体の寸法や姿勢はさまざまで，平均的ではない人が実際には多く存在するということ。

設問(2)　調整したり平均をとったりしても解決しない問題もある。たとえば，左利きの人を右利きの人と平均したところで，いったい何が得られるだろう。

設問(3)　特定の困難を抱える人たちの手助けになるように設計された道具の多くは，想定した使用者には使ってもらえない。理由は，その道具を使うことで自分の抱える問題が人に知られるのを望まないからであり，問題があることを自分自身に対してさえ認めたくないからである。

設問(4)　関節炎を患っている人のためにデザインされたものだが，すべての人にとってより良い皮むき器だと宣伝され，実際にそうだったから。また，手頃な値段だったから。

設問(5)　障害を持つ人のために作られたものは見た目が悪く，障害者であることがわかってしまうので，それらのデザインを工夫して自慢できるものにするという考え。

設問(6)　しかし，体力や機敏さは確かに低下し，反応時間は遅くなり，視力や聴力は衰え，それとともに相容れない作業間で注意を分散したり，すばやく切り替えを行ったりする能力も低下する。

設問(7)　印刷文字を大きくし，コントラストを高めれば，視力の良し悪しに関係なくだれもが読みやすくなり，また，調整可能なものを作れば，以前は使えなかった人が使えるようになるだけでなく，もともと使っていた人にも，もっと便利になる。

解答

29

2018年度 外国語学部以外〔2〕

次の英文を読んで，以下の設問に答えなさい。

For 2,000 years, there was an intuitive, elegant, compelling picture of how the world worked. It was called "the ladder of nature." God was at the top, followed by angels, who were followed by humans. Then came the animals, starting with noble wild beasts and descending to domestic animals and insects. Human animals followed the scheme, too. Women ranked lower than men, and children were beneath them. The ladder of nature was a scientific picture, but it was also a moral and political one. It was only natural that creatures higher up would have (i)dominion over those lower down.

Darwin's theory of evolution by natural selection delivered a serious blow to this conception. Natural selection is a blind historical process, stripped of moral hierarchy. A cockroach is just as well adapted to its environment as I am to mine. In fact, (a)the bug may be better adapted—cockroaches have been around a lot longer than humans have, and may well survive after we are gone. But the very word evolution can imply a progression, and in the 19th century, it was still common to translate evolutionary ideas (A) ladder-of-nature terms.

Modern biological science has in principle rejected the ladder of nature. But (b)the intuitive picture is still powerful. In particular, the idea that children and nonhuman animals are lesser beings has been surprisingly persistent. Even scientists often act as if children and animals are defective adult humans, defined by the abilities we have and they don't. Neuroscientists, for example, sometimes compare brain-damaged adults to children and animals.

We always should have been (ii)suspicious of this picture, but now we have no excuse for continuing with it. In the past 30 years, research has explored the distinctive ways in which children as well as animals think, and the discoveries challenge the ladder of nature. Frans de Waal has been at the forefront of the animal research, and its most important public voice. In his book, *Are We Smart Enough to Know How Smart Animals Are?*, he makes a passionate and convincing (iii)case for the sophistication of nonhuman minds.

De Waal outlines both the exciting new results and the troubled history of the field. The study of animal minds was long divided between what are sometimes called "scoffers" and "boosters." Scoffers refused to acknowledge that animals could think (B) all : Behaviorism—the idea that scientists shouldn't talk about minds, only about stimuli and responses — stuck around in animal research long after it had been discredited in the rest of psychology. Boosters often relied on anecdotes instead of experiments.

Psychologists often assume that there is a special cognitive ability that makes humans different from other animals. The list of candidates is long : tool use, cultural transmission, the ability to imagine the future or to understand other minds, and so on. But every one of these abilities shows (C) in at least some other species in at least some form. De Waal points out various examples, and there are many more. Some crows make elaborate tools, shaping branches into pointed *termite-extraction devices. A few Japanese monkeys learned to wash sweet potatoes and even to dip them in the sea to make them more salty, and passed that technique on to subsequent generations.

From an evolutionary perspective, it makes sense that (c)<u>these human abilities also appear in other species.</u> After all, the whole point of natural selection is that small variations among existing organisms can eventually give rise (D) new species. Our hands and hips and those of our **primate relatives gradually diverged from the hands and hips of common ancestors. It's not that we miraculously grew hands and hips and other animals didn't. So why would we alone possess some distinctive cognitive skill that no other species has in any form ?

As de Waal recognizes, a better way to think about other creatures would be to ask ourselves how different species have developed different kinds of minds to solve different adaptive problems. Surely the important question is not whether an octopus or a crow can do the same things a human can, but how those animals solve the cognitive problems they face, like how to imitate the sea floor or make a tool with their beak. (d)<u>Children and chimps and crows and octopuses are ultimately so interesting</u> not because they are smart like us, but because they are smart in ways we haven't even considered.

From How Animals Think, *The Atlantic May 2016 issue*, by Alison Gopnik

*termite : シロアリ　　**primate : 霊長類

設問(1) 本文中の空所（ A ）〜（ D ）を埋めるのに最も適当な語を以下から選び，解答欄に書き入れなさい。ただし同じ語が2度入ることはありません。

at　for　into　on　to　up

設問(2) 本文中の下線部(i)〜(iii)の語を言い換えるとしたら，どれが最も適当か，(イ)〜(ニ)から1つ選び，記号で答えなさい。

(i) dominion
(イ) control　(ロ) expertise
(ハ) territory　(ニ) zone

(ii) suspicious
(イ) afraid　(ロ) alert
(ハ) disposed　(ニ) wary

(iii) case
(イ) argument　(ロ) instance
(ハ) situation　(ニ) solution

設問(3) 下線部(a)の主張について，筆者はどのような具体的論拠を示していますか。50字以内の日本語で答えなさい。ただし字数には句読点を含みます。

設問(4) 下線部(b)で述べられていることの結果として，科学者はどのように考える傾向にありますか。日本語で簡潔に答えなさい。

設問(5) 下線部(c)で述べられていることを，本文であげられている2種類の動物の例に即して，日本語で説明しなさい。

設問(6) 下線部(d)のように筆者が考える理由を本文から探し，日本語で答えなさい。

設問(7) 本文の内容に合致しているものを，(イ)〜(ホ)から2つ選び，記号で答えなさい。

(イ) 進化論は，新しい考え方であったばかりではなく，伝統的な思想の枠組みに適合する側面をも持っていた。
(ロ) De Waal は，進化論が否定しようとした考え方を，現代生物学の中でもう一度生かすという難題に挑戦している。
(ハ) 動物は思考するという立場をとった研究者たちは，動物の精神を刺激と反応の観点から考えるべきだと主張した。
(ニ) 進化論によって，なぜわれわれ人間だけが，他の動物にはもともと見られない認知機能を持つようになったのかが解明できる。

(ホ) 旧来の思想を根本的に揺るがしたのは，生物は環境適応の過程で，それぞれの種に特有な精神を発達させたという考え方である。

全 訳

■自然界に優劣はあるのか

❶ 2,000年にわたって，世界はいかに機能しているのかに関する，直観的で簡潔な説得力のある全体像があった。それは「自然の階梯」と呼ばれていた。神が頂点に位置し，そのあとに天使，さらに人間が続いていた。それから動物が来るのだが，それは威厳のある野生動物から始まって，家畜や昆虫へと下っていく。人間という動物もこの仕組みに従っていた。女性は男性より低いところに位置し，子どもは女性の下だった。自然の階梯は科学的な構造図ではあったが，同時に道徳的政治的な構造図でもあった。上位の生物が，下位にあるものに対する支配権を有しているであろうというのは，至極当然だった。

❷ ダーウィンの自然選択による進化の理論は，この考え方に深刻な打撃を与えた。自然選択は，道徳的な階梯を伴わない，無目的の歴史的な過程である。私が私の環境にうまく適応しているのとまったく同じように，ゴキブリはその環境にうまく適応している。実際には，この虫のほうがもっとうまく適応しているのかもしれない。ゴキブリは人類よりもずっと長い間存在してきたし，私たちがいなくなったあとも生き延びていくだろう。しかし，進化というその言葉自体が進歩を含意しうるので，19世紀においては，進化という考え方を自然の階梯的な言葉に置き直すのがなお一般的だった。

❸ 現代の生物学は，だいたいにおいて，自然の階梯という考え方は拒絶している。しかし，その直観的な全体像は今でも強い影響力を持っている。特に，子どもと人間以外の動物は劣った存在だという考えは，驚くほど根強い。科学者でさえも，大人の人間が持っていて彼らが持っていない能力で区別して，子どもや動物は人間の大人の不完全版であるかのようにふるまうことが多い。たとえば，神経科学者は，

脳に損傷を負った大人を子どもや動物にたとえることがある。

❹ こうした理解の仕方にはこれまでもずっと疑念の目が向いていたはずだが，今ではその理解でやっていくための言い訳になるものはまったくない。過去30年の間，研究が子どもだけでなく動物も思考する彼ら独自のやり方を調べ，それでわかったさまざまなことが自然の階梯の妥当性に異議を唱えるものとなっている。フランス=ドゥ=ヴァールは，動物研究の第一線におり，動物研究において公に声をあげる最も重要な人物である。彼の著書『動物の賢さがわかるほど人間は賢いのか』で，彼は人間以外の動物の精神が洗練されていることを支持する情熱的で説得力のある論を展開している。

❺ ドゥ=ヴァールは，この研究分野の興味深い新発見と，問題に満ちた歴史の両方を概説している。動物の精神の研究は，長きにわたって「嘲笑派」「支持派」と呼ばれることもある二派に分断されていた。嘲笑派は動物がまさか思考することができるなどとは認めようとしなかった。科学者は精神について語るべきではなく，ただ刺激と反応についてのみ語るべきだという考えの行動主義は，心理学の他の分野で信用されなくなってからも長い間動物研究に残っていた。支持派は実験ではなく逸話に頼ることが多かった。

❻ 心理学者は，人間を他の動物とは異なるものにしている特別な認知能力があると考えていることが多い。その候補のリストは長い。道具の使用，文化の伝承，将来を予測したり，他者の考えを理解したりする能力などである。しかし，こうした能力の一つ一つがどれも，少なくとも一部の他の動物種に，少なくともなんらかの形で現れている。ドゥ=ヴァールはさまざまな例を指摘しており，さらにもっと多くの例がある。カラスの中には，木の枝を成形してシロアリをかき出す先のとがった器具にするなど，凝った道具を作るものがいる。数匹のニホンザルは，サツマイモを洗うこと，さらには塩味を増すために海に浸すことさえ覚え，その技を次の世代のものに伝えた。

❼ 進化という観点からすると，こうした人間のような能力が他の種にも現れることは理に適っている。なんといっても，自然選択の肝心な点とは，現存する生物間の小さな差異が最終的には，新しい種を生むということであるからだ。私たちの手や股関節や，私たちの霊長類の親戚たちの手や股関節は，共通の祖先の手や股関節から徐々に分岐した。それは，私たちが手や股関節を奇跡的に発達させ，他の動物はそうではなかったということではない。それなら，他の種はいかなる形でも持っていない独特の認知技能を，なぜ私たちだけが持っているということになるだろうか。

❽ ドゥ=ヴァールが認識しているように，他の生物について考えるもっとよいやり方は，異なる種が，異なる適応問題を解決するために，異なる種類の知性をどの

ように発達させてきたか自問することである。間違いなく，重要な問いとは，タコやカラスが人間と同じことをできるかどうかではなく，どのように海底に擬態するかとか，どのようにしてくちばしで道具を作るかといった，自分たちが直面する認知的問題を，これらの動物がどのように解決しているか，なのである。子どももチンパンジーもカラスもタコも，結局非常に興味深いのは，彼らが私たちと同じように賢いからではなく，彼らが，私たちが考えもしなかったような点で賢いからである。

各段落の要旨

❶ 2000 年にわたって，「自然の階梯」と呼ばれる世界像があり，神を最上位に以下，天使，人間，動物，昆虫と続き，人間の中では男性，女性，子どもという順になる。これは科学的構造図であるとともに道徳的政治的構造図でもあり，上位のものが下位のものを支配することを表す。

❷ ダーウィンの進化論は道徳的な階梯を伴わない無目的の歴史的な過程である自然選択をもとにしており，自然の階梯という考え方に打撃を与えた。しかし，進化という言葉自体が進歩を含意しており，19 世紀には進化を自然の階梯的にとらえるのが一般的だった。

❸ 現代の生物学は自然の階梯という考え方をほぼ拒絶しているが，その直観的な全体像は今でも強い影響力を持っている。

❹ しかし，過去 30 年にわたる研究は，自然の階梯という考え方の妥当性に異議を唱えるものとなっており，フランス=ドゥ=ヴァールは人間以外の動物の精神が洗練されていることを主張している。

❺ ドゥ=ヴァールは，動物の精神に関する研究が長らく二派に分かれてきたと述べている。動物が思考することなど認めない「嘲笑派」と，実験ではなく逸話に頼る「支持派」である。

❻ 心理学者は，道具の使用や文化の伝承などを人間独特の能力とするが，ドゥ=ヴァールは他の動物にもそうした能力がなんらかの形で見られるさまざまな例を指摘している。

❼ 進化という観点からすると，人間に見られる能力が他の種にも現れるのは当然である。自然選択の肝心な点は，現存する生物間の小さな差異が最終的に新たな種を生むということだからである。

❽ ドゥ=ヴァールによれば，他の生物について考えるときに取るべき観点は，彼らが人間と同じことができるかどうかではなく，異なる種が異なる環境に適応するために異なる種類の知性をどのように発達させてきたかである。

解　説

設問(1)　正解は　(A) into　(B) at　(C) up　(D) to

(A)　▶ translate *A* into *B* で「*A* を *B* に言い換える，移し替える」の意。

(B) ▶直後の all と合わせて at all となる。肯定文中では「ともかくも，まさか」の意。

(C) ▶ show up で「現れる，姿を現す」の意。

(D) ▶ give rise to ～で「～を引き起こす」の意。give rise to new species「新しい種を引き起こす」とは，「新しい種を生みだす」ということ。

設問(2) 正解は (i)―(イ) (ii)―(ニ) (iii)―(イ)

(i) ▶ dominion は「支配権，統治権」の意。dominate「～を支配する，統治する」からの推測もできる。(イ) **control「支配力」**が最も意味が近い。

(ロ)「高度の専門知識」 (ハ)「領土」 (ニ)「地帯」

(ii) ▶下線部直後に of があることに注意。suspicious of ～で「～に対して疑い深い，疑念に満ちた」の意。of に続く this picture「この理解，イメージ」が前段第1文（Modern biological science …）の最後にある the ladder of nature「自然の階梯」であり，同文で「現代の生物学は，だいたいにおいて，自然の階梯という考え方は拒絶している」とあることも考えるヒントになる。(ニ) **wary（of ～）「(～に対して) 用心深い，警戒している」**が正解。

(イ) afraid（of ～）「(～を) 恐れる」 (ロ) alert は「用心深い」の意だが，「～に対して」にあたる前置詞には to や for を使う。(ハ) disposed「～の傾向で」は意味上不適であるだけでなく，前置詞には to や toward を取るという点でも当てはまらない。

(iii) ▶ make a case for ～で「～を支持する自分の主張を（証拠を立てて）述べる」の意。(イ) **argument「主張」**を補い make an argument for ～とすれば「～の正しさを裏づける論拠を挙げる」の意になる。これが正解。

(ロ)「例」 (ハ)「状況」 (ニ)「解決策」

設問(3) ▶下線部(a)は「その虫（＝ゴキブリ）のほうが（人間より）もっとうまく適応しているのかもしれない」の意。直後にダッシュ（—）があり，これを補足する内容が続いている。すなわち「ゴキブリは人類よりもずっと長い間存在してきたし，私たちがいなくなったあとも生き延びていくだろう」と，下線部(a)の理由にあたる事柄が述べられている。この部分を50字以内にまとめる。設問が「どのような具体的論拠を示していますか」となっているので，「～という論拠」，「～ということ」と，問いに対して適切な締めくくり方にすること。

設問(4) ▶下線部(b)は「その直観的な全体像はまだ強力である（＝強い影響力を持っている)」の意。同段第4文（Even scientists often act …）に科学者たちの態度が述べられており，「科学者でさえも，大人の人間が持っていて彼らが持っていない能力で区別して，子どもや動物は人間の大人の不完全版であるかのようにふるまうことが多い」となっている。「科学者はどのように考える傾向にありますか」という問いであり，「簡潔に答えなさい」と条件が付いているので，「子どもや動物は，大人の人間よりも劣っていると考える傾向」などとまとめられる。

設問(5)　▶下線部(c)は「こうした人間のような能力が他の種にも現れる」の意だが，この段では「こうした能力が…現れるのも，進化という観点からすると当然だ」として，その理由が述べられている。「2種類の動物の例」は前段にあたる第6段第5文（Some crows make …）の「カラス」と，同段第6文（A few Japanese monkeys …）の「ニホンザル」である。それぞれ「カラスの中には，木の枝を成形してシロアリをかき出す先のとがった器具にするなど，凝った道具を作るものがいる」，「数匹のニホンザルは，サツマイモを洗うこと，さらには塩味を増すために海に浸すことさえ覚え，その技を次の世代のものに伝えた」となっている。これらは，同段第2文（The list of candidates …）に，心理学者が「人間を他の動物と異なるものにしている特別な認知能力」の例として挙げている「道具の使用」，「文化の伝承」にあたる。「木の枝でシロアリを取る道具を作るカラスや，イモを海水で洗って塩味をつけ，その技術を次世代に伝えるニホンザルのように，人間のような能力を持つ動物がいるということ」などとまとめられる。

設問(6)　▶下線部(d)は「子どももチンパンジーもカラスもタコも，結局非常に興味深い」の意。直後に not because …, but because ～「…からではなく～からだ」とあり，下線部(d)の理由としては but because ～ の内容を使う。「彼らが，私たちが考えもしなかったような点で賢いから」となっているが，「私たち」とはこの場合「大人の人間」を指しており，それを補ってまとめる。「子どもや他の動物は，大人の人間が考えもしなかった点で賢いから」などとなる。

設問(7)　**正解は　(イ)・(ホ)**

(イ)――○　第2段第1文（Darwin's theory of evolution …）に「ダーウィンの自然選択による進化の理論は，この（「自然の階梯」という）考え方に深刻な打撃を与えた」とあり，進化論が新しい考え方であったことがわかる。同時に，同段最終文（But the very word evolution …）に「しかし，進化というその言葉自体が進歩を含意しうるので…進化という考え方を自然の階梯的な言葉に置き直すのがなお一般的だった」ともある。この選択肢は本文の内容に合致する。

(ロ)――×　(イ)で見たように，進化論は当時新しい考え方ではあったが，「自然の階梯」という旧来の考え方にも置き直せる要素を含んでいた。また，本文には進化論が取り立てて何らかの考え方を否定しようとしたという記述も見られない。この選択肢は本文の内容と合致しない。

(ハ)―― × 第5段第3文（Scoffers refused to …）後半に「科学者は精神について語るべきではなく，ただ刺激と反応についてのみ語るべきだという考えの行動主義」とある。「刺激と反応」を重視する学者は，「精神について語るべきではない」，つまり「動物が思考するという観点は取らない」ということになる。この選択肢は本文の内容と合致しない。

(ニ)―― × 第7段第1文（From an evolutionary perspective, …）に「進化という観点からすると…人間のような能力が他の種にも現れることは理に適っている」とある。同段最終文（So why would we …）にある「それなら，他の種はいかなる形でも持っていない独特の認知技能を，なぜ私たちだけが持っているということになるだろうか」という問いは，いわば反語である。「それなら」が受けるのは，「人間も徐々に他の種と異なる部分を発達させてきただけであり，それまでになかったものが突然生まれたわけではない」という，同段で述べられている進化論的な考え方であり，「それなのになぜ『人間は特別だ』と考えるのか，そう考えるのは無理があるだろう」という意味である。この選択肢は本文の内容と合致しない。

(ホ)―― ○ 最終段第1文（As de Waal recognizes, …）に「他の生物について考えるもっとよいやり方は，異なる種が，異なる適応問題を解決するために，異なる種類の知性をどのように発達させてきたか自問することである」，続く第2文（Surely the important …）に「重要な問いとは，タコやカラスが人間と同じことができるかどうかではなく，…自分たちが直面する認知的問題を，これらの動物がどのように解決しているか，なのである」とある。この選択肢は本文の内容と合致している。

解答

設問(1) (A) into (B) at (C) up (D) to

設問(2) (i)―(イ) (ii)―(ニ) (iii)―(イ)

設問(3) ゴキブリは人類よりもずっと以前から存在してきたし，人類の滅亡後も生き延びていくだろうという論拠。(48字)

設問(4) 子どもや動物は，大人の人間よりも劣っていると考える傾向。

設問(5) 木の枝でシロアリを取る道具を作るカラスや，イモを海水で洗って塩味をつけ，その技術を次世代に伝えるニホンザルのように，人間のような能力を持つ動物が他にもいるということ。

設問(6) 子どもや他の動物は，大人の人間が考えもしなかった点で賢いから。

設問(7) (イ)・(ホ)

30

2018年度 外国語学部〔2〕

次の英文を読んで，以下の設問に答えなさい。

Adults live in many worlds : a perceptual world, a world of the past, a world of the future, and a mediated world, available through TV, books, newspapers, and hearsay. ①Babies by contrast live in an immediate perceptual world, pretty much exclusively, little guided by memories or anticipations. Young babies can be enslaved by perceptual displays, stuck on them and stuck to them. Perception in young babies is not yet integrated into an overall context of behavior, and this integration is an essential part of perceptual development.

The process of habituation obviously serves to free the baby from attention to the increasingly familiar details of his environment. However, it is not for many months after the beginnings of habituation that he shows an ability to ignore new things that crop up while he is trying to do something else. An interesting behavioral trick of this sort is gaze aversion : a literal refusal to look at something, either because it is puzzling or because it is distracting. The latter motive is the more interesting for our purposes. Unfortunately, it is relatively unstudied. But one context where this kind of behavior has been noticed is reaching. Recall that babies of four to five months can be distracted from a reach by the sight of their hand in the visual field. Sometimes a baby at this point in development will look away from the object he is reaching for, presumably so that his hand can get unseen to the object. If this interpretation of the looking away is correct, it implies a rather developed integration of perception with behavior, a realization that an act may be disrupted by its perceptual consequences and an awareness of how to avoid these disruptions.

All of this seems very sophisticated. Unfortunately there are many other real-life situations where the baby does not seem able to call upon such resources. Rudolph Schaffer has remarked that ②babies are unable to restrain themselves from reaching out to grab any new object that is put before them. Not until the last quarter of the first year will babies stop to take a good look at what is presented to them before reaching out to grab it. An amusing example of how nonfunctional this is was provided by Jerome Bruner.

> Bruner gave a baby a toy. The baby took it. He then offered the baby another toy. The baby took it with his other hand. He offered the baby still another toy. If the baby was especially dextrous, he could grab this third one, while keeping a grip on the first two. At this point the baby is sitting like an overtrimmed Christmas tree, not really able to play with any of the three toys. Now comes the denouement. The baby is offered a fourth toy. Crash! The first three drop, any old where, as the baby compulsively reaches out to take the new thing on offer.

Older babies develop a more rational way of coping with situations like this, but it takes a long time.

The same sort of process may be involved in some aspects of ③<u>the development of object permanence</u>. The baby goes through several stages before he comes to believe that objects continue to exist even when they are no longer in sight. A natural situation is one in which, say, a ball rolls behind a chair. If the child retrieves the ball after its disappearance behind the chair, he must have some understanding of the ball's continuing existence which is not dependent upon his perception of it. A baby's growing ability to find an object that has been hidden can be tested by placing the object inside one of a set of other objects, with various odd permutations carried out to make the finding more difficult. At some point in this developmental sequence a baby will stop his search routine if he finds anything at all under any of the cups or cloths that have been used as hiding places. It doesn't matter how unlike the original target of the search the new object is. This could result from poor memory, or from the kind of distractability we have been talking about. This distractability is over by the time the baby is a year old. At this point and by some mysterious process, our infant begins to use his perceptual system, rather than being used by it. Internal memories and expectations control the baby's behavior, and he uses his perceptual system to realize these expectations.

Along with ④<u>this kind of change</u> goes a fascinating change in the status of perception within the hierarchy of systems that control the baby's behavior. We are all familiar with situations in which we refuse to believe our eyes, not accepting the evidence of our senses. We are not normally called upon to doubt our senses in any dramatic context. Most often it is an everyday situation where we are subjected to some illusion. The most dramatic instances come when we are watching a stage magician : we know that we are being deceived yet often cannot say why. There is a clear point in development when, it seems, the baby assumes a similar superior status in regard to the data provided by his senses. There is a developmental shift that results in babies, too, refusing to believe their eyes, when the visual evidence contradicts some internal knowledge about the world.

In ⑤<u>one of my own investigations</u> I used a device that could make solid objects appear to fade away softly and silently, like puffs of smoke in the wind or banks of fog dissolving in a hot sun. This was achieved by a system of half-silvered mirrors that could be lit to show either an object or a blank space ; the perceived change after a gradual change in the lighting was of an object slowly dissolving into nothing. My own older children referred to this device as a Boojum box. Nonetheless they were not the least afraid of the box and were quite happy to climb in and out of it. They "knew" that solid real objects do not dissolve like puffs of smoke. Babies acquire this knowledge toward the end of the first year of life. Faced with my box, young babies seemed to accept that the objects in question were gone. After the disappearance of the object they showed no further interest in the display. By the age of one year, this acceptance of visual input was over. The babies crawled up to the box, banged it, peered around it and then around the rest of the room until they found the object that had disappeared, at which point they would glare at me, expressing wordlessly the feelings of triumph they may well have been experiencing.

⑥<u>Distrust of the senses and reliance on other sources of knowledge grows during development. Indeed there is some evidence that the process goes so far that one can be led into illusions.</u> Adults are quite susceptible to illusions produced by presenting odd-sized versions of familiar objects. An oversized chair will be as normal-sized and at a closer distance than it really is. A miniature Rolls-Royce is seen as normal-sized but at a greater distance than it really is. But children of up to five or six years of age will give a reasonable estimate of the true size and distance of the aberrant objects presented. Beyond this age they become as susceptible to the illusion as adults are.

Reliance on knowledge rather than on the immediate information from the senses is good policy in many more situations than it is not. Older children can use knowledge to overcome the built-in disabilities of the perceptual system in ways that younger children cannot. A simple demonstration of this is the horizontal-vertical illusion. A vertical line looks longer than a horizontal line that is actually of the same length. If you start with two horizontal lines both of the same length, and rotate one to the vertical position, you have put knowledge of the length before rotation in conflict with the immediate perception that the vertical line is longer. Children of up to six resolve the conflict in favor of perception and say that the vertical line *is* longer. Older children by contrast say that, although the vertical line *looks* longer, both are *really* the same.

This sophisticated separation of appearance and reality is a continuation of the initial separations made in infancy, and a separation that will continue throughout life. Much adult thought is about unseen and unseeable entities : for example, luck, God, responsibility. Any mental system that kept perception in the preeminent position that it occupies in the postnatal period would be quite incapable of coping with these fictive entities. ⑦It has been argued that we would be happier and healthier if we stayed closer to the world of our senses. That might be so, but there is no way we shall ever know. The development away from perceptual preeminence seems universal, occurring in all cultures at all times.

The Perceptual World of the Child by T. G. R. Bower, Cambridge. Mass. : Harvard University Press, Copyright ©1977 by T. G. R. Bower.

設問(1) 下線部①の意味を日本語で表しなさい。

設問(2) 下線部②の意味を日本語で表しなさい。

設問(3) 下線部③はどのようなことか，本文中の具体例を用いて日本語で説明しなさい。

設問(4) 下線部④はどのようなことか，日本語で説明しなさい。

設問(5) 下線部⑤は，およそ１歳を境に，どのような違いが生じることを示そうとした実験ですか。日本語で説明しなさい。

設問(6) 下線部⑥の内容を本文中の具体例を用いて日本語で説明しなさい。

設問(7) 下線部⑦では，なぜこのように述べられているのか。本文に即して日本語で説明しなさい。

全 訳

■成長に伴う世界のとらえ方の変化

❶ 大人は複数の世界で生きている。知覚の世界，過去の世界，未来の世界，そして，テレビや書籍，新聞，うわさを通じて得られる伝達された世界といった具合である。①対照的に，赤ん坊は，ほぼ直接的な知覚の世界だけで生きており，記憶や予期に導かれることはほとんどない。生まれて間もない赤ん坊は周りにある知覚可能なものだけにとらわれ，それらにこだわり，それらに固執することになりうる。幼い赤ん坊の知覚は，行為の全体的な状況とはまだ結びついておらず，この統合は知覚の発達のきわめて重要な部分である。

❷ 慣れの過程は，明らかに，自分の環境の中でますますなじみになるこまごまとしたものに注意を向けることから赤ん坊を解放する役目を果たす。しかし，赤ん坊が何か他のことをしようとしている最中に出現する新しい物事を無視する能力を見せるというのは，慣れが始まってから何カ月もたたないと起こらない。この種の興味深い行動上の芸当の一つは，凝視の回避，つまり，それが困惑させるものだからだろうと，気を散らすものだからだろうと，何かを見つめるのを文字どおり拒否することである。あとのほうの動機が，私たちの目的にとってはより興味深いものだ。残念ながら，それはまだあまり研究されていない。だが，この種の行動が観察される一つの状況に，手を伸ばすことがある。生後 4 カ月か 5 カ月くらいの赤ん坊が，（何かに手を伸ばしているときに）視界に自分の手が入ってきたのを見たことで，手を伸ばすことから気がそれてしまうのを思い出してみるとよい。この発達段階の赤ん坊は，自分が取ろうとしていたものから目をそらしてしまうことがあるが，たぶんそれは手が見られることなく取ろうとしているものに届くようにするためだと思われる。もし目をそらすことに関するこの解釈が正しければ，それは知覚と行為のかなり発達した統合，つまり，ある行為がその知覚的な結果によって中断されることがあるという理解とこうした中断の回避の仕方の認識を示唆している。

❸ こうしたことはすべて，非常に高度なことのように思われる。残念ながら，赤ん坊がそのような能力を行使できなさそうな状況が現実には他にたくさんある。ルドルフ=シャッファーが述べるところによると，②赤ん坊は自分の前に新たな物が置かれると何であれ，それをつかもうと手を伸ばすのを抑えることはできない。赤ん坊が目の前に出されたものをじっと見てから，それをつかもうとして手を伸ばすことができるようになるのは，やっと，生後 10 カ月以降になってからなのである。これがどれほどうまくいかないことなのかを示す面白い例を，ジェローム=ブルーナーが挙げた。

ブルーナーは一人の赤ん坊におもちゃを与えた。その子はそれを取った。それからブルーナーはその子にもう一つおもちゃを差し出した。赤ん坊はもう一方の手でそのおもちゃを取った。ブルーナーはさらにもう一つのおもちゃを赤ん坊に差し出した。もし赤ん坊が特別に器用なら，その子は最初の二つをつかんだまま，この三つ目のおもちゃをつかむこともできるだろう。この時点で，赤ん坊は実際にはその三つのおもちゃのどれでも遊ぶことができず，飾りつけをされ過ぎたクリスマスツリーのように座っていることになる。そして大詰めがやってくる。赤ん坊は四つ目のおもちゃを差し出されるのだ。がしゃん！ 最初の三つはあちこちに落下してしまう。赤ん坊はやむにやまれず，差し出された新しいものを取ろうと手を伸ばしてしまうからである。

生後もっとたった赤ん坊は，このような事態に対してより合理的に対処する方法を身につけるが，それには長い時間がかかる。

❹ 同じ類の過程は，物の永続性の発達におけるいくつかの側面にかかわるかもしれない。赤ん坊はいくつかの段階を経てから，自分にはもう見えなくても，物が存在し続けていると考えるようになる。普通に起こる状況は，たとえばボールが転がって椅子のうしろにいってしまうというようなことである。もしボールが椅子のうしろに隠れて見えなくなったあとに子どもがそれを取りに行くなら，自分にボールが見えないということとは無関係にボールが存在し続けているということについて，その子はある程度理解しているに違いない。隠れてしまったものを見つける赤ん坊の能力の発達は，他のいくつかの物のうち一つの中にその物を置き，見つけるのをもっと難しくするために，さまざまな入れ替えをときどき行うことで調べられる。この発達が進行していく中のある時点で，赤ん坊は，隠し場所として使われていたカップや布のいずれかの下にともかく何かを見つけると，いつもしている探し方をやめるだろう。新しく見つかったものがどれほどもともと探していた目標物と違っているかは問題ではない。このことは，記憶力が乏しいことや，これまで述べてきたような注意散漫から生じる可能性もある。この注意散漫は，赤ん坊が1歳になるまでにはなくなる。この時点で，また何か不思議な過程で，赤ん坊は知覚の仕組みに振り回されるのではなく，自分がそれを使い始める。赤ん坊の内部にある記憶や予期が，赤ん坊の行動をつかさどるようになり，赤ん坊はこのような，予期したことを実現するために，自分の知覚の仕組みを使うようになるのである。

❺ このような変化とともに，赤ん坊の行動を制御する仕組みの体系内での知覚の地位に目を見張る変化が起こる。私たちはみんな，自分の感覚が示す証拠を受け入れず，自分の目を信じるのを拒否する状況をよく知っている。私たちは通常，何か劇的な状況で自分の感覚を疑うように求められているわけではない。ほとんどの場

合，それは何らかの錯覚に陥るような日常的な状況である。最も印象的な例は，舞台上の手品師を見ているときだろう。私たちはだまされていることを知っているのに，なぜだまされるのかはわからないことが多い。どうやら，発達していく途中で，赤ん坊が自分の感覚が与えてくれる情報に関して，これと同じような優勢な地位を占めるようになる時点がはっきりあるようだ。赤ん坊も，視覚的にとらえた証拠が世界に関する何らかの内的知識と矛盾するとき，自分の目を信じるのを拒否するようになる発達上の変化があるのだ。

❻ 私自身の調査の一つで，私は，風の中のふわっとした煙や暑い日差しの中で崩れていく霧のかたまりのように，しっかりと形をもった物がそっと静かに消えていくように見える装置を使った。これは，半分だけ銀メッキを施した鏡を使った装置で可能になるのだが，その装置は照明を使って，ある物体か何もない空間のいずれかを見せることができる。照明を徐々に変えていくと，知覚上では，ある物体が徐々になくなっていくという変化に見えるのである。私の子どもで年かさの子たちは，この装置をブージャム・ボックス（恐怖の箱）と呼んだ。それでも，彼らはこの箱を少しも怖がることはなく，それに入り込んだり出たりして大いに面白がっていた。彼らは，形をもった現実の物体が一吹きの煙のようにほどけてなくなることはないと「知っていた」のだ。赤ん坊がこの知識を獲得するのは１歳を迎えるころである。私のこの箱を前にして，幼い赤ん坊は当該の物体が消えてしまったと思うようだった。物が消えてしまったあと，彼らは目の前にあるものにそれ以上の興味はまったく示さなかった。１歳になるころには，このような視覚情報を受け入れることはなくなる。赤ん坊は箱によちよちと近づいて行って箱を叩き，消えてしまったものが見つかるまでその周辺に，それから部屋の他のところに目を凝らした。見つかると，彼らは私をじろっと見て，彼らが味わっているかもしれない勝利の感情を無言で表すのだった。

❼ 感覚への疑念と知識という他の情報源への依存は，子どもが発達していく間に大きくなる。実際，その過程は人が錯覚に導かれることがあるほどにまで進むという証拠もある。大人はなじみのものが普通とは異なる大きさで示されることで生まれる錯覚にたいへん陥りやすい。異常に大きな椅子が実際よりも近くにある普通の大きさの椅子ということになる。ミニチュアのロールスロイスは実際よりも遠くにある普通の大きさのものと見る。しかし，５，６歳までの子どもは，示された異常な物体の本当の大きさや距離をほどほどに見積もるだろう。この年齢を超えると，子どもも大人と同じように錯覚に陥りやすいようになる。

❽ 感覚からの直接的な情報よりも知識に依存することがよい方針である状況のほうが，そうでない場合よりはるかに多い。年かさの子どもは，私たちに内在する知覚系の無力さを克服するために，もっと幼い子どもにはできないような仕方で知識

を使うことができる。このことの単純な実例は，水平対垂直の錯覚である。垂直の線は，実際には同じ長さの水平の線よりも長く見える。どちらも同じ長さの２本の水平の線から始めて，一方を垂直の位置まで回転させれば，回転前の長さの知識を，垂直の線のほうが長く見えるという直接的な知覚と対立させることになる。６歳までの子どもは知覚のほうを優先してこの対立を解決し，垂直の線のほうが「本当に」長いと言う。対照的に，もっと年かさの子どもは垂直の線のほうが長く「見える」けれども，「本当は」どちらも同じだと言う。

❾ 見かけと実際とのこの高度な区別は，幼児期に起こった最初の区別の延長であり，生涯を通じて継続する区別である。大人の思考の多くは，たとえば，幸運，神，責任のように，目に見えず見ることのかなわない実体に関するものである。知覚をそれが出生直後に占める際立った地位に保っていたいかなる精神システムも，このような想像上の存在に対処することはまったくできないだろう。もし私たちが自分の感覚の世界にもっと近いところにとどまっていれば，そのほうが幸せで健全だろうと言われてきた。それはそうかもしれないが，私たちがそれを知る方法はない。知覚の優位から離れて発達していくことは，あらゆる文化であらゆる時代に起こっており，普遍的なもののようであるからだ。

各段落の要旨

❶ 大人は複数の世界で生きているが，赤ん坊はほぼ直接的な知覚の世界だけで生きており，自分の行為の全体的な状況と知覚とはまだ結びついていない。

❷ 赤ん坊は自分の環境に慣れてくると，こまごまとしたものにいちいち注意を向けなくなり，その一つの現れが凝視の回避だが，これは慣れが始まってから何カ月もたたないと起こらない。

❸ 赤ん坊が自分の目の前に差し出されたものに対して，全体的な状況を把握してから手を伸ばすことができるようになるのは，生後10カ月以降である。

❹ 似た過程は物の永続性の認識にも関わり，自分には見えないところに転がっていったボールを取りに行くといった行動は，赤ん坊が直接的な知覚ではなく，自分の記憶や予期によって行動していることを表し，１歳くらいで始まる。

❺ このような変化とともに，赤ん坊の行動を制御する仕組みの中で，知覚が占める地位が大きく変わる。自分の目で見ている事態が，世界に関する何らかの内的知識と矛盾する場合，自分の目を疑うという変化である。

❻ 物が消えていくように見える装置を使った筆者自身の実験でも，幼い赤ん坊は物が見えなくなると興味を示さなくなるが，１歳になるころには見えなくなった物を探し始めることが確認された。

❼ 感覚を疑い，知識に頼る度合いは，子どもが発達していくにつれて大きくなり，錯覚にまでつながることがある。

❽ 感覚からの直接的な情報よりも知識に依存するほうがよい状況は，その逆の状況よりもはるかに多い。

❾ 見かけと実際との区別は生涯を通じて継続するが，知覚が優位を占める出生直後の状態から離れて発達していくのは，どの文化でもどの時代にでも起こる普遍的なことのようである。

解　説

設問(1)　Babies by contrast live in …

直訳　「赤ん坊は対照的に…に生きている」

- by contrast「（前述のことと）対照的に」の訳は，文頭に置いてもよい。
- live は，住所を思わせる居住場所の話ではないので，「住んでいる」より「生きている」とするのがよい。

(live in) an immediate perceptual world, pretty much exclusively,

直訳　「ほとんど排他的に直接的知覚の世界（に生きている）」

- pretty much は「ほとんど，かなり」の意で，exclusively「排他的に，もっぱら」を修飾する。合わせて「ほぼ～だけ」などとできる。この副詞句は live を修飾している。

little guided by memories or anticipations.

直訳　「記憶や予期にほとんど導かれずに」

- guided は分詞構文。little「ほとんど～ない」があるので，「ほとんど導かれずに」となる。付帯状況を表し，「ほとんど導かれずに生きている」と live を修飾するように訳し上げることも「生きており，ほとんど導かれることがない」と訳し下ろすこともできる。
- by memories or anticipations「記憶や予期によって」は，guided を修飾する。そのままでもよいし，little の持つ否定の意味と合わせて「記憶にも予期にもほとんど導かれずに」と not *A* or *B*「*A* も *B* も～ない」の強い否定にすることもできる。

設問(2)　▶下線部第1文

babies are unable to restrain themselves from reaching out

直訳　「赤ん坊は自分が手を伸ばすのをやめさせることができない」

- restrain *oneself* from *doing*「自分が～するのをやめさせる」は，「～するのを断念する，抑制する」などとする。
- reach out は「（何かを取ろうと）手を伸ばす」の意。

to grab any new object that is put before them.

直訳　「彼らの前に置かれているどんな新しい物でもつかむために」

- to grab は目的を表す副詞用法の不定詞。「～をつかむために」の意。

●肯定文中の any は「どんな～でも」の意。new は「新品の」ということではなく，それまでにあった，あるいはそれまでに見たことがあるのとは異なる新たな物という意味であり，全体として「自分の前に新たな物が置かれると何であれ，それをつかもうとして」などとまとめ直すことができる。

▶下線部第2文

Not until the last quarter of the first year will babies stop …

直訳 「最初の1年の最後の4分の1になるまで，赤ん坊は…をやめない」

●Not until … V S ～(V S は疑問文と同じ語順)はしばしば「…になって初めて〔やっと〕～する」と訳される構文。

●the last quarter of the first year「最初の1年の最後の4分の1」の「最初の1年」とは「生まれてから1年」のことであり，「その最後の4分の1」は生後10カ月から12カ月にあたる。「生後10カ月以降」などとできる。

(will babies stop) to take a good look at what is presented to them

直訳 「彼らに提示されているものをよく見るために（赤ん坊は立ち止まるだろう)」

●stop to *do* は「～するために立ち止まる」が基本訳だが，ここでは「～するために，していることやしようとしていることを中断する」とするのが文脈に合う。

●take a good look at ～ は「～をよく見る，じっくりと見る」の意。

●what is presented to them は present *A* to *B*「*A* を *B* に提示する」が受け身になっており，「彼らに提示されているもの」となる。下線部第1文の（any new）object that is put before them と同じ内容だと考えられるので，「目の前に差し出されたもの」などとすることもできる。

before reaching out to grab it.

直訳 「それをつかむために手を伸ばす前に」

●stop to ～ と合わせると「手を伸ばす前にその行為を中断してよく見る」だが，行為の順序どおりに「よく見てから手を伸ばす」とすることもできる。

設問(3) ▶下線部は「物の永続性の発達」が直訳。直後の文（The baby goes through …）に「赤ん坊は…自分にはもう見えなくても，物が存在し続けていると考えるようになる」と説明し直されている。具体例としては，同段第4文（If the child …)「もしボールが椅子のうしろに隠れて見えなくなったあとに子どもがそれを取りに行くなら，自分にボールが見えないということとは無関係にボールが存在し続けているということについて，その子はある程度理解しているに違いない」が使える。「ボールが椅子のうしろに転がって見えなくなってもそれを取りに行くようになるというように，物が見えなくてもそれが存在し続けていることが理解できるようになること」などとまとめられる。

設問(4) ▶下線部の「この種の変化」が指す内容は前段で述べられていると考えられる。下線部直前の第4段最終文（Internal memories and …）には「赤ん坊の内部にある記憶や予期が，赤ん坊の行動をつかさどるようになり，赤ん坊はこのような，予期したことを実現するために，自分の知覚の仕組みを使うようになる」とある。これは変化の結果にあたる。さらにその1文前（At this point and …）に「この時点で…赤ん坊は知覚の仕組みに振り回されるのではなく，自分がそれを使い始める」とあるが，「知覚の仕組みに振り回される」とは，見たものを見たままに信じることを表す。また「この時点」とは，同段最後から3文目（This distractability is …）に「この注意散漫は，赤ん坊が1歳になるまでにはなくなる」とあることから，「1歳くらい」となる。以上のことをまとめると，「1歳くらいで，赤ん坊は見たものをそのまま信じるという，知覚に振り回される状態から脱し，自分の記憶や予期によって行動し，予期を実現するために知覚の仕組みを利用するようになること」などとなる。

設問(5) ▶下線部「私（＝筆者）自身の調査の一つ」の直後から第2文（This was achieved …）までは，照明の加減で中の物が消えるように見えるという，使用した装置の説明である。同段第5文（They “knew” that …）には，筆者自身の年長の子どもたちがそのトリックを面白がりながら，「形をもった現実の物体が一吹きの煙のようにほどけてなくなることはないと『知っていた』」，続く第6文（Babies acquire this …）には「赤ん坊がこの知識を獲得するのは1歳を迎えるころだ」とある。つまり，1歳になるころには「形をもった物が消えてなくなることはない」という知識を獲得するということである。逆のことは同段第7文（Faced with my box, …）で「幼い赤ん坊は当該の物体が消えてしまったと思うようだった」と述べられている。これは第5段最終文（There is a developmental shift …）にある「赤ん坊も，視覚的にとらえた証拠が世界に関する何らかの内的知識と矛盾するとき，自分の目を信じるのを拒否するようになる発達上の変化がある」ということの具体例と言える。また，第6段第9文（By the age of one year …）にも「1歳になるころには，このような視覚情報を受け入れることはなくなる」とある。まとめると，「1歳になるころには，直接的な視覚情報と世界に関する自分の知識が矛盾する場合，目で見たことより知識のほうを信じるようになるという変化を示した実験」ということになる。

設問(6) ▶下線部は「感覚への疑念と知識という他の情報源への依存は，子どもが発達していく間に大きくなる。実際，その過程は人が錯覚に導かれることがあるほどにまで進むという証拠もある」の意。直後の文（Adults are quite …）に「大人はなじみのものが普通とは異なる大きさで示されることで生まれる錯覚にたいへん陥りやすい」とあるが，これは特定のものが通常はどのくらいの大きさかという知識が，目の前にあるものをあるがままに見るのを邪魔するということであり，その具体例が続く第7段第4・5文（An oversized chair … than it really is.）に示されている。実際には異常に大きな椅子なのに，大きく見えるから普通の椅子が近くにあるのだと思ったり，ミニチュアの車なのに，小さく見えるから普通の大きさの車が遠くにあるのだと思ったりするとある。続く第6文（But children of up to …）には「5，6歳までの子どもは，示された異常な物体の本当の大きさや距離をほどほどに見積もる」とあり，知識が知覚より重視されるのがこの年齢を過ぎたころであることがわかる。まとめると「大人が異常に大きな椅子を近くにある普通の大きさの椅子だと錯覚したり，ミニチュアの車を遠くにある普通の大きさの車だと錯覚したりするように，人間は5，6歳までは知覚でとらえたままを信じるが，この年齢を超えると知覚を疑い知識に依存する程度が高まっていくということ」などとなる。

設問(7) ▶下線部は「もし私たちが自分の感覚の世界にもっと近いところにとどまっていれば，そのほうが幸せで健全だろうと言われてきた。それはそうかもしれないが，私たちがそれを知る方法はない」の意。ポイントは，なぜ「知る方法はない」と断言しているのかがわかるようにまとめることである。英語では，要点を述べたあとにその理由が続くことがよくある。ここも下線部に続く文が理由になっており，「知覚の優位から離れて発達していくことは，あらゆる文化であらゆる時代に起こっており，普遍的なもののようである」と述べられている。つまり，「知覚から離れて知識に依存することはどの文化でもどの時代にでも起こる普遍的なことであり，知覚の世界にとどまることはできないから」ということになる。この文章では，人間の成長・発達にしたがって，知覚依存から知識依存に変わっていくことが述べられているので，その点を織り交ぜて「人間は，幼いころは知覚による認識に支配されるが，発達の過程で知覚と知識が矛盾する場合に知識を優先させるようになる。これはどの文化でもどの時代にも起こる普遍的なことであり，幼いころの状態にとどまることはできないと思われるため」などとまとめられる。

設問(1)　対照的に，赤ん坊は，ほぼ直接的な知覚の世界だけで生きており，記憶や予期に導かれることはほとんどない。

設問(2)　赤ん坊は自分の前に新たな物が置かれると何であれ，それをつかもうと手を伸ばすのを抑えることはできない。赤ん坊が目の前に出されたものをじっと見てから，それをつかもうとして手を伸ばすことができるようになるのは，やっと，生後 10 カ月以降になってからなのである。

設問(3)　ボールが椅子のうしろに転がって見えなくなってもそれを取りに行くようになるというように，物が見えなくてもそれが存在し続けていることが理解できるようになること。

設問(4)　1歳くらいで，赤ん坊は見たものをそのまま信じるという，知覚に振り回される状態から脱し，自分の記憶や予期によって行動し，予期を実現するために知覚の仕組みを利用するようになること。

設問(5)　1歳になるころには，直接的な視覚情報と世界に関する自分の知識が矛盾する場合，目で見たことより知識のほうを信じるようになるという変化を示した実験。

設問(6)　大人が異常に大きな椅子を近くにある普通の大きさの椅子だと錯覚したり，ミニチュアの車を遠くにある普通の大きさの車だと錯覚したりするように，人間は 5，6 歳までは知覚でとらえたままを信じるが，この年齢を超えると知覚を疑い知識に依存する程度が高まっていくということ。

設問(7)　人間は，幼いころは知覚による認識に支配されるが，発達の過程で知覚と知識が矛盾する場合に知識を優先させるようになる。これはどの文化でもどの時代にも起こる普遍的なことであり，幼いころの状態にとどまることはできないと思われるため。

解答

31

2017年度 外国語学部以外〔2〕

次の英文はある著作の一部である。英文を読んで，以下の設問に答えなさい。

Translation is everywhere—at the United Nations, the European Union, the World Trade Organization and many other international bodies that regulate fundamental aspects of modern life. Translation (i)is part and parcel of modern business, and there's hardly a major industry that doesn't use and produce translations for its own operations. We find translations on the bookshelves of our homes, on the reading lists for every course in every (ii)discipline taught at college, we find them on processed-food labels and on flat-pack furniture instructions. How could we do without translation? (a)It seems pointless to wonder what world we would live in if translation didn't happen all the time at every level, from bilingual messages on cash machine screens to confidential discussions between heads of state, from the guarantee slip on a new watch we've just bought to the classics of world literature.

But we could do without it, (iii)all the same. Instead of using translation, we could learn the languages of all the different communities we wish to engage with; or we could decide to speak the same language; or else adopt a single common language for communicating with other communities. But if we baulk at adopting a common tongue and decline to learn the other languages we need, we could simply ignore people who don't speak the way we do.

(b)These three options seem fairly radical, and it's likely that none of them (iv)figures among the aspirations of the readers of this book. However, they are not imaginary solutions to the many paradoxes of intercultural communication. All three paths away from translation are historically attested. More than that: the refusal of translation, by one or more of the means described, is probably closer to the historical norm on this planet than the culture of translation which seems natural and unavoidable around the world today. One big truth about translation that is often kept under wraps is that (c)many societies did just fine by doing without.

The Indian subcontinent has long been the home of many different groups speaking a great variety of languages. However, there is no tradition of translation in India. Until very recently, nothing was ever translated directly between Urdu, Hindi, Kannada, Tamil, Marathi and so on. Yet these communities have lived (v)cheek by jowl in a crowded continent for centuries. How did they (A)? They learned other languages! Few inhabitants of the subcontinent have ever been monoglot; citizens of India have traditionally spoken three, four or five tongues.

In the late Middle Ages, the situation was quite similar in many parts of Europe. Traders and poets, sailors and adventurers moved overland and around the inland seas picking up and often mixing more or less distantly related languages as they went, and only the most (B) of them even wondered whether or not they were speaking different "languages," or just adapting to local peculiarities. The great explorer Christopher Columbus provides an unusually well-documented case of the intercomprehensibility and interchangeability of European tongues in the late Middle Ages. He wrote notes in the margins of his copy of Pliny in what we now recognize as an early form of Italian, but he used typically Portuguese place names—such as Cuba—to label his discoveries in the New World. He wrote his official (vi)correspondence in Castilian Spanish, but used Latin for the precious (vii)journal he kept of his voyages. He made a "secret" copy of the journal in Greek, however, and he also must have known enough Hebrew to use the *Astronomical Tables* of Abraham Zacuto, which allowed him to predict a lunar eclipse and impress the indigenous people he encountered in the Caribbean. He must have been familiar with lingua franca — a "contact language" made of simplified Arabic syntax and a vocabulary mostly taken from Italian and Spanish, used by Mediterranean sailors and traders from the Middle Ages to the dawn of the nineteenth century —because he borrowed a few characteristic words from it when writing in Castilian and Italian. How many languages did Columbus know when he sailed the ocean in 1492? As in today's India, where a degree of intercomprehensibility exists between several of its languages, the answer would be somewhat arbitrary. It's unlikely Columbus even conceptualized Italian, Castilian or Portuguese as (C) languages, for they did not yet have any grammar books. He was a learned man in being able to read and write the three ancient tongues. But beyond that, he was just a Mediterranean sailor, speaking whatever variety of language that he needed to do his job.

From *Is That a Fish in Your Ear?* by David Bellos, Farrar, Straus and Giroux

設問(1) 本文中の下線部(i)〜(vii)の語または語句に最も意味の近いものを，(イ)〜(ニ)から一つ選び，記号で答えなさい。

(i) is part and parcel of
- (イ) depends on
- (ロ) has little to do with
- (ハ) is taken over by
- (ニ) plays an important role in

(ii) discipline
- (イ) language
- (ロ) self-control
- (ハ) student
- (ニ) subject

(iii) all the same
- (イ) all of us
- (ロ) in a similar way
- (ハ) indifferently
- (ニ) nevertheless

(iv) figures
- (イ) drawings
- (ロ) is calculated
- (ハ) is important
- (ニ) patterns

(v) cheek by jowl
- (イ) day by day
- (ロ) hand to mouth
- (ハ) head to toe
- (ニ) side by side

(vi) correspondence
- (イ) answers
- (ロ) equivalence
- (ハ) letters
- (ニ) relationship

(vii) journal
- (イ) diary
- (ロ) magazine
- (ハ) map
- (ニ) newspaper

設問(2) 本文中の下線部(a)の意味を日本語で表しなさい。

設問(3) 本文中の下線部(b)These three optionsのうち，本文で最も具体的に述べられているoptionの内容を日本語で説明しなさい。

設問(4) 本文中の下線部(c)の内容を日本語で具体的に説明しなさい。

設問(5) 本文中の空所(A)〜(C)を埋めるのに最も適切な語を，(イ)〜(ニ)から一つ選び，記号で答えなさい。

(A)
- (イ) manage
- (ロ) mean

(ハ) miss　　(ニ) move

(B)

(イ) adventurous　　(ロ) careless

(ハ) ruthless　　(ニ) thoughtful

(C)

(イ) difficult　　(ロ) distinct

(ハ) familiar　　(ニ) obsolete

設問(6)　本文の内容に合致しているものを，(イ)～(ヘ)から二つ選び，記号で答えなさい。

(イ)　中世後期の商人や船乗りたちの状況は現代のヨーロッパの人々の状況と似ていた。

(ロ)　中世後期の船乗りや商人たちの共通語はアラビア語だった。

(ハ)　中世後期にはコロンブスのように多様な言語を使いこなせた船乗りは珍しくなかった。

(ニ)　コロンブスはプリニウス（Pliny）の著作の一部をノートの余白に書き写していた。

(ホ)　コロンブスはヘブライ語を話すことができたのでカリブ海沿岸地域の先住民たちを驚かせた。

(ヘ)　コロンブスが使えた言語がいくつあったかを明確に述べることは難しい。

全 訳

■翻訳を使わない異文化意思疎通

❶ 翻訳は，国際連合，ヨーロッパ連合，世界貿易機関，現代生活の基本的な側面を調整しているその他の多くの国際団体など，いたるところで行われている。翻訳は現代のビジネスの重要な部分であり，仕事のために翻訳を使ったり作ったりしない主要産業はほとんどない。翻訳は自宅の本棚にも，大学で教えられているすべての学科のすべてのコースの選定図書目録にもあり，加工食品のラベルや組立て式の家具の使用説明書にも見られる。翻訳なしでどうしてやっていけるだろうか。現金自動支払機の２カ国語画面から国家首脳間の秘密の話し合いまで，また，買ったばかりの新しい時計の保証書から世界文学の古典まで，(a)もし翻訳がどのようなレベルでも常に行われるわけではないとしたら，私たちはどのような世界に暮らすことになるのだろうかと考えても無意味であるように思われる。

❷ しかし，それでも，私たちは翻訳なしでやっていける可能性がある。翻訳を使う代わりに，関係を持ちたいと思うすべての異なる共同体の言語を習得することができるだろう。あるいは，みんな同じ言語を話すことにすることもできる。あるいはまた，他の共同体との意思疎通には，共通の単一言語を採用することもできる。だが，共通語を採用するのを躊躇して，必要な他の言語を学ぶことを拒否すれば，同じ言語を話さない人たちをただ無視することになりかねない。

❸ こうした３つの選択肢は，かなり過激に思えるし，そのうちのどれも，この本の読者がやってみようと思いそうにはない。しかし，それらは，異文化交流に見られる多くの行き違いの解決策として空想的なものではない。翻訳から離れる３つの方法すべてが，歴史的に証明されている。それどころではない。今述べた手段の１つか２つ以上を使って翻訳を拒否することは，今日世界中で当然であり避けられないように思える翻訳文化よりも，おそらくこの惑星上の歴史的慣例に近い。表立って見えてこないことの多い翻訳に関する大きな真実のひとつは，多くの社会がそれなしで問題なくやっていたということである。

❹ インド亜大陸は，長い間，非常に多様な言語を話す多くの異なる集団が暮らす場所である。しかし，インドには翻訳の伝統はない。つい最近まで，ウルドゥー語，ヒンディー語，カンナダ語，タミール語，マラーティー語などの間で直接翻訳されたものはまったくなかった。それでも，これらの言語を使う共同体は，人口が密集した大陸で何世紀もぴったりとくっつき合って暮らしてきた。どのようにしてうまくやっていたのだろうか。彼らは他の言語を学んだのである！　この亜大陸で暮らす人たちのうち，１言語しか使わない人はこれまでほとんどいない。インド国民は，

伝統的に3言語，4言語，5言語を話してきたのだ。

❺ 中世後期においては，ヨーロッパの多くの地域もきわめて似た状況だった。商人や詩人，船乗りや冒険家は，程度の差こそあれ，隔たりのあるさまざまな言語を聞き覚えながら，また多くの場合それらを混ぜ合わせながら陸路を移動し，内海を巡り，そのうちの最も思慮深い者たちだけが，自分は異なる「言語」を話しているのかどうなのか，あるいは，ただ地元独特のものに適応しているだけなのかと思いをめぐらしていた。偉大な探検家クリストファー=コロンブスは，中世後期ごろのヨーロッパ諸言語の相互理解性や互換性に関して，文書による十分な裏付けのあるまれな事例を提供してくれている。彼は，自分の所有するプリニウスの本の余白に，現在では初期のイタリア語と認識される言語でメモを書き込んだが，キューバのような典型的なポルトガル語の地名を，彼の新世界の発見を呼ぶのに使っていた。彼は公式の通信文はカスティリャ=スペイン語で書いたが，航海に関してつけていた貴重な日誌にはラテン語を使った。ところが，この日誌の「秘密の」写しをギリシア語で作っており，またアブラハム=ザクートの『天文表』を利用できるほど十分にヘブライ語を知っていたに違いない。このおかげで，彼は月食を予測し，カリブ海域で出会った現地人たちに感銘を与えることができたのだ。彼は，簡略化したアラビア語の統語法と，ほぼイタリア語とスペイン語の語彙でできた，地中海域の船乗りや商人によって中世から19世紀のはじめまで使われていた「接触言語」である通商語にも精通していたに違いない。なぜなら，カスティリャ語とイタリア語でものを書いたときに，この接触言語の典型的な単語をいくつか借用していたからである。1492年に大海を航海していたとき，コロンブスはいくつの言語を知っていたのだろうか。そこで話されているいくつかの言語間で，ある程度相互に理解し合える今日のインドのように，答えは幾分恣意的なものになるだろう。コロンブスがイタリア語やカスティリャ語やポルトガル語をはっきりと異なる言語として概念化していたということすら可能性は低い。というのも，これらの言語にはまだ文法書などまったくなかったからである。彼は，3つの古い言語を読んだり書いたりできたという点で学識のある人物だった。しかし，それを除けば，彼は自分の仕事をするのに必要な言語なら何でもさまざまに話していた地中海の船乗りにすぎなかった。

各段落の要旨

❶ 現代生活では，人間の活動のいたるところで翻訳は不可欠なものとなっている。

❷ 翻訳なしでも，他の言語を習得したり，みんな同じ言語を話したり，共通語を決めたりすることでやっていけるかもしれないが，それらを躊躇したり拒否すれば同じ言語を話さない人たちを無視することになりかねない。

❸ 上記の翻訳以外の3つの方法は困難に思えるかもしれないが，歴史上それらのほうが頻繁に行われてきた方法である。

❹ インド亜大陸には非常に多様な言語を話す異なる集団が密集して暮らしているが，

翻訳の伝統はなく，ほとんどの人が複数の言語を身につけて他の集団とうまくやってきた。

❺ 中世後期のヨーロッパも事情は似ており，異なる地域を行き来する商人や詩人，船乗り，冒険家たちは，複数の言語を聞き覚え，それらを混ぜ合わせたものを駆使していた。クリストファー=コロンブスはその好例である。

解 説

設問(1) 正解は (i)—(ニ) (ii)—(ニ) (iii)—(ニ) (iv)—(ハ) (v)—(ニ) (vi)—(ハ) (vii)—(イ)

(i) ▶当該箇所は「翻訳は現代ビジネスの part and parcel である」となっている。同段第1文（Translation is …）に「翻訳は…現代生活の基本的な側面を調整しているその他の多くの国際団体など，いたるところで行われている」とあることから考えると，**(ニ) plays an important role in ～「～で重要な役割を果たす」**が適切。part and parcel of ～ は「～の重要部分である」の意。

(イ)「～に依存する」 (ロ)「～とはほとんど関係がない」 (ハ)「～に引き継がれる」

(ii) ▶当該箇所は「翻訳は…大学で教えられているすべての discipline のすべてのコースの選定図書目録にもあり」となっている。discipline は「学科，学問（分野）」の意と考えられる。**(ニ) subject「学科，科目」**が同意。

(イ)「言語」 (ロ)「自制」 (ハ)「学生」

(iii) ▶当該箇所は「しかし，all the same 私たちはそれ（＝翻訳）なしでも（やっていこうと思えば）やれる」となっている。第1段では，「現代生活においては翻訳が人間の活動のいたるところで不可欠になっている」ことが述べられており，それに対して「しかし」と逆接で当該箇所が続いていることから，**(ニ) nevertheless「それにもかかわらず，それでも」**が適切。all the same は「にもかかわらず，やはり」の意。

(イ)「私たち全員」 (ロ)「同様に」 (ハ)「無関心に」

(iv) ▶まず下線部の語 figures の品詞を確認すること。この語は it's likely that S V「S は V しそうだ」の that 節内，none of them figures among …という位置にある。none of them が S（主語），among 以下は前置詞句（修飾句）なので，figures は V（動詞）でなければならない。(イ) drawings「素描」は名詞なので除外できる。none of them の them は前段で述べられている，翻訳を使わずに異なる言語の人たちとやり取りする3つの方法（相手の言語を習得する，みんな同じ言語を話すことにする，共通語を採用する）を指し，いずれも相当な労力を要する。「この本の読者の間ではそれらのうちのどれも…ない」にあてはまるのは，**(ハ) is important「重要である」**だけであろう。figure は「異彩を放つ，目立つ」の意。ここでは「それらの方法は，読者にとっては目を引く（＝やってみようかと思う）ものではない」といった意味合いだと考えられる。

(ロ)「計算される」 (ニ)「模様（を描く）」

(v) ▶同段第１文（The Indian subcontinent has …）に「インド亜大陸は，長い間，非常に多様な言語を話す多くの異なる集団が暮らす場所である」とあり，当該箇所は「それでも（＝翻訳なしでも），これらの（異なる）言語を使う共同体は，人口の密集した大陸で何世紀も cheek by jowl に暮らしてきた」となっている。「人口が密集している」ということと，翻訳なしでも異なる言語を話す人たちが暮らしてきた様子を表す語句であることを考えると，**(ニ) side by side「並んで，近接して」**が適切。cheek by jowl は「ぴったりくっつき合って」の意。

(イ)「日々」 (ロ)「目先だけの必要で満足して」 (ハ)「頭のてっぺんからつま先まで」

(vi) ▶当該箇所は「彼は公式の correspondence はカスティリャ=スペイン語で書いた」となっている。「公式の」という形容詞，「書いた」という動詞から，**(ハ) letters「手紙」**の意と推測できる。correspondence は「通信文」の意。集合名詞であるため複数を表す s はつかない。

(イ)「答え」 (ロ)「同等物」 (ニ)「関係」

(vii) ▶当該箇所は「（彼は）航海に関してつけていた貴重な journal にはラテン語を使った」となっている。the … journal (which) he kept と，動詞に keep が使われていることに注意したい。**(イ) diary「日記」**が同意。keep a diary「日記をつける」の表現がある。journal はこの文脈では「日誌」の意。

(ロ)「雑誌」 (ハ)「地図」 (ニ)「新聞」

設問(2) **It seems pointless to wonder what world we would live in**

直訳 「どのような世界に住むだろうかと思うことは無意味に思える」

● It seems pointless の It は形式主語。真主語はこのあとの不定詞 to wonder …の部分。pointless は「無意味な，むだな」の意。

● to wonder what world we would live in の would は，このあとに過去形の動詞を伴う if 節が続いていることから仮定法過去だとわかる。wonder は「疑問に思う」の意だが，続く間接疑問文「どのような世界に私たちは住むだろうか」と合わせれば「思う，考える」だけで十分。「もし〜なら」という仮定の帰結にあたるので，「暮らすことになるのだろうか」などとすれば日本語としてなめらかである。

● 「…と考えることは無意味であるように思われる」で問題ないが，「無意味である」とのバランスから「…と考えても無意味である」とすることもできる。

if translation didn't happen all the time at every level,

直訳 「もし翻訳がどのようなレベルでも常に起こるわけではないとしたら」

●if translation didn't happen は仮定法過去なので，現在のように訳す。「翻訳が起こらない」は「翻訳が行われない」などと，自然な日本語になるように工夫したい。
●not と all / every の組み合わせは部分否定である。「どのようなレベルでも常に行われない」では全否定になる。「～というわけではない」「～とは限らない」と，部分否定であることが正しく伝わる訳にすること。

設問(3) ▶ These three options「これらの3つの選択肢」とは，「翻訳を行わない場合に異なる言語を話す人同士が意思疎通する手段」のことで，第2段第2文（Instead of …）に述べられている「関係を持ちたいと思うすべての異なる共同体の言語を習得すること」「みんな同じ言語を話すことにすること」「他の共同体との意思疎通には，共通の単一言語を採用すること」の3つ。具体例は第4・5段で示されている。第4段ではインドが取り上げられており，同段第6文（They learned …）に「彼らは他の言語を学んだ」，同段最終文（Few inhabitants …）に「インド国民は，伝統的に3言語，4言語，5言語を話してきた」とある。第5段第1文（In the late …）には「中世後期においては，ヨーロッパの多くの地域もきわめて似た状況だった」とあり，同段ではコロンブスが何カ国語も使っていたことが詳しく述べられている。したがって，「関係を持ちたいと思うすべての異なる共同体の言語を習得するという選択肢」などとまとめられる。

設問(4) ▶当該箇所は「多くの社会がなしで済ませることによってうまくやっていた」が直訳。直前の文（More than that : …）には「翻訳を拒否することは…この惑星上の歴史的慣例に近い」と述べられており，「なしで済ませる」とは，「翻訳に頼らずに」の意であると判断できる。翻訳が果たす役割は，異なる言語間での意思疎通を助けることなので，「多くの社会がうまくやっていた」とは，「多くの社会が，異なる言語を使う人々との意思疎通を問題なく行っていた」という意味である。まとめると「かつては多くの社会が翻訳に頼らずに，異なる言語を使う人々との意思疎通を問題なく行っていた」などとなる。

設問(5) 正解は (A)―(イ) (B)―(ニ) (C)―(ロ)

(A) ▶当該文は「彼らはどのようにして（　　　）だろうか」となっている。同段第1～4文（The Indian subcontinent … for centuries.）で「インド亜大陸は，非常に多様な言語を話す多くの異なる集団が暮らす場所であり，翻訳の伝統はないにもかかわらず，そうした集団が何世紀もともに暮らしてきた」ことが述べられている。当該文の直後では「彼らは他の言語を学んだのである」と，当該文の問いかけに対する答えが挙がっている。したがって，「彼らは，話す言語がさまざまに異なるのに，そのような困難な状況を翻訳なしでどのようにやりこなしていたのだろうか」といった内容になるはずである。(イ) **manage「うまくやっていく，頼りにするものなしでなんとかやっていく」**が適切。

(ロ)「意味する」 (ハ)「しそこなう」 (ニ)「移動する」

(B) ▶当該文前半には「商人や詩人，船乗りや冒険家は，程度の差こそあれ，隔たりのあるさまざまな言語を聞き覚えながら，また多くの場合それらを混ぜ合わせながら陸路を移動し，内海を巡り」とあり，当時の人たちが実際的な必要に応じて，その都度やれることを行っていた様子がうかがえる。当該箇所は「そのうちの最も（　　）者たちだけが，自分は異なる『言語』を話しているのかどうなのか，あるいは，ただ地元独特のものに適応しているだけなのかと思いをめぐらしていた」となっており，自分のしていることを見直していることが述べられている。(ニ) **thoughtful「思慮深い，物思いにふける」**が文意に合う。

(イ)「冒険好きな」 (ロ)「不注意な」 (ハ)「無慈悲な」

(C) ▶当該箇所は「コロンブスがイタリア語やカスティリャ語やポルトガル語を（　　）言語として概念化していたということすら可能性は低い」となっており，同文後半には「というのも，これらの言語にはまだ文法書などまったくなかったからである」と，その理由が述べられている。「文法書がない」とは，それぞれの地域で話されていた言語がどのようなものかについて確定するような客観的な研究はなく，流動的だったことを表している。同段第2文（Traders and poets, …）の最終部分には，whether or not they were speaking different “languages,”「彼らが異なる『言語』を話しているのかどうか」とあり，languages に「いわゆる」を表す引用符がついていることも，まだ互いに異なる「言語」だという考えが薄いことを表している。イタリア語とカスティリャ語（スペイン語）とポルトガル語なら，いずれもラテン系の言語であり，当時は異なる「言語」というより，「方言」に近いものだったかもしれない。さらに，同段第7文（He must have …）には，コロンブスが「簡略化したアラビア語の統語法と，ほぼイタリア語とスペイン語の語彙でできた…『接触言語』」を使っていたと述べられており，コロンブスには自分が使っている言語が何語であるかという意識はあまりなかったと思われる。(ロ) **distinct「まったく異なった，別個の」**が適切。

(イ)「難しい」 (ハ)「なじみのある」 (ニ)「すたれた」

設問(6)　正解は　(ハ)・(ヘ)

(イ) × 「中世後期の商人や船乗りたちの状況」は，第5段第1文（In the late …）に was quite similar「きわめて似ていた」とあるが，これは第4段で述べられたインドの状況と似ているということである。インドは同段第2文（However, there is…）にあるように「翻訳を使うという伝統がない」。現代は第1段で述べられているとおり，あらゆるところで翻訳が見られる。したがって，この選択肢は本文の内容と合致しない。

(ロ)――× 第5段第7文（He must have…）に「簡略化したアラビア語の統語法と，ほぼイタリア語とスペイン語の語彙でできた，地中海域の船乗りや商人によって，中世から19世紀のはじめまで使われていた『接触言語』である通商語」とある。当時の船乗りや商人が使っていたのはアラビア語そのものではないので，この選択肢は本文の内容と合致しない。

(ハ)――○ 第5段第2文（Traders and poets,…）に「(中世後期には）商人や詩人，船乗りや冒険家は…隔たりのあるさまざまな言語を聞き覚えながら，また多くの場合それらを混ぜ合わせながら陸路を移動し，内海を巡り」とある。この選択肢は本文の内容と合致する。

(ニ)――× 第5段第4文（He wrote notes…）に「彼（＝コロンブス）は，自分の所有するプリニウスの本の余白に…メモを書き込んだ」とある。この選択肢は本文の内容と合致しない。

(ホ)――× 第5段第6文（He made a “secret”…）の後半に「(コロンブスは）アブラハム=ザクートの『天文表』を利用できるほど十分にヘブライ語を知っていたに違いない。このおかげで，彼は月食を予測し，カリブ海域で出会った現地人たちに感銘を与えることができた」とある。先住民を驚かせたのは，ヘブライ語を話せたからではなく，月食を予測したからである。この選択肢は本文の内容と合致しない。

(ヘ)――○ 第5段第8・9文（How many languages… somewhat arbitrary.）に「コロンブスはいくつの言語を知っていたのだろうか。…答えは幾分恣意的なものになるだろう」とあることと合致する。

解答

設問(1) (i)―(ニ) (ii)―(ニ) (iii)―(ニ) (iv)―(ハ) (v)―(ニ) (vi)―(ハ) (vii)―(イ)

設問(2) もし翻訳がどのようなレベルでも常に行われるわけではないとしたら，私たちはどのような世界に暮らすことになるのだろうかと考えても無意味であるように思われる。

設問(3) 関係を持ちたいと思うすべての異なる共同体の言語を習得するという選択肢。

設問(4) かつては多くの社会が翻訳に頼らずに，異なる言語を使う人々との意思疎通を問題なく行っていたということ。

設問(5) (A)―(イ) (B)―(ニ) (C)―(ロ)

設問(6) (ハ)・(ヘ)

32

2017 年度 外国語学部〔2〕

次の英文を読んで，以下の設問に答えなさい。

There was a reason English food was so awful : the English were not bothered enough about how it tasted to demand it be any better. When John Cleese was taken out for a meal by his parents in the 1950s, the priorities were clear-cut. His father had worked in India, Hong Kong and Canton. ①<u>Yet for all the breadth of vision that the Empire gave that generation, they retained the very clearest sense of themselves.</u> 'You'd think it might have opened their palates,' he told me. 'But they were completely uninterested in food. My parents used to choose a restaurant not because of the food on offer but because the plates were hot.'

The style of restaurants patronized by this middle class reflected their approach to life. They were dark, wood-beamed, furnished with a lot of leather. They were masculine places. There was a right piece of cutlery for each stage of the meal, and a right and wrong way to use it. You drank soup out of the side of the spoon by sitting with a straight back and tilting the spoon on to your lower lip ; you did not insert the spoon into your mouth. ②<u>And, although the language changed from one social class to another, you showed your satisfaction at the end of the meal by words to the effect of 'delightful meal. I'm quite full' : satisfaction was a matter of quantity. If you were offered second helpings you accepted with an apology for enjoying the food : 'I really shouldn't, you know, but perhaps a little.'</u>

And yet there was always plenty to celebrate about English food. Historically, English cooking, for the privileged few, at least, could have held its own with any in Europe. Richard II is said to have employed 2,000 cooks to manage his entertaining. Edward III's son, the Duke of Clarence, threw a banquet for 10,000 with thirty courses, while Henry V celebrated his coronation by having the conduit of Palace Yard run with claret. No creature was too great or small to escape the dinner plate. Cattle, pigs, sheep, goats, deer and boar are unremarkable enough (although not—as frequently happened at medieval banquets—in the same meal). But then there were the fowl : chickens, swans, peacocks—often served in their feathers—pheasants, partridges, pigeons, larks, mallard, geese, woodcock, thrushes, curlews, snipe, quail, bitterns, to say nothing of cygnets, herons and finches. There were fish, from salmon and herring to tench and eels, shellfish from crabs to whelks, all finished off with custards and purées, curds, fritters, cakes and tarts.

Even in the midst of the food rationing which accompanied the Second World War, George Orwell was able to produce a list of delicacies that were nearly unobtainable abroad. He included kippers, Yorkshire pudding, Devonshire cream, muffins and crumpets, Christmas pudding, treacle tart and apple dumplings, potatoes roasted under the joint, minted new potatoes, bread, horseradish, mint and apple sauce, numerous pickles, Oxford marmalade, marrow jam and bramble jelly, Stilton and Wensleydale cheeses and Cox's orange pippins. We could all add to it. ③<u>But the English failed to see food as an art form.</u> The word 'restaurant' is French and the reason menus appear in French is that the English language never developed the vocabulary to describe cooking properly. The commanding heights of English *cuisine* have been occupied by French *chefs*.

The ideal Englishman and -woman had not, in the immortal words, been put on earth to enjoy themselves. ④<u>Throughout English history the elite has told the rest of the country that too much interest in food is somehow immoral. The seventeenth-century Puritans, with their firm belief that plain food was God's food, cast a long shadow. Once the Industrial Revolution had drawn workers into the towns, knowledge of country cooking died.</u> Certainly it ranked very low in the priorities of empire-builders. 'Roast beef and mutton are all they have which is good', said the German poet Heinrich Heine after a visit early in the nineteenth century. 'Heaven keep every Christian from their gravies … And heaven guard everyone from their naïve vegetables, which, boiled away in water, are brought to the table just as God made them.'

Among the metropolitan elite it has become fashionable to claim that everything has changed since then and that the English have lost their indifference to food. London, it was being confidently asserted, is the gastronomic capital of the world, food the new rock-'n'-roll. We shall see. While it is true that the country now has an abundance of first-class restaurants, they tend to be concentrated in London and a handful of cities outside, and to be high-price. If you want to eat well in Birmingham or Manchester, you are best advised to head for Chinatown or the Bangladeshi district.

It would be hard to exaggerate the benefit for English cooking of the arrival of a sizeable immigrant community. Although most English people still seem to cite fish and chips as the quintessential English food, the number of fish-and-chip shops in Britain has almost halved : at one time there were 15,000 of them, a figure which has now fallen to 8,500. Testament to the astonishing rise in popularity of food from other cultures is that there are as many Chinese and other oriental restaurants in Britain, and a further 7,300 Indian food outlets. John Koon, the man who invented the Chinese takeaway, built his fortune and career on the discovery that while the English might not know what beansprouts were, they could tell the difference between the letters A and B. ⑤His Cathay Restaurant, near Piccadilly Circus, would never have taken off had he not found a way of making the exotic mundane through Set Menus. As Chinese food gained in popularity after World War Two, he was invited to open a kitchen in Billy Butlin's holiday camps, then catering to the British taste for holidays *en masse*. Here, he solved the problem of resistance to funny foreign food by inventing the revolting combination of chicken chop suey and chips. Customers loved it.

The point is not that the general standard of food in England is now superb ; it is not. For the majority of people, eating out is to consume fat-filled fast food, and to eat in, to be a victim of something prepackaged in industrial quantities in a factory somewhere. ⑥But *attitudes* to food have changed. Every decade serves up a new confection of television chefs who can expect to get very rich from their cookery courses. The kitchen, rather than the drawing room, sitting room or parlour, has become the centre of the house and you are no longer thought degenerate if you confess a liking for good food. It is part of a wholesale broader change.

From *The English : A Portrait of a People* by Jeremy Paxman, Penguin

設問(1)　下線部①について，John Cleese の言葉では具体的にどのように語られているか，日本語で説明しなさい。

設問(2)　下線部②の意味を日本語で表しなさい。

設問(3)　下線部③は，英語という言語に具体的にどのように現れているか，日本語で説明しなさい。

設問(4) 下線部④の意味を日本語で表しなさい。

設問(5) 下線部⑤の Cathay Restaurant が成功した理由を日本語で説明しなさい。

設問(6) 下線部⑥はどういうことか，全文の内容を踏まえて，日本語で説明しなさい。

全 訳

■英国の料理と食に対する考え方

❶ 英国の食べ物がとてもまずいのには理由があった。英国人は，食べ物の味をたいして気にしなかったため，もうちょっとおいしいことを要求することがなかったのである。ジョン=クリーズが1950年代に両親に連れられて外食したとき，重視されることははっきりしていた。父親はインド，香港，広東で働いていたことがあった。しかし，大英帝国がその世代に与えた視野の広さにもかかわらず，英国人は自分たちが何者なのかについては，この上ないほどはっきりした感覚を保ち続けた。「それで英国人の味覚が開けたかもしれないと思うでしょう」と彼は私に語った。「ですが，英国人は食べ物にはまったく無関心だったのです。私の両親は，出される料理ではなく，皿が温められているからという理由でレストランを選んだものです」

❷ このような中産階級がひいきにしていたレストランの様式は，この階級の生活への態度を反映していた。暗くて，木の梁があり，内装に革がふんだんに使われていた。レストランは男性的な場所だったのである。食事が進むごとにそれに適切な食卓用金物があり，その正しい使い方，間違った使い方があった。スープは，背筋を伸ばして座り，スプーンを下唇のところまで持っていって傾け，スプーンの横の部分から飲むものだった。スプーンを口の中には入れなかった。②そして，言葉遣いは社会階級によって異なるものの，食事の最後には「楽しい食事でした。本当にお腹いっぱいです」という主旨の言葉で，自分が満足していることを示したが，満足とは量の問題だった。おかわりはどうかと言われたら，「いただくべきではないのでしょうが，もしよろしければ，少し（だけ）いただきます」などと，おかわりを楽しむことに弁解をしながらもらった。

❸ それでも，英国の食べ物については，ほめるべきことも常にたくさんあった。歴史的に見ると，英国の料理は，少なくとも少数の特権階級にとっては，ヨーロッパのどの料理にもひけをとらないものになり得た。リチャード2世は接待を行うのに2,000人の料理人を雇ったと言われている。エドワード3世の息子であるクラレンス公爵は，30品の料理を出す1万人のための宴会を催し，一方，ヘンリー5世は，宮殿の庭の水路に赤ワインを流して，自らの戴冠を祝った。ディナー皿に載せられることを免れるのに大きすぎる生き物も小さすぎる生き物もなかった。牛，豚，羊，山羊，鹿，猪は十分平凡だ（もっとも――中世の宴会ではよくあったことだが――同じ食事にいっぺんに出されるのは平凡なことではない）。だが，それから鳥もあった。鶏，白鳥，クジャク――しばしば羽根つきで供された――キジ，ウズラ，ハト，ヒバリ，マガモ，ガチョウ，ヤマシギ，ツグミ，ダイシャクシギ，シギ，ヨーロッパウズラ，ヨシゴイである。白鳥のひな，サギ，フィンチは言うまでもない。魚は，サケやニシンからテンチ，ウナギ，貝・甲殻類はカニからエゾバイまで，そうした食事はすべて，カスタードとピューレ，凝乳，フリッター，ケーキにタルトで締めくくられた。

❹ 第二次世界大戦に伴って，食糧が配給制だった時期の真っただ中でさえも，ジョージ=オーウェルは，外国ではほぼ入手不可能だったおいしい食べ物のリストを作ることができた。彼はその中に，ニシンの燻製，ヨークシャープディング，デボンシャークリーム，マフィンにクランペット，クリスマスプディング，糖蜜タルトにリンゴ入り焼き団子，骨付き肉と焼いたジャガイモ，ミントで香りづけされた新ジャガ，パン，ワサビダイコン，ミントアップルソース，数多くのピクルス，オクスフォードマーマレード，マロージャム，キイチゴゼリー，スティルトンチーズにウェンズレーデールチーズ，コックスオレンジピピンを含めていた。入れようと思えば，それにまだ加えることもできる。しかし，英国人は食べ物を芸術の一形態と

は見なさなかった。「レストラン」という言葉はフランス語であり，メニューがフランス語で書かれている理由は，英語が料理を適切に表現する語彙をまったく発達させなかったからである。イギリス料理（「キュイジーヌ」:「調理場」の意のフランス語）の最高峰は，フランス人「シェフ」（「料理長」の意のフランス語）に占領されてきたのである。

❺ 理想的な英国人というものは，昔から変わらず言われているように，楽しむためにこの世に置かれていたのではなかったのである。④英国の歴史を通じて，エリートたちは国の他の社会階層の人たちに，食べ物に過剰な関心を持つことは，どこか不道徳的であると言ってきた。17 世紀の清教徒たちは，粗食こそ神の食べ物だという固い信念を持っており，それが長い影を落としているのである。産業革命で労働者が都市部に移り住むとたちまち，各地方の料理の知識は消えてしまった。確かに，帝国建設者の優先事項の中では，食べ物の地位は非常に低かった。「英国でおいしいものと言えば，ローストビーフとマトンだけだ」と，ドイツの詩人ハインリッヒ=ハイネは，19 世紀初めに英国を訪れたあとに言った。「神よ，あのグレイビーソースからすべてのキリスト教徒をお守りください…そしてあの，ゆであげられて，神の作られたままの形でテーブルに運ばれる素朴な野菜からすべての人をお守りください」

❻ 都会のエリートたちの間では，それ以降すべてが変わり，英国人は食べ物には無関心ではなくなったと主張するのが流行になっている。ロンドンは，自信たっぷりに主張されていたように，世界の美食の中心であり，食べ物は新たなロックンロールであるというわけだ。真偽のほどはどうだろう。確かに，英国は今では一流レストランが数多くあるが，それらはロンドンとその他ひと握りの都市に集中し，値段も高い傾向がある。バーミンガムやマンチェスターで食事を楽しみたければ，チャイナタウンかバングラデシュ人居住地区へ行くのがいちばんよい。

❼ 相当多くの移民集団がやって来たことが，英国の料理に与えた恩恵はいくら主張しても誇張にはならないだろう。ほとんどの英国人は今でもフィッシュアンドチップスを英国の典型的な料理に挙げるようだが，英国のフィッシュアンドチップスの店は，ほぼ半減している。一時期は 15,000 店あったが，それが今では 8,500 店に減っているのである。他の文化の料理の人気が驚くほど上昇している証拠となるのは，フィッシュアンドチップスの店と同じくらいの数の中華料理や他のアジア系レストランが英国にはあり，さらに 7,300 軒のインド食品の小売店があるということだ。ジョン=クーンは，中華料理の持ち帰りを考案した人物だが，彼は豆もやしがどういうものか英国人は知らないかもしれないが，AとBの区別くらいはできると気づいて，財産と成功を築いた。もし彼が「セットメニュー」を使ってなじみの薄い料理をありふれたものにするという方法を見つけていなかったら，ピカデリー

サーカスの近くにある彼のキャセイレストランは，決して売り上げ急増とはならなかっただろう。第二次世界大戦後に中華料理が人気を博したので，彼はビリー・バトリンの休暇村に調理場を開くように招かれ，英国人の口に合うような休暇のための料理を一手に引き受けてまかなった。ここで彼は，チキンチャプスイとチップスという革命的とも言える組み合わせを考え出すことで，外国の奇妙な食べ物に対する抵抗という問題を解決した。客はそれを大いに気に入った。

❽ 重要なのは，英国の料理の全般的な水準が現在すばらしいということではない。水準は現実には高くない。大多数の人々にとって，外食とは脂肪たっぷりのファストフードを消費することであり，家で食事をとることとは，どこかの工場で大量に生産されたパック詰めのものの犠牲になるということだ。しかし，食べ物に対する「態度」は確かに変わった。自分の料理講座で大いに金持ちになることが期待できるテレビ出演のシェフたちが10年ごとに新しい手の込んだ菓子を出している。客間や居間，あるいは応接間よりもむしろ台所が家の中心となっており，おいしい料理の好みを打ち明けても，もう堕落していると思われることはない。それは，大幅な変化の一部なのである。

各段落の要旨

❶ 英国人は，その帝国が世界各地を支配し，見聞を広めていたにもかかわらず，食べ物に関しては無関心であったため，英国の食べ物はまずかった。

❷ 当時の中産階級がひいきにしていたレストランは，室内の様式，食事の作法などに，この階級の生活への態度が反映されていた。

❸ それでも，歴史的に見れば，少なくとも少数の特権階級にとって英国の食べ物はヨーロッパのどの料理にもひけをとらないものになり得たことが，王侯貴族の晩さんの例に現れている。

❹ 第二次世界大戦中に食糧が配給制だった時期でさえ，外国では入手不可能だった食べ物が英国では食べられたが，やはり英国人は食べ物を芸術の一形態と見なしていなかったことは，料理に関連する語彙が英語では発達しなかった点に見てとれる。

❺ 英国人の理想は，宗教的，道徳的に享楽を戒めるものであり，食べ物に関しても粗食こそが然るべき食事だという信念が影響を及ぼしてきた。

❻ 現在，都会のエリートたちは，英国人は食べ物に無関心ではなくなったとさかんに言うが，おいしいレストランはほんのひと握りで，値段も高めだというのが実情である。

❼ 英国に多くの移民がやってきたことで，英国で食べられる料理は多様になり，一方で料理を提供する側の工夫で，それまでなじみの薄かった食材や料理に対する英国人の抵抗感はなくなった。

❽ それでも英国の料理の水準は高くなったわけではないが，食べ物に対する態度は確かに変化している。

解 説

設問(1) ▶下線部は「しかし，大英帝国がその世代に与えた視野の広さにもかかわらず，英国人は自分たちが何者なのかについては，この上ないほどはっきりした感覚を保ち続けた」の意。ここでいう「自分たちが何者なのかについてはっきりしていた」とは，同段第2文（When John Cleese was …）の「ジョン=クリーズが…両親に連れられて外食したとき，重視されることははっきりしていた」から，料理に関する考え方がはっきりしていたということである。ジョン=クリーズの言葉は，下線部直後の文（'You'd think …）～同段最終文（My parents used …）にあり，「それ（＝大英帝国が英国人の視野を広げたこと）で英国人の味覚が開けたかもしれないと思うだろうが，英国人は食べ物にはまったく無関心だった。私の両親は，出される料理ではなく，皿が温められているからという理由でレストランを選んだものだ」となっている。解答としては，大英帝国が世界各地を支配し，英国人は見聞を広めたはずだが，食の好みは広がらなかったという点と，クリーズの両親がどのような基準でレストランを選んだかという点を合わせてまとめる。

設問(2) **▶下線部第1・2文**

And, although the language changed from one social class to another,

直訳 「そして，その言語はある社会階級から別の社会階級へと変わったけれども」

- the language は「社会階級」が話題になっていることから，英語，日本語などの「言語」ではなく「言葉遣い，言い回し」の意と考えるのが妥当である。
- from one … to another は「ある…から別の…まで」が直訳だが，「変わる，異なる」などの語とともに用いると「…によって（変わる，異なる）」とするのが適切。
- 全体としては「そして，言葉遣いは社会階級によって異なっていたにもかかわらず」などと整えられる。

you showed your satisfaction at the end of the meal by words to the effect of 'delightful meal. I'm quite full':

直訳 「あなたは食事の終わりに，『楽しい食事でした。本当に満腹です』という主旨の言葉で自分の満足を示した」

- you は一般論の主語。もちろん読者は当時の人間ではありえないが，「その時代だったらあなただって（＝だれだって）そう言った」ということを表すために使われている。日本語では訳出不要。
- showed your satisfaction「自分の満足を示した」は「自分が満足していることを示した」などと言葉を補いたい。
- at the end of the meal「食事の最後に」は文字どおりの訳で問題ない。

●by words to the effect of … の by は「～によって」と手段を表す。to the effect of ～ は「～という主旨の」の意の成句。

●'delightful meal. I'm quite full' は，食事の終わりでの言葉であることから，前半は It was delightful meal.「楽しい食事でした」のように考えるのが妥当。人が主語の場合の be full は「満腹である」の意。quite は「かなり，ほどほどに」の意味もあるが，満足を表す言葉なので「完全に，すっかり」の意と考えるべきである。

satisfaction was a matter of quantity.

直訳 「満足は量の問題だった」

●直訳のままでほぼ問題ないが，「満足とは」と補えば，日本語としてより適切。a matter of ～ は，重要な点は ～ であるという意味での「～の問題」の意の定番表現。

▶下線部第 3 文

If you were offered second helpings you accepted with an apology for enjoying the food :

直訳 「もしあなたがおかわりを提供されたら，あなたはその食べ物を楽しむことに対する謝罪とともに受け入れた」

●If you were offered … you accepted … は，主節が would accept になっていないので，仮定法過去ではない。直説法の過去であり，十分ありえる当時の状況を述べているだけなので注意。you は第 1 文と同様，訳出不要。

●second helpings は「おかわり」の意。「おかわりを提供されたら」は「おかわりはどうかと言われたら」などと，自然な日本語を工夫したい。

●with an apology for ～ は「～に対する謝罪，わび」だが，ここでは相手の好意に対して「すみません」という気持ちであり，enjoying the food「その食べ物を楽しむこと」が「おかわりをもらうこと」であるのを考えると，「厚かましくも」おかわりをちょうだいするという意味で，「弁解しながら」などとするのが妥当である。

'I really shouldn't, you know, but perhaps a little.'

直訳 「『おわかりのとおり，本当はそうすべきではないが，もしかしたら少し』」

●I really shouldn't「すべきではない」とは I shouldn't accept (second helpings)「おかわりをもらうべきではない」の意。

●you know は，「～ですよね」と相手に同意を求める気持ちを表すが，ここでは特に訳出しなくてよい。

●perhaps「もしかしたら」は，おかわりをもらうことに対して控えめな気持ちを表す。日本語では「もしよろしければ」などとするのが自然である。

●a little「少し」は，「おかわりはどうか」という問いかけに対する返答として意味が通るように「少し（だけ）いただきます」などと言葉を補うこと。

設問(3) ▶下線部は「しかし，英国人は食べ物を芸術の一形態とは見なさなかった」の意。下線部直後の文に「『レストラン』という言葉はフランス語であり，メニューがフランス語で書かれている理由は，英語が料理を適切に表現する語彙をまったく発達させなかったからである」と述べられている。続く同段最終文では「イギリス料理（『キュイジーヌ』:『調理場』の意のフランス語）の最高峰は，フランス人『シェフ』（『料理長』の意のフランス語）に占領されてきた」と，英国の料理関係の言葉がことごとくフランス語を借用したものであった事情を皮肉っている。設問は，下線部のことが「英語という言語に具体的にどのように現れているか」というもの。「英単語にもなっている restaurant がもともとフランス語だった」，「メニューがフランス語で書かれていた」というのが具体的な現象であるが，後者の理由として「英語が料理を適切に表現する語彙を発達させなかったこと」を添えるとわかりやすい。

設問(4) ▶**下線部第1文**

Throughout English history the elite has told the rest of the country that …

直訳 「英国の歴史を通じて，エリートは国の残りに…と言ってきた」

- Throughout English history「英国の歴史を通じて」は直訳のままでよい。
- the elite は集合的に「エリート層，名士たち」の意。「エリートたち」などとして，そのような階層の人たち一般であることを表すとよい。
- the rest of the country「国の残り」とは，「エリートたち」を除いた残りの人たちのこと。「国の他の社会階層の人たち」などとすれば意味がよく伝わる。

too much interest in food is somehow immoral.

直訳 「食べ物に対するあまりにも多くの関心は，どうも不道徳的である」

- too much interest in food「食べ物に対するあまりにも多くの関心」は英語らしい名詞中心表現になっているので，「食べ物に過剰に関心を持つことは」などと，述語が入るのを好む日本語として自然な表現に整えたい。
- somehow は理由がはっきりわからず「どういうわけか，なぜか」という意味合い。「なにか〔どこか〕不道徳的である」などともできる。

▶**下線部第2文**

The seventeenth-century Puritans,…, cast a long shadow.

直訳 「17 世紀の清教徒たちは…長い影を落とした」

- cast a long shadow「長い影を落とした」は，日本語でも似たような表現をすることがあるので，この比喩表現のままでも通用する。意味を汲んで「大きな影響を及ぼした」などとしてもよい。

with their firm belief that plain food was God's food,

直訳 「粗食が神の食べ物だという固い信念を持って」

●直前の Puritans「清教徒たち」に関する補足説明にあたる箇所。カンマで区切られて挿入になっているので,「清教徒たちは…という固い信念を持っており」などと訳し下ろすと原文の流れがうまく表せる。なお,原文には特に強調の語句はないが,「粗食こそ」などとすると文脈によく合う。

▶下線部第 3 文

Once the Industrial Revolution had drawn workers into the towns,

直訳 「いったん産業革命が労働者を町に引きつけると」

●once は接続詞で「いったん〜すると」がよく使われる訳だが,ここでは「〜するやいなや,〜するとたちまち」の訳のほうがふさわしい。

●the town(s) はあとに出てくる (the) country「田舎」に対して「都市(部)」を表す。「産業革命が労働者を都市部に引きつける」は無生物主語なので,「産業革命によって労働者が都市部に移り住む」などと日本語として自然な表現に整える。

knowledge of country cooking died.

直訳 「田舎の料理の知識は死んだ」

●「知識が死ぬ」は「知識がなくなる,消えてしまう」などとしたい。

●(the) country「田舎」は,この訳だと「洗練されていない」などのマイナスイメージになる可能性がある。この文には「田舎料理の知識が消えた」のを惜しんでいることが感じられる。前半の towns「都市部,中心部」に対する「地方」と考えて「各地方(の料理)」などとすると,「地方色豊かな,それぞれ独自の良さをもった料理」というイメージになり,文意に合う。

設問(5) ▶下線部「彼のキャセイレストラン」の「彼」は,直前の文の冒頭にある John Koon「ジョン=クーン」であり,続いて「中華料理の持ち帰りを考案した人物」と補足説明がある。下線部を含む文には「彼が『セットメニュー』を使ってなじみの薄い料理をありふれたものにした」とあり,同段第 7 文 (Here, he solved …) には「チキンチャプスイ(中華料理)とチップス(英国の代表的料理)という革命的とも言える組み合わせを考え出すことで,外国の奇妙な食べ物に対する抵抗という問題を解決した」とある。「中華料理の持ち帰り」と「中華料理と英国の料理のセットメニュー」という手段が,「なじみの薄い外国の料理に対する英国人の抵抗感を減らした」といった要点を盛り込んでまとめる。

設問(6) ▶下線部は「しかし,食べ物に対する(英国人の)『態度』は確かに変わった」の意。「全文の内容を踏まえて」という条件なので,変化前と変化後を対比的にまとめることが重要。第 1 段第 6 文 ('But they were …)「英国人は食べ物にはまったく無関心だった」，第5段第2文（下線部④）「食べ物に過剰な関心を持つことは，どこか不道徳的である」などが，変化前の態度を端的に述べたもの。下線部⑥直後の第8段第4・5文（Every decade serves … for good food.）に変化後の状況が挙がっており，「料理人がテレビ出演し，その料理講座で大儲けすることが期待できる」，「家庭では台所が家の中心になっている」，「おいしい食べ物を好むことを打ち明けても堕落しているとは思われない」と述べられている。これらを前述のように，変化前と変化後との対比がよく伝わるようにまとめる。

設問(1) クリーズの親の世代の英国人は，大英帝国が統治する世界各地で見聞を広めていたにもかかわらず，食に関する好みは広がらず，食べ物に対して無関心であり，クリーズの両親もレストランを選ぶとき，出される料理ではなく，皿が温められていることを基準にしていた。

設問(2) そして，言葉遣いは社会階級によって異なるものの，食事の最後には「楽しい食事でした。本当にお腹いっぱいです」という主旨の言葉で，自分が満足していることを示したが，満足とは量の問題だった。おかわりはどうかと言われたら，「いただくべきではないのでしょうが，もしよろしければ，少し（だけ）いただきます」などと，おかわりを楽しむことに弁解をしながらもらった。

設問(3) 英語で使われている restaurant という言葉はもともとフランス語であり，英語が料理を適切に表現する語彙をまったく発達させなかったために，メニューがフランス語で書かれていた。

設問(4) 英国の歴史を通じて，エリートたちは国の他の社会階層の人たちに，食べ物に過剰な関心を持つことは，どこか不道徳的であると言ってきた。17世紀の清教徒たちは，粗食こそ神の食べ物だという固い信念を持っており，それが長い影を落としているのである。産業革命で労働者が都市部に移り住むとたちまち，各地方の料理の知識は消えてしまった。

設問(5) 中華料理と英国の料理を組み合わせたセットメニューを持ち帰り用に考案し，なじみの薄い外国の料理に対する英国人の抵抗感を減らして普及させたこと。

設問(6) 以前の英国人は食べ物に対してまったく無関心であり，むしろ過剰な関心を示すことは不道徳的だと考えられていたのに対し，現在では料理人が出演しているテレビの料理講座は盛況であり，家庭では台所が家の中心となり，おいしい食事を好むことが堕落だとは思われなくなっている。

解答

33

2016年度 外国語学部以外〔2〕

次の英文を読んで，以下の設問に答えなさい。

Everyone knows that we Brits treat our dogs better than our children, and we are often reminded that the Society for the Prevention of Cruelty to Animals (SPCA) was founded in 1824, sixty years before the National Society for the Prevention of Cruelty to Children. Is it deeply meaningful that the SPCA went on to become the Royal Society (RSPCA) while the children's society still waits for (a)<u>that honor</u>?

What, then, lies behind this remarkable but apparently sincere attachment we have to our dogs? The truth is, we seem more able to freely express ourselves with animals than we are with other people. Kate Fox, the British social commentator, pondering on (b)<u>this aspect</u> of the Brits' relationship with their pets, explains convincingly, "unlike our fellow Englishmen, animals are not embarrassed or put off by our un-English displays of emotion."

The word *dog* itself is peculiarly native to Britain and comes from an obscure Old English past. The alternative Germanic term, *hound*, refers mainly to hunting dogs. In feudal society, such dogs might be given special treatment by their lordly master and be fed from his table. But lesser dogs out in the yard had a rougher time, and our language is crammed with phrases suggesting that a dog's life, at least up to the nineteenth century, was a miserable fate : *dog-tired, dogsbody, going to the dogs, die like a dog*, and so on. For the most part, dogs were treated with contempt and sometimes cruelty. Even the question, "What was it like?" might produce the answer, "(c)<u>An absolute dog!</u>" No positive qualities here, then.

(d)<u>In curious contrast</u>, the modern reality is that the British treat dogs with huge affection, looking on them as beloved companions and having lifelong bonds with them. The British adore the legendary image of a dog's faithfulness and literal (i)<u>doggedness</u>.

Nature seems to provide plenty of evidence to justify this attitude. Endless anecdotes suggest that dogs are strangely and deeply (ii)<u>attuned to</u> their owners, with some observers believing their pets have (e)<u>psychic powers</u>. The researcher and scientist Rupert Sheldrake, for example, has conducted surveys to demonstrate that dogs (among other pets) waiting at home *know* the moment their owners leave the office and begin their homeward journey.

So what is a British dog's life like these days ? Some commentators think the sense of (f)the phrase has gradually changed and now means to have a cosseted and comfortable existence, rather than the opposite. I am quite sure the Queen's corgis would agree with that.

However, this cozy impression is not (iii)borne out by our behavior in the real world. According to a 2013 survey, the (iv)incidence of stray and abandoned dogs in England was estimated at around 111,000. What's going on here ? Two extremes of behavior meeting in a confused national psyche ? It does seem that, in their attitudes to animals and children, we find one of the paradoxes of the British temperament.

All the same, there is one common expression which continues to suggest a bond between human and animal that is more than mere friendship : "Love me, love my dog." Or rather, in practice, "Love my dog, love me." Watch dog owners meeting in a public park and you will see (g)how it works. Better than a dating agency any time.

設問(1) 本文中の下線部(a) that honor が指し示す内容を日本語で書きなさい。

設問(2) 本文中の下線部(b) this aspect が指し示す内容を日本語で書きなさい。

設問(3) 本文中の下線部(c) An absolute dog! はこの会話においてどのような意味を表しているか，本文中に述べられていることに基づいて日本語で答えなさい。

設問(4) 本文中の下線部(d) In curious contrast という表現で対比されている二つの事実を日本語で説明しなさい。

設問(5) 本文中の下線部(e) psychic powers とはどのような能力のことか，本文中に挙げられている具体例を用いて日本語で説明しなさい。

設問(6) 本文中の下線部(f) the phrase が指し示すものを英語で書きなさい。

設問(7) 本文中の下線部(g) how it works は，この後どのようになっていくことを暗示しているか日本語で述べなさい。

設問(8) 本文中の下線部(i)〜(iv)の語句に最も意味の近いものを(イ)〜(ニ)から一つ選び，記号で答えなさい。

(i) doggedness
(イ) friendliness (ロ) persistence
(ハ) pertinence (ニ) wildness

(ii) attuned to
(イ) attributed to (ロ) correlated with
(ハ) in harmony with (ニ) in submission to

(iii) borne out
(イ) conveyed (ロ) modified
(ハ) produced (ニ) supported

(iv) incidence
(イ) accident (ロ) number
(ハ) occasion (ニ) recurrence

全 訳

■英国人の犬に対する態度の変化

❶ 私たち英国人が，自分の子どもたちよりも自分の犬を大切にしていることは誰でも知っているし，動物虐待防止協会（SPCA）が1824年，つまり子ども虐待防止協会より60年も前に設立されたことをしばしば思い起こさせられる。SPCAが王立協会にまでなった一方で，子どものための協会がまだその栄誉を待っているというのは，深い意味があるのだろうか。

❷ それなら，私たちが犬に対して抱いている，この度を越してはいるが，明らかに心からの愛着の背後には何があるのだろう。真相は，私たちは他の人間に対してよりも，動物とのほうがより自由に自己表現できるらしいということだ。英国の社会評論家であるケイト=フォックスは，英国人の自分のペットとの関係のこの側面を熟考して，「同じ英国人と違って，動物たちは，私たちの英国人らしくない感情の露呈にどぎまぎしたり，うんざりしたりしない」と，もっともらしく説明している。

❸ dogという言葉自体が，特にもともと英国のもので，いつとははっきりしない古英語時代に由来する。ゲルマン語の同意語houndは，主に猟犬を指す。封建社会においては，そうした犬は貴族の主人から特別な世話を受け，主人の食卓からえさをもらったかもしれない。しかし，屋外の庭にいた，より劣った犬はもっとつらい目にあっており，私たちの言語には，少なくとも19世紀までの犬の暮らしが惨めな運命だったことを暗示する表現がたくさんある。「犬のように疲れて（疲れ切ってへとへとで）」「犬の体（雑用係）」「犬になる（落ちぶれる）」「犬のように死ぬ（惨めな死を遂げる）」などである。たいてい，犬は侮蔑的な，時には残酷な扱いを受けていた。「どのような様子だった？」という問いでさえ，「まったくの犬だった！」という返事を生むかもしれない。当時は，そこには何ら肯定的な意味合いはなかったのである。

❹ 奇妙にも対照的なのは，現代の実情は，英国人は犬を愛すべき連れ合いと見なし，彼らと生涯の絆をもち，たいへんな愛情をもって扱っているということである。英国人は，犬の忠誠心や文字どおりの「犬のような粘り強さ」の伝説的なイメージをあがめている。

❺ 自然は，この態度の根拠となる証拠を豊富に与えているようである。無数の逸話が，犬は不思議に，そして深く，自分の飼い主と通じ合っていることを示唆しており，それを観察した人の中には，自分のペットが超自然的な能力をもっていると信じている人もいる。たとえば，研究者であり科学者であるルパート=シェルドレ

イクは，家で待っている（他のペットの中でも）犬は，飼い主が仕事場を出て，帰宅の途につく瞬間がわかることを実証するために数々の調査を行っている。

❻ では，英国の犬の生活は，最近はどのようなものなのだろうか。その言葉の意味が徐々に変わり，（本来の意味である）惨めで苦労が多いというよりはむしろ今や大事にされ，快適な暮らしぶりであることを意味すると考えている時事問題解説者もいる。女王陛下のコーギー犬はそれに同意することは間違いないと思う。

❼ しかし，この心地よい印象を，現実の私たちの振る舞いが裏付けているわけではない。2013 年のある調査では，イングランドにおける野良犬，捨て犬の数はおよそ 11 万 1000 匹と見積もられた。ここでは何が起きているのだろうか。混乱した国民の精神の中で，二つの両極端の振る舞いがぶつかっているのだろうか。確かに，動物と子どもに対する人々の態度に，英国人気質の矛盾点の一つを見出せるように思える。

❽ それでも，人間と動物の間にある，単なる友情以上の絆を示唆してやまない一つのよく知られた表現がある。「私を慕うなら，私の犬まで慕え」である。むしろ，実際には「私の犬を慕うなら，私まで慕え」だろう。公園に集う犬の飼い主を見れば，それがどのように機能しているかわかるだろう。常に，結婚相談所よりうまく機能している。

各段落の要旨

❶ 英国では，子ども虐待防止協会よりも動物虐待防止協会のほうが先に設立され，王立協会にまでなっているほど，犬に対する意識が高い。

❷ 英国人の犬に対する愛着は，英国人には動物とのほうがより自由に自己表現できるらしいという，もっともらしい説明がされている。

❸ dog という古英語時代に由来する言葉には，少なくとも 19 世紀まで肯定的な意味はなく，惨めさを暗示する慣用表現が多数存在する。

❹ 対照的に，現在，英国人は深い絆と愛情をもって犬を扱っており，その忠誠心や粘り強さのイメージをあがめている。

❺ こうした英国人の態度の根拠となるような，犬が飼い主と通じ合っていることを示唆する逸話が無数にある。

❻ 最近の英国での犬の生活は，かつての惨めで苦労が多いという意味合いが徐々に変化し，むしろ大事にされ，快適なものであると考える人もいる。

❼ しかし，イングランドの野良犬，捨て犬の数は 2013 年度で 11 万匹を超え，英国人の犬に対する振る舞い，動物と子どもに対する態度に，矛盾点が見出せる。

❽ それでも，人間と動物の間にある友情以上の絆を示唆する表現として，「私を慕うなら，私の犬まで慕え」というものがあるが，公園に集う犬の飼い主たちを見ると，むしろ「私の犬を慕うなら，私まで慕え」と言うほうが当たっているようである。

解 説

設問(1) ▶当該箇所は「SPCA（動物虐待防止協会）が王立協会にまでなった一方で，子どものための協会（＝子ども虐待防止協会）がまだその栄誉を待っている」となっており，「その栄誉」は端的に言えば「王立協会になること」である。「栄誉」であることをわかりよくするために，「英国社会において最高位にある王室の支援を受けて，王立協会になること」などと，「王立」であることの意味を補足するのがよい。

設問(2) ▶当該箇所は「英国の社会評論家であるケイト=フォックスは，英国人の自分のペットとの関係のこの側面を熟考して，『同じ英国人と違って，動物たちは，私たちの英国人らしくない感情の露呈にどぎまぎしたり，うんざりしたりしない』と…説明している」となっている。直前の文に「私たち（英国人）は他の人間に対してよりも，動物とのほうがより自由に自己表現できるらしい」とあり，英国人は動物相手のほうが，人間同士の場合よりも感情の露呈が多いことが述べられている。したがって，「英国人は人間よりも動物に対して自由に自己表現ができること」などとまとめられる。

設問(3) ▶下線部は，What was it like?「それはどんな様子だった？」「どうだった？」という何かある物事に関する感想を求める質問への返事であり，「まったくの犬（だった）！」が直訳。同段第4文に「犬の暮らしが惨めな運命だったことを暗示する表現がたくさんある」，最終文に「何ら肯定的な意味合いはなかった」とあり，「まったくつまらない〔面白くない，価値がない，退屈な〕もの」などの，否定的な評価を表す返事であると考えられる。辞書的にはこの dog は「くだらない〔つまらない，ひどい〕もの，（音楽，演劇などの）失敗作」の意。

設問(4) ▶下線部「奇妙にも対照的に」の直後には「英国人は犬を愛すべき連れ合いと見なし，彼らと生涯の絆をもち，たいへんな愛情をもって扱っている」という現代の事情が述べられている。下線部の前に対比的な事柄が述べられているはずであり，前段を見ると第4文以降に封建社会における犬の扱われ方が記されている。第5文には「たいてい，犬は侮蔑的な，時には残酷な扱いを受けていた」とある。したがって，「英国では，かつて犬は侮蔑的で残酷な扱いを受けていたという事実と，今日では深い絆と愛情をもって大切に扱われているという事実」などとまとめられる。

設問(5) ▶当該文は「犬には，不思議に，そして深く，自分の飼い主と通じ合っていることを示唆する逸話が無数にあり，それを観察した人の中には，自分のペットが超自然的な能力をもっていると信じている人もいる」となっている。「超自然的な力」が，飼い主と通じ合う能力であることを，まず押さえておくこと。直後の文に「たとえば」とあり，研究者が行った調査内容が述べられている。すなわち「家で待っている…犬は，飼い主が仕事場を出て，帰宅の途につく瞬間がわかる」とある。この具体例を使って，「飼い主が帰宅の途につく時間を家で待っている犬が察知するという，飼い主とのつながりを示す犬の超自然的な能力」などとまとめる。

設問(6) ▶当該箇所は「その言葉の意味が徐々に変わり，今や大事にされ，快適な暮らしぶり…を意味する」となっている。「暮らしぶり」という点を考えると，同段第1文の a British dog's life「英国の犬の暮らし」がある。第3段第4文に「少なくとも 19 世紀までは，犬の暮らし（a dog's life）が惨めな運命だったことを暗示する」とあることから，この言葉の意味が変わったという文意にも合う。設問条件が「そのまま抜き出せ」ではなく，「英語で書け」となっているので，British は抜いても構わないだろう。

設問(7) ▶当該文は「公園に集う犬の飼い主を見れば，それがどのように機能しているかわかるだろう」となっている。「それ」とは，直前の文にある「私の犬を慕うなら，私まで慕え」という表現である。下線部の後の文には「常に，結婚相談所よりもうまく（機能している）」とあり，公園に犬を連れてきた飼い主同士が，初めは犬のことで言葉を交わすようになり，やがてお互いを慕い合うようになることがうかがえる。したがって，「犬をきっかけにして，飼い主同士が交際するようになること」などとまとめられる。

設問(8)　正解は　(i)―(ロ)　(ii)―(ハ)　(iii)―(ニ)　(iv)―(ロ)

(i) ▶当該文は「英国人は，犬の忠誠心や文字どおりの doggedness の伝説的なイメージをあがめている」となっている。文意から肯定的で，かつ，faithfulness「忠誠心」とは違った意味合いの語と考えられる。**(ロ) persistence「粘り強さ」**が消去法で残せるだろう。doggedness は「根気強さ」の意。

(イ)「友情，好意」 (ハ)「適切，妥当性」 (ニ)「野生，荒々しさ」

(ii) ▶当該箇所は「犬は不思議に，そして深く，自分の飼い主 attuned to である」となっている。この例として，家で待っている犬が飼い主の退社時間を察知することが挙がっており，**(ハ) in harmony with 〜「〜と調和している」**が適切。attuned to 〜は「〜に調和する，通じている」の意。

(イ)「～に帰する」 (ロ)「～と相互関係がある」 (ニ)「～に服従している」

(iii) ▶当該文は「この心地よい（＝犬が大事にされているという）印象は，私たちの現実の振る舞いによって borne out されているわけではない」となっている。直後に野良犬や捨て犬が多いことが述べられており，**(ニ) supported「裏付けられる」**が適切。borne out は「証明される」の意（borne は bear の過去分詞）。

(イ)「伝えられる」 (ロ)「変更される」 (ハ)「生み出される」

(iv) ▶当該箇所は「野良犬，捨て犬の incidence が 11 万 1000 だった」となっており，**(ロ) number「数」**が適切。incidence は「発生（率）」が基本訳だが，ここでは「発生件数」の意味合いで使われている。

(イ)「事故」 (ハ)「機会」 (ニ)「再発」

解答

設問(1) 英国社会において最高位にある王室の支援を受け，王立協会になること。

設問(2) 英国人は人間よりも動物に対して自由に自己表現できること。

設問(3) 「まったくつまらない，価値がない」といった，否定的な評価を表している。

設問(4) 英国では，かつて犬は侮蔑的で残酷な扱いを受けていたという事実と，今日では深い絆と愛情をもって大切に扱われているという事実。

設問(5) 飼い主が帰宅の途につく時間を家で待っている犬が察知するという，飼い主とのつながりを示す犬の超自然的な能力。

設問(6) a (British) dog's life

設問(7) 犬をきっかけにして，飼い主同士が交際するようになること。

設問(8) (i)―(ロ) (ii)―(ハ) (iii)―(ニ) (iv)―(ロ)

34

2016 年度 外国語学部〔2〕

次の英文を読んで，以下の設問に答えなさい。

The source of every new idea is the same. There is a network of neurons in the brain, and then the network shifts. All of a sudden, electricity flows in an unfamiliar pattern, a shiver of current across a circuit board of cells. But sometimes a single network isn't enough. Sometimes a creative problem is so difficult that it requires people to connect their imaginations together; the answer arrives only if we collaborate. ①That's because a group is not just a collection of individual talents. Instead, it is a chance for those talents to exceed themselves, to produce something greater than anyone thought possible. When the right mixture of people come together and when they collaborate in the right way, what happens can often feel like magic. But it's not magic. There is a reason why some groups are more than the sum of their parts.

Furthermore, there's evidence that group creativity is becoming more necessary. Because we live in a world of very hard problems—all the low-hanging fruit is gone—many of the most important challenges exceed the capabilities of the individual imagination. As a result, we can find solutions only by working with other people.

Ben Jones, a professor of management at the Kellogg Business School, has demonstrated this by analyzing trends in "scientific production." The most profound trend he's observed is a sharp shift toward scientific teamwork. By analyzing 19.9 million peer-reviewed papers and 2.1 million patents from the last fifty years, Jones was able to show that more than 99 percent of scientific subfields have experienced increased levels of teamwork, with the size of the average team increasing by about 20 percent per decade. While the most cited studies in a field used to be the product of lone geniuses—think Einstein or Darwin—Jones has demonstrated that the best research now emerges from groups. It doesn't matter if the researchers are studying particle physics or human genetics: science papers produced by multiple authors are cited more than twice as often as those authored by individuals. ②This trend was even more apparent when it came to "homerun papers"—those publications with at least a thousand citations—which were more than *six times* as likely to come from a team of scientists.

The reason is simple : the biggest problems we need to solve now require the expertise of people from different backgrounds who bridge the gaps between disciplines. Unless we learn to share our ideas with others, we will be stuck with a world of seemingly impossible problems. We can either all work together or fail alone.

But how should we work together? What's the ideal strategy for group creativity? Brian Uzzi, a sociologist at Northwestern, has spent his career trying to answer these crucial questions, and ③he's done it by studying Broadway musicals. Although Uzzi grew up in New York City and attended plenty of productions as a kid, he doesn't exactly watch *A Chorus Line* in his spare time. "I like musicals just fine, but that's not why I study them," he says. Instead, Uzzi spent five years analyzing thousands of old musicals because he sees the art form as a model of group creativity. "Nobody creates a Broadway musical by themselves," Uzzi says. "The production requires too many different kinds of talent." He then rattles off a list of the diverse artists that need to work together : the composer has to write songs with a lyricist and librettist, and the choreographer has to work alongside the director, who is probably getting notes from the producers.

Uzzi wanted to understand how the relationships of these team members affected the end result. Was it better to have a group composed of close friends who had worked together before, or did total strangers make better theater? What is the ideal form of creative collaboration? To answer these questions, Uzzi undertook an epic study of nearly every musical produced on Broadway between 1877 and 1990, analyzing the teams behind 2,258 different productions. (To get a full list of collaborators, he often had to track down dusty old *Playbills* in theater basements.) He charted the topsy-turvy relationships of thousands of different artists, from Cole Porter to Andrew Lloyd Webber.

The first thing Uzzi discovered was that the people who worked on Broadway were part of an extremely interconnected social network : it didn't take many links to get from the librettist of *Guys and Dolls* to the choreographer of *Cats*. Uzzi then came up with a way to measure the density of these connections for each musical, ④a designation he called *Q*. In essence, the amount of *Q* reflects the "social intimacy" of people working on the play, with higher levels of *Q* signaling a greater degree of closeness. For instance, if a musical was being developed by a team of artists who had worked together several times before—this is common practice on Broadway, since producers see "incumbent teams" as less risky—that musical would have an extremely high *Q*. In contrast, a musical created by a team of strangers would have a low *Q*.

This metric allowed Uzzi to explore the correlation between levels of *Q* and the success of the musical. "Frankly, I was surprised by how big the effect was," Uzzi says. "I expected *Q* to matter, but I had no idea it would matter this much." According to the data, the relationship between collaborators was one of the most important variables on Broadway. The numbers tell the story : When the *Q* was low, or less than 1.7, the musicals were much more likely to fail. Because the artists didn't know one another, they struggled to work together and exchange ideas. "This wasn't so surprising," Uzzi says. "After all, you can't just put a group of people who have never met before in a room and expect them to make something great. It takes time to develop a successful collaboration." ⑤<u>However, when the *Q* was too high (above 3.2) the work also suffered.</u> The artists were so close that they all thought in similar ways, which crushed theatrical innovation. According to Uzzi, this is what happened on Broadway during the 1920s. Although the decade produced many talented artists—Cole Porter, Richard Rodgers, Lorenz Hart, and Oscar Hammerstein Ⅱ—it was also full of theatrical failures. (Uzzi's data revealed that 87 percent of musicals produced during the decade were utter flops, which is far above the historical norm.) The problem, he says, is that all of these high-profile artists fell into the habit of collaborating with only their friends. "Broadway [during the 1920s] had some of the biggest names ever," says Uzzi. "But the shows were too full of repeat relationships, and that stifled creativity. All the great talent ended up producing a bunch of mediocre musicals."

⑥<u>What kind of team, then, led to the most successful musicals ?</u> Uzzi's data clearly demonstrates that the best Broadway shows were produced with *intermediate* levels of social intimacy. A musical produced at the ideal level of *Q* (2.6) was two and a half times more likely to be a commercial success than a musical produced with a low *Q* (<1.4) or a high *Q* (>3.2). It was also three times more likely to be lauded by the critics. This led Uzzi to argue that creative collaborations have a sweet spot : "The best Broadway teams, by far, were those with a mix of relationships," Uzzi says. "These teams had some old friends, but they also had newbies. This mixture meant that the artists could interact efficiently—they had a familiar structure to fall back on—but they also managed to incorporate some new ideas. They were comfortable with each other, but they weren't *too* comfortable."

Uzzi's favorite example of intermediate *Q* is *West Side Story*, one of the most successful Broadway musicals of all time. ⑦In 1957, the play was seen as a radical departure from Broadway conventions, for both its willingness to tackle social problems and its extended dance scenes. At first, *West Side Story* might look like a play with a high *Q*, since several of its collaborators were already Broadway legends who had worked together before. The concept for the play emerged from a conversation among Jerome Robbins, Leonard Bernstein, and Arthur Laurents. But that conversation among old friends was only the beginning. As Uzzi points out, *West Side Story* also benefited from a crucial injection of unknown talent. A twenty-five-year-old lyricist named Stephen Sondheim was hired to write the words (even though he'd never worked on Broadway before), while Peter Gennaro, an assistant to Robbins, provided many important ideas for the choreography. "People have a tendency to want to only work with their friends," says Uzzi. "It feels so much more comfortable. But that's exactly the wrong thing to do. If you really want to make something great, then you're going to need to seek out some new people too."

From *Imagine : How Creativity Works* by Jonah Lehrer, Houghton Mifflin Harcourt

設問(1) 下線部①の意味を日本語で表しなさい。

設問(2) 下線部②の意味を This trend の内容を明らかにしたうえで日本語で表しなさい。

設問(3) 下線部③で述べられているように，Uzzi が Broadway musicals を研究対象にした理由を，日本語でわかりやすく説明しなさい。

設問(4) 下線部④を 30 字程度の日本語でわかりやすく説明しなさい。

（解答欄：35 字）

設問(5) 下線部⑤で述べられていることの理由を，本文に即して日本語でわかりやすく説明しなさい。

設問(6) 下線部⑥の問いかけに対して Uzzi はどのような答えを提示しているか，その理由とともに日本語でわかりやすく説明しなさい。

設問(7) 下線部⑦の意味を日本語で表しなさい。

全 訳

■集団がもつ力

❶ 新しい考えの源はどれも同じだ。脳内にはニューロンのネットワークがあり，それからネットワークの変化がある。突然，これまでにないパターンで電気が流れ，細胞の回路基板全体の電流の震えが起こる。しかし，時には，たった一つのネット

ワークでは十分ではないことがある。創造性の関わる問題はたいへん難しく，人々が自分たちの想像力を結集しなくてはならないことがある。答えは，私たちが協力して初めて得られる。①それは，集団というものが，単に個々の才能の集まりではないからである。むしろ，そうした才能が自らを超える，つまり，誰も可能だとは思わなかったほど素晴らしいものを生み出す機会なのである。適切に混じり合った人々が集まり，適切に力を合わせるとき，そこで起こることは魔法のように感じられることがよくある。だが，それは魔法ではない。ある集団が部分の合計以上のものであることには理由があるのだ。

❷ さらに，現在，集団の創造性がもっと必要になりつつあるしるしがある。私たちは非常に困難な問題を抱えた世界に生きており，手っ取り早い方策はすべて尽きてしまったため，最も重大な課題の多くは，個人の想像力ができることを超えている。結果として，私たちは，他の人たちと力を合わせることによってしか，解決策を見つけることができないのである。

❸ ケロッグ経営大学院の経営学教授のベン=ジョーンズは，「科学的生産」の傾向を分析することによって，このことを実証している。彼が観察した最も意味深い傾向は，科学的共同作業への急激な移行である。ジョーンズは過去 50 年にわたる 1990 万の査読論文と 210 万の特許を分析して，99 パーセント以上の科学の下位分野で，平均的なチームの規模は 10 年ごとに約 20 パーセントずつ大きくなり，共同作業の度合いが増していることを示すことができた。アインシュタインやダーウィンを考えてみればわかるが，かつてはある分野で最もよく引用される研究は，単独の天才たちの生み出したものだったが，現在は最も優れた研究は，集団から生まれていることを，ジョーンズは示したのである。研究者が素粒子物理学を研究していようが，ヒトの遺伝学を研究していようが，関係ない。複数の著者が生み出した科学論文は，個人が著した論文の 2 倍以上頻繁に引用されている。「ホームラン論文」，すなわち少なくとも 1000 回は引用された出版物になると，この傾向はさらにはっきりしており，科学者のチームが書いたものである率は 6 倍以上だった。

❹ 理由は簡単だ。私たちが今解決する必要のある最大の問題は，学問分野間の溝を橋渡しする，異なる背景をもった人々の専門知識を必要とするからである。私たちが他の人たちと知識を共有することを学ばないかぎり，非常に多くの解決不可能に思える問題で行き詰まってしまうだろう。私たちにできるのはみんなで協力するか，一人でやって失敗するかのいずれかである。

❺ しかし，どのように力を合わせればよいのだろうか。集団の創造性のために理想的な戦略はどのようなものだろうか。ノースウェスタン大学の社会学者，ブライアン=ウッジは，こうした重要な疑問に答えるべくこれまでのキャリアを送っており，ブロードウェイのミュージカルを研究することでそれを行った。ウッジはニュ

ーヨーク市で育ち，子どものころには多くの上演を見たが，空いた時間に『コーラス=ライン』を見たりするわけではない。「私はミュージカルが結構好きですよ，でも，そうだから研究しているわけではありません」と彼は言う。そうではなく，ウッジが5年にわたって昔のミュージカルを何千も分析してきたのは，この芸術形態を集団の創造性のモデルと見なしているからである。「独力でブロードウェイのミュージカルを作る人はいません」とウッジは言う。「その上演には，きわめて多くの異なった種類の才能が必要です」 そして彼は，協力する必要のあるさまざまなアーティストたちを次々と挙げる。作曲家は，作詞家や脚本家とともに歌を作らなくてはならないし，振付師は監督と一緒に作業しなくてはならず，おそらく監督は演出家から覚書をもらっているだろう。

❻ ウッジは，こうしたチームのメンバーたちの関係が，最終結果にどのように影響するのかを理解したかったのである。以前にも一緒に仕事をしたことのある親しい友人で構成された集団のほうがよいのだろうか，それとも，まったく見知らぬ者同士のほうがよい上演をするのだろうか。創造的な共同制作の理想の形態とはどのようなものだろうか。これらの問いに答えるために，ウッジは1877年から1990年の間にブロードウェイで上演されたほぼすべてのミュージカルに関して，膨大な研究を企て，2,258の上演のそれぞれを支えたチームを分析した。（一緒に仕事をした人たち全員のリストを作るために，彼は劇場の地下室で，ほこりっぽい昔の『プレービル』を徹底的に調べなくてはならないこともしばしばだった） 彼は，コール=ポーターからアンドリュー=ロイド=ウェバーまで，何千もの異なるアーティストたちの入り組んだ関係を図表にまとめた。

❼ ウッジが最初に発見したことは，ブロードウェイで働いている人たちは，非常に相互につながりの強い社会的ネットワークの一部であるということだった。『ガイズ=アンド=ドールズ』の脚本家から，『キャッツ』の振付師までたどるのに，それほど多くのリンクを必要とはしなかった。それからウッジは，一つ一つのミュージカルに対して，彼がQという名称で呼ぶ，こうしたつながりの親密さを測定する方法を思いついた。本質的にQの量は，その劇で働く人々の「交際上の親密さ」を反映しており，Qのレベルが高ければ，それだけ親密さの度合いも高いことを表す。たとえば，あるミュージカルが，以前に数回一緒に仕事をしたことがあるアーティストたちのチームで作られている――プロデューサーたちは「現役チーム」のほうがリスクが少ないと見なすため，これはブロードウェイではよくあることだ――とすると，そのミュージカルはQがきわめて高くなるだろう。対照的に，知らない者同士のチームが作ったミュージカルは，Qが低くなるだろう。

❽ この指標で，ウッジはQのレベルとミュージカルの成功の相関関係を探ることができた。「正直に言って，その影響がどれほど大きいかに驚きました」とウッジ

は言う。「Qが重要だとは思っていましたが，これほどまで重要だとはまったく考えていませんでした」 データによると，共同制作者同士の関係は，ブロードウェイでは最も重要な変数の一つだったのである。数値で実態がわかる。Qが低かった場合，つまり，1.7よりも低いとき，そのミュージカルが失敗する可能性は非常に高かった。アーティストたちがお互いを知らないため，彼らは協力したり考えを交換したりするのに苦労したのである。「これはそれほど驚くべきことではありません」とウッジは言う。「結局，以前に一度も会ったことのない人たちの集団を一つの部屋に入れて，彼らが何か素晴らしいものを作るのを期待することはできないということです。うまくいくような共同制作が発展するのには時間がかかるのです」 しかし，Qが非常に高かった（3.2超）場合も，作業はうまくいかなかった。アーティストたちが親しすぎて，みんな同じように考えてしまい，劇の刷新性を抑圧してしまったのだ。ウッジによると，これが1920年代にブロードウェイで起きたことだと言う。その10年には，コール=ポーター，リチャード=ロジャーズ，ローレンツ=ハート，オスカー=ハマースタイン二世といった，多くの才能のあるアーティストが輩出されたが，劇の失敗にもあふれていた。（ウッジのデータによって，その10年に上演されたミュージカルの87パーセントが完全な失敗で，歴史的な標準をはるかに超えていることがわかった） 問題は，こうした著名なアーティストたちが友人たちとだけしか一緒に仕事をしないという習慣に陥ってしまったことだと，彼は言う。「［1920年代の］ブロードウェイには，それまでで最も有名な人たちの何人かがいました」とウッジは言う。「ですが，劇はあまりにも同じ関係の人たちの繰り返しばかりで，創造性を殺してしまったのです。素晴らしい才能が，結局は二流のミュージカルの山を作ることになってしまいました」

❾ それでは，どのようなチームが最も成功したミュージカルを生み出したのだろうか。ウッジのデータは，「中くらいの」レベルの交際の親密さで，最も優れたブロードウェイのショーが生み出されたことをはっきりと示している。Qの理想的なレベル（2.6）で作られたミュージカルは，低いQ（1.4未満）や高いQ（3.2超）で作られたミュージカルと比べて，興行的成功の率は2.5倍高かった。また，批評家に称賛される割合は3倍高かった。このことから，ウッジは，創造的共同にはぴったりのやり方があると主張するに至った。「群を抜いて最高のブロードウェイのチームは，関係が混ざり合ったチームでした」とウッジは言う。「こうしたチームには，昔からの友人が数人いますが，新参者もいました。この混合は，アーティストたちが効率よく影響し合うことができることを意味します。つまり，彼らにはよりどころになるなじみの構造があり，しかしまた，新しい考えをうまく取り込むこともできました。彼らは互いに心地よく感じていましたが，心地よすぎもしなかったのです」

⑩ ウッジのお気に入りの，中くらいのQの例は，古今を通じて最も成功したブロードウェイのミュージカルの一つである『ウェスト=サイド物語』だ。⑦1957年，この劇が社会問題に取り組もうとしていたことと，そのダンスシーンが長いことで，ブロードウェイの慣例から完全に抜け出たものと見なされた。一見，『ウェスト=サイド物語』は，Q値の高い劇のように思えるかもしれない。共同制作者の数人が，以前一緒に仕事をしたことのある，ブロードウェイではすでに伝説的な人物だったからだ。この劇のコンセプトは，ジェローム=ロビンズ，レナード=バーンスタイン，アーサー=ローレンツが交わした会話から生まれた。しかし，旧友たちのその会話は，ほんの始まりにすぎなかった。ウッジが指摘するように，『ウェスト=サイド物語』は，未知の才能のきわめて重要な注入からも恩恵を受けた。スティーブン=ソンドハイムという名の25歳の作詞家が，歌詞を書くのに雇われ（それ以前にはブロードウェイで仕事をしたことが一度もなかったにもかかわらず），一方で，ロビンズの助手のピーター=ジェンナーロが，振り付けに多くの重要な着想を与えた。「人は，友人とだけ仕事をしたがる傾向があります」とウッジは言う。「そのほうがずっと心地よいからです。ですが，それこそ，やってはいけないことなんです。本当に何か素晴らしいものを作りたいと思ったら，誰か新しい人を探し出す必要があることになります」

各段落の要旨

❶ 人は集団になると，単なる個人の合計以上の，誰も考えつかなかったような素晴らしいものを生み出す。

❷ 世界がこれまでにないほど困難な問題を抱えている現在，集団の創造性はさらに必要とされるようになっている。

❸ 実際，科学界では，研究分野にかかわらず，単独の天才が生み出したものよりも，チームが共同作業で生み出したもののほうが着実に多くなっており，論文が引用される頻度も各段に高くなっていることが，過去50年にわたる論文と特許の分析から判明している。

❹ その理由は，現在解決する必要のある問題が，異なる学問分野の専門知識を必要とするものだからである。

❺ 社会学者ブライアン=ウッジは，作曲家，作詞家，脚本家，振付師，監督，演出家といったさまざまな人間が協力する必要のあるブロードウェイのミュージカルをモデルに，集団の創造性を引き出す理想的な条件を明らかにする研究をしている。

❻ ウッジは，ミュージカルを作り上げるチームのメンバーたちの関係が，最終結果にどのように影響するか探るために，何千もの異なるアーティストたちの関係を図表にまとめた。

❼ その結果，ブロードウェイで働く人たちは，相互のつながりが非常に強い社会的ネットワークを構成していることがわかり，ウッジはその交際上の親密さを測定する，彼がQと呼ぶ方法を考え出した。

❽ Qのレベルとミュージカルの成功の相関関係ははっきりしており，Qの数値が低すぎると，アーティストたちが互いをよく知らないために，協力や意見交換が円滑に行えず，ミュージカルは失敗しがちになり，逆にQが高すぎても惰性に陥り，二流のミュージカルをたくさん作ってしまうことになる。
❾ 結果的に，よりどころとなる昔からの友人とこれまでにない考えをもたらしてくれる新参者が混じり合った，「中くらいの」Qのチームが，最も成功する率が高いことが明らかになった。
❿ その一例が『ウェスト=サイド物語』で，共同制作者の数人は一緒に仕事をしたことがあるすでに名を成したベテランたちであり，そこに未知の才能が数名加わったことが，大成功を収める要因であった。

解　説

設問⑴ ▶下線部第1文

That's because a group is not just a collection of individual talents.

直訳 「それは，集団は単なる個々の才能の集まりではないからだ」

- That's because …「それは…だからだ」
- a group is not just … の just は only の意味。直後の文が Instead で始まっており，not … but ～「…ではなく～」という展開。not only … but also ～「…だけでなく～も」ではないので注意。なお，a group は「集団というもの」と，一般論を表していると考えるのが妥当。「ある集団」などとしては文意に合わない。
- a collection of individual talents は「個々の才能の集まり」という直訳で問題ない。collection を「寄せ集め」，talents を「才能ある人々」などとしてもよいだろう。

▶下線部第2文

Instead, it is a chance for those talents to exceed themselves,

直訳 「そうではなく，それはそうした才能が彼ら自身を超える機会である」

- Instead は「そうではなく」以外に，「むしろ」「それどころか」などと訳せる。
- it is a chance for … to *do* の it は，前文からの流れで考えると a group を受けると見るのが妥当。形式主語ではないので注意。「それは…が～する機会である」と，for … は不定詞の意味上の主語，不定詞は chance を修飾する形容詞用法。
- those talents は，前文の individual talents を受けており，「そうした才能（ある人々）」と訳せる。
- exceed themselves は，「彼ら自身を超える」が直訳だが，「自分自身を超える」「自らを超える」などとするほうが，日本語としてなめらかである。

to produce something greater than anyone thought possible.

直訳 「誰であれ可能だと思ったのよりも素晴らしいものを生み出す」

● to produce …「…を生み出す」は，to exceed themselves とカンマだけで並置されており，これの言い換えと考えられる。「つまり，すなわち」と補ってつなぐとよい。

● something greater than anyone thought possible の than は，anyone thought it possible「誰であれそれが可能だと考えた」の第5文型の目的語にあたる疑似関係代名詞と考えられる。「誰であれ可能だと思ったのよりも素晴らしいもの」という直訳ではわかりにくい。可能だと思った限界を超えていることを表しているので，日本語としては「誰も可能だとは思わなかったほど素晴らしいもの」などと整えたい。

▶下線部第3文

When the right mixture of people come together

直訳 「人々の正しい混合が集まるとき」

● the right mixture of people は，英語によく見られる名詞中心表現になっている。「人々の混合」は「人々が混じり合っている」ことを表し，right はその混ざり具合は「正しい」=「適切である」ことを示している。「適切に混じり合った人々が集まるとき」などと訳すとわかりやすくなる。

and when they collaborate in the right way,

直訳 「そして，彼らが正しい方法で協力するとき」

● 文脈から，2つの when 節で表されている状況の両方がそろってこそ，主節の事態が起こると考えられるので，日本語では when を2回訳すより，「…集まり，協力するとき」とまとめるほうが，その意味合いが伝わりやすい。さらに意味を強めて and を「かつ」と訳すこともできるだろう。

● in the right way は前の when 節の right と合わせて「適切な方法で，適切に」としておく。

what happens can often feel like magic.

直訳 「起こることは，しばしば魔法のように感じられる」

● ほぼ直訳のままでよいが，「起こること」が少々言葉足らずに感じられるので，「そこで起こること」などと補ってもよい。

● often は「～することが多い，～することがよくある」などとすることもできる。

設問(2) This trend was even more apparent

直訳 「この傾向はさらに明白だった」

● This trend「この傾向」は，前文のコロン以下にある「複数の著者が生み出した科学論文は，個人が書いた論文の2倍以上頻繁に引用されている」という内容を受けていると考えると，下線部全体の内容と合う。ただし「2倍以上」という数値は当てはまらないので，「引用される頻度が高くなる傾向」などとする。

- was even more apparent は「いっそうはっきりしていた，なおさら明らかだった」などとも訳せる。

when it came to "homerun papers"—those publications with at least a thousand citations—

直訳 「『ホームラン論文』——少なくとも 1000 回の引用をもつ出版物——となると」

- when it comes to ～ は「(話が・ことが) ～と (いうことに) なると」の意の慣用表現。
- homerun papers「ホームラン論文」は，直後に説明があるので，このままでよい。
- those publications with at least a thousand citations は，homerun papers を補足説明している箇所。「すなわち，つまり」でつなぐとよい。
- those は，関係詞が後にあることを予告する those (単数ならもちろん that) が，with 以下の限定を予告するのに使われている。「あれらの」などの訳出はしない。
- 「少なくとも 1000 回の引用をもつ」は，「少なくとも 1000 回は引用された」などと，通りのよい日本語を工夫する。

which were more than *six times* as likely to come from a team of scientists.

直訳 「(それらは) 科学者のチームから来た可能性が6倍以上高かった」

- which は homerun papers が先行詞。ダッシュによる挿入があるためカンマは打たれていないが，非制限用法と考えて訳し下ろすのが適している。
- be likely to *do* は「～しやすい，～する可能性が高い」が基本的な訳だが，引用論文に占める率・割合を述べている文なので，「～する率〔割合〕が高い」とできる。
- more than *six times* as …「6倍以上…」の比較の対象は省略されているが，「チーム」と対比されているのが「個人」なのは明らか。訳ではそれを補ってもよいだろう。were likely to *do* と合わせると「～する率〔割合〕は6倍以上高かった」となるが，「6倍以上だった」としても，日本語では内容に変化はない。
- come from ～ は「～出身である」の意だが，この文では「論文がどこから来るか」つまり，誰が書いたのかを表しているので，「科学者のチームが書いたものである」などとするとよい。

設問(3) ▶第5段第6文に「ウッジが5年にわたって昔のミュージカルを何千も分析してきたのは，この芸術形態を集団の創造性のモデルと見なしているからである」，同段第8文に「その上演には，きわめて多くの異なった種類の才能が必要だ」とある。同段第9文にはその「異なった種類の才能」として，作曲家，作詞家，脚本家，振付師，監督，演出家が具体的に挙げられているので，これも使いながら，ミュージカルが「集団の創造性のモデル」として最適だったことがわかるようにまとめる。

設問(4) ▶下線部の前にカンマがあり，直前で述べたことを言い換えたと考えられる。直前にあるのは a way to measure the density of these connections「こうしたつながりの密度を測る方法」であり，さらに「こうしたつながり」とは，第7段第1文にある「ブロードウェイで働いている人たち（＝ミュージカル制作に携わる人たち）の相互関係の社会的ネットワーク」を指している。下線部の designation の訳は，これだけでは思いつきにくいかもしれないが，第8段第1文冒頭に This metric「この測定基準，指標」とあるのが，「彼がQと呼ぶ designation」を指していることや，同段でQが1.7や3.2といった数値で示されていることを参考にするとよい。「30字程度」という字数制限を考えながら，「ミュージカル制作に携わる人たちの相互関係の親密さを表す指標」などとまとめる。

設問(5) ▶下線部は「しかし，Qが非常に高かった（3.2超）場合も，作業はうまくいかなかった」となっている。直後の文で「アーティストたちが親しすぎて，みんな同じように考えてしまい，劇の刷新性を抑圧してしまった」と述べられており，これが理由にあたる。「劇の刷新性を抑圧する」とは，同段第17文（最後から2つめの文）に「劇はあまりにも同じ関係の人たちの繰り返しばかりで，創造性を殺してしまった」とあることから，新しい構成や演出を取り入れられないことだと考えられる。アーティスト同士が親しすぎたこと，そのため考え方が似たようなものになったこと，結果としてミュージカルの新しい見せ方を考えられなかったことを盛り込んでまとめる。

設問(6) ▶下線部は「どのようなチームが最も成功したミュージカルを生み出したのだろうか」という問いかけ。直後の文に「『中くらいの』レベルの交際の親密さで，最も優れたブロードウェイのショーが生み出された」と述べられている。同段第5・6文に「群を抜いて最高のブロードウェイのチームは，関係が混ざり合ったチームだった。こうしたチームには昔からの友人が数人いるが，新参者もいた」とあるのが，「中くらいの」レベルの交際の親密さの具体的な内容である。また，同段第7文の「よりどころになるなじみの構造があり，しかしまた，新しい考えをうまく取り込むこともできた」が成功する理由にあたる。以上のことをまとめて解答を作成すればよいが，同段最終文にある「心地よいが，心地よすぎもしない」という表現も利用できるだろう。

設問(7) ▶下線部第1文

In 1957, the play was seen as a radical departure from Broadway conventions,

直訳 「1957年，その劇はブロードウェイのしきたりからの根本的な出発と見なされた」

- was seen as ～ は see A as B「A を B と見なす」の受動態。
- a departure には「逸脱」の訳もあるが，本筋から外れるという否定的な響きが「最も成功したミュージカル」であることとしっくりこない。「(新たな) 出発」というイメージから，「発展」や「新方針」などの訳語もあり，従来のミュージカルのあり方から「抜け出たもの」と考えるのが妥当であろう。radical は「根本的な，完全な，徹底的な」などと訳せる。
- convention は「しきたり，慣習，因習」などの訳が使えるが，「例を見ない」斬新なものだったことから，「慣例」としておく。

for both its willingness to tackle social problems and its extended dance scenes.

直訳 「社会問題に取り組むそれの意欲とそれの延長したダンスシーンの両方のために」

- its willingness to … は it was willing to …「それが進んで…したがっていた，…しようとしていた」の名詞化であり，この訳を使うこともできる。
- its extended dance scenes もそれに合わせるなら，「そのダンスシーンが（通常よりも）長い」などとできる。

▶下線部第2文

At first, *West Side Story* might look like a play with a high *Q*,

直訳 「初めは，『ウェスト=サイド物語』は高いQをもつ劇のように見えるかもしれない」

- At first は「初め（のうち）は，最初は」が通常の訳だが，これを使うと「のちに変化する」という内容が続くことを思わせる。この文では「一見」などとしたほうが文意に合う。
- look like ～ は「～のように見える」で，文字どおりには目で見た印象を表すが，ここでは必ずしも見た目の話というわけではないので，「～のように思える」としてもよいだろう。
- with a high Q は，Qが数値で表される指標なので，「高いQ値をもつ，Q値の高い」などとするとわかりやすい。

since several of its collaborators were already Broadway legends who had worked together before.

直訳 「その協力者の数人は，以前に一緒に仕事をしたことがあった，すでにブロードウェイの伝説的人物だったからだ」

- since は理由を表す接続詞。前にカンマもあり，長いので，訳し下ろすのが妥当。
- collaborators は，ミュージカルを一緒に作った人たちのことなので，「共同制作者」などとするとわかりやすい。
- legends は主語が人なので，「伝説」ではなく「伝説的な人物」とするのがよい。
- who 以下は legends を先行詞とする関係代名詞節。had worked together は「一緒に仕事をした（伝説的人物だった)」では，日本語としてのバランスがよくないので，経験を表して「一緒に仕事をしたことのある（伝説的人物だった)」などとするとよい。

解答

設問(1) それは，集団というものが，単に個々の才能の集まりではないからである。むしろ，そうした才能が自らを超える，つまり，誰も可能だとは思わなかったほど素晴らしいものを生み出す機会なのである。適切に混じり合った人々が集まり，適切に力を合わせるとき，そこで起こることは魔法のように感じられることがよくある。

設問(2) 個人が書いた論文より，複数の著者が生み出した論文のほうが，引用される頻度が高いという傾向は，「ホームラン論文」，すなわち少なくとも 1000 回は引用された出版物になるとさらにはっきりしており，科学者のチームが書いたものである率は，個人のものの 6 倍以上だった。

設問(3) ミュージカルは，作曲家，作詞家，脚本家，振付師，監督，演出家といった多くの異なる才能が協力して作り上げるものなので，集団の創造性のモデルとして研究するのには最適だと考えたから。

設問(4) ミュージカル制作に携わる人たちの相互関係の親密さを表す指標。(30 字)

設問(5) アーティスト同士が親しすぎて，みんなの考え方が似たり寄ったりであり，ミュージカルの革新的な見せ方を考え出すことができなかったため。

設問(6) 古い友人と新参者が混じり合った中くらいの親密さのチームが最も成功すると提示しており，その理由は，このようなチームなら，よりどころになる構造があるため安心感もあるが，新しいメンバーもいるため，いままでにはない新しい考えも取り込めるからである。

設問(7) 1957 年，この劇が社会問題に取り組もうとしていたことと，そのダンスシーンが長いことで，ブロードウェイの慣例から完全に抜け出たものと見なされた。一見，『ウェスト=サイド物語』は，Q 値の高い劇のように思えるかもしれない。共同制作者の数人が，以前一緒に仕事をしたことのある，ブロードウェイではすでに伝説的な人物だったからだ。

35

2015年度 外国語学部以外〔2〕

次の英文を読んで，以下の設問に答えなさい。

When we reach adulthood, we have the opportunity to look back over our lives, review our triumphs and regrets, and contemplate the story that we want to tell. Such stories or "life narratives"—the content and the telling—are important. For the past several decades, psychological scientists have been exploring how the stories that we write about our lives shape the way we think about ourselves, influence our day-to-day behaviors, and impact our happiness. Having a coherent autobiography makes us feel more accepting about our past and less fearful about the future. In other words, we are better (A) if we are able to construct a life narrative of how we became who we are today and how our future will (i)<u>unfold</u>—for example, by giving our life history a sense of orderliness and significance. (a)<u>For example, instead of regretting that we didn't spend more time with our sister when she was very ill, we come to understand how her battle with cancer propelled us to devote our life after that to helping others.</u> We experience greater happiness and life purpose when we are able to interpret our lives (B) more than just a collection of isolated, fleeting moments and can transform those moments into critical pieces of a significant journey. We are better adjusted when we have the capacity to convert an uncertain future into a series of (ii)<u>predictable</u> events.

In the 1957 Ingmar Bergman film *Wild Strawberries*, the protagonist, a seemingly benevolent elderly Swedish physician, is haunted by past regrets and images of his own (iii)<u>impending</u> death. Forced to reevaluate his life, he undertakes (b)<u>a literal and metaphorical journey</u>, during which he visits people and places that remind him of all the key turning points in his life—his admired but actually mean-spirited mother, his childhood on the seaside, the sweetheart he loved who married his brother instead of him, and his bitterly quarrelsome marriage. Recognizing himself in these memories and in the people in his life, the doctor gradually gains a sense of self-acceptance and is able to infuse in his life a coherence and significance that (c)<u>it</u> didn't have before.

The Swedish physician achieves something that we should all aim (C);

researchers call it (d)autobiographical coherence. Achieving it may require mental time travel—to moments of our earliest youth, for example, finding there the seeds of our present failures and successes as partner, grandparent, worker, and friend. Bergman reportedly got the idea for *Wild Strawberries* during a long car trip across Sweden. After stopping in Uppsala, the town of his birth and childhood, and driving past his grandmother's old home, he imagined what it would be like to open the door and walk back into his childhood. What if we could do that with different periods of our lives?

Research shows that by simply writing about the past, people are able to gain a sense of meaning and order about their significant life events, thus affording them the chance to (iv)come to terms with these events and reconcile themselves to their regrets. Such writing can help us reconnect to the people, places, and activities from our pasts and give us a sense of autobiographical coherence. Such writing involves not only describing our biographical facts ("I was mistreated," "I lived in Pennsylvania"), but going (D) the facts by selectively reconstructing particular memories or aspects of our experiences (e. g., cherished memories or symbolic family traditions) in a way that makes sense to us. In doing so, instead of (v)dwelling on all the ways we could have acted more virtuously or more wisely, we will make our past life experiences and events come alive and add meaning to our lives.

From *The Myths of Happiness : What Should Make You Happy, but Doesn't, What Shouldn't Make You Happy, but Does* by Sonja Lyubomirsky, Penguin Books Ltd.

設問(1) 本文中の空所（ A ）〜（ D ）を埋めるのに最も適当な語を，(イ)〜(ヘ)から一つ選び，記号で答えなさい。ただし，同じ語を二度選んではいけません。

(イ) as　　(ロ) beyond　　(ハ) for
(ニ) off　　(ホ) on　　(ヘ) to

設問(2) 本文中の下線部(i)〜(v)の語または語句に最も意味の近いものを，(イ)〜(ニ)から一つ選び，記号で答えなさい。

(i) unfold
(イ) delay　　(ロ) develop
(ハ) finish　　(ニ) succeed

(ii) predictable
　(イ) enjoyable　　(ロ) likely
　(ハ) significant　　(ニ) understandable
(iii) impending
　(イ) approaching　　(ロ) eventual
　(ハ) painful　　(ニ) sudden
(iv) come to terms with
　(イ) accept　　(ロ) evade
　(ハ) express in words　　(ニ) get to know
(v) dwelling on
　(イ) getting along with　　(ロ) getting used to
　(ハ) making the most of　　(ニ) thinking too much about

設問(3) 本文中の下線部(a)には，妹の病死という出来事に対する捉え方の変化が述べられている。どのような状態からどのような状態に変化したのか，80 字以内の日本語にまとめなさい。ただし，字数には句読点を含みます。

設問(4) 本文中の下線部(b)と下線部(d)の意味の説明として最も適切なものを，(イ)〜(ニ)から一つ選び，記号で答えなさい。
(b) a literal and metaphorical journey
　(イ) a journey reminding him of his past successes and failures
　(ロ) a journey revisiting not only places but also people in his past
　(ハ) a journey taken both physically and mentally
　(ニ) a journey taken to both actual and fictional places
(d) autobiographical coherence
　(イ) a collection of isolated, fleeting moments in life
　(ロ) a series of key turning points in life
　(ハ) orderliness and significance that one finds in one's past life
　(ニ) recognition of contradictory elements in one's past life

設問(5) 本文中の下線部(c) it が指し示す箇所を，英語のまま抜き出しなさい。

設問(6) 本文の内容に最もよく合っているものを，(イ)～(ヘ)から二つ選び，記号で答えなさい。

(イ) Ingmar Bergman は，自動車旅行中に，自分の幼少時の体験がその後の人生に最も重要な影響を与えたことに気づいた。

(ロ) *Wild Strawberries* の主人公は，過去の幸福な出来事を振り返り，再構成することによって，自分の過去を受け入れることができた。

(ハ) 私たちが自分の過去の人生の出来事をどのように再構成するかは，私たちの未来の人生にも影響を与える。

(ニ) 私たちが過去の人生の物語を書く際には，伝記的な事実をできるだけ数多く正確に記述することが重要である。

(ホ) 私たちは過去の失敗をただ後悔するだけでなく，そのような出来事と現在の自分との関係を見出すことが重要である。

(ヘ) 心理学者によれば，私たちは過去の失敗に左右されることなく，現在と未来の自分を作り上げて行くことが重要である。

全 訳

■過去の人生の物語を書く意味

❶ 大人になると，私たちは自分の人生を振り返り，大成功したことや後悔するようなことを見直し，語りたいと思う物語をじっくりと考えることがある。そのような物語，すなわち「自分の人生の物語」は，その内容も語ること自体も，重要である。過去数十年にわたって，心理学者たちは，私たちが自分の人生について書き記

す物語が，どのように私たちの自分自身についての考えを形成し，私たちの日々の行動に作用し，また，私たちの幸福感に影響を及ぼすかを研究してきた。筋の通った自伝があると，自分の過去を受け入れやすく感じ，将来を恐れる気持ちは少なくなる。言い換えると，たとえば，自分の生涯に秩序や意味があると感じるようにすることで，自分がどのようにして今の自分になり，将来はどのように展開するのかという自分の人生の物語を構築できれば，そのほうが私たちは幸せだということである。たとえば，妹が非常に体の具合を悪くしていたときにもっと一緒に時間を過ごさなかったことを後悔するのではなく，彼女がガンと闘ったということが，どのようにして自分たちが人を助けることにその後の人生を捧げる原動力になったかを理解するようになる。自分の人生を，ばらばらのはかない瞬間の単なる寄せ集め以上のものだと解釈でき，そうした瞬間を，意味のある旅を完成させるのに欠かせない部分に変えてやることができると，より大きな幸福感と人生の目的を味わえる。不確かな未来を一連の予測可能な出来事に変える能力を持つことで，より適応した状態になる。

❷ 1957年のイングマール=ベルイマンの映画『野いちご』では，主人公が慈悲深く思われる高齢のスウェーデン人医師で，過去の後悔や差し迫った自分自身の死のイメージにとりつかれている。自分の人生を再評価せざるをえなくなり，文字どおりの旅も比喩的な旅もする。その間，彼は自分の人生のすべての重要な転機を思い出させてくれる人々や場所を訪ねる。敬愛しているが，実際には心の卑しい母，海辺で過ごした幼少期，彼が愛していたが，彼ではなく彼の弟と結婚した恋人，そして苦々しいほどけんかばかりの結婚。こうした記憶の中での自分自身，そして彼の人生に存在した人々の中の自分自身を認識して，この医師は徐々に自分を容認し，以前にはなかった一貫性と意味を自分の人生に注ぎ込むことができるのである。

❸ このスウェーデン人の医師は，私たちがみんな目指すべきことを成し遂げている。研究者はそれを自伝的一貫性と呼んでいる。それを成し遂げるには，精神的な時間旅行をする必要があるかもしれない。たとえば，青年期の最初期に戻り，そこでつれあい，祖父，労働者，友人としての現在の自分の失敗と成功の種を見つけるのである。ベルイマンは，伝えられるところによると，スウェーデンを横断する長い自動車旅行の間に『野いちご』の着想を得たそうだ。彼の生誕地であり幼少期を過ごしたウプサラに足を止め，祖母の古い家の前を通り過ぎたあと，彼はその扉を開けて子どもの頃に戻っていったらどんなふうだろうと想像した。そうしたことが人生のさまざまな時期にできるとしたらどうだろう。

❹ 研究では，過去のことを書きとめるだけで，人は自分の人生の重要な出来事について意味と秩序の感覚を得られ，こうした出来事を受け入れ，自身をその後悔と和解させる機会を与えられることがわかっている。そのように書いてみることは，

過去の人々，場所，活動と自分をもう一度結びつける手助けとなりうるし，私たちは自伝的一貫性の感覚を得られるのである。そのような文章は，人生の事実（「私は虐待された」，「ペンシルバニアに住んでいた」）を描くだけではなく，私たちの特定の記憶や経験のある側面（たとえば，大事にしている思い出，家族の象徴的なしきたり）を，自分にとって意味を成すように選択的に再構築することによって，事実を超えることを伴う。そうするときに，もっと立派にもっと賢明に行動できただろう自分のあらゆるやり方をくよくよと考えるのではなく，過去の人生の経験や出来事を生き返らせ，自分の人生に意味を与えることになるのである。

各段落の要旨

❶ 過去数十年にわたる心理学者たちの研究によると，自分の人生を振り返って築き上げる「人生の物語」に筋が通っていると，自分の過去を受け入れやすく感じ，将来を恐れる気持ちが少なくなる，つまり，自分の生涯に秩序や意味があると感じるようにすることで，私たちはより大きな幸福感を味わえるということがわかっている。

❷ ある映画では，過去の後悔と差し迫った自身の死に悩まされる高齢の主人公が，文字どおりの空間的な旅と記憶をたどる比喩的な旅を行うことで，徐々に自分を受け入れ，自分の人生に一貫性と意味を注ぎ込むことができるようになる様子を描いている。

❸ 映画の主人公が行ったことは，誰もが目指すべきことであり，研究者が自伝的一貫性と呼ぶものだが，それを成し遂げるには精神的な時間旅行をする必要がある。

❹ 研究では，過去のことを書きとめるだけでも，人は自分の人生の重要な出来事について意味と秩序を見出し，それらの出来事を受け入れることができるようになることがわかっているが，それは，書くことによって特定の記憶や経験を，自分にとって意味を成すように選択的に再構築して，事実を超えることができるからである。

解　説

設問(1)　正解は　A―(ニ)　B―(イ)　C―(ハ)　D―(ロ)

A　… we are better (　　　) if we are able to construct a life narrative …

▶ be well off で「幸福である，順調である」の意。better はその比較級。(ニ) off が正解。

B　… we are able to interpret our lives (　　　) more than just a collection of isolated, fleeting moments …

▶ interpret *A* as *B* で「*A* を *B* と解釈する」の意。(イ) as が正解。

C　… something that we should all aim (　　　); …

▶ aim for ～ で「～を目指す」の意。目的格の関係代名詞 that が for の目的語に当たる。(ハ) for が正解。

D　Such writing involves not only describing our biographical facts …, but going

( ) the facts

▶当該文は「そのような文章は，人生の事実…を描くだけではなく，事実を（ ）いくことを伴う」となっている。「事実を描くだけではない」とは，「事実だけにとどまらない」，「事実を超えていく」ことだと解釈できる。(ロ) beyond が正解。

設問(2) **正解は** (i)—(ロ) (ii)—(ロ) (iii)—(イ) (iv)—(イ) (v)—(ニ)

(i) ▶ unfold は「広がる，展開する」の意。(ロ) develop **「発展する」**が同意。「未来がどのように…するか」という文意からも推測できる。

(イ)「手間取る」 (ハ)「終わる」 (ニ)「成功する」

(ii) ▶ predictable は「予測可能な」の意であり，「こうなりそうだとわかる」ということ。(ロ) likely **「起こる可能性が高い，ありそうな」**が最も意味が近い。

(イ)「楽しめる」 (ハ)「重要な」 (ニ)「理解できる」

(iii) ▶当該箇所 his own impending death の「彼」は，同文中ほどにある elderly … physician「年配の医師」を指しており，人生の終わりが近づいていると推測できる。(イ) approaching **「近づいてくる，接近している」**が正解。impending は「差し迫った，今にも起こりそうな」の意。

(ロ)「最終的な」 (ハ)「苦痛に満ちた」 (ニ)「突然の」

(iv) ▶当該箇所の直後に reconcile themselves to their regrets「自分自身と，自分が後悔していることとを和解させる」が and で並列されている。自分の人生を肯定的に受け止める内容になっており，「これらの出来事（＝人生の重要な出来事）を come to terms with する」も同様の内容であると考えられる。(イ) accept **「～を受け入れる」**が正解。come to terms with ～ は「～と折り合いをつける」の意。

(ロ)「～を避ける」 (ハ)「～を言葉で表現する」 (ニ)「～を知るようになる」

(v) ▶当該文は「もっと立派にもっと賢明に行動できただろう自分のあらゆるやり方を dwelling on ではなく…人生に意味を与える」となっており，「人生に意味を与える」という前向きな姿勢と対照的な意味になると考えられる。また，could have acted more …「もっと…に行動できただろう（に）」は仮定法過去完了の帰結節の形をとっており，実際には「立派に賢明に」行動できず，後悔していることがわかる。(ニ) thinking too much about ～ **「～について考えすぎること」**が正解。dwell on ～ は「～をくよくよ考える，～にこだわる」の意。

(イ)「～とうまくやっていくこと」 (ロ)「～に慣れること」 (ハ)「～を最大限に利用すること」

設問(3) ▶下線部の展開は，instead of *doing*, we come to *do*「*doing* するのではなく〔する代わりに〕，*do* するようになる」となっており，*doing* する状態から *do* する状態へと変化したことを表している。*doing* にあたる regretting that … ill は「妹がたいへん具合が悪いときに彼女と一緒にもっと多くの時間を過ごさなかったことを後悔する」，*do* の understand … others は「彼女のガンとの闘いがどのように私たちのその後の人生を人助けすることに捧げるよう私たちを駆り立てたかを理解する」となっている。この内容を 80 字以内にまとめる。propel *A* to *do*「～するよう *A* を駆り立てる」，devote *A* to *B*「*A* を *B* に捧げる」は，それぞれ知っておきたい表現。

設問⑷　正解は　⒝―㈠　⒟―㈠

⒝　▶下線部の訳は「文字どおり（の旅）と比喩的な旅」。直後の during which「その間に」はこれを先行詞としており，その内容は「彼は自分の人生のすべての重要な転機を思い出させてくれる人々や場所を訪ねる」である。「訪ねる」ことは空間の移動を伴う「実際の旅行」であり，「人生の転機を思い出す」ことは記憶をたどる「心の旅」である。㈠**「肉体的〔物理的〕にも精神的にも行われる旅」**が正解。

㈰「彼に過去の成功と失敗を思い出させてくれる旅」

㈪「過去の場所だけでなく，人々も再び訪ねる旅」

㈡「実際の場所にも架空の場所にも行く旅」

⒟　▶下線部の訳は「自伝的一貫性」。当該文前半に「このスウェーデン人の医師は，私たちがみんな目指すべきことを成し遂げている」とあり，その「目指すべきこと」を称して研究者たちは「自伝的一貫性」と呼んでいる。スウェーデン人医師とは，第 2 段にある映画の主人公のことであり，同段最終文で「この医師は徐々に自分を容認し，以前にはなかった一貫性と意味を自分の人生に注ぎ込むことができる」とある。その内容と最も近い㈠**「人が自分の過去の人生に見出す秩序性と意味」**が正解。

㈰「人生におけるばらばらのはかない瞬間の寄せ集め」

㈪「人生における一連のかぎとなる転機」

㈡「自分の過去の人生において矛盾する要素の認識」

設問⑸　正解は　his life

▶当該文は「その医師は…それが以前には持っていなかった一貫性と意味を自分の人生に注ぎ込むことができる」となっている。一貫性と意味がなかったところにそれらを注ぎ込むと考えるのが妥当であり，「それ」は「自分の人生」を指す。英語のまま抜き出すという条件なので，his life が正解。

設問⑹　正解は　㈠・㈭

(イ)――× 第3段第3文に「ベルイマンは…スウェーデンを横断する長い自動車旅行の間に『野いちご』の着想を得た」とある。この選択肢は本文の内容と一致しない。

(ロ)――× 第2段第2文に「敬愛しているが，実際には心の卑しい母…彼が愛していたが，彼ではなく彼の弟と結婚した恋人，そして苦々しいほどけんかばかりの結婚」とあるので，この選択肢の「過去の幸福な出来事を振り返り」の部分が，本文の内容と一致しない。

(ハ)――○ 第1段第4文に「筋の通った自伝があると，自分の過去を受け入れやすく感じ，将来を恐れる気持ちは少なくなる」とあることと一致する。この選択肢が正解の一つ。

(ニ)――× 最終段第3文に「そのような文章は，人生の事実…を描くだけではなく，私たちの特定の記憶や経験のある側面…を，自分にとって意味を成すように選択的に再構築することによって，事実を超えることを伴う」とある。重要なのは「再構築する」ことであり，「事実をできるだけ数多く正確に記述する」ことではないので，この選択肢は本文の内容と一致しない。

(ホ)――○ 最終段最終文に「もっと立派にもっと賢明に行動できただろう自分のあらゆるやり方をくよくよと考えるのではなく，過去の人生の経験や出来事を生き返らせ，自分の人生に意味を与える」とあることと一致する。これが正解の一つ。

(ヘ)――× 第1段第3文に「心理学者たちは，私たちが自分の人生について書き記す物語が，どのように私たちの自分自身についての考えを形成し，私たちの日々の行動に作用し，また，私たちの幸福感に影響を及ぼすかを研究してきた」，最終段第1文に「研究では，過去のことを書きとめるだけで，人は自分の人生の重要な出来事…を受け入れ，自分自身をその後悔と和解させる機会を与えられることがわかっている」とある。この選択肢の「過去の失敗に左右されることなく」の部分が，本文の内容と一致しない。

解答

設問(1) A―(ニ) B―(イ) C―(ハ) D―(ロ)

設問(2) (i)―(ロ) (ii)―(ロ) (iii)―(イ) (iv)―(イ) (v)―(ニ)

設問(3) 重病の妹ともっと一緒に過ごせばよかったと後悔する状態から，妹のガンとの闘いが，自分たちのその後の人生を人助けに捧げる原動力となったと理解する状態に変化した。(78字)

設問(4) (b)―(ハ) (d)―(ハ)

設問(5) his life

設問(6) (ハ)・(ホ)

36

2015 年度 外国語学部〔2〕

次の英文を読んで，下記の設問に答えなさい。

Since the late 1920s we have known that the universe is expanding, and that as it does so it is thinning out and cooling. By measuring the current rate of expansion, we can make good estimates of the moment in the past when the expansion began—①the Big Bang—which was about 13.7 billion years ago, a time when no planets or stars or galaxies existed and the entire universe consisted of a fantastically dense nugget of pure energy. No matter how big our telescopes, we cannot see beyond the distance light has traveled since the Big Bang. Farther than that, and there simply hasn't been enough time since the birth of the universe for light to get from there to here. This giant sphere, the maximum distance we can see, is only the *observable* universe. But the universe could extend far beyond that.

In his office in Santa Cruz, Garth Illingworth and his colleagues have mapped out and measured the cosmos to the edge of the observable universe. They have reached out almost as far as the laws of physics allow. All that exists in the knowable universe—oceans and sky ; planets and stars ; pulsars, quasars, and dark matter ; distant galaxies and clusters of galaxies ; and great clouds of star-forming gas—has been gathered within the cosmic sensorium gauged and observed by human beings.

"Every once in a while," says Illingworth, "I think, By God, we are studying things that we can never physically touch. We sit on this miserable little planet in a midsize galaxy and we can characterize most of the universe. ②It is astonishing to me, the immensity of the situation, and how to relate to it in terms we can understand."

The idea of Mother Nature has been represented in every culture on Earth. But to what extent is the new universe, vastly larger than anything conceived of in the past, part of *nature* ? One wonders how connected Illingworth feels to this astoundingly large cosmic terrain, to the galaxies and stars so distant that their images have taken billions of years to reach our eyes. Are the little red dots on his maps part of the same landscape that Wordsworth and Thoreau described, part of the same environment of mountains and trees, part of the same cycle of birth and death that orders our lives, part of our physical and emotional conception of the world we live in ? Or are such things instead digitized abstractions, silent and untouchable, akin to us only in their (hypothesized) makeup of atoms and molecules ? And to what extent are we human beings, living on a small planet orbiting one star among billions of stars, part of that same nature ?

The heavenly bodies were once considered divine, made of entirely different stuff from objects on Earth. Aristotle argued that all matter was constituted from four elements: earth, fire, water, and air. A fifth element, ether, he reserved for the heavenly bodies, which he considered immortal, perfect, and indestructible. It wasn't until the birth of modern science, in the seventeenth century, that we began to understand ③the similarity of heaven and Earth. In 1610, using his new telescope, Galileo noted that the sun had dark patches and blemishes, suggesting that the heavenly bodies are not perfect. In 1687 Newton proposed a universal law of gravity that would apply equally to the fall of an apple from a tree and to the orbits of planets around the sun. Newton then went further, suggesting that all the laws of nature apply to phenomena in the heavens as well as on Earth. In later centuries, scientists used our understanding of terrestrial chemistry and physics to estimate how long the sun could continue shining before depleting its resources of energy ; to determine the chemical composition of stars ; to map out the formation of galaxies.

Yet even after Galileo and Newton, there remained ④another question : Were living things somehow different from rocks and water and stars ? Did animate and inanimate matter differ in some fundamental way ? The "vitalists" claimed that animate matter had some special essence, an intangible spirit or soul, while the "mechanists" argued that living things were elaborate machines and obeyed precisely the same laws of physics and chemistry as did inanimate material. In the late nineteenth century, two German physiologists, Adolf Eugen Fick and Max Rubner, each began testing the mechanistic hypothesis by painstakingly tabulating the energies required for muscle contraction, body heat, and other physical activities and comparing these energies against the chemical energy stored in food. Each gram of fat, carbohydrate, and protein had its energy equivalent. Rubner concluded that the amount of energy used by a living creature was exactly equal to the energy it consumed in its food. Living things were to be viewed as complex arrangements of biological pulleys and levers, electric currents, and chemical impulses. Our bodies are made of the same atoms and molecules as stones, water, and air.

And yet many had a lingering feeling that human beings were somehow separate from the rest of nature. Such a view is nowhere better illustrated than in the painting ⑤*Tallulah Falls* (1841), by George Cooke, an artist associated with the Hudson River school. Although this group of painters celebrated nature, they also believed that human beings were set apart from the natural world. Cooke's painting depicts tiny human figures standing on a small promontory above a deep canyon. The people are dwarfed by tree-covered mountains, massive rocky ledges, and a waterfall pouring down to the canyon below. Not only insignificant in size compared with their surroundings, the human beings are mere witnesses to a scene they are not part of and never could be. Just a few years earlier, Ralph Waldo Emerson had published his famous essay "Nature," an appreciation of the natural world that nonetheless held humans separate from nature, at the very least in the moral and spiritual domain : "Man is fallen ; nature is erect."

Today, with various back-to-nature movements attempting to resist the dislocations brought about by modernity, and with our awareness of Earth's precarious environmental state ever increasing, many people feel a new sympathy with the natural world on this planet. But the gargantuan cosmos beyond remains remote. We might understand at some level that those tiny points of light in the night sky are similar to our sun, made of atoms identical to those in our bodies, and that the cavern of outer space extends from our galaxy of stars to other galaxies of stars, to distances that would take light billions of years to traverse. We might understand these discoveries in intellectual terms, but they are baffling abstractions, even disturbing, like the notion that each of us once was the size of a dot, without mind or thought. Science has vastly expanded the scale of our cosmos, but our emotional reality is still limited by what we can touch with our bodies in the time span of our lives. George Berkeley, the eighteenth-century Irish philosopher, argued that the entire cosmos is a construct of our minds, that there is no material reality outside our thoughts. As a scientist, I cannot accept ⑥that belief. At the emotional and psychological level, however, I can have some sympathy with Berkeley's views. Modern science has revealed a world as far removed from our bodies as colors are from the blind.

From *Our Place in the Universe, Harpers Magazine, December 2012 issue* by Alan Lightman

設問(1) 下線部①当時の宇宙の状態について，本文ではどのように説明されていますか。日本語で答えなさい。

設問(2) 下線部②の内容を，日本語で具体的に説明しなさい。

設問(3) 下線部③を人類が理解していく上で，Galileo と Newton はそれぞれどんな貢献をしたと書かれていますか。日本語で説明しなさい。

設問(4) 下線部④の問いに関する異なる二つの見解について，それぞれ日本語でわかりやすく説明しなさい。

設問(5) 下線部⑤の絵に描かれている光景は，人間が自然とどのような関係にあることを表していますか。日本語でわかりやすく説明しなさい。

設問(6) 下線部⑥の内容を明らかにし，下線部⑥に対する著者 "I" の二つの対照的な態度について，日本語でわかりやすく説明しなさい。

全訳

■人間の実感レベルを超える現代科学

❶ 1920年代の終わりごろ以来，私たちは宇宙が膨張していること，そしてそれに伴ってだんだんと密度が希薄になり，冷えてきていることを知っている。現在の膨張速度を計算することで，膨張が始まった過去の瞬間，つまりビッグバンのことを十分推定できるのだが，これはおよそ137億年前のことであり，そのときには惑星も恒星も銀河も存在せず，全宇宙が異常に高密度の純粋なエネルギーの塊でできていたのである。私たちの望遠鏡がどれほど大きくても，ビッグバンののちに光が進んだ距離より遠くを見ることはできない。それより遠くを見ようとしても，宇宙の誕生以降のところから光がこちらまで届くのには，単純に言って十分な時間が経っていない。この巨大な領域，つまり私たちが見ることのできる最大の距離は，単に〈観察可能な〉宇宙であるにすぎない。しかし，宇宙はそれをはるかに超えて広がっている可能性がある。

❷ サンタクルーズの研究室で，ガース=イリングワースと彼の同僚たちは，観察可能な宇宙の端まで精密に地図を作成し，測定した。彼らの作業は物理法則が許す限界近くまで達している。知りうる宇宙に存在するすべてのもの，つまり，海と空，惑星と恒星，パルサーや恒星状天体や暗黒物質，遠く離れた銀河や銀河星団，恒星を生み出しつつあるガスからなる巨大な雲といったものが，人間によって計測，観察された宇宙に対する知覚情報の中にまとめられたのだ。

❸ 「ときどきのことですが」とイリングワースは言う。「きっと私たちは，物理的には決して触れることができないものを研究しているのだと思うんです。私たちは，中くらいの銀河にある，このみじめなほど小さな惑星の上にいるのに，宇宙の大半の特徴を描くことができるのです。それは驚くべきことですよ。私たちが置かれた立場は実に途方もないものですが，私たちが理解できる言葉でそれとどのように関わるかということですから」

❹ 母なる自然という概念は，地球上のすべての文化に見られる。しかし，過去に認識されていたどんなものよりもはるかに大きなこの新しい宇宙は，どの程度まで〈自然〉の一部なのだろうか。イリングワースは，この驚くほど巨大な宇宙域，つまり，私たちの目にその像が届くのに何十億年もかかるほど遠く離れた銀河や恒星と，どれほどつながっていると感じているのだろうか。彼の地図の上にある小さな赤い点は，ワーズワースやソローが描いたのと同じ景色の一部，山々や木々がある同じ環境の一部，私たちの命を統べる生と死と同じ循環の一部，私たちが暮らす世界の肉体的・情緒的概念の一部なのだろうか。あるいは，そうではなく，そのよう

なものは，デジタル化された抽象物で，音もなく触れることもできず，原子と分子でできている（と仮定される）構成においてだけ私たちと同種だというのにすぎないのだろうか。そして，何十億もある恒星のうちの一つの星の周りを回る小さな惑星上に暮らす私たち人類は，どの程度までその同じ自然の一部なのだろうか。

❺ かつて天体は，神聖で，地上のものとはまったく異なるものでできていると考えられていた。アリストテレスは，あらゆる物質は土，火，水，空気という4つの元素でできていると主張した。5つめの要素エーテルを，彼は天体のために用意しており，不朽で完璧，不滅のものと考えていた。17世紀になって近代科学が生まれてやっと，人は天と地の類似性を理解し始めたのである。1610年に，ガリレオは自分の新しい望遠鏡を使って，太陽には黒い斑点やしみがあることに気づき，天体も完璧ではないことを示した。1687年には，ニュートンが木からのリンゴの落下にも太陽を回る惑星の軌道周回にも等しく適用できる万有引力の法則を提示した。その後ニュートンはさらに進んで，あらゆる自然の法則は，地球上だけでなく宇宙の現象にも当てはまることを示唆した。その後の数世紀で，科学者たちは，地球上の化学や物理学の理解を使って，太陽がそのエネルギー源を使い果たすまでどのくらい輝き続けることができるのかを概算し，恒星の化学的組成を判定し，銀河の位置関係を特定した。

❻ しかし，ガリレオやニュートンの（発見の）あとでさえも，もう一つの問いは残った。つまり，生物は，何か岩や水や星とは違っているのだろうか，生物と無生物は何か根本的なところで異なっているのだろうか，という問いである。「生気論者」は，生物は何か特別な本質，目に見えない精神あるいは魂を持っていると主張し，一方「機械論者」は，生物は精巧な機械であり，生命を持たない物質と同じ物理法則，化学法則にしたがっていると論じた。19世紀の終わりごろ，アドルフ=オイゲン=フィックとマックス=ルブナーという2人のドイツ人生理学者がそれぞれ，筋肉の収縮，体温，その他の身体活動に必要なエネルギーを綿密に表にし，これらのエネルギーと食物に含まれている化学的エネルギーとを比較することで，機械説を検証し始めた。脂肪，炭水化物，タンパク質1グラムにはそれぞれと等価のエネルギーがある。ルブナーは，生物が使用したエネルギー量は，食物の形でそれが消費したエネルギーとちょうど同じであるという結論を出した。生物は，生物的な滑車やてこ，電流，化学的刺激の複雑な組み合わせとして見ることができた。私たちの体は，石や水や空気と同じ原子や分子で構成されているのである。

❼ それでも，人間は自然の他のものとは何か別であるというなかなか消えない思いを感じている人は多かった。ハドソンリバー派の画家の一人であるジョージ=クックによる「タルーラの滝」（1841年作）という絵画ほど，そのような見解がよく表されている例はない。この画家集団は自然を賛美してはいたが，彼らはまた，人

間は自然界とは区別されるとも考えていた。クックの絵は，深い峡谷の上に突き出た小さな岩の上に立つちっぽけな人間の姿を描いている。その人たちは，木に覆われた山々，巨大なごつごつとした岩棚，下の峡谷に落ちていく滝と対照的に小さく見える。周りを取り囲んでいるものと比べて，大きさの点で取るに足りないほど小さいだけでなく，人間は自分がその一部ではなく，また決してその一部にはなりえない光景の単なる目撃者でしかない。その絵が発表されるほんの数年前に，ラルフ=ワルド=エマーソンが有名な随筆『自然』を出版したばかりであったが，これは自然界を賛美したものである。それでも，少なくとも倫理や精神の領域では人間を自然とは分離したものととらえている。すなわち，「人間は堕しており，自然は屹立している」というわけである。

❽ 今日，近代化によって引き起こされた混乱に抵抗することを目指すさまざまな自然回帰の運動や，ますます危険を増す地球の自然の状態に対する私たちの認識とともに，多くの人々がこの惑星上の自然界に新たな共感を抱くようになっている。しかし，あまりに巨大な宇宙のはるかかなたは，依然遠く離れたままである。私たちは，夜空に浮かぶあの小さな光の点は，私たちの太陽と似ており，私たちの体内にあるのと同じ原子でできているということ，そして，宇宙で星々がまったく観測されない空洞が私たちのいる星々の銀河から他の星々の銀河へと，光が超えていくのに何十億年もかかるような遠くにまで広がっているということをある程度，理解しているのかもしれない。私たちは知的な言葉でこうした発見を理解しているかもしれないが，それらは私たちの一人一人がかつては精神も思考も持たない点ほどの大きさだったという考えに似て，人を当惑させるような，あるいは混乱させさえする抽象的なものなのだ。科学は私たちの宇宙の規模を大いに拡大したが，私たちの情緒的な現実はなお，自身の生を送りうる時間内に体でふれることができるものによって規定されている。18 世紀のアイルランドの哲学者であるジョージ=バークリーは，宇宙全体は私たちの精神が構築したものであり，私たちの思考の外部にはなんら物質的な実体はないと主張した。科学者として，私はそのような考えは受け入れられない。しかし，情緒的，心理的レベルでは，バークリーの見方にいくらか共感を抱くことはできる。現代科学は，目の不自由な人には色が手の届かないところにあるのと同じくらい私たちの身体から離れた世界を明らかにしてきたのである。

❶ 現在私たちは，137 億年前の，いわゆるビッグバンでこの宇宙が生まれたことを知っているが，それを超えたところは見ることができず，宇宙がいかに広大でも，わかっているのはあくまで「観察可能な」宇宙である。

❷ ある科学者とその同僚たちは，「観察可能な」宇宙に存在するすべてのものを計測，観測し，精密な地図を作り上げた。

❸ その科学者は，自分たちの研究を驚くべきものだと評しているが，それは彼らのし

各段落の要旨

ていることが，物理的には決して触れられないものの特徴を，広大な宇宙に比べてごく小さな存在である人間が，理解可能な言葉で描くことだからである。

❹ 新しく認識された巨大な宇宙域は，山々や木々，私たち人間と同じ生と死の循環の一部，つまり，いわゆる「母なる自然」の一部なのか，それとも，デジタル化された抽象物で，原子や分子でできているという構成においてだけ私たちと同種であるにすぎないのだろうか。

❺ かつて天体や天空は神聖なものであり，地上のものとはまったく異なると考えられていたが，17 世紀以降の近代科学は，天と地の類似性を理解し，地球上の化学や物理学で，宇宙のさまざまなものや現象を解明してきた。

❻ 解明が進んでも残る問いは，生物と無生物は何か根本的に異なっているのかどうかというものであり，生物には特別な，目に見えない精神や魂があるという「生気論」と，生物は精巧な機械であるとする「機械論」の対立する考え方が生まれたが，近代科学は機械論的な証拠を見出していた。

❼ それでも人間は自然の他のものとは何か別であるという思いはなかなか消えず，自然を賛美する芸術家や思想家でも，倫理や精神の領域では人間を自然とは分離したものととらえている。

❽ 近代化の反動として生まれた自然回帰運動や，危機にさらされる自然環境に対する認識と相まって，地球上の自然界に新たな共感を抱く人が増えているが，科学が明らかにしてきた広大な宇宙は，その点では依然として遠く離れており，何か当惑や混乱を感じさせる抽象的なもののままである。

解　説

設問(1) ▶下線部①を含む文（第 1 段第 2 文）の後半 a time when … の部分で，ビッグバンのときの宇宙がどのようなものだったか説明されている。no planets or stars or galaxies existed「惑星も恒星も銀河も存在せず」，and the entire universe consisted of a fantastically dense nugget of pure energy「全宇宙が異常に高密度の純粋なエネルギーの塊でできていた」となっており，これがそのまま解答に利用できる。締めくくりを「～状態」として，問いに対して適切なまとめ方にしておくこと。*A* consist of *B*「*A* は *B* でできている，構成されている」は知っておきたい表現。

設問(2) ▶下線部②を含む部分は「それは私には驚くべきことだ」となっている。代名詞が前述のものを受けるという原則にしたがって，同段第 1・2 文の内容を見ると「人間は，このみじめなほど小さな惑星の上にいるのに，物理的には決して触れることができないものを研究し，宇宙の大半の特徴を描くことができる」となっており，「驚くべきこと」と言うにふさわしい。「それは私には驚くべきことだ」に続く部分（the immensity … understand）「状況の広大さと，私たちが理解できる言葉でそれとどのように関わるかということ」という名詞（句）は，研究対象がどれほど広大で途方もないものか，宇宙の特徴を描くというのはどういう作業なのかを補足したものと考えられる。これらをまとめて「～ということ」と締めくくる。

設問(3) ▶下線部③は「天と地の類似性」の意。ガリレオについては下線部の直後の第5段第5文（In 1610, using … not perfect.），ニュートンについてはそれに続く第6・7文（In 1687 Newton … on Earth.）に述べられている。前者は「1610年に，ガリレオは自分の新しい望遠鏡を使って，太陽には黒い斑点やしみがあることに気づき，天体も完璧ではないことを示した」，後者は「1687年には，ニュートンが木からのリンゴの落下にも太陽を回る惑星の軌道周回にも等しく適用できる万有引力の法則を提示した。その後…あらゆる自然の法則は，地球上だけでなく宇宙の現象にも当てはまることを示唆した」となっている。いずれもほぼそのまま解答に使えるが，年号は不要であり，また簡潔に表現できるところは適宜まとめ直して答える。

設問(4) ▶下線部④の「もう一つの問い」は，直後のコロン以下にある「生物は無生物と何か違っているのか」という問い。それに対する見解は同段第3文（The “vitalists” … material.）に述べられている。一方はvitalists「生気論者」の考えで，animate matter had some special essence, an intangible spirit or soul「生物は何か特別な本質，目に見えない精神あるいは魂を持っている」となっている。intangible は「手で触れられない，無形の」の意だが，意味を知らなければ（和訳問題ではないので），不確かな推測で訳出するのではなく，要点を押さえた説明をすればよい。もう一方は while 以下にある mechanists「機械論者」の考えで，living things were elaborate machines「生物は精巧な機械であり」，and obeyed precisely the same laws of physics and chemistry as did inanimate material「生命を持たない物質と同じ物理法則，化学法則にしたがっている」となっている。これらを使って，「～という見解」とまとめる。

設問(5) ▶絵に描かれているもの自体の説明は第7段第4文（Cooke's painting depicts …）だが，設問は「その光景は，人間が自然とどのような関係にあることを表しているか」なので，同段第6文（Not only …）が解答の参照箇所。「周りを取り囲んでいるものと比べて，大きさの点で取るに足りないほど小さいだけでなく，人間は自分がその一部ではなく，また決してその一部になりえない光景の単なる目撃者でしかない」となっている。「周りを取り囲んでいるもの」とは，具体的には前文（同段第5文）の「木に覆われた山々，巨大なごつごつとした岩棚，下の峡谷に落ちていく滝」だが，「大きさの点で」とあることを考慮して「大いなる自然」「大自然」などとまとめるとよい。「人間はその（＝大自然の）一部ではなく，また決してその一部になりえない」と「(大自然の) 光景の目撃者でしかない」の部分は，「人間は自然の一部ではなく，それを外から眺めるしかない」などと簡潔にまとめる。以上の「人間は大自然と比べると小さい」「人間は自然を外から眺めるしかない」という2点を解答に盛り込む。

設問(6) ▶下線部⑥「そのような考え」とは，最終段第6文にあるバークリーの主張を指しており，argued に続く that 節内の内容「宇宙全体は私たちの精神が構築したものであり，私たちの思考の外部にはなんら物質的な実体はない」という考えである。これに対して，続く第7文で「科学者として，私はそのような考えは受け入れられない」という著者の態度が述べられているが，さらに第8文では「情緒的，心理的レベルでは，バークリーの見方にいくらか共感を抱くことはできる」とあることも見過ごさないこと。これらを解答にまとめる。

設問(1) 惑星も恒星も銀河も存在せず，全宇宙が異常に高密度の純粋なエネルギーの塊でできていた状態。

設問(2) 広大な宇宙の中でごく小さな存在である人間が，物理的には触れられないものを対象としながらも，宇宙の大半の特徴を理解可能な言葉で説明し，それとどう関わればよいかを研究しているということ。

設問(3) ガリレオは，自作の新しい望遠鏡を使って，太陽に黒い斑点やしみがあり，天体も完璧ではないことを示した。ニュートンは，木からのリンゴの落下にも太陽を回る惑星の軌道にも等しく適用できる万有引力の法則を提示し，さらに，あらゆる自然法則は，地球上だけでなく宇宙の現象にも当てはまることを示唆した。

設問(4) 生物は何か特別な本質，目に見えない精神あるいは魂を持っているという見解と，生物は精巧な機械であり，生命を持たない物質と同じ物理法則，化学法則にしたがっているという見解。

設問(5) 人間は大自然と比べると，取るに足りないほど小さく，その一部ではなく外から自然を眺めるしかないという関係。

設問(6) 宇宙全体は私たちの精神が構築したものであり，私たちの思考の外部にはなんら物質的な実体はないという考え。これに対して著者は，科学者としては受け入れられないが，情緒的，心理的レベルではある程度共感できるという態度を示している。

解答

37

2014年度 外国語学部以外〔2〕

次の英文を読んで，以下の設問に答えなさい。

In Lake Superior* lies a remote island, Isle Royale National Park, 134,000 acres of boreal and hardwood forests where a life-or-death struggle between wolves and moose** has been the subject of the world's longest study of predators and their prey, now in its 55th year.

Moose first appeared on this Michigan island in the first decade of the 20th century, apparently by swimming from the mainland. With no predator to challenge them, the moose population surged and devastated the island's vegetation in search of food. Then wolves arrived in the late 1940s by crossing an ice bridge from Canada, and began to bring balance to (1)<u>an ecosystem that had lurched out of control</u>.

Today, moose are essentially the only supply of food for the wolves, and wolf predation is the most typical cause of death for moose. But the wolf population is small, and decades of inbreeding have (i)<u>taken their toll</u>. The ice bridges that allow mainland wolves to infuse the island's wolf population with new genes form far less frequently because of (2)<u>our warming climate</u>. With the number of wolves reduced to little more than a handful, they face (3)<u>the prospect of extinction</u>.

The National Park Service is expected to decide this year whether to save the Isle Royale wolves—a decision that will test our ideas about wilderness and our relationship with nature. This is because the park is also a federally designated wilderness area where, (　A　) federal law, "man himself is a visitor who does not remain." If we intervene to save the wolf, will we be undermining the very idea of not (ii)<u>meddling</u> that has been the guiding principle behind the protection of 109 million acres of federal land ?

The park service has three options : conserve Isle Royale's wolf population by taking new wolves to the island to mitigate inbreeding, an action known as genetic rescue ; reintroduce wolves to the island, if and when they go extinct ; or do nothing, even if the wolves disappear.

As the lead researchers in the study of wolves and moose, we favor

(4)conservation or reintroduction. But more important than our view is the reasoning behind it.

Wilderness is conventionally viewed as a place where nature should be allowed to take its course, free (B) human interference. This is essentially the principle of nonintervention that has guided America's relationship with wilderness areas for roughly 50 years.

The principle of nonintervention touches on fundamental conservation wisdom. But we find ourselves in a world where the welfare of humans and the biosphere faces considerable threats—climate change, invasive species and altered biogeochemical cycles, to name a few. Where no place on the planet is untouched by humans, faith in nonintervention makes little sense. We have already altered nature's course everywhere. Our future relationship with nature will be more complicated. Stepping in will sometimes be wise, though not always.

(5)These realizations have led a number of environmental scholars to consider new visions for the meaning of wilderness. One is of a place where concern for ecosystem health is paramount, even if human action is required to maintain (6)it.

The future health of Isle Royale will be judged (C) one of the most important findings in conservation science : that a healthy ecosystem depends critically on the presence of top predators like wolves when large herbivores, like moose, are present. (D) top predators, prey tend to become overabundant and decimate plants and trees that many species of birds, mammals and insects depend on. Top predators maintain the diversity of rare plants and insects. The loss of top predators may disturb the nutrient cycling of entire ecosystems. In addition, predators improve the health of prey populations by weeding out the weakest individuals.

(iii)Given that moose will remain on Isle Royale for the foreseeable future, the National Park Service should initiate a genetic rescue by introducing new wolves to the island.

In a world increasingly out of balance, Isle Royale National Park is a place with all its parts, where humans kill neither wolves nor moose, nor log its forests. Places like it, where we can witness beauty while reflecting (E) how to preserve it, have become all too rare.

From Predator and Prey, a Delicate Dance by John A. Vucetich, Michael P.

Nelson and Rolf O. Peterson, *The New York Times* (*2013/05/08*)

注　*Lake Superior　スペリオル湖（米国とカナダとの国境にある湖）
　**moose　ヘラジカ

設問(1)　本文中の空所（　A　）～（　E　）を埋めるのに最も適当な語を，(イ)～(ヘ)から一つ選び，記号で答えなさい。ただし，同じ語を二度選んではいけません。

(イ) against　(ロ) at　(ハ) of
(ニ) on　(ホ) under　(ヘ) without

設問(2)　本文中の下線部(i)～(iii)の語句に最も意味の近いものを，(イ)～(ニ)から一つ選び，記号で答えなさい。

(i) taken their toll
(イ) added up　(ロ) caused damage
(ハ) passed quickly　(ニ) strengthened them

(ii) meddling
(イ) being neutral　(ロ) interfering
(ハ) resolving　(ニ) treating

(iii) Given
(イ) Assuming　(ロ) Concerned
(ハ) Despite　(ニ) For all

設問(3)　島の環境が本文中の下線部(1)のようになった事情を，順を追って50字以内の日本語で述べなさい。ただし，字数には句読点を含みます。

設問(4)　本文中の下線部(2) our warming climate と下線部(3) the prospect of extinction の関連を説明する上で重要な要因を，本文に則して(イ)～(ホ)から一つ選び，記号で答えなさい。

(イ) 氷が溶けて住むところがない。
(ロ) 干ばつにより食糧が不足する。
(ハ) 伝染病が蔓延する。
(ニ) 島へ渡ることが難しくなる。
(ホ) 暑さで体力が弱まる。

設問(5)　本文中の下線部(4)の conservation と reintroduction の主な違いは何ですか。本文に則して日本語で簡潔に説明しなさい。

設問(6)　本文中の下線部(5) These realizations に含まれるものとして最も適切なものを，(イ)〜(ホ)から一つ選び，記号で答えなさい。

(イ)　Fundamental wisdom has been successfully established.
(ロ)　No place on earth is unaffected by humans.
(ハ)　We should not change nature's course.
(ニ)　The welfare of humans is opposed to that of the biosphere.
(ホ)　Faith in nonintervention is reasonable.

設問(7)　本文中の下線部(6) it が指し示す箇所を，英語のまま抜き出しなさい。

全　訳

■生態系保護対策の判断基準となるもの

❶　スペリオル湖には，遠く離れた島，ロイヤル島国立公園がある。13万4000エーカーの，亜寒帯の広葉樹林があり，そこではオオカミとヘラジカの生死をかけた戦いが，捕食者と獲物に関する世界最長の研究のテーマとなっていて，今や55年目を迎える。
❷　ヘラジカが最初にこのミシガン州の島に姿を現したのは，20世紀最初の10年のことであり，どうやら，本土から泳いできたらしい。対抗すべき捕食者がまった

くいなかったため，ヘラジカの数は急激に増え，えさを求めて，島の植物を食い荒らしてしまった。そこへ，1940年代の終わりごろに，オオカミがカナダから氷の通り道を渡ってやってきて，制御不能になりかけていた生態系にバランスをもたらし始めたのである。

❸ 今日では，ヘラジカはオオカミにとって基本的に唯一の食糧源であり，オオカミによる捕食が，ヘラジカの死の最も代表的な原因である。しかし，オオカミの数は少なく，何十年にも及ぶ近親交配のせいで，その命が奪われてきた。本土のオオカミが島のオオカミたちに新しい遺伝子をもたらすようにしてくれる氷の橋は，温暖化のせいで以前ほど形成されなくなっている。オオカミの個体数がひと握りほどに減ってしまったため，彼らは絶滅する可能性に直面している。

❹ 国立公園局は，ロイヤル島のオオカミを救うべきかどうか，今年決定を下すことになっているが，これは，人の手が入らない環境や，自然と人間の関係についての，私たちの考え方を試すことになる決定である。これは，その公園が連邦法のもとで「人間自身は，そこに留まることのない訪問者である」とされている，連邦の指定した自然区域でもあるからである。もし，私たちがオオカミを保護するために介入すれば，1億900万エーカーに及ぶ連邦の国土保護の背景にある指導原理となってきた，干渉しないという考えそのものをだめにしてしまうことになるのではないだろうか。

❺ 公園局は，3つの選択肢を持っている。近親交配を軽減するために，島に新しいオオカミを連れてくることによって，ロイヤル島のオオカミの数を保つ。これは遺伝子的救済として知られている対策である。もし，オオカミが絶滅してしまったら，その場合にオオカミを島に再び持ち込む。あるいは，たとえオオカミが姿を消しても，何もしない。この3つである。

❻ オオカミとヘラジカの研究を指揮する研究者として，私たちは保存か再導入を推す。しかし，私たちがどう思うかより重要なのは，その背後にある議論の筋道である。

❼ 手つかずの自然環境とは，従来，自然が人間の介入なしに，その成り行きに任せられるべき場所と見なされている。これが本質的に，およそ50年にわたって，アメリカの自然環境に対する関係の指針となってきた不介入という原則である。

❽ 不介入という原則は，根本的な保護の知恵に関わっている。しかし，考えてみれば，現在，私たちは人間と生物圏の幸福が，相当な危険に直面している世界で暮らしているのがわかる。ほんの数例挙げれば，気候変動，侵略的な生物，生物地球化学的サイクルの変化などである。地球上のどこも，人間の影響が及んでいない場所がないのに，不介入を信奉してもほとんど意味がない。私たちはすでに，いたるところで，自然の成り行きを変えてしまっているのだ。将来の私たちと自然との関

係は，さらに複雑になるだろう。介入することが，時に賢明なこともあるだろう。ただし，いつもそうとは限らない。

❾ こうした認識のため，数多くの環境学者たちは，手つかずの自然の意味に対する新しい考え方を検討するようになっている。その一つは，たとえそれを維持するために人間の行動が必要とされるとしても，生態系の健全さへの配慮が何より勝る場所，というものである。

❿ ロイヤル島の将来の健全さは，保護科学における最も重要な発見の一つに照らして判断されるだろう。つまり，ヘラジカのような大型の草食動物がいる場合，健全な生態系は，オオカミといった最上位捕食動物の存在に決定的に依存するということである。最上位の捕食者がいないと，獲物となる動物は数が多くなり過ぎ，多くの種の鳥や哺乳類，昆虫が頼っている植物や樹木を激減させてしまう。最上位捕食者は，希少な植物や昆虫の多様性を維持しているのである。最上位捕食者がいなくなると，生態系全体の養分循環を乱すことになりかねない。その上，捕食者は，最も弱い個体を除くことで，獲物となる動物集団の健全さを向上させるのである。

⓫ 当分の間，ヘラジカがロイヤル島に居続けるとすれば，国立公園局は，オオカミを新たに島に持ち込むことによって，遺伝子的救済を開始すべきである。

⓬ ますますバランスが乱れている世界で，ロイヤル島国立公園は，そのすべての場所で，人間がオオカミもヘラジカも殺すことなく，その森林の木を伐採してもいない。どのようにそれを保護しようかと考えながら美を目の当たりにできるこのような場所は，あまりにも少なくなっているのである。

各段落の要旨

❶ スペリオル湖にあるロイヤル島国立公園では，捕食者であるオオカミと獲物となるヘラジカの戦いに関する研究が長年にわたって行われている。

❷ 20世紀初期に本土から泳いで島に渡ったとみられるヘラジカは，捕食者がいないため急増し，島の植物を食い荒らしたが，同世紀半ばごろにカナダから氷上を伝って来たオオカミが生態系にバランスをもたらし始めた。

❸ しかし，オオカミの数が少なく，近親交配が繰り返され，また，温暖化により氷の渡り道が以前ほど形成されなくなったために，オオカミは絶滅の危機に瀕している。

❹ ロイヤル島のオオカミを救うべきかどうかが問題となっているが，これは連邦の国土保護の指導原理となってきた，自然環境に人間は干渉しないという考え方に抵触するのではないかという懸念があるからである。

❺ オオカミ救済の可否を決定する国立公園局には，島に新しいオオカミを持ち込んで保護する，オオカミが絶滅したときに新しいオオカミを持ち込む，オオカミが絶滅しても何もしない，という3つの選択肢がある。

❻ どの対応策をとるにせよ，重要なのは，背後にある議論の筋道である。

❼ 手つかずの自然環境は人間が介入せず，成り行きに任せられるべき場所であるという考え方が，およそ50年にわたって不介入という原則を支えてきた。

❽ しかし，現在，地球上どこにも人間の影響が及んでいない場所はなく，不介入を信奉してもほとんど意味がない。ただし，介入が常によりよい選択だとは限らない。

❾ こうした認識から，多くの環境学者が手つかずの自然の意味を再検討し始めたが，そうして現れた考え方の一つは，人間が介入してでも生態系の健全さを保つことが最優先される場所というものである。

❿ ロイヤル島の場合，健全な生態系は，オオカミのような最上位捕食者がいることで保たれる。

⓫ 今後ヘラジカがロイヤル島に居続けるとすれば，国立公園局はオオカミを新たに持ち込むことを開始すべきだと筆者は考える。

⓬ 世界中で，ロイヤル島のように自然環境とその保護の方法を真剣に考えられる場所は今やあまりにも少なくなっている。

解　説

設問(1)　正解は　A―(ホ)　B―(ハ)　C―(イ)　D―(ヘ)　E―(ニ)

A　This is because the park is also a federally designated wilderness area where, (　　) federal law, “man himself is a visitor who does not remain.”

▶続く箇所が引用符に収まっていることから，これが「連邦法」に記載されている内容と考えられる。(ホ) under を補えば「連邦法のもとでは」の意になり，適切。

B　Wilderness is conventionally viewed as a place where nature should be allowed to take its course, free (　　) human interference.

▶「自然の成り行きに任せる」とあり，「人間の介入なしで」の意にするのが適切。free of *A* で「*A* のない」の意味になる。(ハ) of が正解。

C　The future health of Isle Royale will be judged (　　) one of the most important findings in conservation science : …

▶動詞 judge から思い浮かぶ前置詞は by や from だが，いずれも選択肢中にない。文意が「重要な発見の一つをもとに判断される」といったものになることから，(イ) against を補い，be judged against *A*「*A* に照らして判断される」とするのが妥当。(ニ)の on も「～に基づいて判断される」の意になるが，この語は他の箇所に使用する。

D　(　　) top predators, prey tend to become overabundant …

▶「獲物の数が多くなり過ぎる」とあることから，(ヘ) without を補い，「最上位捕食者がいないと」の意にするのが適切。

E　Places like it, where we can witness beauty while reflecting (　　) how to preserve it, have become all too rare.

▶ reflect on *A* で「*A* を熟考する」の意。(ニ) on が正解。

設問(2) 正解は (i)―(ロ) (ii)―(ロ) (iii)―(イ)

(i) ▶ take *one's* toll で「～に大きな損害を与える，犠牲者を出す」の意。(ロ) **caused damage「損害をもたらす」**が正解。

(イ)「計算が合った」 (ハ)「急速に過ぎて行った」 (ニ)「彼らを強めた」

(ii) ▶当該文は「私たちがオオカミを保護するために介入すれば，…しないという考えそのものを損なうのではないか」の意。meddling＝「介入すること」の関係が読み取れる。(ロ) **interfering「干渉すること」**が正解。

(イ)「中立でいること」 (ハ)「決心すること」 (ニ)「扱うこと，取引すること」

(iii) ▶ given (that) ～は「～と仮定すると，～を考慮に入れると」の意。(イ) **Assuming「～と仮定すれば」**が正解。given はさまざまな意味・用法のある語なので要注意。

(ロ)「～を心配して」 (ハ)「～にもかかわらず」 (ニ)「～にもかかわらず」

設問(3) ▶下線部(1)は「制御不能になりかけていた生態系」の意。同文には「オオカミがやってきて『制御不能になりかけていた生態系』にバランスをもたらし始めた」とあり，オオカミが来る以前の状況を述べた同段第1・2文の内容をまとめればよい。第1文には「20世紀初めの10年に，ヘラジカが本土から渡ってきた」，第2文には「捕食者がまったくいなかったため，ヘラジカの数が激増し，島の植物を食い荒らした」とある。「順を追って」という条件なので，このままの順で50字以内にまとめる。

設問(4) 正解は(ニ)

▶下線部(2)を含む文（The ice bridges …）は「本土のオオカミが島のオオカミたちに新しい遺伝子をもたらすようにしてくれる氷の橋は，温暖化のせいで以前ほど形成されなくなっている」となっている。「温暖化で，島に渡る氷の橋ができず，新しい遺伝子が入ってこない」ことが，同段第2文の後半に「何十年にも及ぶ近親交配のせいで，その命が奪われてきた」とあるように，下線部(3)「絶滅の可能性」につながっている。(ニ)**島へ渡ることが難しくなる**が正解。

設問(5) ▶ conservation「保存」，reintroduction「再導入」とは，第5段に挙がっている3つの対策のうちの1つめと2つめにあたる。「保存」とは「近親交配を軽減するために，島に新しいオオカミを連れてくることによって，ロイヤル島のオオカミの数を保つ」ことであり，「再導入」とは「オオカミが絶滅したら，オオカミを島に再び持ち込む」ことである。いずれも島にオオカミを持ち込むのだが，「保存」では「今いるオオカミが絶滅しないうちに」，「再導入」では「今いるオオカミが絶滅したのちに」持ち込む。したがって，導入の時期が異なることが主な違いであり，この点がはっきりするようにまとめる。

設問(6) 正解は(ロ)

▶下線部(5)を含む文は「こうした認識のため，数多くの環境学者たちは，手つかずの自然の意味に対する新しい考え方を検討するようになっている」となっており，「こうした認識」とは「手つかずの自然」に関する認識だとわかる。第８段第３・４文（Where no place …）には「地球上のどこにも，人間の影響が及んでいない場所はない。…私たちはすでに，いたるところで自然の成り行きを変えてしまっている」とある。つまり「こうした認識」とは「手つかずの自然などもうない」という認識であり，**(ロ)「地球上には人間の影響を受けていない場所は一つもない」**が正解。

(イ)「根本的な知恵は，うまく確立されてきた」

(ハ)「私たちは自然の成り行きを変えるべきではない」

(ニ)「人間の繁栄は生物圏の繁栄と対立している」

(ホ)「不介入を信奉することは理にかなっている」

設問(7) ▶下線部(6)を含む文（One is of …）は「その（＝手つかずの自然の意味に対する新しい考え方の）一つは，たとえそれを維持するために人間の行動が必要とされるとしても，生態系の健全さへの配慮が何より勝る場所というものである」となっている（英文では「たとえ～としても」のほうが文の後半，「生態系の健全さへの配慮が…である」のほうが前半にある）。「何を」維持するのかを考えると，ecosystem health「生態系の健全さ」が妥当である。

解答

設問(1) A―(ホ) B―(ハ) C―(イ) D―(ヘ) E―(ニ)

設問(2) (i)―(ロ) (ii)―(ロ) (iii)―(イ)

設問(3) 本土からヘラジカが渡ってきたとき，捕食者がいなかったために数が激増し，島の植物を食い荒らした。(47字)

設問(4) (ニ)

設問(5) 今いるオオカミが絶滅する前に本土からオオカミを導入するか，今いるオオカミが絶滅した後で導入するかという，導入の時期の違い。

設問(6) (ロ)

設問(7) ecosystem health

38

2014年度 外国語学部〔2〕

1988年，イランの民間航空機が，ペルシャ湾を巡航中のアメリカ海軍の軍艦に撃墜され，290名の民間人乗客の命が失われるという事件が起きました。この事件で，中東情勢の緊張が高まりました。以下の文章はその事件を題材として扱ったものです。英文を読み，以下の設問に答えなさい。

If we construct our own version of truth by reliance upon skeleton stories, two people can know exactly the same facts but construct a story that relays those facts in very different ways. Because they are using different story skeletons, their perspectives will vary. For example, a United States Navy warship shot down an Iranian airliner carrying 290 passengers on July 3, 1988. Let's look at some different stories that were constructed to explain this event. All the stories that follow are excerpts from various *New York Times* reports in the days following this incident:

Mr. Reagan smiled and waved at tourists as he returned to the White House. But in speaking to reporters he remarked on what he had previously called a terrible human tragedy. "I won't minimize the tragedy," Mr. Reagan said. "We all know it was a tragedy. But we're talking about an incident in which a plane on radar was observed coming in the direction of a ship in combat and the plane began lowering its altitude. And so, I think it was an understandable accident to shoot and think that they were under attack from that plane," he said.

In this quotation from Ronald Reagan, the use of skeletons to create stories can be easily seen. Mr. Reagan has chosen a common skeleton : *understandable tragedy*. The skeleton looks something like this :

Actor pursues justifiable goal.
Actor selects reasonable plan to achieve goal.
Plan involves selection of correct action.
Action taken has unintended and unanticipatable result.
Result turns out to be undesirable.
Innocent people are hurt by result.

In essence, what Mr. Reagan has done is to select this skeleton and to interpret the events of the shooting down of the airplane in terms of that skeleton. ①Had he been asked to tell the story of what happened, he would simply have had to fill in each line above with the actual event that matches it. As it is, he merely had to recognize that that skeleton was applicable and to use the phrases "terrible human tragedy" and "understandable accident," which are well-known referents to that skeleton.

Let's look at the other side of the political spectrum now :

> Libya's official press agency called the downing "a horrible massacre perpetrated by the United States." It said the attack was "new proof of state terrorism practiced by the American administration" and it called Washington "insolent" for insisting that the decision to down the plane was an appropriate defensive measure.

Invoked here is the terrorism skeleton :

Actor chooses high-level goal.
Country blocks high-level goal.
Actor chooses secondary goal to harm citizens of country.
Actor endangers or actually harms citizens of country.
Actor expects blockage of high-level goal by country to go away.

"State terrorism" supposedly means that the actor is a country too. But "state terrorism" is not exactly a well-known story skeleton for an American. In fact, Arab leaders refer to this skeleton quite often and we can figure what it must mean and why Arab leaders use it to justify their own actions. Other people's story skeletons, ones that we have not heard before, are usually best understood by analogy to skeletons we already know.

Notice that the events under discussing fit as easily into the state terrorism skeleton as into the understandable tragedy skeleton. ②The art of skeleton selection is exactly that—an art. No real objective reality exists here. One can see and tell about events in any way that one wants to. In each case, certain aspects of the story being transmitted are enhanced and certain elements are left out altogether.

The real problem in using skeletons this way is that ③the storytellers usually believe what they themselves are saying. Authors construct their own reality by finding the events that fit the skeleton convenient for them to believe. They enter a storytelling situation wanting to tell a certain kind of story and only then worrying about whether the facts fit onto the bones of the skeleton that they have previously chosen.

Last, we should look at the Iranian point of view. They, too, have their favorite skeletons in terms of which they can look at this event. First, let us look at the remarks of an exiled Iranian official:

> "It must be clear that much of the policies in Iran today are dictated by the internal struggle for power," said Abolhassan Bani-Sadr, the first president of Iran. Mr. Bani-Sadr, who spoke in an interview, lives in exile in Paris and opposes the current regime.
>
> "In that sense," Mr. Bani-Sadr said, "this American act of aggression will increase pressure to steer away from conciliatory policies in favor of radicals inside Iran who want to crush all talk of compromise. I am sure the trend now will be toward more mobilization for more war, although it will get nowhere."

Mr. Bani-Sadr was trying to predict the future rather than retell an old story. Nevertheless, he still relied upon a skeleton to create his new story. The skeleton he chose was ④ *fanatics find fuel to add to fire*. Now look at a comment from inside Iran:

> Hojatolislam Rafsanjani, who is the commander of Iran's armed forces, warned today against a hasty response to the American action. In a speech reported by the Teheran radio, he told Parliament, "We should let this crime be known to everyone in the world and be discussed and studied."
>
> The Speaker went on to say that the Americans might "want a clumsy move somewhere in the world so that they can take the propaganda pressure off America and transfer it somewhere else."
>
> Hojatolislam Rafsanjani added that Iran retains the right of taking revenge, but that "the timing is up to us, not America." He called the downing of the airliner "an unprecedented disaster in contemporary history" and said it should be used by Iran to "expose the nature of America," statements indicating that for now the Speaker favors a

measured response.

Here again, we have a story about the future. Two skeletons are invoked as possible candidates for the basis of this story. One, *force opponents into bad move*, refers to the intentions of the U. S. as seen by the Iranians and is really a part of a continuing story of conflict between the two countries. ⑤The second, *avoid revenge to show up opponent*, is more or less the other side of the same coin. In both cases, we have a kind of conscious admission by Mr. Rafsanjani that the real question is which story skeleton will be followed in the creation of the next set of events. The only problem with this assertion is that Mr. Rafsanjani naively seems to assume that some audience is waiting to see the next act in the play. A more accurate assumption is that, no matter what happens next, all the viewers of the play will retell the story according to skeletons that they have already selected ; i. e., they will probably not be moved to reinterpret any new event in terms of some skeleton that they do not already have in mind.

From *Knowledge and Memory: the Real Story: Advances in Social Cognition* by Robert S. Wyer, Jr., Lawrence Erlbaum, Psychology Press

設問(1) Reagan 大統領（当時）の発言は，どんな主張をしていることになりますか。彼が選んだ skeleton（「話の骨組み」）の項目を使って詳しく分析し，日本語で説明しなさい。

設問(2) 下線部①の意味を日本語で表しなさい。

設問(3) 下線部②について，skeleton の選び方がなぜ技術なのですか。本文に即して日本語でわかりやすく説明しなさい。

設問(4) 下線部③はなぜ問題なのですか。日本語でわかりやすく説明しなさい。

設問(5) 下線部④の *fanatics find fuel to add to fire* という skeleton において，Mr. Bani-Sadr の発言のどの部分が fuel でどの部分が fire に当たるのか，日本語で説明しなさい。

設問(6) 下線部⑤の比喩によって筆者は何を言おうとしていますか。もう 1 つの skeleton にも言及して日本語で説明しなさい。

全 訳

■話の骨組みに関する考察

❶ 話の骨組みを元にして，真実に関する自分なりの筋書きを構成すると，2人の人間が，知っている事実は同じなのに，そうした事実を伝えるのに作り上げる物語はかなり違ったものになる可能性がある。異なる骨組みを使っているせいで，彼らの見解は違ったものになるのだ。たとえば，1988年7月3日，290人の乗客を乗せたイランの旅客機をアメリカ海軍の戦艦が撃墜した。この出来事を説明するために作られたいくつかの異なる話を見てみよう。以下の話はすべて，この事件に続く数日間に『ニューヨークタイムズ』に掲載されたさまざまな記事からの抜粋である。

レーガン氏はホワイトハウスに戻るとき，旅行者たちに微笑みかけ，手を振った。しかし，記者に対して語ったとき，彼は，悲惨な人間の悲劇であると以前に呼んだものについて所見を述べた。「悲劇を小さく見せようとするつもりなどありません」と，レーガン氏は言った。「私たちのだれもが悲劇だったと知っています。しかし，私たちが語っているのは，レーダー上の航空機が戦闘中の船のほうに向かってきているのが観測され，その航空機が高度を下げ始めたという出来事です。ですから，彼らがその航空機に攻撃されていると考えて撃墜したのは，理解可能な事故だったと思うのです」と彼は語った。

❷ ロナルド=レーガンからのこの引用では，物語を構成する骨組みの使用が容易に見て取れる。レーガン氏は，よくある骨組みを選んでいる。すなわち，「理解可能な悲劇」というものである。骨組みは以下のようなものであると思われる。

行為者は正当と認められる目標を追求する。
行為者は目標を達成するために理にかなった計画を立てる。
計画は正しい行動の選択を伴う。
取られた行動は意図しない予測不能な結果となる。
結果は望ましくないものであることがわかる。
その結果によって，罪のない人たちが傷つく。

❸ 本質的に，レーガン氏が行っていることは，この筋書きを選び，その筋書きの観点から，航空機の撃墜という出来事を解釈するということである。①起きたことの説明を求められたとしたら，彼は上述の各項目にそれと合う実際の出来事を当てはめるだけでよかっただろう。その通りに，彼は，その筋書きが適用できると認識して「悲惨な人間の悲劇」や「理解可能な事故」といった言い回しを使えばよかっただけだったが，これらはそうした筋書きにはよくある表現なのだ。

❹ 今度は政治的な立場の逆の側を見てみよう。

リビアの政府公報は，この撃墜を「合衆国によって行われた恐ろしい大量殺戮」と呼んだ。リビアの政府公報はこの攻撃を「アメリカ政府によって行われた国家テロの新たな証拠である」と言い，また，アメリカ政府は航空機を撃墜する判断は妥当な防衛手段であると主張している故に「傲慢」であるとも言ったのである。

❺　ここで援用されているのは，テロリズムという骨組みである。

行為者は高度な目標を選ぶ。
国は高度な目標を阻止する。
行為者は国民を害する第２の目標を選ぶ。
行為者は国民を脅かすか，実際に害する。
行為者は国による高度な目標の阻止が去ることを期待する。

❻「国家テロ」は，おそらく，行為者が国家でもあるということを意味している。しかし「国家テロ」は，アメリカ人にはそれほどよく知られた話の骨組みというわけではない。だが実のところ，アラブの指導者たちはこの骨組みに非常によく言及しており，それが意味すべきことやアラブの指導者が自分たちの行動を正当化するためにそれを使う理由は推測可能である。他の人たちの話の骨組み，つまり私たちが以前に聞いたことのない骨組みは，すでに知っている骨組みからの類推で通常最もよく理解できる。

❼　議論されている出来事が，理解可能な悲劇の骨組みと同じように簡単に，国家テロの骨組みに納まるということに注意しよう。骨組みの選択の技術は，まさしく一つの技術である。何らの客観的事実も，ここには存在しない。出来事について，人は望む通りどのような風にも見たり語ったりできるのである。それぞれの場合で，伝えられている話の何らかの側面が増幅され，何らかの要素が完全に除外される。

❽　骨組みをこのように使うことの本当の問題は，語り手は通常，自分自身が言っていることを信じているということである。語り手は，自分が信じるのに都合のよい骨組みにぴったり合う出来事を見つけることで，自分なりの現実を構築するのである。彼らは，ある特定の種類の話をしたいと思いながら語りの状況に入り，そのときになって初めて，前もって選んだ骨組みの各部分にその事実がうまく合うかどうかを気にするようになるのだ。

❾　最後に，イラン人の観点を見るべきだろう。彼らもまた，自分たちがこの出来事をその観点から見ることのできる，お気に入りの骨組みを持っている。まず，ある亡命中のイラン人高官の所見を見てみよう。

「今日のイランの政策の大部分が，国内の権力争いに影響されているのは明らかでしょう」と，イラン初代大統領のアボルハサン=バニー=サドルは言った。あるインタビューで語ってくれたバニー=サドル氏は，現在はパリで亡命生活をしており，現政権に反対の立場をとっている。

「その意味では」とバニー=サドル氏は言う。「このアメリカの攻撃行為は，妥協的な話し合いはすべてつぶしたいと思っているイラン国内の過激派に味方して，融和的な政策から遠ざかろうとする圧力を増強することになるでしょう。現在の流れは，必ずや，さらなる戦いへ向けて動員を増す方向に至ると思います。もっともそれでは何も解決しませんが」

❿ バニー=サドル氏は，よくある話を繰り返し語るというより，将来を予測しようとしていた。にもかかわらず，彼はなお，自分の新しい話を作り出す骨組みに依拠していたのである。彼が選んだ骨組みは，「狂信者たちは火に注ぐ油を見つける」というものだ。今度は，イラン国内からのコメントを見てみよう。

イラン軍司令官であるラフサンジャニ師は本日，アメリカの行為に対する性急な反応を控えるように警告した。テヘランラジオが伝えた話では，彼は議会で「我々は，この犯罪を世界中のすべての人に知ってもらい，これを議論し，調査してもらうべきである」と述べた。

この話し手はさらに，アメリカ人は「自国からプロパガンダの圧力をそらし，どこかほかのところへそれを向けられるように，世界のどこかでまずい手が打たれることを望んでいる」のかもしれない，と言い添えた。

ラフサンジャニ師は，イランは報復する権利を保持しているが，「その時期は，アメリカではなく，私たちが決めるものである」と付け加えた。彼は航空機の撃墜を「現代史における前代未聞の大惨事」と呼び，イランはそれを「アメリカの本質を暴く」ために使うべきであると述べたが，それはこの話し手が当面，控えめな反応に賛同していることを示す発言である。

⓫ ここでもまた，未来に関する話がされている。この話の土台として可能性のある候補として，2つの骨組みが呼び起こされる。一つは「敵対者に下手な手を打たせる」というものであり，これはイラン人から見たものとしてのアメリカの意図に言及しており，実際にこの2国の対立という継続中の筋立ての一部となるものである。もう一つは「敵を見劣りさせるために報復を避ける」というものであり，これは多かれ少なかれ，同じ硬貨のもう一方の面である。いずれの場合も，本当の問題は，次の一連の出来事が起こるときに，どの骨組みをたどることになるかということであると，ラフサンジャニ氏が一種意識的に認めているのがわかる。この説の唯一の問題は，ラフサンジャニ氏が素朴にも，聞き手の中には劇の次の幕を見たがっている者がいると思っている節があることだ。より正確な想定は，次に何が起ころうと，その劇を見る人たちはみんな，自分がすでに選んだ骨組みに従って，そのストーリーを繰り返し語るだろうというものである。すなわち，おそらく彼らは，すでに頭にあるのとは異なるどんな骨組みの観点からも，新しい出来事を再解釈する

気になりはしないということである。

各段落の要旨

❶ 知っている事実が同じでも，それを伝えるときに使う骨組み，つまり筋書が異なると見解は違ったものになる。その具体例として，1988 年のイランの民間航空機がアメリカの軍艦に撃墜された事件が挙げられる。

❷ 当時の米大統領レーガン氏の使った骨組みは「理解可能な悲劇」というものである。

❸ レーガン氏は，航空機の撃墜という出来事に対してその骨組みが適用できると認識し，「悲劇」や「理解可能」といった，この筋書によくある表現を使ってこの事件を説明した。

❹ 政治的に逆の立場にあるリビア政府は，この撃墜を「恐ろしい大量殺戮」と呼んだ。

❺ ここで使われているのは「国家テロリズム」という骨組みである。

❻ この骨組みはアメリカ人にはなじみが薄いが，アラブの指導者たちは非常によく使うものである。

❼ 重要なのは，異なる骨組みのいずれにも，同じ出来事がうまく納まるということであり，客観的な事実よりも語り手の思うように述べられるという意味で，骨組みの選択は一つの技術だという点である。

❽ 骨組みをこのように使うことの本当の問題は，語り手が自らの発言を信じているということである。

❾ とあるイラン人高官の観点を検討すると，そこにも彼の骨組みが見て取れる。

❿ それは「狂信者たちは火に注ぐ油を見つける」というものである。

⓫ イラン国内から出た別のコメントには「敵対者に下手な手を打たせる」，「敵を見劣りさせるために報復を避ける」という未来に関する 2 つの筋書が見て取れるが，次に何が起きても，やはりそれぞれがすでに選んだ骨組みに従って出来事を語るだろう。

解　説

設問(1) ▶レーガン大統領が選んだ話の骨組みは第 2 段にある。これに沿って大統領の主張をまとめる。大統領の発言は第 1 段引用文中の「レーダー上の航空機が戦闘中の船のほうに向かってきているのが観測され，その航空機が高度を下げ始めたため，軍艦がその航空機に攻撃されていると考えて撃墜したのは，理解できる事故だった」というものである。骨組みの①「行為者は正当と認められる目標を追求する」，②「行為者は目標を達成するために理にかなった計画を立てる」，③「計画は正しい行動の選択を伴う」に関しては，「軍艦は戦闘中であり，自らの身を守り，敵を討つという①正当な目標を追求していた。敵の状況を知るために②理にかなった方法として，レーダーでこちらに向かってくる航空機を突き止め，高度を下げてきた同機が攻撃してくると判断し，③自らを守るための正しい行動として同機の撃墜を選択した」などと組み込める。④「取られた行動は意図しない予測不能な結果となる」，⑤「結果は望ましくないものであることがわかる」，⑥「その結果によって，罪のない人たちが傷つく」に関しては，大統領の発言では直接述べられていないが，「向かってきた航空機は④予測に反して戦闘機ではなく民間機であり，⑥罪のない人々が犠牲になるという⑤望ましくない結果になった」などとまとめられるだろう。これは，第2段第2文にある *understandable tragedy* という骨組みで語られているので，締めくくりを「理解可能な悲劇であると主張している」とするとよい。

設問(2) Had he been asked to tell the story of what happened,

直訳 「彼が起きたことの話をするように頼まれていたら」

- この部分は仮定法過去完了の条件節。If が省略されて倒置が起きており，If he had been asked to … と同じ。「彼」はレーガン大統領のことであり，その立場と内容から be asked は「(記者などに) 求められる」などとするのがよい。
- tell the story of what happened は story に「事実の報告，説明」の意味もあるので，「起きたことの説明をする」などとすると状況にふさわしい訳になる。

he would simply have had to …

直訳 「彼は…するだけでよかっただろう」

- simply が使われているが，only have to *do* (＝have only to *do*)「～しさえすればよい，～するだけでよい」と同意である。
- would have had と過去形の助動詞＋完了形の形になっているのは仮定法過去完了の帰結節だからであり，それとわかるように訳す。

fill in each line above with the actual event that matches it.

直訳 「上の各行をそれに合う実際の出来事で埋める」

- fill in ～ は「～に必要事項を記入する，～を埋める」の意。each line above とは，「理解可能な悲劇」の骨組みとして，第2段に挙がっている6項目の各々のことを指しているので，「上述の各項目に当てはめる」などとするとよい。
- with the actual event that matches it の it は each line を指す。「それに合う実際の出来事で」という直訳が使えるが，「当てはめる」などの訳を選ぶなら「…出来事を」と助詞を整えること。

設問(3) ▶当該箇所に続いて「何らの客観的事実も，ここには存在しない」とある。「客観的事実がない」=「主観的なものである」，つまり「語る人の意のままである」ということになる。ある出来事について語るとき，その筋道に合った skeleton を選択して語る内容を作り上げることができるという意味で，このことを指して語り手の技術であると言っているのである。「語る人の意のまま」については，同段最終2文で「出来事について，人は望む通りどのような風にも見たり語ったりできるのである。…話の何らかの側面が増幅され，何らかの要素が完全に除外される」と述べられており，「本文に即して」という条件に合うように，この部分の表現を利用して解答をまとめる。

設問(4) ▶当該箇所は「語り手は通常，自分自身が言っていることを信じている」の意。続く文には「語り手は，自分が信じるのに都合のよい骨組みにぴったり合う出来事を見つけることで，自分なりの現実を構築する」とあり，これは「信じる骨組みに都合のよいことだけを選んでいる」ということである。同段最終文の「彼らは…語りの状況に入ったときになって初めて，前もって選んだ骨組みの各部分にその事実がうまく合うかどうか気にする」は，自分の語りたい筋書が先にあり，事実の検討がそのあとであることを意味している。つまり，客観的な事実の検討よりも，主観的な筋書の方が優先されているということであり，これが問題だと言っていると考えられる。

設問(5) ▶当該箇所は「狂信者たちは火に注ぐ油を見つける」の意。日本語にも「火に油を注ぐ」という慣用句があるので，イメージしやすいだろう。「火」は「すでに起きている問題」，「油」は「その問題をさらに悪化，激化させる要因」を表す。
▶当該箇所はバニー=サドル氏の話の骨組みを指しており，同氏の発言は第9段にある。その引用文第1段に「今日のイランの政策の大部分が，国内の勢力争いに影響されている」とある。引用文第2段の「その意味では」は「イランの政策が国内の勢力争いに影響されているという意味では」ということだと考えられる。「(その意味では）アメリカの攻撃行為は…を増強するだろう」の「増強」が，火に油を注いだ状態と考えられるので，「アメリカの攻撃行為」が「油」，「国内の勢力争い」が「火」ということになる。具体的には，「その意味では…」に続く「妥協的な話し合いはすべてつぶしたいと思っているイラン国内の過激派に味方して，融和的な政策から遠ざかろうとする圧力を増強する」ということである。なお，「妥協的な話し合い」や「融和的な政策」は，アメリカとの妥協や融和と考えられるので，その点を補ってまとめる。

設問(6) ▶当該文の「比喩」とは，the other side of the same coin「同じ硬貨のもう一方の面」の部分のことであり，「同じことのもう一つの側面，見方」を表す。同段第2文にある Two skeletons「2つの骨組み」が「コインの両面」であり，第3文の冒頭の One，当該文冒頭の The second でわかるように，それぞれの文に「コインの一方の面，もう一方の面」が述べられている。当該文で述べられている「敵を見劣りさせるために報復を避ける」という骨組みと，同段第３文にある「敵対者に下手な手を打たせる」というもう一方の骨組みとは，ある状況についての表裏一体に関連しあう内容を別々の観点から表したものであると，筆者は言おうとしているということになる。

解答

設問⑴ 軍艦は戦闘中であり，自らの身を守り，敵を討つという正当な目標を追求していた。そのための理にかなった方法として，レーダーによってこちらに向かってくる航空機を突き止め，高度を下げてきた同機が攻撃をしかけてくると判断して，自らを守るための正しい行動として同機の撃墜を選択した。予測に反して同機は民間機であり，罪のない人々が犠牲になるという望ましくない結果になったが，これは理解できる悲劇である，と主張している。

設問⑵ 起きたことの説明を求められたとしたら，レーガン大統領は上述の各項目にそれと合う実際の出来事を当てはめるだけでよかっただろう。

設問⑶ 客観的な事実は存在せず，ある側面を増幅し，ある側面は除外しながら，出来事を望み通りに見たり語ったりできるから。

設問⑷ 語り手は，自分が信じるのに都合のよい骨組みに合う出来事を見つけて，自分なりの現実を構築するが，事実がそれに合うかどうかは，語り始めてから考えるというように，客観的な評価よりも語り手の主観が優先されているから。

設問⑸ アメリカの攻撃行為が fuel に当たり，アメリカとの妥協的な話し合いをつぶしたいと思っている過激派に加担して，融和的な政策から遠ざかろうとするイラン国内の圧力が fire に当たる。

設問⑹ 敵を見劣りさせるために報復を避けるという骨組みと，敵対者に下手な手を打たせるという骨組みとは，ある状況についての表裏一体に関連しあう内容を別々の観点から表したものであるということ。

39

2013 年度 外国語学部以外〔2〕

次の英文を読んで，以下の設問に答えなさい。

In the late 1960s, the psychologist Walter Mischel began a simple experiment with four-year-old children. He invited the kids into a tiny room containing a desk and a chair and asked them to pick a treat from a tray of marshmallows, cookies, and pretzel sticks. Mischel then made the four-year-olds an offer : They could either eat one treat right away or, if they were willing to wait while he stepped out for a few minutes, they could have two treats when he returned. Not surprisingly, nearly every kid chose to wait.

At the time, psychologists assumed that the ability to delay gratification in order to get that second marshmallow or cookie depended on willpower. Some people simply had more willpower than others, which allowed them to resist tempting sweets and save money for retirement. However, after watching hundreds of kids participate (A) the marshmallow experiment, Mischel concluded that this standard model was wrong. He came to realize that willpower was ⓘinherently weak and that children who tried to postpone the treat—gritting their teeth in the face of temptation—soon [1] lost the battle, often within thirty seconds.

Instead, Mischel discovered something interesting when he studied the tiny percentage of kids who could successfully wait for the second treat. Without exception, these "high delayers" all relied on the same mental strategy : [2] These kids found a way to keep themselves from thinking about the treat, directing their gaze away from the yummy marshmallow. Some covered their eyes or played hide-and-seek underneath the desks. Others sang songs from *Sesame Street*, or repeatedly tied their shoelaces, or pretended to take a nap. Their desire wasn't defeated, it was merely forgotten.

Mischel refers to this skill as the "strategic ⓘⓘallocation of attention," and he argues that it's the skill underlying self-control. Too often, we assume that willpower is about having strong moral fiber. But that's wrong. Willpower is really about properly directing the spotlight of attention, learning how to control that short list of thoughts in working memory. It's about realizing that if we're thinking about the marshmallow, we're going to eat it, which is why we need to look away.

What's interesting is that this cognitive skill isn't just useful for dieters. It seems to be a core part of success in the real world. For instance, when Mischel followed (B) the initial subjects thirteen years later—they were now high school seniors—he realized that their performance on the marshmallow task had been highly predictive on a vast range of metrics. Those kids who had struggled to wait at the age of four were also more likely to have behavioral problems, both in school and at home. They struggled in stressful situations, often had trouble paying attention, and found it difficult to maintain friendships. Most impressive, perhaps, were the academic numbers: The kids who could wait fifteen minutes for a marshmallow had an SAT* score that was, on average, 210 points higher than that of the kids who could wait only thirty seconds.

[3] <u>These correlations</u> demonstrate the importance of learning to strategically allocate our attention. When we properly control the spotlight, we can resist negative thoughts and dangerous temptations. We can walk away from fights and improve our odds (C) addiction. Our decisions are driven by the facts and feelings bouncing around the brain—the allocation of attention allows us to direct this haphazard process, as we consciously select the thoughts we want to think about.

Furthermore, this mental skill is getting more valuable. [4] <u>We live, after all, in the age of information, which makes the ability to focus on the important information incredibly important.</u> (Herbert Simon said it best: "A wealth of information creates a poverty of attention.") The brain is a bounded machine, and the world is a confusing place, full of data and distractions. Intelligence is the ability to (iii) <u>parse</u> the data so that it makes just a little bit more sense. Like willpower, this ability requires the strategic allocation of attention.

One final thought: In recent decades, psychology and neuroscience have severely (iv) <u>eroded</u> classical notions of free will. The unconscious mind, it turns out, is most of the mind. And yet, we can (D) control the spotlight of attention, focusing on those ideas that will help us succeed. In the end, this may be the only thing we can control. We don't have to look at the marshmallow.

"Control Your Spotlight", 2011: What Scientific Concept Would Improve Everybody's Cognitive Toolkit ?, *Egde*, by Jonah Lehrer

注　SAT* 大学進学適性試験

設問(1)　本文中の空所（　A　）～（　D　）を埋めるのに最も適当な語または語句を選んで，記号で答えなさい。

（　A　）(イ) in　(ロ) of　(ハ) over　(ニ) to

（　B　）(イ) away from　(ロ) on from　(ハ) through with　(ニ) up with

（　C　）(イ) against　(ロ) for　(ハ) of　(ニ) to

（　D　）(イ) also　(ロ) never　(ハ) still　(ニ) thus

設問(2)　本文中の下線部の語ⅰ～ⅳに最も近い意味の語または語句を選んで，記号で答えなさい。

ⅰ inherently　(イ) extremely　(ロ) fundamentally　(ハ) occasionally　(ニ) simultaneously

ⅱ allocation　(イ) assignment　(ロ) definition　(ハ) enlightenment　(ニ) protection

ⅲ parse　(イ) analyze　(ロ) contradict　(ハ) protect　(ニ) prove

ⅳ eroded　(イ) build up　(ロ) put away　(ハ) set up　(ニ) worn away

設問(3)　本文中の下線部［1］の lost the battle の意味するところを具体的に日本語で説明しなさい。

設問(4)　本文中の下線部［2］の英文の意味を日本語で表しなさい。

設問(5)　本文中の下線部［3］の These correlations の例として適切なものを(イ)～(ニ)から一つ選んで，記号で答えなさい。

(イ) The harder students try to concentrate on their targets all the time, the higher chance they have of academic success in their school life.

(ロ) Students who achieved high scores on the SAT were those who had earlier ended up eating a marshmallow within fifteen minutes.

(ハ) If children are allowed to have as many marshmallows as they can eat, they are likely to find it difficult to maintain friendship with other kids.

(ニ) Children who were able to divert their attention to something other than what they wanted performed better academically in their later years.

設問(6) 本文の内容に最もよく合っているものを(イ)～(ニ)から一つ選んで，記号で答えなさい。

(イ) A series of psychological experiments by Walter Mischel found that human willpower is essentially strong enough to resist various temptations in daily life.

(ロ) Scientists used to belive that strong determination plays a vital role in sacrificing one's immediate desire for future benefits.

(ハ) Desire to put yourself in the spotlight is important for achieving success in your career.

(ニ) Walter Mischel's discovery was that self-control has little to do with your ability to manage your attention properly.

設問(7) 本文中の下線部［4］の英文の意味を日本語で表しなさい。

全 訳

■注意力配分の重要性

❶ 1960年代の終わり頃，心理学者のウォルター=ミシェルは，4歳児について簡単な実験を始めた。彼は机がひとつと椅子がひとつある小さな部屋に子供たちを招き入れ，マシュマロ，クッキー，プレッツェルが載ったお皿からひとつお菓子を取るように言った。それからミシェルは4歳の子供たちにある提案をした。すぐにそのひとつのお菓子を食べてもよいし，もし彼が数分部屋を出ている間待つ気があるなら，戻ってきたとき2つめのお菓子をもらうこともできるというものだった。当然のことながら，ほぼどの子も待つことを選んだ。

❷ 当時，心理学者たちは，そうした2つめのマシュマロやクッキーをもらうため

に欲求を満たすことを先延ばしする能力は，意志の力によるものだと考えていた。単純に，ある人たちは他の人たちよりも多くの意志力をもっており，そのおかげで心をそそるお菓子に抵抗し，退職後に備えてお金をためることができるというわけである。しかし，何百人もの子供たちがマシュマロの実験に参加するのを観察したあと，ミシェルはこの標準的なモデルは間違っていると結論づけた。意志の力などというものはもともと弱く，誘惑を目の前にして歯を食いしばって楽しみを先延ばししようとした子供たちは，すぐに，多くの場合 30 秒足らずで，その戦いに敗れるということがわかってきたのである。

❸ その代わり，ミシェルは 2 つめのお菓子をうまく待つことができたごく一部の子供たちを調べたとき，興味深いことを発見した。例外なく，こうした「高度に先延ばしできる者」はみんな，同じ精神的戦略に頼っていた。つまり，[2]こうした子供たちは，おいしそうなマシュマロから目をそらして，お菓子のことを考えないでいられる方法を見出したのである。目を覆い隠したり，机の下にもぐってかくれんぼをしたりする子もいた。セサミ=ストリートの歌を歌ったり，繰り返し靴ひもを結びなおしたり，お昼寝をするふりをしたりする子もいた。欲求が打ち負かされたのではない。ただ忘れられていただけなのだ。

❹ ミシェルはこの技術を「戦略的注意配分」と呼び，それが自己抑制の背後にある技術だと主張している。意志力とは，強い道徳心をもっていることと関係があると考えられることはあまりにもよくあることだ。しかし，それは間違っている。意志力とは実際には，作業記憶の中にある考えの選抜候補リストをどのようにコントロールするかを学んで，注意の対象を適切に振り向けることと関係している。それは，マシュマロのことを考えていると食べてしまうことになるだろうから，目をそらしておく必要があると気づくことなのである。

❺ 興味深いのは，この認識能力は，食事制限をする人に役立つだけではないということである。それは，実社会での成功の核心であるらしいのだ。たとえば，ミシェルが最初に実験に参加した子供たちを 13 年後に，つまり彼らはもう高校生になっていたのだが，追跡調査したところ，マシュマロの課題での成績は非常に広範囲にわたる測定基準に関して，非常に予言的なものだったことがわかった。4 歳のときに待つのに苦労した子供たちは，学校と家庭の双方において行動上の問題ももつ可能性が高かった。彼らはストレスのかかる状況で苦労し，注意を払うのに苦労し，友情を維持するのが難しいと思っていた。おそらく最も印象的なのは，学業の成績だった。マシュマロを 15 分待つことができた子供たちは，30 秒しか待てなかった子供たちよりも，大学進学適性試験の点数が平均で 210 点高かったのである。

❻ こうした相関関係は，戦略的に注意を振り分けられるようになることの重要性を実証している。注目の対象を適切にコントロールすると，否定的な考えや危険な

誘惑に抵抗することができる。口論を避けたり，何らかの中毒に陥らずに済ませられる可能性を高めたりできる。私たちが何かを決定するとき，その決定は頭の中を飛び回るさまざまな事実や感情に突き動かされるものである。注意の振り分けをすれば，考えたいことを意識的に厳選できるので，この行き当たりばったりの過程を管理することができる。

❼ さらに，この精神的技術はますます価値を増しているのである。[4]何といっても，私たちは情報化時代に生きており，そのため，重要な情報に焦点を当てられる能力はきわめて大切になるからである。（ハーバート=サイモンがそのことを最もうまく言い表している。「情報の豊かさは注意力の貧困を生み出す」） 脳は限界のある機械であり，世界はデータや注意をそらすものでいっぱいの，人を混乱させる場である。知能とは，そうしたデータがもう少し意味を成すものになるようにそれらを解析する能力である。意志力と同様に，この能力は戦略的な注意配分を必要とする。

❽ 最後にもうひとつ考えを言うと，この数十年で，心理学と神経科学は，自由意志に関する古典的な概念を激しく侵食してきた。無意識こそが精神の大半を占めるということがわかっている。それでも，自分が成功する手助けとなるような考えに焦点を当て，注意の対象をコントロールすることはできる。結局，これが私たちにコントロールできる唯一のものなのかもしれない。マシュマロを見る必要はないのである。

各段落の要旨

❶ 心理学者ミシェルが行った，4歳児を対象にした実験は，子供たちにお菓子をひとつ取らせて，すぐに食べてもよいし，ミシェルが部屋を出て戻ってくる数分の間待って，もうひとつもらってもよいというものだった。

❷ 当時の心理学者たちは，欲求の満足を先延ばしする能力は意志によるものであると考えていたが，ミシェルは実験の結果からその考えは間違っていると結論づけた。

❸ お菓子を食べるのを我慢した子供たちは，意志の力で欲求を抑えたのではなく，欲求の対象から気をそらす方法を取っていた。

❹ その方法は，注意の対象を適切に振り向けるという技術であり，ミシェルはこれを「戦略的注意配分」と呼んだ。

❺ 追跡調査の結果，お菓子をすぐに食べた子供たちは学校でも家庭でも問題を抱えている率が高く，食べなかった子供たちは，学業成績が良いことがわかった。

❻ この相関関係は，戦略的に注意を振り向けられることで，否定的な考えや危険な誘惑に抵抗することができるということを示している。

❼ 大量の情報が飛び交う現代において，この精神的技術はますます価値を増している。

❽ この数十年で，無意識が精神の大半を占めることが明らかになっており，自由意志という概念を脅かしてはいるが，成功の手助けとなる考えに焦点を当て，注意の対象をコントロールすることはできるのである。

解　説

設問(1)　正解は　A—(イ)　B—(ニ)　C—(イ)　D—(ハ)

A　… after watching hundreds of kids participate (　　　) the marshmallow experiment, …

▶ participate in ～ で「～に参加する」の意。(イ) in が正解。

B　… when Mischel followed (　　　) the initial subjects thirteen years later …

▶ follow up で「引き続いて行う」の意。当初の調査に引き続いて，「最初と同じ被験者に関して」の意味で with が使える。(ニ) up with が正解。

C　We can walk away from fights and improve our odds (　　　) addiction.

▶前半に「口論から歩み去れる」=「口論を避けられる」と，望ましくないことから逃れられることを述べているので，後半も同様の内容になると考えられる。odds は「見込み」，addiction が「中毒」であり，「中毒にならない見込み」の意にするには，「抵抗」を表す(イ) against が適切。odds against ～ で「～が起こりそうにない可能性」の意。

D　And yet, we can (　　　) control the spotlight of attention, …

▶直前の文は「無意識こそが精神の大半を占めるということがわかっている」となっており，当該文は「それでも，注意の対象をコントロールすることはできる」である。yet「それでも」と意味は重複するが，この流れに矛盾しないのは(ハ) still「それでもなお」のみ。

(イ)「また（コントロールもできる）」

(ロ)「決して（コントロールでき）ない」

(ニ)「したがって（コントロールできる）」

設問(2)　正解は　ⓘ—(ロ)　ⓘⓘ—(イ)　ⓘⓘⓘ—(イ)　ⓘⓥ—(ニ)

ⓘ　▶ inherently は「本来的に，内在的に」の意。(ロ) fundamentally「本来，根本的に」がほぼ同意。他の選択肢も必ず知っておきたい語である。

(イ)「極端に」　(ハ)「時々」　(ニ)「同時に」

ⓘⓘ　▶当該箇所は「注意の戦略的な allocation」となっている。同段第 4 文に properly directing the spotlight of attention「注意の対象を適切に振り向けること」とあることから，allocation は「（注意を）振り向けること，割り振ること」の意と考えられる。(イ) assignment「割り当て」が正解。

(ロ)「定義」　(ハ)「啓発」　(ニ)「保護」

ⓘⓘⓘ　▶当該文は「知能とは，もう少し意味を成すものになるようにデータを parse する能力である」となっている。データは，単なる数値の列挙などであり，「意味を

成すものにする」とは，その数値などがどのような規則性や法則性をもつか考えることである。(イ) **analyze「分析する」**なら文意が通る。parse は言語学で「(文を) 構成要素に分析する」，コンピュータ関連用語では「(文字列を) 構文解析する」の意で使われる。

(ロ)「～を否定する，～と矛盾する」 (ハ)「保護する」 (ニ)「証明する」

ⅳ ▶当該文は「この数十年で，心理学と神経科学は，自由意志に関する古典的な概念を激しく erode してきた」，直後の文が「無意識こそが精神の大半を占めるということがわかっている」となっている。自由意志は「意識的に考えて自分の行動などを選択する働き」であり，無意識はそれと対極にある。したがって，「自由意志に関する古典的な概念」は根拠を崩され，説得力を失っているということになる。(ニ) **worn away「～をすり減らした，弱めた」**が正解。erode は「侵食する，(力，価値などを) 次第に減じる」の意。

(イ)「築いた」 (ロ)「片付けた，蓄えた」 (ハ)「設立した」

設問(3) ▶当該箇所は「誘惑を目の前にして歯を食いしばり，楽しみを先延ばししようとした子供たちは…その戦いに敗れた」となっている。この実験は，お菓子をすぐに食べてもよいが，実験者が戻ってくるまで待てば，もうひとつお菓子をもらえるという条件で行われた。「誘惑」はお菓子を食べたいという気持ちであり，「戦い」はその気持ちを抑えること。したがって「敗れる」とは「食べたい気持ちを抑えきれず，お菓子を食べてしまう」ということになる。解答欄は1行分（タテ約1cm×ヨコ約15cm）なので，簡潔にまとめること。

設問(4) These kids found a way to …

直訳 「これらの子供たちは…する方法を見つけた」

●ほぼ直訳のままでよい。

keep themselves from thinking about the treat,

直訳 「自分がその楽しみのことを考えるのを妨げる（方法)」

●keep *A* from *doing* は「*A* が～するのを妨げる」の意。目的語が自分自身なので「～しないようにする」などとできる。the treat「その楽しみ」は，子供たちが実験で与えられたお菓子のことなので，「お菓子」としてよいだろう。

directing their gaze away from the yummy marshmallow.

直訳 「彼らの注視をおいしいマシュマロから離して」

●この部分の前に and がないので，thinking と並ぶ from の目的語ではなく，付帯状況を表す分詞構文。内容上も，「目をマシュマロから離さないようにして（＝マシュマロをじっと見て)」では矛盾する。「注視を離す」ではぎこちないので，「～から目をそらす」「～を見ないようにする」などと整えること。yummy は「非常においしい」の意の幼児語だが，実際には食べていない状況なので「おいしそうな」とするとよいだろう。

設問(5)　正解は(ニ)

▶ These correlations「こうした相関関係」は前段（第５段）の内容を指しており，いくつかの事柄が述べられているが，最終文に「マシュマロを 15 分待つことができた子供たちは，30 秒しか待てなかった子供たちよりも，大学進学適性試験の点数が平均で 210 点高かった」とある。「待つことができる」とは，下線部［２］で見たように，「注意をうまくそらすことができる」ということであり，(ニ)**「自分がほしいものとは別の何かに注意を向けることができた子供たちは，のちに学業でも優れた成果を出した」**が適切。

(イ)「学生が，常に狙っているものに注意を懸命に向けようとすればするほど，学校生活での学業に成功する可能性はいっそう高くなる」

(ロ)「SAT で高い点を取った学生は，以前に 15 分足らずでマシュマロを食べてしまった子供たちだった」

(ハ)「子供たちが，食べられる限りのマシュマロをもらえると，他の子供たちとの友情を維持するのを難しく思う可能性が高い」

設問(6)　正解は(ロ)

(イ)―― ×　「ウォルター＝ミシェルが行った一連の心理学的実験で，人間の意志力は本質的に，日常生活におけるさまざまな誘惑に抵抗できるほど十分強いことがわかった」

▶第２段最終文に「意志の力などというものはもともと弱いということがわかった」とあることと一致しない。

(ロ)―― ○　「以前，科学者たちは，将来の利益のために目の前の欲求を犠牲にすることにおいて，強い決意が非常に重要な役割を果たしていると考えていた」

▶第２段第１文に「当時，心理学者たちは，そうした２つめのマシュマロやクッキー（＝将来の利益）をもらうために欲求を満たすことを先延ばしにする能力は，意志の力によるものだと考えていた」とあることと一致する。これが正解。

(ハ)―― ×　「注目を浴びる場に自分を置きたいという欲求は，生涯の仕事において成功するのに重要である」

▶このような記述は本文にはない。

(ニ)―― ×　「ウォルター＝ミシェルが発見したのは，自己抑制は注意をうまく管理する能力とはほとんど関係がないということだった」

▶第4段第1文に「ミシェルはこの技術を『戦略的注意配分』と呼び，それが自己抑制の背後にある技術だと主張している」とあり，「この技術」とは第3段に述べられている「子供がお菓子から目をそらして食べたい気持ちを我慢する」，つまり「注意の向かう先を管理することによって欲求を抑制する」ことである。したがって，この選択肢は本文の内容と一致しない。

設問(7) We live, after all, in the age of information,

直訳 「結局，私たちは情報（化）時代に生きている」

●この箇所は直前の文の「この精神的技術はますます価値を増している」ことの理由にあたるため，after all は「つまるところ…（だから）」「何といっても…（なので)」といった訳を選択するのがよいだろう。

which makes the ability to focus on the important information incredibly important.

直訳 「それは，重要な情報に焦点を当てる能力を信じがたいほど重要にする」

●which は前にカンマがあり，非制限用法。基本通り訳し下ろすとよい。先行詞は the age of information とも，前述の内容全体とも解釈できる。いずれの解釈でも内容に大差はない。

●makes the ability … important「(それは）能力を重要にする」と，第5文型になっていることに注意。無生物主語なので「そのため，能力が重要になる」などと整えること。

●to focus … information は ability を修飾する形容詞用法の不定詞。focus on ～「～に焦点を当てる，～に精神〔注意〕を集中する」の意。

●incredibly「信じられないほど」は，「非常に，きわめて」などの訳でもよいだろう。

解答

設問(1) A―(イ) B―(ニ) C―(イ) D―(ハ)

設問(2) ⅰ―(ロ) ⅱ―(イ) ⅲ―(イ) ⅳ―(ニ)

設問(3) お菓子を食べたい気持ちを我慢しきれず，食べてしまったということ。

設問(4) こうした子供たちは，おいしそうなマシュマロから目をそらして，お菓子のことを考えないでいられる方法を見出したのである。

設問(5) (ニ)

設問(6) (ロ)

設問(7) 何といっても，私たちは情報化時代に生きており，そのため，重要な情報に焦点を当てられる能力はきわめて大切になるからである。

40

2013年度 外国語学部〔2〕

次の英文を読んで，以下の設問に答えなさい。

It may seem obvious that technologies have expanded our knowledge of the world. The microscope revealed organisms that previously had escaped human notice. Look through a telescope and a universe appears that is invisible to the naked eye. Drop a microphone into the sea near a pod of whales and hear them sing. Insert a tiny camera inside a mother's womb and see an unborn child. Launch a satellite to Mars or the rings of Saturn and it can send back detailed photographs. Technologies enable us to see and hear things that would never be available to the unaided senses. ①It would seem indisputable that technologies on the whole increase our understanding of the universe, even if it takes time to adjust to new devices before one can interpret what they reveal.

Yet the question is not so simple. As we adapt to each new instrument and device and learn to (re)interpret the world, we may be losing touch with other modes of understanding. Furthermore, even if we can avoid such losses, an increasingly technological society may be driving us toward sensory overload. Consider multi-tasking. One often hears teachers and parents praising children for their ability to do several things at once, such as listen to music, do homework, respond to frequent telephone calls, and surf the Internet. People increasingly want continuous interactive engagement on several levels. An executive at a conference listens to speeches and takes notes on her laptop computer while also e-mailing and following the stock market. An electrician listens to the radio and answers frequent phone calls while working. Such people, and there are more of them all the time, seem almost compulsive about keeping up with information flows. A Harvard psychiatry instructor commented that the attraction is "magnetic" and compared it to a "tar baby": "The more you touch it, the more you have to do." Some specialists find that many people today suffer from attention disorders and have short attention spans. "They become frustrated with long-term projects, thrive on the stress of constant fixes of information, and physically crave the bursts of stimulation from checking e-mail or voice mail or answering the phone." ②In some cases, multi-tasking becomes the symptom of addiction, and it may be reasonable to compare "the sensations created by constantly being wired" to "those of narcotics—a hit of pleasure, stimulation and escape."

Many drivers have trouble keeping their eyes on the road as they drink coffee, eat, and talk on the phone, sometimes steering with their knees. A few drivers try to work on their personal computers or personal digital assistants. Drivers have even been arrested for watching videos. At least one study has found that sober drivers using cell phones have slower reaction times and cause more accidents than drunk drivers. A psychology professor commented: "The cellphone pulls you away from the physical environment. You really do tune out the world."

In the office, constantly overlapping information flows interrupt one another. Reading the conventional mail is often set aside to answer e-mails, which in turn may be interrupted by the telephone or by a breaking news story on the Internet. At least one study confirms a common-sense view of this situation: these overlaps distract people and lower their productivity. ③Even those who switch back and forth between just two activities, like writing and e-mailing, "may spend 50 percent more time on those tasks than if they complete one before starting the other."

In small doses multi-tasking is a valuable ability, but in large doses it can lead to information overload. Ever lighter and more powerful laptop computers have wireless connections, so that e-mail, radio, television, and voice mail converge on their owners, whose mobile phones provide additional links to information flows, including music, photographs, and films. The corporations that spend billions of dollars manufacturing and marketing these machines will continue to look for ways to enhance their multi-tasking potential. Simpler machines whose "limits" might keep the user's attention more focused are disappearing from the stores. As laptops that can receive e-mail anywhere become the norm, multi-tasking turns into a "natural" part of the communications environment. ④With this change comes a blurring of office and home, of work time and personal time, and of news and gossip.

As more information demands attention, what will become of leisure, privacy, and personal space? Will they be submerged in endless information flows? Leisure, privacy, and personal space themselves are recent historical constructions made possible by industrialization. Leisure hardly existed as a concept for ordinary people in the nineteenth century, when farmers and factory hands worked as many as 14 hours a day. For most people, leisure only emerged as labor unions fought for shorter working hours. Likewise, privacy was not possible for many before the second half of the nineteenth century. Before then, most houses were small, with shared public rooms and shared sleeping rooms. The idea that children could and should have individual bedrooms is at most a few hundred years old. Likewise, sitting alone and reading a book is a relatively new human activity, and it may be replaced by other forms of communication. ⑤Privacy may even go out of fashion. Sherry Turkle observes : "Today's college students are habituated to a world of online blogging, instant messaging, and Web browsing that leaves electronic traces. Yet they have had little experience with the right to privacy .... Our children are accustomed to electronic surveillance as part of their daily lives." Perhaps this helps explain the international popularity of *Big Brother* and other "reality shows" that intrusively film the daily lives of ordinary people.

"Single-tasking" (the pursuit of one task at a time, in isolation from other people) is arguably not a natural condition of humankind but rather a possibility that emerged when industrial production generated enough surplus so that the middle class could build large houses and apartments with many individual rooms. ⑥The multi-tasking environment of constant information flows may seem unnatural, but it is no more so than a three-bedroom house for a family of four, which emerged as the norm in Western society during the last 150 years. Such houses suggest how technologies are woven into a person's conception of what is normal.

From *Technology Matters: Questions to Live With* by David E. Nye, MIT Press.

設問(1) 下線部①の意味を日本語で表しなさい。

設問(2) 下線部②の内容について具体的に日本語で説明しなさい。

設問(3) 下線部③の意味を日本語で表しなさい。

設問(4) 下線部④について，this change の内容を具体的に明らかにした上で，全体の意味を日本語で表しなさい。

設問(5) 下線部⑤のように述べられている理由を日本語でわかりやすく説明しなさい。

設問(6) 下線部⑥の意味を日本語で表しなさい。

全 訳

■科学技術の進歩と標準という概念

❶ 科学技術が世界に対する私たちの知識を拡大してきたことは明らかであるように思える。顕微鏡は，以前なら人間の知覚に引っかからなかった生物の存在を明らかにした。望遠鏡を覗けば，肉眼では見えない宇宙が姿を現す。クジラが集まる場所に近い海中にマイクを沈めて，クジラが歌うのを聞いてみよ。母親の子宮内に小さなカメラを挿入して，胎児を見てみるとよい。火星か土星の輪に人工衛星を打ち上げれば，人工衛星は詳細な写真を送り返してきてくれる。科学技術のおかげで，私たちは生身の感覚器官では捉えることのできないものを見たり聞いたりできるのである。①新しい装置が明らかにしてくれるものを解釈できるようになる前にそうした装置に慣れるのには時間がかかるとしても，全体として科学技術が森羅万象に対する私たちの理解を増してくれることは，議論の余地がないように思えるだろう。

❷ それでも，問題はそれほど単純ではない。個々の新しい機器や装置に慣れ，世界を（再）解釈できるようになるにつれて，他の理解の仕方との接点を失っていくかもしれない。さらに，そうした喪失を避けることができるとしても，ますます技

術化が進む社会は，知覚の負担過多の方向へ私たちを追い立てているのかもしれないのである。複数作業の同時処理を考えてみよう。音楽を聴き，宿題をし，しょっちゅうかかってくる電話に出て，ネットサーフィンもするというように，同時に複数のことをする能力があるということで，教師や親が子供をほめているのを聞くことはよくあることだ。人は複数のレベルで，絶えず何かに携わっていたいとますます思うようになっている。会議に出席している企業の重役は，人の話を聞き，ノートパソコンでメモを取り，同時にメールをしながら株式市場の動向も追いかけている。電気技師は仕事をしながらラジオを聴き，頻繁にかかってくる電話に出る。そうした人たちは，常に数を増しているのだが，情報の流れに遅れないようについていくことにほとんど強迫観念を抱いているようである。ハーバード大学のある精神医学の教師は，そのように人を引きつけるものは，「磁石のよう」であり，「泥沼」にたとえられると述べた。つまり，「関われば関わるほど，やらなくてはならないことが増える」というわけである。今日の多くの人が注意力の混乱に悩まされており，注意力の持続時間が短くなっていることを明らかにした専門家もいる。「人々は，長期的な計画にはいらいらし，絶えず情報を修正するというストレスのもとで育つのです。そして，メールやボイスメールをチェックしたり，電話に出たりすることから得られる刺激の集中砲火を身体的に渇望しているのです」 場合によっては，複数作業の同時処理は中毒の症状になり，「常につながっていることによって生み出される感覚」を「麻薬がもたらす感覚――喜び，刺激，逃避の一発」になぞらえるのも無理なことではないかもしれない。

❸　多くのドライバーは，ときにはひざでハンドル操作をしたりしながらコーヒーを飲んだりものを食べたり，電話でしゃべったりすれば，道路に目を向けているのが難しくなる。少数ではあるが，パソコンやその他のデジタル端末で作業をしようとするドライバーもいる。ビデオを見ていて逮捕されたドライバーさえいる。少なくともひとつの研究で，携帯電話を使っているしらふのドライバーは，酒を飲んだドライバーよりも反応が遅く，より多くの事故を起こしていることがわかっている。ある心理学の教授は次のように述べた。「携帯電話は，目の前の環境から人を引き離します。文字通り，目の前の世界からチャンネルが切り替わっているのです」

❹　オフィスでは，絶えず重なり合って届く情報の流れが，互いに干渉し合う。手紙を読んでいると，メールに返信するために，それを中断することがしばしばあり，メールの返信が今度は電話やネット上の緊急ニュースで中断されるかもしれない。少なくともひとつの研究で，このような状況に対する常識的な見解が確認されている。つまり，このような重なり合いは人の注意を逸らし，生産性を低下させるということである。③文書を書くことと電子メールを送信することといった，ほんの2つの作業を行ったり来たりするだけの人でも，「一方を済ませてからもう一方に取

りかかる場合よりも，それらの作業に50パーセント余計に時間を使うこともある」のである。

❺ 一度に少しだけなら，複数作業の同時処理は価値のある能力である。しかし，大量となると，情報過多につながりかねない。ますます軽量で性能が高くなるノートパソコンはワイヤレスの接続ができるため，メール，ラジオ，テレビ，ボイスメールがコンピュータの持ち主に集中し，またその人が持っている携帯電話が，音楽，写真，映画も含めて，情報の流入にさらに追加のリンクを与える。こうした機器を製造し売り込むのに何十億ドルも使う企業は，今後もその複数作業の同時処理の可能性を拡大する方法を探し続けることだろう。「限界」があるおかげで，ユーザーの注意をもっと集中させてくれるより単純な機器は，店頭から姿を消しつつあるのだ。どこでもメールを受けられるノートパソコンが普通のものになるにつれて，複数作業の同時処理は通信環境の「当然の」一部になる。この変化とともに生じるのが，職場と家庭，仕事の時間と私的な時間，ニュースとうわさ話の境界の曖昧化である。

❻ さらに多くの情報が注意を引くとなると，余暇やプライバシー，個人的な空間はどうなるのだろうか。そうしたものは，絶え間ない情報の流入の中に沈んでしまうのだろうか。余暇，プライバシー，個人的な空間といったもの自体が，産業化で可能になった歴史的には最近の産物である。余暇は，19 世紀には，普通の人にとっては観念としてほぼ存在しなかった。農民や工場労働者は 1 日 14 時間も働いていた時代だからである。ほとんどの人にとって余暇は，労働組合が労働時間の短縮を求めて闘って初めて生まれたものだった。同様に，プライバシーも多くの人にとって 19 世紀後半になるまではありえなかった。それ以前は，ほとんどの家が小さく，家族が共有する部屋と寝室があるだけだった。子供が個人の部屋を持てるし持つべきだという考え方は，せいぜい数百年前に生まれたものである。同じように，ひとりで座って読書をするというのは，人間の活動としては比較的新しいものであり，他の伝達形態に取って代わられるかもしれない。プライバシーはすたれさえするかもしれない。シェリー=タークルが次のように述べている。「今日の大学生は，オンラインのブログ，インスタント=メッセージ，電子的な痕跡を残すウェブ=ブラウジングの世界に慣れています。それなのに，プライバシーに対する権利についての経験はほとんどしていません…。子供たちは，日常生活の一部として電子的な監視に慣れてしまっているのです」 おそらくこうしたことが，普通の人々の日常生活を映像に収める「ビッグ=ブラザー」やその他の「リアリティー番組」が，国際的に人気がある理由を説明する一助となるだろう。

❼ 「シングルタスキング」（他の人から離れて，一度にひとつのことだけ行うこと）は，おそらく，人間の自然な状態ではなく，むしろ産業生産が十分な余剰を生

み，中産階級が多くの個室を持つ大きな家やアパートを建てられるようになったときに出現した選択肢のひとつである。⑥絶えず情報が流入する，複数の作業を同時に処理しなくてはならない環境は，不自然に思えるかもしれないが，家族４人に対して寝室が３つある家が不自然ではないのと同様に不自然なものではない。こうした家は過去150年の間に，西洋社会において標準的なものとなったのである。そのような家のことを考えると，何が標準的かということに関する個人の考えに，科学技術がどのように織り込まれているかがうかがえる。

各段落の要旨

❶ 科学技術の進歩は，自然界の理解の進展を支えるものである。

❷ しかし，技術の進歩によって複数の作業を同時にこなすことが可能になり，それが物事を行う当たり前のやり方になってきているため，多くの人が注意力の混乱に悩まされ，注意力の持続時間が短くなっているという報告もある。

❸ その例として，運転中に飲食したり，携帯電話で話したり，中にはパソコンなどのデジタル端末で作業したりするドライバーもおり，こうしたことは飲酒よりも反応を遅くするため，事故につながっている。

❹ オフィスでも，メール送受信やネット上の緊急ニュースで仕事が中断されることがあり，ある研究では同時に複数の作業をこなすことは，ひとつずつ処理するよりも大幅に時間がかかるという結果が出ている。

❺ 一度に大量の複数作業を処理することは情報過多につながり，どこでも作業ができるノートパソコンなどの機器の普及で，職場と家庭，仕事時間と私的な時間，ニュースとうわさ話の境界が曖昧になっている。

❻ さらに情報の流入が多くなると，私的な時間や空間はなくなるおそれがある。しかし，そもそもプライバシーという概念は，産業化で可能になった，歴史的には最近の産物であり，人々が現代の電子的な監視に慣れてしまうと，プライバシーはすたれるかもしれない。

❼ 複数の作業の同時処理を要求する環境は不自然に思えるかもしれないが，何が標準的であるかということは時代とともに変化し，そうした環境を当然とする考え方の中に，科学技術がどのように織り込まれているかがうかがえる。

解　説

設問(1) It would seem indisputable that …

直訳 「…ということは議論の余地がないように思えるだろう」

● 形式主語 It に対する真主語が that 以下。ほぼ直訳のままでよい。

technologies on the whole increase our understanding of the universe,

直訳 「技術は全体として私たちの宇宙の理解を増す」

● on the whole は「全体として，概して」の意の副詞句。

● our understanding of the universe の our が universe「宇宙」ではなく，understanding にかかっていることがわかるように，「宇宙に関する私たちの理解」などと語順を工夫したい。また，同段第2～6文に挙がっている顕微鏡やクジラの歌を拾うマイク，子宮内の胎児を見る小型カメラといった例を見ると，the universe は「天文学的な宇宙」というより，同段第1文にある the world と同意，つまり，この世のすべての物事を指していると考えるのが妥当。したがって「世界，森羅万象，万物」などの訳語を選択するとよい。

● 無生物主語の文なので，「技術のおかげで理解が増す」などと整えたい。

even if it takes time to adjust to new devices before one can interpret what they reveal.

直訳 「たとえ，それらが明らかにするものを人が解釈できる前に新しい装置に慣れるのに時間がかかるとしても」

● it takes time to *do* は「～するのに時間がかかる」の構文。その不定詞に adjust to ～「～に慣れる」が入っている。

● before one can interpret「人が理解できる前に」は「人が理解できるようになる前に（慣れる）」と言葉を補うとよい。

● what they reveal「それらが明らかにするもの」の they は，devices「装置」を受ける。具体的には同段第2～6文にある顕微鏡，望遠鏡，高性能の集音機，小型カメラ，人工衛星，地球にデータを送る高性能機器といった，現代の科学技術によって作られたさまざまな機械装置のこと。訳としては「装置」で十分だが，文章の流れとして具体的なイメージがつかめていると，自信をもった解答作成がしやすくなる。

設問(2) ▶下線部は「ある場合には，場合によっては」の意。同文の続きの部分で，それがどのような「場合」なのかを述べているので，当該文の内容をまとめる。

▶前半の multi-tasking becomes the symptom of addiction は「マルチタスキングは，中毒の症状になる」が直訳。「マルチタスキング」とは，同段第4・5文（Consider multi-tasking. …）からわかるように「同時に複数の作業を行うこと」である。

▶後半出だしの it may be reasonable to …「…するのは理にかなっているかもしれない」は，「…してもよさそうである，…するのももっともなことだろう」といったニュアンス。真主語の不定詞に使われている compare は compare *A* to *B* という語法になっており，「*A* と *B* を比べる」の訳もあるが，内容上「*A* を *B* にたとえる，なぞらえる」とするのが妥当。*A* にあたるのが "the sensations created by constantly being wired"「常につながっていることによって生み出される感覚」で，「つながっている」とは何らかの作業に携わっていることを表す。訳としてはそのままでよい。*B* にあたるのは“those of narcotics”「麻薬のそれら」であり，those は the sensations を受ける代名詞なので，「麻薬を使うことで得られる感覚」ということ。ダッシュ以下はその補足説明で，a hit は「麻薬の注射（の一打ち）」の意。of 以下と合わせると「喜び，刺激，逃避の注射」となるが，解答にはこの部分の言葉を使う必要はない。

設問(3)　Even those who switch back and forth between just two activities, like writing and e-mailing,

直訳 「書くこととＥメールすることのような，ただ２つの活動の間を行ったり来たりするだけの人でも」

- activities は，同段冒頭に「オフィスで」とあり，当該文の後半の内容から考えて「作業」などとするのが適切。
- switch back and forth「行ったり来たりする」はそのままの訳でよい。
- like writing and e-mailing の writing「書くこと」は「(何か) ものを書くこと，文書を書くこと」などと言葉を補うほうが日本語としては落ち着く。e-mailing はこの形でもわかるように，e-mail が「電子メールを送る」という動詞。これらが two activities の例になっている。

“may spend 50 percent more time on those tasks than if they complete one before starting the other.”

直訳 「彼らがもう一方を始める前にひとつを完成すれば，よりもそれらの作業に 50 パーセント多くの時間を費やすかもしれない」

- may … tasks の部分は spend＋時間＋on ～「～に時間を使う，費やす」の語法になっており，直訳のままで問題はない。「50 パーセント多く」は「1.5 倍」ということなので，そのように訳してもよいだろう。
- than if ～ は「もし～すれば，よりも」という直訳では不自然なので，「～する場合よりも」などと整える。
- one と the other は，２者のうちの「一方」と「他方」の意。before の前後は「始める前に完成する」でもよいが，「完成してから始める」とすればわかりやすい。

設問(4)

▶和訳問題に「…の内容を明らかにして」という条件がついている場合は，ひとまず文字通りの訳で全体の意味を確認してから，それに当てはまるように指示内容を考えるとよい。

With this change comes a blurring

直訳 「この変化とともに，ぼやけが来る」

●副詞句＋動詞＋主語の順の倒置になっている。第1文型の文ではこのような倒置が起こることがあるので，主語を見誤らないように注意したい。
●英語の語順を生かして「この変化とともに来るのがぼやけ（＝曖昧化）である」などとしてもよいし，「この変化とともに…がぼやける，曖昧になる」などとさらに意訳してもよい。
●blurring はこの形での名詞の見出し語は辞書には載っていない。動詞 blur「(区別などが）ぼやける，曖昧になる」の動名詞がさらに名詞化して不定冠詞 a がついた形。なお，blur の意味を知らなくても，第6段第1・2文に「余暇やプライバシー，個人的な空間は…絶え間ない情報の流入の中に沈んでしまうのだろうか」とあることから，「私的な時間や空間」が失せるイメージを描くことができれば，想像できそうである。

of office and home, of work time and personal time, and of news and gossip.

直訳 「オフィス（＝職場）と家庭の，仕事の時間と私的な時間の，ニュースとうわさ話の」
●of はすべて a blurring にかかる。日本語では逐一「の」を入れるとかえってわずらわしいので，最後だけでよい。全体として「このような変化とともに，職場と家庭，仕事の時間と私的な時間，ニュースとうわさ話の区別が曖昧になる」などとなる。
▶「このような変化」は直前の文を受けており，その内容を具体的に盛り込んで解答を仕上げる。

As laptops that can receive e-mail anywhere become the norm,

直訳 「どこでもEメールを受けることができるラップトップが標準になるにつれて」
●as は多義の接続詞だが，主節に turn into ～「～に変わる」と変化を表す語があるので，「～につれて」が妥当。laptop は日本語でも「ラップトップ（コンピュータ)」とも言うが，「ノートパソコン」のほうがより一般的だろう。
●that 以下は laptops を先行詞とする関係代名詞節。「標準になる」は「普通になる」などとしたほうがわかりやすい。

multi-tasking turns into a “natural” part of the communications environment.

直訳 「マルチタスキングは通信環境の『自然な』一部に変わる」
●ほぼそのままでよいが，natural は「当然の，当たり前の」と訳すほうが文意に合うだろう。

設問(5) ▶当該箇所は「プライバシーはすたれさえするかもしれない」の意。この理由にあたるのは続くシェリー＝タークルの言葉である。発言の第1文と第3文の出だし Today's college students are habituated to … と Our children are accustomed to … は，「今日の大学生」「私たちの子供たち」といずれも「現代の若い世代」であり，どちらも述語部分は「…に慣れている」となっている。「大学生」は「オンラインのブログ，インスタント=メッセージ，電子的な痕跡を残すウェブ=ブラウジングの世界」に，「子供たち」は「日常生活の一部として電子的な監視」に慣れているとある。大学生のほうの内容を「ブログ等を使えば電子的な痕跡が残ること」，子供のほうを「電子的な監視が日常生活の一部であること」と読み換えれば，まとめやすい。全体として，「現代の若い世代は…電子的な痕跡が残ることや電子的な監視が日常生活の一部であることに慣れているから」などとなるだろう。

設問(6)　▶下線部第1文

The multi-tasking environment of constant information flows may seem unnatural,

直訳 「不断の情報流入のマルチタスキング環境は，不自然に思えるかもしれない」

● 主語が名詞中心の表現で，日本語では通りがよくないので，「絶えず情報が流入する，複数の作業を同時に処理しなくてはならない環境は」などと整える。

but it is no more so than a three-bedroom house for a family of four,

直訳 「しかし，それは4人の家族に対する3寝室の家と同様にそうではない」

● no more … than ～ は「～（ないの）と同様…ない」の構文。it は前述の「マルチタスキング環境」，so は unnatural「不自然な」を受ける。

● a three-bedroom house … four は「家族4人に対して寝室が3つある家」などとわかりやすく訳すこと。

which emerged as the norm in Western society during the last 150 years.

直訳 「それは，過去150年の間に西洋社会で標準として出現した」

● which は「家族4人に対して寝室が3つある家」を受ける。関係代名詞が非制限用法であり，「そうした家は」と何を指すか明らかにして訳し下ろすとよい。

● emerged as the norm「標準として出現した」と訳すと，初めから標準であったように聞こえる。「150年の間に」と合わせて考えると，「標準になった」「標準的なものになった」などとするのがよいだろう。

▶下線部第2文

Such houses suggest …

直訳 「そのような家は…を示唆する」

● そのままでもよいが，無生物主語なので，「そのような家のことを考えると…がうかがえる」などと整えるとわかりやすい。

how technologies are woven into a person's conception of what is normal.

直訳 「何が標準的かの個人の観念に，どのように科学技術が織り込まれているか」

● woven は weave「織る」の過去分詞。weave *A* into *B*「*A* を *B* に織り込む」が受動態になっている。

- conception は「観念，概念」の訳でもわかるが，人がある事物に対して抱いている全体的なイメージや思いのことであり，「考え」といった日常的な言葉のほうがむしろ意味が伝わりやすいだろう。
- what is normal は「標準的なもの」と関係代名詞として訳すことも考えられるが，conception「考え」とのつながり具合からすると，「何が標準（的）か」と間接疑問文の訳のほうがなめらかだろう。また normal には「正常な，普通の」の訳もあるが，下線部第 1 文にある the norm「標準」と同起源の形容詞であり，それに合わせておくのがよい。

解答

設問(1) 新しい装置が明らかにしてくれるものを解釈できるようになる前にそうした装置に慣れるのには時間がかかるとしても，全体として科学技術が森羅万象に対する私たちの理解を増してくれることは，議論の余地がないように思えるだろう。

設問(2) 同時に複数の作業を行うことが中毒症状になり，常に何かにつながっていることによって生まれる感覚が，麻薬を使うことで得られる感覚にたとえてもよいほどになる場合のこと。

設問(3) 文書を書くことと電子メールを送信することといった，ほんの 2 つの作業を行ったり来たりするだけの人でも，「一方を済ませてからもう一方に取りかかる場合よりも，それらの作業に 50 パーセント余計に時間を使うこともある」のである。

設問(4) どこでも電子メールを受けることができるノートパソコンが普通になるにつれて，同時に複数の作業を行うことが通信環境の「当たり前の」一部になるという変化とともに，職場と家庭，仕事の時間と私的な時間，ニュースとうわさ話の境界が曖昧になる。

設問(5) 現代の若い世代は，ブログ，インスタント=メッセージ，ウェブの閲覧を行えば電子的な痕跡が残ることや，電子的な監視が日常生活の一部であることに慣れているから。

設問(6) 絶えず情報が流入する，複数の作業を同時に処理しなくてはならない環境は，不自然に思えるかもしれないが，家族 4 人に対して寝室が 3 つある家と同様に不自然なものではない。こうした家は過去 150 年の間に，西洋社会において標準的なものとなったのである。そのような家のことを考えると，何が標準的かということに関する個人の考えに，科学技術がどのように織り込まれているかがうかがえる。

41

2012年度 外国語学部以外〔2〕

次の英文を読んで，以下の設問に答えなさい。

Accommodation theory states that when people talk to each other, they adjust their behaviour and manner of speech to take account of (to accommodate themselves to) the topic, the circumstances, and the other people engaged with them in the conversation. For two simple examples : people talk more slowly to foreigners, and use baby talk when interacting with infants. The way people communicate with each other is central to the kind of social interaction (ⓐ) issue. Thus, friends or lovers (and especially people in the process of becoming friends or lovers) make every effort to converge in manner, accent, tone and topic. (ⓘ), someone wishing to keep his distance or disagree will almost always adopt a manner of speaking expressly different from that of ①the other party.

These ideas matter because it is clear that the difficulties experienced by immigrants and foreigners everywhere arise in part from the difference of their speech mannerisms, and the limits to their ability to "converge" with native speakers when trying to communicate. ②As the world globalizes further at an increasingly rapid pace, and as major migrations of people, especially from the southern to the northern hemisphere, continue, so the problems and too often the frictions increase : accommodation theory, (ⓑ) all its surface simplicity, gives insights into how miscommunication and misinterpretation happen and how matters can be improved.

Communication difficulties do not only affect immigrants and foreigners everywhere. They affect our own fellow-citizens. Social expectations and beliefs about class, intelligence and status are influenced by accent and other speech mannerisms, and therefore certain people from certain classes or regions can be disadvantaged when seeking jobs (especially away from their home localities) by the methods of communicating they learned when young.

Lack of accommodation is thus the source of problems for members of any group identified in given circumstances (ⓒ) an out-group of some kind.

Accommodation theory was devised in the early 1970s by Howard Giles, whose first insights into communication came while working in a medical clinic in Wales, his native country. He wrote, "The patients I took to the physicians just had to open their mouths and speak and ③I could predict the manner in which the physicians were going to deal with them." The ideas he developed have been applied by advertisers and party-political researchers in thinking about the most effective ways of getting messages across to target audiences, and by business management trainers advising clients on how to behave in foreign countries.

The limits of accommodation are illustrated by ④the latter. Studies found that efforts made by Western businessmen who over-accommodated in order to please potential clients or partners among Japanese businessmen were in fact counterproductive. The (ⅱ) is that behaviour which appears to involve mimicry of another can look like mockery, or at very least appear condescending; in the Japanese case, the businessmen from Japan preferred the foreigners to be foreigners—and thus, presumably, to meet their own expectations and to conform to their own planned mode of interaction.

Accommodation theory is (ⓓ) particular value for, among other things, thinking about ways of integrating immigrant communities into host communities, where "integration" is a term neutral between assimilation and multiculturalism, and just means providing a way for immigrants to get along with the host community while succeeding economically. With mass immigration has come the (ⅲ) that it is ineffective to expect immigrants to do all the accommodating; and that has resulted in host community adjustments to take account of linguistic and cultural factors in front-line provision of health care, education, social work, policing and legal services.

From *Ideas That Matter: The Concepts That Shape the 21st Century* by A. C. Grayling, Basic Books

設問(1) 本文中の空所ⓐ～ⓓを埋めるのに最も適当な語を，(イ)～(ホ)から一つ選び，記号で答えなさい。同じ語を二度選んではいけません。

(イ) as　(ロ) at　(ハ) for　(ニ) of　(ホ) on

設問(2) 本文中の空所ⓘ～ⅲを補うのに最も適当な一語を，(イ)～(ニ)から一つ選び，記号で答えなさい。

ⓘ (イ) Accordingly　(ロ) Conversely

	(ハ) Eventually		(ニ) Occasionally
ⅱ	(イ) advantage		(ロ) aim
	(ハ) danger		(ニ) hope
ⅲ	(イ) dream		(ロ) misunderstanding
	(ハ) realization		(ニ) superstition

設問(3) 本文中の下線部① the other party の意味を日本語で表しなさい。

設問(4) 本文中の下線部②の意味を日本語で表しなさい。

設問(5) 本文中の下線部③の意味を日本語で表しなさい。

設問(6) 本文中の下線部④ the latter が指し示す内容を日本語で説明しなさい。

設問(7) 本文の内容に合っているものを(イ)～(ホ)から一つ選んで，記号で答えなさい。
(イ) 移民の経済的成功には家庭内でのコミュニケーションが重要である。
(ロ) 日本人のビジネスマンは外国人にも日本式の振る舞いを期待する。
(ハ) Howard Giles は理論の着想を広告や政党の研究から得た。
(ニ) 調査の結果，相手に合わせすぎるのは逆効果の場合もあることがわかった。
(ホ) accommodation theory は移民や外国人の居住問題に焦点をあてる。

全 訳

■適応理論について

❶ 適応理論では，人々が互いに言葉を交わすとき，話題や状況，ともに会話に関わっている他の人たちを考慮するために（つまり，自分を適応させるために），自分のふるまいや話し方を調整するとされている。簡単な例を2つ挙げると，外国人には普通よりもゆっくりと話しかけ，幼児を相手にしているときは赤ちゃん言葉を使う。人が互いに意思疎通する方法は，そのときどきに問題になっている社交の種類にとって重要なものである。したがって，友達同士や恋人同士は（そしてとりわけ友達や恋人になりかけている人たちは），あらゆる努力を払って，物腰，なまり，口調，話題という点で相手と同じになろうとする。逆に，距離をおきたいとか異議を唱えたいとか思っている人は，ほとんどいつも，ことさらに相手と違う話し方を選択するだろう。

❷ こうした考え方が重要なのは，移民や外国人がいたるところで経験するさまざまな困難が，部分的には，彼らの話し方が違っていたり，意思疎通をしようとするときに母語話者たちに「合わせる」能力に限界があったりすることから生じているからである。②世界のグローバル化がこのままさらに急速に進み，とりわけ南半球から北半球への大規模な人口移動が続くにつれ，そうした問題が，そして非常に多くの場合，摩擦が増加していく。適応理論は，表面的には単純だが，どのようにして意思疎通の誤りや誤解が起こり，どのようにすれば事態が改善できるかということに対する洞察を与えてくれる。

❸ 意思疎通上の困難は，いたるところに存在する移民や外国人に影響を及ぼすだけではない。そうした困難は，同胞市民にも影響する。階級や知性や地位に関して，社会的に期待されていることや信じられていることは，なまりやその他の話し方から影響を受けており，だからこそ，ある特定の階級や地域の出の人たちは仕事を探すとき（地元から遠く離れている場合は特に），若い頃に身につけた意思伝達の手段のせいで不利な立場に置かれることがあるのだ。

❹ このように，適応の欠如は，ある特定の状況下において何らかの外部集団とされたどんな集団に属する人にとっても，問題の種となるのである。

❺ 適応理論は，1970年代初期に，ハワード=ジャイルズが考え出したもので，意思疎通に関する彼の最初の洞察は，生まれ故郷のウェールズの診療所で働いているときに生まれた。彼は「私が内科医のところへ連れて行った患者がただ口を開いて話しさえすれば，③私は，これから医師が患者たちをどんなふうに扱うことになるか予想できた」と書いている。彼が展開した考え方は，広告主や党派政治戦略の研

究者たちが，狙った対象に最も効果的にメッセージを伝える方法を考える際に，また，事業経営の訓練士が，顧客に外国でのふるまい方を助言する際に，応用されてきた。

❻ 適応の限界は，後者の場合で実証されている。日本人実業家で顧客や共同経営者になりそうな相手を喜ばせようと，過剰適応してしまった西洋人実業家の場合，彼が払った努力が実際には逆効果だったことが，さまざまな研究で明らかになったのだ。危険なのは，相手のまねを伴うような行動は，あざけりのように見えてしまうことがあり，最も控えめに言っても，相手におもねるように見えてしまいかねないということである。日本人の場合，日本の実業家は外国人が外国人らしくあることの方を好ましく思うのであり，したがって，どうやら彼ら自身の期待通りに，彼らが予定していた通りのやりとりの仕方と一致していることの方を好むようなのである。

❼ 適応理論は，とりわけ，受け入れる側の共同体に移民集団を統合していく方法を考えるときに，特別の価値をもつ。ここで「統合」というのは，同化と多文化主義の中間の言葉であり，まさに移民が経済的に成功しつつ，移り住んだ共同体とうまくやっていく方法を与えることを意味する。大規模な移住が起こったことで，移民にありとあらゆる適応を期待するのは無駄なことだという認識も生じた。そしてその結果，医療，教育，社会福祉事業，治安維持，司法サービスを提供する最前線で，言語的，文化的要因を考慮に入れるという，移民を受け入れる側の調整が行われるようになっている。

各段落の要旨

❶ 適応理論では，人は互いに言葉を交わす際，話題や状況，相手の様子に合わせて，自分のふるまいや話し方を調整するとされている。

❷ 適応理論の考え方は，意思疎通の誤りや誤解が起こる原因の理解やその改善法の考察に役立つ。

❸ 意思疎通上の困難は，異文化間だけでなく同一文化内でも，階級や地域間の違いなどによって起こる。

❹ 適応できないことは，ある特定の状況下で外部集団とされたグループに属する人にも問題となる。

❺ 適応理論は，1970 年代初頭にハワード=ジャイルズが診療所での自身の経験から考案したものであるが，政治やビジネスなど，他の多くの分野で応用されてきた。

❻ 適応には限界があり，それは相手に合わせようとする姿勢が度を越し，逆効果になってしまった実業家の例で実証されている。

❼ 適応理論は，大規模な移住が起こった際に，受け入れる側がどのように対処すべきかに関して，価値ある洞察を与えてくれる。

解 説

設問(1) 正解は ⓐ—(ロ) ⓑ—(ハ) ⓒ—(イ) ⓓ—(ニ)

ⓐ The way people communicate with each other is central to the kind of social interaction (　　) issue.

▶ at issue で「問題になっている」の意の成句。(ロ) at が正解。

ⓑ …: accommodation theory, (　　) all its surface simplicity, gives insights into how miscommunication and misinterpretation happen and how matters can be improved.

▶直後に all＋名詞のまとまりがある。for all *A*「*A* にもかかわらず」の意の成句にすれば，文意としても適切。(ハ) for が正解。

ⓒ Lack of accommodation is thus the source of problems for members of any group identified in given circumstances (　　) an out-group of some kind.

▶ any group を過去分詞 identified「認定された」が修飾している箇所。in given circumstances「ある特定の状況下において」を取り除いて考えるとわかりやすい。identify *A* as *B*「*A* を *B* だと認定する」の受動態を考えると，*A* にあたるのが any group であり，空所には as を補うことができる。(イ) as が正解。

ⓓ Accommodation theory is (　　) particular value for, among other things, …

▶当該箇所は is の補語にあたり，その役割が果たせる前置詞句にする必要がある。particular value が続いており，of value で valuable「価値がある」の意の句が作れる。(ニ) of が正解。of use＝useful，of importance＝important など，よく使われる表現であり，覚えておきたい。

設問(2) 正解は ⅰ—(ロ) ⅱ—(ハ) ⅲ—(ハ)

ⅰ ▶空所の前では，友達や恋人たちが相手と同じ話し方や話題にしようとすることが述べられ，空所の後では距離を置きたい相手と異なった話し方をしようとすることが述べられている。前後が対照的な内容なので，(ロ) Conversely「逆に」が適切。

(イ)「したがって」 (ハ)「ついには」 (ニ)「時折」

ⅱ ▶直前に「日本人を喜ばせようとして過剰適応した西洋人の努力は逆効果だった」ことが述べられている。当該文は「その（　　）は，相手のまねを伴うような行動はあざけりに見えてしまいかねないということだ」となっている。過剰適応の「危険性」を指摘しており，(ハ) danger「危険性」が適切。

(イ)「利点」 (ロ)「目的」 (ニ)「希望」

ⅲ ▶当該文は副詞＋動詞＋主語という倒置になっており，「大規模な移住とともに（　　）がやってきている」の意。空所に続く that 節は空所に当てはまる語と同格関係であり，その内容は「移民にあらゆる適応を期待しても無駄であるということ」となっている。大規模な移民とともにそれが「わかった」といった意味にするのが適切。(ハ) realization「認識」が適切。
(イ)「夢」 (ロ)「誤解」 (ニ)「迷信」

設問(3) ▶ party には「当事者，関係者」の意味があり，the other は2者のうちの他方を表す。当該箇所は「…人は，ことさらに『もう一方の関係者』と違う話し方を選択するだろう」となっている。「話し方」とあることから，「会話の相手」などとなる。

設問(4) ▶文全体にわたる構文として As …, so ～ が見て取れる。通常「…するのと同様に～」の意味だが，further「さらに」，increasingly「ますます」，increase「増す」と，いずれの節にも「変化」を表す語があり，As は「～するにつれて」の意と考えるのが妥当。あるいは，「…するので，それで～」と因果関係と解釈することもできなくはない。

As the world globalizes further at an increasingly rapid pace,

直訳 「世界がますます速い速度でさらにグローバル化するにつれて」

● further「さらに」と increasingly「ますます」は，それぞれ globalizes，rapid と別の語を修飾してはいるが，同意の語なので訳文がくどくならないように工夫する。

and as major migrations of people, especially from the southern to the northern hemisphere, continue,

直訳 「そして，人々の大きな移住，とりわけ南の半球から北の半球への，が続くにつれて」

● major migrations of people は「大規模な移民」「大規模な人口移動」などと訳語を工夫する。この主語に対する述語動詞が continue である。

● especially … hemisphere は「移住」を修飾する。挿入ではあるが，日本語では先に訳してしまう方が落ち着く。from the southern (hemisphere) to the northern hemisphere の意であり，「南半球から北半球への」となる。

so the problems and too often the frictions increase :

直訳 「(それで) その問題とあまりにもしばしばその摩擦が増す」

● the problems，the frictions にそれぞれ定冠詞がついているのは，下線部より前にどのような「問題」「摩擦」なのかが述べられており，それを受けるため。「そのような」「そうした」などと訳すとよい。なお，friction は「いさかい，軋轢」などの訳語も使える。

● too often は「非常に多くの場合」などと訳語を工夫したい。いったん「問題」と述べたが，それらがたいていは「いさかい，不和」という問題である，ということを補っていると考えられる。

設問(5) I could predict the manner

直訳 「私はその方法を予測できた」

● manner は「方法，やり方」の意。日本語でいう「マナー，礼儀作法」は必ず manners と複数形で表す。

● predict は「予測〔予想〕する」でよい。「予言する」は多少ニュアンスが文意と合わない感がある。

in which the physicians were going to deal with them.

直訳 「その内科医たちが彼らを扱うであろう（方法)」

● in があるのは in the manner「そのようなやり方で」がもとになっているため。

● physician は厳密には「内科医」だが，この文脈ではそれほど厳密に訳す必要はなく，単に「医師」で十分。

● them は同文前半にある patients「患者」を指す。特に訳出する必要はないが，「その患者たち」とすれば，文意がはっきりする。訳出するかしないかにかかわらず，和訳箇所の代名詞が何を指すか，内容理解のためにも必ず確認する習慣を持ちたい。

● were going to *do* は，なんらかの根拠に基づいて「これから～することになりそうだ」というニュアンスを含む。その「これから」という言葉を利用すると，訳文がわかりやすくなる。

● 「医師たちが患者を扱うであろう方法」では日本語としての自然さに欠ける。「扱う方法」を「どのように扱うか」などとうまく訳したい。

設問(6) ▶ the latter「後者」は，前述の2者のうち，あとに言及したものを指す。対比されている2つの項目は，前段最終文の The ideas … have been applied by advertisers and party-political researchers …, and by business management trainers …「その考えは，広告主や党派政治戦略の研究者たちによって，そして事業経営の訓練士によって応用されてきた」にある2つの by … であり，後者は「事業経営の訓練士」を指すことになる。これに続く advising clients on how to behave in foreign countries「顧客に外国でのふるまい方を助言する」という修飾部分の内容を加えて解答を作成する。

設問(7)　正解は(ニ)

(イ)――×　最終段第１文（Accommodation theory is …）の内容に反する。「適応理論は…受け入れる側の共同体に移民集団を統合していく方法を考えるときに，特別の価値を持つ。…『統合』とは…移民が経済的に成功しつつ，移り住んだ共同体とうまくやっていく方法を与えることを意味する」とある。重要なのは「家庭内でのコミュニケーション」ではなく，移住した先の共同体とのコミュニケーションである。

(ロ)――×　第６段最終文後半（in the Japanese …）の内容に反する。「日本の実業家は外国人が外国人らしくあることの方を好ましく思う」とある。

(ハ)――×　第５段第１文（Accommodation theory was …）の内容に反する。ジャイルズの最初の洞察は，診療所での勤務経験から得られたものとされている。

(ニ)――○　第６段第１～３文前半（The limits of … least appear condescending；）の内容と一致する。「過度に相手の文化などに合わせすぎると，相手をばかにしているように見えてしまう可能性がある」ということが述べられている。これが正解。

(ホ)――×　適応理論とは，第１段第１文（Accommodation theory states …）に「人々が互いに言葉を交わすとき，話題や状況，ともに会話に関わっている他の人たちを考慮するために，自分のふるまいや話し方を調整する」ことであると述べられている。第２段に，増加する移民問題の解決に，適応理論が役に立つと書かれてはいるが，この理論の対象はあくまでコミュニケーションのレベルの問題であり，移民や外国人の居住問題ではない。

解答

設問(1)　ⓐ―(ロ)　ⓑ―(ハ)　ⓒ―(イ)　ⓓ―(ニ)

設問(2)　ⅰ―(ロ)　ⅱ―(ハ)　ⅲ―(ハ)

設問(3)　会話の相手

設問(4)　世界のグローバル化がこのままさらに急速に進み，とりわけ南半球から北半球への大規模な人口移動が続くにつれ，そうした問題が，そして非常に多くの場合，摩擦が増加していく。

設問(5)　私は，これから医師が患者をどんなふうに扱うことになるか予測できた。

設問(6)　顧客に外国でのふるまい方を助言する事業経営の訓練士

設問(7)　(ニ)

42

2012年度 外国語学部〔2〕

次の英文を読んで，以下の設問に答えなさい。

The two visits of Perry's expedition to Japan provided the first opportunities for extensive interaction between Americans and Japanese. Until then the two peoples had known very little about each other. A number of prominent Americans, including Perry himself, had become concerned about this state of affairs in the previous decade. But most of what they had been able to learn about Japan was gleaned from sporadic reports by sea captains, shipwrecked sailors, and European envoys who had earlier attempted to establish contacts with the reclusive kingdom. The vague impressions the Japanese held of the United States—and before Perry's ships sailed into Edo bay in 1853 only a handful of scholars had paid much attention to the distant republic—had been taken mainly from Dutch books or Dutch interpreters on Deshima. ①The scarcity of knowledge on both sides meant that during the weeks when the East India squadron was in harbor American officers and midshipmen and Japanese samurai officials, peasants, and fisher folk scrutinized each other intensely. In official reports, diaries, sketches, block prints, and tall tales, they recorded all manner of impressions from the physical appearance of the alien others, including their fashions in clothing, to the excellent planning of Japanese towns or the marvels of the intruders' steamships. And observers on each side worked these rumors, images, perceptions, evaluations, and understandings into composite representations of the other's society and culture. ②Greatly expanded intercourse between the two nations in the following decades resulted in refinements of and elaborations on these representations, which profoundly shaped American-Japanese relations until well into the twentieth century.

③From their first encounters with the Japanese, American officers and sailors were impressed by the seemingly insatiable curiosity of the shogun's emissaries, and especially their intense interest in the design and equipment of the ships of the East India squadron. Perry and his entourage were delighted when the Japanese admired their ships' powerful artillery and navigational instruments. "Nothing," recorded Edward McCauley, the young acting master on the sloop-of-war *Powhatan*, "has astonished the natives so much as our impudence—Paixhan guns—Electric Telegraph—Steam—and firearms, all called for their admiration." Like many of his compatriots, McCauley was struck by the intellectual vigor of the Japanese officials and their knowledge of U.S. history. He and other members of the expedition were also pleased to discover that the Japanese were well aware of the advanced state of America's technological endowment. At the same time, the Americans were taken aback by the readiness of the Japanese emissaries to admit that their own country was far behind the Western powers in manufacturing, weaponry, and capacity to exploit natural resources.

McCauley was surprised that the shogun's envoys who toured the *Powhatan* understood the principles that made its steam engine run, and he thought they were clever to bring along artists to make detailed sketches of the engine and numerous other parts of the ship. He and others also commented approvingly on the emissaries' eagerness to operate and understand the ship's magnetic telegraph machine. James Morrow, a scientist who had been assigned to set up and demonstrate the mechanical contrivances that were presented as gifts, singled out the alacrity with which a Japanese carpenter learned to use unfamiliar tools when invited to assist the Americans in assembling several agricultural implements. Morrow found the Japanese workman "almost as handy and intelligent as the excellent machinist, Dozier, … who was working with me." ④Morrow and the other officers would have been even more impressed had they been able to foresee that several years later a delegation of Japanese notables, paying a return visit to America, would present to the president of the United States an *improved* version of the Sharps rifle that Perry had given to the shogun's officials.

The determination of the Japanese to improve on the guns and machines introduced by Western visitors was instilled by their recognition that the successful adoption of applied science and industrial technologies would be crucial to the very survival of their nation. A new generation of samurai leaders, emerging from the intensified social and political turmoil in the shogunate following the American interventions, quickly grasped that scientific investigation and technological innovation were the mainsprings of the power and wealth of the industrialized West. The obvious military superiority of the

American fleet to any force the Japanese could conceivably assemble against it left the shogun's emissaries little choice but to accede to the intruders' demands. And the strategy devised by Japan's leaders in the next decades was premised on the assumption that further concessions would be necessary until the country was sufficiently industrialized to break free from the informal domination that had been imposed by the Western imperialist powers. As they soon realized, ⑤this process of national strengthening would also entail far-reaching changes in everything from Japanese political and educational institutions to patterns of gender and generational interaction.

設問(1) 下線部①の内容について，その要因も含め具体的に日本語で説明しなさい。

設問(2) 下線部②の意味を日本語で表しなさい。

設問(3) 下線部③で始まる段落で，アメリカ人は日本人のどのような点に感心し，驚きましたか。100字以内の日本語でわかりやすく説明しなさい。

設問(4) 下線部④の意味を日本語で表しなさい。

設問(5) 下線部⑤の内容を具体的に日本語で説明しなさい。

全 訳

■日米関係の幕開け

❶ ペリーの遠征隊が2度にわたって日本を訪れたことにより，アメリカ人と日本人の多方面にわたる交流の機会がはじめて生まれることとなった。そのときまで，この2つの国民は互いのことをごくわずかしか知らなかった。それに先立つ10年間に，ペリー自身も含めた多くのアメリカの要人たちが，この事態を憂慮するようになっていた。しかし，彼らが日本について知ることができたことのほとんどは，船長や難破船の船員，そして，他国とつき合いたがらないこの国との関係をそれ以前から築こうとしていたヨーロッパの使節による散発的な報告から，少しずつ集められたものだった。日本人が合衆国について抱いていたぼんやりとした印象——ペリーの船が1853年に江戸湾へ来航する以前には，この遠く離れた共和国に十分な注意を払っていたのはほんの一握りの学者たちだけだった——は，主にオランダの書物や出島にいたオランダ人通訳から得たものだった。双方ともに知識が乏しかったために，東インド艦隊が入港していた数週間の間，アメリカ人士官や海軍士官候補生と日本の武士，農民，漁師たちは，互いを熱心に調べることとなった。彼らは，公式の報告，日記，写生図，木版刷り，ほら話といった形で，異国の相手の衣服の様式も含めた身体上の外見から，日本の優れた町設計，あるいは侵入者の蒸気船に見られる驚異にいたるまで，ありとあらゆる印象を記録した。そして，双方の観察者たちは，こうしたうわさ，描写，認識，評価，理解を加工して，相手の社会や文化に関する複合的なイメージを作り上げたのである。②その後の数十年間で両国の交流が大いに拡大した結果として，こうしたイメージは洗練され，詳細なものになっていき，そのことが20世紀に入ってしばらくするまで日米関係の形成に深い影響を及ぼした。

❷ 日本人とはじめて出会い，アメリカ人の士官や船員たちは，将軍の特使たちの飽くことのないように思われる好奇心や，とりわけ，東インド艦隊の船の設計や装備に対する彼らの強い関心に，感銘を受けた。日本人が彼らの船に装備された強力な大砲と航海機器を賞賛すると，ペリーと彼の側近たちは大いに喜んだ。スループ型砲艦ポーハタン号の若い船長代理であるエドワード=マコーリーは「私たちの剛胆さほど現地の人たちを驚かせたものはない。ペクサン砲，電信機，蒸気機関，それに銃器，それらすべてが彼らの賞賛を呼び起こした」と記している。多くの彼の同国人たちと同様，マコーリーは，日本人の役人たちの知的活力や合衆国の歴史に関する彼らの知識に感銘を受けた。彼や他の遠征隊員たちはまた，アメリカの技術的能力が発達していることを日本人たちが十分認識しているのがわかって，快く思

った。同時にアメリカ人たちは，日本人特使たちが，工業，兵器，天然資源の開発能力において，自分たちの国が西洋列強からはるかに遅れていることをあっさり認めたのにはあっけにとられた。

❸ マコーリーは，ポーハタン号の中を見て回った将軍の使者たちが蒸気機関の動く原理を理解していることに驚き，エンジンやその他数多くの船の部位の詳細なスケッチをとるために画家を連れて来た彼らを，頭がいいと思った。彼や他の隊員たちは，特使たちが船の磁気通信機を操作し理解したがったことについても満足げに述べている。寄贈品として進呈された機械装置を組み立て動かしてみせる役割を任されていた科学者ジェームズ=モローは，特筆すべきこととして，アメリカ人たちがいくつかの農具を組み立てるのを手助けするために日本の大工たちが呼ばれた際，彼らがいかにすばやくなじみのない道具を使いこなせるようになったかを書き記している。モローは，日本の職人たちが「私といっしょに仕事をしていた……優秀な機械工のドージアとほぼ同じくらい器用で頭がいい」ことに気づいた。④日本の要人たちの派遣団が数年後にアメリカを答礼訪問して，将軍の抱える役人たちにかつてペリーが贈ったシャープス銃の「改良」型を合衆国大統領に献上することになるということを，モローや他の士官たちが予見できていたとしたら，彼らはいっそう感銘を受けたことだろう。

❹ 西洋の訪問者たちによって持ち込まれた銃や機器を改良しようという日本人の決意を促したのは，自分たちの国が生き残っていくためには応用科学や産業技術をうまく取り込むことが欠かせない，という彼らの認識であった。アメリカ人の介入があったのち，幕府の社会的，政治的混乱が激しくなる中で台頭してきた新しい世代の武士の指導者たちは，科学的研究と技術革新が，工業化した西洋の力と富の主因であることをすぐに理解した。アメリカ艦隊の方が，これに対抗して日本人が結集できると考えられるどんな兵力よりも，軍事的に優位にあることは明らかだったため，将軍の特使たちにとって，侵入者たちの要求に従う以外にほとんど選択肢はなかった。そして，その後の数十年の間に日本の指導者たちが考えた戦略は，西洋の帝国主義列強によって課された非公式の支配から脱することができるほど十分に，日本が工業化するまでは，さらなる譲歩が必要であるということを前提としていた。彼らにもすぐにわかったことだが，国力強化のこうした過程は，日本の政治や教育の制度から，性別による役割分業や世代間の相互交流のパターンにいたるまで，あらゆる方面における広範囲にわたる変化をも伴うこととなった。

各段落の要旨

❶ 以前はほとんど交流のなかった日米両国は，ペリーの来航以降，互いの国のことを熱心に調べ合い，20 世紀にまで及ぶイメージを作り上げた。

❷ 当時日本に来たアメリカ人たちは，日本人の高い知的好奇心や，西洋列強からの自国の技術レベルの遅れの認識に驚いた。

❸ 同時に，日本人の知性の高さや技術吸収力の優秀さはアメリカ人に感銘を与えた。

❹ 日本人は，自国の科学的研究や技術革新が西洋に相当劣っていることを認識し，日本が十分工業化されるまでは西洋諸国に対する譲歩はやむをえないとした上で，社会のあらゆる面での変化を伴う国力強化の過程を歩むこととなった。

解　説

設問(1) ▶下線部①は「両方の側の知識の不足」が直訳。日米の相互理解が述べられている箇所であり，「そのとき（＝ペリーの来航）まで，この２つの国民は互いのことをごくわずかしか知らなかった」という第１段第２文と同意。その要因は，アメリカ側の事情が第１段第３・４文，日本側の事情は第５文に述べられている。アメリカでは，船長，難破船の船員，ヨーロッパの使節による散発的な報告だけが日本に関する情報源であり，日本では（鎖国をしていたため）アメリカについて，オランダの書物や出島のオランダ人通訳から得られる漠然とした印象しかなかったとある。この部分をまとめる。

設問(2) Greatly expanded intercourse between the two nations in the following decades

直訳 「続く数十年間のその２か国の間の大いに拡大された交流は」

- 主語であり，英語によく見られる名詞中心の表現になっている。日本語は述語を好む傾向があり，この場合は「拡大された交流」を「交流が拡大したこと」とするとよい。
- その他の修飾語句もそれに合わせて，「続く数十年の間にこの２か国の間の交流が大いに拡大したことは」などと整える。

resulted in refinements of and elaborations on these representations,

直訳 「これらの表現の洗練と推敲という結果になった」

- result in *A*「*A* という結果になる」が文字通り。「結果的に *A* になる」などと訳すこともできる。
- these representations が of と on の共通の目的語になっていることに注意。representations は直前の文にも見られ，「双方の観察者たちは，こうしたうわさ，描写，認識，評価，理解を加工して，相手の社会や文化に関する複合的な representa-

tions を作り上げた」となっており，日本語で言う「イメージ」に近いニュアンスと考えられる。

● refinements of and elaborations on（these representations）も名詞中心表現で，of, on の前後がそれぞれ動詞と目的語の関係になっている。refinement と elaboration をもとの動詞 refine「洗練する」，elaborate「精巧に作り上げる，練る」を使って訳すとよい。ペリー来航によって作り上げられた「イメージ」が，両国間の交流の拡大によって「洗練され，（見直しを経て）詳しくなっていったこと」を表している。

which profoundly shaped American-Japanese relations

直訳 「それが日米関係を深く形作った」

● 非制限用法の which は前述の「イメージが洗練され詳しくなったこと」を受ける。

● profoundly shaped「深く形作った」は，American-Japanese relations「日米関係」の「形成」の「深いところ」，つまり「根底」に影響していることを述べている。内容を十分理解したうえで，思い切った意訳が必要となる箇所である。

until well into the twentieth century.

直訳 「20 世紀に入ってかなりまで」

● shaped を修飾する副詞句。

● well は「かなり，ずいぶん，優に」の意。時や場所の副詞の前に置いて使う。「20 世紀に入ってからもしばらく」などと工夫する。

設問(3) ▶各文に述べられている，アメリカ人が日本人の中に見出したものは，以下のとおり。

第 1 文：飽くことのないように思われる好奇心や艦船の設計や装備に対する強い関心。

第 2 文：艦船の大砲と航海機器に対する賞賛。

第 3 文：武器や通信機，蒸気機関に対する賞賛。

第 4 文：知的活力と合衆国の歴史に対する知識。

第 5 文：アメリカの技術的能力の高さに対する認識。

第 6 文：工業，兵器，天然資源の開発能力における西洋列強からの遅れの認識。

▶述べられている順序どおりに書くこともできるが，内容を整理すると「好奇心と知的活力」（第 1 文前半と第 4 文前半），「アメリカの技術への関心」（第 1 文後半～第 3 文），「アメリカの歴史の知識」（第 4 文後半），「アメリカの先進性の認識」（第 5 文），「日本の遅れの自認」（第 6 文）といった項目にまとめられる。とりわけ，be impressed，be struck「感心した」，be taken aback「驚いた」という表現のある，第 1・4・6 文の内容を落とさないように注意する。アメリカ人が何に感心し，何に驚いたかがよく伝わるまとまりのある文章になるように調整しながら，100字以内という条件に合うように仕上げる。

設問(4) Morrow and the other officers would have been even more impressed

直訳 「モローや他の士官たちは，いっそう感銘を受けたことだろう」

● 直訳のままで問題ない。would have been … という形から，仮定法過去完了の帰結節であることがわかる。

had they been able to foresee that …

直訳 「彼らが…ということを予見できていたら」

● この箇所も直訳のままで問題ない。

● had they been … は if they had been … の意。仮定法では if を省略して，疑問文と同じ語順の倒置にすることがある。

several years later a delegation of Japanese notables, paying a return visit to America,

直訳 「数年後に日本の要人たちの派遣団がアメリカを答礼訪問して」

● several years later はこのあとにある would present にかかる副詞句。

● delegation「代表団，派遣団」

● notables「名士，要人」 通例複数形で使う。

● paying … は分詞構文であり，直訳のように訳し下ろすのが基本だが，delegation を修飾する形容詞用法のように訳しても，日本語では差し支えない。

● pay a return visit to *A*「*A* を答礼訪問する」

would present to the president of the United States an *improved* version of …

直訳 「合衆国大統領に…の『改良』版を贈呈するだろう（ということ）」

● この部分は foresee「予見する」の目的語にあたる that 節内の述語動詞以下にあたり，would は未来を表す助動詞 will が時制の一致を受けたもの。

● present *A* to *B*「*B* に *A* を贈呈する」が present to *B* *A* の語順になっていることに注意。*A* に前置詞句がかかり，さらに関係代名詞節が続いて長くなっているため。なお，present の訳は「贈呈する」相手が大統領なので「献上する」などと工夫したい。

● an *improved* version は of 以下に「銃」とあり，「『改良』型」などとしておきたい。

the Sharps rifle that Perry had given to the shogun's officials.

直訳 「ペリーが将軍の役人に与えたシャープスライフル」

● the Sharps rifle に注釈はないが，大文字での表記なので固有名が利用されていると判断できる。通常「シャープス銃」とされているようだが，そのまま「シャープスライフル」と書いても問題ない。

- that 以下は関係代名詞節。had given の過去完了は直説法。派遣団が訪米したという過去の出来事よりも前のことを表している。原文にはないが，「かつて，以前に」などと補えば，出来事の順序が明確になる。
- the shogun's officials は「将軍の抱える役人」ということであり，「幕府の役人」などとしてもよい。

設問(5) ▶下線部⑤は「国の強化のこの過程」が直訳。「国の強化」とは，日本が西洋と比べて遅れていたことをペリーの来航で思い知らされ，その西洋に追いつく過程のことであり，同段全体にその状況が述べられているが，this が指すのは，直前の文（And the strategy …）の内容にあたり，これをまとめる。同文自体は「日本の指導者たちが考えた戦略は，西洋の帝国主義列強によって課された非公式の支配から脱することができるほど十分に日本が工業化するまでは，さらなる譲歩が必要であるということを前提としていた」となっているが，「強化」=「日本の工業化」なので，これが締めくくりになるように文の内容をアレンジする必要がある。つまり，「さらなる譲歩が必要であるということが前提」という部分は，「さらなる譲歩を通じて（工業化する）」などとしたい。

解答

設問(1) アメリカでは，船長，難破船の船員，ヨーロッパの使節から入ってくる散発的な報告でしか日本のことを知ることができず，一方日本では，アメリカに関してはオランダの書物や出島のオランダ人通訳から得た漠然とした印象しかなく，双方が相手のことをよく知らなかったということ。

設問(2) その後の数十年間で両国の交流が大いに拡大した結果として，こうしたイメージは洗練され，詳細なものになっていき，そのことが 20 世紀に入ってしばらくするまで日米関係の形成に深い影響を及ぼした。

設問(3) 日本人の旺盛な好奇心と知的活力，米国艦船の設計や装備，兵器に対する強い関心，米国史の知識やその技術的先進性の認識に感心し，日本が西洋列強にはるかに遅れをとっていることを自認していることに驚いた。(97 字)

設問(4) 日本の要人たちの派遣団が数年後にアメリカを答礼訪問して，将軍の抱える役人たちにかつてペリーが贈ったシャープス銃の「改良」型を合衆国大統領に献上することになるということを，モローや他の士官たちが予見できていたとしたら，彼らはいっそう感銘を受けたことだろう。

設問(5) さらなる譲歩を通じて，西洋の帝国主義列強によって課された非公式の支配から脱することができるほど十分に日本を工業化し，国力を強化していく過程。

43

2011 年度 外国語学部以外〔2〕

次の英文を読んで，以下の設問に答えなさい。

Newborns swaddled in a blanket are likely to cry when someone opens the blanket to expose them to the cooler temperature of the room. This cry should not be regarded as a sign of fear or anger because it is a biologically prepared reaction to the change in temperature. Moreover, genes whose products influence limbic sites* are not yet active in newborns. Nor should we call a crying six-month-old who dropped her rattle *angry* because this emotion presumes knowledge of the cause of a distressed state. Charles Darwin, who kept a diary on his child, made ①that mistake when his seven-month-old son screamed after the lemon he was playing with slipped away. The father of evolutionary theory assumed a biological continuity between animals and infants and projected the state he felt when he lost a valuable object on to both animals and his young son. Many contemporary psychologists attribute a state of fear to seven-month-olds who cry (ⓐ) the approach of a stranger and to forty-year-olds who notice a large amount of clotted blood in their saliva. But the states of these two agents cannot be the same because of the profound biological and psychological differences between infants and adults. The infant's distress is an automatic reaction to the inability to relate the unfamiliar features of the stranger to his or her knowledge ; the adult's state follows an (i)appraisal of the meaning of the blood for his or her health.

The infant's behavioral reactions to emotional (ii)incentives are either biologically prepared responses or acquired habits, and the responses are signs of a change in internal state that is free (ⓑ) appraisal. The structural immaturity of the infant brain means that the emotions that require thought, such as guilt, pride, despair, shame, and empathy, cannot be experienced in the first year because the cognitive abilities necessary for their (iii)emergence have not yet developed.

The restriction on possible emotions extends (ⓒ) infancy. Children less than a year old cannot experience empathy with another or shame, whereas all three-year-olds are capable of these states because of the emergence of the ability to infer the state of others and to be conscious of one's feelings and intentions. This extremely important developmental change, due to brain maturation, adds a qualitatively new reason for actions, especially the desire to preserve a conception of self as a good person. ②This motive, which has an emotional component, is a (iv)seminal basis for later behaviors that are called (v)altruistic. Furthermore, children less than four years old find it difficult to retrieve the past and relate it to the present and, therefore, cannot experience the emotions of regret or nostalgia. Even preadolescents have some difficulty manipulating several representations simultaneously in working memory because of incomplete maturation of the connectivity of the dorsolateral prefrontal cortex** (ⓓ) other sites. This fact implies that seven- to ten-year-olds are protected from the emotions that emerge from a thoughtful examination of the logical inconsistency among their personal beliefs. Older adolescents, by contrast, are susceptible to the uncertainty that follows recognition of the inconsistency between their experiences and their childhood premises about sexuality, loyalty, God, or the heroic stature of their parents. ③The desire to repair the inconsistency requires some alteration in the earlier beliefs and the evocation of emotions denied to younger children. The cognitive immaturity also means that ten-year-olds are protected from arriving at the conclusion that they have explored every possible coping response to a crisis and no adaptive action is possible. As a result they cannot experience the emotion of hopelessness that can provoke a suicide attempt. Hence, we need to invent a vocabulary for the repertoire of states experienced by infants and young children. ④These terms do not exist.

From *What is emotion?* by Jerome Kagan, Yale University Press

〔注〕

*limbic sites 大脳辺縁系（感情・行動を司る場所）

**dorsolateral prefrontal cortex 側背前頭葉皮質

設問(1) 本文中の空所ⓐ～ⓓを埋めるのに最も適当な前置詞を，(イ)～(ホ)から一つ選び，記号で答えなさい。同じ前置詞を二度選んではいけません。

(イ) at (ロ) beyond (ハ) for (ニ) of (ホ) to

設問(2) 一歳未満の乳児が経験できない感情として本文中に挙げられているものの中から一つ選び，日本語で答えなさい。

設問(3) 本文中の下線部(i)〜(v)の語に最も近い意味の語を，それぞれ(イ)〜(ニ)から一つ選び，記号で答えなさい。

(i) appraisal
(イ) approval　(ロ) assessment
(ハ) praise　(ニ) proposal

(ii) incentives
(イ) ingredients　(ロ) respirations
(ハ) sensitivities　(ニ) stimuli

(iii) emergence
(イ) arrival　(ロ) emergency
(ハ) insistence　(ニ) merger

(iv) seminal
(イ) positive　(ロ) primary
(ハ) sentimental　(ニ) similar

(v) altruistic
(イ) almighty　(ロ) egoistic
(ハ) rusty　(ニ) selfless

設問(4) 本文中の下線部① that mistake の意味内容を日本語で簡潔に表しなさい。

設問(5) 本文中の下線部② This motive の意味内容を日本語で簡潔に表しなさい。

設問(6) 本文中の下線部③の意味を日本語で表しなさい。

設問(7) 本文中の下線部④ These terms の意味内容を日本語で簡潔に表しなさい。

全　訳

■子どもの感情の発達過程

❶　毛布にくるまれた新生児は，誰かが毛布を取って，部屋のもっとひんやりとした空気にその子をさらすと泣く可能性が高い。この泣き声を，恐怖や怒りの表れとみなすべきではない。それは気温の変化に対して生物学的にあらかじめ備わった反応だからである。さらに，その産物が大脳辺縁系に影響を及ぼすような遺伝子は，新生児ではまだ活動していない。また，ガラガラを落としてしまった生後6カ月の赤ん坊が泣いていることを「怒っている」と言うべきでもない。怒っているという感情は，不快な状態を引き起こした原因を知っていることを前提とするからだ。チャールズ=ダーウィンは，我が子のことを日記に記していたが，生後7カ月の息子が遊んでいたレモンを手から滑り落としてしまって叫び声を上げたとき，その間違いを犯した。進化論の生みの親は，動物と幼児の生物学的連続性を想定し，大切なものを失ったときに感じる心理状態を，動物にも自分の幼い息子にも投影したのである。多くの現代の心理学者は，恐怖という心理状態を，知らない人が近づいてきて泣く生後7カ月の赤ん坊にも，唾液に大量の血の塊が混じっているのに気づいた40歳の人間にも当てはめる。しかし，この二者の心理状態は同じではありえない。幼児と成人には，生物学的・心理学的な深い違いがあるからだ。幼児の嘆きは，見知らぬ人のなじみのない特徴を自分の知識と結びつけることができないことから来る無意識的な反応である。一方，大人の心理状態は，血が自分の健康に対して意味することを判断した結果である。

❷　感情に訴える刺激に対して幼児の行動に現れる反応は，生物学的に備わった反応と後天的に獲得した習慣のいずれかであり，こうした反応は，判断を伴わない内的状態の変化の兆しである。幼児の脳が構造上未発達であるということは，罪悪感，誇り，絶望，恥，共感といった，思考を必要とする感情が現れるために必要な認識能力がまだ発達していないため，生後1年間はそうした感情を経験することはできないということを意味している。

❸　抱く感情の制限条件は，乳児期を越えて及ぶ。1歳未満の子どもは，人との共感や恥といった感情を経験することはできないが，一方，3歳児ならみな，他人の心理状態を推測し，人の感情や意図を意識する能力が出現するため，こうした心理状態を味わえる。脳の発達による，こうしたきわめて重要な発育上の変化によって，行動の理由として質的に新しいもの，特に良い人間としての自己認識を保ちたいという欲求が加わることになる。この動機は，感情的な構成要素を持つものであり，利他的と呼ばれる後の行動の重要な基礎となるものである。さらに，4歳未満の子

どもは，過去のことを思い出し，それを現在と結びつけるのが難しいと思われる。そのため，後悔や郷愁という感情を経験できない。思春期直前の子どもでも，側背前頭葉皮質と他の部分の接続が十分に発達していないため，記憶を働かせるときに複数の表象を同時に操作することにいくらか困難を覚える。この事実が示唆しているのは，7歳から10歳の子どもは，個人的な信念の論理的な矛盾を注意深く検討することから生まれる感情から守られているということである。対照的に，もっと年齢が上の10代の若者なら，性行動や誠実さ，神，あるいは親の英雄的な資質に関する子ども時代の前提と自分の経験との矛盾を認識した結果生まれる不確かさの影響を受けやすい。③その矛盾を修正したいと思えば，以前信じていたことをいくらか修正し，幼い子どもは持ち合わせていない感情を喚起することが必要になる。認識が未発達であることは，10歳児が，ある危機に対処するための可能な限りのあらゆる反応を検討し，なおかつ適応性のある行動が一つもないという結論に至ることから守られていることも意味する。その結果，10歳児は，自殺しようという気持ちを引き起こしかねない希望のなさという感情を経験できないのである。したがって，乳児や幼い子どもが経験する心理状態にあてる語彙を新たに作る必要がある。そうした言葉はないのだ。

各段落の要旨

❶ 乳児が泣くことを，恐怖や怒り，嘆きの表れと考えるのは誤りである。
❷ 幼児の脳は構造上未発達であり，思考を必要とする感情が現れるのに必要な認識能力はまだ発達していないのである。
❸ それぞれの年齢・発達段階によって，経験できる感情には制約がある。

解　説

設問(1)　正解は　ⓐ―(イ)　ⓑ―(ニ)　ⓒ―(ロ)　ⓓ―(ホ)

ⓐ　Many contemporary psychologists attribute a state of fear to seven-month-olds who cry (　　　) the approach of a stranger and to forty-year-olds who notice a large amount of clotted blood in their saliva.

▶後続の「見知らぬ人の接近」が cry「泣く」の原因。ある状況に直面していることを表す(イ) at が適切。be surprised at *A*「*A* に驚く」などとの類推ができる。

ⓑ　The infant’s behavioral reactions to emotional incentives are either biologically prepared responses or acquired habits, and the responses are signs of a change in internal state that is free (　　　) appraisal.

▶後続の appraisal「評価」とは，第1段最終文にもあるように，「自分の身に起きていることの意味を評価すること」である。同じ文の前半（the inability to relate … knowledge）から，乳児はこの評価の能力がないことがわかる。(ニ) of を補い，

free of *A*「*A* がない」とするのが適切。

ⓒ The restriction on possible emotions extends (　　) infancy.

▶当該文は「ありうる感情の制限は infancy (　　) 拡大する」となっている。infancy は「幼児期」だが，派生語 infant が第1段第6・8・最終文で「1歳未満の乳児」を表すのに使われている。当該文で始まる第3段では，4歳未満（第5文），7～10歳（第7文）など，「乳児期の後」つまり「乳児期を越えた」子どもも，ある種の感情や思考が経験できないことが述べられている。(ロ) beyond が適切。

ⓓ Even preadolescents have some difficulty manipulating several representations simultaneously in working memory because of incomplete maturation of the connectivity of the dorsolateral prefrontal cortex (　　) other sites.

▶当該箇所は「側背前頭葉皮質と他の部分 (　　) 接続」となっている。「…と他の部分がつながっていること」の意であると推測できる。(ホ) to が適切。a connection to *A*「*A* との接続」，a relation to *A*「*A* との関連」などから類推したい。

設問(2) 正解は 罪悪感，誇り，絶望，恥，共感のうちのいずれか一つ。

▶第2段第2文に「幼児の脳が構造上未発達であるということは，罪悪感，誇り，絶望，恥，共感といった，思考を必要とする感情を生後1年間は経験することができないことを意味する」とある。したがってここに述べられている5つのうちから一つを答えればよい。なお，「誇り」は「自尊心」，「恥」は「羞恥（心）」の訳も可能。

設問(3) 正解は (i)―(ロ) (ii)―(ニ) (iii)―(イ) (iv)―(ロ) (v)―(ニ)

(i) ▶当該文の the adult's state「大人の状態」，the blood「血液」とは，同段第7文の a state of fear「恐怖という心理状態」，a large amount of clotted blood in their saliva「唾液に混じった大量の血の塊」のこと。したがって当該文は「恐怖という心理状態が，自分の健康に対して血の塊が持つ意味の appraisal に続いて起こる」となる。「血が何を表しているか考えた結果，恐怖心がわき起こる」ということなので，(ロ) assessment「評価，判定」が適切。appraisal は「評価，価値判断」の意。

(イ) approval「是認」 (ハ) praise「賞賛」 (ニ) proposal「提案」

(ii) ▶当該箇所は「感情的な incentives に対する幼児の行動上の反応」となっている。反応を引き起こすものなので，(ニ) stimuli「刺激」が適切。stimuli は stimulus の複数形。incentive はしばしば「動機，励みとなるもの」の意で使われるが，行動を引き起こすものということでは「刺激」の訳も可能。

(イ) ingredients「材料」 (ロ) respirations「呼吸」 (ハ) sensitivities「感情」

(iii) ▶当該文は「そうした感情の emergence に必要な認識能力がまだ発達していな

いので，幼児はそれらの感情を経験できない」が大意。「そうした感情が生まれるのに必要な」といった意味であると推測できる。emergence は「出現」の意。(イ) **arrival「到着」**は「やって来ること」つまり「到来」と考えれば，この箇所に当てはめることができ，これが正解。

(ロ) emergency「緊急事態」 (ハ) insistence「主張」 (ニ) merger「合併」

(iv) ▶当該部分は「善人でありたいという動機が後の行動に対する seminal な基礎である」が大意。推測が難しいが，子どもの感情の発達段階を述べており，「後の基礎となる」という部分とのつながりから考えると **(ロ) primary「最も重要な」**が適切であると判断したい。seminal は「重大な，中枢の」の意。

(イ) positive「積極的な」 (ハ) sentimental「感傷的な」 (ニ) similar「類似の」

(v) ▶(iv)に続く箇所で「善人でありたいという動機が altruistic と呼ばれる後の行動の基礎となる」が大意。「善人でありたい」という気持ちは，同段第 2 文にあるように「他人の心理状態を推測したり，人の感情や意図を意識したりする能力の出現」によって起こる。これらは，人の立場に立って考えられるようになるということ。**(ニ) selfless「無私の」**が適切。altruistic は「利他的な」の意。

(イ) almighty「全能の」 (ロ) egoistic「利己的な」 (ハ) rusty「さびついた，衰えた」

設問(4) ▶当該文は「ダーウィンは，生後 7 カ月の息子が遊んでいたレモンを落として叫び声を上げげたとき『その間違い』をした」となっている。直前の文に「ガラガラを落とした生後 6 カ月の赤ん坊が泣いているのを『怒っている』と言うべきでもない」とあり，「その間違い」とは「ものを落とした赤ん坊が泣くのを，『怒っている』と言った」ということになる。

設問(5) ▶「この動機」の This が指すものは直前にあると考えられる。直前の第 3 段第 3 文にある a … reason for actions「行動の理由」が「動機」と同意。この具体的な内容が especially 以下に記されており，the desire to preserve a conception of self as a good person「良い人間としての自己認識を保ちたいという欲求」が正解。

設問(6) The desire to repair the inconsistency requires …

直訳 「矛盾を修正したいという欲求は…を必要とする」

● 無生物主語であり，「～したいと思えば…が必要になる」などと，より自然な日本語を工夫する。

some alteration in the earlier beliefs

直訳 「より初期の信念のいくらかの変更」

● requires の目的語で名詞中心表現になっている。「信念の変更」を日本語が好む述語中心の表現にして，「以前の信念をいくらか変更すること」などと訳すとよい。「以前の信念」も「以前信じていたこと」などとできる。

and the evocation of emotions denied to younger children.

直訳 「そして，より幼い子どもたちには与えられていない感情の喚起」

● 「感情の喚起」は「信念の変更」と同様に，「感情を喚起すること」と訳すとよい。denied to 以下は emotions を修飾する形容詞用法の過去分詞。deny *A* to *B*「*B* に *A* を与えない」がもとになっているが，文脈から考えて「脳が未発達なせいでそうした感情を経験できない」ことを意味していると判断したい。「もっと幼い子どもには味わえない感情」「もっと幼い子どもは持っていない感情」などとすること。

設問(7) ▶ These terms「これらの用語，言葉」とは，直前の文にある vocabulary「語彙」を指すと考えられる。詳しく見ると a vocabulary for the repertoire of states「心理状態の領域のための語彙」を experienced by infants and young children「乳児や幼い子どもたちによって経験される」が修飾している。repertoire はいわゆる「レパートリー」で，一般には歌や芸などである人が行える演目を指す。ここでは，子どもが味わう感情の全領域のこと。特に訳出しなくても大差ないが，ニュアンスを表現するのに，「様々な心理状態」ともできる。experienced 以下は分詞で表現したために受動の形になっているが，日本語では能動に戻して訳すとわかりやすい。全体で「乳児や幼い子どもたちが経験する心理状態（の領域）を表す言葉」などとなるだろう。

解答

設問(1) ⓐ―(イ) ⓑ―(ニ) ⓒ―(ロ) ⓓ―(ホ)

設問(2) 罪悪感，誇り，絶望，恥，共感のうちのいずれか一つ。

設問(3) (i)―(ロ) (ii)―(ニ) (iii)―(イ) (iv)―(ロ) (v)―(ニ)

設問(4) ものを落とした赤ん坊が泣くのを，怒っていると見なすこと。

設問(5) 良い人間としての自己認識を保ちたいという欲求。

設問(6) その矛盾を修正したいと思えば，以前信じていたことをいくらか修正し，幼い子どもは持ち合わせていない感情を喚起することが必要になる。

設問(7) 乳児や幼い子どもが経験する心理状態を表す言葉。

44

2011年度 外国語学部〔2〕

次の英文を読んで，以下の設問に答えなさい。

I know a great many people worry deeply about how they speak and how they sound, and that this anxiety often stops them expressing themselves as fully as they would wish. Nowadays, because probably more people than ever find themselves having to express their thoughts and ideas in situations which are important to them, yet in which they do not feel totally at ease, it is valuable to look at the reasons for this anxiety, and to find out, practically, what can be done about it. I feel strongly that ①<u>the confidence</u> that comes from knowing you are able to express yourself with clarity and ease extends into all areas of your life—both private and public—and makes you more fulfilled and complete. In other words, if you have confidence when you speak, it will make you, as a person, more confident and, consequently, more relaxed.

First, let us look at situations which are likely to make you ill at ease. These, of course, will vary with the individual. The situation may be a public one where you have to talk to a large number of people, as in giving a formal lecture, a sermon, or addressing a political meeting, or some kind of business congress ; or it may be semi-public—giving an informal talk to a small number of people, or making an informal after-dinner speech ; or it may be—as happens to an increasing number of people—taking part in a discussion programme on radio or television, which is often quite nerve-racking, but where it is essential to appear completely at ease. The situation may be much more private—meeting people and making contacts important to business, or putting your ideas firmly and clearly at business meetings and discussions, where you may know your audience well, but may feel very much on your mettle—and so on edge. Or it could be in the purely social context of meeting people who may be important to you, or at least with whom you would like to establish a good rapport. ②<u>The interesting thing is that the conditions which make you nervous vary with each individual, for one person may feel quite at ease addressing a large meeting, yet quite awkward talking informally at a social function—and *vice versa*.</u> The important thing is not to be ashamed of being nervous, but to think about it rationally and take practical steps to deal with it.

Certainly I think a lot of jobs now depend on being able to 'put yourself across well' which can be to the serious disadvantage of someone who knows his job thoroughly, but is not as articulate about it as another person, who may actually be less capable. It is also worth realizing that very often the person who cares most finds it least easy to express his feelings. However, this ability to 'put yourself across' is something we have to come to terms with, as it is obviously important in the competitive society in which we find ourselves, and, of course, accounts for many parents' anxiety that their children should 'speak well'.

It is an odd fact that so many people become inhibited when they have to use their voice in any public or semi-public way—even seemingly self-assured and experienced speakers will still ask 'did that sound alright ?' and need continuing reassurance as to how they came across. It is as though the act of speaking occupies them so much that they are no longer quite in charge. ③<u>It is extraordinary</u> when you think that to communicate by speech is almost as integral a part of our lives as breathing, evolving as it does out of the needs of survival itself, so that it would seem on the surface that it ought not to present any difficulty, for the majority of people learn to speak unconsciously, without apparent effort. Yet the fact remains that people do have a feeling of inadequacy when talking in situations outside the familiar background of family, friends, or everyday work. There is, therefore, some deep-rooted fear of not being able to express yourself fully, and it would seem that this sense of inadequacy has to do with some kind of personal insecurity—it may be of class or accent, a feeling of lack of education, or that when you are uneasy you do not think clearly or quickly enough. Or it may be more fundamental in that you do not quite believe that what you have to say is important—this is often a result of the freedom, or lack of freedom, with which you were allowed to express your thoughts as a child. Or it may simply be due to the many misconceptions of what good speech is—a legacy of much bad voice-teaching in the past. There are many causes to look at.

The interesting thing is that the moment you feel inhibited or ill at ease—you actually become defensive. And when you become defensive certain things happen in your body—your stomach muscles tighten, as do the muscles in the upper part of your back, neck and jaw—because, and this is what is really interesting, this is the position of defence, ④<u>the pre-human reaction</u> to a situation of danger in which you were ready to fight—not for nothing do we use the phrase 'my hackles rose', it was precisely these muscles that tensed physically to make you ready to fight and defend your territory or property. What we are left with now is that these muscles become tense whenever we feel threatened—unfortunately we too often keep this tension bottled up and do not release it.

The physical mechanism of the voice is directly tied up with the muscles controlling those parts I have mentioned, so that the voice is immediately sensitive to their tensions. When the stomach muscles tighten the breath cannot fill the chest as deeply so that breathing becomes shallow and less controlled. Tension in the back muscles prevents the rib cage opening out so that the cavity of the chest cannot resonate as fully and the sound is thinner. This tension in the back sets up tension in the shoulders, which in turn sets up tension in the larynx and resonating cavities of the neck, which limits the vocal range and again restricts the resonance. And tension in the jaw restricts the movement of the lips, tongue and palate making speech less defined and controlled.

Consequently, when you are nervous you often feel your voice suddenly lose substance and get thin and high, or you feel less control over the actual speech and you slither and fall over words. When you feel these things happening to your voice, you feel less in command and so less confident, and the less confident you feel the more tense you become—so that the result is a sort of vicious circle. The important thing for us to realise is that you are not presenting a true picture of yourself, for you are being controlled by your own tensions and so limited. Now you cannot necessarily stop being nervous, but with a straightforward knowledge of how your voice works you can stop the nerves affecting your voice, and, more important, open up its possibilities. For it is when you start to hear what your voice can do that you begin to gain confidence and then, of course, ⑤the reverse of the vicious circle happens, because the more confident you feel that your voice will come out right, the more confident you will be as a person. It is of primary importance that it reflects you as accurately as possible, and it can only do this if you are at ease with it.

設問(1)　下線部①の内容について 30 字以内の日本語で説明しなさい。

設問(2) 下線部②の意味を日本語で表しなさい。

設問(3) 下線部③において，“It is extraordinary” と述べられている理由をわかりやすく日本語で説明しなさい。

設問(4) 下線部④の表す内容を明らかにし，それが人前で話すこととどう結びつくかを日本語で説明しなさい。

設問(5) 下線部⑤の表す内容を100字以内の日本語でわかりやすく説明しなさい。

全 訳

■人前で自信を持って話す方法

❶ 私は，非常に多くの人たちが自分はどのように話しているか，他人にはどう聞こえるのかということを大いに気にして，この心配のせいで彼らが思うほど十分に自分の言いたいことが言えないことが多いのを知っている。今日では，おそらくこれまでより多くの人たちが自分の思いや考えを，自分にとって大切だが，完全には気楽ではいられない状況で話さなくてはならないので，この心配の理由を検討し，それに関して現実的に何ができるのかを見出すことは価値のあることである。はっきりと容易に自分の考えが言えるとわかっていることから生じる自信は，公私ともに生活のあらゆる分野に及んでおり，自信があればもっと充実し，より完璧になるだろうと，私は強く感じている。言い換えると，もし話すときに自信があれば，人間として，より自信が持て，結果としてリラックスできるということだ。

❷ まず，落ち着かない気持ちになりがちな状況を見てみよう。もちろん，これは人によって違うだろう。公式な講演や説教をしたり，政治集会や仕事の会議のようなもので演説をしたりといったように，大勢の人に向かって話さなくてはならない公のものかもしれない。あるいは，少数の人たちに向かってちょっと話すとか，夕食後の形式ばらないスピーチをするとかいった，半ば公のものといったものかもしれない。また，ますます多くの人が経験するようになっていることだが，ラジオやテレビの討論番組に参加するというものかもしれない。そういう場では，かなり神経を使うことが多いが，完全にくつろいでいるように見えることが必要である。置かれる状況は，もっと個人的なものかもしれない。人と会って仕事に大切な契約を結ぶとか，仕事のミーティングや議論で自分の考えをしっかり明確に示すとかいったものだが，そこでは，聞いている人たちはよく知っている人なのに気合いが入り

すぎて，そのせいで緊張したりする。またあるいは，自分にとって大切な人，少なくとも良好な関係を築きたい人と会うという純粋に社交的な状況であることもありうる。②興味深いのは，人を緊張させる条件というのは，それぞれ違うということだ。というのも，大勢が集まる会合では楽に話せるのに，社交的な会合で形式ばらない話をするとぎこちない人もいれば，その逆の人もいるからである。大事なことは，緊張しているということを恥じることではなく，合理的に考えて，それに対処するための実際的な対策をとることである。

❸ たしかに，現在では「うまく自分の言いたいことを伝える」ことができるということに左右される仕事が多い。それは，自分の仕事を熟知しているのに，自分より本当は能力の低い人ほどはっきりと仕事のことを話せない人にとって，重大な不利になりうると思う。また，最も心配りのできる人が，最も自分の感情を楽に表現できないといったことがたいへん多いということも，知っておく価値がある。しかし，「自分の言いたいことを伝える」というこの能力は，私たちが今生きている競争社会においては間違いなく重要なものであり，当然自分の子は「きちんと話す」はずだという多くの親の切望の主な原因となっているものなので，折り合いをつけねばならないものである。

❹ 何であれ公にあるいは半ば公に自分の声を用いなければならないときに，非常に多くの人が，自分の思うようにできなくなるということ，一見自信があり経験も積んだ話し手でさえもが，なお「さっきのは大丈夫だったか？」と尋ね，自分がどれほど理解してもらえたかということについて絶えず安心感を得ることを必要とするというのは，奇妙な事実である。あたかも，話すという行為の方が人を支配してしまい，もはやその人自身が仕切っているのではないかのようである。話すことによって意思を伝達することは，呼吸することと同じくらい不可欠な生活の一部であり，実際生き延びることそのものに必要であるから進化したものである。だから，話すことは何の困難も引き起こすはずはないと表面上は思えるが，というのは大半の人が無意識に，目に見える努力などせずに話せるようになるからだ，と考えれば，そういった事実は特に奇妙なことである。それでも，家族，友人，普段の仕事といった慣れ親しんだ状況から離れた状況で話すときに，人はうまく話せていないという気持ちを現に抱いているという事実は残る。したがって，自分の考えていることを十分に伝えられないことに対する何か根の深い恐怖があるのであり，この十分に伝えられていないという感覚は，ある種の個人的な不安感，つまり，社会的階級やなまり，教育を受けていないという気持ちや，あるいは，不安な気持ちのときには十分明確にすばやく頭が回らないというようなものと関係があるのである。あるいは，それは自分が言わなくてはいけないことが重要なことだとはあまり思えないという，もっと根本的なことかもしれない。これは，子どもの頃に自分の考えを自由

に述べてよいとされていたこと，あるいはそういった自由がなかったことの結果である場合が多い。あるいはまた，単に良い話し方とはどのようなものかに関する多くの思い違いのせいかもしれない。これは過去における意見発表のまずい教育の遺産である。検討すべき原因はたくさんあるのだ。

❺ 興味深いのは，思うようにならないとか落ち着かないと感じた瞬間，実際に守りに入っているということだ。そして，守りに入ったとき，あることが体の中で起きる。背中の上部，首，あごの筋肉と同様，胃の筋肉が硬直するのである。なぜならば，これが本当に興味深いことなのだが，これこそが防御の姿勢だからであり，それは先行人類が戦う態勢を整えていた，危険な状況に対する反応なのだ。「怒りで背中の毛が逆立った」という言い回しは理由もなく使っているのではなく，戦って自分のなわばりや財産を守る準備をさせるために肉体的に硬直するのはまさしくこれらの筋肉だったのである。今私たちに残っているのは，脅かされるといつもこれらの筋肉が緊張することなのだ。残念ながら，この緊張を抑え込んでしまい，解放してやらないことがあまりにも多いのである。

❻ 発声の身体的な仕組みは，前述の部分をコントロールする筋肉と直接関係があるので，声はそれらの筋肉の緊張に対して，直接的に敏感である。胃の筋肉が硬直すると，呼吸をしても通常ほど深く胸を膨らませることができず，そのため呼吸は浅くなり，コントロールしにくくなる。背中の筋肉が緊張すると，胸郭が完全には開かなくなって，胸の空洞は通常ほど反響を起こせず，音が弱くなる。背中のこうした緊張のせいで肩に力が入り，それが今度は喉頭と音を響かせる首の空洞の緊張を引き起こして，そのせいで声域が狭まり，それがまた声の響きを制限してしまう。そして，あごの緊張が唇，舌，口蓋の動きを制限し，話すことが不明確になり，そしてコントロールできなくなってしまうのだ。

❼ その結果，緊張すると声が突然重みを失い，小さく，高くなるのを感じることがよくある。あるいは，実際に出てくる声がコントロールしにくいと感じ，声が上ずって言葉がつかえてしまう。自分の声にこうしたことが起こっていると感じると，落ち着きを失い，したがって自信もなくなり，自信がなくなればなくなるほど，ますます緊張する。そのため結果は一種の悪循環になる。認識すべき重要なことは，そのようなときには本当の自分の姿を示していないということだ。というのも，自分自身の緊張に自分が支配され，そのため制限されているからだ。さて，そういう場合，必ずしも緊張を解除できるとは限らないが，自分の声がどのようにして出ているかきちんと知っておけば，緊張が声に影響するのを止めることができるし，もっと重要なことは，自分の声が持つ可能性を広げることができるということだ。というのも，自分の声にできることが聞こえ始めたときにこそ自信が湧き始めるからであり，当然のことだが，そのとき悪循環の逆転が起こる。なぜなら，声がきちん

と出ているという自信を感じれば感じるほど，人間としての自信も増すからである。声が自分という人間を最も正確に反映しており，声に対して気楽な気持ちでいさえすればこうしたことができるということが，何よりも重要なことである。

各段落の要旨

❶ 自信があれば，言いたいことが落ち着いて十分に話せる。
❷ 話すときに緊張する原因は人それぞれだが，重要なのは自分が緊張していることを認め，それに対処する実際的な対策をとることである。
❸ 現在は，人に言いたいことをうまく伝える能力に左右される仕事が多く，それほど上手に話せるものではないという実情と折り合いをつけなくてはならない。
❹ 人前で話すことに多くの人が不安を覚える原因は，社会階級やなまり，教育の程度といった個人的なものから，話す内容の重要度，あるいは子どものときに受けたしつけや教育といったものまで非常に多くのことが考えられる。
❺ うまく話せていないと感じたときに起こることは，人類の祖先が危険な状況に備えて示す反応と同じく筋肉の緊張である。
❻ 発声は筋肉を使う身体的な行動であり，筋肉が緊張すると当然うまく話せなくなる。
❼ このように，自分の声がどのように出ているのかをきちんと知ることで，緊張が声に影響を与えるのを防ぎ，ひいては自信を回復することもできる。

解 説

設問(1) ▶下線部の直後にある関係代名詞節が「自信」を説明しており，「はっきりと容易に自分の考えが言えるとわかっていることから生じる（自信）」となっている。これを30字以内という字数制限に合うように整える。

設問(2) The interesting thing is that …

直訳 「興味深いことは…（という）ことだ」

● この部分は直訳で問題ない。

the conditions which make you nervous vary with each individual,

直訳 「あなたを神経質にする条件は個々の人で変わる」

● the conditions の訳語に注意。日本語では「コンディション」は「状態」の意味で使われるが，英語では「条件」の意で使われることも多く，ここでも同様。
● which make you nervous「あなたを神経質にする」は「条件」を先行詞とする関係代名詞節。you は一般論を述べるときに使われる代名詞。「人」と訳出しておく。
● vary with each individual「個々の人で変わる」は，「人によってそれぞれ違う」などと，よりこなれた日本語に工夫できる。

for one person may feel quite at ease addressing a large meeting,

直訳 「というのも，ひとりの人は大きな会議で話すとき非常に気楽に感じるかもしれないからだ」

- for は「というのも～だからだ」と根拠を添える接続詞。締めくくりの「だからだ」を忘れないように注意。
- one person は不特定の人を表す。「ある人は」といったニュアンス。
- feel at ease「安心する，緊張しない」などと文脈に合った訳を考える。
- addressing は分詞構文で「～していると（き)」の意。address は「会議などで（正式に）話をする，演説する」の意。「会議」など話をする場を目的語にとれるので，前置詞 at が入っていないことに注意。

yet quite awkward talking informally at a social function

直訳 「それでも社交的な行事で非公式に話すときわめてぎこちない」

- awkward は at ease と並んで feel の補語であることを見抜く。
- talking も addressing と同様の分詞構文。
- informally は，文意から「形式ばらずに」などと訳語を選ぶ。
- function は at の目的語であることから「行事，儀式」の意と考えられる。informally とのバランスを考慮して，「集まり，会合」など大規模なものではない訳語にする。

—and *vice versa*.

直訳 「そして逆もまた然りである」

- この部分とのつながりから，one person 以下を「～する人もいれば，その逆の人もいる」とすると，全体がまとまる。

設問(3) ▶当該箇所は「(…ということを考えると）それはとりわけ奇妙である」となっている。「それ」とは，同段のこの箇所までに述べられている「多くの人がうまく話せないという事実」である。「奇妙である」理由にあたるのは，think に続く that 節の内容。大きく3つの部分に分かれており，各部分の要点を解答に盛り込むこと。

1. to communicate … of survival itself「話すことによって意思伝達することは，呼吸とほとんど同じくらい生活に欠かせない一部であり，生存そのものの必要から進化してきた」

evolving as it does … は分詞構文で，as it does は「現にそうであるとおり（進化してきた)」と分詞構文を強調するもの。

2. so that … any difficulty「だから，話すことは何の困難も引き起こすはずはないと表面的には思える」

so that は，ここでは「～してその結果…」の意。it would seem … that ～「～と思えるだろう」の「…」部分に on the surface「表面的には」の句がはさまっている。

3．for the majority … apparent effort「というのは，大半の人が無意識に，目に見える努力などせずに話せるようになるからだ」

learn to speak は「話せるようになる」の意。unconsciously「無意識に」と without apparent effort「明らかな努力なしに」は，後者が前者の言い換えになっている。

▶整理すると，「言葉で意思疎通することは生活に欠かせない一部になっており，大半の人が努力せずに話せるようになるのだから，話すことが困難なはずはないと思える」ことが，「うまく話せないのは奇妙だ」の理由の大筋になる。解答欄は 14.8cm×5.5cm でかなりの分量が書ける。解答にはさらに細かい点も含めることができる。

設問(4) ▶下線部は「先行人類（人類の原型）の反応」の意。直前の the position of defence「防御の姿勢」と同格で，これは this is の補語になっている。this が指す具体的な内容は同文のダッシュにはさまれた your stomach … jaw「背中の上部，首，あごの筋肉と同様，胃の筋肉が硬直する」であり，これが先行人類が示した身体的な「反応」ということになる。また，下線部の直後の to a situation … fight は「戦う態勢を整えていた危険な状況に対する（反応)」となっており，設問の「下線部の表す内容」は，こうした点をまとめる。

▶それが「人前で話すこととどう結びつくか」については，第 6 段に説明されている。

第 1 文：前述の筋肉が発声の機構と直結している。

第 2 文：胃の筋肉が緊張すると呼吸が浅くなり，思うようにならなくなる。

第 3 文：背中の筋肉の緊張で胸郭が十分に開かなくなり，声は反響せず弱いものになる。

第 4 文：背中の筋肉の緊張は肩，喉頭，首の緊張につながり，声域が狭くなって，これも声の反響を制限する。

第 5 文：あごの緊張は口周りの動きを制限し，言葉が不明確で思うようにならなくなる。

▶各所の筋肉が緊張することは「下線部の表す内容」で述べているので，「これらの筋肉が発声に直結している」「人前に出ると緊張する」「緊張すると，呼吸，反響部分，口周りが通常より制限を受けて思うように動かず，うまく話せなくなる」という展開でまとめる。解答欄は 14.8cm×5.5cm。

設問(5)　▶下線部は「悪循環の逆転」，つまり「良い循環」ということになる。「悪循環」vicious circle という表現は同段第2文最終部分にもあり，「緊張で声が上ずってうまく話せず，そのせいで自信を失ってさらに緊張すること」を指している。まず，この部分をまとめるとよいだろう。

また，この逆のことは同段第4・5文に述べられており，ポイントは3点ある。

①第4文後半（with a straightforward knowledge … your voice）「声がどのように機能するかを徹底的に知っていれば，緊張が声に影響するのを止められる」

②第5文前半（it is when … gain confidence）「自信が持てるようになり始めるのは，自分の声が行えることに耳を傾け始めたときである」

③第5文後半（the more confident … as a person）「声がきちんと出ているという自信を感じれば感じるほど，人間としての自信が持てる」

①の with a straightforward knowledge of how your voice works「自分の声がどのようにして出ているかきちんと知っておく」と，②の hear what your voice can do「自分の声にできることを聞く」は，文脈上，同趣旨のことであると判断できるので，まとめて「発声の仕組みの知識を持つ」と表すことができるだろう。「発声の仕組みの知識を持つ → 自分の声をきちんと聞く → 緊張の影響を断ち切る → 自信を持つ → うまく話せる」という流れで「良い循環」をまとめる。

設問(1)　考えを楽にはっきりと話せるとわかっていることから生じる自信。(30字)

設問(2)　興味深いのは，人を緊張させる条件というのは，それぞれ違うということだ。というのも，大勢が集まる会合では楽に話せるのに，社交的な会合で形式ばらない話をするとぎこちない人もいれば，その逆の人もいるからである。

設問(3)　話すことによる意思伝達は，生存そのものに必要なことから進化してきた，呼吸と同じくらい生活に欠かせない一部であり，大半の人が努力せず無意識に話せるようになるため，話すことに困難が伴うとは一見思えないから。

設問(4)　危険な状況に置かれると，背中の上部，首，あご，胃の筋肉が緊張して，体が戦うための防御態勢に入る反応のことを表す。これらの筋肉は発声の仕組みと直結しており，人前に出てこうした筋肉が緊張すると，呼吸が浅くなり，胸部やのどの空間が十分に開かないために声域が狭まって声が響かなくなる上に，口の動きも自由がきかず，うまく話せなくなる。

設問(5)　緊張でうまく話せず，自信を失いさらに緊張するという悪循環とは反対に，発声の仕組みを知ることで，声に対する緊張の影響を断ち切って自信を持ち，うまく話すことでさらに自信を持つという良い循環のこと。(96字)

解答

45

2010年度 外国語学部以外〔2〕

次の英文を読んで，以下の設問に答えなさい。

In our culture, time has long been equated with the position of the hands on a clock. Our reliance on mechanical clocks may have weakened our ability to sense our inner time. In any case, sensible people have tended to dismiss the seemingly incredible notion that a natural clock could synchronize all processes in the body, even though scientists found evidence nearly three centuries ago that biological clocks guide every living being through the day.

In the early eighteenth century, the French astronomer Jean-Jacques de Mairan was struck by the way the mimosa plants on his windowsill raised their leaves toward the sun (ⓐ) the same time every day. An effect of the light? Mairan placed the mimosas in a dark cellar, but the leaves kept right on (i)unfurling every morning and closing back up every evening. He repeated this experiment again and again, (ⓑ) the same result. In 1729, he reported his findings to the Paris Academy of Sciences. His publication boldly declared, "The activity of the plant is related to the keen sensibility that enables (ii)bedridden invalids to tell the difference between day and night." In his day, most hospitals were dark vaults.

The news of Mairan's discovery spread quickly. Soon afterward, Carolus Linnaeus, who had detected similar behavior in other plants, set out to plant a flower clock in his garden. By arranging a circular formation of selected species of twelve flowering plants that opened and closed at different times, ①his "clock" told the time accurately to within a half hour.

Of course Mairan and Linnaeus did not have the slightest idea what timekeeping mechanisms were at work in these plants. And they could not begin to imagine that the biological clock was one of the earliest inventions of nature. It is found even in simple creatures such as the *euglena. These tiny creatures have inhabited the earth for over a billion years—far longer than flowering plants have existed. A thick green covering on a pond indicates the presence of a mass of these one-celled organisms. In the (iii)genealogy of nature, euglena can be found at the very beginning of the long line of ancestors of the animal kingdom, although they also possess plant characteristics such as **photosynthesis, as is evident in their green color.

②An odd spectacle often occurs at the mouth of a river: At low tide, one-celled euglena, ascending to the surface toward the light, color the water green, but as soon as the tide comes in, they vanish. The euglena burrow down in the mud so as not to be washed away by the water. When the tide recedes, these organisms reemerge, and the spectacle begins anew. Does this primitive creature sense the approach of the ebb and flow? We know ③that is not the case because the euglena ascend and burrow down even (ⓒ) the absence of tides. If we collect some green-covered mud and examine it in a laboratory, we find that the euglena continue to ascend every six hours and burrow down for the next six hours. And although the euglena appear to have a simple sense organ (ⓓ) light (their name's Greek origin is "good eyeball"), the succession (ⓔ) light and darkness is not what causes this behavioral pattern. Like the mimosa, the euglena stick to this pattern even in complete darkness. Hence, the simple rhythm of the euglena must originate within the organism itself. And sure enough, even this tiny organism contains a biological clock.

From *The Secret Pulse of Time: Making Sense of Life's Scarcest Commodity* by Stefan Klein, Da Capo Lifelong Books

〔注〕

*euglena　ユーグレナ（ミドリムシの別名）

**photosynthesis　光合成

設問(1)　本文中の空所ⓐ～ⓔを埋めるのに最も適当な前置詞を，(イ)～(ヘ)から一つ選び，記号で答えなさい。同じ前置詞を二度選んではいけません。

(イ) against　(ロ) at　(ハ) for

(ニ) in　(ホ) of　(ヘ) with

設問(2)　本文中の下線部(i)～(iii)の語句に最も近い意味の語句を，それぞれの(イ)～(ニ)から一つ選び，記号で答えなさい。

(i) unfurling

(イ) dropping seeds　(ロ) drying out

(ハ) getting lighter　(ニ) spreading out

(ii) bedridden invalids

(イ) bedside clocks　(ロ) bedside plants
(ハ) individuals attending a patient　(ニ) individuals confined to bed

(iii) genealogy

(イ) geography　(ロ) history
(ハ) logic　(ニ) mystery

設問(3) 本文中の下線部① his "clock" に関して，スウェーデンの博物学者 Linnaeus はどのような時計を考案したのか，具体的に日本語で説明しなさい。

設問(4) 本文中の下線部②の内容を，40字以内の日本語で説明しなさい。

設問(5) 本文中の下線部③ that is not the case の意味を，that の内容を具体的に示しながら日本語で表しなさい。

設問(6) 本文の内容に合うものを(イ)〜(ホ)から一つ選び，記号で答えなさい。

(イ) ほぼ3世紀前に「生物時計」の存在を示す証拠が発見されて以来，生き物は時間を感知することができるという一見不合理な考えを，人々は信じるようになった。

(ロ) フランスの天文学者 Mairan は「生物時計」の証拠を発見した一人であるが，彼自身は「生物時計」の存在に気づいていなかった。

(ハ) Linnaeus は，彼の考案した時計で実験を行い，植物が周りの環境に敏感に反応することを証明した。

(ニ) Linnaeus は，植物以外の生物も「生物時計」を持っていることを検証するために，ユーグレナを観察した。

(ホ) ユーグレナは，種子植物が地球上に登場した後に，動物の最も初期の段階の生物として誕生した生物種である。

全 訳

■生物時計の不思議

❶ 我々の文化では，時は長い間，時計の針の位置と同一視されてきた。我々の機械仕掛けの時計に対する信頼は，体内にもつ時間を感じ取る能力を弱めてきたのか

もしれない。とにかく，常識のある人たちは，生物時計が体内のすべての働きを調整しているという一見信じられない考えを退ける傾向にあった。3世紀近く前に科学者たちが，体内時計が一日を通じてすべての生物を導いているという証拠を見つけていたにもかかわらず，である。

❷ 18世紀初頭に，フランス人の天文学者ジャン=ジャック=ド=メランは，窓の下枠に置いたオジギソウが，毎日同じ時間に太陽に向けて葉を起こすのに驚いた。光の影響だろうか。メランはオジギソウを暗い地下室に置いたが，その葉はその後も毎朝正確に開き，毎晩正確に閉じ続けた。彼はこの実験を何度も繰り返し，同じ結果を得た。メランは1729年に，この発見をパリの科学アカデミーに報告した。彼は発表した論文の中で，大胆にも「この植物の行動は，寝たきりの病人が昼夜の区別をつけるのを可能にする鋭い感覚と関係がある」と断言した。彼の時代には，ほとんどの病棟は暗い地下室にあったのだ。

❸ メランの発見のニュースはまたたく間に広がった。少しあとに，他の植物で似たような習性に気づいたカロルス=リンナエウス（カール=フォン=リンネ）は，庭に花時計を作ることを決めた。異なる時間に花が開閉する12種類の植物を選び，円形に配置することで，彼の「時計」は30分以内の誤差で正確に時を告げた。

❹ もちろん，メランとリンナエウスは，植物の内部では時間を管理するどのような仕組みが機能しているかについてはまったく考えが及ばなかった。また彼らは，生物時計が最も古い自然の発明品の一つだと想像することはできなかった。生物時計は，ユーグレナのような単純な生物にも見られる。これらの小さな生物は，10億年以上も地球に生息しているが，それは花を咲かせる植物が存在してきた年数よりはるかに長い。池で見られる厚い緑色の覆いは，このような単細胞生物の集まりの存在を示す。自然の系譜において，ユーグレナは動物界の祖先の長い系統の，いちばん初めの場所に見出される。ただし，ユーグレナは，その体色が緑色であることからも明らかなように，光合成のような植物特有の特徴ももちあわせている。

❺ 河口ではしばしば奇妙な光景が見られる。干潮時に，単細胞のユーグレナが光に向かって水面へと上昇し，水を緑色に染める。しかし，潮が満ちてくると，ユーグレナはすぐに姿を消す。ユーグレナは水に流されないように，泥の中に潜り身を隠すのである。潮が引くと，この生物は再び姿を見せ，同じ光景が再び始まる。この原始的な生物は，潮の干満が近づくのを感じているのだろうか。我々は，そうではないことを知っている。なぜならユーグレナは，潮がなくても，上昇したり潜って身を隠したりするからである。我々が緑色に覆われた土を採取し，実験室で調べれば，ユーグレナが6時間ごとに水面に上り，次の6時間は身を隠すのが見られる。そして，ユーグレナは，光を感じるための単純な感覚器官しかもたないように見えるが（名前の由来であるギリシア語の意味は「よい目玉」である），光と闇の繰り

返しは，この行動パターンをつくりだすものではない。オジギソウのように，ユーグレナは完全な暗闇の中でもこのパターンを崩さない。したがって，このユーグレナのもつ単純なリズムは，その生命体そのものの内部に由来することになる。そして案の定，この小さな生命体でさえも，生物時計をもっているのである。

各段落の要旨

❶ 重視されてこなかったが，体内時計の証拠は3世紀近く前に見つかっていた。
❷ 18世紀初頭，フランスの天文学者メランは，オジギソウが朝夕の同じ時間に葉を開いたり閉じたりすることを実験で確認した。
❸ メランの実験の後，リンナエウスはさまざまな花を使って誤差30分以内の花時計を作った。
❹ メランもリンナエウスも植物の内部で働く時計の仕組みはわかっていなかったが，生物時計はユーグレナのような最も初期の単純な生物にも備わっている。
❺ ユーグレナは潮の干満に合わせて浮上したり泥に潜ったりするように見えるが，実際には潮の干満や光の有無で動いているのではなく，体内に備わったリズムで動いていることがわかっている。

解　説

設問(1)　正解は　ⓐ―(ロ)　ⓑ―(ヘ)　ⓒ―(ニ)　ⓓ―(ハ)　ⓔ―(ホ)

ⓐ　… the way the mimosa plants on his windowsill raised their leaves toward the sun (　　　) the same time every day.

▶前置詞の後にくる名詞は time。「～時に」は at を使う。at the same time は「同時に」の意で使われることが多いが，ここでは at the same time every day で「毎日同じ時刻に」の意。

ⓑ　He repeated this experiment again and again, (　　　) the same result.

▶前文でオジギソウが毎日同じ時間に葉を開いたり閉じたりしたことが述べられているので，当該文は「彼はこの実験を何度も繰り返し，同じ結果を得た」の意になると考えられる。「実験に伴う結果」ということなので，with the same result とするのが適切。文末の… with the result that ～ は「…して～という結果になった」と訳すことができるが，それと同じ形。

ⓒ　… because the euglena ascend and burrow down even (　　　) the absence of tides.

▶直後の absence との組み合わせで考えると，in the absence of ～「～のない時に」が考えられる。文脈上も「ユーグレナは潮の干満が近づくのを知覚しているのではない。なぜならユーグレナは，潮がなくても，上昇したり潜って身を隠したりするからだ」となり，適切。

ⓓ a simple sense organ (　　　) light

▶「光に対する単純な感覚器官」と読める。「光を感じるための器官」という意味合いであり，for が適切。ちなみに五感はそれぞれ the sense of hearing〔sight, smell, taste, touch〕「聴〔視，嗅，味，触〕覚」という。

ⓔ the succession (　　　) light and darkness

▶「光と闇の連続（＝繰り返し）」の意なのは明らか。of が適切。

設問(2)　正解は　(i)—(ニ)　(ii)—(ニ)　(iii)—(ロ)

(i)　… the leaves kept right on unfurling every morning and closing back up every evening.

▶「葉は毎朝正確に unfurl し，毎晩また（元に戻って）閉じ続けた」という部分。unfurl が「閉じる」の反対の意であることは明らか。(ニ) spreading out「広がる」が適切。

(イ) dropping seeds「種を落とす」　(ロ) drying out「すっかり乾く」

(ハ) getting lighter「いっそう軽く〔明るく〕なる」

(ii)　The activity of the plant is related to the keen sensibility that enables bedridden invalids to tell the difference between day and night.

▶「この植物の行動は，bedridden invalids が昼夜の区別をつけるのを可能にする鋭い感覚と関係がある」という部分。「この植物の行動」とは，毎日朝夕の正確な時間に葉を広げたり閉じたりするオジギソウの活動のこと。続く文には，当時病院のほとんどが暗い地下室にあった，とある。vault「地下室」を知らなくても，ポイントは「病院が暗かった」ということ。暗くてもオジギソウの葉が開閉するのと同じように，bedridden invalids は昼夜の区別がついたというのだから，オジギソウと比較されている invalids は人だろう。

▶また，bedridden は直訳が「ベッドにのせられた」（ただし bedride という形では使わない）であり，(ニ) individuals confined to bed「ベッドに閉じ込められている人」が同義だと推測できる。なお，invalid は「病人」。bedridden invalid で「寝たきりの病人」の意。

(イ) bedside clocks「枕元の時計」　(ロ) bedside plants「枕元の植物」

(ハ) individuals attending a patient「病人を世話する人」

(iii)　In the genealogy of nature, euglena can be found at the very beginning of the long line of ancestors of the animal kingdom

▶「自然の genealogy の中で，ユーグレナは動物界の祖先の長い系統（the long line）の，いちばん初めの場所に見出される」という部分。「系統」というのだから(ロ)「歴史」がふさわしい。genealogy 自体も「系譜，系統」の意。

設問(3) ▶同段第１・２文にあるように，リンナエウスは，オジギソウに関するメランの観察を知って，a flower clock「花時計」を作ってみることにした。その詳細が当該文である。

▶それは By arranging a circular formation of selected species of twelve flowering plants「花をつける 12 種類の植物を選んで円形に配置して」あるものだが，その植物は that opened and closed at different times「異なる時間に開閉する」植物であり，この花時計は told the time accurately to within a half hour「30 分以内の誤差で正確に時を告げた」。花時計の形とそれに使われた植物の構成，その時計としての正確さを盛り込んで，「どのような時計を考案したのか」という問いに適した締めくくり方で解答を作成する。

設問(4) ▶下線部は「奇妙な光景」の意。詳細は同文後半のコロン以下から（コロンやセミコロンは「補足説明」が続くことを表す），… the spectacle begins anew.「同じ光景が再び始まる」で終わる第３文までに述べられている。すなわち，「干潮時に（At low tide），単細胞のユーグレナが光に向かって水面へと上昇し，水を緑色に染める」（第１文コロン以下前半），「しかし，潮が満ちてくると，ユーグレナはすぐに姿を消す（vanish）」（コロン以下後半）。「ユーグレナは水に流されないように，泥の中に潜り身を隠す（burrow down in the mud）」（第２文），「潮が引くと，この生物は再び姿を見せ，同じ光景が再び始まる」（第３文）。

▶第２文は「姿を消す」理由を述べたものであり，第３文は「繰り返し」に過ぎないので，「奇妙な光景」としては第１文のコロン以下の部分を使えばよいことになる。干潮時と満潮時に起こることを指定された字数 40 字以内にまとめる。

設問(5) **that is not the case**

▶「それは本当ではない」が直訳。case は the を伴い be 動詞の補語になると「真相，事実，実情」の意になる。

▶これは前文の問いを受けたもので，that は「この原始的な生物（＝ユーグレナ）は，潮の干満が近づくのを感じている」という想定内容を指す。それが「本当ではない」というのは，つまり，「ユーグレナは潮の干満が近づくのを感じているのではない」ということ。下線部に続く because 節の「なぜならユーグレナは，潮がなくても，上昇したり潜って身を隠したりするからである」という内容とも整合性がとれる。

設問(6) **正解は(ロ)**

(イ)―― ×　第１段最終文の内容と矛盾する。３世紀近く前に科学者たちが体内時計の証拠を見つけていたにもかかわらず，常識ある人々はそのような考えを退ける傾向にあった，とある。

(ロ)――○　第2段にあるように，メランはオジギソウが，日の光に関係なく朝夕正確に葉を開閉することを突き止めたが，第4段第1・2文に「時間を管理するどのような仕組みが機能しているかについてはまったくわかっていなかった」「生物時計が最も古い自然の発明品の一つだと想像することはできなかった」とある。この選択肢が本文の内容と一致する。

(ハ)――×　本文に「植物が周りの環境に敏感に反応することを証明した」とは述べられていない。むしろ，「周りの環境に左右されない」植物の性質を利用したのが，リンナエウスの花時計である。すなわち，第3段第2文に「他の植物で似たような習性に気づいたリンナエウス」とある「似たような」とは，メランが観察したオジギソウの習性を念頭に置いているが，オジギソウは第2段第3文（Mairan placed …）にあるように，日の光に関係なく葉を開閉するのがその特徴であった。

(ニ)――×　ユーグレナのことは第4段第3文以下に述べられているが，これがリンナエウスの観察であるとは述べられていない。また，同文に It is found even in simple creatures such as the euglena.「それ（＝生物時計）は，ユーグレナのような単純な生物にも見られる」とあるように，ユーグレナは「生物時計」の存在を示す実例として挙げられているが，同段第2文には「彼ら（＝メランとリンナエウス）は，生物時計が最も古い自然の発明品の一つだと想像することはできなかった」とある。この点から見ても，ユーグレナの観察はリンナエウスが行ったものとは考えがたい。

(ホ)――×　第4段第4文に，ユーグレナは「花を咲かせる植物が存在してきた年数よりはるかに長い」間，地球に生息している，とある。花は種子を作るために咲くものであり，「花を咲かせる植物」=「種子植物」と考えられる。したがって，「種子植物が地球上に登場した後に」が本文と一致しない。

解答

設問(1)　ⓐ―(ロ)　ⓑ―(ヘ)　ⓒ―(ニ)　ⓓ―(ハ)　ⓔ―(ホ)

設問(2)　(i)―(ニ)　(ii)―(ニ)　(iii)―(ロ)

設問(3)　異なる時間に花が開閉する12種類の植物を円形に配置して，誤差30分以内で時刻を知らせる花時計を考案した。

設問(4)　干潮時にユーグレナが水面に現れて河口を緑色にするが，満潮時は泥の中に消える光景。（40字）

設問(5)　ユーグレナは，潮の干満が近づくのを感じ取っているわけではない。

設問(6)　(ロ)

46

2010 年度 外国語学部〔2〕

次の英文を読んで，以下の設問に答えなさい。

Doublespeak is language that pretends to communicate but really doesn't. It is language that makes the bad seem good, the negative appear positive, the unpleasant appear attractive or at least tolerable. Doublespeak is language that avoids or shifts responsibility, language that is at variance with its real or purported meaning. It is language that conceals or prevents thought ; rather than extending thought, doublespeak limits it.

Doublespeak is not a matter of subjects and verbs agreeing ; it is a matter of words and facts agreeing. Basic to doublespeak is incongruity, the incongruity between what is said or left unsaid, and what really is. It is the incongruity between the word and the referent, between seems and be, between the essential function of language—communication—and what doublespeak does : mislead, distort, deceive, inflate, circumvent, obfuscate. Doublespeak turns lies told by politicians into "strategic misrepresentations," "reality augmentation," or "terminological inexactitudes," and turns ordinary sewage sludge into "regulated organic nutrients" that do not stink but "exceed the odor threshold."

As doublespeak fills our public discourse, we have become more and more hardened to its presence. Our tolerance for doublespeak has increased along with the growth of doublespeak. While the simpler examples such as "sales credits" for bribes and kickbacks, "mental activity at the margins" for insanity, and "transportation counselors" for people who sell cars still usually elicit some contemptuous remarks, the more skillful and subtle forms of doublespeak too often pass unchallenged and unanalyzed. More importantly, they pass with no one calling attention to the way in which they insult our intelligence, corrupt public discourse, and ultimately undermine that which holds us together as a nation.

Language is the glue that holds us together, and by "us" I mean not just the United States as a nation but all human beings. Without language we would have no nations, no human society of any kind. Human society can exist only because of the phenomenon of language.

Language is also the primary tool for the survival of the human species. Compared to many other animals, humans are a pretty sorry lot when it comes to survival based upon purely physical capabilities. But with language humans can and have survived, sometimes to the detriment of many non-language capable species. Language builds culture and society as well as providing the means for survival in an often hostile environment.

Like anything that is so important, so basic, and so pervasive in our lives, language is taken for granted and often goes unnoticed. Like the air we breathe, and as absolutely necessary for our survival, language is simply there for us to use. But ①just as we have learned that we need to pay attention to the quality of the air we breathe each day, so we need to learn to pay attention to the quality of the language we use each day.

I do not mean that we should "clean up our language" in the sense that we speak "proper" English, whatever that might be. Or that we should pronounce words correctly, whatever a correct pronunciation is. Nor do I mean that we should avoid all obscene, vulgar, or improper language, whatever that might be. What I do mean is that we should insist that public language, the language of public discourse, the language we use as a society and a nation to run our public affairs, should be as clear, complete, and direct as possible.

設問(1) Doublespeakとは何か，50字以内の日本語でまとめなさい。

設問(2) 本文中からdoublespeakの具体例を二つあげて，それらがどういう点でdoublespeakなのかを説明しなさい。ただし，すべて日本語で解答すること。

設問(3) Languageはどのような意味をもつと筆者は述べているか。80字以内の日本語でわかりやすく説明しなさい。

設問(4) 本文中の下線部①の意味を日本語で表しなさい。

設問(5) 本文中の下線部①の内容を実現するための具体的方法として，筆者はどのような見解をもっていますか。50字以内の日本語でわかりやすく説明しなさい。

全 訳

■「二重語法」とは何か？

❶ 二重語法とは，意思を伝えるように見せかけてはいるが，実際には伝えていない言葉である。悪いものを良く見せ，否定的なものを肯定的に見せ，不快なものを魅力的か，少なくとも我慢できるものに見せる言葉である。二重語法は責任を回避するか転嫁し，真の意味や意図される意味とは一致しない言葉である。二重語法は考えを隠し，遮る言葉である。考えを広めるのではなく，制限してしまうのだ。

❷ 二重語法は主語と述語の一致に関する問題ではない。それは言葉と事実の一致に関する問題なのである。二重語法に不可欠なのは，不一致である。つまり，言葉にされたことや言わずにおかれたことと，事実の間の不一致である。それは言葉と言葉の指すものの不一致であり，見かけと事実の不一致であり，また言葉のもつ根本的役割——つまりコミュニケーション——と，二重語法のはたらき，つまり誤誘導や，歪曲や，欺きや，誇張や，計略や，かく乱との間にある不一致なのである。二重語法は政治家の嘘を「戦略的な虚偽の陳述」や「事実の拡張」や「用語上の不正確さ」に変え，また，ただの下水汚泥を，悪臭は放っていないが「臭気の基準を超えた」「規制された有機性栄養物」に変身させる。

❸ 公共の場での話が二重語法で満たされてゆくにつれ，我々はその存在に対してますます鈍感になってきた。我々の二重語法に対する容認度は，その発達とともに高まったのである。わいろやリベートを「売上債権」，狂気を「限界状態にある精神活動」，車の販売業者を「輸送カウンセラー」と呼ぶような単純な例については，まだある程度の軽蔑的な意見が出されるが，より手の込んだ，巧妙な形の二重語法は，問題にもされず，考察の対象にもならずに大抵の場合認められてしまう。さらに重要なのは，二重語法により我々の知性が侮辱され，公の場での話が損なわれ，最終的には我々を一つの国家として結びつけているものが蝕まれている状況にだれも注意を向けないまま，二重語法が認められてしまうということだ。

❹ 言葉は我々を一つにまとめる接着剤であり，私が「我々」という表現で意味するのは合衆国という国家のことだけでなく，全人類のことでもある。言葉なしには国家も存在しないし，いかなる種類の人間社会も存在しないであろう。人間社会は，言葉という現象によってのみ，存在が可能なのである。

❺ 言葉はまた，人類が生存するために最も大切な道具でもある。他の多くの動物と比べると，人類は純粋な身体能力によって生存することに関しては，かなり気の毒な存在である。しかし，時に言葉をもたない多くの有能な動物を犠牲にしながら，言葉によって人類は生存することが可能であるし，今までそうしてきた。言葉は，

厳しいのが普通の環境の中で生存するための手段を与えるだけでなく，文化や社会をもつくるのである。

❻ 我々の生活において非常に重要で，基本的で，広く普及しているすべてのものと同様に，言葉は当然の存在と考えられており，しばしば気づかれることもない。我々が吸う空気のように，また生存に不可欠なものとして，言葉は我々が使うために，ただ身近に存在している。しかし①我々は，日々呼吸する空気の質に注意を払う必要があることを学んだのと同じように，日々使う言葉の質にも注意を払うようになる必要がある。

❼ 私は，それが何であるにしろ，「適切な」言葉を使うという意味で，我々は「自分たちの言葉を浄化」すべきだと言っているのではない。また，正しい発音が何であるにせよ，我々は言葉を正しく発音すべきだと言っているのでもない。さらには，それが何であれ，卑猥な，無教養な，あるいは不適切な言葉のすべてを避けるべきだと言っているのでもない。私が言いたいのは，公的な言葉，つまり公的な話の中で使われる言葉，我々が社会または国家として公的な問題を扱うために使う言葉は，可能なかぎり明瞭で，漏れがなく，率直であるべきだと，我々は主張しなくてはならないということなのである。

各段落の要旨

❶ 二重語法は，ごまかしの言葉である。
❷ 二重語法では，言葉による見せかけと事実が一致しない。
❸ 我々は二重語法に鈍感になっており，その害に注意を払わなくなっている。
❹ 言葉は，人類を一つにまとめ，人類が社会を築くのに欠かせないものである。
❺ 言葉は，身体的には他の動物に劣る人類が生き延びるために最も大切な道具である。
❻ 言葉は不可欠なものだからこそ，その質に注意を払う必要がある。
❼ 公的な場で使う言葉は，できるかぎり明瞭で完全で率直であるようにするべきだ。

解 説

設問(1) ▶ doublespeak「二重語法，ごまかし言葉」については，第1・2段にさまざまに言葉を変えて説明してある。それを整理して要点をまとめる。

第1段第1文：意思を伝えるように見せかけて，実際には伝えない。
第1段第2文：悪いものを良く，否定的なものを肯定的に，不快なものを魅力的か少なくとも我慢できるものに見せる。
第1段第3文：責任を回避するか転嫁し，真の意味や意図される意味とは一致しない。
第1段最終文：考えを隠し，遮り，広めるのではなく制限する。
第2段第1文：言葉と事実の一致に関する問題。

第2段第2文：述べられたことや述べられなかったことと事実との不一致が不可欠。
第2段第3文：言葉と言葉が指すもの，見かけと事実の不一致。

▶このあとも続くが，要は，第1段では「あることを伝えるように見せかけて実際にはそうではない」，第2段では「言葉と事実が一致していない」という点がポイント。「事実や意思を伝えるように見えるが，実際には正しいことを述べない，言葉と事実が一致しないものの言い方」などとまとめられる。

設問(2) ▶二重語法の具体例は第2段最終文に2つ，第3段第3文に3つ挙げられている。このうちの2つを使う。

・政治家のつく嘘　→「戦略的な虚偽の陳述」「事実の拡張」「用語上の不正確さ」（第2段最終文前半）
・ただの下水汚泥　→悪臭は放っていないが「臭気の基準を超えた」「規制された有機性栄養物」（第2段最終文後半）
・わいろやリベート　→「売上債権」
・狂気　→「限界状態にある精神活動」
・車の販売業者　→「輸送カウンセラー」

それぞれが，どのような点でdoublespeakなのか説明する必要がある。設問(1)で見たdoublespeakの説明をヒントにしてもよいだろう。いずれも，事実をあいまいにし，悪い印象をうすめている言語表現だと言える。その点を，選んだ例に即して説明すること。

設問(3) ▶言葉の役割については，第4・5段に述べられている。2段落にわたっていることから，要点は大きく2つあると考えておくとよい。

▶第4段第1文には，「言葉は我々を一つにまとめる接着剤である」とある。また「我々」とは，「全人類」（all human beings）のことであると補っている。「人類をまとめる」とは，同段最終文にあるように，言葉があるおかげで人間社会が存在する，ということ。

▶第5段第1文では，言葉は人類が生き延びていくための主要な道具であるとされているが，第2文で，人類が身体的には他の動物に劣ると述べられていることに注意が必要。この2点をまとめた形の第5段最終文に，「言葉は…文化や社会をもつくる」と述べられていることも参考にして，制限字数内に収まるように解答する。

設問(4) ▶文全体に関わる構文はjust as S V ～, so S′ V′…「ちょうどSがVするのと同じように，S′はV′する」である。この構文がつかめていれば，あとは比較的容易。

just as we have learned that we need to pay attention to the quality of the air we breathe each day,

直訳 「ちょうど我々が毎日呼吸する空気の質に注意を払う必要があることを学んだのと同じように」

●pay attention to ～「～に注意を払う」

●the air のあとに関係代名詞 which が省略されている。

so we need to learn to pay attention to the quality of the language we use each day.

直訳 「(そのように) 我々が日々使う言葉の質に注意を払うようになる必要がある」

●so は上記の通り，just as とセットになる構文の一部。訳出は不要。

●learn to *do*「～する〔できる〕ようになる」

●the language のあとに目的格の関係代名詞が省略されている。

設問(5) ▶下線部①の要点は「日々使う言葉の質に注意を払うようになる必要がある」ということ。それを実現するためには，具体的に私たちはどうすればよいか，という点で考える。筆者は最終段最終文で，下線部①で伝えたかったことを What I do mean is「私が言いたいのは」としてまとめているので，この部分から解答を作成すればよい。

public language, the language of public discourse, the language we use as a society and a nation to run our public affairs, should be as clear, complete, and direct as possible.

直訳 「公的な言葉，つまり公的な話の中で使われる言葉，我々が社会または国家として公的な問題を扱うために使う言葉は，可能なかぎり明快で，完全で，直接的であるべきだ」

●discourse「談話，論議，論説」 run「～を指揮する，運営する」

●ポイントとなる3つの形容詞の訳はほぼそのままでもよいが，clear「明確な，はっきりした」，complete「欠けているところがない，漏れがない」，direct「率直な，あいまいでない，ごまかさない」などとすることもできる。

●問いの形に合わせて解答は「～という見解（をもっている)」としめくくるとよい。

設問⑴ 事実や意思を伝えるように見えるが，実際には正しいことを述べない，言葉と事実が一致しないものの言い方。(50字)

設問⑵ 以下のうちから2つ。

具体例1：政治家の嘘を「戦略的な虚偽の陳述」と表現すること。

説明：端的に悪いことを「戦略的な」という肯定的で積極性を感じさせる言葉を使ってごまかそうとしている点。

具体例2：ただの下水汚泥を「臭気の基準を超えた規制された有機性栄養物」と言うこと。

説明：具体的に何のことを指すのかわかりにくい上に，「栄養物」という肯定的な言葉を入れることで，実態を覆い隠そうとしている点。

具体例3：わいろやリベートを「売上債権」と表現すること。

説明：不正な利益を正当なものであるかのように言い表している点。

具体例4：狂気を「限界状態にある精神活動」と言うこと。

説明：明らかに異常をきたしているのに，状況に限界まで対処しているかのような言い方をして問題をあいまいにしている点。

具体例5：車の販売業者を「輸送カウンセラー」と表現すること。

説明：利益を追求している業者を，消費者のためになる活動をしているかのように装っている点。

設問⑶ 言葉は人類を一つにまとめ，人間が文化や社会を築くのに欠かせない要素であり，身体的には他の動物に劣る人類が生き延びることを可能にした，最も重要な道具でもある。(78字)

設問⑷ 我々は，日々呼吸する空気の質に注意を払う必要があることを学んだのと同じように，日々使う言葉の質にも注意を払うようになる必要がある。

設問⑸ 公的な場で用いる言葉は，できる限り明快で，完全で，直接的なものにすべきであるという見解をもっている。(50字)

解答

47

2009年度 外国語学部以外〔2〕

次の英文を読んで，以下の設問に答えなさい。

Sailors have long known that whales make strange musical noises. Yet it wasn't until recording techniques were developed that anyone could listen to whale songs (ⓐ) their entirety. It was, in fact, military science that first collected the evidence. (ⓑ) the cold war, the US government conducted secret research into how sound travels underwater. The Americans were looking for ways to locate enemy submarines, and to hide their own. They knew that sound travels five times faster underwater than it does through the air, but they also found that it travels at different speeds in different layers of the ocean, fastest of all at the bottom. ①<u>This</u> may seem surprising, but as David Rothenberg explains: "②<u>The denser the medium, the faster the molecules shake as the sound wave goes through it.</u>"

(ⓒ) listening to the ocean, the scientists heard low *moaning and rumbling noises that they gradually learned to identify (and dismiss) as the sound of living creatures. These turned out to be great whales communicating with one another in the deep sound channels, where their utterances travelled (ⓓ) hundreds, even thousands of miles.

By listening to **humpback whale songs through underwater microphones, scientists discovered that whales do not cry and moan randomly. The songs—always sung by males—had long-range structures, sometimes lasting for hours. They were shaped like any good musical composition, with ***themes, phrases, climaxes, resolution, and dying away. Moreover, the songs were repeated after a pause. They seemed to be transmitted to other whales living in the same area who sang them too. Different groups in other oceans had their own distinctive songs. The songs were too long and formal merely to be passing on simple information about females, food or the ocean floor. Strangest of all, they underwent slow but continuous evolution. Researchers who came back summer after summer noticed subtle changes in the songs each year, all the whales in the area picking up the changes. This means that whales are very different from birds, those other well-known singers of the natural world, whose songs remain stable over time. Whereas today's nightingales may sound very similar to the ones that Shakespeare heard, a whale researcher will complain that the great whale singers of the 1970s have gone now, and that the music favored by today's youngsters is entirely different.

③Whales became big, so to speak, when endangered species caught our imagination in the 70s. The idea that the world's largest creatures were singing at the bottom of the ocean had great emotional power. Some musicians even went out in boats to play to them. Did the whales respond? The musicians thought so. It was all meant to be a homage, an inter-species get-together, but it had to stop when the Marine Mammal Protection Act forbade anyone from harassing the animals and classed music as a form of harassment.

Some people warn that because of motorized shipping and ****seismic exploration of the ocean floor by oil companies, the seas are getting much noisier. There is evidence that whales are trying to sing louder to make themselves heard; furthermore, recent sonar tests have been known to kill whales.

We know that whale songs are complex messages, but we still don't know what they mean or what we could learn from them, and now they may be (ⓔ) threat.

From Deep-sea groovers by Susan Tomes, *The Guardian* (*2008/06/07*)

〔注〕
* moaning and rumbling　うめき，うなる
** humpback whale　ザトウクジラ
*** themes, phrases, climaxes, resolution　テーマ，楽句，クライマックス，（不協和音の）解決
**** seismic　地震（性）の

設問(1)　本文中の空所ⓐ～ⓔにあてはまるもっとも適当な語を，(イ)～(チ)から一つ選び，記号で答えなさい（同じ語を二度選んではいけません）。

(イ) across	(ロ) while	(ハ) against	(ニ) in
(ホ) during	(ヘ) at	(ト) among	(チ) under

設問(2)　本文中の下線部①の This が指し示す内容を，日本語でわかりやすく説明しなさい。

設問(3) 本文中の下線部②の意味を日本語で表しなさい。

設問(4) 本文では，クジラと鳥はどのような点で異なると述べているか。日本語でわかりやすく説明しなさい。

設問(5) 本文中の下線部③にもっとも近い意味の表現を，(イ)〜(ホ)の中から一つ選び，記号で答えなさい。

(イ) Whales became mature.
(ロ) Whales grew larger.
(ハ) Whales' numbers increased.
(ニ) Whales attracted a lot of attention.
(ホ) Whales came to live longer.

設問(6) 本文の内容に合うものを(イ)〜(ホ)の中から一つ選び，記号で答えなさい。

(イ) Researchers had long suspected that whales communicated with each other before the recording techniques were fully developed for underwater research.
(ロ) Years of intensive research on whale songs uncovered that they are related to mating rituals.
(ハ) Female whales sing in a very different way from male whales.
(ニ) Some musicians intended to harass whales by playing music underwater.
(ホ) It is not allowed to play music to whales any more because music is thought to disturb them.

全訳

■クジラの歌について

❶ 水夫たちは，昔からクジラが音楽のような変わった音を出すことを知っていた。しかし，だれもがクジラの歌をそっくりそのまま聞けるようになったのは，録音技術が開発されてからのことである。事実，最初にその証拠を採取したのは，軍事科学であった。冷戦の間に，アメリカ政府は水中で音がどのように伝わるのかに関する秘密の調査を行った。アメリカ人は，敵の潜水艦の場所を突き止める方法と，自分たちの潜水艦を隠す方法を探していたのである。彼らは，音は空気中を伝わるより5倍速く水中を伝わることは知っていたが，また海中の層によって異なるスピードで伝わり，海の底で最も速いことを発見した。これは驚くべきことのようだが，デイヴィッド=ローゼンバーグが説明するように「②媒体の密度が高ければ高いほど，音波がそれを通って伝わるときの分子の振動はますます速くなる」のである。
❷ 海中の音に耳を傾けているとき，科学者たちは低くうなるような音を聞き，やがてそれが生物の作りだす音であると特定した（あるいは片づけた）。これらの生物は，低周波域の音でお互いにコミュニケーションをする巨大なクジラであるとわかり，そこでの発話は，何百マイル，いや何千マイルも伝わることがわかった。
❸ 水中マイクを通じてザトウクジラの歌を聞くことで，科学者たちはクジラが何の規則性もなく叫んだりうなったりするのではないことを発見した。その歌は——歌うのは常にオスなのだが——長い構成を持っており，時には何時間も続く。歌は優れた音楽作品と同様に，テーマや，楽句や，クライマックスや，不協和音の解決や，フェイドアウトを含んでいた。さらにその歌は，小休止をはさんで繰り返された。歌は同じ海域に生息する他のクジラに伝えられたようで，そのクジラたちも同じ歌を歌った。他の海域に住む別のグループは，そのグループに特有の歌を持っていた。歌はメスや，食料や，海底についての単純な情報をただ単に伝えるのにしては長すぎたし，形式が整いすぎていた。最も不思議なのは，歌が少しずつではあるが常に変わり続けていたことだ。来る夏も来る夏も訪れた研究者たちは，毎年，歌にはわずかだが変化があり，同じ海域のすべてのクジラがその変化を習得していることに気がついた。これが意味するのは，クジラは自分たち以外の有名な自然界の歌い手である鳥とは違う，ということだ。鳥の歌は時が過ぎても変わることがないのである。現在のナイチンゲールは，シェイクスピアが聞いたのとほとんど同じように鳴いているだろうが，クジラの研究者は1970年代の優れた歌い手クジラはどこかへ消えてしまい，今日の若者クジラたちに好まれる音楽はまったく違う，と不平をもらすかもしれない。

❹ 70年代に絶滅危惧種が我々の心をとらえたときに，クジラは，言ってみれば，有名になった。世界で最も巨大な生物が，海の底で歌っているという考えは，感情を動かす大きな力を持っていた。クジラに演奏を聴かせるために，船に乗って海に出た音楽家もいた。クジラたちは答えたのだろうか？ 音楽家たちは答えがあった，と考えた。それはすべて敬意を表すことと，種の壁を越えた親睦とを目的としたものだった。しかし，海洋哺乳類保護法により，動物に対する迷惑行為が禁止され，音楽も迷惑行為の一種と見なされたため，中止せざるを得なくなった。

❺ エンジンを積んだ船の運航や，石油会社による海底の地震探査によって，海はずっと騒がしくなっている，と警告する人もいる。クジラたちが自分たちの歌声を届かせるために，以前より大声で歌おうとしていることを示す証拠もある。さらに，最近の音波探知機のテストが，クジラの命を奪うことも知られてきた。

❻ 我々はクジラの歌が複雑なメッセージであることは知っているが，それが何を意味し，我々がそこから何を知ることができるのかはまだわからない。また現在，その歌は危機に瀕しているかもしれないのだ。

各段落の要旨

❶ 昔から水夫たちはクジラが音楽のような音を出すことを知っていたが，クジラの歌がまるごと聴けるようになったのは，録音技術が開発されてからのことである。

❷ 海中の低くうなるような音は，クジラがコミュニケーションのために出す低周波域の音であることが特定され，それは何千マイルも伝わることが明らかになった。

❸ クジラの歌はオスが歌うものであり，一定の構成を持つ上に，年月を経て少しずつ変化したり，同じ海域にいる他のクジラも同じ歌を習得したりすることがわかった。

❹ 70年代に絶滅危惧種に関心が寄せられるようになると，クジラにも注目が集まり，敬意を表するためにクジラに音楽を聴かせる者が現れたが，動物に対する迷惑行為として禁止されるに至った。

❺ 船舶のエンジン，海底の地震探査，音波探知機のテストなど，海で発せられる人工的な音がクジラに影響を及ぼしていることが指摘されるようになった。

❻ クジラの歌の内容はまだ明らかになっていないが，その歌は危機に瀕しているかもしれない。

解 説

設問(1) 正解は ⓐ—(ニ) ⓑ—(ホ) ⓒ—(ロ) ⓓ—(イ) ⓔ—(チ)

ⓐ Yet it wasn't until recording techniques were developed that anyone could listen to whale songs (　　) their entirety.

▶(ニ) in が入る。in *one's* entirety で「そっくりそのまま，全体として」の意。whale songs を受けるので their になっている。

ⓑ (　　) the cold war, the US government conducted secret research into how sound travels underwater.

▶「冷戦の間」とするのが文意に沿う。(ホ) during が妥当。

ⓒ (　　) listening to the ocean, the scientists heard low moaning and rumbling noises …

▶主節が「科学者たちは…低くうなるような音を聞いた」となっており,「海(中の音)に耳を傾けているとき」とするのが妥当。(ロ) while が使える。in *doing* も「〜する〔している〕ときに」の意にはなるが,(ニ) in はⓐですでに使用済み。

ⓓ … their utterances travelled (　　) hundreds, even thousands of miles.

▶「何百マイル,いや何千マイルも伝わった」の意になることは明らか。「ある地点から何千マイルも向こうへ渡る」というイメージから,(イ) across が選べる。

ⓔ … now they may be (　　) threat.

▶「いまやそれら(=クジラの歌)は危機に瀕しているかもしれない」の意になると考えられる。under threat で「危機にさらされて」の意。(チ) under が正解。

設問(2) … but they also found that it travels at different speeds in different layers of the ocean, fastest of all at the bottom. This may seem surprising, …

▶ This は基本的に直前のことを受ける。直前の文には2つのことが述べられているが,may seem surprising「驚くべきことに思えるかもしれない」のは,その後半 but they also found の目的語にあたる that 節の内容である。下線部②がその説明になっていることからも判断できる。

▶ it travels at different speeds in different layers of the ocean「それ(=音)は,海の異なる層では異なる速度で伝わる」=「音は海中の層によって伝わる速度が異なる」

▶ fastest of all at the bottom「すべての中で海底で最も速い」は,「層によって速度が異なる」ことの補足説明。all の後には layers が省略されている。

設問(3) ▶文全体は,the + 比較級 〜,the + 比較級 …「〜すればするほど,ますます…」の構文である。

The denser the medium, 直訳「媒体が密であればあるほど」

● dense「濃度・密度などが高い」 medium「媒体」

● the medium is dense がもとの文。the + 比較級 〜,the + 比較級 … の構文では,第2文型の be 動詞が省略されることが多く,同文も本来なら The denser the medium is となるものである。

the faster the molecules shake

直訳「分子はますます速く振動する」

●molecule「分子」 shake「揺れる，振動する」
●the molecules shake fast がもとの文。
●「分子の振動はますます速くなる」とアレンジすることもできる。

as the sound wave goes through it.

直訳 「音波がそれを通っていくとき」
●the sound wave「音波」
●it は the medium「媒体」を指す。goes through it の訳は「それを通って伝わる，それを伝わって進む」などと言葉を補うとよい。

設問(4) ▶「クジラと鳥が異なる」という言葉は第3段最後から2文目（This means that whales are very different from birds, …）に見られる。同文最終部分，whose songs remain stable over time「その歌は，時が過ぎても安定したままである」=「変化しない」の whose の先行詞は birds。
▶クジラの歌に関しては，同文冒頭の This が指す前述の部分に述べられている。すなわち，they underwent slow but continuous evolution「それら（=クジラの歌）は，ゆっくりだが継続的な進化を経ていた」（前々文），Researchers … noticed subtle changes in the songs each year「研究者たちは，毎年，その歌の微妙な変化に気づいた」（前文）とある。
▶したがって，「クジラは自分たちの歌を少しずつ変えていくが，鳥の鳴き声は変わらないという点（が異なる）」とまとめられる。

設問(5)　正解は(ニ)
▶ Whales became big は「クジラは大きくなった」が直訳だが，直後に so to speak「いわば」とあることに注意。比喩的・象徴的な表現であることがうかがえる。
▶続く同文の後半（when endangered species …）には「70年代に絶滅危惧種が我々の心をとらえたときに」とある。つまり，「絶滅危惧種としてのクジラの存在が大きくなった」=「クジラが大きく取り上げられるようになった」と考えられる。(ニ)**「クジラが多くの注目を集めた」**が適切。
(イ)「クジラが成熟した」
(ロ)「クジラの体が大きく成長した」
(ハ)「クジラの数が増えた」
(ホ)「クジラが長生きするようになった」

設問(6)　正解は(ホ)
(イ)―― ×「研究者たちは，海底調査のための録音技術が十分に発達するずっと以前から，クジラは互いにコミュニケーションをとっているのではないかと考えていた」

▶第1段第1・2文に「水夫たちは，昔からクジラが音楽のような変わった音を出すことを知っていた。しかし，だれもがクジラの歌をそっくりそのまま聞けるようになったのは，録音技術が開発されてからのこと」だとある。また第2段には，科学者たちは海中の音を聞いて，低くうなるような音の正体が，クジラたちがコミュニケーションをとる音であることを突き止めた，とある。これらの記述から，科学者たちがクジラのコミュニケーションに気づいたのは，録音技術が開発されたあとだと考えられる。したがって，この選択肢は本文の内容と一致しない。

(ロ)━━ ×「何年にもわたるクジラの歌に関する徹底的な調査の結果，歌は交配行動に関係があるとわかった」

▶本文にこのような記述はない。

(ハ)━━ ×「メスのクジラは，オスのクジラとまったく異なる歌い方をする」

▶第3段第2文に「歌は常にオスによって歌われる」とあることと矛盾する。

(ニ)━━ ×「水中で音楽を演奏することによって，クジラに嫌がらせをしようとした音楽家もいた」

▶第4段最終文に「それ（＝演奏）はすべて敬意を表すことと，種の壁を越えた親睦とを目的としていた」とあることと矛盾する。

(ホ)━━ ○「音楽はクジラを困惑させると考えられるので，クジラに向かって音楽を演奏することはもう許されていない」

▶第4段最終文後半（it had to stop when …）に「海洋哺乳類保護法により，動物に対する迷惑行為が禁止され，音楽も迷惑行為の一種と見なされたため，中止せざるを得なくなった」とあることと一致する。

解答

設問(1) ⓐ―(ニ)　ⓑ―(ホ)　ⓒ―(ロ)　ⓓ―(イ)　ⓔ―(チ)

設問(2) 水中では，音は深さによって伝わるスピードが異なり，それは海の底で最も速いということ。

設問(3) 媒体の密度が高ければ高いほど，音波がそれを通って伝わるときの分子の振動はますます速くなる。

設問(4) クジラは自分たちの歌を少しずつ変えていくが，鳥の鳴き声は変わらないという点が異なる。

設問(5) (ニ)

設問(6) (ホ)

48

2009年度 外国語学部〔2〕

次の英文を読んで，設問に日本語で答えなさい。

There is a new cell-phone ring tone that can't be heard by most people over the age of twenty, according to a report. The tone is derived from something called the Mosquito, a device invented by a Welsh security firm for the noble purpose of driving hooligans away from places where grownups are attempting to ply an honest trade. The device emits a 17 kilohertz buzz, a pitch that is too high for older ears to register but, as we learn from additional reporting by *The New York Times*, is "ear-splitting" for younger people. (A)A person or persons unknown have produced a copy of the Mosquito buzz for use as a cell-phone ring tone, evidently with the idea that it will enable students to receive notification of new text messages while sitting in class, without the knowledge of the teacher.

The Times, in a welcome but highly uncharacteristic embrace of anarchy, celebrated this development as an ingenious guerrilla tactic in youth's eternal war against adult authority—"a bit of techno-jujitsu," as the paper put it. (B)But it's not entirely clear which side is the winner here. When you hear the tone, it apparently sets your teeth on edge, which means that, if the entire class suddenly grimaces, it's a good bet that one of the students just got a text message. Anyway, what was wrong with "vibrate only"?

The real interest of the story, of course, lies elsewhere. The news is not that students are fooling their teachers, which was never news, even in ancient Greece, or that technology is rapidly unraveling the fabric of trust and respect on which civil society depends, which everyone already knows. It is that one more way for middle-aged people to feel that they're losing it has been discovered.

People tend to regard the gradual yet irreversible *atrophying of their faculties as a bad thing. Is it, though? Sure, it's tied up with stuff that you don't want to think too much about. One day, you learn that you can't hear a sound that is perfectly audible to teen-agers and dogs. (Any significance in that symmetry, by the way? Do we feel diminished as a species because dogs can hear a noise that we can't ?) Soon after that, you realize that you have forgotten how to calculate the area of a triangle, and how many pints there are in a quart. From there, it's not long until you find that you are unable to stop talking about real estate, which is the first step down an increasingly rocky and overgrown path that leads, almost always—all right, always—to death. What is there to like about (C)<u>any of this</u> ?

Well, first of all, who *wants* to hear someone else's cell phone ? The Mosquito tone is like (D)<u>the squirrel's heartbeat that **George Eliot refers to in *Middlemarch*</u> : "If we had a keen vision and feeling of all ordinary human life, it would be like hearing the grass grow and the squirrel's heart beat, and we should die of that roar which lies on the other side of silence. As it is, the quickest of us walk about well ***wadded with stupidity." The Mosquito tone is one of those things you're better off not knowing. The world is probably full of such things (though how would you know ?). Maybe the area of a triangle isn't that important either. Maybe, in the end, it *is* all about real estate.

The point is that mental and physical development never stops, no matter how old you are, and development is one of the things that make it interesting to be a being. We imagine that we change our opinions or our personalities or our taste in music as we ripen, often feeling that we are betraying our younger selves. Really, though, our bodies just change, and that is what changes our views, our temperament, and our tolerance for Billy Joel. We can't help it. The chemistry has altered.

(E)<u>This means that some things that were once present to us become invisible, go off the screen ; the compensation is that new things swim into view.</u> We may lose hormones, but we gain empathy. The deficits, in other words, are not all at one end of the continuum. Readers who are over twenty may not hear the new ring tone ; if they had it on their phones, it might as well be silent. But most readers who are under the age of twenty will not be able to "hear" this Comment. Yes, they will see the words, and they will imagine that they are reading something, and that it makes sense ; but they can never truly "get it." The Comment is simply beyond the range of their faculties. (F)<u>For all intents and purposes, if you're under twenty, this page might as well be blank.</u>

From Name That Tone by Louis Menand, *The New Yorker* (*2006/06/26*)

〔注〕

*atrophy (身体を) 衰えさせる

**George Eliot 19世紀イギリスの小説家 (1819-80)。*Middlemarch* は代表作の一つ。

***wad 詰め込む

設問(1) 下線部(A)を日本語に直しなさい。

設問(2) 下線部(B)のように述べられている理由を，本文に即して80字程度の日本語でわかりやすく説明しなさい。

設問(3) 下線部(C)が示す内容を一つ挙げ，日本語で説明しなさい。

設問(4) 下線部(D)は，どのようなことを示す例として挙げられているか，日本語でわかりやすく説明しなさい。

設問(5) This の指す内容を明らかにして，下線部(E)を日本語に直しなさい。

設問(6) 下線部(F)を日本語に直し，そのように述べられている理由を，本文に即して50字程度の日本語でわかりやすく説明しなさい。

全 訳

■時とともに失うものと，得るもの

❶ ある報告によると，20歳を超えた人の大半には聞こえない携帯電話の新しい着信音があるそうだ。その音はモスキートと呼ばれているものに由来しており，モスキートとは大人たちがまじめな仕事に精を出そうとする場所から不良どもを追い払うという，高尚な目的のためにウェールズの警備会社が発明した装置だ。この装置は17キロヘルツの音を出すが，これは大人の耳が聞き取るには高すぎるけれども，『ニューヨーク・タイムズ』の続報からわかるように，若者にとっては「耳をつんざくような」音である。(A)だれかはわからないが，ある個人あるいは何人かの

人々が，携帯電話の着信音として使うためにモスキート音を模したものを作り出したが，それはどうやらこの音によって，授業を受けている最中に，教師に知られずに新しい携帯メールが届いたことが生徒にわかる，という考えがあってのことだったようだ。

❷ 『タイムズ』紙は，歓迎すべきではあるが，無秩序を容認する非常に珍しい態度で，大人の権威に対する若者の終わりなき戦いにおける，工夫に富んだゲリラ戦術としてこの開発を褒め称えた――「ちょっとした工学的柔術」と『タイムズ』紙は書いている。しかし，この戦いでどちらが勝者なのか，完全にはっきりしているわけではない。この音を聞くと，歯の浮くような不快な気持ちになるらしいが，それはつまり，生徒が突然，皆しかめ面をしたら，だれかがちょうどメールを受け取ったところだと考えてほぼ間違いない，ということだ。いずれにせよ，「振動のみ」に設定することの，何がまずいのだろうか？

❸ この話の本当の重要性は，もちろん別のところにある。ニュースになるのは，生徒が教師をからかっているという，古代ギリシアでさえニュースにならないようなことではないし，市民社会がよりどころとする信頼と尊敬からなる骨組みを，科学技術が急速に瓦解させている，というすでにだれもが知っている事柄でもない。ニュースになるのは，中年の人々に自分たちが何かを失っているところだと感じさせてしまう，もう一つの方法が見つかった，ということなのだ。

❹ 人は，ゆっくりではあるが，戻ることはない体の機能の衰えを，悪いことととらえがちだ。しかし，悪いことなのだろうか？　確かに，それはあまり考えたくない事柄と結びついている。ある日，ティーンエイジャーや犬には完全に聞こえる音が聞こえなくなったことを知る。（ところで，そういった対称性は重要なのだろうか？　我々に聞こえない音が犬には聞こえるからといって，一つの種として，惨めに思ったりするだろうか？）　その後すぐに，三角形の面積の計算の仕方や，1クォートは何パイントだったのかを忘れてしまったことに気づく。その時点から，自分が不動産について話すのをやめられなくなっているのに気づくまでに，長くはかからない。それは，だんだんと岩が増え，草木が生い茂ってゆく，ほぼ必ず――いや必ず――死へと向かう小道への第一歩なのだ。これらのことに，どのような好ましいことがあるのだろうか？

❺ ところでまず第一に，だれが他人の携帯電話の音を聞きたいだろうか？　モスキート音は，ジョージ=エリオットが『ミドルマーチ』の中で描いたリスの心臓の鼓動のようなものだ。「もし我々が，普通の人間の生活のすべてを感知する鋭敏な視覚や感覚を持っていたら，それは草が成長する音やリスの鼓動を聞くようなもので，静寂の対極にあるその轟音のために命を落とすことになろう。実際のところは，最も頭のよい者でも，たくさんの愚かな考えを抱えて歩き回っているのだ」　モス

キート音は，知らずにすんだ方が都合のよいものの一つなのである。世の中はおそらく，そのようなものでいっぱいだ（でも，どうしたら知ることができるのだろう？)。たぶん，三角形の面積もそれほど重要ではないだろう。たぶん，結局のところ重要なのは不動産なのだ。

❻ 肝心なのは，たとえ何歳になろうと心や体の発達は終わることはないということであり，そして発達は，人間であることを面白くしてくれるものの一つなのである。我々は成熟するにつれ，意見や，性格や，音楽の好みが変わると思い込み，しばしば若い頃の自分を裏切っているように感じる。しかし実際は，我々の体が変化しているだけで，そのことが我々のものの見方や，気質や，ビリー=ジョエルに対する忍耐の程度を変えるのだ。それはどうすることもできない。化学的性質が変わってしまったのだ。

❼ このことが意味するのは，自分たちにとって以前は存在していたものが見えなくなり，画面の外へと出て行ってしまい，その代わりに新しいものが視界に入ってくる，ということだ。ホルモンは失うかもしれないが，他人の気持ちを理解する能力を得る。言い換えれば，何かを失うことのすべてが，良し悪しを基準とする尺度の一方の端にあるわけではないのである。20歳を超えた読者は，新しい着信音を聞き取れないかもしれない。自分の電話にそれをつけても，音がしないのと同じであろう。しかし，20歳にならない読者のほとんどは，この「コメント」の欄を「聞き取る」ことができないだろう。もちろん彼らは言葉を見るだろうし，自らが何かを読んでいて，それが意味をなしているということは想像するだろうが，本当に「理解する」ことは決してできない。この「コメント」は，彼らの能力の及ぶ範囲を，はるかに超えたところにあるからだ。(F)実際，もしあなたが20歳未満だったら，このページは白紙も同然だろう。

各段落の要旨

❶ 大人には聞こえないが若者には不快な音であるモスキート音が，携帯電話の着信音に使われている。

❷ 大人は，音は聞こえなくても，モスキート音の不快感に顔をしかめる若者の顔で着信がわかり，大人の権威に対する若者の戦いはどちらが勝者か不明である。

❸ モスキート音の話の本当に興味深い点は，中年の人々が自分たちは何かを失っていると感じる方法がもう一つ見つかったということにある。

❹ 人々は能力が衰えていくことを悪いことと見なす傾向があるが，果たしてそうだろうか。

❺ 世の中にはモスキート音のように，わからなくてもよいものがたくさんある。

❻「発達」はいくつになっても止まることはなく，考えの変化は体の変化に伴って起こったことにすぎない。

❼ 何かが見えなくなっても新たに見えるものが現れ，それを埋め合わせるのだが，この文章は失うことを経験したことのない若者には理解できないだろう。

解　説

設問(1)　▶全体として，evidently with 以下は訳し上げるとわかりづらいので，「だれかがモスキート音を模倣したものを作ったのだが，それはどうやら…という考えがあってのことだったようだ」などと訳し下ろすとよい。

A person or persons unknown have produced a copy of the Mosquito buzz for use as a cell-phone ring tone,

直訳「知られていないある人，あるいは複数の人が，携帯電話の着信音としての使用のために，モスキート音の模倣を作った」

- A person or persons unknown　過去分詞 unknown は person(s) を修飾する形容詞用法。単独でも名詞の後に置くことがある。「だれだかわからないが，ある個人，あるいは複数の人間が」などと，意味が伝わりやすく自然な日本語になるように工夫が必要。
- a copy of ～ は「～を模倣したもの，～に似たもの」などと言葉を補う。
- the Mosquito buzz「モスキート音」 buzz は「ブーンという音，低いうなり」だが，そこまで訳出する必要はない。
- for use as a cell-phone ring tone は名詞 use を中心としているが，動詞的に訳して「～として使うために」とすると日本語として通りがよい。ring tone「着信音，着メロ」

evidently with the idea that …

直訳「どうやら…という考えを持って（作った）」

- evidently は「明らかに」と「見たところ～らしい」の両方の意味があり，どちらにするか迷うところ。「明らかに」は「何らかの証拠があって」というニュアンスを持つ。この部分は筆者の推測として「どうも～らしい」の方がより近いだろう。
- that は the idea と同格の節をつくる接続詞。

it will enable students to receive notification of new text messages while sitting in class,

直訳「それは生徒が授業中に座っている間に，新しいテキストメッセージの通知を受け取ることを可能にするだろう」

- it は the Mosquito buzz を受ける。
- *A* enables *B* to *do* は「*A* は *B* が～することを可能にする」が直訳。無生物主語なので，「*A* のおかげで〔*A* によって〕*B* は～することができる」などと自然な訳にする。
- receive notification of new text messages「新しいテキストメッセージの通知を受け取る」は，「新たにテキストメッセージが届いたという通知を受け取る」ということ。text message は「携帯メール」のこと。

● while sitting in class の意味上の主語が students であることは明らか。in class は「授業中で」の意。「教室で」in a〔the〕classroom ではないので注意。sitting は，通常授業中の生徒は座っているものだからという理由で使われているにすぎないので，文字通り訳出するのではなく「授業を受けている最中に」などとすればよい。

without the knowledge of the teacher.

直訳 「教師が知ることなしに」

● the knowledge of ～ は2通りの解釈が可能。of 以下と knowledge が動詞・目的語の関係になる「～を知っている」と，主語・動詞の関係になる「～が知っている」の2通り。「(生徒が) 教師を知らずに」では意味を成さない。「教師が（着信を）知らずに」と考えるべき。「教師に気づかれずに」などとすればよい。

設問(2) But it's not entirely clear which side is the winner here.

直訳 「しかし，ここではどちらの側が勝者なのか，完全にはっきりしているわけではない」

▶ here「ここでは」とは，直前の文にある youth's eternal war against adult authority「大人の権威に対する若者の終わりなき戦い」を指し，具体的には「授業中に教師に気づかれずにメール着信を知ろうと，モスキート音を使う若者の策略」を意味する。「勝者がはっきりしない」のだから，この若者の策略が完全に成功しているわけではないということ。その理由にあたる箇所を本文中で特定する。英語の論説では，結論→根拠という順で述べられることが多いので，直後の文（第2段第3文）に注目。

▶ When you hear the tone, it apparently sets your teeth on edge「その音を聞くと，歯の浮くような気持ちになるらしい」とある。set *one's* teeth on edge「人に不快な感じを与える」はなじみがないかもしれないが，第1段第3文後半（but, as we learn …）には，その音（＝モスキート音）が若者には ear-splitting「耳をつんざくような」音であることが述べられているので，おおよその意味は推測できよう。したがって，モスキート音が鳴ると the entire class suddenly grimaces「クラス全体が突然しかめ面をする」（第2段第3文）ため，教師には音そのものは聞こえないが，モスキート音が鳴ったことはばれてしまうのである。

▶ 解答のポイントは，「教師に音そのものは聞こえない」「生徒は不快な顔をする」「だれかがメールを受け取ったことが教師にもわかる」「教師を出し抜いたことにならない」という点を盛り込むことと，理由を問われている問題なので最後を「～から」「～ので」と締めくくること。

設問(3) What is there to like about any of this?

直訳 「このことのどれに関して好むような何があるだろうか」

▶ There is *A* to like about *B*.「*B* に関して好むべき *A* がある」が元の文。本文の What が *A*，any of this が *B* にあたる。

▶下線部を含む第4段は第1文にあるように，atrophying「衰えること」=「年をとること」が話題になっており，その例は第4文（One day, …）および第7・8文（Soon after that, …）に挙がっている。すなわち，「若者には聞こえる音が聞こえなくなること」（第4文），「三角形の面積の計算の仕方を忘れること」「1クォートは何パイントか忘れること」（第7文），「不動産について話すのをやめられなくなること」（第8文）である。このうちのひとつを答える。

設問(4) the squirrel's heartbeat that George Eliot refers to in *Middlemarch*

直訳 「ジョージ=エリオットが『ミドルマーチ』の中で言及しているリスの心臓の鼓動」

▶下線部直後にコロンをはさんでエリオットの言葉が引用されており，「もし我々が…すべてを感知する鋭敏な視覚や感覚を持っていたら，…リスの鼓動を聞くようなもので，…その轟音のために命を落とすことになろう」と述べられている。さらに続いて「実際のところは，最も頭のよい者でも，たくさんの愚かな考えを抱えて歩き回っている」とある。つまり，この世のすべてを知ることは不可能であり，むしろ知ろうとすることが害になることもある，ということ。

▶さらに同段第4文のエリオットの言葉の後（The Mosquito tone is one of …）には，「モスキート音は知らずにいる方がよいもののひとつだ」とある。

▶こうしたことを考え合わせると，「世の中にはわからなくてもよい物事がたくさんあるということ」などとまとめられる。

設問(5) ▶ This は基本的に前述のことを受けるので，前段（第6段）を見る。「実際は，ただ私たちの体が変化しているだけだ」（第3文），「化学的性質が変わったのだ」（最終文）とあるが，これは，「何歳になろうと発達は終わることはなく，それは人間であることを面白くしてくれる」（第1文）とあるように，「年をとること」を表している。第3文冒頭に「しかし」とあるのは，「年をとる」ことに伴いがちなネガティブなイメージを，筆者が修正しようとしているため。This の内容として，「年をとる」という言葉だけでなく，「体が変化する」という点も盛り込んで訳出したい。

This means that …

直訳 「このことは…ということを意味する」

● 「このこと」は前述の通り。全文を見てから内容的につながるか再度検討すること。

some things that were once present to us become invisible, go off the screen ;

直訳 「かつては私たちに対してそこにあったものが見えなくなり，画面を離れていく」

● that は some things を先行詞とする関係代名詞。us までが関係詞節。

● were present to ～「～に対してそこにあった」=「～にとって存在していた」

● invisible「見えない」

● go off the screen「画面を離れる」は「見えなくなる」ことの言い換え。「画面の外へ出て行く」などとするとわかりやすい。

the compensation is that …

直訳 「埋め合わせは…ということだ」

● compensation「埋め合わせ」とは，「以前は存在したものが見えなくなる」という喪失の代わりに与えられるもののこと。

new things swim into view.

直訳 「新しいものが視界に泳いで入ってくる」

● swim into は「流れるように入ってくる」ことを表す。何かが視界の外へ出て行っても，次のものが途切れることなくスムーズにやってくるイメージ。

設問(6) 訳：

For all intents and purposes,

直訳 「(さまざまな) 意図や目的にもかかわらず」

● for all ～ は「～にもかかわらず，～であるけれども」の意。

● この場合は，for all intents and purposes で「あらゆる点で，事実上，実際に」の意の慣用表現。しかし，知っている受験生は少ないと思われる。for all ～ は必須の熟語であるので，こちらから「どんな意図や目的を持っていたとしても」などとできれば，ひとまず大丈夫だろう。

if you're under twenty, this page might as well be blank.

直訳 「もしあなたが 20 歳未満なら，このページは白紙であるのと同じだ」

● under ～「～より下」なので，「20 歳以下」は不正確。「20 歳になっていないなら」としてもよいだろう。

● might as well *do* で「～するのと同じだ」の意。「～する方がよい」という訳もあるが，ここでは「白紙同然」とするのが適切。

理由：

▶まちがいなく文章がつづられているページが「白紙同然」だというのは，「そこから何も読み取ったり理解したりできない」ということ。同段第 5 ～ 7 文（But most …）にも「20 歳にならない読者の大半は，この『コメント』（大文字であることから，この文章が掲載されたコラムなどのタイトルと考えられる）を『聞く』ことができないだろう。…本当に『理解する』ことは決してできない。この『コメント』は，彼らの能力の及ぶ範囲を，はるかに超えたところにある」とある。

▶この文章では，特に第6・7段で明らかなように，年をとるということは以前は持っていたものを失っていくことである，ということが述べられている（もっとも，何かを失うことは同時に何かを得ることである，と付言することで，それは否定的にではなく肯定的に論じられている）。つまり，「白紙同然」とは，20歳未満の人はまだ何も失っていないので，年をとることと喪失の経験について書かれたこの文章の内容を本当の意味で理解したり，それに共感したりすることはできない，ということを意味しているのである。

解答

設問(1) だれかはわからないが，ある個人あるいは何人かの人々が，携帯電話の着信音として使うためにモスキート音を模したものを作り出したが，それはどうやらこの音によって，授業を受けている最中に，教師に知られずに新しい携帯メールが届いたことが生徒にわかる，という考えがあってのことだったようだ。

設問(2) 音が教師に聞こえなくても，生徒には不快な音であるため不快感が顔に出てしまい，だれかがメールを受け取ったことがわかるので，生徒は教師を出し抜いたことにはならないから。(82字)

設問(3) 「若者には聞こえる音が聞こえなくなること」「三角形の面積の計算の仕方を忘れること」「1クォートは何パイントか忘れること」「不動産について話すのをやめられなくなること」のいずれかひとつ。

設問(4) 世の中にはわからなくてもよい物事がたくさんあるということ。

設問(5) 年をとり体が変化していくということは，自分たちにとって以前は存在していたものが見えなくなり，画面の外へと出て行ってしまい，その代わりに新しいものが視界に入ってくる，ということだ。

設問(6) 訳：実際，もしあなたが20歳未満だったら，このページは白紙も同然だろう。

理由：若い人は体の変化によって何かを失うという経験がないため，本文の内容に本当の意味では共感も実感もできないから。(54字)

49

2008年度 外国語学部以外〔2〕

次の英文を読んで，以下の設問に答えなさい。

As we look at the world and ourselves, we do it through a set of filters. Think about what a filter is. A filter is a mechanism that lets some things flow in, but screens other things out. Depending on what the filter is made up (ⓐ), it can also alter whatever is looked at or passes through it. Sunglasses are a good example of a visual filter. But, obviously, I'm not talking here about some physical apparatus that we can put on and take off, like a pair of glasses. In fact, the filters I'm talking about are not really visual in nature; they are (ⓑ) and are mental, emotional, verbal, and perceptual in nature. Through them, we process and assign a weight and meaning to every event in our lives. Some things flow in, others are screened out, but everything is affected. Our filters affect not just what we "see," but what we "hear" and believe.

Now, because we trust ourselves to be honest and because we think we don't lie to ourselves, we tend to believe that our filtered perceptions are an accurate depiction of reality. Whatever passes through the filter, accurate or not, is what we tend to believe. As a result, if and when our filtered perceptions lie, we get (A)suckered. We walk around believing that an upside-down world is the real one. So here's a warning: When it comes to any of your untested and unchallenged perceptions, you should be afraid, be very afraid. You could very well be seeing your self in a distorted light.

I say that because our perceptual filters have the unfortunate tendency of being highly sensitive to the negatives, while screening out the positives. It's just ①human nature.

②All of us are subject to distorting the truth or missing the truth, particularly when we are dealing with a situation in which we are physically or emotionally threatened. For example, research shows that a person being held at gunpoint will fixate, not surprisingly, on the weapon, as opposed (ⓒ) a door or some other opportunity for escape or safety. Why? Because negatives invariably scream louder than positives and the more extreme the negative, the louder it screams. We tune into the negatives, the threats, and the problems because we are programmed to protect ourselves, so if someone or something is perceived to threaten us (a gun), that threat can and will drown out all other events and inputs. The fear of the weapon (B)galvanizes your attention, completely overwhelming and excluding any other data. The building could have fallen down around you and you wouldn't have known it. Such is the power of the human mind when it becomes fixated on a negative.

Let's move to a more likely scenario, ③one that may be much closer to home. In your life right now, there may be lots of people who believe in and encourage you. Your "supporting cast" may number in the hundreds, yet I'd be willing to bet that if you have even one or two critics, those "noisy" few can command your full attention, often drowning out the effects of all of the positive input. Why? Because it (ⓓ) to be rejected, criticized, and attacked and we pay attention to pain. As with the robber's pistol, your filters are (C)sensitized to painful threats and you see those threats to your self-concept more vividly and memorably than you see anything else. Just as importantly, ④they linger: Those negatives tend to stay with you for years. Think about an actor on the stage: hundreds of adoring fans can be respectfully and adoringly rapt in their attention, yet one (D)heckler can dominate the performer's entire experience and memory of the night.

From *Self Matters: Creating Your Life from the Inside Out* by Phil McGraw, Simon & Schuster

設問(1) 本文中の下線部(A)(B)(C)(D)にもっとも近い意味の表現を各語群から一つ選び記号で答えなさい。

(A) (イ) excited (ロ) deceived
(ハ) relaxed (ニ) worried

(B) (イ) occupies (ロ) discloses
(ハ) escapes (ニ) nullifies

(C) (イ) made sense (ロ) made sensible
(ハ) made sensitive (ニ) made sensuous

(D) (イ) actor (ロ) opponent
(ハ) robber (ニ) supporter

設問(2) 本文中の空所ⓐⓑⓒⓓを埋めるのにもっとも適当な語を各語群から一つ選び記号で答えなさい。

ⓐ (イ) for (ロ) in (ハ) of (ニ) with
ⓑ (イ) internal (ロ) philosophical
(ハ) scientific (ニ) visible
ⓒ (イ) by (ロ) for (ハ) of (ニ) to
ⓓ (イ) hurts (ロ) pays (ハ) seems (ニ) takes

設問(3) 本文中の下線部①において著者が考える human nature を具体的に表す例としてもっとも適当なものを一つ選び番号で答えなさい。

1. When a gun is pointed at you, the most important thing is to keep quiet. You may think it would be better to cry out loud to seek for help, but such an action could anger your attacker. It is really important to shut your mouth in such a situation.
2. Researchers in marketing found that some consumers actually gave positive evaluation to seemingly terrible products. Conversely, it was also found that some excellent products were given negative responses.
3. There is a tendency among professional actors to pay more attention to their adoring fans than to those who are not very interested in dramas. Those actors seldom try to get new fans to go on with their job for many years to come.
4. A Japanese student studied at a university in the U.S. Most of his fellow students there were nice to him, but there were a few who behaved in a rude manner. In spite of the fact that those terrible people were only a handful, he ended up forming a bad image of America.

設問(4) 本文中の下線部②の意味を日本語で表しなさい。

設問(5) 本文中の下線部③の意味を日本語で表しなさい。

設問(6) 本文中の下線部④が表す内容を，they が指す内容を明らかにし，日本語で説明しなさい。

全訳

■心のフィルターの作用

❶ 我々は世界や自分自身を見るとき，ひとそろいのフィルターを通して見ている。フィルターとは何かを考えてみよう。フィルターとは，あるものは通して中に入れるが，あるものは遮断するメカニズムのことである。フィルターが何からできているかによって，見られるもの，あるいは通り抜けるものすべてを変えてしまうこともありうる。サングラスは，視覚的フィルターのわかりやすい例である。しかし，明らかなことだが，私はここでサングラスのように身につけたりはずしたりできる何かの身体的器具について論じようとしているのではない。そうではなく，私が論じようとしているフィルターとは，性質上，実際には目に見えないものである。それらは内面的なもので，精神的，感情的，言語的，知覚的な性質をもつものである。それらを通して，我々は，生活の中のあらゆる事象に対し，重みや意義を加工処理して配分するのである。あるものは中に入り，あるものは除外されるのだが，すべてのものが影響を受ける。我々のもつフィルターは，我々が「見る」ものだけではなく「聞く」ことや信じたりすることにも影響を与える。

❷ さて，我々は自分自身が正直だと信じ，また自分自身にうそはつかないと思っているため，自分のフィルターを通して知覚したものが現実を正確に描写したものだと信じがちである。フィルターを通り抜けるものはすべて，正確であろうがなかろうが，信じてしまいがちなものである。その結果，フィルターを通して知覚したものが人を惑わせるようなものである場合，我々はだまされてしまう。逆さまの世界が本当の世界だと信じたまま歩き回ることになる。そこで次のような警告をしたい。何であれ，自分が知覚したことで，実証されておらず問題にもされていないものがあれば，相当に疑ってかかるべきである。自己を歪んだ光に当てて見ている可能性が非常に高いのである。

❸ 私がそのように述べる理由は，我々の知覚フィルターは負の側面にはとても敏感であるが，有益な物事は除外してしまうという不幸な傾向をもつからである。それはまさに人間がもつ性質である。

❹ ②我々はみな，特に身体的あるいは感情的な危機に瀕した状況に対処しているときには，真実を歪めたり見逃したりしてしまいやすい。例えば，研究によると，銃口を突きつけられている人は，無理もないことだが，ドアあるいは避難や安全のための他の見込みに目を向けるのではなく，その凶器に執着してしまう。それはなぜか。なぜなら，負の事象は有益なものよりも常に目立ち，そしてその負の側面が大きければ大きいほど，ますますその存在が目立つからである。我々の頭は自分を

守るようにプログラムされているため，そのような負の事象，脅威，問題に波長を合わせてしまい，それゆえ，ある人またはもの（例えば銃）が自分を危険にさらしていると認識した場合，その脅威は他のすべての事象や入力情報をかき消してしまうことがあり，またそうなりがちである。凶器に対する恐怖が注意力を刺激し，他のいかなるデータをも完全に圧倒し，排除してしまう。まわりで建物がひょっとすると崩れ落ちていたかもしれないが，それでもそのことに気がつかなかったであろう。人間の心の力は，一つの負の事実に執着したときにはそれほど大きなものなのである。

❺ もっと起こりそうな筋書き，③ずっと身近に思えるような筋書きを取り上げてみよう。現在の生活の中で，あなたを信頼し励ましてくれる人が大勢いることだろう。あなたを支える「助演者」は何百人といるかもしれないが，ぜひ申し上げておきたいのは，もし1人か2人でも批判する人がいると，その「うるさい」少数の人間があなたの注意のすべてを支配し，肯定的なすべての情報の効果をしばしばかき消してしまうということである。それはなぜか。それは，拒絶され，批判され，攻撃されることは苦痛であり，我々は苦痛に注意を向けるからである。強盗の銃のときのように，あなたのフィルターは苦痛を伴う脅威に対して敏感になり，自己像にとってのそのような脅威を，他のいかなるものを見るときよりも鮮明に，そして記憶に残るように見るのである。同じく重要なことは，それらはなかなか消えないということである。それらの負の事象は何年間も心に残る傾向がある。舞台で演じる俳優を思い浮かべてみよう。何百人もの熱烈なファンたちは，尊敬し，敬愛しつつ熱中するであろうが，やじを飛ばす者が1人いれば，それが俳優のその夜の経験と記憶のすべてを支配してしまうことがある。

各段落の要旨

❶ 私たちは，世界や自分自身を心のフィルターを通して見ており，それは聞いたり信じたりすることにも影響を及ぼす。
❷ したがって，自分が知覚したことは何であれ，実際そのままではなく何らかの偏向・歪みが生じている可能性がある。
❸ 知覚フィルターは負の側面にとても敏感である。
❹ 特に，自分にとって不利であったり危険であったりする負の事象を前にすると，それに心を奪われやすく，真実を歪めたり見逃したりしやすくなる。
❺ たとえば，何百人という支援者がいても，批判する人が1人でもいれば，私たちはそれを苦痛に感じ，他の肯定的な要素で満足することができない。

解　説

設問(1)　正解は　(A)—(ロ)　(B)—(イ)　(C)—(ハ)　(D)—(ロ)

(A)　As a result, if and when our filtered perceptions lie, we get suckered.

▶「その結果」とは，前述の内容から「自分が知覚したものは真実であると信じがちである結果」ということ。知覚したものが filtered「フィルターを通された」ものであり，それが lie「うそをついている」なら，私たちは「だまされる」ことになる。(ロ) **deceived「だまされた」**が適切。sucker「だます」

(イ) excited「興奮した」　(ハ) relaxed「くつろいだ」　(ニ) worried「心配した」

(B)　The fear of the weapon galvanizes your attention, completely overwhelming and excluding any other data.

▶「他のデータを圧倒し排除する」ということは，凶器に対する恐怖に「注意力」が集中してしまうということ。(イ) **occupies「占領する，引きつける」**が適切。galvanize 自体は「刺激する」の意。

(ロ) discloses「暴露する」　(ハ) escapes「(注意などに) とまらない」

(ニ) nullifies「無効にする」

(C)　As with the robber's pistol, your filters are sensitized to painful threats

▶(B)で見たように，注意力は脅威を与えるものに集中し，他のものに目が向かなくなる。「フィルター」=「現実を歪める要素」はさらにその力を強めることになる。(ハ) **made sensitive「敏感にされた」**が適切。sensitize「敏感にする」

(イ) made sense「意味をなすようにされた」　(ロ) made sensible「分別をもつようにされた」　(ニ) made sensuous「感性に訴えるようにされた」

(D)　hundreds of adoring fans can be respectfully and adoringly rapt in their attention, yet one heckler can dominate the performer's entire experience …

▶ adoring fans「熱烈なファン」と対照的なものであることは明らか。(ロ) **opponent「敵，反対者」**が適切。heckler「やじを飛ばす人」

(イ) actor「俳優」　(ハ) robber「強盗」　(ニ) supporter「支持者」

設問(2)　正解は　ⓐ—(ハ)　ⓑ—(イ)　ⓒ—(ニ)　ⓓ—(イ)

ⓐ　Depending on what the filter is made up (　　　), …

▶「フィルターが何でできているかによって」という文意は明らか。be made of ～「～でできている」が容易に思い浮かぶ。(ハ) **of** が正解。up は「すっかり，全部が」のニュアンスを添える副詞。be made up of ～ は特に抽象的な事柄に使われる。

ⓑ　In fact, the filters I'm talking about are not really visual in nature ; they are (　　　) and are mental, emotional, verbal, and perceptual in nature.

▶空所のあとに続く一連の形容詞から，「私が論じるフィルター」とは「心の中のフィルター」であるとわかる。(イ) internal「内面的な」が適切。
(ロ) philosophical「哲学的な」 (ハ) scientific「科学的な」 (ニ) visible「目に見える」

ⓒ For example, research shows that a person being held at gunpoint will fixate, not surprisingly, on the weapon, as opposed (　　　) a door or some other opportunity for escape or safety.

▶「銃口を突きつけられている人は，無理もないが，ドアあるいは避難や安全のための他の見込みでなく，その凶器に執着してしまう」というように「他の見込みではなく，他の見込みと反対に」となるはず。as opposed to ～ で「～とは対照的に」の意。「対照的」とは「対比，反対」というニュアンスを含む。(ニ) to を補う。

ⓓ Because it (　　　) to be rejected, criticized, and attacked and we pay attention to pain.

▶ it が形式主語であることを突き止めることが重要。不定詞が真主語。(イ) hurts を補うと「拒絶され…ることは苦痛である」となり，文脈に合う。

▶(ハ) seems を補うと，「それは拒絶…されるように見える」で「それ」が指すものがない。(ニ) takes は it takes *A* to *do*「～するのには *A* が必要だ」という語法があるが，同文では *A* にあたるものがなく不可。(ロ) pays「割に合う」は内容上不可。

設問(3) 正解は 4

▶当該文は「それこそまさに人間のもつ性質である」の意。「それ」が直接指すのは直前の the unfortunate tendency of … positives である。

1 ―― ×「銃を突きつけられたら，最も重要なことは黙っていることである。助けを求めるのに叫んだりする方がよいと思うかもしれないが，そのような行動は相手を怒らせる可能性がある。そのような状況では口をつぐむことが本当に大切だ」

2 ―― ×「マーケティングの研究者たちは，ひどいと思われる製品によい評価を下している消費者もいることを発見した。逆に，すぐれた製品なのに否定的な反応をされているものもあることがわかった」

3 ―― ×「プロの俳優には，演劇に対して関心のない人よりも，熱烈なファンの方に注意を向ける傾向がある。こうした俳優たちが，今後長きにわたって仕事をしていけるように，新しいファンを獲得しようとする努力をすることはめったにない」

4 ―― **○「日本人学生が合衆国の大学で勉強していた。そこの仲間の学生のほとんどは彼に親切だったが，無礼な振る舞いをする者が数名いた。そういったひどい人はほんのひとにぎりだったにもかかわらず，彼はアメリカに対して悪いイメージをもってしまった」**

▶これが，「ほとんどの positive な要素より，ひとにぎりの negative なものの印象の方が大きい」という内容なので適切。

設問(4) All of us are subject to distorting the truth or missing the truth,

直訳 「私たちのすべては，真実を歪めることや真実を見逃すことを受けやすい」

●be subject to ～「～を受けやすい」 distort「歪める」 miss「見逃す」

particularly when we are dealing with a situation in which we are physically or emotionally threatened

直訳 「特に私たちが身体的，感情的に脅かされている状況を扱っているときには」

●deal with ～「～を扱う」だが，「～に対処する」など文意に合う訳語を選びたい。

●physically or emotionally threatened「身体的，感情的に脅かされている（状況）」→「身体的，感情的に危機にさらされている」などと訳文を整えるとよい。

設問(5) one that may be much closer to home

▶ one は直前の a scenario を受けている。that は関係代名詞。

▶ much closer to home は「ずっと家に近い」が直訳だが，close to home に「痛切に」の意がある。「ずっと『痛切な』シナリオ」は，「ずっと身近に思える筋書き」などと整えよう。比較の対象は前段（第４段）で取り上げてある「銃を突きつけられる状況」であることも考慮したい。

設問(6) ▶ they linger「それらがなかなか消えない」とは「自分に苦痛を与えるような脅威は，心の中に残ってなかなか消えない」ということ。

▶ 3 人称複数 they の指示内容は，前文中の painful threats「苦痛を与える脅威」。

▶ linger「（記憶などが）なかなか消えない」を知っていれば容易だが，文脈からも推測できる。つまり，下線部直後の Those negatives tend to stay with you for years.「そうした否定的なことは何年もあなたとともにある傾向がある」→「長い間忘れられない」と考えることができる。

解答

設問(1) (A)―(ロ) (B)―(イ) (C)―(ハ) (D)―(ロ)

設問(2) ⓐ―(ハ) ⓑ―(イ) ⓒ―(ニ) ⓓ―(イ)

設問(3) 4

設問(4) 私たちはみな，特に身体的あるいは感情的な危機に瀕した状況に対処しているときには，真実を歪めたり見逃したりしてしまいやすい。

設問(5) ずっと身近に思えるような筋書き

設問(6) 自分に苦痛を与えるような脅威は，心の中に残ってなかなか消えないということ。

50

2008年度 外国語学部〔2〕

次の英文を読んで，以下の設問に答えなさい。

The energies of the conquest of North America were many. The Native Americans did not possess ocean-going ships like those that appeared in their harbors, or domesticated animals such as the colonists yoked to plows and put on treadmills, or metal tools and weapons, or mills driven by wind or water. Each of these technologies gave settlers a decisive advantage. Yet the Native Americans were not impoverished, and from their own point of view they did not lack the horse, or metal, or mills. Rather, they had evolved another way to live. (A)Even when they had acquired some of these new energy sources, they did not feel a need to mimic the invaders' settlements and landscapes.

The energies of conquest were not merely more efficient technologies. The European settlers used technological advantages for personal benefit. They viewed the land as a source of commodities — as raw material waiting for transformation. Although the psychology of the settlers varied considerably according to class, religion, and nation of origin, most of them shared a set of beliefs that led to expansionism. They believed in the Biblical injunction to be fruitful and multiply, and they believed that they were to use their talents to the maximum to develop the land, which divine providence had placed in their hands. They saw the Native Americans as heathens who had failed to utilize the New World, which to Europeans seemed a wilderness. The technological differences between Native and European cultures appeared to demonstrate the superiority of the newcomers. Machines increasingly would become the measure of man, and the very energies of conquest seemd to justify the victory.

The Native Americans were, for the most part, not nomadic hunters but farmers. They built cities, including one near present-day St. Louis with a population of 10,000. They also engaged in sizable construction projects, such as a 7-mile canal in Florida, hundreds of large mounds, and several pyramids. Everything they built was built by human muscle power ; the horse and the ox were unknown to them until the Spanish conquest of Mexico in the early sixteenth century. Native Americans commanded less energy and intruded less on the environment than Europeans.

(B)Aside from such broad generalizations, Native Americans cannot be discussed as a single group, nor can their varied cultures fairly be considered within such modern European categories as "production" and "consumption." Early anthropologists attempted to discuss them in functionalist economic terms, but such approaches have rightly fallen into disfavor. Native Americans engaged in trade but did not maintain a market economy ; (C)their objects did not have abstract monetary value. When Lewis and Clark reached the Columbia River, their provisions were gone and they wanted to trade for dried salmon, which the local tribes had in abundance. But at first the Native Americans were reluctant ; in their scheme of things, food could be exchanged only for other kinds of food. These fishermen did not think in terms of commodities.

Native Americans also held a different conception of the land than Europeans. In New England, for example, they recognized a temporary right of individuals or groups to use land but not absolute individual ownership. Likewise, individual fishermen on the Columbia did not own salmon grounds. Though it is difficult to generalize about the many tribes, Native Americans had well-developed methods designed to reap benefits from the various habitats of North America. Intricate irrigation systems were constructed in the Southwest, and the Iroquois practiced crop rotation. Without the horse or the wheel, (D)the Native Americans' agriculture was less intrusive than that of the Europeans ; however, it sustained them for millennia. Native Americans, like human beings everywhere, invented and used many tools, including baskets, spears, bows and arrows, hoes, snowshoes, and traps. America was not virgin land when the Europeans arrived ; it was a homeland that had been shaped by indigenous cultures. Indeed, many of the first fields cultivated by the English had been cleared by Native Americans.

設問(1)　下線部(A)の意味を，these new energy sources の具体的な内容を明確にして，日本語で表しなさい。

設問(2) The European settlers の目には，the Native Americans はどのように映ったと述べられているか，日本語で説明しなさい。

設問(3) 新大陸を前にして the European settlers は，自らの使命をどのようなものと考えていたと述べられているか，日本語で説明しなさい。

設問(4) 下線部(B)の意味を日本語で表しなさい。

設問(5) 下線部(C)の具体例として本文中に挙げられている出来事を，日本語で説明しなさい。

設問(6) 下線部(D)について，なぜこのように述べられているのか，理由を挙げながら，その意味するところを80字程度の日本語でわかりやすく説明しなさい。

全 訳

■アメリカ先住民の暮らしと農耕

❶ 北アメリカを征服した者たちが持つ力は多大なものであった。アメリカ先住民たちは，港に出現した船のような遠洋航行用の船は持っていなかったし，また入植者らが鋤(すき)につないだり踏み車を踏ませていたような家畜も，金属製の道具や武器も，風力や水力で動く製粉機も持っていなかった。これらの技術の一つ一つは，入植者らに決定的な優位を与えた。しかし先住民たちは貧しくはなかったし，彼らの観点からすれば，馬や金属や製粉機が欠けているわけではなかった。むしろ彼らは別の生活様式を発達させていた。(A)彼らは，遠洋航行用の船，家畜，金属製の道具や武器，また風力や水力で動く製粉機といったような，これらの新しい動力源のいくつかを獲得したときでさえも，侵略者たちの入植地やその光景をまねる必要性は感じなかった。

❷ 征服する力は，単により効率的な技術のことだけではなかった。ヨーロッパ人の入植者たちは，個人の利益を得るために，技術的優位性を利用した。彼らはその土地を，商品を生む源として，つまり加工されるのを待っている原料として見ていた。入植者たちの心理は階級，宗教，出身の民族によってかなり異なっていたが，彼らのほとんどは領土拡張論につながる信念をひととおり持っていた。実り多くあれ，そして増えよ，という聖書の戒めを信じ，神の摂理によって自らの手にゆだねられたその地を開発するため，自分の才能を最大限利用すべきだと信じていた。彼らは先住民たちのことを，新世界を利用することのなかった異教徒と見なした。というのも，その地はヨーロッパ人にとって荒野のように映ったからである。先住民

とヨーロッパ人の文化の技術的な差は，新しく来た人々の方の優位を示しているかのように見えた。機械が次第に人間の評価基準となり，征服のためのエネルギーそのものがまさに勝利を正当化しているように思われた。

❸ 大部分において，アメリカ先住民は，遊牧する狩猟民ではなく農民であった。彼らは都市を建設したが，例えば現在のセントルイスの近くに人口1万人の都市があった。彼らはまた，フロリダの7マイルに及ぶ運河，何百もの大きな土塁，また数々のピラミッドといったような，かなり大きな建設事業にも従事した。彼らが建造したものはすべて人力で造られた。16世紀初頭のスペインによるメキシコの征服の頃まで，彼らは馬や牛を知らなかった。アメリカ先住民たちは，ヨーロッパ人よりも使ったエネルギーが少なく，また環境への侵害も小さかった。

❹ (B)そのような大まかな一般論は別として，アメリカ先住民を単一の集団として論じることはできないし，また，彼らの多様な文化を「生産」や「消費」のような現代ヨーロッパの範疇の中で公正に考えることもできない。昔の人類学者は，彼らについて機能本位の経済的な見地から論じようと試みたが，そのような研究方法は当然ながら不評を買った。アメリカ先住民は交易に従事したが，市場経済を営むことはなかった。彼らの持つものには，抽象的な貨幣価値は含まれていなかった。ルイスとクラークは，コロンビア川に到着したとき，食料が尽きていたため，現地の部族が豊富に持っているサケの干物を取り引きによって手に入れたいと思った。しかし，最初のうち先住民たちは嫌がった。彼らの観点では，食料は他の種類の食料とのみ交換が可能であった。この漁師たちは，商品という観点では物事を考えなかった。

❺ アメリカ先住民はまた，土地について，ヨーロッパ人とは異なる概念を持っていた。例えばニューイングランドでは，彼らは個人や集団が土地を使用する一時的な権利は認めていたが，個人が完全に所有権を持つことは認めていなかった。同様に，コロンビア川の漁師は，個人個人が自分専用のサケの漁場を持っているということはなかった。数多くの部族に関して一般論を導くことは難しいが，アメリカ先住民は，北アメリカのさまざまな土地環境から利益を得るために考案された，十分に発達した手段を持っていたのである。南西部では複雑な灌漑(かんがい)システムが建設され，イロコイ族は輪作を実践した。馬や車輪を持たなかったため，アメリカ先住民の農業は，ヨーロッパのものに比べ，環境への侵害の度合いが小さかった。しかし，その農業は彼らを何千年も養いつづけたのである。アメリカ先住民は，他のすべての場所の人間と同じく，多くの道具，たとえばかご，槍，弓，矢，くわ，かんじき，罠などを考案し，利用した。ヨーロッパ人が来たとき，すでにアメリカは手つかずの土地ではなかった。そこは，固有の文化によって形づくられた国となっていた。実際，イギリス人によって開拓された初期の牧草地の多くは，それ以前に先住民によって開墾されていたものなのである。

各段落の要旨

❶ アメリカ先住民たちは，征服者たちのような便利な道具や素材，技術を持ってはいなかったが，貧しいわけではなく，全く別の生活様式を発達させていたと言える。
❷ しかし，ヨーロッパ人の入植者たちは，信仰に基づいた領土拡張論から，自分たちの技術的優位を大いに活用すべきであり，それは正当なことと考えた。
❸ アメリカ先住民たちは大部分が農民であり，人力で都市や運河，建造物を造っていたが，それはヨーロッパ人よりも使用したエネルギーは少なく，環境への侵害も小さいものだった。
❹ アメリカ先住民の交易に関しても，ヨーロッパの市場経済・貨幣経済的な考え方とはまったく異なり，ものを商品という観点で見てはいなかった。
❺ また，土地に関する概念も彼ら独自のものがあり，個人の完全な所有権は認めず，それぞれの土地環境から利益を得るための十分に発達した手段を使って何千年も生きてきたのである。

解 説

設問(1) Even when they had acquired some of these new energy sources,

直訳 「彼らがこれらの新しいエネルギー源を得てしまったときでも」

- Even when they had acquired と過去完了なのは，「すでに獲得してしまっ（てい）た」と過去のある時点では完了していたことを表す。したがって，Even when「〜したときでさえも」でよいが，「〜したあとでも」と訳すこともできる。
- some of these new energy sources は「具体的な内容を明確に」という条件がある。アメリカ先住民にとって new「新しい」=「それまでになかった」ものは，ヨーロッパからの侵略者が持ち込んだもの。these が直接指しているものは前文（第4文）の the horse, or metal, or mills「馬や金属，製粉機」であるが，さらにさかのぼれば第2文に ocean-going ship … domesticated animals, … metal tools and weapons, or mills driven by wind or water と，より詳しく述べられている。
- 「金属製の道具」が「エネルギー源」というのに違和感を覚えるかもしれないが，たとえば，木を削るという場合，石の道具と金属の道具を使うのでは，かかるエネルギーが違う。

they did not feel a need to mimic the invaders' settlements and landscapes.

直訳 「彼らは侵略者の入植地や景色をまねる必要を感じなかった」

- a need to *do*「〜する必要性」 mimic「〜をまねる」
- invader「侵略者」 invaders' はあとの2つの名詞のどちらにもかかる。
- settlement「入植地，居留地」
- landscape「景色，光景」 要は，侵略者の居留地全体の様子，彼らの生活様式といったことを表している。「地形」では意味をなさないだろう。

設問(2) ▶第2段第6・7文参照。第6文は They（＝The European settlers）saw the Native Americans as …「彼らはアメリカ先住民を…と見なした」で始まり，続いて heathens who had failed to utilize the New World「新世界を活用しなかった異教徒」とある。heathens「異教徒」が不明でもポイントは who 以下であり，「活用しなかった者」などとして解答をまとめたい。

▶第7文は，述語動詞が appeared to *do*「～したように思えた」である。これもヨーロッパ人たちにどう見えたかを述べている。主語は The technological differences between Native and European cultures「先住民の文化とヨーロッパ人の文化の間の技術的違い」，to 以下は demonstrate the superiority of the newcomers「新参者の優位性を表している」である。「新参者」とはヨーロッパ人のこと。

設問(3) ▶第2段第5文が該当箇所。

They believed in the Biblical injunction to be fruitful and multiply,

直訳 「彼らは実り多くあれ，そして増えよ，という聖書の戒めを信じていた」

● injunction は「命令，指令」，multiply は「繁殖する」の意。「生めよ，増えよ，地に満てよ」は聖書の創世記第1章第28節にある。神は天地創造の6日目に人を造り，そのとき人に命じた言葉。

and they believed that they were to use their talents to the maximum to develop the land, which divine providence had placed in their hands.

直訳 「そして彼らは自分たちがその土地を開発するために最大限に自分たちの才能を使うべきだと信じていた。その土地は神の摂理が彼らの手にゆだねたものだった」

● they were to use their talents「彼らは自分たちの才能を使うべきだ」
were to は should に相当する表現。いわゆる be to 構文である。

● to the maximum「最大限に」

● to develop the land「その土地を開発するために」 use を修飾する目的を表す副詞用法の不定詞。

● …, which は the land を先行詞とする非制限用法だが，解答をまとめるときには制限用法のように訳してもかまわない。

● divine providence「神の摂理」

● had placed in their hands「彼らの手の中に置いた（土地）」＝「彼らの手にゆだねた」ということ。

設問(4) Aside from such broad generalizations,

直訳 「そのような広い一般化は別として」

●aside from ～「～に加えて」「～からはずれて」などの訳もあるが，後続の内容を考えると「～は別として，～はともかく」とするのが妥当。

●broad も後続の内容から，前述のことは「大まかな，大雑把な」ものだといえる。

●generalizations は複数形でもあり，「一般論」とするのがふさわしい。

Native Americans cannot be discussed as a single group

直訳 「アメリカ先住民は，たったひとつの集団として論じられることができない」

●Native Americans「アメリカ先住民」

●cannot be discussed　can(not) の後に受動態がある場合，「Sは〔を〕～することができる〔できない〕」と能動のように訳すのがわかりやすい。「論じることができない」でよい。

●as a single group　a single で「たったひとつの」だが，ここでは「単一の」とすると，あとに出てくる varied「いろいろな，多様な」とよく呼応する。as は「～として」の意の前置詞。

…, nor can their varied cultures fairly be considered

直訳 「彼らの変化のある文化を公正に考えることもできない」

●nor can S be considered「Sを考えることもできない」
nor V S（疑問文の語順）で，「また，SもVしない」＝and S not ～, either の意。

●their varied cultures「彼らの変化のある文化」は，部族や地域によって「変化がある」，つまり「彼らの文化が多様である」ということ。

●fairly「公正に，正当に，（それに）ふさわしく」

within such modern European categories as "production" and "consumption."

直訳 「『生産』や『消費』のような現代ヨーロッパの範疇の中で」

●category「範疇，カテゴリー」

●"production" and "consumption"「『生産』と『消費』」

設問(5) **their objects did not have abstract monetary value**

直訳 「彼らの（持つ）ものは，抽象的な貨幣価値を持っていなかった」

▶貨幣の価値が抽象的であるとはどういうことか。物々交換では，たとえば，相手が差し出したセーターと自分の持っているものを交換するとき，そのセーターが自分の体の大きさに合っていて着られる，あるいはそれで寒さがしのげる，という「具体的な使用価値」がある。貨幣そのものにはこうした使用価値はない。貨幣を介在しない交換の仕方の例は，下線部の直後（第4段第4文）に述べられている。

●provisions「（複数形で）食料」 in abundance「あり余るほどに」
one's scheme of things「物事のあり方，体制」

設問(6) the Native Americans' agriculture was less intrusive than that of the Europeans

直訳 「アメリカ先住民の農業は，ヨーロッパ人のものほど侵入的ではなかった」

▶ intrusive「侵入的な」の意味を正しく把握することがポイント。第3段最終文に Native Americans commanded less energy and intruded less on the environment than Europeans.「アメリカ先住民たちは，ヨーロッパ人よりも使ったエネルギーが少なく，また環境への侵害も小さかった」とあるので，intrusive とは「環境に対して侵害を加える」という意味で使われていることがわかる。

▶「理由を挙げながら」という条件なので，「使ったエネルギーが少ない」とはどういうことかを具体的に補う。下線部の直前に Without the horse or the wheel「馬も車輪もなしで」とある。こうしたものを使わないアメリカ先住民は human muscle power「人間の筋肉の力」（第3段第4文）で農業を行っていたといえる。

▶以上を「80字程度」という条件に合わせてまとめる。

設問(1) 彼らは，遠洋航行用の船，家畜，金属製の道具や武器，また風力や水力で動く製粉機といったような，これらの新しい動力源のいくつかを獲得したときでさえも，侵略者たちの入植地やその光景をまねる必要性は感じなかった。

設問(2) 新世界を利用することのなかった異教徒であり，技術の違いのため自分たちより劣った存在であるように映った。

設問(3) 新大陸は神の摂理によって彼らの手にゆだねられたものであり，その地を開発するために自分たちの才能を最大限に利用すべきだと考えていた。

設問(4) そのような大まかな一般論は別として，アメリカ先住民を単一の集団として論じることはできないし，また，彼らの多様な文化を「生産」や「消費」のような現代ヨーロッパの範疇の中で公正に考えることもできない。

設問(5) 食料が尽きたあるヨーロッパ人たちが，取り引きによって先住民から干したサケを手に入れたいと思ったが，先住民たちは食料は食料とのみ交換できるという考え方だったため，最初は嫌がった，ということ。

設問(6) アメリカ先住民の農業は，馬などの家畜や車輪のついた道具を用いず，人の手で行っていたので，ヨーロッパの農業に比べて環境への侵害の度合いが小さかったということ。(78字)

解答

51

2007年度〔2〕

次の英文を読んで，以下の設問に答えなさい。

On the evening of 15 February 1894, a man was discovered in the park near the *Royal Observatory at Greenwich in a most distressing condition: it appeared that he had been carrying or otherwise handling some explosive which had gone off in his hands. He later died from his injuries. The fact that he had been in Greenwich Park naturally ①provoked speculation: was he attempting to blow up the Observatory? Around this puzzling and ambiguous incident *Joseph Conrad constructed, in *The Secret Agent*, a story of a double agent who had been instructed by a foreign power to blow up the Greenwich Observatory and so provoke outrage at what would be perceived as an attack on science or technology itself, the idea being that (i)this would be a much more subtly ②unsettling attack on society than any assault on a prominent individual or group of innocent people.

By 1894, Greenwich had acquired a peculiar significance: it not only marked 0° longitude, it also (ⓐ) for the standardization of time. For much of the nineteenth century different towns in Britain kept their own time, and travellers from one place to another would often have to reset their portable *timepieces on arrival. But the development of the railways made it increasingly important to dispose of (ii)these local variations, and 1852 saw the introduction of a standard 'Railway Time', as it was called. Finally, in 1880, Parliament passed the Definition of Time Act, which introduced a universal time, this being defined by the time on the Observatory clock at Greenwich. (A)This, as we might imagine, could well have induced in some quarters the same resentment as the idea of a single European currency does in others today, though whether feeling ran sufficiently high as to motivate the blowing up of the Observatory is a matter for debate.

The idea of a standard time implies a standard timepiece, which raises the question of what it is for a timepiece to be entirely accurate. I discover that the *grandfather clock is slow by noticing a ③discrepancy between it and my 1950s wristwatch. But on comparing my wristwatch with your digital watch, bought only last week, I discover that my watch is losing a few minutes every day. And (ⓑ) we to judge your timepiece against the standard of a *caesium clock, we should no doubt discover some further discrepancy. But this process must have a limit. (B)Eventually, we arrive at a means of measuring time that we take to be as accurate as anything can be, and we take this to be our standard, (ⓒ) to which all other timepieces are to be judged. Now, does it make sense to inquire, of this standard, whether it is truly accurate ? This may strike one as a strange question. Surely, one can ask of any means of time-measurement whether it is truly accurate or not, a truly accurate clock being one that judges two adjacent periods (for example, successive swings of a pendulum) to be of the same ④duration when and only when they are indeed of the same duration. But here we come up against a problem. There is simply no way of telling, for certain, that anything (ⓓ) this requirement. We can only compare one timepiece with another.

Although we can perform a test that will show some kinds of timepiece to be more accurate than others, it is impossible to tell whether an instrument is 100 per cent accurate since (ⓔ) one has to judge accuracy by is other instruments, whose accuracy can always be called into question.

From *Travels in Four Dimensions: the Enigmas of Space and Time* by Robin Le Poidevin, Oxford University Press © Robin Le Poidevin 2003. By permission of Oxford University Press.

＊注

Royal Observatory at Greenwich　グリニッジ天文台
Joseph Conrad　イギリスの小説家
timepiece(s)　時計
grandfather clock　床置き大型振り子時計
caesium clock　（誤差が10万年に1秒といわれる）セシウム時計

設問(1)　本文中の下線部①〜④を他の語句で置き換えるとすれば，どれが最も適切か。それぞれ(イ)〜(ニ)からひとつ選び，記号で答えなさい。

① (イ) angered　(ロ) insulted
　(ハ) invited　(ニ) proved

② (イ) disturbing　(ロ) floating
　(ハ) moving　(ニ) unsuccessful

③ (イ) crack (ロ) difference
(ハ) discussion (ニ) dissatisfaction

④ (イ) endurance (ロ) length
(ハ) location (ニ) type

設問(2) 本文中の空所（ ⓐ ）〜（ ⓔ ）を埋めるのに最も適切なものを，それぞれ(イ)〜(ニ)からひとつ選び，記号で答えなさい。

ⓐ (イ) meant (ロ) ran (ハ) sat (ニ) stood
ⓑ (イ) did (ロ) if (ハ) should (ニ) were
ⓒ (イ) according (ロ) concerning
(ハ) owing (ニ) regarding
ⓓ (イ) arrives (ロ) judges (ハ) makes (ニ) meets
ⓔ (イ) all (ロ) every (ハ) that (ニ) which

設問(3) 本文中の下線部(i) this の意味内容を日本語で簡潔に説明しなさい。

設問(4) 本文中の下線部(ii) these local variations の意味内容を日本語で簡潔に説明しなさい。

設問(5) 本文中の下線部(A)の大意に最も近いものを(イ)〜(ニ)からひとつ選び，記号で答えなさい。

(イ) グリニッジ天文台の爆破事件がヨーロッパ中で反感を招いたかどうかは，議論の余地がある。
(ロ) 標準時の導入は，ヨーロッパ統一通貨の導入に対するのと同様の反感を伴ったかもしれない。
(ハ) グリニッジ天文台の時計は，ヨーロッパの通貨のように世界のあらゆる場所で通用するものであり，大変便利である。
(ニ) グリニッジ天文台の時計が 15 分ごとに鳴るようになり，それがヨーロッパ中で議論の的となった。

設問(6) 本文中の下線部(B)の意味を日本語で表しなさい。

全 訳

■正確な時間の定義

❶ 1894年2月15日の晩，ある男が，グリニッジ天文台近くの公園で非常に痛ましい状態で発見された。彼は何かの爆発物を持っていたか，あるいは手で扱っていたところで，それが手の中で爆発したようだった。彼はのちにそのけがのために死んだ。彼がグリニッジ公園にいたという事実は，当然，推測を呼び起こした。彼は天文台を爆破しようとしていたのか。この不可解ではっきりしない出来事について，ジョセフ=コンラッドは，『密偵』の中で，グリニッジ天文台を爆破して，科学や技術そのものへの攻撃と解釈されるであろうものに対して人々の怒りを引き起こすようにと，ある外国の権力によって指示された二重スパイの物語を組み立てたが，そのねらいは，天文台への攻撃の方が，罪のない人々である著名な個人や団体へのいかなる攻撃よりも，はるかに巧妙に社会に対して不安をあおる攻撃となるであろう，というものだった。

❷ 1894年までに，グリニッジは特別な重要性を得ていた。それは経度0度を示すだけでなく，時間の標準化をも象徴していたということである。19世紀の長い間，イギリスではそれぞれの町が独自の時刻を設定していたため，各地を移動する人々は携帯用の時計を到着時に合わせ直す必要がしばしばあった。しかし，鉄道の発達は，このような地方による違いという問題を解決することをますます重要にし，1852年には基準となる「鉄道時刻」と呼ばれるものが導入された。そしてついに，1880年，下院は時間の標準化の法令を可決した。それは全世界的な時間を導入するもので，グリニッジ天文台の時計の時刻によって定められるものであった。(A)想像しうることだが，このことは，いくつかの場所で，ヨーロッパの単一通貨という概念が別の場所で今日引き起こしているのと同様の怒りを引き起こした可能性が十分にある。もっとも，天文台を爆破する動機につながるほど十分に感情が高ぶったかどうかは議論の余地があるが。

❸ 標準時という概念は，標準となる時計を必要とするが，そのことは，時計が完全に正確であるとはどういうことなのか，という疑問を引き起こす。私は，私の1950年代ものの腕時計との違いに気づくことによって床置きの大型振り子時計が遅れていることがわかる。しかし，私の腕時計を先週買ったばかりのあなたのデジタル時計と比べればすぐに，私の時計は毎日数分遅れていることがわかる。そして，仮にあなたの時計をセシウム時計の基準に照らして判定すれば，さらに違いを発見することは間違いない。しかし，この過程を続けるのにはどうしても限界がある。(B)最終的に，我々は，他の何よりも正確だと見なす時間測定の手段に到達する。そ

して我々はこれを我々の標準と見なし，他のすべての時計がそれに従って定められることとなる。この時点で，この基準に対し，本当に正確ですか，と尋ねることは意味をなすだろうか。これは人に奇妙な質問だと思わせるだろう。確かに，時間測定のどんな手段に対しても，それが本当に正確かどうかを問うことはできる。本当に正確な時計とは，隣接した2つの期間（例えば振り子の連続する揺れ）が本当に等しい長さであるとき，そしてそうである場合にかぎり，それが等しいと判断する時計のことである。しかし，ここで我々は一つの問題に直面する。あるものがこのような要求を満たしているとはっきりと判断する方法はまずありえない。我々は一つの時計を別の時計と比較することしかできないのである。

❹ いくつかの種類の時計が他よりも正確であると証明するような実験を行うことはできるけれども，ある一つの器具が100％正確だと判断することは不可能である。なぜなら，人は他の道具を用いることによってのみ正確さを判断しなければならないのであるが，その道具には常に疑いを差し挟むことができるからである。

各段落の要旨

❶ 1894年，グリニッジ天文台の近くで爆発物により負傷し，その後死亡した男が発見されたが，理由の不明なこの事件をもとに書かれた小説は，科学技術への攻撃が社会の不安をあおるものであることに人々の注意を向けるものとなった。

❷ 当時，グリニッジ天文台は標準時間の象徴であり，標準時は，それ以前に利用されていた各地方ごとの時刻が不都合だということで制定されたものであった。

❸ 標準時という概念は，標準となる時計が完全に正確かどうかという疑問を引き起こすが，これをはっきり判断する方法はありえない。

❹ ある器具の正確さは，他の道具を用いることでしか判断できず，その道具の正確さは常に疑いを差し挟むことができるからである。

解　説

設問(1)　正解は　①―(ハ)　②―(イ)　③―(ロ)　④―(ロ)

①　The fact that he had been in Greenwich Park naturally provoked speculation : was he attempting to blow up the Observatory ?

▶「彼がグリニッジ公園にいたという事実は，当然，推測を provoke した。彼は天文台を爆破しようとしていたのか」という部分。

▶当事者死亡で，残された事実から真相を推測するしかない状況。その事実が推測のもとになっていることから，「推測を呼び起こした」と考えるべき。provoke「引き起こす」であり，(ハ) invited「招いた」→「呼んだ，引き起こした」が適切。

(イ) angered「怒らせた」　(ロ) insulted「侮辱した」　(ニ) proved「証明した」

②　… this would be a much more subtly unsettling attack on society than any assault on a prominent individual or group of innocent people.

▶「これの方が，罪のない人々である著名人や団体へのいかなる攻撃よりも，はるかに巧妙に社会に対して unsettling な攻撃となるだろう」という部分。

▶名の知れた人や団体が攻撃されれば，当然社会不安が起こる。settle が「落ち着かせる」であり，unsettling は「動揺させるような」の意。(イ) disturbing「心をかき乱す」が適切。

(ロ) floating「流動的な」 (ハ) moving「感動させる」 (ニ) unsuccessful「失敗した」

③ I discover that the grandfather clock is slow by noticing a discrepancy between it and my 1950s wristwatch.

▶「私は，自分の 1950 年代ものの腕時計との discrepancy に気づくことによって床置きの大型振り子時計が遅れていることがわかる」という部分。

▶ある時計の遅れは，別の時計（腕時計）が指している時刻との「差，違い」を比べてみてわかる。discrepancy は「相違，不一致」であり，(ロ) difference「違い」が正解。

(イ) crack「裂け目」 (ハ) discussion「議論」 (ニ) dissatisfaction「不満」

④ … a truly accurate clock being one that judges two adjacent periods … to be of the same duration when and only when they are indeed of the same duration.

▶「本当に正確な時計とは，隣接した2つの期間が本当に同じ duration であるとき，そしてそうである場合にかぎり，それが同じ duration であると判断する時計である」という部分。

▶上記の箇所は，a truly accurate clock が意味上の主語である分詞構文（being …）である。「正確な時計」の定義をしている。

▶ judge O to be C「Oが〔を〕Cだと判断する」の箇所に特に注目。「2つの隣接する期間が同じ duration だと判断する」のが正確な時計である。during「～の間」や endure「持ちこたえる」からも推測できるかもしれない。duration は「持続期間」であり，この場合「時間の長さ」を表す。(ロ) length「長さ」が適切。

(イ) endurance「持続，忍耐」 (ハ) location「位置」 (ニ) type「型」

設問(2) 正解は ⓐ―(ニ) ⓑ―(ニ) ⓒ―(イ) ⓓ―(ニ) ⓔ―(イ)

ⓐ … it not only marked 0° longitude, it also (　　　) for the standardization of time.

▶「それ（＝グリニッジ）は経度0度を示すだけでなく，時間の標準化をも（　　　）」という部分。

▶直後に for があることにも注意。(ニ) stood を補えば「象徴していた」となり，文意にも合う。stand for ～「～を象徴する」

▶(イ) meant は基本的に他動詞。(ロ) ran for 〜は「〜に向かっ（て走っ）た」とはなるが，文意に合わない。(ハ) sat は「〜のために座った」と解釈できるが，これも文意に合わない。

ⓑ And (　　　) we to judge your timepiece against the standard of a caesium clock, we should no doubt discover some further discrepancy.

▶「そして，あなたの時計をセシウム時計の基準に照らして判断する（　　　）さらに違いを発見することは間違いない」という部分。

▶ we の直後に to judge と不定詞がある。この形になりうるのは，仮定法 If S were to *do*「仮にSが〜したら〔しても〕」の If が省略されて倒置を起こす場合のみ。(ニ) were が適切。

ⓒ … and we take this to be our standard, (　　　) to which all other timepieces are to be judged.

▶「そして私たちはこれを私たちの標準と見なし，（　　　）他のすべての時計が定められる（判断される）ことになる」という部分。

▶ which に先行詞 standard を当てはめて考える。(　　　) to the standard, all other timepieces are to be judged「その標準に（　　　），他のあらゆる時計が定められることになる」という文意に当てはまるのは，(イ) according である。according to 〜は「〜に従って」の意。

▶(ロ) concerning to 〜の語法はない。concerning「〜に関して」(＝regarding)
(ハ) owing to 〜「〜のせいで」 (ニ) regarding to 〜の語法はない。

ⓓ There is simply no way of telling, for certain, that anything (　　　) this requirement.

▶「あるものがこのような要求（　　　）とはっきりと判断する方法はまずありえない」という部分。

▶正確な道具・器具はありえないことを説明している箇所。要求を「満たす」の意にしたい。(ニ) meets には，要求，必要とぴったり「合う」，「満たす，応える」の意がある。これが適切。

(イ) arrives「到着する」 自動詞でもあるので，文型上も不可。

(ロ) judges「判断する」

(ハ) makes「作る」だが，make requirement という組み合わせはなく，仮に「要求を成す，要求をする」と解釈できるとしても文意に合わない。

ⓔ … it is impossible to tell whether an instrument is 100 per cent accurate since (　　　) one has to judge accuracy by is other instruments,

▶「ある器具が100％正確だと判断することは不可能である。なぜなら，人が正確さを判断する（　　　）は，他の道具だからである」という部分。

▶ since 以下の文構造を正確に分析すること。(　　　) one has to judge accuracy by が is の主語にあたる。by の目的語がないので，関係代名詞が考えられるが，(ハ) that や(ニ) which では先行詞がないので不可。つまり関係代名詞は省略されており，先行詞にあたる名詞を選ぶことになる。(ロ) every は形容詞なので不可。残る(イ) all が正解。

設問(3) … this would be a much more subtly unsettling attack on society than any assault on a prominent individual or group …

▶ 主語「これ」に続く文の基本構造は，this would be a … attack「これは攻撃であろう」であり，「これ」が「攻撃」であることをまずつかむこと。「これ」は前述のことを受けており，何が攻撃を受ける（受けた）かを確認する。

▶ ジョセフ=コンラッドの小説の中でのことだが，a double agent who had been instructed … to blow up the Greenwich Observatory「グリニッジ天文台を爆破するように指示された二重スパイ」とある。同段に述べられている現実の事件も，グリニッジ天文台爆破が目的ではなかったかと目されており，「グリニッジ天文台への攻撃」「グリニッジ天文台の爆破」などとまとめられる。

設問(4) But the development of the railways made it increasingly important to dispose of these local variations, and 1852 saw the introduction of a standard 'Railway Time', as it was called.

▶「地方の違い」の決着・解決が「標準時刻」ということなので，この「違い」は時刻の違いである。同段第 2 文に different towns in Britain kept their own time「イギリスではそれぞれの町が独自の時刻を設定していた」とある。

▶ local は「地元の，ある特定の地域に限られた」の意。「それぞれの地域で使っている時刻が違っていること」「定められている時刻が地域によって異なること」など，わかりやすくまとめる。

設問(5) 正解は(ロ)

This, as we might imagine, could well have induced in some quarters the same resentment as the idea of a single European currency does in others today, though whether feeling ran sufficiently high as to motivate the blowing up of the Observatory is a matter for debate.

▶「大意」ということなので，まず骨組みをしっかり把握すること。This … could … have induced … the same resentment「これは同じ怒りを引き起こした可能性がある」である。「これ」は，下線部直前にある a universal time, this being defined by the time on the Observatory clock at Greenwich「世界時，これはグリニッジ天文台の時計の時刻によって定められるものである」を受けている。

▶ the same resentment「同じ怒り」とは，as the idea of a single European currency does … today「今日ヨーロッパの単一通貨という概念が引き起こしているのと同じ怒り」。does は induces resentment を受ける代動詞。ここまでで(ロ)が適切だと判断できる。

▶ in some quarters と in others が対をなしており，この quarter は「区画，地域」の意。though 以下は，whether … is a matter for debate「…かどうかは，議論を必要とする事柄である」が骨組み。whether 節内は，feeling ran … high「感情が高まった」に sufficiently ～ as to *do*「…するほど十分に～」がかかっており，続く不定詞の動詞 motivate は「～の動機となる」の意。

設問(6) Eventually, we arrive at a means of measuring time

直訳 「最終的に，私たちは時間を計測する手段に到達する」

● Eventually「最終的に，いつかは」

that we take to be as accurate as anything can be.

直訳 「私たちが，何であれ，それが可能なのと同じくらい正確だと見なす」

● that は a means を先行詞とする関係代名詞。take O to be C「OをCと見なす」のOが関係代名詞になっている。

● as ～ as anything can be の be のあとには accurate が想定できる。as ～ as any は「どれにも劣らず～」というところから，最上級と同意の内容を表せる。「どれにも劣らず正確な」→「何よりも正確な」と整理できる。can be のニュアンスは残しにくいが「あるものが正確でありうる最高のレベル」を表している。

解答

設問(1) ①─(ハ) ②─(イ) ③─(ロ) ④─(ロ)

設問(2) ⓐ─(ニ) ⓑ─(ニ) ⓒ─(イ) ⓓ─(ニ) ⓔ─(イ)

設問(3) グリニッジ天文台への攻撃。

設問(4) それぞれの地域で使っている時刻が違っていること。

設問(5) (ロ)

設問(6) 最終的に，私たちは，他の何よりも正確だと見なす時間測定の手段に到達する。

52

2006 年度〔2〕

次の英文を読んで，以下の設問に答えなさい。

Work on bees illustrates beautifully the time sense of these insects and the application of such a time sense to their amazing ability of direction-finding. Man has long recognized the direction-finding ability of the bee, and, in fact, the term "beeline," meaning a straight line between two points on the earth's surface, was ①coined in recognition of the fact that a bee returns directly from the source of the food to the hive. The bee's ability to tell time has not been of such common knowledge, although over sixty years ago a Swiss doctor (ⅰ) the name of Forel made observations on (A)this ability. His observations have been amply confirmed and extended by recent research.

Bees can be trained not only to feed at a particular place at a particular time of day, but they can be trained to feed at two different places at two different times of day or even three different places at three different times of day. If the investigator places a circle of identical feeding trays some distance away from, but completely around a hive of bees, he may then perform the following experiment. Let us say he places food in the tray northwest of the hive at 10 o'clock each morning, in the tray east of the hive at 12 o'clock each day, and in the tray southwest of the hive at 4 o'clock each afternoon. After a few days, (ⅱ) making observations without placing any food on any of the trays, he may demonstrate that the bees have been trained to go in the correct direction at the right time of day. (B)The bees come to the experimental tray at the correct time of day, and in such numbers that there can be no question that they are expecting food at the right place and time.

Furthermore, if during the night the entire hive is moved to a new location with new landmarks, the bees still search in the direction and at the time of day to which they had been trained. In addition, if, while the bees are feeding at a tray, one covers the entire tray with its bees and moves the tray to a new position and then uncovers the bees, they will leave the feeding tray and try to find the hive in the direction that would have been expected from the old position. Under these circumstances, the only obvious landmark the bees have for finding direction is the sun. If one covers feeding bees with a black box in the morning and releases them in the afternoon, the bees head directly toward the hive even though the sun has changed position in the meantime. Their time sense has enabled them to ②allow for the change in position of the sun during the intervening dark period. An interesting experiment was performed with a hive of honeybees in which the bees were trained in New York to feed in a given direction. The entire hive with its bees was then transported by jet plane to California. On being released the bees did not head in the same geographical direction because their internal clock was still operating on New York time. It took the bees several days to adjust to the new (ⓐ) time.

The bees' known and fascinating ability to communicate with one another also (ⓑ) the biological clock. When a scout bee locates a group of nectar-laden flowers, it is of obvious advantage to the hive to know about this. Upon returning to the hive the scout goes into a "tail-wagging" dance during which she informs the other bees of the direction and distance of the flowers from the hive. Through observation ports in the hive it has been possible to study and interpret this dance. During the dance the bee indicates the location of the sun in relation to the source of nectar and, even after several days spent without being able to see the sun, the bee will still correctly ③plot the sun's position in its communication of the direction of the last known source of food. While it is clear that bees have an accurate sense of time and navigate to a rich food source using the sun as (ⓒ), it is also true that they may use a prominent landmark to supplement their direction-finding.

From *The Voices of Time: a Cooperative Survey of Man's Views of time as Understood and described by the Sciences and by the Humanities* by J. T. Fraser, University of Massachusetts Press

設問(1) 本文中の下線部①～③を他の語句で置き換えるとすれば，どれが最も適切か。それぞれ(イ)～(ニ)からひとつ選び，記号で答えなさい。

① (イ) changed (ロ) created
(ハ) enriched (ニ) paid

② (イ) head for (ロ) lose track of
(ハ) permit themselves (ニ) take into account

③ (イ) avoid (ロ) calculate
(ハ) occupy (ニ) search

設問(2) 本文中の空所（ ⅰ ）と（ ⅱ ）を埋めるのに，最も適切な共通の前置詞を答えなさい。

設問(3) 本文中の下線部(A) this ability の意味内容を日本語で簡潔に説明しなさい。

設問(4) 本文中の下線部(B)の意味を日本語で表しなさい。

設問(5) 本文中の空所（ ⓐ ）～（ ⓒ ）を埋めるのに最も適切なものを，それぞれ(イ)～(ニ)からひとつ選び，記号で答えなさい。

ⓐ (イ) biological　(ロ) Eastern
　(ハ) Greenwich　(ニ) local

ⓑ (イ) employs　(ロ) enables
　(ハ) ignores　(ニ) influences

ⓒ (イ) a calendar　(ロ) a compass
　(ハ) energy　(ニ) light

設問(6) 本文の内容に合っているものを(イ)～(ホ)からひとつ選んで，記号で答えなさい。

(イ) ハチの巣をニューヨークからカリフォルニアに移動させたところ，ハチは地理的な目印を失って方向感覚を失った。

(ロ) ハチの巣を夜のあいだに移動させても，ハチは太陽の位置を手がかりに，間違いなくエサがある場所にたどり着くことができる。

(ハ) ハチの体内時計はおもに太陽の位置によって設定されているため，しばらく暗闇のなかに置いておくと狂いを生じる。

(ニ) エサを一定の時間と方向に置いておくと，数日後ハチは，エサの有無にかかわらず，同じ時間に同じ方向に飛んでいくようになる。

(ホ) ハチが時間を正確に把握していることは，ハチが方位を正確に把握していることと同様，昔から一般によく知られていた。

全 訳

■ハチが持つ時間と方向の感覚

❶ ハチについての研究によると，この虫が時間の感覚を持つこと，およびそのような時間の感覚を驚くべき方向探知能力に応用していることが見事に説明されている。人間はハチの方向探知能力を昔から認識しており，また実際，ハチがエサのある場所から巣へまっすぐに戻って来るという事実を認め，「一直線（= beeline）」という，地表の2点間を結ぶ直線を意味する言葉がつくられた。ハチの時間を知る能力の方は，60年以上前にフォレルという名のスイス人医師がこの能力についての観察を行っているものの，それほど一般的には知られてこなかった。彼の行った観察は最近の研究によって十分に確認され，また増補されている。

❷ ハチは1日の特定の時刻に特定の場所でエサを食べるように訓練できるだけでなく，1日の異なる2回の時刻に異なる2つの場所で，あるいは1日の異なる3回の時刻に異なる3つの場所でさえ，エサを食べるよう訓練することができる。調査する者が，同じ形のエサ入れを，ハチの巣からいくらか距離をおきつつも巣の周囲を完全に囲むように円にして配置すれば，次のような実験を行うことができるだろう。巣の北西のエサ入れには毎朝10時に，巣の東のエサ入れには毎日12時に，そして巣の南西のエサ入れには毎日午後4時にエサを入れると仮定しよう。数日後，どのエサ入れにもエサを入れずに観察してみると，ハチが1日の正しい時刻に正確な方向へ行くように訓練できていることが実証できるかもしれない。(B)ハチは1日の正確な時刻に実験用のエサ入れまでやって来るが，非常に多くの数でやって来るので，ちょうどよい場所へちょうどよい時間に来ればエサがあると彼らが予想していることを疑う余地はありえない。

❸ さらに，夜の間に巣全体を別の目印のある別の場所へ移すと，それでもハチは訓練された方向へその時間にエサを捜しに行く。また，ハチがエサ入れで食べている間にエサ入れ全体をハチもろとも覆い，別の場所へ移してハチの覆いを取ると，彼らはエサ入れを飛び立ち，最初の場所から見て想定される方向へと進み，巣をみつけようとする。これらの状況では，方向を定めるのにハチが持つ唯一の明らかな目印は太陽である。エサを食べているハチを午前中に黒い箱で覆って午後に放すと，その間に太陽が位置を変えているにもかかわらず，ハチは巣の方向へまっすぐに向かう。時間の感覚を持つことにより，彼らは間に起こった暗闇の時間に太陽の位置が変わったことを考慮することができたわけである。定められた方向へエサを食べに行くようニューヨークで訓練されたミツバチの巣を使って，一つの興味深い実験が行われた。その際，ハチとともに巣全体がカリフォルニアへジェット機で運ばれ

た。放たれたとき，ハチは体内時計がまだニューヨーク時間で動いていたため，地理的に同じ方向へは飛ばなかった。それらのハチがその新たな現地時間に適応するのには数日を要した。

❹ 互いにコミュニケーションをするという，ハチのよく知られたすばらしい能力もまた，生物時計を利用したものである。偵察バチが蜜をたくわえた花の一団をみつけたとき，そのことを知ることは群れ全体にとって明らかに有利である。巣に戻るとすぐにその偵察バチは「尻振り」ダンスを始め，その間，他のハチに巣から花までの方向や距離を教える。巣の観察穴からこのダンスを観察し，解釈することが可能になってきている。ダンスの間，ハチは蜜の場所に対する太陽の相対的な位置を指示するのだが，太陽が見えない状態で何日も過ごしたあとでさえも，そのハチはその前にわかっていた食糧の場所の方向を伝える際に太陽の方向を正確に示すのである。ハチが正確な時間の感覚を持ち，太陽をコンパスとして利用しながら豊富な食糧源へと飛んで行くことが明らかである一方，方向探知を補強するための顕著な目印を利用しているかもしれないということもまた真実である。

各段落の要旨

❶ ハチはすぐれた方向探知能力を持っているが，このもととなる時間感覚の方は最近になって再確認されている。

❷ 特定の時間に特定の場所にエサを置いてハチを訓練すると，ハチは正しい時刻に正しい場所にやって来るようになる。

❸ ハチが方向を見極める目印は太陽だが，太陽は動くのでハチが時間感覚を持っているからこそ，正しい方向を判断できると考えられる。

❹ ハチのコミュニケーション能力も，正確な時間感覚と太陽の位置を使って発揮される能力と考えられる。

解　説

設問(1)　正解は　①―(ロ)　②―(ニ)　③―(ロ)

① …the term “beeline,” meaning a straight line between two points on the earth’s surface, was coined in recognition of the fact that a bee returns directly from the source of the food to the hive.

▶ハチがまっすぐ巣に戻ることから beeline という言葉が「作られた」と考えられる。

(ロ) created「作られた」が適切。coin は「硬貨を鋳造する」がもとの意味だが，「新語・うそを作り出す」の意味でも用いられる。

(イ) changed「変えられた」 (ハ) enriched「豊かにされた」 (ニ) paid「支払われた」

② Their time sense has enabled them to allow for the change in position of the sun during the intervening dark period.

▶時間感覚があるおかげで，ハチは太陽の位置が変わったことを「計算できる」という文脈。選択肢の中では㈡ take into account **「考慮に入れる」**が近い。allow for 〜は「〜を念頭におく，考慮に入れる」の意。

㈠ head for「〜の方に向かう」 ㈡ lose track of「〜を見失う」

㈧ permit themselves「自分を許す」

③ … even after several days spent without being able to see the sun, the bee will still correctly plot the sun's position in its communication of the direction of the last known source of food.

▶ still「それでもやはり」とあるので，上記の部分の直前にある「太陽の位置を示す」=「太陽の位置がわかっている，判断できる」と類似の意味になるはず。選択肢中では㈺ calculate **「計算する」**が近い（②の解説も参照）。plot は「(地図などに) 記す，座標で示す」の意。

㈠ avoid「避ける」 ㈧ occupy「占領する」

▶㈡ search「捜す」は訳語としては使えそうに見えるが，search *A* for *B*「*B* を求めて *A* を捜す」という語法に注意。目的語には捜索する場所がくる。

ex. search the room for the key「カギを捜して部屋を調べる」

設問(2) 正解は by

▶ⓘは a Swiss doctor (　　) the name of Forel「フォレルという名前のスイス人医師」の意味と考えられる。by the name of 〜で「〜という名前の」の意。これをⓘⓘにあてはめると，by making observations「観察することによって」で by *doing*「〜することによって」と手段を表すことができ，文脈にも合う。

設問(3) The bee's ability to tell time has not been of such common knowledge, although over sixty years ago a Swiss doctor … made observations on this ability.

▶文脈から，同文冒頭の The bee's ability to tell time を指すことは明らか。tell time は「時間を告げる」が直訳だが，内容を考えて「時間を知る」「時間がわかる」などとすること。

設問(4) The bees come to the experimental tray

直訳 「ハチは実験用の皿のところに来る」

●tray は同段第 2 文にある feeding trays「エサやりの皿」=「エサ入れ」のこと。

at the correct time of day,

直訳 「1日の正しい時間に」

●come を修飾する副詞句の一つ目。

and in such numbers that …

直訳 「そしてたいへんな数なので…」

● come を修飾する副詞句の二つ目。such が that と呼応して such ～ that …「たいへんな～なので…」の構文を成しているので，いったん at the correct time of day で文をまとめた方がよいと考えられる。

there can be no question that …

直訳 「…ということには疑問の余地はありえない」

● that 節は同格で「…という疑問」の意。no「ない」に可能性の can が入り，上のような訳となる。

they are expecting food at the right place and time.

直訳 「彼らが正しい場所と時間にエサを期待している」

● right「正しい，適切な」は place と time の両方にかかる。「ちょうどよいところへ，ちょうどよいときにくればエサがあると予測している」などとわかりやすく言葉を補う。

設問(5) 正解は ⓐ―(ニ) ⓑ―(イ) ⓒ―(ロ)

ⓐ **It took the bees several days to adjust to the new (　　) time.**

▶ハチが体内時計を使って方向を判断することを確かめる実験のことを述べている。ニューヨークからカリフォルニアに運ばれたハチが方向を間違えたのは，カリフォルニア時間に適応していなかったからだ。**(ニ) local** を補うと the local time「地元の時間，現地時間」となり，文意に合う。

(イ) biological「生物の」 (ロ) Eastern「東部の」 (ハ) Greenwich「グリニッジの」

ⓑ **The bees' known and fascinating ability to communicate with one another also (　　) the biological clock.**

▶ⓐに続く箇所。ここでは方向を判断するのに生物時計を使っていることが述べられている。also「～も」とあることから，ここでも生物時計を「使っている」という意味になるはず。**(イ) employs「採用する，利用する」**が当てはまる。

(ロ) enables「～を可能にする」 (ハ) ignores「～を無視する」

(ニ) influences「～に影響する」

ⓒ **While it is clear that bees have an accurate sense of time and navigate to a rich food source using the sun as (　　), it is also true that they may use a prominent landmark to supplement their direction-finding.**

▶「豊富な食糧源へと飛んで行く」とは，文末にもあるように「方向探知」できるということ。太陽をそれに利用しているのだから，**(ロ) a compass「コンパス，方位計」**を補うのが適切。

(イ) a calendar「暦，カレンダー」 (ハ) energy「エネルギー」 (ニ) light「明かり」

設問(6) 正解は(ニ)

(イ)━━× 第3段第8文（On being released …）の内容と矛盾する。同じ方向に飛べなかったのは，時差が理由。「地理的な目印を失って」ではない。

(ロ)━━× 第3段第1文の内容と矛盾する。ハチの巣を夜の間に移動すると「それでもハチは訓練された方向へ訓練された時間にエサを捜しに行く」とある。新たなエサの場所にはたどり着けないことになる。

(ハ)━━× 第3段第4文（If one covers …）の内容と矛盾する。「太陽の位置がその間に（＝黒い箱で覆われている間に）変わっていても，まっすぐに巣の方へ向かう」とある。

(ニ)━━○ 第2段の内容と一致する。特に第4文（After a few …）に without placing any food on any of the trays「エサ入れにまったくエサを置かなくても」訓練された時間に正しい方向へ行くように訓練されていることが実験で示されたと述べられている。

(ホ)━━× 第1段第3文（The bee's ability …）の内容と矛盾する。「ハチの時間を知る能力はそれほど（＝方向探知能力ほど）一般的には知られてこなかった」とある。

解答

設問(1) ①―(ロ) ②―(ニ) ③―(ロ)
設問(2) by
設問(3) ハチの時間を知る能力
設問(4) ハチは１日の正確な時刻に実験用のエサ入れまでやって来るが，非常に多くの数でやって来るので，ちょうどよい場所へちょうどよい時間に来ればエサがあると彼らが予想していることを疑う余地はありえない。
設問(5) ⓐ―(ニ) ⓑ―(イ) ⓒ―(ロ)
設問(6) (ニ)

53

2005 年度〔2〕

次の英文を読んで，以下の設問に答えなさい。

In 1898, in "The War of the Worlds," H. G. Wells imagined Earth invaded by space ships (i)bearing monstrous conquering Martians. All human defenses prove impotent, but the Martians sicken and die when attacked by Earth's humblest living creatures, microbes. This nifty science-fiction insight is suddenly relevant in the real world. We are invading Mars and planning to bring materials back. Are the tables turned ? Could our planet be destroyed by forms of Martian life ? We can hope that any organisms dwelling on Mars will have originated and evolved so differently that they cannot survive, reproduce and threaten living beings here. But we cannot be sure.

Certainly, the idea that Mars once harbored life no longer seems absurd : Mars used to have briny ponds. And though the place now seems dead, there are several reasons to suppose that life, if it was ever there, could persist to this day. The place may still have water. Beneath the surface, it looks as though there might even be lakes, raising the possibility that Martians might be (ii)thriving underground.

(A)Perhaps the strongest reason to think the planet could be home to something is that over the past 20 years, we've learned that many inhabitants of Earth live in environments as peculiar as those on Mars. Here, some organisms exist inside rocks—in the chilly wastes of Antarctica, or a mile deep in the ground. Others live in ice sheets, or breed in the strongest acids. If it can happen here, it could possibly happen on Mars, too. Finding life on Mars obviously would be thrilling. It would, in a small way, ease our (ⓐ). In addition, it might illuminate that great mystery, the origin of life on Earth. But the possibility of life on Mars also suggests that we should approach the place with caution. If something is living there, then bringing Martian rocks back to Earth could be a mistake if not undertaken very carefully.

The history of first-time meetings between organisms is a sobering one. When the Spanish came to the New World, they brought smallpox and measles, which killed 90 percent of the people in Mexico within 50 years. Nor is it just viruses that are troublesome. When animals and plants arrive in a new place, they can have (iii)devastating effects.

Given this, it seems rash even to entertain the notion of bringing Martian rock samples to Earth. So what's the argument in favor ? The main one is that we could do a much more exhaustive analysis of the rocks here than robots sent to Mars could do on our behalf. We would therefore be much more likely to find life, or evidence of it. Moreover, some say the exercise can't be that risky because we've already been exposed to Martian soil : roughly 90 pounds of rocks from the planet hit Earth every year.

(ア)This shouldn't necessarily be taken as a sign that Martians aren't dangerous, however : arriving in a nice comfortable space ship should offer a better chance of survival than a fiery ride through Earth's atmosphere. Of course, maybe nothing would happen if we did bring rock samples back. The planet may, in fact, be home to no one. Even if it holds life, the organisms might not find Earth to their liking. Besides, no one is suggesting opening a box and releasing Martians in the middle of the rain forest.

But what if something went wrong ? There could be an accident on arrival or problems with the containment facility. The scale of the disaster could be (ⓑ). Even if Martians didn't cause human diseases, they might irrevocably destroy earthly ecosystems.

And, in the end, doesn't the experiment seem a little premature ? It's impossible to overstate our ignorance of life, even life on Earth. (B)We continue to find microbes living in places that we didn't think could support life, and many of these organisms get their energy in ways we never imagined were possible. In February 2004, for example, the journal *Nature* reported the discovery of bacteria that seem to live off electrons directly obtained from metallic iron. Our chances of recognizing Martians, whatever they are, will surely be greater when we know more about life here. So for the time being, let's cancel our invitation to the Martians and concentrate on exploring our own planet and understanding the amazing diversity of life forms on Earth.

From Some Things Are Better Left on Mars by Olivia Judson, *The New York Times* (*2004/04/19*)

設問(1) 本文中の下線部ⓘ～ⓘⓘⓘを他の語で書き換えるとすれば，どれが最も適切か。それぞれ(イ)～(ニ)からひとつ選び，記号で答えなさい。

ⓘ (イ) birthing (ロ) carrying
(ハ) defending (ニ) enduring

ⓘⓘ (イ) drowning (ロ) hiding
(ハ) mining (ニ) prospering

ⓘⓘⓘ (イ) calculated (ロ) disappointing
(ハ) disastrous (ニ) favorable

設問(2) 本文中の下線部(A)の意味を日本語で表しなさい。

設問(3) 本文中の空所ⓐとⓑを埋めるのに最も適切な語をそれぞれ(イ)～(ニ)からひとつ選び，記号で答えなさい。

ⓐ (イ) conscience (ロ) excitement
(ハ) loneliness (ニ) risk

ⓑ (イ) spectacle (ロ) spectacular
(ハ) spectator (ニ) speculate

設問(4) 本文中の下線部(ア)の This の意味内容を日本語で簡潔に説明しなさい。

設問(5) 本文中の下線部(B)の意味を日本語で表しなさい。

全 訳

■火星の生命探査の是非

❶ 1898 年，H. G. ウェルズは『宇宙戦争』の中で，地球征服をたくらむ奇怪な火星人たちを乗せた宇宙船によって地球が侵略されるところを想像した。人間側のあらゆる防衛手段は無力であると判明するが，地球上で最も地位の低い生物である微生物によって攻撃されると，火星人は病気になって死ぬ。この巧みな SF 小説的洞察が，現実世界の中で突然現実味をもち始めている。我々は火星を侵略しようとし，データを持ち帰ろうとしている。形勢は逆転するだろうか。我々の惑星は火星の生

命形態によって破壊されうるだろうか。火星に住む生物はどれもきわめて異なる状況で誕生し進化してきたため，ここ地球で生き延び，繁殖し，生物を脅かすことはできないであろうと期待することはできる。しかし，確信はできない。

❷ 確かに，火星がかつて生命を宿したという考えは，もはやばかげたものだとは思われていない。というのは，火星にはかつて塩水の海があったのである。そしてそこは今では不毛の地であるようだが，もしかつてその地に生命が存在していたとすれば，今日まで生き残っている可能性があると考えられる理由がいくつかある。その場所にはまだ水があるかもしれないのだ。地表の下は，まるで湖さえもがあるように見え，火星の生物が地下で生活し繁栄している可能性を高めている。

❸ (A)火星に何かが生息しているかもしれないと考える最大の理由は，ひょっとすると，地球に住む生物の多くが火星の環境と同じくらい特異な環境に生きていることが，ここ20年間でわかってきたからかもしれない。ここ地球では，岩の中に——それも南極の寒い荒野，あるいは地下1マイルのところに——生存する生物もいる。また，万年氷の中に生存したり，最も強い酸の中でも繁殖するものもいる。それがここ地球で起こりうるなら，ことによると火星でも起こりうるだろう。火星の生命を発見することは明らかにわくわくすることであろう。それは，ささやかながら我々の孤独をやわらげてくれるだろう。さらに，かの大きな謎，地球の生命の起源を解明してくれるかもしれない。しかし同時に，火星に生命が存在する可能性は，我々がその地に近づくには注意を要することも示唆している。もしそこに何かが生息しているならば，火星の岩石を地球に持ち帰ることは，きわめて注意深く行われなければ間違ったことになりうる。

❹ 異なる生物どうしの初めての出会いの歴史というのは，考えさせられるものである。スペイン人は新世界にやってきたとき，天然痘とはしかをもたらし，そのためにメキシコの人々の90パーセントが50年以内に死んだ。やっかいなのはウイルスだけではない。動物や植物も，新しい場所にやってくると壊滅的な影響を及ぼしかねない。

❺ このことを考慮すれば，火星の岩の標本を地球に持ち帰るという考えを抱くことすら，軽率であると思われる。では，賛成する論拠は何であるのか。その主なものとしては，火星に送られたロボットが我々に代わって行うよりもはるかに徹底した分析がその岩石について行えるといったものがある。それにより，生命や生命の証拠を発見する可能性がはるかに高くなるだろうということである。さらに，我々はすでに火星の土にさらされているためそうした行動はそれほど危険であるはずはないと言う人もいる。毎年その惑星から約90ポンドの岩石が飛んできて，地球にぶつかっているというのである。

❻ しかし，このことを火星の生物が危険でない証拠としてとらえるべきだとは限

らない。というのは，よくできた快適な宇宙船に乗ってやってくることは，地球の大気を通り抜ける火のような旅よりも，生存の可能性を当然高めるからである。もちろん，実際に岩石標本を持ち帰っても何も起きないかもしれない。実際，その惑星には何も生息していないかもしれない。たとえ生命を宿していたとしても，その生物は地球を好まないかもしれない。また，箱を開けて火星の生物を熱帯雨林の真ん中に放つことを提案する者は誰もいない。

❼ しかし，もし何かがうまくいかなかったらどうなるだろうか。到着時に事故があったり，閉じ込めておくための設備に問題が起こるかもしれない。その惨事の規模は甚大なものとなるかもしれない。火星の生物が人間の病気をもたらすことはないとしても，地球の生態系を取り返しのつかないほどに破壊するかもしれない。

❽ そして最後に，その実験は少々時期尚早のように思われないだろうか。生命——地球の生命でさえも——に対して我々が無知であることは，いくら誇張してもしきれないほどである。(B)我々は，生命をはぐくむことができないと思っていた場所に微生物が生息しているのを発見し続けているし，またこれらの生物の多くは，我々が可能だとは想像したことがないような方法でエネルギーを得ているのである。例えば，2004年2月，『ネイチャー』誌は，金属質の鉄から直接得られる電子を食糧源としているらしいバクテリアの発見について報じた。我々が火星の生物を発見する可能性は，それらがどんなものであれ，我々がここ地球の生命についてもっと理解すれば，きっと高まるであろう。だから当分の間，火星人を招くのはやめ，我々自身の惑星を探索して地球の生命形態の驚くべき多様性を理解することに集中しようではないか。

各段落の要旨

❶ 現在，火星の探査が行われているが，火星のデータを地球に持ち帰ることは正しいのだろうか。

❷ 火星にはかつて生命が存在した可能性は大きく，もしかすると地下でまだ生き延びているのかもしれない。

❸ 火星に生命が存在すると考えられる理由は，地球上でも岩や氷の中といった，火星のように特異な環境で生きている生物がいるからだが，だからこそ，火星の岩石を地球に持ち帰ることには慎重でなければならない。

❹ 動植物が新しい場所にやってくると壊滅的な影響を及ぼすことがあるのだ。

❺ それでも，火星から岩の標本を地球に持ち帰ることに賛成する論拠もいくつかある。

❻ もちろん，火星から岩石標本を持ち帰っても何も起きないのかもしれない。

❼ しかし，何らかの事情で火星の生物が地球の生態系に大きな影響を及ぼす可能性は否定できない。

❽ さらに，地球上の生命でさえまだ十分に知っているわけではないのだから，火星の生命を探る前に，地球上の生命形態を理解することに集中すべきではないか。

解　説

設問(1)　正解は　ⓘ―(ロ)　ⓘⓘ―(ニ)　ⓘⓘⓘ―(ハ)

ⓘ　In 1898, in "The War of the Worlds," H. G. Wells imagined Earth invaded by space ships bearing monstrous conquering Martians.

▶ bearing は形容詞用法の現在分詞。修飾される space ships「宇宙船」が Martians「火星人」を bear するという能動の関係を表す。bear には「運ぶ，耐える，生む」などの意味があるが，文脈上「宇宙船が火星人を乗せている」と考えるのが妥当だろう。**(ロ) carrying「運んでいる」**が入れ替え可能。

(イ) birthing「生み出している」 (ハ) defending「防御している」

(ニ) enduring「耐えている」

ⓘⓘ　Beneath the surface, it looks as though there might even be lakes, raising the possibility that Martians might be thriving underground.

▶火星にかつて生命が存在し，今日まで生き残っている可能性があることを述べた段落。「生命が地下で生きている」といった意味になるはず。thrive は「成長する，栄える」の意。**(ニ) prospering「栄える，成長する」**が同義。

(イ) drowning「おぼれている」 (ロ) hiding「隠れている」

(ハ) mining「採掘している」

ⓘⓘⓘ　Nor is it just viruses that are troublesome. When animals and plants arrive in a new place, they can have devastating effects.

▶文脈上「やっかいな」に類する意味であることは明らか。devastate は「荒廃させる」の意。**(ハ) disastrous「災難を引き起こす，損害の大きい」**が入れ替え可能。

(イ) calculated「計算された，計算ずくの」 (ロ) disappointing「期待はずれの」

(ニ) favorable「好意的な，好都合な」

設問(2)　▶文の骨組みは，the reason … is that ～「理由は～ということだ」。日本語のバランスを考えると，that 節を「～からだ」としてもよい。

Perhaps

直訳 「ひょっとしたら」

●文修飾の副詞。文末を「…かもしれない」などと，呼応させること。

the strongest reason to think … is that ～

直訳 「…と考える最も強力な理由は～である」

●strongest は「有力な，最大の」などと訳語を工夫すること。

the planet could be home to something

直訳 「その惑星は何かの家である可能性がある」

●the planet は「火星」のこと。could be「〜である可能性がある，〜でありうる」と could は控えめに可能性を表す。home は「生息地」の意。全体として「その惑星（＝火星）に何かが生息している可能性がある」などとまとめられる。

over the past 20 years, we've learned that …

直訳 「過去 20 年にわたって私たちは…ということを学んできた」

●「…ということが過去の 20 年間でわかってきた」などとわかりやすい訳文に仕上げたい。

many inhabitants of Earth live in environments

直訳 「多くの地球の居住者が環境に住んでいる」

●inhabitant は「居住者」だが，下線部に続く文に Here, some organisms exist inside rocks「ここ（＝地球）では，岩の中に存在する生物もいる」と述べられており，人間（だけ）のことではないのがわかる。「(地球に住む）生物」とするべき。

as peculiar as those on Mars.

直訳 「火星上のそれと同じくらい特別な（環境）」

●peculiar は environments を修飾するが，as 〜 as …「…と同じくらい〜」を伴って 2 語以上のまとまりになったため後置修飾になっている。those は environments を受ける代名詞。「火星（上）の環境」の意。

設問(3)　正解は　ⓐ―(ハ)　ⓑ―(ロ)

ⓐ　**Finding life on Mars obviously would be thrilling. It would, in a small way, ease our (　　　).**

▶ It は前文の finding life on Mars「火星の生命を発見すること」。thrilling「わくわくする」と矛盾のない内容にする。(ロ) excitement「興奮」では矛盾する。(イ) conscience「良心」，(ニ) risk「危険」も火星の生命の発見で「やわらぐ，低下する」わけではない。**(ハ) loneliness「孤独」**が適切。これまで地球上に存在する生命，とりわけ人間のような生命体が他の惑星などで発見されてはおらず，宇宙で地球だけにしか生命が見られないという「孤独」のことを言っている。

ⓑ　**The scale of the disaster could be (　　　).**

▶ be 動詞の補語になれるものを選ぶ。(イ) spectacle「見もの，壮観」，(ハ) spectator「見物人」はいずれも名詞で補語にはなりうるが，どちらも可算名詞で不定冠詞 a が必要。(ニ) speculate「熟考する」は動詞であり，文法的に不可。形容詞の**(ロ) spectacular「壮観な，目を見張る」**が適切。

設問(4)　This shouldn't necessarily be taken as a sign that Martians aren't dangerous, however:

▶当該箇所で「このこと」は「危険ではない証拠」にならない，と筆者は述べている。「危険ではない証拠（＝理由)」として挙げられている内容をまとめる。前文の because 以下がそれにあたる。

設問(5) We continue to find microbes living in places

直訳 「私たちは，微生物が場所で生きているのを発見し続けている」

● continue to *do*「～し続ける」だが，現状を表す現在形なので「～し続けている」とした方が自然。find *A doing* は「*A* が～しているのを見つける」の第5文型。microbe「微生物」

that we didn't think could support life,

直訳 「生命を支えることができると，私たちが思わなかった（場所)」

● that は主格の関係代名詞。もとの文は we didn't think (that) the places could support life「私たちは，その場所が生命を支えることができるとは思わなかった」であり，先行詞の the places は think の目的語の that 節内の主語。

and many of these organisms get their energy

直訳 「そして，これらの生物の多くは自分たちのエネルギーを得ている」

in ways we never imagined were possible.

直訳 「私たちが可能だとは決して想像しなかった方法で」

● ways のあとに関係代名詞が（主格だが）省略されている。places を修飾した関係詞節と同様，先行詞 ways が were の主語にあたる。もとの文は we never imagined (that) the ways were possible.「私たちはその方法が可能だと決して想像しなかった」

解答

設問(1) ⅰ―(ロ) ⅱ―(ニ) ⅲ―(ハ)

設問(2) 火星に何かが生息しているかもしれないと考える最大の理由は，ひょっとすると，地球に住む生物の多くが火星の環境と同じくらい特異な環境に生きていることが，ここ20年間でわかってきたからかもしれない。

設問(3) ⓐ―(ハ) ⓑ―(ロ)

設問(4) 約90ポンドの火星の岩石が毎年地球に飛んできており，私たちがすでに火星の土にさらされているということ。

設問(5) 私たちは，生命をはぐくむことができないと思っていた場所に微生物が生息しているのを発見し続けているし，またこれらの生物の多くは，私たちが可能だとは想像したことがないような方法でエネルギーを得ているのである。

54

2004 年度〔2〕

次の英文はボノボ（ピグミーチンパンジー）に人間のことばを教えた学者が，ボノボとの生活について数年前に書いた文章の一部である。これを読んで，以下の設問に答えなさい。

Only in 1979 were bonobos recognized as a distinct species of ape, and even in the 1980s many people considered them to be merely small chimpanzees. (ⓐ), when the National Academy of Science suggested that bonobos were an important local species that should be protected and cultivated in Congo, some scientists maintained that bonobos were not sufficiently different from chimpanzees to deserve ①such special treatment. Thus, three bonobos were captured from the wild, with the permission of the Congolese government, and taken to the Yerkes Regional Primate Center in Atlanta, Georgia, where researchers were to determine whether they, in fact, differed sufficiently from chimpanzees to warrant separate treatment. If so, it was hoped that a special center for their study would be set up in Congo.

It is clear that with regard to their social behavior and group structure, bonobos resemble human beings more than other living apes do. Their temperament and hesitant but curious nature set them apart from other apes. At times, as I watch them, I seem to be staring into my own distant past and seeing in front of me ②"quasi-persons" —not people, but "near people." The feeling is as though, in a mysterious and inexplicable way, I am watching a species that is not the same as me yet is connected to me—is part of me. (ⓑ) after many years of watching and studying bonobos, I still cannot help but sense that I am witnessing the birth of the human mind, the dawn of our peculiarly human perspective and feeling.

(ⓒ) these creatures cannot plan ahead as we do, organize large societies, create calendars, or establish religions. Yet for me, there is more to being human than such abstract intelligent actions. There is a kinship I recognize when I interact with young children that does not depend on ③these abstract skills. It is a kinship based on ④an awareness that others share some of my feelings and I theirs. I know, at least in part, how other people feel, and they know how I feel.

With bonobos, I experience a similar (ⓘ) understanding. I know how they feel, and they know how I feel. This is possible because of the expressions on their faces, the way they interpret the feelings of others, the depth of their commitment to one another, and the understanding of one another that they share. Their sharing of emotional perspective is of a peculiarly human sort, and I relate to it, and am bound into their feelings, in a natural human manner, without effort. A human does not need to read a catalogue of bonobo facial or vocal expressions to understand the bonobo. When I observe a bonobo, it is as though I am peering deep into some distant part of myself. This is a perception I cannot (ⓘⓘ) off or dissuade myself from, no matter how often I try to tell myself that I have no definitive scientific basis for these impressions.

According to our current understanding, bonobos and common chimpanzees went their own evolutionary ways some two to three million years ago, some time after our own ancestor split off from the common lineage. We are more distantly related to gorillas and orangutans, as they diverged from the line that led eventually to human beings some six to eight million years ago. There is no current evidence that suggests that we are more closely related to the bonobo than to the common chimpanzee. (ⓓ) the bonobo shares with people an emotional capacity for understanding the feelings of others that can only be described as almost human.

The arrival of the three bonobos who had traveled from the depths of Congo to the small, cramped, and dim cage on the end of the Yerkes great ape wing never led to the establishment of a center for bonobo breeding and research in Congo as the National Academy of Science had hoped. Many primate researchers protested the importation and potential use of a rare and endangered species in any sort of research. Their attention damped international interest in the project ; as a result, the people of Congo still, even today, have no understanding of their significant and unique indigenous resource, the bonobos.

From *Apes, Language, and the Human Mind* by E. Sue Savage-Rumbaugh and Stuart G. Shanker, Oxford University Press

設問(1) 下線部①の such special treatment とはどのような内容を指すか，日本語で答えなさい。

設問(2) 下線部②の “quasi-persons” とはどういう意味か，日本語で説明しなさい。

設問(3) 下線部③の these abstract skills は具体的にどのようなことを指すか，本文で述べられている例の中から二つ選び，日本語で答えなさい。

設問(4) 下線部④の意味を日本語で表わしなさい。

設問(5) 空所ⓘとⓘⓘを埋めるのに最も適切な語を以下の㋐～㋔から選び，記号で答えなさい。

ⓘ ㋐ abstract　㋑ facial　㋒ mutual
　㋓ one-way　㋔ superficial

ⓘⓘ ㋐ bring　㋑ jump　㋒ set
　㋓ shake　㋔ split

設問(6) 本文中の空所ⓐ～ⓓを埋める語が正しい順序で記されているものを以下の㋐～㋓から選び，記号で答えなさい。

㋐ ⓐ Certainly　ⓑ Even
　ⓒ Consequently　ⓓ Yet

㋑ ⓐ Certainly　ⓑ Yet
　ⓒ Even　ⓓ Consequently

㋒ ⓐ Consequently　ⓑ Certainly
　ⓒ Yet　ⓓ Even

㋓ ⓐ Consequently　ⓑ Even
　ⓒ Certainly　ⓓ Yet

設問(7) 次の①～③の英文の問いの答えとして，本文の内容に合致するものを(A)～(C)からひとつ選び，記号で答えなさい。

① Why does the author feel a strong kinship for bonobos?

(A) Because there is firm scientific evidence that they are the species most closely related to human beings.

(B) Because according to the author's observations, their way of interpreting the feelings of others is similar to that of human beings.

(C) Because thanks to an explanatory catalogue of bonobo facial expressions, the author understands the meaning of the expressions on a bonobo's face.

② What happened to the project to establish a research center for bonobos in Congo ?

(A) Primate researchers raised money and established a bonobo research center in Congo.

(B) The project developed into the establishment of a bonobo research center in Atlanta, instead of in Congo.

(C) To the author's regret, no bonobo research center was set up in Congo.

③ Which agrees with the author's understanding of the evolutionary lineage of primates ?

(A) Bonobos and orangutans split off from the common lineage some six to eight million years ago.

(B) Bonobos and chimpanzees separated from each other after humans split off from the common lineage.

(C) Bonobos and humans diverged from each other some two to three million years ago.

全 訳

■類人猿ボノボ

❶ ボノボが類人猿の別種であると認識されたのはやっと1979年になってのことであり，1980年代においてさえ，多くの人はそれらを単なる小型のチンパンジーと見なしていた。その結果，米国科学アカデミーがボノボは保護して繁殖させるべきコンゴの重要な現地種であると述べた際も，そのような特別扱いを受けるに値するだけの違いはボノボにはないと主張する科学者たちがいた。こうして，3匹の野生のボノボがコンゴ政府の許可のもとに捕らえられ，ジョージア州アトランタにあるヤーキス霊長類研究所に持ち込まれ，そこで区別した扱いをボノボが受けることを正当とするに十分な違いが，チンパンジーとの間に本当にあるのかどうか，研究者らが判断を下すことになっていた。もしそうであるなら，ボノボの研究のための特別なセンターがコンゴにつくられるであろうと期待されていた。

❷ 社会的行動や集団の構造に関しては，ボノボが他の生存する類人猿に比べ，より人間に似ていることは明らかである。彼らの気性や，ためらいがちではあるが好奇心の強い性質により，他の類人猿とははっきり区別される。彼らを見ていると，時折私は自分の遠い過去を見ているような，また「準人間」を——人ではなく「人に近いもの」を——目の前に見ているような気がするのだ。その感覚は，まるで，不思議で，説明できないような様子の中で，自分と同じではないが自分につながりのある，いわば自分の一部である種の生き物を見つめているかのようである。ボノボを長年観察して研究したあとでさえ，私は，人間の頭脳の誕生，我々人間特有の考え方や感覚の始まりを目のあたりにしているのだと感じずにはいられない。

❸ 確かにこの動物は，我々がするように前もって計画を立てたり，大きな社会を組織したり，暦を作ったり，宗教を確立したりすることはできない。しかし，私にとって，人間のようであるということには，そのような抽象的な知能活動以上に重要なものがある。私は幼い子供たちとふれあうとき，このような抽象的な技術に頼らない親近感の存在に気づく。それは，④他の人々が私の気持ちのいくらかを共有し，また私も彼らの気持ちのいくらかを共有しているという意識に基づいた親近感である。私は，少なくとも部分的には，他の人々がどう感じているかがわかるし，彼らもまた私がどう感じているかがわかるのである。

❹ ボノボについても，私はよく似た相互理解を経験する。私は彼らがどう感じているかがわかり，彼らも私がどう感じているかがわかる。彼らの顔の表情，彼らが他の者の気持ちを解釈する方法，お互いに対する関わりの深さ，そして彼らが共有する互いの理解によって，このことは可能なのである。彼らの感情的な観点の共有は人間特有の種類のものであり，私は自然な人間らしい方法で，難なくそれになじみ，彼らの感情と結びつけられる。人間は，ボノボを理解するために，ボノボの顔や声の表情が載ったカタログを読む必要などない。ボノボを観察するとき，私はまるで離れた自分の一部分の奥をじっとのぞいているかのような気がする。これらの印象についての決定的な科学的根拠はないと何回自分に言い聞かせようとしても，これは私が振り払うことのできない，思いとどまることのできない感覚なのである。

❺ 現在我々が理解しているところによれば，ボノボと通常のチンパンジーは，200万年から300万年ほど前，我々人間の祖先がそれまで一緒だった進化系統から離れてしばらくして，独自の進化をたどった。我々人間はゴリラやオランウータンとはもっと遠い関係にある。というのは，彼らは，600万年から800万年前に，最後には人間となる系統から分岐してしまったからである。我々が通常のチンパンジーよりもボノボに関係が近いということを示す証拠は現在ない。しかし，ボノボは，ほとんど人間に近いと唯一いえる，他者の気持ちを理解できる感情的能力を人間と同じく持っているのである。

❻ ヤーキスの大型類人猿棟の端にある小さく狭く薄暗い檻(おり)に，コンゴの奥地からやって来た３匹のボノボが到着したことは，米国科学アカデミーが期待したような，コンゴにおけるボノボの繁殖と研究のためのセンター設立には決して至ることはなかった。多くの霊長類研究者が，いかなる種類の研究であっても希少種あるいは絶滅危惧種の輸入や，今後起こりうる利用に対して異議を唱えた。彼らの配慮はその計画への国際的な関心をなえさせた。その結果，コンゴの人々は依然として，今日でも，自分たちの重要な，他に類を見ない固有の資源であるボノボに対して理解がないのである。

各段落の要旨

❶ ボノボが別種の類人猿であることが認識されたのは最近のことである。

❷ ボノボは他の類人猿に比べ，より人間に近いことは明らかだ。

❸ ボノボが人間に近いというのは，気持ちの共有ができるという親近感にある。

❹ 科学的根拠はないにもかかわらず，ボノボと接するときには人間と向き合っているという感覚を振り払えない。

❺ ボノボと通常のチンパンジーが人間の祖先と分かれて独自の進化系統をたどり始めたのは同じ頃であり，ボノボの方が人間に近いという証拠はないが，他者の気持ちを理解できる感情的能力を持っているのはボノボだけだと思える。

❻ ボノボを特別扱いする見方は結局力を持たず，原産国であるコンゴではこの重要な固有の資源に対する理解がないままである。

解　説

設問(1) … some scientists maintained that bonobos were not sufficiently different from chimpanzees to deserve such special treatment.

▶ such special treatment「そのような特別扱い」は，ボノボが受けるもの。米国科学アカデミーが述べた be protected and cultivated がそれにあたる。

▶ protect「守る，保護する」 cultivate は「栽培する，養殖する」という訳語が辞書にあるが，ここでは「繁殖させる」などと訳語を工夫すること。

設問(2) At times, as I watch them, I seem to be staring into my own distant past and seeing in front of me “quasi-persons”—not people, but “near people.”

▶直後のダッシュ以下が言い換えになっており，その内容をまとめる。not people, but “near people”「(完全に) 人ではないが，人に近いもの」である。not *A* but *B* は，「*A* ではなく *B*」とするより文字通りの訳の方が文脈に合う。

▶ quasi- は「まるで～のような，ほとんど～」の意のラテン語を語源とし，「半～，準～，類似の～」の意。

設問(3) There is a kinship I recognize when I interact with young children that does not depend on these abstract skills.

▶当該文の前文末尾の such abstract intelligent actions「そのような抽象的な知能活動」も同じものを指すと考えられる。さらに前の文の plan ahead, organize large societies, create calendars, establish religions が具体例。このうちの2つを答える。

設問(4) It is a kinship based on an awareness that others share some of my feelings and I theirs.

● an awareness that ～「～ということの認識，～を知っていること」
● others share some of my feelings「他人が私の感情のいくらかを共有している」
● and 以下も that 節内であることに注意。
● I theirs は，and の前と構造が同じため，入れ替わる部分のみを残した省略。
I share some of theirs（= their feelings）「私は彼ら（＝他の人々）の感情のいくらかを共有している」の意。

設問(5) 正解は ⓘ—ⓤ ⓘⓘ—ⓔ

ⓘ With bonobos, I experience a similar (　　) understanding.

▶ similar「類似の」は，「前文で述べたのと似た」ということ。「他の人と私がお互いにわかり合う」ことが述べられているので，ⓤ mutual「相互の」が適切。
ⓐ abstract「抽象的な」 ⓘ facial「顔の」
ⓔ one-way「一方的な」 ⓞ superficial「表面的な」

ⓘⓘ This is a perception I cannot (　　) off or dissuade myself from, …

▶ not *A* or *B*「*A* も *B* も～ない」なので，dissuade myself from「自分に思いとどまらせる」=「思いとどまる，やめる」と類似した意味になるものを選ぶ。ⓔ shake を補うと shake off ～「～を振り払う，（習慣など）を断ち切る」となり文意に合う。
ⓐ bring (off)「～を救助する，やってのける」
ⓘ jump (off)「跳躍する，～から飛び降りる」
ⓤ set (off)「～を作動させる」
ⓞ split (off)「～をはがす，裂き取る」

設問(6) 正解はⓔ

▶挙がっている語は Certainly「確かなことに」，Even「～でさえ」，Consequently「その結果」，Yet「それでも」の4語。

ⓐ　(　　　), when … some scientists maintained that bonobos were not sufficiently different from chimpanzees …

▶空所の前には，最近になってもボノボに対する認識が低かったことが述べられており，空所のあとにもそれと同等な認識が述べられている。「認識が低かったから，…ときでも同じように認識が低かった」という当然の結果が空所のあとに続いていることがわかる。Consequently「その結果，必然的に」が適切。

ⓑ　(　　　) after many years of watching and studying bonobos, I still cannot help but sense that …

▶ still「それでもなお」がポイント。「あとでさえ」とするのが適切。Even を補う。

▶ここまでで㊤にしぼれるが，あとの2か所も検討しておこう。㊤はⓒ Certainly, ⓓ Yet である。

ⓒ　(　　　) these creatures cannot plan ahead as we do, … .Yet for me, …

▶ Yet に注意。空所に Certainly を入れると「確かに～だが，それでも…」と一種の譲歩表現がつくれる。

ⓓ　(　　　) the bonobo shares with people an emotional capacity …

▶空所の前は「ボノボが人間により近い証拠はない」，あとには「ボノボは人間と共通する」と相反することを述べており，Yet「それでも」でうまくつながる。

設問(7)　正解は　①―(B)　②―(C)　③―(B)

①「なぜ筆者はボノボに強い親近感を覚えるのか」

▶第3段第3文（There is a kinship …）に「子供たちとふれあうときに私が感じる親近感がある」とあり，続く第4文（It is a kinship …）で「それは他の人々が私の気持ちのいくらかを共有し，また私も彼らの気持ちのいくらかを共有しているという意識に基づいた親近感である」と述べている。第4段第1文（With bonobos, …）に「ボノボについても，私はよく似た相互理解を経験する」とある。

(A)――×「彼らが人間に最も近い関係にある種だという，確たる科学的証拠があるから」

▶第5段第3文（There is no current …）の内容に反する。「私たちが通常のチンパンジーよりもボノボに関係が近いことを示す証拠は現在ない」とある。

(B)――○「筆者の観察によると，他者の感情を解釈する彼らの方法が人間と似ているから」

(C)――×「ボノボの顔の表情を説明したカタログのおかげで，筆者はボノボの顔の表情の意味がわかるから」

▶第4段第5文（A human …）の内容に反する。「人間は，ボノボを理解するために，ボノボの顔や声の表情が載ったカタログを読む必要などない」とある。

② 「ボノボの研究センターをコンゴに設立するという計画はどうなったか」

▶最終段第1文参照。「コンゴからヤーキス研究所への3匹のボノボの到着は，コンゴのボノボ研究センターの設立につながることは決してなかった」とある。

(A)━━ × 「霊長類研究者たちは資金を集め，コンゴにボノボ研究センターを設立した」

(B)━━ × 「プロジェクトはコンゴではなく，アトランタにボノボ研究センターを設立するということに進展した」

▶アトランタにセンターができたという記述はない。

(C)━━ ○ 「筆者が残念がったことに，ボノボ研究センターはコンゴにはまったく設立されなかった」

③ 「霊長類の進化の系統について，筆者の理解するところと一致するのはどれか」

▶第5段第1文（According to …）～第2文参照。「ボノボと通常のチンパンジーは，200万年から300万年ほど前に，私たち人間の祖先がそれまで一緒だった進化系統から離れてしばらくして，独自の進化をたどった。ゴリラやオランウータンは…600万年から800万年前に，最後には人間となる系統から分岐した」とある。

(A)━━ × 「ボノボとオランウータンは，約600万年から800万年前に，それまで一緒だった系統から分かれた」

(B)━━ ○ 「ボノボとチンパンジーは，それまで一緒だった系統から人間が分かれたのちに，互いに別々になった」

(C)━━ × 「ボノボと人間は，約200万年から300万年前に互いから分岐した」

▶これには要注意。200万年から300万年前に人間と分岐したときには，まだ「ボノボ」ではない。その後にボノボとチンパンジーに分岐したのである。

設問(1) 保護して繁殖させること。

設問(2) 完全に人間ではないが，人間に近いもの。

設問(3) 「前もって計画すること」「大きな社会を組織すること」「暦を作ること」「宗教を確立すること」の中から2つ。

設問(4) 他の人々が私の気持ちのいくらかを共有し，また私も彼らの気持ちのいくらかを共有しているという意識。

設問(5) ⅰ－㋒　ⅱ－㋓

設問(6) ㋓

設問(7) ①－(B)　②－(C)　③－(B)

55

2003年度〔2〕

次の英文を読んで，以下の設問に答えなさい。

Many people believe that nature's value cannot be put into dollars and cents. That is, they value the natural world for its own sake, regardless of what services or benefits it provides for humans. Yet this notion is fundamentally ①<u>at odds with</u> the economic system we've created.

We live in a world that is increasingly dominated by a global economy, (ⓐ) it is assumed that everything of value has a price tag attached. If something can't be quantified and sold, it is considered (ⓑ). The president of a forest company once told me "A tree has no value until it's cut down. Then it adds value to the economy."

So how do we ②<u>reconcile</u> our economy with ecology ? The Earth provides us with essential natural services like air and water purification and climate stability, but these aren't part of our economy because we've always assumed such things are free.

But natural services are only free when the ecosystems that maintain them are healthy. Today, with our growing population and increasing demands on ecosystems, we're degrading them more and more. Unfortunately, ③<u>remedial</u> activities and products like air filters, bottled water, eye drops and other things we need to combat (A)<u>degraded services</u> all add to the GDP, which economists call growth. Something is terribly wrong with our economic system when poor environmental health and reduced quality of life are actually good for the economy !

But [on, tag, what, did, we, if, price, put, a] things like clean air and water ? If we assigned a monetary value to natural systems and functions, would we be more ④<u>inclined</u> to conserve them ? Yes, according to an international group of ecologists writing in the latest edition of the journal *Science*.

The group argues that humanity will continue to degrade natural systems until we realize that the costs to repair or replace them are enormous. So we must find a way to place a dollar value on all ecosystem assets — natural resources such as fish or timber, life-support processes such as water purification and pollination, and life-enriching conditions like beauty and recreation.

Most of these assets, with the exception of natural resources, we already ⑤exploit but do not trade in the marketplace because they are difficult to price. But (B)this is changing. For example, this spring an Australian organization became the first conservation group to be listed on a stock exchange. The company buys and restores native wildlife and vegetation, (ⓒ) earning income from tourism and wildlife sales.

In New York City, officials recently decided to buy land around watersheds and let the forest and soil organisms filter water instead of building a massive new filtration plant. Until recently, this potential to use natural services rather than technology to solve problems has been largely overlooked, even though natural approaches may provide greater benefits to communities such as lower costs, reduced flooding and soil erosion and aesthetic benefits.

In Canada, forests are primarily valued for the timber they provide. But this leads to conflicts. For instance, a recent report from the Department of Fisheries and Oceans found that logging roads in British Columbia continue to devastate fish-bearing streams, even though legislation is supposed to protect them. In fact, our forests provide many services, (ⓓ) habitat for plants and animals, recreation and others that, if assigned a monetary value, could completely change the way we use them.

As just one species out of perhaps 15 million, the notion of assigning value to everything on Earth solely for its utility to humans may seem like an act of incredible arrogance. But the harsh reality of today's world is that money talks and economies are a central preoccupation. At the very least, assigning monetary value to ecosystem services may force us to take a hard look at all that nature provides. Maybe then we'll stop taking (C)it for granted.

設問(1) 本文中の下線部①～⑤を他の語句で置き換えるとすれば，どれが最も適切か。それぞれ(イ)～(ニ)からひとつ選び，記号で答えなさい。

① (イ) in disagreement with　(ロ) in favor of
(ハ) in accordance with　(ニ) as important as

② (イ) adapt (ロ) console
(ハ) harmonize (ニ) treat
③ (イ) practical (ロ) corrective
(ハ) medical (ニ) intensive
④ (イ) disposed (ロ) opposed
(ハ) imposed (ニ) composed
⑤ (イ) improve (ロ) achieve
(ハ) venture (ニ) utilize

設問(2) 本文中の空所ⓐ～ⓓに入る最も適切な語をそれぞれ(イ)～(ニ)からひとつ選び，記号で答えなさい。

ⓐ (イ) which (ロ) where
(ハ) if (ニ) when
ⓑ (イ) superior (ロ) worthless
(ハ) inferior (ニ) comprehensible
ⓒ (イ) while (ロ) toward
(ハ) without (ニ) unless
ⓓ (イ) excluding (ロ) concluding
(ハ) precluding (ニ) including

設問(3) 本文中の下線部(A)とほぼ同じ意味になる同じ段落中の語句を(イ)～(ニ)からひとつ選び，記号で答えなさい。

(イ) natural services (ロ) our growing population
(ハ) our economic system (ニ) poor environmental health

設問(4) 本文中の［　　］内の単語を，意味が通るように並べかえなさい。

設問(5) 本文中の下線部(B)の this は具体的にどういうことを表しているか。25字以内の日本語で説明しなさい。

設問(6) 本文中の下線部(C)の it が指すものを同じ段落から英語のまま抜き出しなさい。

設問(7) 本文の主張に最もよく合うものを，次の(イ)～(ホ)からひとつ選び，記号で答えなさい。

(イ) We must prevent the domination of a global economy at any cost because it is destructive to the environment.

(ロ) One way to protect the environment is to treat nature from an economic viewpoint, although it is rather unfortunate to do so.

(ハ) Ecology-related problems should be addressed even at the expense of our economic system.

(ニ) Technology is always expected to solve ecological problems because it can provide better services to communities at lower costs.

(ホ) Products such as air filters, bottled water, and eye drops are key factors to improve degraded ecosystems.

全 訳

■自然に価値はつけられるか

❶ 自然の価値がドルやセントに置き換えられないということは多くの人が信じている。すなわち，自然界が人間に対してどんなサービスや利益を提供してくれるかに関係なく，多くの人は自然界をそれ自体のために大切にするのである。しかしこの考え方は我々が作り上げてきた経済のシステムとは根本的に対立するものである。
❷ 我々は世界経済にいよいよ支配されつつある世の中に生きており，そこでは価値のあるものには何でも値札がついていると思い込まれている。もし数量化して売ることができないものがあれば，それは価値がないとみなされる。ある林業会社の社長が，かつて私に「木は切り倒されるまでは価値を持たない。切り倒されて初めて，経済に価値を与えるのだ」と話したことがあるように。
❸ では我々の経済と自然環境とをどうやって調和させればよいのだろうか。地球は空気や水の浄化，ならびに気候の安定といった（我々が）欠かすことのできない自然のサービスを提供してくれるが，我々はそういうものは無料であると常に思い込んでいるため，これらは経済の一部をなすものにはなっていない。
❹ しかし，自然によるサービスは，それらを維持する生態系が健全であるときにのみ，無料なのである。今日，人口が増え続け，生態系に対する緊急課題が増えている中，我々はそれらをますます劣悪なものにしている。残念ながら，劣悪になったサービスに立ち向かうために必要となる救済的活動，ならびに空気清浄フィルタ

ーやびん詰めの水，目薬などのような製品が，すべてGDPを増大させており，そして経済学者らはそれを経済成長と呼ぶのである。劣悪な環境の状態や生活の質の低下が現実に経済にとって有益であるのなら，我々の経済システムはどこかがひどくおかしいのだ！

❺ しかし，もしきれいな空気や水のようなものに値札をつけたらどうなるだろうか。もし我々が自然のシステムや機能に金銭的な価値をつけたとしたら，それらを保護したいと思う気持ちが増すであろうか。『サイエンス』誌の最新号で執筆しているある環境保護論者の国際団体によると，そのとおりだということである。

❻ その団体が主張するところによると，人類は，修復したり取り替えたりする費用が莫大なものになることに気づくまで，自然のシステムを悪化させ続けるのだという。したがって，我々は生態系の持つすべての資産――魚や木材のような天然資源，水質浄化や授粉のような生命維持のための仕組み，美しさや娯楽というような，生活を豊かにしてくれる状況――に金銭的価値をあてる方法を見つけなければならないことになる。

❼ 天然資源を除くこれらの資産のほとんどについては，我々はすでに利用しているが，値段をつけるのが難しいため市場では売買していない。しかしこの点も変化してきている。例えば，今年の春，あるオーストラリアの団体は証券取引所に株式が上場された最初の環境保護団体となった。その企業はその土地の野生生物や植物を買い取って回復させ，同時に一方では観光や野生生物の販売によって収入を得るのである。

❽ 最近ニューヨーク市では，役人たちが，大規模な新しい浄水場を建設する代わりに，川の流域の土地を買って森林や土壌中の生物に水をろ過させることを決定した。最近まで，問題解決のために科学技術より自然のサービスを利用するといったこのような可能性は，大部分が見過ごされてきた。自然を利用した方法の方が，コストの低下，洪水や土壌浸食の減少，景観上の利点といったより大きな利益を地域社会にもたらすかもしれないのに，である。

❾ カナダで森林は，主にそれらが提供する木材のために尊重されている。しかしこれは矛盾にもつながる。例えば，漁業海洋省による最近の報告によると，ブリティッシュコロンビアの伐木搬出用道路が，魚の生息する川を，法律では保護することになっているにもかかわらず荒らし続けているという。実際，地球上の森林は，動植物の生息地やレクリエーションなどを含む多くのサービスを提供するが，それらは金銭的価値が与えられると森林の利用法を完全に変化させてしまう可能性がある。

❿ おそらく1,500万種はあろう中のたかだか一つの種として，人間の利便性のためだけに地球上のすべてのものに値段をつけようとする考えは，とてつもなく傲慢

な行為のように思える。しかし，金がものを言い，経済がもっぱらの優先事であるというのが，今日の世界の厳しい現実である。少なくとも，生態系のサービスに金銭価値をつければ，我々は自然が提供するものすべてを厳しく検討することになるかもしれない。そしてことによると，我々はそれが当然のことであると思うのをやめるかもしれないのだ。

各段落の要旨

❶ 自然に値段はつけられないと多くの人が思うが，この考え方は私たちが作り上げてきた経済システムと根本的に対立する。
❷ 現在の経済システムでは，価値のあるものには必ず値段がついており，逆に数量化して売ることができないものは価値がないとみなされる。
❸ 自然環境は私たちには欠かせないものだが，値段がついていないため，経済の一部とは考えられていない。
❹ しかし自然が無料なのは生態系が健全な場合だけであり，現実には劣悪になった環境に対処するための製品が大量に作られ「経済成長」の一端を担っている。
❺ 自然のシステムに値段をつければ，保護したいという気持ちが増すだろうと，ある環境保護団体は言っている。
❻ その団体によれば，生態系の持つ資産に金銭的価値をあてる方法を見つけなければ，人間は取り返しのつかないところまで自然のシステムを悪化させるという。
❼ こうした資産は，天然資源を除いて値段をつけるのが難しく市場で売買されてはいないが，徐々にこの点も変化してきている。
❽ 大規模な浄水場の建設の代わりに，川の流域の森林や土壌中の生物に水をろ過させるといった，自然を利用した方法を選択する例も出てきた。
❾ たとえば森林に金銭的価値が与えられると，木材伐採とその伐木搬出道路が環境を荒らすなど，利用法が完全に変化してしまう可能性はある。
❿ 地球上すべてのものに値段をつけるのは傲慢なようだが，経済が最優先事項であるというのが現実なら，生態系のサービスにも金銭的価値をつけてその重要性を改めて認識する必要があるかもしれない。

解　説

設問(1)　正解は　①―(イ)　②―(ハ)　③―(ロ)　④―(イ)　⑤―(ニ)

①　Yet this notion is fundamentally at odds with the economic system we've created.

▶「しかし，この考え方は私たちが作り上げてきた経済のシステムと根本的に at odds with である」という部分。

▶「自然の価値に値段はつけられない」ということと「価値あるものにはすべて値段がついている」ということは，「対立する」ものだ。(イ) in disagreement with「～

と一致しない，相違する」が適切。at odds with ～「～と食い違う」

(ロ) in favor of「～に賛成の」 (ハ) in accordance with「～にしたがって」

(ニ) as important as「～と同様に重要で」

② **So how do we reconcile our economy with ecology ?**

▶「それでは，私たちはどのようにして経済と自然環境を reconcile すればよいのだろうか」という部分。

▶①でも見たように，経済と自然環境は対立しているのが現状。人間にとってはどちらも大切であり，一方のみに加担するわけにはいかない。**(ハ) harmonize「調和させる」**が適切。reconcile *A* with *B*「*A* と *B* を調和させる」 harmonize も同じパターンで使える。

(イ) adapt *A* to *B*「*A* を *B* に適合させる」

(ロ) console *A* with *B*「*A* を *B* でなぐさめる」

(ニ) treat *A* with *B*「*A* を *B* で治療する，手当てする」

③ **Unfortunately, remedial activities and products like air filters, bottled water, eye drops and other things we need to combat degraded services all add to the GDP, …**

▶「残念ながら，劣悪になったサービスに立ち向かうために私たちが必要としている remedial 活動や，空気清浄フィルター，びん詰めの水，目薬などのような製品が，すべて GDP を増大させており…」という部分。

▶「remedial 活動」は，「劣悪になったサービス」に立ち向かうために必要なものだという文脈に注目。「劣悪になったものを改善する」活動と考えられる。remedy「救済策」を知っていれば容易。**(ロ) corrective「正す，矯正する」**が適切。

(イ) practical「現実的な，実用的な」 (ハ) medical「医学の，医療の」

(ニ) intensive「集中的な，強い」

④ **If we assigned a monetary value to natural systems and functions, would we be more inclined to conserve them ?**

▶「もし自然のシステムや機能に金銭的な価値をつけたとしたら，私たちはそれらを保護するようにもっと inclined するだろうか」という部分。

▶**(イ) disposed** が inclined と同様，be disposed〔inclined〕to *do* の形で「～する気がある，～したい気がする」の意。

(ロ) (be) opposed (to ～)「(～と) 対比される」

(ハ) (be) imposed (on ～)「(～に) 押し付けられる」

(ニ) (be) composed (of ～)「(～で) できている」

⑤ **Most of these assets, with the exception of natural resources, we already exploit but do not trade in the marketplace because they are difficult to price.**

▶「天然資源を除いて，これらの資産のほとんどを，私たちはすでに exploit しているが，値段をつけるのが難しいため市場では売買していない」という部分。

▶自然が空気や水をきれいにしてくれたり，美しい風景でなごませてくれたりするという恩恵に，私たちはすでに浴している。つまり，そうしたものをすでに使っている。**(ニ) utilize「利用する，役立てる」**が適切。exploit「利用〔活用〕する」
(イ) improve「改善する」 (ロ) achieve「達成する」 (ハ) venture「危険にさらす」

設問(2) 正解は ⓐ―(ロ) ⓑ―(ロ) ⓒ―(イ) ⓓ―(ニ)

ⓐ We live in a world that is increasingly dominated by a global economy, ( ) it is assumed that everything of value has a price tag attached.

▶空所のあとは，it is assumed「それが思い込まれている」と形式主語で，真主語 that 節内は，have *A done*「*A* を～される」のパターン。名詞（主語，目的語）はすべてそろっており，(イ)の関係代名詞 which は使えない。(ハ) if「もし～なら」では意味をなさない。(ロ) where と(ニ) when は関係副詞の継続用法（非制限用法）として使えるが，先行詞が a global economy なので「そして，そこでは」となる **where** が適切。when だと「そしてそのとき」である。

ⓑ If something can't be quantified and sold, it is considered ( ).

▶ⓐのあとに，「価値のあるものには値札がついている（＝売られている）」とある。**(ロ) worthless「価値のない」**が適切。
(イ) superior「すぐれた」 (ハ) inferior「劣った」
(ニ) comprehensible「理解できる」

ⓒ The company buys and restores native wildlife and vegetation, ( ) earning income from tourism and wildlife sales.

▶ The company はこの直前にある the first conservation group to be listed on a stock exchange である。「野生動植物を回復する」のは環境保護団体の側面，「収入を得る」のは企業としての側面であり，それらが両立しているはず。**(イ) while「～する一方で，～しながら」**が適切。
(ロ) toward「～（すること）に向けて」 (ハ) without「～（すること）なしに」
(ニ) unless「～しなければ，しない限り」

ⓓ In fact, our forests provide many services, ( ) habitat for plants and animals, recreation and others …

▶空所以降は，many services の具体例である。**(ニ) including「～を含めて」**が適切。
(イ) excluding「～を除外して」 (ロ) concluding「～を成し遂げて」
(ハ) precluding「～をあらかじめ排除して」

設問(3) 正解は㈡

▶ degrade はもともと「～の地位を下げる」ことだが，生態系などの話では「環境を悪化させる，破壊する」意味で使われる。

▶ services「サービス」は同段第１文にある natural services を受ける。さらに「自然のサービス」は，第３段第２文の（natural services）like air and water purification and climate stability「空気や水の浄化や，気候の安定といった」もののこと。たとえば，水を浄化する自然の機能が悪化する，ということは，自然環境が健全ではなくなるということだろう。**㈡「自然の状態が健全でないこと」**が適切。

㈠「自然のサービス」

㈡「人口が増加していること」

㈢「人間の経済システム」

設問(4) ▶後続の文に注目。If we assigned a monetary value to natural systems and functions,…「もし自然のシステムや機能に金銭的な価値をつけたとしたら」となっている。price「値段」や put「置く，つける」から，設問箇所も同意の内容になると考えられる。

▶疑問詞 what が最初になるのは明らか。問題は接続詞 if があるのに，ＳＶのセットがひとつしかできないことである。what if Ｓ Ｖ「ＳがＶしたらどうなるだろうか」とすべき。動詞 did と put は，did を強調の do「実際，本当に」と考えて did put とする（仮定法過去）。put の目的語は a price tag「値札」。空所のあとの things とつなぐのに on が使える。

設問(5) But this is changing.

▶直前の内容を受ける。ただし，述べられていることは２点ある。「これらの資産のほとんどをすでに利用している」ことと「これらの資産は値段をつけるのが難しいため市場では売買していない」ことだ。設問箇所に続く部分にはある団体のことが具体例として挙がっており，同段最終文に「この企業は野生の動植物を買い取る」「野生生物の販売で収入を得る」とある。「この点」は上記２点のうち後者にあたる。

▶制限字数を考え，「値段をつけるのが難しい」という点を省いてまとめる。

設問(6) Maybe then we'll stop taking it for granted.

▶ then「そうすれば」は，直前の文の「生態系のサービスに金銭価値をつければ」を受ける。同様に，「それを当然と思うのをやめる」は，「自然が提供するものすべてを厳しく検討することになる」と対応する（当然と思っていれば，厳しい目を向けることもしない）。it は all that nature provides を指す。

▶ ecosystem services「生態系のサービス」は複数形になっているので不可。

設問⑺　正解は(ロ)

(イ)――　×　「世界経済の支配は環境に有害であるため，私たちはどんな犠牲を払ってでも防がねばならない」

▶第３段第１文の内容と矛盾する。「どのようにして，私たちの経済と自然環境を調和させればよいのだろうか」とある通り，この文章では経済を一方的に悪として排除するのではなく，自然環境との両立の方法を検討している。

(ロ)――　○　**「環境を守るひとつの方法は，いくぶん不幸なことではあるが，経済的な観点から自然を扱うことである」**

▶最終段の内容と一致する。第１文で「人間が自然に値段をつけることは，とてつもなく傲慢な行為に思える」と否定的に述べたうえで，第２文では「今日の世界の厳しい現実は，金がものを言い，経済がもっぱらの優先事である」としている。

▶第３～最終文では「金銭的な価値をつけることで，自然が与えてくれるものを当たり前と思い，自然環境を劣悪なものにするのをやめるかもしれない」となっている。

(ハ)――　×　「生態系に関連する問題は，私たちの経済システムを犠牲にしてでも取り組まねばならない」

▶(イ)・(ロ)でも取り上げた，第３段第１文，最終段第２文の内容などと矛盾する。

(ニ)――　×　「科学技術は，地域社会によりよいサービスをより低コストで提供できるため，生態系の問題を解決すると常に期待されている」

▶第８段第２～最終文の内容と矛盾する。「科学技術より，自然を利用した方が，コストの低下など，大きな利益を地域社会にもたらすかもしれない」とある。

(ホ)――　×　「空気清浄フィルター，びん詰めの水，目薬といった製品は，劣悪になった生態系を改善するための重要な要素である」

▶第４段第３文の内容と一致しない。上記のような製品は，「劣悪になった自然に立ち向かうために必要な」ものである。

解答

設問⑴　①―(イ)　②―(ハ)　③―(ロ)　④―(イ)　⑤―(ニ)
設問⑵　ⓐ―(ロ)　ⓑ―(ロ)　ⓒ―(イ)　ⓓ―(ニ)
設問⑶　(ニ)
設問⑷　what if we did put a price tag on
設問⑸　自然の持つ資産は市場では売買していないという状況。(25字)
設問⑹　all that nature provides
設問⑺　(ロ)

第 3 章　自由英作文

56

2022年度〔3〕

科学技術の発展によって，機械やAI(人工知能)が人の代わりをすることが増えてきました。製造業においてはかなり以前から，また近年では運輸や接客などのサービス業でも自動化が進んでいます。このように社会が大きく変わろうとしている中にあって，どうしても機械やAIが取って代わることができない，もしくは取って代わってほしくないとあなたが考えるのはどのような仕事ですか。具体的な仕事を1つ挙げ，その理由を80語程度の英文で述べなさい。

解 説

構成を練る

設問の要求は次の点。

✓機械やAIが取って代わることができない，もしくは取って代わってほしくないと考える仕事を1つ挙げる。

✓その理由を述べる。

〔構成例〕

①機械やAIが取って代わるべきではない仕事：教師

②理由：学校は知識を身につけるだけでなく，他者と触れ合って社会でのふるまい方を学ぶ場なので，人間の教師が助言者としてそこにいることが大切だから。

日本語で考える

①私は機械やAIが取って代わるべきではない仕事は教師だと思う。

②知識を身につけることが教育のすべてではない。

③学校で生徒たちは他者と触れ合うことで社会でのふるまい方を学ぶ。

④人間の教師が助言者としてそこにいることが大切だ。

〔英訳前の手直し〕

①「…仕事は教師だ」は，英語としては成り立たないし，主語が長すぎる。「私は機械やAIが教師に取って代わるべきではないと思う」としよう。

②は特に問題はないだろう。

③「～と触れ合う」は「～と交流する」とすればよさそうだ。「生徒たち」でもよいが，小学生から大学生まで幅広い感じを出すのに「子どもや若い人たち」としよう。

④は特に問題なさそうだ。

英訳する

① I think that machines or AI should not replace teachers.

② Gaining knowledge is not everything in education.

③ At school, children and young people interact with others and they learn how they should behave in society.

④ It is important that human teachers are there as advisors.

〔推敲する〕

語数が45語で，条件の半分強しかない。内容を充実させる必要がある。

① think は目的語の that 節内が否定的な内容のときは think のほうを打ち消すのが一般的なので，I don't think that … should ～としよう。
このあとに「機械や AI は，生徒の学習上の弱点を突き止めたり，適切な教材を準備したりするのに役立つ」ことを「～かもしれないが」と譲歩で入れて語数を整えよう。

②譲歩を受けて，「しかし」でこの文を始める。

③語数上「他者と出会う」を足し，「そこから～を学ぶ」とつなぐと and が並ぶことを避けられる。学校はまだ現実の社会そのものではないので，「社会でどのようにふるまうべきか学び始める」としよう。
④の「人間の教師」に自然につながるように，ここで「人間として成長する」などと入れておくのがよさそうだ。

④「人間の教師がそこにいること」は間違ってはいないが，もっとインパクトのある表現にしたい。「人間の教師の存在」と名詞化して文頭におくのはどうだろうか。まだやや語数が少なめなので，「助言者」に加えて「指導者」supervisor も足しておこう。

解答例

I don't think that machines or AI should replace teachers. They may be helpful in identifying students' weaknesses in studies, and in preparing appropriate teaching materials. However, gaining knowledge is not everything in education. At school, children and young people meet others and interact with them, from which they begin to learn how they should behave in society. In other words, they mature as persons. The presence of human teachers as supervisors and advisors is important.（76 語）

57

2021年度〔3〕

長期にわたって何かに取り組む場合，前向きな姿勢を保ち続けるのが難しいことがあります。そのような状況になった時，具体的にどうすれば抜け出せるでしょうか。あなた自身もしくは他の人の経験を1つ例に挙げて，70語程度の英文で述べなさい。

解　説

構成を練る

設問の要求は次の点。

✓長期的に何かに取り組むとき，前向きな姿勢を保ち続けるのが困難になった場合，どのようにすればその状況から抜け出せるか具体的に示す。

✓自分自身もしくは他の人の経験を1つ例に挙げる。

まず端的に「どうするか」を述べ，具体例を続けるという書き進め方になるだろう。

〔構成例〕

①どうするか：もともとの目標を思い出す。

②経験：受験勉強に疲れたときに志望校を訪れた。

日本語で考える

①もともとの目標を思い出せばよい。

②中学3年生のとき，受験勉強が嫌になった。

③私の第一志望の高校に通う兄が，学校に行ってみないかと誘ってくれた。

④高校に行ってみたら，多くの生徒が楽しそうに部活をしていた。

⑤そんな学校生活をしたいと思っていたことを思い出した。

〔英訳前の手直し〕

①「どうするか」をただ書いたのでは文章の導入として唐突なので，「モチベーションを保つカギは，もともとの目標を思い出すことだ」と整える。

②「嫌になった」は「嫌いになった」ということではない。「入試のための勉強にうんざりした，疲れた」というのがよさそうだ。

③「第一志望の高校に通う兄」は，制限用法の関係代名詞では，複数いる兄のうちのどの兄かを表してしまう。非制限用法にするか，同格で表さなくてはならない。

④「行ってみた」は「試しに行ってみた」の意味ではなく，「行った」という事実。「兄と一緒に行った」ということも補わないと，実際の様子が正しく伝わらない。

⑤「思い出した」よりも，楽しそうな様子が「思い出させた」のほうが，志望校を訪れたことの影響がよく表せそうだ。

英訳する

① The key of maintaining motivation is remembering the original aim.
② When I was a ninth grader, I got tired of studying for entrance examinations.
③ My brother, a student of the high school of my first choice, invited me to visit the school.
④ When I went there with him, many students were doing club activities happily.
⑤ It reminded me that I wanted to spend such a school life.

〔推敲する〕

語数的には条件に合っている。文法・語法面，英語らしさという点の検討をする。

①比喩的な意味での「〜のカギ」には of ではなく，to が正しい。

②・③は特に問題はなさそうだ。

④このままだと，私が行ったときだけたまたま多くの生徒が部活をしていたようにも受け取れる。「左に曲がるとコンビニがあります」を，Turn left, and you will find a convenience store. というのと同じように，「行って，部活をしているのを見た」とするのがよいかもしれない。また，「いつ」の情報がないと，過去の文では不自然に見える。「ある土曜日の午後に」と補おう。

⑤これ自体は問題ないが，楽しそうな様子が自分の気持ちを思い出させる大きなきっかけだったことがわかるように工夫をするのがよさそうだ。

解答例

The key to maintaining motivation is remembering the original aim. When I was a ninth grader, I got tired of studying for entrance examinations. My brother, a student of the high school of my first choice, invited me to visit the school. So, one Saturday afternoon, I went there with him and saw many students doing club activities. They all looked happy, which reminded me that I wanted to spend such a school life.（74 語）

58

2020年度〔3〕

現代は，現金をほとんど使わず，クレジットカードや電子マネーで決済ができるキャッシュレス社会になりつつあります。こうした社会にはどのような利点，あるいは問題点があると思いますか。70語程度の英文で述べなさい。

解　説

構成を練る

設問の要求は次の点。

✓キャッシュレス社会にはどのような利点，あるいは問題点があると思うかを述べる。

キャッシュレス社会に賛成か反対かを問うてはいないので，利点だけ，問題点だけを述べてもよいし，利点と問題点の両方に言及してもよいと考えられる。

〔構成例〕

①利点：支払いが素早く済む。

②問題点：パスワードが盗まれたり漏れたりする可能性がある。

日本語で考える

①キャッシュレス決済は支払いが素早く済む。

②一方で，パスワードが盗まれたり漏れたりする危険性がある。

③財布を落とすのとは違って，全財産を失う可能性がある。

〔英訳前の手直し〕

①「支払いが素早く済む」だけでは短いので「無駄な時間を減らせる」とつけ加えよう。

②さらに,「無駄な時間」だけではイメージしにくいので,「レジに並んで待つ」といった具体例を挙げるのがよさそうだ。

③「パスワード」だけでなく,クレジットカードの「カード番号」の場合もあるので,これも入れておくのが事実により合っている。

④「盗まれたり漏れたり」は,「盗まれる」が意図的なもの,「漏れる」が事故によるものなので,悪意の少ない「漏れる」から先にした方がよいかもしれない。

⑤全体的に分量が少ないかもしれないが,ひとまず英訳してから調整しよう。

英訳する

① Cashless payment is quick, so it can help reduce the time you waste, for example, to stand in a checkout line.

② On the other hand, there is always a risk of leakage or theft of your password or card number.

③ Unlike losing your wallet, it may cause you to lose all your money. (53 語)

〔推敲する〕

やはり語数が不足。すでに書いている文に補足するだけではなく,何か項目を増やす必要がある。

①「素早い」は quick and easy とすれば,速さだけでなく「手軽さ」も表せる。

② waste のあとの to stand … が語法上不適切。waste time (in) *doing*「～するのに時間を無駄にする」が正しい。in は省かれることも多いが,for example を挿入するので,残しておくとつながりがわかりやすいだろう。

③問題点として,停電やシステムダウンで,キャッシュレス社会が簡単に混乱に陥ることを付け加えよう。

解答例

Cashless payment is quick and easy, so it can help reduce the time you waste, for example, in standing in a checkout line. On the other hand, there is always a risk of leakage or theft of your password or card number. Unlike losing your wallet, it may cause you to lose all your money. Moreover, a cashless society would easily fall into disorder due to a power breakdown or a system failure. (73 語)

59

2019年度〔3〕

「何事もあきらめが肝心」と言われますが，一方で，「あきらめなければ，必ず道は開ける」という言葉もあります。あなたの考えはどちらに近いですか。あなたの過去の経験を1つ挙げて，70語程度の英文で述べなさい。

解　説

構成を練る

設問の要求は次の2点。

✓「何事もあきらめが肝心」と「あきらめなければ，必ず道は開ける」のどちらが自分の考えに近いかを述べる。

✓それを示す過去の経験を1つ挙げる。

〔構成例〕

①近い考え：「何事もあきらめが肝心」

②経験：小学校でやっていたサッカーを中学ではやめて，バドミントンを始めた。

日本語で考える

①あきらめることも時には必要。

②小学校ではサッカーをしていたが，中学では上手な選手がたくさんいたためにやめてしまった。

③クラスメートがバドミントンに誘ってくれた。

④やってみたらおもしろかった。

〔英訳前の手直し〕

①「あきらめることも時には必要」な理由を最初に述べておいたほうが，あとの経験の意味が伝わりやすい。「新しい世界が開けるから」と付け加えておこう。

②この文はそのままでかまわないだろう。

③「バドミントンに誘う」は，invite O to *do*「Oに～するように勧める，促す」が使えそうだ。

④「やってみたらおもしろかった」の前に，バドミントンにはもともとそれほど興味がなかったことを付け加えておけば，①の「新しい世界が開ける」とうまくつながる。

英訳する

① I think that giving up is sometimes necessary because it opens up a new world.

② I played soccer in elementary school, but I stopped in junior high school because there were many good players.

③ Then, a classmate invited me to play badminton.

④ I had not been interested in badminton, but when I played it, it was very interesting.（58語）

〔推敲する〕

語数が少ない。内容を補う必要がある。

①自分の考えを述べているのは自明なので，I think that は外そう。内容上，あきらめることが「必要」というより「よい（こともある）」がふさわしい。ただ「良し悪し」というのではないように感じる。「ためになる，有益な」beneficial ということだろう。また，あきらめれば必ず新しい世界が開けるとはかぎらないので，may「かもしれない」と補っておこう。

② because 節が①にもあり，表現上やや稚拙に見える。まず「中学校に入学したあと続けるのは無理だと思った」と結論を述べて，理由を表す接続詞なしで「上手な選手がたくさんいた」と続ければ，おのずとこれが理由だとわかる。「上手な」とは，「自分より」という暗黙の比較があるので，比較級にしておくのが妥当だろう。「たくさん」もただ多いというのではやめる理由として弱いので「あまりにもたくさん（いた）」とするのがよさそうだ。「サッカーをやめた」とは，「中学校のサッカー部に入るのをあきらめた」というのが事実であり，そう付け加えておかないと読者に正確な内容が伝わらない。

③「バドミントンにそれほど興味がなかった」は，「バドミントンが簡単で退屈だと根拠もなく思い込んでいた」ともう少し丁寧に表現して，この文に非制限用法の関係代名詞で付け足そう。

④ when I played it, it was very interesting は，訳すと日本語では自然に思えるが，バドミントンがおもしろいと思ったのは「私」なので，find O C「(実際にやってみて）OがCだとわかる」を使うか，③で述べた「思い込み」が事実ではなかったとするのが正しい。後者の場合は It was not. で表せる。いずれにせよ，「おもしろかった」「そうではなかった」で文章が終わるのは締まりが悪いので，「それ以来バドミントンが大好きだ」などと付け加えよう。

解答例

Giving up is sometimes beneficial because it may open up a new world. I played soccer in elementary school. After entering junior high school, however, I found it impossible to continue it. There were too many and far better players. I gave up joining the soccer club. Then, a classmate invited me to play badminton, which I had assumed would be easy and boring. It was not! Since then, I have been playing badminton and loved it.（77語）

60

2018 年度〔3〕

人生，誰しも失敗がつきものですが，あなたはこれまでどのような失敗を経験し，そこからいかなることを学びましたか。最も印象的な事例を具体的に１つあげ，70語程度の英語で説明しなさい。

解　説

構成を練る

設問の要求は次の２点。

✓最も印象的な失敗の具体例を１つ挙げる。

✓その失敗からいかなることを学んだか述べる。

〔構成例〕

①失敗の例：小学生の時の遠足で見たことのない遊具にしり込みして遊ばなかった。帰宅してから後悔。

②学んだこと：最大の失敗は，失敗を恐れてチャレンジしないこと。

日本語で考える

①小学４年生の遠足でフィールドアスレチックのある施設を訪れた。

②そこにはジップラインがあった。

③初めて見た遊具で興味はあったが，うまくできるか自信がなかった。

④他の生徒たちは楽しそうに遊んでいたが，私は迷った末にやらなかった。

⑤帰宅してからやってみなかったことをとても後悔した。

⑥最大の失敗は，失敗を恐れてチャレンジしないことだと学んだ。

〔英訳前の手直し〕

①「訪れた」の主語は，遠足なので「私たち」とするのがよいだろう。

②は短くて細切れなので，③の「初めて見た遊具だった」と合わせよう。

③「失敗」がテーマなので，「うまくできるか自信がなかった」を「うまく行うことに失敗するのを恐れた」としたほうがよさそうだ。

④「～末に」→「～そして結局」とできる。「迷う」は「ためらう」でよいだろう。

⑤・⑥はそのまま英訳できそうだ。

英訳する

① We visited an adventure playground during a school outing when I was a fourth grader.
② There was a zip line which I had never seen before.
③ I got interested in it, but I was afraid that I fail in performing well.
④ Other pupils were enjoying it, but I hesitated and, finally, I gave up.
⑤ After coming back home, I deeply regretted not having tried it.
⑥ I learned that the greatest failure is not challenging for fear of failure.（78 語）

〔推敲する〕

語数が多い。内容や表現を整理して5～6語は減らす必要がある。

① We で始めると，唐突過ぎてだれのことかイメージできない。主節と when の節を入れ替える。
②これでは「私が以前見たことのない種類のジップライン」，つまりジップライン自体は以前に見たことがあるという意味になる。カンマを入れて非制限用法に。
③ fail の時制がおかしい。「恐れた」時点から見ると失敗する・しないは未来のことであり，will を補ったうえで時制の一致で would にする必要がある。しかし，語数が増える。afraid of failing に変えて語数を減らそう。
④「他の生徒たち」の話には触れなくても伝えたいことに影響はしない。むしろ「恐れた」→「ためらった」→「あきらめた」という流れだけのほうがすっきりする。finally のあとの I は省略してもよいだろう。
⑤過去の事柄であると特に明示する必要はないので，not having tried it と完了形を使わなくてもよいだろう。語数調整のために not trying とする。
⑥ challenge の目的語がないが，この語は「人に挑む，異議を申し立てる」の意で，目的語には「物事」は取れない。「新しいことに挑戦する」は try something new にしよう。また，the failure to *do* とすると「(怠って) ～しないこと」の意になる。文章の要点にあたる締めくくりの文であり，failure をあえて多用して印象づけよう。

解答例

When I was a fourth grader, we visited an adventure playground during a school outing. There was a zip line, which I had never seen before. I got interested in it, but I was afraid of failing in performing well. I hesitated and finally gave up. After coming back home, I deeply regretted not trying. I learned that the greatest failure is the failure to try something new for fear of failure.（72 語）

61

2017年度〔3〕

インターネットのＱ＆Ａサイトに中学２年生から次のような相談がありました。

私は，はっきり言って勉強が嫌いです。特に嫌いなのが英語と数学です。一生外国に行くつもりなんかないし，日本では日本語が使えれば生きていけるのに，なぜ使う必要もない外国の言葉を，こんなに一生懸命勉強するのかわかりません。数学もそうです。買い物をするのに方程式や図形はいりません。なぜ x や y を長々と書きまくるのか，全然理解できません。他の科目もいっぱいおぼえさせられるので嫌いです。（でも体育や音楽は楽しいから好きです。）

この悩みをお父さんに言っても，ただ勉強しなさいと言うだけです。でも，正月におじさんに聞いたところ，お父さんも中学の時は全然勉強しなかったそうです。なぜ私は勉強しなければならないんでしょうか？

さて，あなたならこの相談者にどのようなアドバイスをしますか。70 語程度の英語で相談者へのアドバイスを書きなさい。

解 説

構成を練る

設問の要求は次の点。

✓生活するのに必要とは思えない学校の科目を勉強する意味がわからないという中学2年生へのアドバイス。

〔構成例〕

①アドバイス1：将来，英語が絶対に必要ないとは断言できない。

②アドバイス2：どんな仕事についても，好きではないことや困難なことに出合う。

日本語で考える

①「一生外国に行くつもりはない」と言うが，そんなことは断言できない。

②あなたの関心が変わるかもしれないし，仕事で海外に行ったり英語を使ったりする必要が出るかもしれない。

③一見役に立たないと思える科目も，論理的に考えたり，物事の本質をとらえたりする手助けになる。

④すでにできることや好きなことだけやっていては，予想もしなかった問題に出合ったとき，それにうまく対処する力がつかない。

〔英訳前の手直し〕

①「断言できない」の主語がだれか不明。「だれ」がでない表現を使うのが無難。

②「仕事で海外に行ったり英語を使ったりする必要が出るかもしれない」は，「仕事」を主語に「仕事が海外に行ったり英語を使ったりすることを要求する」とすれば書きやすい。

③ ④の内容を考えると，「論理的に考えたり，物事の本質をとらえたりすることを身につける手助けになる」と補ったほうがよいだろう。この文も無生物主語で書けそうだ。

④「対処する力がつかない」は，「対処できない」と簡単に表現できるだろう。

英訳する

① You say that you'll never go abroad, but there is no knowing what will happen in the future.

② Your interest may change, or your future job will require to visit foreign counties and use English.

③ Even seemingly useless subjects help you learn to think logically and grasp the essence of things.

④ If you do only what you can already do or you like, you will not be able to deal with unexpected problems which will confront you in the future. (80 語)

〔推敲する〕

語数が多い。表現を変えるか，内容を整理する必要がある。さらに，２つの項目を述べていることがわかるように言葉を補いたい。

①出だしを「２つのことを指摘したい」として，「第一に」と添えよう。相談者が「英語を学ぶ必要性がない」と言っていたことに触れたほうがよさそうだ。語数はすでに超過しているので，「何が起こるかわからない」を削ろう。

② ①で「英語を学ぶ必要性」のことに触れたので，「仕事が外国へ行くことを要求するかもしれない」の部分は削ることができる。
require の語法が間違っている。require *A* to *do*「*A* に～するように要求する」が正しい。require のあとに you を補う。

③冒頭に「第二に」secondly を足せば，あとは問題なさそうだ。

④ ③の内容を「思考力」the ability to think とまとめて，「思考力は，予期しない問題に対処するのに必要だ」と肯定的な表現にするほうが，「対処できない」という否定的な言い方よりよいと思う。

解答例

I'd like to point out two things. First, you say that you'll never go abroad and therefore don't have to study English. But your interest may change, or your future job may require you to use English. Secondly, even seemingly useless subjects help you learn to think logically and grasp the essence of things. The ability to think will be necessary to deal with unexpected problems that will confront you in the future.（73 語）

62　2016年度〔3〕

「知識は力なり」と言われます。知識をもつということはどんな力をもつことになると思いますか。具体例を挙げ，あなたの考えを70語程度の英語で述べなさい。

解　説

構成を練る

設問の要求は次の2点。

✓知識をもつということはどんな力をもつことになるのか。

✓その具体例。

〔構成例〕

①もつ力：行動力。

②具体例：選挙での投票。

③まとめ：知識があれば積極的に行動できる。

日本語で考える

①知識をもてば，行動力がもてる。

②たとえば，選挙のときには，知識が欠かせない。実際，政治のことがよくわからないから，投票に行かないと言う人がたくさんいる。

③どんなことでも，知らないことにはためらいがちになるものなので，知識があれば積極的に行動できる。

〔英訳前の手直し〕

①「知識をもてば，行動力がもてる」→「知識をもっていれば，行動力を得ることができる」とすることになる。主語は一般論として you を使おう。

②「選挙のときには」→「投票に行くときには」が正確。

「～と言う人がたくさんいる」→自分で調査したわけではないので，「～たくさんいると聞いている」としよう。

③「～なので，知識があれば」→理由と条件という従属節が2つで文が長く締まりがないので，いったん文を切るほうがすっきりしそうだ。

英訳する

① If you have knowledge, you can gain the power of action.

② For example, knowledge is indispensable when you go to vote. I hear that there are many people who say that they don't go to vote because they don't know well about politics.

③ You tend to be hesitant in anything unfamiliar. So, if you have knowledge, you can act aggressively.（60 語）

〔推敲する〕

語数が少ない。内容を補う必要がある。一般論の主語として，③で you を使うのは，「筆者である自分は違う」といった尊大な感じがする。we に変えたいが，途中で一般論の主語が変わるのが適切なのかどうかわからない。①と②で you を使わないようにしてみよう。

① you を外すために，「知識をもっていることは，行動力を得ることにつながる」としよう。

② when you go to vote は in voting とできる。

there are many people who say that … の部分がごたごたしている感じがする。say that は不要だし，「多くの人が…」とすればすっきりする。

語数を補うため，また，知識が積極的な行動につながることをよりよく伝えるために，「逆に言えば，知識がもっとあれば，彼らは投票権を行使するだろう」と補ってみよう。「知識」には，「候補者や政党に関する」と付け加えておくのがよさそうだ。

③一般論の主語を we に変えよう。

If we have knowledge とするより，「知識は私たちが…することを可能にする」と「知識」を主語にしたほうが，知識のもつ力を強く印象づけられる文になるので，enable *A* to *do* の無生物主語にして，強調構文も使ってみよう。

「積極的に」だけでなく「自発的に」と副詞を重ねて，締めくくりの文としての重みをつけよう。

解答例

Having knowledge leads to gaining the power of action. For example, knowledge is indispensable in voting. Actually, I hear that many people don't go to vote because they don't know well about politics. Conversely, if they had more knowledge about the candidates and the political parties, they would exercise their right to vote. We tend to be hesitant in anything unfamiliar. So, it is knowledge that enables us to act aggressively and spontaneously.（73 語）

63

2015年度〔3〕

これからの社会は，どのような問題あるいは困難に直面することになると思いますか。例を一つ挙げ，それにどのように対処すべきかについて，あなたの考えを70語程度の英語で述べなさい。

解 説

構成を練る

設問の要求は次の2点。

✓「これからの社会が直面する問題あるいは困難」の一例。

✓その問題あるいは困難への対処法。

〔構成例〕

①問題・困難：異常気象による災害の多発。

②対処法1：排水設備や堤防の整備。

③対処法2：一人一人の防災意識。

日本語で考える

①私たちの社会が今後直面する困難は，異常気象による災害の多発である。

②排水設備や護岸工事をより積極的に進めるべきだ。

③私たち一人一人も，地域の危険箇所をよく知り，いざというときに適切な行動をとれるように備えておくべきだ。

〔英訳前の手直し〕

①「災害」と言ったが，具体的には「水害」のことしか述べていない。→「とりわけ水害」と補おう。

「多発」を英語でどう表現すればよいか不明。→「増加」とすれば既知の語で書ける。

②「だれが」進めるのか補う必要がある。→「中央政府と地方政府」というのがよいだろう。

「排水設備を進める」は，日本語としてもおかしい。→「排水設備を改善する」と直そう。

「護岸工事を進める」→「堤防を強化する」とすれば既知の語句で表現できる。

③「地域の危険箇所を知る」→「自分の近所のどこに危険な場所があるか知る」とすれば書きやすく，意味もはっきり伝わる。

「いざというとき」→「緊急のときに」，「緊急事態が起きたとき」などと表現できそうだ。

「適切な行動をとれるように準備しておく」→「適切に行動する準備をする」と整理して書けばよいだろう。

英訳する

① The problem our society will face is the increase of natural disasters, especially floods, which are caused by abnormal weather.

② The central government and local governments should improve drainage facilities and strengthen banks.

③ And each of us have to know where dangerous places are in our neighborhoods and prepare to act properly in case of an emergency. (57 語)

〔推敲する〕

語数が少ない。内容を補ったり，表現に工夫をしたりする必要がある。

① The problem だとその問題しかないことになる。「問題の一つ」としなくては。「災害の増加」は日本語では通用するが，「災害の数の増加」とするのが正しい。

② government(s) の反復が，英語としては不自然。形容詞を and でつないで，governments を一つにまとめよう。both を補って，「どちらも」の意味にしてもよさそうだ。

③ each は単数扱いだ。have to ではなく has to としなくては。「準備する」というより「準備ができている」be prepared のほうがよさそうだ。語数が足りないので，最後に「天災は忘れたころにやってくるのだから」と付け加えて，文章を締めくくろう。

解答例

One of the problems our society will face is the increase in the number of natural disasters, especially floods, which are caused by abnormal weather. Both the central and local governments should improve drainage facilities and strengthen banks. And each of us has to know where dangerous places are in our neighborhoods and be prepared to act properly in case of an emergency, for disasters happen when they're least expected. (70 語)

64

2014年度〔3〕

「他人は自分のことをわかってくれない」と思うのはどんな時ですか。またそんな時に，あなたはどう対処しますか。また，それはなぜですか。70語程度の英語で説明しなさい。

解 説

構成を練る

設問の要求は次の3点。

✓「他人は自分のことをわかってくれない」と思うのはどんな時か。

✓そんな時にどう対処するか。

✓それはなぜか。

〔構成例〕

①事例：人の親切を断った時。

②対処：断る理由を説明する。

③理由：相手に理解してもらい，関係を壊さないようにするため。

日本語で考える

①人が手助けを申し出てくれたのを断ると，誤解されることがよくある。

②そんな時には，私は自分自身の力でやるのが好きなのだと説明する。

③そうすれば，相手が理解してくれ，関係が壊れないようにすることができるからだ。

〔英訳前の手直し〕

①「申し出てくれたのを断る」→「人の手助けの申し出を断る」と，英語の動詞・目的語の関係がはっきりする言い方で考えるのがよいだろう。

②「そんな時には」→「そのような場合には」in such a case が間違いなく使える表現だ。

「自分自身の力でやる」→英語では「何を」やるのかを示さなければならない。「物事を」things を補っておくのがよい。

③「理解してくれる」→これも「何を」なのかが必要。「断る理由を」でもよさそうだが，具体的な事例を挙げていない一般論なので，「私を」理解してくれるとしておこう。

英訳する

①I am often misunderstood when I decline others' offer to help.

②In such a case, I sincerely explain them that I like to do things on my own.

③If I do so, I can have them understand me and I don't break our relationship.

(44語)

〔推敲する〕

語数が少ない。内容を補う必要がある。

①基本的に間違いはないが，「誤解される」の部分を「気づいたら誤解されている」としてみよう。相手がせっかくの申し出を断られて気分を害している，私をよそよそしい人間だと思っているなどと補えば，場面をイメージしやすい。

②explain は第4文型を取らない。「人に」は to＋人としなくてはいけない。

「好きだ」は，「手伝ってもらうよりも」と暗黙の比較がある。prefer に変えよう。

それに加えて，人が手助けを申し出ているのなら，困難なことに取り組んでいることが想定できる。「たとえ（一人でするのが）難しくても」と補える。

③「そうすれば」はそのままでもよいかもしれないが，「そうすることによって」とすると手段であることをより明確にできる。

can ではなく could にして可能性の度合を少しゆるめ，やはりわかってもらえないこともあるという含みにしておこう。

understand me では「私が言っていることを理解する」の意味に取られる。「私がどんな人間か認識する」recognize what I am にしておこう。

break a relationship は「関係を断つ」の意だ。damage「損なう」に変えたほうがよいだろう。I don't damage「私は損なわない」では内容上奇妙なので，「損なうのを避ける（ことができる）」と could に続くようにしておくのがよさそうだ。また，細かく考えれば，相手は結局私がどんな人間かはよくわからないかもしれない。「少なくとも」関係が壊れないようにできるかもしれないというつながり具合にしておこう。

解答例

I often find myself misunderstood when I decline others' offer to help. Some look offended, probably thinking that I am unfriendly and aloof. In such a case, I sincerely explain to them that I prefer to do things on my own even though it is rather difficult. By doing so, I could have them recognize what I am, or at least avoid damaging my relationship with them. (67語)

65

2013年度〔3〕

もしもタイムマシンがあれば，あなたは使ってみたいですか，使ってみたくないですか。どのように使ってみたいか，あるいはなぜ使いたくないのか，70語程度の英文で書きなさい。

解　説

構成を練る

設問の要求は次の2点。

✓タイムマシンがあれば使いたいか，使いたくないか。

✓使いたい場合は使い方，使いたくない場合は理由。

多くの人が考えたことのある想定かもしれない。使いたいか使いたくないかは，最初にごく簡単に述べられる。続けて，それぞれどのように使うか，なぜ使いたくないかをまとめればよい。

〔構成例〕

①立場の表明：使いたくない。

②理由その1：未来を先に知ってしまえば，それはもう未来ではない。

③理由その2：過去を修正すれば，今の自分も違うものになるかもしれない。

④まとめ：過去の失敗から学び，未来に備えるのが人生だと思う。

日本語で考える

①私はタイムマシンを使いたくない。

②確かに未来は不安なものだが，どうなるか先に知ってしまうと，それは未来とは言えない。

③過去に犯した失敗には，できるなら，なかったことにしたいものもあるが，過去を変えれば，今の自分も違うものになるかもしれない。

④結局，過去の失敗から学び，どうなるかわからない未来のために努力するのが人生であり，そこに生きる価値や意味があると思う。

〔英訳前の手直し〕

①特に困難な箇所はない。

②「未来は不安なものだ」→もう少し詳しく「私たちは未来には何が起こるか知ることができず，そのことが私たちを不安にする」としてみよう。

③「なかったことにしたい」 →これをどのように表せばよいか自信がない。「過去に犯した失敗は私たちを後悔させるが」などと確実に書ける表現にしておこう。

④「学び，努力することが人生だ」 →*A* is *B* の形では書けないように思う。「学び，努力する」のは人間だから。「人間は学び，努力すべきだ。それが人生を生きるに値するものにするのだ」と，ここも確実に書ける形にしておくのがよさそうである。

英訳する

① I don't want to use a time machine.

② It is true that we can't know what will happen in the future, and that makes us anxious. But if we know our future beforehand, the future is no longer a future.

③ Some failures we made in the past make us regretful, but if we change the past, what we are may be also changed.

④ After all, human beings should learn from the past and try hard to be prepared for the future, and this makes life worth living. (87 語)

〔推敲する〕

語数が多すぎる。全体的に述べ方をコンパクトにする必要がある。

①ここは修正点はない。

②語数オーバーになったので，「未来は不確かだ」The future is uncertain と，もとの言い方に戻そう。
「先に知ってしまえば…」の文は，現実には起こらないことなので，仮定法過去を使うべきだろう。

③前半は「私たちは過去のいくつかの失敗を後悔しているかもしれないが」と少しコンパクトにしよう。後半は②と同様，仮定法過去を使うべきである。
もともと考えていた「なかったことにする」は，erase「削除する，ぬぐい去る」で表せそうだ。

④語数を減らすために，「人生を生きるに値するのは，過去から学び，将来に備えて努力することだ」とまとめよう。

解答例

I don't want to use a time machine. Indeed, the future is uncertain and this makes us anxious. But if we knew our future beforehand, it would no longer be a future. We may be regretful of some past failures, but if we erased them, what we are now might be also changed. After all, it is learning from the past and trying hard for the future that makes life worth living. (72 語)

2012年度〔3〕

あなたが今までに最も誇りに思ったことは何ですか。70語程度の英文で書きなさい。

解 説

構成を練る

設問の要求は次の点。

✓自分が今までに最も誇りに思ったことを述べる。

要求はいたってシンプル。個人の経験を述べればよいので，いわゆる教養的な知識は不要。ただし，語数は多くないので，述べる出来事を簡潔に，かつ読み手がよくわかるようにまとめることが重要。誇りに思える事例を素早く決定する必要がある。

〔構成例〕

①経験の提示：高校入試に合格したこと。

②経験の詳細1：自分の学力よりレベルが高い高校に入学するため勉強に励んだ。

③経験の詳細2：努力の末成績が上がり，入学試験に合格した。

④まとめ：今はその経験を胸に，大学入試を受けている。

日本語で考える

①私が最も誇りに思う経験は，高校入試に合格したことだ。

②第1志望の高校は，当時の自分の学力よりレベルが高かったが，どうしてもその高校に入りたかったので必死に勉強した。

③成績は徐々に向上し，試験に合格した。

④今は，そのことを胸に抱いてこの入試を受けている。

〔英訳前の手直し〕

①「最も誇りに思う」 →proudest の1語で表せる。
「高校入試に合格したこと」 →節にするより「高校入試での成功」と簡潔にした方が，文がすっきりする。

②少し文が長い。 →「レベルが高かった」で区切って，「しかし」で後半をつなぐ。
「第1志望」 →辞書では my first choice となっている。
「学力」 →何と表現するのか不確かなので「成績」grades と言い換えておこう。
「必死に」 →「できるだけ一生懸命に」なら確実に使える。

③「成績が向上する」 →「私の成績」と補う。「向上する」は improve が使えそう。

④「胸に抱いて」 →「念頭において」keep in mind と表現できる。

英訳する

① My proudest experience is success in the entrance examination of high school.

② The level of the high school of my first choice was higher than my grades. But I really wanted to enter the school, so I studied as hard as I can.

③ My grades gradually improved, and I passed the exam.

④ Now I am taking this entrance exam, keeping it in my mind. (64 語)

〔推敲する〕

語数はほぼ条件を満たしているが，もう少し使える。

①念のため「高校の入試」の「の」を調べてみると，for が最初に挙がっている。to と of も挙がっているので問題はない。
success in … は I succeeded in … の名詞化なので，my を補う。

②成績が低かったのは第 1 志望を選択した時点のことだと述べる方がわかりやすい。「高校のレベル」と「自分の学力レベル」は比較対象になるのだろうか。そもそも「学校のレベル」などと言えるのだろうか。不確かなので，「私の成績は十分よくはなかった」my grades were not good enough と安全策をとろう。語数がかなり減るので，どこかで語数を補う必要がありそうだ。
「高校に入りたかった」のは事実だが，これでは「入学」が目標のように聞こえる。その高校で設置されているコースに魅力を感じたのが第 1 志望の理由。その事情は語数上説明できないが，「その高校で勉強したかった」とする方が実情に近く，印象もよいのではないか。そうすると，「一生懸命勉強した」の箇所と studied が連続するので，あとの方を worked にして変化をつけよう。
「できるだけ」の時制が正しくない。過去のことなので I could とするのが正しい。

③特に問題はなさそうだが，

④ it が何を指すのか漠然としている。語数を補う必要もあるので，この文の前に「努力は報われる」などと入れ，「その教訓」the lesson を it の代わりに使おう。keeping の分詞構文は間違ってはいないと思うが，進行形の taking もあるので，with の付帯状況に表現を変えてみよう。

解答例

My proudest experience is my success in the entrance examination of high school. When I selected a high school as my first choice, my grades were not good enough. But I really wanted to study at the school, so I worked as hard as I could. My grades gradually improved, and I passed the exam. Effort is rewarded. Now I am taking this entrance examination with the lesson in my mind. (71 語)

67

2011年度〔3〕

日本語には「もったいない」という言葉があります。この言葉がどのような使われ方をするのか外国人に理解してもらいたいときに，あなたはどのように説明しますか。70語程度の英文で書きなさい。

解　説

構成を練る

設問の要求は次の2点。

✓「もったいない」という言葉の使われ方を説明する。

✓相手は外国人である。

言葉の「意味」ではなく「使われ方」を説明するということなので，辞書的な定義だけではなく，具体例を挙げる必要がある。語数がそれほど多くないので，いくつかある意味のうち最もよく使われると考えられる意味にしぼって，その具体例を挙げるとよい。

〔構成例〕

①おおまかな説明：何かを無駄にすることを表す。

②例1：食べ残し

③例2：着ない服

④まとめ：このように何かを十分に使わないことを表す。

日本語で考える

①「もったいない」にはいくつか意味があるが，最も よく使われるのは「無駄にしている」という意味である。

②たとえば，何かを食べ残したとすると，親が「もったいない」と言うかもしれない。

③また，買ったのに着ないままになっている服のことを「もったいない」と言える。

④このように，「もったいない」は，あるものを十分に利用していないことを表す。

〔英訳前の手直し〕

①「無駄にしている」 →「浪費している」wastefulで表せる。

「最もよく使われるのは…という意味である」 →「…を意味するのに最もよく使

われる」とした方が書きやすい。

②「食べ残す」→「*A* を食べられていない状態に放置する」leave *A* uneaten〔unfinished〕

③「着ないままになっている」→「めったに着ない」seldom wear などとする。

④「十分に使わない」→「*A* を最大限に活用しない」do not make the most of *A* とすれば表現できる。

英訳する

① The Japanese word "mottainai" has several meanings, but it is most often used to mean "being wasteful."

② When you leave something uneaten, your parents may say "mottainai."

③ Or if you have clothes which you seldom wear, it is "mottainai."

④ Thus, "mottainai" means not making the most of something.（48 語）

〔推敲する〕

語数が少ない。少し内容を補う必要がある。

①「最もよく」は本当に「一番頻繁に」と言えるかどうか。「通常」usually か「たいていは」mostly にしておく。

②唐突な始まり方になっている。「食事をしているとしよう」などと，例を挙げることが読み手に伝わる工夫を加える。

③ clothes は集合名詞で漠然としている。「衣類 1 点」は a piece of clothing だが，それよりも a coat「上着，コート」などと具体的なものにした方がよいかもしれない。

it is の it が何を指すか，不明確。「着ないでいる状態」と多少説明的だが，厳密にしておく。

④ひとまず成立しているが，「どのような場合に使われるか」を説明しているのだから，しめくくりとして「～ときに使われる」としてみよう。語数を補うことにもなる。

解答例

The Japanese word "mottainai" has several meanings, but it is mostly used to mean "being wasteful." Suppose you have dinner with your parents and leave something uneaten. Then, they may say to you "mottainai." Or, if you have a coat which you seldom wear and just leave hanging in the closet, the state is called "mottainai." Thus, the word "mottainai" is used when you do not make the most of something.（71 語）

68

2010年度〔3〕

「子供は親の背中を見て育つ」という言葉があります。それでは，親というものは子供にどのような「背中」を見せるべきではないと思いますか。また，それはなぜですか。具体的な例をあげながら70語程度の英語で説明しなさい。

解　説

構成を練る

設問の要求は次の3点。

✓親は子供にどのような「背中」を見せるべきではないか。

✓それはなぜか。

✓具体例。

親の行動が子供にとって無言の模範となるのだから，親には見せてよい「背中」と見せてはいけない「背中」があることが想像できるだろう。

〔構成例〕

①意見の表明：規則を破るべきではない。

②理由：決まりごとを尊重する気持ちを損なうから。

③具体例：駐車禁止の区域に車を停める。

日本語で考える

①親はルールを破るべきではない。

②親がルールを破っているのを見ると，子供はルールというのは気がねなく破ってもよいものだと思ってしまう。

③たとえば，駐車禁止の区域に車を停めてしまうと，見つからなければよいのだと考えてしまうことになる。

〔英訳前の手直し〕

①「ルールを破る」 →break rules で表せる。

②「*A* が～しているのを見る」 →see *A doing* のパターンが使える。

「かまわない」 →「自由に～してもよい」S can freely *do*

③「駐車禁止の区域に車を停める」 →「親が」と補う。ただ停めるというより「平気で」=「～に関して心配しないで」isn't worried about ～などと入れたい。

「駐車禁止の区域」は「車を停めることが許されていない区域」と表せる。
「見つからなければよい」→「見つかる」は be found out でも大丈夫だろう。
「よい」は,「規則を破ってもかまわない」ということ。②にも同じ言い回しが出てくる。all right などと変えてみよう。
「〜と考えてしまうことになる」→「子供は〜と考える」で十分。

英訳する

① Parents should not break rules.
② If children see parents doing so, they would think that they can freely break rules.
③ For example, if parents aren't worried about stopping a car in an area where it is not allowed to stop a car, children think it's all right to break rules if it is not found out.（56 語）

〔推敲する〕

語数が少ない。少し内容を補う必要がある。
①特に問題はなさそうだが，具体例のことを考えると「規則」に「社会的」social と補うとよいかもしれない。
② break rules が 3 文すべてに出てくる。「破る」は violate や disobey に言い換えてみよう。「規則」にも regulation がある。
「親」と「子」のような人間の続柄を表す語には,「だれの」と所有格がつくはずだ。
③前後に if があるのは稚拙な感じ。後のほうを「〜しさえすれば」so long as や「〜しない限り」unless にしてみよう。
「車を停める」は stop ではなく park だ。where 以下の to stop a car は既出の表現と重なる。省略してもよいだろう。
語数不足を解消するために,「そうした小さなルールを守ることが社会では必要なのだ」と補ってみよう。

解答例

Parents should not break social rules. If children see their parents doing so, they would think that they can freely violate regulations. For example, if parents are not worried about parking a car in an area where it is not allowed, their children think it is all right to disobey rules unless it is found out. Parents should show their children that following even small rules is necessary in society.

（70 語）

69

2009 年度〔3〕

あなたが海外のどこかの国に留学し，現地の学校において，日本のことについて話すように頼まれた場合，あなたはどういうことを伝えたいですか。社会，科学技術，産業，文化，風土，習俗や流行など，何についてでも結構です。また，何かを持って行って，それについて話をするということでも構いません。70 語程度の英語で書きなさい。

解　説

構成を練る

設問の要求は次の点。

✓日本のどういうことを伝えたいか。

「どういうことを伝えたいか」とあるので，実際に現地で語るときのスピーチ原稿のように書けばよいだろう。ただし，なぜそれを伝えたいかの理由が自分の中で明確でなければ，訴える力のないものになる可能性がある。

〔構成例〕

①伝えたいものの表明：風呂敷（実際に持っていく）。
②説明その１：ものを包むための布。
③説明その２：さまざまな結び方がある。
④説明その３：ものを包む以外の使い方もできる。
⑤まとめ

日本語で考える

①現地に持っていって，風呂敷のよさを伝えたい。
②風呂敷はものを包むための布である。
③さまざまな結び方があり，包むものを選ばない。
④素材や柄によっては，スカーフにしたりひざ掛けにしたりできる。
⑤着物は洋服と違って着る人の体型が多少違っても対応できるが，風呂敷にも似たようなところがある。日本人のものに対する考え方の一例と言えるかもしれない。

〔英訳前の手直し〕

①「よさ」 →「風呂敷を持っていってそれについて語りたい」で十分。
②「ものを包むため」 →これだけでは包み紙でも同じ。「包んで持ち運びする」と言わなくては，正しく伝わらない。

③「包むものを選ばない」→直訳ではうまく伝わるかどうか疑問。「ほとんど何でも包める」としておこう。

④「素材や柄によっては」→具体的に,「絹で美しい模様ならスカーフにできる」
「ひざ掛け」→英語で何と言うかわからないので,「座っているときにあたたかくしておくためにひざの上に置ける」としよう。

⑤着物の話は長くなりそう。「通常の鞄と風呂敷の違いは,着物と洋服が異なるように,日本人の柔軟なものの考え方を反映しているかもしれない」としてみよう。

英訳する

① I want to bring "furoshiki" and talk about it.

② Furoshiki is a piece of cloth for wrapping and carrying things.

③ It can wrap almost anything.

④ If it is made of silk and has a beautiful pattern, it can use as a scarf. When sitting, it can put on the laps to keep warm.

⑤ The difference between furoshiki and a common bag is like that between kimono and Western clothes. It can be said that both furoshiki and kimono reflect a flexible way of thinking of the Japanese people. (88 語)

〔推敲する〕

語数が多い。⑤の内容を考え直す必要がある。

①この文と以下の文のつながりが不自然。この文は解答を読む人に向けて書いているのに対して,②以下は実際に現地で話しているような書き方。「以下のように(話したい)」を付け加えてみよう。

②実物を現地で見せながら話すのだから,「これは風呂敷だ」などと言う方が自然。

③風呂敷を主語にしてよいのだろうか? →「人が風呂敷にものを包む」のだ。

④ it can use, it can put はおかしい! →「風呂敷は使われる〔置かれる〕」側だ! ③も合わせて,語りかける相手を主語にすればよい。
keep warm →keep *A* warm であるべき。

⑤「風呂敷は日本人の柔軟な考え方を反映していると思う」程度に縮めよう。

解答例

I want to bring "furoshiki" and talk about it as follows. This cloth is called "furoshiki" and is used for wrapping and carrying things. You can wrap almost anything in it. If it is made of silk and has a beautiful pattern, you can use it as a scarf. When sitting, you can put it on your laps to keep yourselves warm. I think furoshiki reflects the flexible way of thinking of the Japanese. (74 語)

70

2008年度〔3〕

Is a lie always bad? Why or why not?
Answer in English in around 70 words.

解　説

問題文の訳

うそは常に悪いことだろうか。なぜ悪いか，あるいはなぜ悪くないか。
70語程度の英語で答えよ。

構成を練る

設問の要求は次の2点。

✓うそは常に悪いと思うか，思わないか。

✓その理由。

〔構成例〕

①意見の表明：いつもではない。

②理由その1：人のためを思ううそもある。

③理由その2：あえて本当のことを言わない方がよい場合もある。

④まとめ

日本語で考える

①うそがいつも悪いわけではないと思う。

②たとえば，一生懸命歌の練習をしたけれども，あまりうまくない人に対して，「あなたは下手だ」と言うのが人間的にすぐれたことだとは思えない。

③また，人に誘われたけれども行きたくない場合，「することがあるので」などと言った方が波風が立たない。

④どんなうそであるかによって良い悪いは決まる。

〔英訳前の手直し〕

①「～ではないと思う」 →英語ではI don't think＋肯定文 の方が一般的だ。

②長いので,「練習したがうまくない人がいる。その人に対して」と2文に分けてみよう。
「人間的にすぐれている」 →「思いやりがある, 分別がある」とすれば簡単。
「思えない」は訳出不要だろう。

③「誘われる」 →「何に」が必要。「パーティー」を補おう。
「波風が立たない」 →「不快ではない」としよう。

④「どんなうそであるか」 →「そのうその種類」としよう。

英訳する

① I don't think that a lie is always bad.

② For example, there is a person who has practiced to sing very hard but is not a good singer. It is not considerate to tell him that he sings badly.

③ Or, when you are invited to a party but don't want to go, it is not offensive to say you have some work to do.

④ It depends on the kind of the lie whether it is bad or not.（78語）

〔推敲する〕

語数が多い。少し整理する必要がある。

①特に問題はなさそう。

② practice to sing →practiceの目的語は動名詞。
considerateは「人」が主語。形式主語ならof＋人を不定詞の意味上の主語として加えるべき。
この2文の分量が多い。there is … whoをやめてみよう。For exampleもSuppose「～としよう」に変えれば1語減らせる。

③ not offensive →「本当のことを言うよりも」という比較が含まれているので, less offensiveが適切。

④ kind ofのあとは無冠詞がふつう。

解答例

I don't think a lie is always bad. Suppose a person has practiced singing very hard but is not a good singer. It is not considerate of you to tell him that he sings badly. Or, when you are invited to a party but don't want to go, it is less offensive to say you have some work to do. It depends on the kind of lie whether it is bad or not.（73語）

71

2007年度〔3〕

あなたが今までに行ったことのある観光地で，もう一度行ってみたいところはどこですか。その理由とともに，70語程度の英語で述べなさい。

解 説

構成を練る

設問の要求は次の2点。

✓行ったことのある観光地でもう一度行きたいところはどこか。

✓その理由。

〔構成例〕

①行きたいところ：奈良の東大寺。

②理由の前置き：以前に行ったのが，小学校の修学旅行。

③理由の中心：正倉院の宝物の価値がわからなかった。

④まとめ：今なら，もう少し味わって見られると思う。

日本語で考える

①奈良の東大寺をもう一度訪れたい。

②小学校の頃，修学旅行で行き，運よく正倉院の宝物展も見られた。

③しかし，幼すぎて美術品の価値がわからず，きちんと見なかった。

④今なら，もう少しその良さがわかると思うので，もう一度行きたい。

〔英訳前の手直し〕

①「東大寺」→Todaiji-temple とすればよいか。

②「正倉院」→宝物庫 treasury であることを添えよう。

③「幼すぎて…ない」→too ～ to *do* か so ～ that …で書ける。
「きちんと」→「注意深く」carefully が使えそうだ。

④「良さがわかる」→「鑑賞できる」appreciate で表現できそうだ。

英訳する

① I would like to visit Todaiji-temple in Nara again.

② I went there as a school trip when I was an elementary school, and luckily, we could see the exhibition of Shosoin treasury.

③ But I was so young that I couldn't understand the value of those treasures and didn't see them carefully.

④ Probably, I can appreciate better now, so I want to go there again. (64 語)

〔推敲する〕

語数が若干少ない。

①特に問題はなさそう。

②「修学旅行で」→as ではなく on だ。
「小学校のとき」→「私」が主語なら,「小学校にいたとき」としなくては。
「～できた」→実際に「できた」のなら, 正確には were able to だ (could は実際にその行為が行われたかどうかまでは含意しない)。

③「見る」→この場合は,「じっくり見る, 観察する」のだから, see より watch や look at にすべきだ。

④ appreciate は他動詞。目的語 them を補おう。

解答例

I would like to visit Todaiji-temple in Nara again. I went there on a school trip when I was in elementary school, and luckily, we were able to see the exhibition of Shosoin treasury. But I was so young that I couldn't understand the value of those treasures and didn't watch them carefully. Probably, I can appreciate them better now, so I want to go there again. (67 語)

72

2006年度〔3〕

あなたがこれまで誰かからもらったもので，心に残っているものにどんなものがありますか。ひとつ挙げて，その理由とともに70語程度の英語で述べなさい。

解　説

構成を練る

設問の要求は次の2点。

✓誰かからもらったもので，心に残っているもの。

✓その理由。

〔構成例〕

①心に残っているもの：ビートルズのCD。

②理由その1：繰り返し聞いた。

③理由その2：丸暗記したら英語が得意になった。

④まとめ

日本語で考える

①いちばん心に残っている贈り物は，兄がくれたビートルズのCDだ。

②とても気に入って，何度も聞いた。

③自分でも歌いたくて丸暗記したら，いつの間にか英語が得意になった。

④あのCDのおかげで，英語を学ぶ楽しさを教えてもらった。

〔英訳前の手直し〕

①「いちばん心に残っている」→「いちばん良い」で表せるだろう。

②何が気に入った？（目的語など明確にしなくては）→「私は，そのCDに入っ

ている歌がとても好きになった」とすればよい。「とても～なので…」の形だから so ～ that …を使おう。

③「丸暗記」 →learn by heart でよいか。

「いつの間にか」 →「知らないうちに」とできる。「～しないうちに」は before が使えたはずだ。

④文構造はどうしようか →「あの CD のおかげで」とするなら，「私は楽しさを知った」となるか。「教えてもらった」を残すなら，「あの CD が私に楽しさを教えた」とするべきだ。

英訳する

① The best present is a CD of the Beatles my brother gave me.

② I liked the songs in it so much that I listened to it many times.

③ I wanted to sing myself and learned by heart, and then I became good at English before I knew.

④ Thanks to the CD, I learned the joy of learning English.（58 語）

〔推敲する〕

語数が少なすぎるのが問題。内容を充実させる必要がある。

① best は最上級だから，「何の中でいちばん」なのか補おう。 →「私が今までにもらった」を足す。

いつもらったのかを入れた方が話として自然だ。 →「中学生になったとき」

② many times は正しいが，語数を増やそう。 →over and over again「何度も繰り返して」というのがあった。

③ sing と learned の目的語がない！ →「歌」が目的語だ。②で the songs があるから them で補おう。

knew の目的語もない！ →漠然と前文の内容を受けるには it を使う。

※「いつの間にか」の before I knew it の it は，つけなくても実は正しい。慣用的に省略が許されている。

④ learn が多すぎるか。 →「CD が教えてくれた」の文に変更しよう。

解答例

The best present I have ever received is a CD of the Beatles my brother gave me when I entered junior high school. I liked the songs in it so much that I listened to it over and over again. I wanted to sing them myself and learned them by heart, and then I became good at English before I knew it.That CD taught me the joy of learning English.（71 語）

73

2005年度〔3〕

次の指示に従って，70語程度の英文を書きなさい。

Describe one scene in a book, movie, comic, or animated cartoon that taught you a valuable lesson about life.

解　説

問題文の訳

人生に関する貴重な教訓をあなたに授けてくれた本・映画・漫画・アニメーションの一場面について述べよ。

構成を練る

設問に答えるには次の3点が必要。

✓本などのタイトル。

✓教訓を与えてくれた具体的な一場面。

✓どのような教訓か。

〔構成例〕

①本：「スタートレック」。 ※アメリカの人気SF。テレビシリーズが有名。

②場面：コンピュータウィルスも生物と認める。

③教訓：他者を滅ぼす権利はだれにもない。

日本語で考える

①前に一度「スタートレック」の1エピソードを読んだことがある。

②そのエピソードでは，コンピュータウィルスが宇宙船のメインコンピュータに入り込み混乱を引き起こしたが，艦長は除去しなかった。コンピュータウィルスも生き物と判断したからだ。

③それを読んで，どんなに見かけが違っても，他者を根絶する権利などだれにもないと思った。

〔英訳前の手直し〕

①「エピソード」のつづり　→自信がないので「話」story で。

②「除去する」 →get rid of ～「～を取り除く」が使えるか。
「判断する」 →judge と思うが，使い方がよくわからない。consider O to be C「OをCであると考える，みなす」を使おう。

③「根絶する」 →「破壊する」destroy で代用しよう。

英訳する

① I have once read a story of "Star Trek."

② In the story, computer virus came into the main computer of the spaceship and caused a lot of troubles. But the captain didn't get rid of them. He considered them to be living things.

③ When I read the story, I thought that nobody has the right to destroy others no matter how their appearance are different from ours. (67 語)

〔推敲する〕

①特に問題はなさそうだ。

② virus は単数形でよいか　→最初は「ひとつ」だったかもしれないが，あとで増えるのだし，英文でも they や them で受けるのが楽。複数形にしよう。
troubles は複数形でよいか　→辞書では［通例 a ～］となっている。可算名詞なら，単数で使うということか。不可算扱いにしておくのが無難だ。

③ no matter how の使い方がおかしい　→「どれほど違うか」がひとまとまりだから，no matter how different とすべき。
appearance と are ではまずい！　→appearances と複数形にしなくては。

解答例

I have once read a story of "Star Trek." In the story, computer viruses came into the main computer of the spaceship and caused a lot of trouble. But the captain didn't get rid of them. He considered them to be living things. When I read the story, I thought that nobody has the right to destroy others no matter how different their appearances are from ours. (67 語)

74

2004年度〔3〕

あなたが億万長者で，何か新しい賞のための基金を設けようと考えたとする。どのような人やどのような功績に対して賞を与えたいかを，その理由とともに70語程度の英語で述べなさい。

解　説

構成を練る

設問の要求は次の2点。

✓どのような人やどのような功績に賞を与えたいか。

✓その理由。

〔構成例〕

①賞を与える対象：体の不自由な人のための道具を作っている人。

②理由の前置き：体の不自由な人はそれぞれ悩みが違う。

③理由の中心：各々に合うものを作ると値段が高くなり，使う側も作る側も困る。

④まとめ

日本語で考える

①体の不自由な人にとって便利なものを作っている人に賞を与えたい。

②体の不自由な人は，ひとりひとりが抱えている問題が違う。

③ひとりひとりに合わせて作ると値段が高くなるので，必要な人が買えないし，作る側も手間がかかるので作ろうとしない。

④それでもそうした道具を作っている人こそ支援すべきだ。

〔英訳前の手直し〕

①「体の不自由な人」 →physically handicapped people

「便利な」 →「役立つ，有用な」ということだからusefulで。

②文構造はどうすればよいだろう　→「体の不自由な人たちが抱えている問題は，互いに異なる」としよう。

③文構造はどうすればよいだろう →前半は「～なので…できない」だから too ～ to *do* か so ～ that …で。後半は，ふつうに because 節にすればよいか。
「ひとりひとりに合わせて作ると値段が高くなる」 →「ひとりひとりに合わせて作られた道具は値段が高い」としよう。
「作る側」 →「会社や企業」だろう。
「作ろうとしない」 →「作りたがらない」でよいか。
④文構造はどうすればよいだろう →「それでもそうした道具を作っている人たちがいる」でいったん切り，「そうした人を助けるべきだ」とすれば書きやすそうだ。

英訳する

① I want to give prize to those who are making useful tools for physically handicapped people.
② The problems handicapped people have are different from one another.
③ Tools made according to each person are too expensive for those who need them to buy, and because it takes much time and trouble to make them, companies don't want to make them.
④ Yet there are some people who make such tools. We should support them.

(72 語)

〔推敲する〕

① prize は不可算名詞か →ここでは 1 人だけが対象ではないから prizes に。
「作っている」は進行形か →今だけのことではないから現在形に。
②特に問題はなさそうだ。
③文がごたごたしている感じがする →2 文に分け，前半を「ひとりひとりに合わせて作ると，道具は高くなりすぎる」として，so ～ that …構文を使おう。
make が多すぎる。 →produce も使おう。
④最後の 1 文があっさりしすぎで弱い感じ →形式主語を使おう。

解答例

I want to give prizes to those who make useful tools for physically handicapped people. The problems handicapped people have are different from one another. When made according to each person, things are so expensive that those who need them cannot buy them. And because it takes much time and trouble to make such tools, companies don't want to produce them. Yet some people undertake the task. It is natural that they should be supported. (75 語)

75

2003年度〔3〕

今日では，作業用，ペット型，人間型など，さまざまな種類のロボットが開発されているが，あなたは将来どのようなロボットにどんなことをしてもらいたいですか。70語程度の英語で述べなさい。

解　説

構成を練る

設問の要求は次の2点。

✓どんなロボットを望むか。

✓そのロボットにどんなことをしてもらいたいか。

〔構成例〕

①希望のロボット：家事一切をしてくれるロボット。

②理由：子供と過ごす時間ができるだけほしい。

③してもらうこと：調理・洗濯を例に。

日本語で考える

①私は，私の代わりに家事をしてくれるロボットがほしい。

②結婚して子供ができたら，できるだけ子供といっしょに過ごしたい。

③調理では下ごしらえから配膳まで，洗濯では干して取り込んでたたむまでをしてくれるとありがたい。

〔英訳前の手直し〕

①「家事」 →housework だ。

②「できるだけ子供といっしょに過ごす」→「できるだけたくさんの時間を子供といっしょに過ごす」ということだ。

③「下ごしらえ」→「下ごしらえから調理」を，「食事の準備を始めから終わりまでする」と言い換えよう。
「配膳」→「食事を出す」serve としておこう。
「干す」→「乾かす」dry でよいか。
「取り込む」→乾燥機のように「乾かす」のなら，「取り込む」必要はない。
「ありがたい」→ロボットに頼んでしてもらうわけではなく，もともと家事をするために作られたロボットだ。②からの流れで，「ロボットが～をする。私はその間，子供を放っておかずに，いっしょにいることを楽しめる」としよう →この部分を④としてつけ足そう。

英訳する

① I want a robot which does all the housework for me.

② When I get married and have my children, I would like to spend as much time as possible with them.

③ The robot prepares meal from the beginning to the end and even serves them. As for washing, it dries the clothes and folds them up.

④ Meanwhile, I enjoy sharing the time with my kids without leaving them alone.

(69 語)

〔推敲する〕

①・②特に問題はなさそうだ。

③「食事」meal は可算名詞 →特定の1回の食事ではないし，meals とすべき。
「始めから終わりまで」は冠詞が必要か →「始めから」は from the beginning だが，「始めから終わりまで」は無冠詞となる！

④「子供を放っておかずに」は without か →どちらか一方しかできない場合の「～せずに」は「～するのではなく」の instead of *doing* だ！

解答例

I want a robot which does all the housework for me. When I get married and have my children, I would like to spend as much time as possible with them. The robot prepares meals from beginning to end and even serves them. As for washing, it dries the clothes and folds them up. Meanwhile, I enjoy sharing the time with my kids instead of leaving them alone.（68 語）

■自由英作文　上達へのヒント

自由英作文を書くには，何を書くか素早く決めることが大事です。それにはひとつのことを**いろいろな視点から考える**練習が必要です。過去問にあたるとき，どんなことが書けるかできる限り考えてみましょう。あれこれと思いを巡らせることが，みなさんの頭の中にある知識や情報を整理し，アウトプットするための訓練になります。つまり，頭を「活性化」するトレーニングというわけです。最終的な解答は，ひとつ完成させるというのでもよいと思います。

以下の例を参考に，身近な先生の指導を受けてみるとよいでしょう。

□自由論述型

69（2009年度〔3〕）は，海外で日本のことについて話す設定の問題です。

解答例では「風呂敷」を取り上げました。こうした問題では，何について話すにせよ，具体的な話の方が人は耳を傾けやすいでしょう。思いつくかぎりの題材を挙げてみましょう。よく知っている物事であれば，ごく素朴なことでもかまいません。

・日本の風土やそれに伴う習慣　→花見，てるてるぼうず，月見，かまくら…
・日本の科学技術　→どのような分野の何がすぐれているだろう，どのような人が活躍しているだろう…
・世界的に有名な人や場所の意外な話　→ノーベル賞受賞者，世界的に活躍しているスポーツ選手の生い立ち，京都や東京などの意外な穴場…

□賛否表明型

70（2008年度〔3〕）は，うそは常に悪いかどうか，理由とともに述べる問題です。

いずれの意見でも，理由の説得力が重要です。練習では，常に両方の立場に立ってみることを実践しておきたいですね。柔軟な思考を養うのにはとても役に立ちます。次のような状況を例にとって，「うそは悪い」「うそは悪くない」の両方の立場から理由を考えてみましょう。

・親しい人が治療の難しい重い病気であることを，自分だけが知っている。
・おしゃれをしてきたつもりの友達（恋人）の服装が，いっしょに歩きたくないようなものだった。
・人からもらった贈り物をなくしてしまった。その相手から，その贈り物をどうしているか尋ねられた。

第 4 章　和文英訳

2022年度 外国語学部以外〔4〕

次の日本文(A)と(B)のそれぞれの下線部の意味を英語で表しなさい。ただし，(B)では**文学部の志願者は(イ)**を，**文学部以外の学部の志願者は(ロ)**を選んで解答しなさい。

(A) **(すべての学部の志願者)**

不思議なことに，宇宙について知れば知るほど，宇宙は「偶然という名の奇跡」に溢れている，ということに驚かされます。

<u>例えば，現在の宇宙が持っているいろいろな条件が整わないと，私たちは誕生しえませんでした。この条件は偶然にそろったものともいえますし，一方でその偶然が起こる確率は奇跡的というほど低いのも事実です。</u>

（本間希樹．2021．『宇宙の奇跡を科学する』扶桑社）

(B)

(イ) **(文学部の志願者)**

人と人が関わり合いを持つ場合，それが望んだ関わり合いであっても，損得が生まれたり，予想外の出来事で気まずくなったりすることがあります。<u>会話も人と人との関わり合いなので，悪意がなくても，話し手や聞き手が不愉快な思いをすることはあります。不注意から出たちょっとした失言が元で，ケンカになったり，極端な場合は仕事を辞めざるをえなくなったりします。もちろん，会話を通して親しくなり，信頼関係を深めることもたくさんありますが，他者と関わり合いを持つ以上，相手を傷つける可能性は常にあるのです。</u>

（時本真吾．2020．『あいまいな会話はなぜ成立するのか』岩波書店 より一部改変）

(ロ) **(文学部以外の学部の志願者)**

仕事で進めているプロジェクトの進行がはかばかしくない。仮にうまく進められても，期待していたほどの結果は得られないかもしれない。そのような場合に思い切って退却することは，選択肢として十分ありえます。

頂上を目指して山に登っているとき，雲行きが怪しくなれば，事故が起きないよう退却する勇気が必要です。それと同じで，進路でも仕事でも進めていることを途中で見切るのは，そこに関わる人の時間やお金を無駄にしないためには必要なことです。

撤退する勇気や決断は，ギリシャ・ローマ時代からリーダーにとっての重要な要素でもあります。

(丹羽宇一郎．2021．『人間の器』幻冬舎)

解 説

Ⓐ ▶下線部第1文

例えば，現在の宇宙が持っているいろいろな条件が整わないと，

英訳 For instance, if the various conditions the universe has now had not been met,

● 同文の内容は事実とは逆のことを想定しているので，仮定法を使うことに注意。「過去に条件が整い，私たち人間も過去に誕生した」と考えれば，仮定法過去完了である。ただし，「現在の宇宙が持っている（整った）いろいろな条件がなければ」と考え，条件節を過去形で表すことも可能だろう。

● 「例えば」は for example や for instance とする。

● 「いろいろな条件が整わないと」は，「条件を満たす」meet〔satisfy / fulfill〕various conditions を受動態にし，上記のように仮定法過去完了で if the various conditions had not been met とする。「条件」には関係詞節がつき，内容が限定されるものなので the をつける。

● 「現在の宇宙が持っている（条件）」は which the present universe has が直訳だが，人類が誕生する条件は過去の宇宙で整ったので，「宇宙が現在持っている」(which) the universe has now と「現在」を副詞で入れるのが無難である。

● 前述のように，ここまでの部分を「宇宙が持っているいろいろな条件が存在しなければ」と解釈し，if the universe's various conditions did not exist と簡潔に表現しても，日本文の意味は概ね伝わる。

私たちは誕生しえませんでした。

英訳 we human beings wouldn't have been born.

● 「私たち人間」は we human beings が文字どおり。おおまかに we「私たち」だけ，human beings「人間」だけにしても問題はないだろう。

● 「誕生しえませんでした」は仮定法過去完了の帰結節の形に注意。wouldn't have been born が文字どおりだが，「存在するようにはなりえなかった」wouldn't have come into existence〔being〕，「存在しえなかった」wouldn't have existed などとすることもできる。この部分は，実際的な可能性の有無というよりは想像上の話なので，could より would が適切。couldn't have *done* は「～したはずがない」のニュアンス。

▶下線部第2文

この条件は偶然にそろったものともいえますし，

英訳 It can be said that these conditions were satisfied by chance,

● 「～といえる」は形式主語を使い，it can be said とするのが文字どおり。後半の内容から確信度は高くないことがわかるので，could にするのもよいだろう。

● 「この条件はそろった」は，前述の「条件を満たす」で使える動詞を利用するとよい。ここは実際にそろったので，過去時制で書くこと。また「この条件」だが，「いろいろな条件」を受けるので複数形にするのを忘れないようにすること。these conditions were satisfied〔met / fulfilled〕となる。
● 「偶然に」は by chance〔accident〕，accidentally が使える。なお，「何らかの偶然がこの条件を満たした」some coincidence met these conditions などと整え直すことも考えられる。

一方でその偶然が起こる確率は奇跡的というほど低いのも事実です。

英訳 and on the other hand, it is also a fact that the probability of such coincidences is surprisingly low.

● 「一方で」は on the other hand が使える。これとの対で前半を on (the) one hand で始めておいてもよい。なお，on the other hand は接続詞ではないので，前半と1文にするなら and を入れること。
● 「～も事実です」は it is also a fact that ～ が文字どおり。a fact の代わりに true としてもよい。
● 「確率は奇跡的に低い」は，the probability〔likelihood〕is miraculously low が文字どおりだが，意味を考えれば「驚くほど」surprisingly などの表現に変えてもよいだろう。「確率」は「可能性」possibility や chance を使うこともできる。chance はしばしば chances と複数形で使う。なお，「低い」はほかに probability には slender / slight / small が，chance には poor / slender / slim / small が，possibility には slim が使える。
● 「その偶然が起こる（確率）」は上に挙げた「確率，可能性」の意の語のすべてが同格の that 節をとることができるので，that the coincidence happens ともできるが，(the probability) of such coincidences などとするとより英語らしい表現となる。

(B)(イ) ▶下線部第1文

会話も人と人との関わり合いなので，

英訳 Since conversation is also a human interaction,

● 「～なので」は as，since を使って，文の前半で示すのが読み手には展開がわかりやすい。
● 「会話も」は，単純に conversation is also で「人と人との関わり合い」を補語にしてもよいが，下線部の前に人と人との関わり合い一般について述べており，「会話も関わり合いのひとつ〔一形態〕である」is also a form of interaction などとすることもできる。

- 「関わり合い」は「関係」relation〔relationship〕の類ではなく，こちらが話し，あちらが応じるというやりとりがあるので，「相互作用」interaction がふさわしい。
- 「人と人との」は between people でよい。あるいは形容詞 human「人間の」で interaction を修飾する。

悪意がなくても，話し手や聞き手が不愉快な思いをすることはあります。

英訳 the speaker or the listener sometimes feels uncomfortable even if neither has any ill will.

- 「話し手や聞き手が～することはあります」は the speaker or the listener sometimes ～ とできる。一般論では無冠詞複数がよく使われるが，ここでは会話をしている当人同士の姿を思い浮かべると単数がふさわしい。また，想定ではあっても，今行われている会話に携わっている人として特定されるイメージであり定冠詞がよい。「～することがある」は sometimes で表せる。「～する可能性がある」としてもよい。「可能性」は can で表すことがよくあるが，助動詞を使うのであれば may のほうが内容としっくりくる。
- 「不愉快な思いをする」は feel uncomfortable が文字どおり。相手の言葉や態度に「むっとする」feel〔get〕offended も状況に合う。
- 「悪意がなくても」は「だれに」が「話し手にも聞き手にも」なので「どちらも～ない」neither を主語にできる。「悪意がある」は have〔bear〕ill will が文字どおり。「傷つけようというつもりである」intend〔mean〕harm なども使える。いずれも否定文なので目的語に any をつけるとよい。なお neither は単数扱いが基本である。
- 「～ても」は「たとえ～でも」even if で表す。

▶下線部第2文

不注意から出たちょっとした失言が元で，ケンカになったり，

英訳 As a result of only a few careless comments, you may end up quarreling with someone

- 一般論なので「だれが」には「あなた」を使うとよい。あるいは，前文の「話し手や聞き手」を受けて「彼ら」とすることも考えられる。
- 全体の運びとして，「失言のせいで〔失言の結果〕，あなたは～する」「失言すると，それがあなたに～させる」「失言があなたに～させる」などいろいろに整え直せる。
- 「不注意から出た…失言」は，「失言（する）」(make) a slip of the tongue という言い方があり，これを使えば「不注意に失言する」make a slip of the tongue carelessly や「不注意な失言（をする）」(make) a careless slip of the tongue とできる。「不注意な発言（をする）」(make) a careless comment などと表現することもできる。
- 「ちょっとした」は表現しにくいが，only を入れて「失言をしただけ」とニュアンスを添えたり，comment を使うのであれば，(make) only a few careless comments などとしたりすることで表せる。

● 「ケンカになったり」は「(だれかと) ケンカをするはめになる」end up quarreling with someone などとできる。無生物主語の文なら，get you into a fight などとできる。

極端な場合は仕事を辞めざるをえなくなったりします。

英訳 or in an extreme case, have no choice but to quit your job.

● 「極端な場合は」は in extreme cases〔an extreme case〕とできる。

● 「仕事を辞めざるをえなくなったりします」は「あなた」など人を主語にした場合は，have no choice but to quit your job / cannot help quitting your job など，無生物主語なら force〔compel〕you to quit your job などとできる。「(仕事) を辞める」には leave や give up も使える。

● 「ケンカする」「仕事を辞める」は必ず起きることではないので，may を補うのが妥当だろう。

▶下線部第 3 文

もちろん，会話を通して親しくなり，信頼関係を深めることもたくさんありますが，

英訳 Of course, you often make friends with others and develop a deep relationship of trust with them through conversation, but ～

● 「もちろん～だが…」は Of course ～, but … が文字どおり。「確かに～だが…」It is true ～, but …や「～は言うまでもないが…」It is needless to say ～, but … などとすることもできる。

● 「会話を通して」は through conversation が文字どおり。「会話があなた〔人々〕に～させる」「あなた〔人々〕が～するのを助ける」conversation makes〔helps〕you〔people〕～ と無生物主語も使える。

● 「(～と) 親しくなる」は make friends with ～ が文字どおり。「(～と) 親しい関係を築く」form〔develop〕a friendly relationship with ～ などとすることもできる。

● 「信頼関係を深める」は「深い信頼関係を築く」develop a deep relationship of trust などとできる。あえて「関係」を訳出しなくても，「信頼を築く」build (up)〔establish〕trust でも十分に意味を表せる。

● 「～こともたくさんある」は often を使ったり，冒頭に in many cases を入れたりすることで表せる。また，it is true that ～「～ということも事実だ」などでも，似たニュアンスを表現することができるだろう。

他者と関わり合いを持つ以上，相手を傷つける可能性は常にあるのです。

英訳 as long as you interact with someone, there is always a possibility of (you) hurting his feelings.

- 「他者と関わり合いを持つ以上」は「あなたがだれかと関わり合うかぎり」as long as you interact with someone などと整えられる。「あなたが他者となんらかの関係を持つとき」when you have some relation〔relationship〕with others などとすることもできる。
- 「～する可能性は常にある」は there is always a possibility of *doing*〔that S V〕が文字どおり。It is always possible that S V とすることもできる。なお，that 節を用いるなら，助動詞 may を補って表現を和らげるとよい。
- 「相手を傷つける」はこの場合，「感情を害する」ことなので，hurt his（or her）〔their〕feelings などとできる。なお，「他者」に単数の名詞を使っていても，their を使うことができる。性別を意識させないために近年こうした代名詞の使い方をすることがある。

(ロ) ▶下線部第1文

頂上を目指して山に登っているとき，雲行きが怪しくなれば，

英訳 If the sky starts to look threatening while you are climbing a mountain to reach the top,

- 一般論なので，「あなた」を主語にして書くとよい。
- 「～しているとき」は「怪しくなれば」にかかるので，if 節内におさめる。
- 「頂上を目指して山に登っているとき」は「山の頂上に向かって登っている間に」while you are climbing to the top of a mountain，「頂上に向かって山を登っている間に」while you are climbing a mountain to its summit，「頂上に到達するために山を登っている間に」while you are climbing a mountain to reach the top〔summit〕などとできる。
- 「雲行き」は「空（模様）」the（look of the）sky で，要するに「天候」the weather である。「（天気が）怪しくなる」は threatening という形容詞があり，the sky〔weather〕starts to look threatening「空が怪しく見え始める」などとできる。the weather begins to worsen「天気が悪くなり始める」などとすることもできる。

事故が起きないよう退却する勇気が必要です。

英訳 you need the courage to descend in order to avoid an accident.

- 「～する勇気が必要です」は you need the courage to *do*〔of *doing*〕が文字どおり。迷わず退却を決断するという状況なので，「～する勇気ある決断をする必要がある」you need to make a courageous decision to *do* などと整えることもできる。
- 「退却する」はこの場合「下山する」ことであり descend が使える。「来た道を引き返す」turn back / go back を使うこともできる。

● 「事故が起きないよう」は「事故を避けるために」in order to avoid an accident とすれば容易。for fear that some accident should happen「何か事故が起きるといけないので」とすることもできる。for fear of some accident も同意。

▶下線部第 2 文

それと同じで，進路でも仕事でも進めていることを途中で見切るのは，…必要なことです。

英訳 Likewise, you sometimes need to give up what you are working on, whether it is your future course or job,

● 「それと同じで」は「同様に」likewise / in the same way / similarly などで表せる。
● 「進めていること」は「取り組んでいること」what you are working on や単純に「していること」what you are doing でもよいだろう。
● 「途中で見切る」は「あきらめる」give up / abandon や「やめる」stop で表せる。
● 「進路でも仕事でも」の「進路」は「将来進む道」と考えれば your future course などとなる。「学業」と考えるなら your study〔studies〕とできる。「仕事」は your job〔career〕でよいだろう。あるいは，「進めていること」を「進路においてでも仕事においてでも」と修飾すると解釈して，whether in your study〔studies〕or in your job〔career〕とすることも考えられる。
● 常に見切ることが必要なわけではないので「必要なこともある」を表すために sometimes や「ある場合には」under〔in〕certain circumstances などを補いたい。

そこに関わる人の時間やお金を無駄にしないためには

英訳 so that you don't waste the time and money of the people who are involved in it.

● 「～を無駄にしないために」は so that you don't waste ～ や in order not to waste ～ などとできる。
● 「時間やお金」は「そこに関わる人の」で限定されるので the time and money と定冠詞をつける。
● 「そこに関わる人の」は of those〔the people〕(who are) involved (in it) や「関係者の」of those〔the people〕concerned などとできる。

(A) For example, if the universe's various conditions did not exist, we human beings wouldn't have been born. It can be said that these conditions were satisfied by chance, and on the other hand, it is also a fact that the probability of such coincidences is surprisingly low.

〈別解〉 For instance, if the various conditions the universe has now had not been met, we wouldn't have come into existence. On (the) one hand, it could be said that these conditions were fulfilled accidentally, and on the other hand, it is also true that the chances of such coincidences are miraculously small.

(B)(イ) (文学部の志願者)

Since conversation is also a human interaction, the speaker or the listener sometimes feels uncomfortable even if neither has any ill will. As a result of only a few careless comments, you may end up quarreling with someone or in an extreme case, have no choice but to quit your job. Of course, you often make friends with others and develop a deep relationship of trust with them through conversation, but as long as you interact with someone, there is always a possibility of (you) hurting his feelings.

〈別解〉 As conversation is also a form of interaction between people, the speaker or the listener may get offended even if neither means any harm. Even a careless slip of the tongue on your part, it may get you into a fight and, in extreme cases, force you to leave your job. It is true that conversation helps people develop a friendly relationship with each other and establish trust, but when you have some relation with others, it is always possible that you may hurt their feelings.

(ロ) (文学部以外の学部の志願者)

If the sky starts to look threatening while you are climbing a mountain to reach the top, you need the courage to descend in order to avoid an accident. Likewise, you sometimes need to give up what you are working on, whether it is your future course or job, so that you don't waste the time and money of the people who are involved in it.

〈別解〉 If the weather begins to worsen while you are climbing to the top of a mountain, you need to make a courageous decision to turn back for fear that some accident should happen. Similarly, it may be necessary under certain circumstances to abandon what you are doing, whether in your studies or in your career, in order not to waste the time and money of those concerned.

解答例

77 2022年度 外国語学部〔4〕

次の日本文の下線部(1)〜(3)の意味を英語で表しなさい。

グローバル化の時代で人の移動が容易になり，コミュニケーションツールも増えた。(1)国外に住んでいるからといって，昔ほど「遠くへ行っちゃった」「寂しい」という感覚はない。私は私の実家と毎日連絡し，妻も両親と連絡していて，距離感は昔とは変わってきている。

(2)ただ，異なる文化の人たちが結婚すると，当然生まれ育った環境が違うため，子育ての価値観もやっぱり違う。ぶつかることもある。文化の根底にある価値観がぶつかったとき，折り合いが重要になってくる。

一方で私が思うのは，日本人同士でも文化が違うことってあるよね，ということだ。(3)私は，恋愛では価値観や文化の違いは乗り越えられず，信頼なら乗り越えられると思っている。恋愛は，相手への気持ちが冷めたら途端に我慢できなくなる。けれど，信頼ベースでよき友人というところに立てば，そこは「我慢」ではなく，ちゃんと議論して決めることができる。「結婚は我慢」などと言う人もいるけれど，我慢には限界があるのではないか。

(ウスビ・サコ. 2020.『アフリカ出身　サコ学長、日本を語る』朝日新聞出版)

解　説

(1)　▶下線部第1文

国外に住んでいるからといって，昔ほど「遠くへ行っちゃった」「寂しい」という感覚はない。

英訳　Although I live abroad, I don't have a feeling that I have come very far away, and I don't feel as lonely as I used to.

- 「〜からといって」は「〜にもかかわらず」although / even though が使える。
- 「国外に住んでいる」は I live abroad〔outside my country〕とできる。
- 「昔ほど〜ない」は not as〔so〕〜 as before〔I used to〕で表せる。この表現をどこで用いるかについては，「昔ほど感じない」とすることと，「そんなに遠い，そんなに寂しいとは感じない」とすることが考えられる。前者の場合は「(昔ほど)頻繁に」often,「(昔ほど)強烈に」strongly / intensely / keenly などが使える。

- 「～という感覚はない」を I don't have a feeling that ～ / I don't feel that ～ として，that 節の中に「遠くへ行っちゃった」「寂しい」を置く。
- 「遠くへ行っちゃった」となっているが，筆者の立場から考えると「(母国から)遠くに来ている」とするのが正しい。「過去に来て，今もいる」ので，現在完了で I have come far (away from home) とするか，「今遠くにいる」と現在形で I am far (away from my home country) などと表す。
- 「寂しい」は，have a feeling that なら I'm lonely，I don't feel ならそのまま lonely が続く。

▶下線部第2文

私は私の実家と毎日連絡し，妻も両親と連絡していて，

英訳 I get in touch with my family back home every day and my wife also contacts her parents,

- 「私は私の実家と毎日連絡し」の「実家」は，内容上「家」ではなく「両親」か「本国にいる家族」。「～と連絡する」は get in touch with ～ / contact / make contact with ～ などが使える。
- 「妻も両親と連絡していて」は，表現を変えて再度書き表してもよいし，「妻もそうだ」so does my wife とまとめてしまうことも考えられる。

距離感は昔とは変わってきている。

英訳 …, so the sense of distance has been changing.

- この部分は，前述の結果なので，so や thus などでつなぐ。
- 「距離感」は the〔our〕sense of distance。
- 「変わってきている」は文字どおり has been changing とできる。「昔と違う」is different from what it used to be などと表現することも考えられる。

(2) **▶下線部第1文**

ただ，異なる文化の人たちが結婚すると，

英訳 But when people from different cultures marry each other,

- 「ただ」は単純に「しかし」の意と考えるなら，but や however で表せる。however は文頭に置くなら必ずカンマを打つこと。逆に but は打ってはならない。however は文中に挿入することもできる。
- 直前の下線部(1)と当該箇所の内容は，直接的には相反する関係にないとも言える。話が転じていると解釈して，by the way「ところで」などとすることも考えられる。
- 「～すると」は when がふさわしい。

● 「異なる文化の人たち」は，people from〔of〕different cultures / people with〔from〕different cultural backgrounds などと表せる。

● 「結婚する」marry は他動詞なので，marry each other と目的語を入れること。

当然生まれ育った環境が違うため，子育ての価値観もやっぱり違う。

英訳 their ways of child rearing are naturally different because it is also natural that the environments in which they were born and brought up are different.

● 「当然生まれ育った環境が違うため」は「(彼らが) 生まれ育った環境が違うのは当然なので」because it is natural that the environments in which they were born and brought up are different,「当然，(彼らは) 違った環境で生まれ育ったので」because they were naturally born and brought up in different environments などとできる。

● 「当然」には as a matter of course も使える。なお，when 節と because 節で主節をはさむ形にすると文のバランスがよい。

● 「子育ての価値観も違う」に，values「価値観 (一般)」は使えない。「子育てのやり方〔考え方〕」ways〔views〕of child rearing などとして，「彼らの子育てのやり方が異なる」their ways of child rearing are different,「彼らは異なる考え方をもっている」they have different views of child rearing とする。

▶下線部第２文

ぶつかることもある。

英訳 They sometimes disagree with each other about what to do.

● 「ぶつかる」は，「(〜について)〈人が〉互いに意見が一致しない」disagree with each other (about 〜),「(〜について)〈人が〉対立する」have conflicts (about 〜) などとできる。

● 「〜について」はなくてもよいかもしれないが，「どうすべきか」what to do / what they should do などを補うことも考えられる。

● 「〜こともある」は sometimes や occasionally を使う。

▶下線部第３文

文化の根底にある価値観がぶつかったとき，折り合いが重要になってくる。

英訳 When values underlying their cultures clash, what is important is compromise.

● 「文化の根底にある価値観」は values underlying culture だが，文脈上「だれの」文化であるかを補いたい。ここまでの流れで「異なる文化をもって結婚した人たち」を受けて their cultures とするか，一般論と考えて読者を想定した your cultures とすることもできる。

● 「〜の根底にある」は at the root of 〜 ともできる。

- 「ぶつかる」は「もの」どうしの衝突なので，clash が使える。
- 「折り合い」は「妥協」compromise とできる。「重要になってくる」の直訳は英語ではやや不自然なので，「重要なのは妥協だ」what is important is compromise としたり，動詞「妥協する」compromise を使って「妥協することが重要だ」it is important to compromise としたりするのがよい。

(3) ▶**下線部第1文**

私は，恋愛では価値観や文化の違いは乗り越えられず，信頼なら乗り越えられると思っている。

英訳 I believe what helps us overcome differences in values or cultures is not romantic feelings but trust.

- 「私は〜と思っている」は I think (that) 〜 以外に，believe や suppose も可能。
- 「A で B を乗り越える」は，「A が，私たちが B を乗り越えるのを手助けする〔可能にする〕」A help〔enable〕us to overcome B のように無生物主語で処理すると書きやすい。また，現実には人が乗り越えるのだが，「A が B を乗り越える」と表現するのも修辞的に許容されるだろう。
- 「恋愛」は love でもよいが，かなり意味の広い語なので「恋愛感情」romantic feelings〔sentiments〕，「恋愛関係」a love〔romantic〕relationship とするとよい。「信頼」は trust を用いる。
- 「価値観や文化の違い」は differences in〔between〕values or cultures とできる。
- 「〜は乗り越えられず，…は乗り越えられる」は，「乗り越える」の反復を避けて，「(乗り越えるのは) 〜ではなく…」として not 〜 but … が使える。「乗り越えるのは」は，「乗り越えるものは」と考えて what を使ったり，強調構文を使ったりすれば表せる。

▶**下線部第2文**

恋愛は，相手への気持ちが冷めたら途端に我慢できなくなる。

英訳 In a romantic relationship, as soon as your love cools off, you cannot tolerate the differences.

- 「恋愛は，相手への気持ちが冷める」は，「恋愛関係においては」in a romantic relationship と補って，「愛が冷める」*one's* love cools off〔fades〕とするか，単純に人を主語にして fall out of love などとできる。
- 「〜したら途端に」は as soon as 〜 を使う。
- 「我慢できなくなる」は「何を」を補う必要がある。文脈上「その（価値観や文化の）違い」が妥当。「(相手の) ものの見方」view などとすることもできる。「〜を我慢する」は tolerate や stand が使える。

(1) Although I live abroad, I don't have a feeling that I have come very far away, and I don't feel as lonely as I used to. I get in touch with my family back home every day and my wife also contacts her parents, so the sense of distance has been changing.

〈別解〉 Even though I live outside my country, I don't feel so often as before that I'm far away from home or lonely. I get in touch with my parents every day and so does my wife. Thus, our sense of distance is different from what it used to be.

(2) But when people from different cultures marry each other, their ways of child rearing are naturally different because it is also natural that the environments in which they were born and brought up are different. They sometimes disagree with each other about what to do. When values underlying their cultures clash, what is important is compromise.

〈別解〉 When people with different cultural backgrounds marry each other, however, they naturally have different views of child rearing because, as a matter of course, they were born and brought up in different environments. They occasionally have conflicts about what they should do. When values at the root of your cultures clash, it is important to compromise.

(3) I believe what helps us overcome differences in values or cultures is not romantic feelings but trust. In a romantic relationship, as soon as your love cools off, you cannot tolerate the differences.

〈別解〉 I think it is not a romantic relationship but trust that overcomes differences between values or cultures. As soon as you fall out of love, you cannot stand your partner's view.

解答例

78

2021年度 外国語学部以外〔4〕

次の日本文(A)と(B)のそれぞれの下線部の意味を英語で表しなさい。ただし，(B)では**文学部の志願者は(イ)を，文学部以外の学部の志願者は(ロ)**を選んで解答しなさい。

(A) **（すべての学部の志願者）**

私が「学ぶことって楽しいな」と思えるようになったのは，大学を卒業して社会に出てからです。

一度学びの楽しさを味わってからは，やみつきになりました。学べば学ぶほど，いままでわからなかったことがわかるようになり，それによって自分の視野が広がります。知らないことや新しいことに出合うと好奇心が刺激され，もっと多くのことを学びたくなります。

（池上彰．2020．『なんのために学ぶのか』SBクリエイティブ より一部改変）

(B)

(イ) **（文学部の志願者）**

ある登山家がひとつの登山をして，その記録を文章に起こし単行本にまとめたとする。しかし彼が本を書いたからといって，その本の読者は，彼の登山の根本がこの本によって侵食されているとは感じないだろう。登山家にとっての表現はあくまで登山行為そのものであり，その登山行為をあとから文章にまとめたところで，そんなものは所詮“おまけ”，彼の登山の副次的な生産物にすぎない。あとから本を書こうが書くまいが，いずれにせよ彼は山には登っただろうし，登っている最中にあとから本を書く自分を意識するなどということもない。つまりこのとき登山家は純粋に行動者――あるいは行動的表現者――として完結できている。

（角幡唯介．2020．『旅人の表現術』集英社）

(ロ) **（文学部以外の学部の志願者）**

なぜ「表現の自由」は守るに値するものなのか？

残念ながら，その問いに対する答えは憲法本文には書かれていない。書かれていないのは，それが自明だからではない(自明なら「表現の自由」をめぐって論争が起きるはずがない)。書かれていないのは，その答えは国民が自分の頭で考え，自分の言葉で語らなければならないことだからである。

表現の自由にしろ，公共の福祉にしろ，民主主義にしろ，それにいかなる価値があるのかを自分の言葉で語ることができなければ，「そんなものは守るに値しない」と言い切る人たちを説得して翻意させることはできない。

(内田樹.「民主主義をめざさない社会」
http://blog.tatsuru.com/2020/03/26_1503.html より一部改変)

解　説

(A)　▶直前に「やみつきになりました」とあり，下線部は筆者個人の経験を述べたものと考えられる一方，現在形で書かれていることから一般論として述べたものとも考えられる。前者なら，主語は「私」で過去のこととして書く。後者なら，主語は読者を想定した「あなた」で，現在形を中心に書くことになる。以下，前者を中心に考えていく。第 2 文も同様。

▶下線部第 1 文

学べば学ぶほど，いままでわからなかったことがわかるようになり，

英訳　The more I learned, the better I understood what I hadn't before

● 「～すればするほど…」は the＋比較級～，the＋比較級…の構文が使える。「学べば学ぶほど」は「より多く学べば学ぶほど」The more I learned となる。

- 「いままでわからなかったことがわかるようになり」は「以前は理解できなかったことをよりよく理解するようになった」the better I understood what I hadn't (understood) before や,「以前は理解できなかったことに関してよりよい理解をもつようになった」the better understanding I had about what I hadn't grasped before などとできる。

それによって自分の視野が広がります。

英訳 …, and this gave me a broader outlook.

- 「それによって」を前述の内容を受ける関係代名詞 which の非制限用法を用いて,「それは私の視野を広げた」…, which widened my perspective〔broadened my outlook〕など,無生物主語で表現する。カンマ+which の代わりにカンマ+and this としてもよい。
- 同様に無生物主語を使って「それはより広い視野を私に与えた」this gave me a broader outlook ともできる。

▶下線部第2文

知らないことや新しいことに出合うと

英訳 When I came across something unfamiliar or new,

- 「出合うと」の「と」は,内容上 if ではなく when で表す。
- 「〜に出合う」は meet というより,「〜に遭遇する」encounter や「〜に偶然出くわす」come across 〜 などが適している。
- 「知らないことや新しいこと」は something unfamiliar or new や unfamiliar or new things などとできる。

好奇心が刺激され,もっと多くのことを学びたくなります。

英訳 my curiosity was stimulated, and I wanted to learn even more.

- 「好奇心が刺激され」は文字どおり my curiosity was stimulated でよい。「私はより好奇心旺盛になり」I became more curious などとすることもできる。
- 「もっと多くのことを学びたくなります」は and I wanted to learn more でよいが,下線部第1文で「学べば学ぶほど」と,すでに「より多く学ぶこと」が述べられているので,「いっそう多く」even more とすると流れがよい。直前で「なる」became を使うなら,形容詞 eager を使って and more eager to learn とすることもできる。
- 第2文全体を「知らないことや新しいこととの遭遇は,私をより好奇心旺盛にし,もっと多くのことを学ぶ気にさせた」と無生物主語に整え直すこともできる。その場合は,Encounters with〔Encountering〕something unfamiliar or new made me more curious and inspired me to learn more. などとなる。

(B)(イ) ▶下線部第１文

登山家にとっての表現はあくまで登山行為そのものであり，

英訳 For a mountain climber, the means of expressing himself is the very act of climbing mountains itself,

- 「登山家」は mountaineer や alpinist という語があるが，(mountain) climber でも問題ない。一般論なので複数も考えられるが，「彼」とあるのであえて複数にしなくてよいだろう。なお，本問では日本文に忠実に he を用いたが，ジェンダーの観点から，総称として登場する人物や性別不特定の人物は，単数でも they で受けることができる。
- 「表現」とは，文章全体の内容を考えると「自己表現」と考えられる。したがって，「登山家にとっては，自己表現（の手段）はまさしく登山という行為自体である」For a mountain climber, (the means of) expressing himself is the very act of climbing mountains itself や，「登山家は山に登ることによって自分を表現する」A mountaineer expresses himself by climbing mountains などとまとめられる。

その登山行為をあとから文章にまとめたところで，

英訳 and even if he writes about it later,

- 「～したところで」は「たとえ～しても」even if のニュアンス。
- 「その登山行為」はすでに the act of climbing mountains を使っていれば it で十分。そうでなければ改めて「その行為」the act や「その経験」the experience などと表現する。
- あえて「ところで」にこだわらず，「登山行為をあとから文章にまとめることは」とすることも考えられる。「あとから」は「のちに」later / afterwards が使える。
- 「～を文章にまとめる」は「～について書く」write about ～ で十分。organize ～ into a book などとしてもよいが，目的語をどうするかが考えどころである。「山を登っているときに自分が経験したこと」what he experienced while climbing the mountain などと工夫する必要がある。

そんなものは所詮“おまけ”，彼の登山の副次的な生産物にすぎない。

英訳 that is only (an addition,) a by-product of his climb.

- 「所詮」は「単なる」merely / just / only などとできる。「おまけ」は「付け足し」addition，あるいは「余分なもの」something extra などといった方向で考えるとよい。
- 「すぎない」も「単なる」にあたる語で表現できる。さきほど挙げた語を使い分ければよい。あるいは nothing more than ～「～以上のものではない，～にすぎない」とすることもできる。
- 「副次的な生産物」は「副産物」a by-product が使える。なお，「おまけ」と「副次的な生産物」は同格関係にあり，カンマを打って並べるだけでもよいし，「すなわち」that is (to say) を置いてもよい。また，「所詮“おまけ”」が意味するところは「副次的な生産物にすぎない」で簡潔かつ具体的に表現されるので，前者はあえて訳出しない，ということも考えられる。

▶下線部第2文

あとから本を書こうが書くまいが，いずれにせよ

英訳 Whether or not he intended to write a book afterwards,

- 「〜しようが…すまいが，いずれにせよ」は whether の譲歩節にまとめてしまってもよいだろう。「いずれにせよ」を anyway などで訳出するなら，主節の最後など，置く場所を工夫する必要がある。
- この部分の動詞の形は，続く部分が「登っただろう」と過去のことに関する推測で書かれているので，過去形で「あとで本を書くつもりがあったかなかったかにかかわらず」whether or not he intended〔planned〕to write a book later などとする。

（いずれにせよ）彼は山には登っただろうし，登っている最中にあとから本を書く自分を意識するなどということもない。

英訳 he would have climbed the mountain (anyway), and he would not have imagined himself writing a book later while he was climbing.

- 前述のように過去のことに関する推測であり，he would have climbed the mountain (anyway) などとできる。なお，やや文が長いので，いったんここで切ることも考えられる。
- 「〜ということもない」は，直前の部分が否定文ではないので，neither〔nor〕+（助）動詞 + S や not 〜 either などの表現は使えない。「そのうえ」besides などを添えるか，ただ and でつなぐだけでもよい。また，断言した表現になっているが，ここも推測として表現するほうが内容上妥当だろう。
- 「あとから本を書く自分を意識する（などということもない）」は，現在形になっている。そのまま現在形の文も考えられるし，前半とそろえて過去のこととして訳すことも考えられる。「意識する」は内容上，「自分が本を書いているのを想像する，思い描く」imagine〔picture〕himself writing a book later などとできる。
- 「登っている最中に」は while (he was〔is〕) climbing でよい。

(ロ) **表現の自由にしろ，公共の福祉にしろ，民主主義にしろ，**

英訳 Whether it is about freedom of expression, public welfare, or democracy,

- 「〜にしろ，…にしろ」は，whether 節が使える。文頭に置いても節の後半（「それに…できなければ」の訳の後）に置いてもよい。文頭の場合は it is about 〜の形で話題を導入する。この場合の it はおおまかに話題になっていることを表す。節の後半に置く場合は,「それ」の部分を「何かあるもの」somethingとして整え,whether節を挿入としてカンマで挟むとよい。ここでもitを主語にすることになるが,これは直前のsomethingを受けるだけなので,aboutは不要である。

- 「表現の自由」,「公共の福祉」,「民主主義」はそれぞれ順にfreedom of expression, public welfare, democracyである。

それにいかなる価値があるのかを自分の言葉で語ることができなければ,

英訳 if you are unable to express in your own words what value something has

- 一般論なので主語はyouがよい。
- 「～することができなければ」はif you cannot〔are not able to / are unable to〕*do*でよい。unless you can *do*とすることもできる。
- 「語る」はtalk aboutでも誤りではないが,「伝える」expressのほうが「自分の言葉で」とのつながりがよいだろう。「説明する」explainも文意に合う。
- 「自分の言葉で」はin your own wordsが文字どおりの表現。目的語が長いので,express / explainの直後に置くとよい。
- 「それにいかなる価値があるのか」は「あるものがどんな価値をもっているのか」what value something hasが文字どおりの表現。「あるものにどれほど価値があるのか」how valuable something isも使えるだろう。なお,whether節を文頭に置いた場合は,「それ」はfreedom of expression, public welfare, democracyを受けることになるので,somethingをitとする。

～する人たちを説得して翻意させることはできない。

英訳 you cannot persuade those who ～, and make them change their minds.

- 「説得する」はpersuade,「翻意させる」はconvertが考えられるが,いったん「～する人たちを説得する」persuade those who ～として,「彼らの考えを変えさせる」and make them change their mindsと続けてもよい。「考えを変えるようにAを説得する」persuade *A* to change their minds / talk *A* into changing their mindsとまとめることも考えられる。

「そんなものは守るに値しない」と言い切る

英訳 assert that such things are not worth protecting

- 「言い切る」は「断言する」assert / affirmが使える。「主張する」claimや「強く言い張る」insistなどもよい。
- 「そんなもの」は「～にしろ,…にしろ」といろいろなものが挙がっているので,such things / things like theseなどとするとよい。
- 「～するに値しない」はare not worth *doing*が使える。「守る」は,危害を加えられたり,壊されたり,奪われたりしないように防御する意味なので,protectやdefendが使える。

解答例

(A) The more I learned, the better I understood what I hadn't before, and this gave me a broader outlook. When I came across something unfamiliar or new, my curiosity was stimulated, and I wanted to learn even more.

〈別解〉 The more you learn, the better understanding you'll have about what you didn't grasp before, which widens your perspective. Encounters with something unfamiliar or new (will) make you more curious and inspire you to learn more.

(B)(イ) （文学部の志願者）

For a mountain climber, the means of expressing himself is the very act of climbing mountains itself, and even if he writes about it later, that is only (an addition,) a by-product of his climb. Whether or not he intended to write a book afterwards, he would have climbed the mountain, and he would not have imagined himself writing a book later while he was climbing.

〈別解〉 A mountaineer expresses himself by climbing mountains, and afterwards organizing what he experienced in the act into a book is merely something extra, that is, nothing more than a by-product of his climbing. Whether or not he planned to write a book later, he would have climbed the mountain anyway. Besides, he probably does not picture himself writing a book afterwards while climbing.

(ロ) （文学部以外の学部の志願者）

Whether it is about freedom of expression, public welfare, or democracy, if you are unable to express in your own words what value it has, you cannot persuade those who assert that such things are not worth protecting, and make them change their minds.

〈別解〉 Unless you can explain in your own words how valuable something is, whether it is freedom of expression, public welfare, or democracy, you cannot persuade those who affirm that things like these are not worth defending to change their minds.

79 2021年度 外国語学部〔4〕

次の日本文の下線部(1)~(3)の意味を英語で表しなさい。

(1)脳の進化の歴史をたどれば，人間は合理的に考えることのできる知性を発達させることで繁栄もしてきましたが，その合理性を適度に抑えることで集団として協調行動をとることが可能になりました。

それが，今日まで人類が発展を続けることができた大きな要素だったのではないかと考えることができます。果たして，(2)合理性だけが発達した人間は，どのように扱われるのでしょうか？　彼らは，異質なものとして人間社会からは排除されてしまうのです。

(3)ただ，その人間がつくり出した合理性の塊が人工知能だとすれば，これは人間の不合理性とは補完的に働き，強力なパートナーシップを築くことも可能性としては十分にあり得ます。AIとの勝負，などと煽るつまらないビジネスをしている場合ではなく，このディレクション(使い方)ができるかどうかこそが人類の課題と言えるでしょう。

(中野信子．2020．『空気を読む脳』講談社 より一部改変)

解 説

(1) ▶「脳の進化の歴史をたどれば」はひとまず if か when の従属節に見えるが，いわゆる主節の述語が「繁栄もしてきたが，可能になった」であり，つじつまが合わない。「歴史をたどれば，繁栄もしてきたが，可能になったことがわかる」などと補う必要がある。

脳の進化の歴史をたどれば…ことがわかる。

英訳 Tracing the history of brain evolution, we can see that …

- 「～の歴史をたどる」は trace the history of ～がよく使われる表現。
- 「脳の進化」は the evolution of the brain となるが，やや冗長なので，brain を形容詞的に用いて brain evolution としたり，「進化の」を歴史にかけて the evolutionary history of the brain としたりするとすっきりする。
- 「～すれば」は，if や when では意味がやや限定的でしっくりこないので，分詞構文で表現するとよい。その場合「誰が」たどるのかが問題になるので，主節の主語を「私たち」we か「あなた」you で表す。
- 「…ことがわかる」は can see〔find〕that …などとできる。
- 「歴史をたどること」を無生物主語にして「脳の進化の歴史をたどることはあなた〔私たち〕が…ことを理解するのを可能にして〔助けて〕くれる」Tracing the history of brain evolution enables〔allows / helps〕you〔us〕to see〔understand〕that …とすることも考えられる。

人間は…繁栄もしてきました

英訳 human beings have flourished

- 「人間，人類」は human beings か humans が使いやすい。humanity や humankind もあるが，いずれも集合名詞で数や受ける代名詞の扱いが判断しづらい。
- 「繁栄する」には thrive や prosper があるが，後者は主に経済的な成功を表すので，種の繁栄という文脈では最適とは言えない。
- 「～してきた」と過去から現在まで含むので現在完了を使う。
- 「も」はこのあとの対照的な内容を前提としての「も」であり，この時点で also や too などを用いることはできない。

合理的に考えることのできる知性を発達させることで

英訳 by developing intelligence, thanks to which they are able to think rationally

- 「知性が考える」のではなく，「知性のおかげで人間が合理的に考えることができる」「知性が合理的思考を可能にする」という意味になるように注意。前者は thanks to which we〔they〕are able to think rationally，後者は which allows rational thinking などとなる。いずれの場合でも，他の知性との区別を述べているのではないので，非制限用法にすること。なお，human beings / humans は基本的には３人称複数だが，「我々人類」であることは明らかなので we で受けても問題はないだろう。

- 「発達させることで，人間は繁栄してきた」を「知性の発達が，人間が繁栄することを可能にしてきた」と読み換えて the development of intelligence has enabled humans to thrive などとすることもできる。
- 「…が」は，前半を though〔although〕で譲歩節にするか，while で後半を続けるとよい。

その合理性を適度に抑えることで集団として協調行動をとることが可能になりました。

英訳 we〔they〕have been able to act cooperatively as a group by moderately controlling that rationality

- 「抑えることで」は by *doing* を使うか，「抑えることが…ことを可能にした」と無生物主語にする。
- 「抑える」は「抑圧する」というより，「制御する」というニュアンスだろう。control が使える。
- 「その合理性」の「その」は「人間の繁栄につながった合理性」の意で，単純に the というより，指示性がいっそう強い that，「繁栄した人間の」の意で our，単純に「そのような」such とするとよい。
- 「適度に」は moderately が文字どおりの表現だが，「適切に」と考えて appropriately / properly としてもよいだろう。
- 無生物主語の場合は，「抑えること」controlling と動名詞で使うより，「制御」の意で名詞 control を使うのが英語らしい。その場合は，「適度に」を形容詞形の moderate / appropriate / proper にし，目的語にあたる「その合理性」を of でつなぐこと。
- 「集団として協調行動をとることが可能になりました」は，主語は「人間」であり，we〔they〕を使って we〔they〕have been able to act cooperatively as a group とすると文字どおり。「抑えることが…可能にした」のパターンなら，has enabled〔allowed / permitted〕us〔them〕to act cooperatively as a group とする。
- 「協調行動をとる」は cooperate の１語でも表せる。

(2) ▶**下線部第１文**

合理性だけが発達した人間は，どのように扱われるのでしょうか？

英訳 How would people who developed only rationality be treated?

- 「合理性だけが発達した人間」が現実に存在するとは考えにくいので，この下線部は仮定法を使うのが妥当。

- 「人間」は，この下線部第2文に「彼ら」とあるので複数にしておくのがよいが，「人類」という規模のことではないので people や those (who …) でよい。
- 「合理性だけを発達させた」は who developed only rationality で問題ない。なお，only を developed の前に置いても文意に大差はない。
- 「…は，どのように扱われるのでしょうか？」は How would … be treated? が文字どおり。「～を扱う」は deal with ～ も使える。

▶下線部第2文

彼らは，異質なものとして人間社会からは排除されてしまうのです。

英訳 They would be excluded from human society as foreign elements.

- 引き続き仮定法過去で表現する。
- 「～から排除される」は would be excluded from ～が文字どおり。「排除する」には eliminate / remove などでもよいだろう。
- 「社会」society は基本的に不可算扱いで無冠詞。human society とする。
- 「異質なもの」は「異分子」foreign〔alien〕elements が使える。「(通常の人間社会からすると）よそ者の存在」alien beings,「何か異質なもの」something alien などともできる。

(3) **ただ，その人間がつくり出した合理性の塊が人工知能だとすれば，**

英訳 However, if artificial intelligence is considered (to be) the embodiment of rationality, which human beings have created,

- 「ただ」は「ただし」，つまり「しかし」の意。however が使える。
- 「合理性の塊が人工知能だとすれば」は「…だとする」を「…と見なす」と考えるなら，「人工知能を合理性の塊と見なす」とするほうが自然である。あえて「…だとする」は訳出せず，「…ならば」とまとめてしまうこともできるが，「人工知能が合理性の塊なら」とするほうが自然。
- 「合理性の塊」は「合理性そのもの」の意で rationality itself などとできる。「合理性を具現化したもの」the embodiment of rationality も使える。文字どおりの「塊」mass は普通は物質について使われ，比喩的に使うのには適さない。
- 「人工知能」は artificial intelligence だが，この下線部の直後に AI とあり，しばしばこの略語が用いられるので，この表記でもよいだろう。
- 「その人間がつくり出した」の「その」は下線部(1)の「その合理性」の場合ほど何を指すのかが明確ではなく，特定の人間を表す語は添えなくてよいだろう。文字どおり which human beings have created としてもよいし，「人間によってつくり出された」created by human beings としてもよい。

これは人間の不合理性とは補完的に働き，強力なパートナーシップを築くことも可能性としては十分にあり得ます。

英訳 it is very likely that it will work complementarily with human irrationality and establish a strong partnership with humans.

- 「～する可能性が大いにある」it is very likely that ～ / it is quite possible that ～ / there is a good chance that ～などで文を始める。that 節内の時制は今後のことなので，will を使う。
- 「これは人間の不合理性とは補完的に働き」の「これ」は，英語では this で受けるのは不自然なので，it で表す。文字どおり it will work complementarily with human irrationality とできる。「人間の不合理性を補完する」it will complement human irrationality としてもよいだろう。
- 「強力なパートナーシップを築く」は，主語と will は前半と共有させればよい。「人間と」を補って，establish〔form / build〕a strong〔great〕partnership with humans とできる。

(1) Tracing the history of brain evolution, we can see that although the development of intelligence, which allows human beings to think rationally, has enabled us to thrive, we have been able to act cooperatively as a group by moderately controlling that rationality.

〈別解〉 Tracing the evolutionary history of the brain enables you to understand that humans have flourished by developing intelligence, thanks to which they are able to think rationally, while appropriate control of such rationality has allowed them to act cooperatively as a group.

(2) How would people who developed only rationality be treated? They would be excluded from human society as foreign elements.

〈別解〉 How would those who only developed rationality be dealt with? They would be eliminated from human society as something alien.

(3) However, if artificial intelligence is considered the embodiment of rationality, which human beings have created, it is very likely that it will work complementarily with human irrationality and establish a strong partnership with humans.

〈別解〉 If AI is rationality itself created by humans, there is a good chance that it will complement human irrationality and form a great partnership with human beings.

解答例

80

2020年度 外国語学部以外〔4〕

次の日本文(A)と(B)のそれぞれの下線部の意味を英語で表しなさい。ただし，(B)では**文学部の志願者は(イ)を，文学部以外の学部の志願者は(ロ)を選んで解答しなさい。**

(A) **(すべての学部の志願者)**

過去の多くの哲学者は，同時代の悲劇を目にするたびに，私たち人間の愚かさを告発し，そのような悲劇が二度と繰り返されないために，どのように私たちの愚かさを克服するべきかを考え，話し，書いてきました。人類はこれまでに高い授業料を払って，様々な失敗からの教訓を得ているのです。

過去の哲学者がどのような問いに向き合い，どのように考えたかを知ることは，とりもなおさず，私たち自身が，当時の人間と同じような愚かな過ちを再び繰り返すことのないよう，高い費用を払って得た教訓を学ばせてもらうという側面があります。

山口周『武器になる哲学』

(B)

(イ) **(文学部の志願者)**

「道聴塗説」という言葉があります。人から聞いたことを自分では理解しないで，そのまま他の人に伝えるということです。ある人の考えを聞き，なるほどその通りだと深く納得しても，他の人から違うことを聞けば，今度はそれを鵜呑みにして人に伝えるのです。

本を読む時も，著者の考えをそのまま無批判に受け入れ，その内容について自分では考えないで他の人に伝えるのでは本を読む意味はありません。

大切なことは，読書を通じて，自分のそれまで持っていた考えや生き方を振り返って吟味し，さらには，自分の生き方を見直すということです。

本をどう読むかは生き方そのものを表しますが，本の読み方が変われば，生き方も変わってきます。

岸見一郎『本をどう読むか』

(ロ) **(文学部以外の学部の志願者)**

歴史上の事実について書くのは傲慢なことだ。ペンを持つ人間は，既にすべてが終わっている特権的な場所から，実際には見ていないことを，まるで見てきたように書くのだから。

梯久美子「歴史を記述する上での誠実さ」

解　説

(A)

過去の哲学者がどのような問いに向き合い，どのように考えたかを知ること

英訳　Knowing what questions past philosophers faced and what they thought about them

- 「知ること」は learning が標準的な語だが，あとの「学ぶこと」も learning である。同じ言葉を使ってかまわないが，変化を持たせたければ「知ること」に knowing や realizing などを使えばよいだろう。基本的に know は「知っている」という状態を表すが，この文意なら許容範囲である。
- 「過去の哲学者」は，past philosophers / philosophers in〔of〕the past でよい。文脈から考えてだれか一人の哲学者のことではなく，「過去の」がついても具体的にどの哲学者か特定できないので，無冠詞複数形にするのが適切。
- 「向き合う」は face が文字どおり。「～に取り組む」deal with ～ / cope with ～ / approach / address などでもよいだろう。
- 「どのような問い」は what (kind of) questions が文字どおり。「問い」はこの場合 problems「問題」としてもよい。「問い」も一つだけではないはずなので，複数形にすること。なお，kind of のあとに続く名詞が複数形でも，kind 自体は単数形がふつう（複数形にすることもある）である。
- 「どのように考えたか」は，文脈上「その問いに関して」であり，それを補うこと。what they thought about〔of〕them となる。「どのように」は，thought that …「…と（いうことを）考えた」と，think の目的語にあたる部分を問うので，疑問代名詞の what を使うこと。how は「どうやって考えたか」という考える際の方法を表すので不可。

…は，とりもなおさず…高い費用を払って得た教訓を学ばせてもらうという側面があります。

英訳　… means learning the lessons they gained after making considerable sacrifices

- 「*A* はとりもなおさず *B* だ」とは，「*A* はすなわち *B* だ」の意であり，「側面がある」を訳出するとかえってつじつまが合わなくなる。また，「させてもらう」も「やる，あげる，くれる，もらう」という日本語特有の受け渡し関係を細やかに表す言い回しであり，「…を知ることは，すなわち…を学ぶことだ」と整理できる。
- ただし，「知ることは学ぶことだ」は主語と補語にあたり，そのまま「イコール関係」になるため，同格関係となる名詞などを言い換えるのに主に使う namely / that is (to say) は使えない。したがって，文全体を「…を知ることは…を学ぶために大切だ」と読み換えたり，動詞部分で「知ること＝学ぶこと」の関係をはっきり示して，means「…を意味する」，is equivalent to …「…と等しい」，directly leads to …「直接…につながる」としたりするとよい。また，「もし…を知れば…を学ぶことができる」などとして文意を伝えることを重視して大きく文構造を変えることも考えられる。

- 「高い費用を払って得た教訓」の「高い費用を払って」は，文章の前半（下線部の前）に「高い授業料を払って」とあるのと同様比喩であり，その教訓を得るために大きな犠牲を払ったことを表す。「大きな犠牲を払って得られた教訓」the lessons learned〔drawn / gained〕at great〔considerable〕expense〔cost / sacrifice〕などとできる。関係代名詞を使って the lessons (which) they learned〔drew / gained〕after making considerable sacrifices「彼ら（＝過去の哲学者たち）が大きな犠牲を払った結果，得た教訓」としてもよい。「教訓」は一つではないので，複数形にすることを忘れないように。

私たち自身が，当時の人間と同じような愚かな過ちを再び繰り返すことのないよう，

英訳 so that we will not repeat the same foolish mistakes as the ones made by the people of those days

- 「私たちが～を繰り返すことのないよう」は目的を表しており，in order for us not to repeat ～ や so that we will not repeat ～ で表せる。「繰り返す」repeat は「また同じことをする」と，「再び」を含意するので，again は不要。「二度と繰り返さない」という強い否定を表していると考えるなら，not の代わりに never を使うとよいだろう。
- 「～と同じような…」は the same … as ～ とする。same は必ず the を伴う。
- 「愚かな過ち」foolish〔silly / stupid / ridiculous〕mistakes も，「教訓」と同様一つではないので，複数形にすること。
- 「当時の人間と（同じような)」は，日本語では the same … as に名詞が続いている形になるが，人間自体が過ちではないので，「当時の人間が犯したもの（と同じ愚かな過ち)」と整える必要がある。the ones made by the people of those days となる。日本語では「当時の人間がした（のと同じような)」とも言えるが，do mistakes とは言えないので，did は使えない。なお，「当時の人間が犯した間違い（を再び繰り返さない)」とすれば，「同じ」を訳出しなくても内容は変わらないとも言える。「当時の」は at that time ともできる。また，「当時」が指す具体的な時代が示されていないので，「過去の」in〔of〕the past などとしておくことも考えられる。
- 「教訓を学ばせてもらう」とその目的である「私たち自身が，…を繰り返すことのないよう」は「高い費用を払って得た」を挟むことで離れており，英訳にもそれが反映されてしまうが，in order for us not to repeat ～ や so that we will not repeat ～ などが learn の目的を表すことは文脈から明らかなので，こうした副詞表現はそのまま文末に置いてかまわない。ただし，動詞を修飾する副詞表現は多くの場合，「最も近くにある動詞（準動詞も含む）にかかる」と見なされることには留意したい。

(B)(イ) ▶下線部第１文

本を読む時も，

英訳 It is true of reading a book.

- 「も」は，下線部の前に述べられていることが，「本を読む時にも当てはまる」の意であることを汲み取り，「それは本を読むことにも当てはまる」It is true of〔for / with〕reading a book. と独立した文にすることができる。簡単に「同様に」similarly / likewise を使って表すこともできる。なお，一般論なので「本」を複数形にすることも思い浮かぶが，続く部分のことを考えると，一度にたくさんの本について人に語るというのは不自然なので，単数で表しておくのが妥当だろう。

著者の考えをそのまま無批判に受け入れ…るのでは

英訳 If you uncritically accept the author's ideas as they are

- 「～するのでは」は，「もし～すれば」と考えて if 節で表せる。主語は読者に教え諭すイメージで you が使える。
- 「著者の考え」は the author's ideas〔opinion〕とできる。「本を読むこと」の「本」は，a book と不特定のものでよいが，この文の想定の中で「その本の著者」という限定がかかる。the author とするのが適切。
- 「…を受け入れる」は accept が最も一般的。embrace「…を喜んで受け入れる」も使える。receive は物理的に物が手元に届くことや人を迎え入れることを表すので，この文意では不適。
- 「そのまま無批判に」は uncritically「無批判に」，blindly「むやみに」と言えば「そのまま」は含意するが，as they are / as it is で表したり，just (accept)「ただ(受け入れる)」などで強調したりできる。

その内容について自分では考えないで他の人に伝える

英訳 and convey them to others without thinking about the contents (for) yourself

- 「他の人に伝える」は convey〔communicate〕them〔it〕to others が文字どおり。tell others about them〔it〕ともできる。「それ」=「著者の考え」を補い，使った名詞の数に合わせるのを忘れないこと。
- 「その内容について…考えないで」は，「～せずに」without *doing* を使って，without thinking about the contents とできる。「内容」は contents と通常複数形で使う。「その」は簡単に the でもよいし，「著者の考えの」と見て their〔its〕contents とすることもできる。「考える」は reflect on ～「～をよく考える，熟考する」もある。なお，この動詞は第2文の「振り返って吟味する」にも使える。

- 「自分では」は，「自力で」for yourself / on your own が使える。あるいは yourself だけでも，「自ら」の意味は出る。by yourself にも「独力で」の意味はあるが，どちらかと言えば alone「ひとりで」「単独で」のニュアンスが強いかもしれない。

本を読む意味はありません。

英訳 there is no meaning in reading a book.

- 「本を読むことに意味はない」と読み換えれば，上記のようになる。
- 「本を読むことは無意味である」と考えると，reading a book is meaningless〔senseless / of no use〕とできる。あるいは，「～することは無駄だ」It is no use *doing* / There is no point in *doing* を使うこともできる。

▶下線部第2文

大切なことは…ということです。

英訳 What is important is that you …

- 「大切なことは…です」は what is important is / the important thing is でよい。what matters〔counts〕is とすることもできる。
- 「…ということ（です）」は that 節でも，動名詞でもよい。that 節を使う場合は，第1文と同様，you を主語にする。

読書を通じて，自分のそれまで持っていた考えや生き方を振り返って吟味し，

英訳 …, through reading, you look back and reflect on the ideas and lifestyle you have had

- 「読書を通じて」through reading が文字どおり。「本を読むことによって」by reading a book としてもよい。
- 「自分のそれまで持っていた考えや生き方」の「自分のそれまで持っていた」は which you have had が文字どおりだが，old「なじみの，いつもの」など簡単に表すこともできる。「考えや生き方」は ideas and lifestyle / the way of thinking and living のように形をそろえると見やすいが，必ずそろえなくてはならないわけではない。
- 「…を振り返って吟味し」は前述のとおり，reflect on ～ が使える。これには「振り返る」と「吟味する」の両方の意味合いが含まれるが，「～を振り返る」は look back on ～，「吟味し」は examine carefully〔closely〕を使って表現することもできる。前の部分で reflect on ～ を使っているなら，言葉を変えたほうが見栄えがよい。

さらには，自分の生き方を見直す

英訳 …, and moreover, reconsider the way you live your life

- 「さらには」は moreover が文字どおり。これ自体は接続詞ではないので，and を添えてカンマで挟んで挿入すること。「見直すこともする」と考えて，as well を後ろに添えたり，「見直すことさえする」というニュアンスととらえて even をつけたりすることで表すこともできる。「見直す」は reconsider / review が使える。

● 「自分の生き方」は，前にも「生き方」があるので，異なる表現を使うとよい。前述のもの以外には，how you should live / the way you live your life などが使えるだろう。

(ロ) ▶下線部第１文

歴史上の事実について書くのは傲慢なことだ。

英訳 It is arrogant to write about a historical event

● 「…書くのは傲慢なことだ」は形式主語の文が思い浮かぶが，それほど長い主語ではないので，形式主語を使わずに書いてもよい。「傲慢なこと」は「傲慢だ」で十分。日本語では「何は何だ」の文で，補語に「こと」や「もの」を入れることがよくあるが，英語では必要でないことも多い。もし名詞を入れるなら，漠然とした「こと」より，「行為」act，「試み」attempt などとより明確にするとよい。「傲慢な」は arrogant / haughty などが使える。

● 「歴史上の事実について書く」は write about historical facts〔a historical fact〕が文字どおり。ただし，あとに続く「実際には見ていないことを，まるで見てきたように」を考慮すると，「事実」=「起きたことそのもの」ではないとも言える。引用符をつけて“fact(s)”「いわゆる事実」としたり，「出来事，事件」event / happening などに変えたりすることも考えられる。「事実，出来事」の数は，一般論として無冠詞複数でよい。あるいは何でもよいので不特定の一つと考えて，a＋単数としてもよいだろう。

▶下線部第２文

ペンを持つ人間は，既にすべてが終わっている特権的な場所から…書くのだから。

英訳 …, because the writer commands a privileged position after everything is over and writes …

● 前文の理由にあたる。Because S V …. と従属節を独立させることはできないので，前文とつないで１文にするか，This〔That / It〕is because … とする。あるいは，After all を文頭で使うことも考えられる。この句は，前文の内容に対して，その根拠を示して「だって〜だから」の意で使える。

● 「ペンを持つ人間」は，the writer「執筆者」や those who write about the past「過去のことについて書く人たち」ということ。ただし，述語部分が「書く」であり，「書く人は…と書く」ではややぎこちない。そこで，「場所から」を「場所に立って」として，一度別の動詞を挟むとよい。

- その「場所に立って」は,「特権的な場所に立つ〔を占める〕」stand in〔command / take up〕a privileged position,「有利な立場にいる〔を得る／占める〕」be〔gain/have〕on an advantageous footing などとできる。
- 「既にすべてが終わっている」は，日本語では「場所」を修飾しているが,「いつ」を表す「終わっている」で，そのまま「どこ」にあたる語を飾ることには無理がある。「すべてが終わったあとに」after everything is over〔already *done*〕と「立つ」に当たる動詞を修飾する形にするか，比喩的に「既に決着したすべてが見渡せる（場所)」(position) from which he (or she)〔they〕can look out over〔survey〕everything already settled〔concluded〕などとする。あるいは，この部分は結局「後知恵」のことであり，use hindsight「後知恵を使う」と思い切ってまとめてしまうことも考えられる。

実際には見ていないことを，まるで見てきたように（書く）

英訳 (write about) what he (or she)〔they〕didn't actually see as if he (or she)〔they〕had witnessed it

- 「〜こと」は関係代名詞 what を使うとよい。主語は,「ペンを持つ人間」で使った言葉に数を合わせることに注意。
- 「見る」は see 以外に witness「目撃する」とすることもできる。この文には「見る」が2回出てくるので，この二つの動詞をそれぞれに使って変化を持たせるのもよいだろう。
- 「実際には」は actually 以外に,「自分の目で」with his (or her)〔their〕own eyes などと表現してもよい。
- 「書く」は，write が数多く使われているので，describe「描く，説明する」などを使うことも考えられる。
- 「まるで…したかのように」は as if S had *done* と仮定法過去完了で表す。「見てきた」となっているが，英語では「見た」で十分。また，こちらに「自分の目で」をつけることも考えられる。前の部分とのバランスを考えながら整えたい。

(A) Knowing what questions past philosophers faced and what they thought about them means learning the lessons they gained after making considerable sacrifices so that we will not repeat the same foolish mistakes as the ones made by the people of those days.

〈別解〉 If we know what kind of problems philosophers in the past dealt with and what they thought of them, we can learn from their lessons drawn at great expense so that we will never repeat the stupid mistakes people at that time committed.

(B)(イ) （文学部の志願者）

It is true of reading a book. If you uncritically accept the author's ideas as they are and convey them to others without thinking about the contents for yourself, there is no meaning in reading a book.

What is important is that, through reading, you look back and reflect on the ideas and lifestyle you have had, and moreover, reconsider the way you live your life.

〈別解〉 Similarly, if you just embrace the author's opinion blindly and tell others about it without reflecting on its contents on your own, reading a book is of no use.

What matters is, by reading a book, you look back on your old ways of thinking and living and examine them carefully, and even review how you should live.

(ロ) （文学部以外の学部の志願者）

It is arrogant to write about a historical event, because the writer commands a privileged position after everything is over and writes about what he (or she) didn't actually see as if he (or she) had witnessed it with his (or her) own eyes.

〈別解〉 To write about historical events is a haughty attempt. After all, those who write about the past are on an advantageous footing from which they can survey everything already concluded and describe what they didn't actually witness as if they had seen it with their own eyes.

解答例

81

2020年度 外国語学部〔4〕

次の日本文の下線部(1)〜(3)の意味を英語で表しなさい。

(1)思考は「動かす」ことが必要です。動かすためには刺激がなければならない。自分ひとりの頭の中で考えを深めるのは難しいことです。多くの小中学校で，「いまから15分でこれこれの問題について考えてください」というように「考える時間」をつくったりしますが，たいていは最初の1分しか考えていません。(2)あとは全然違うことを考えています。思考が行き詰まってしまう。そこで「対話」が必要になるのです。

(3)ある考えに対して，ちょっと違う考えをぶつけられれば，次の考えに進むことができます。矛盾をどうにかしようと思考を働かせられるのです。

（齋藤孝『読書する人だけがたどり着ける場所』）

解　説

(1)　▶下線部第1文

思考は「動かす」ことが必要です。

英訳　Thinking about something requires your brain to be "active."

- 直訳では意味をなさない。この場合の「動かす」とは，下線部(2)にある「思考が行き詰まる」，下線部(3)の「思考を働かせる」などを考えると，「活動している」こと，「活性化している」ことといった読み換えができる。
- 主語の「思考」も名詞では〈動き〉がないので，「何かを考えること」などと動詞で表現するのが適切。これをそのまま主語にすると「何かを考えることは頭脳が活動的であることを必要とする」となる。require *A* to *do* を使い，Thinking about something requires your brain to be "active." とできる。

● あるいは「何かを考えるためには，人は頭脳を活性化しなくてはならない」In order to think about something, you need to "activate your brain." などともできる。

▶ **下線部第２文**

動かすためには刺激がなければならない。

英訳　Your brain cannot be active without some (kind of) stimulation.

● 第１文にならって，「動かす」を「脳を活性化する」とした上でほぼ文字どおりに訳せば，In order to activate your brain, there must be some (kind of) stimulus. となる。your brain は第１文にもあるので代名詞 it で表せばよいだろう。「刺激」には stimulation も使える。

● 第１文を in order to を使った文にするなら，異なる表現の文で変化を持たせるのもよいし，短い文を畳みかけるように並べた原文の雰囲気を出すために，同じ表現を繰り返してリズムを出すのもよい。

● 「刺激がなければ」を without some (kind of) stimulation と表現するなら，「頭脳を活性化できない」you cannot activate your brain,「頭脳は動かない」your brain cannot be active と整えられる。

▶ **下線部第３文**

自分ひとりの頭の中で考えを深めるのは難しいことです。

英訳　It is difficult to deepen a thought by thinking alone.

● 「～するのは難しい」は形式主語で It is difficult to ～ とする。

● 「考えを深める」は deepen your〔a〕thought が文字どおり。「深める」を「発展させる」develop とするなら，目的語は idea になる。こうした語句の組み合わせ（コロケーション）は辞書の用例などを見て探ること。

● 「自分ひとりの頭の中で」は文字どおりには訳しにくいかもしれない。「中で」となっているが in the brain とは言わない。in を使うなら in your own mind となる。なお，「たったひとりで考えることで」と単純に言い換えれば，by thinking alone / all by yourself / all alone / all on your own などの表現が使える。

(2)　▶ **下線部第１文**

あとは全然違うことを考えています。

英訳　During the rest of the time, students are thinking about something completely different.

● 「あとは」は，「そのあとは」after that と簡単に表現することができるが，前の部分に，「15分で考えてくださいと言われても最初の１分しか考えていない」とあることから,「残りの時間(の間)は」during〔for〕the rest of the time ともできる。

- 「だれが」は,この前の部分に「多くの小中学校で」とあり,「生徒たちが」students とするのが妥当。
- 「考えています」は,想定された状況において「思考中」であり,are thinking about と進行形を使えばよい。あるいは「そういうときは違うことを考えるものだ」と一般論ととらえて think about と現在形でもよい。
- 「全然違うこと」は something completely〔totally〕different が文字どおり。あれこれ考えるとすれば複数形の things,「全然違う」を「全く無関係の」と読み換えて,some other totally unrelated things などとすることもできる。

▶下線部第2文

思考が行き詰まってしまう。

英訳 They can no longer think about the question.

- 「思考」は文脈上,「これこれの問題について考えること」である。「行き詰まる」と合わせて整え直すと,「その問題についてそれ以上考えられなくなる」They can no longer think about the question. などとなる。
- あるいは,get nowhere「どこにも行きつかない,何の進展もない」を使って,They (are) get(ting) nowhere with the problem.「その問題については何も進展し(そうに)ない」などとすることもできる。
- 少し踏み込んで考えると,この部分は「全然違うことを考える」理由とも考えられる。as など理由を表す接続詞で前文とつないでもよいかもしれない。

▶下線部第3文

そこで「対話」が必要になるのです。

英訳 Here, a "dialog" is indispensable.

- 「そこで」は〈場所〉を表す語なら,「ここで」Here のほうが英語ではつながりがよい。「そしてそのとき」And then としてもよい。もう少し言葉を補って,「そのような状況で」In such a situation などともできる。
- 「『対話』が必要になる」はほぼ文字どおりに,a "dialog" is necessary〔needed / essential / indispensable〕などとできる。日本語では新たな事態が生じたり,事が展開したりする場合に「なる」を使うことが多いが,英語では取り立てて become などを用いる必要はない。
- 「人が『対話』を必要とする」と考えるなら,前部の students を受けて they としてもよいが,「対話が必要」というのは,考えが行き詰まってしまった状況なら,何にでも当てはまること,つまり一般論を述べていると考えて,you を使って書くこともできる。They〔you〕need a "dialog" となる。なお,you にするなら「そこで」を In such a situation にして「前述のような状況では」と幅を持たせた表現にしておくとバランスがよい。

(3) ▶下線部第1文

ある考えに対して，ちょっと違う考えをぶつけられれば，次の考えに進むことができます。

英訳 If someone presents an idea that is slightly different from yours, it leads you to generate a new idea.

● 最後の部分の「次の考えに進むことができる」の主語は〈人〉だろう。したがって，初めから〈人〉を主語にして文全体を整えると書きやすいが，〈人〉を目的語とした無生物主語構文も考えられる。
「ある考えに対して，ちょっと違う考えをぶつけられれば」は，「もしだれかがあなたの考えとは少し違う考えを示せば」If someone presents an idea that is slightly different from yours,「もしあなたがあなたの考えについて少し異なる考えを持っただれかに疑問を投げかけられたら」If you are challenged about your thoughts by someone who has a slightly different idea など，いろいろに整え直せるだろう。

● 「次の考えに進むことができます」は，「考えA」とそれと異なる「考えB」がぶつかって新たな「考えC」が生まれるということだろう。つまり if 節のことが，「あなたを新しい考えを生み出すことに導く」it leads you to generate a new idea などとできる。「次の」と言っても，初めから順番が決まったもののことではないので，next は使えない。次の文が理由にあたるので，ここは簡単に「先へ進める」you can go further などとしておくこともできる。

▶下線部第2文

矛盾をどうにかしようと思考を働かせられるのです。

英訳 In order to resolve the contradiction, you have to use your head.

● 「矛盾」は contradiction 以外に，「対立」conflict,「不一致」disagreement なども使える。

● 「どうにかしようと」は，「矛盾を解決するために」in order to resolve〔clear up〕the contradiction / so that you can work out〔resolve〕the disagreement,「矛盾に取り組もうとして」trying to cope with the conflict などとできる。なお，so that S can ～ の構文は，必ず主節のあとに置くこと。

● 「思考を働かせられるのです」は〈可能〉とも〈使役〉や〈受動〉とも読めるが，「矛盾をどうにかするには，考えなくてはならない」という内容と解釈するのが自然であり，〈可能〉ではなさそうである。

● 「思考を働かせる」は，「頭を働かせる」use *one's* head〔brain(s)〕とできる。「一生懸命考える」think hard などとしてもよいだろう。

解答例

(1) Thinking about something requires your brain to be "active." (But) your brain cannot be active without some (kind of) stimulation. It is difficult to deepen a thought by thinking alone.

〈別解〉 In order to think about something, you need to "activate your brain." (And) in order to activate it, there must be some (kind of) stimulus. It is difficult to develop an idea all by yourself.

(2) During the rest of the time, students are thinking about something completely different. They can no longer think about the question. Here, a "dialog" is indispensable.

〈別解〉 After that, students think about some other totally unrelated things. They get nowhere with the problem. In such a situation, you need a "dialog."

(3) If someone presents an idea that is slightly different from yours, it leads you to generate a new idea. In order to resolve the contradiction, you have to use your head.

〈別解〉 If you are challenged about your thoughts by someone who has a slightly different idea, you can go further, because you are forced to think hard in order to work out the disagreement.

82

2019年度 外国語学部以外〔4〕

次の日本文(A)と(B)のそれぞれの下線部の意味を英語で表しなさい。ただし，(B)では，**文学部の志願者は(イ)を，文学部以外の学部の志願者は(ロ)**を選んで解答しなさい。

(A) **（すべての学部の志願者）**

油井にとって宇宙ステーションから見た地球や星々は，想像をはるかに超える美しさであった。「あの薄い窓を隔てた外側は死の世界なんですね。宇宙の闇はあまりに深く，そして，その死の世界に言葉にならないほど美しい地球があるんです。とりわけ私にその感情を呼び起こさせたのは，地球を取り巻く大気の薄さでした。周囲は真っ暗な死の世界であるのに，地球は生物で満ち溢(あふ)れている。」

稲泉連「日本人の宇宙からの帰還」

(B)

(イ) **（文学部の志願者）**

言葉は必ず，誰かから習っているのであって，その人だけのユニークな部分は，ほぼゼロなのです。使う言葉も，だいたい辞書に載っているような，決まった意味のものを使うことになっている。文法も，ほかの人がわかるように言わなければならないから，特に変わったところはない。語彙(ごい)も文法も，その人だけの独自なところは，まあ，ないのです。誰でも言いそうなことばかり毎日言っているのに，なぜ，その人独自のユニークさが現れているのだろう。

橋爪大三郎『正しい本の読み方』

(ロ) **（文学部以外の学部の志願者）**

自分が読みたい本を読む，これが私の読書の鉄則ですが，その際に，間口(まぐち)をできるだけ広くしておいたほうがいいとも思っています。

本との出会いは，ある種，宝物を掘り出すようなものです。宝はどこに埋まっているかわかりません。いつもと違う道を歩いていて，石ころに蹴躓(けつまず)いて倒れたら，そこに宝が落ちていたなんてこともあるかもしれない。それゆえ，少しでも興味のある分野の本なら，当面の仕事や勉強に役に立たなくても，まずは手に取ってみるくらいに「心を開いていること」が大切です。

林望『役に立たない読書』

解 説

(A) ▶下線部第1文

- この部分は，発言者の油井さんが宇宙ステーションから見た宇宙や地球のことを述べている箇所なので，過去形で書くこともできる。本解説では，油井さんにとっての変わらぬ事実として，現在形を選択している。

宇宙の闇はあまりに深く，

英訳 The darkness of outer space is so deep

- 「宇宙」は the universe もあるが，これは厳密には地球も含めて存在するものすべてを含む。この文では，地球が浮かんでいる宇宙空間ということなので，outer space がより近いと考えられる。なお，universe は the がつくが，outer space は単独では無冠詞で用いる。
- 「あまりに」で too が思い浮かぶかもしれないが，これは「基準を超えている」「度を越している」ことを表す。「闇の深さ」に明確な基準・水準があるわけではないので，「非常に，たいへん」very，so などを使うのが妥当。so は「そんなにも」が基本義で，読者も具体的な様子が思い浮かべられることを前提としている。あるいは，意を汲んで「宇宙はまったく〔きわめて〕暗い」It is completely dark in outer space / The universe is extremely dark などともできる。

そして，その死の世界に…地球があるんです。

英訳 and in this lifeless universe is the Earth

- 存在や移動を表す動詞を使った第1文型の英文は，「場所・方向の副詞＋動詞＋主語」の順の倒置で書くことができるので，日本語と同じ順序で書くと原文の雰囲気がよく表せる。もちろん通常の語順でも構わない。
- 「ある」は be 動詞の他に，「(宇宙空間に) 浮かんでいる」float や「(中空に) かかっている」hang なども使える。「地球」は the earth という表記もあるが，宇宙に関する文では the Earth が一般的。
- 「死の」には生命の終わりを表す death を使うより，形容詞の「生物がいない」lifeless や「命のない」dead を当てたい。「世界」は world でもよいし，地球も含めた全体を表す universe も使える。

言葉にならないほど美しい（地球）

英訳 (the Earth,) which is indescribably beautiful

- 「言葉にならないほど」は副詞 indescribably が文字どおりだが，「言葉にするには美しすぎる」which is too beautiful for words，「言葉に尽くせないほど美しい」which is beautiful beyond words などともできる。
- 先行詞の地球がこの世に一つのものなので，カンマを入れて非制限用法にすることに注意。制限用法だと他の地球との区別を表すことになる。

▶**下線部第2文**

とりわけ私にその感情を呼び起こさせたのは，…でした。

英訳 What made me feel that way, in particular, was …

● 「〜のは…でした」は強調構文を思わせる表現で，それを使って書くこともできるが，「の」を「もの」what と読み換えると書きやすく，原文の話の展開にも近い。

● 「私にその感情を呼び起こさせた」としているものの，「あまりに深い」「言葉にならないほど美しい」というのは，「感情」ではなく「感想」である。したがって，「私にそのように感じさせたもの」what made me feel that way などと読み換える必要がある。あるいは，文脈から考えて「その感情」は「畏敬の念」awe などと考えられるので，そう表現してもよいだろう。この場合，「呼び起こす」evoke / arouse などを使って「私の中に畏敬の念を呼び起こしたもの」what evoked〔aroused〕awe in me となる。

● 「とりわけ」は in particular / among others / above all / most of all などがある。「とりわけ呼び起こさせたものは」という修飾関係だと考えるなら，what …, in particular, was 〜となる。「中でも大気の薄さ」と考えるなら，what … was, among others〔above all / most of all〕, 〜と補語の前に挿入するのがよいだろう。especially は基本的に文頭に置くことができず，名詞を修飾する場合には形容詞を伴って「同種の中でも特に…なもの」の意であり，使いづらい。使うとすれば，副詞（句・節）を修飾する形にして，「私がそう感じたのは，とりわけ…のせい〔から〕である」I felt that way especially because of …〔because S V〕などと整える。

地球を取り巻く大気の薄さ

英訳 the thinness of the atmosphere wrapping the Earth

● 「取り巻く」は surround 以外に，「球体を包む」イメージで wrap が使える。the atmosphere around the Earth「地球の周りの大気」とすることもできる。

● 「…の薄さ」のような名詞の表現は，「地球を取り巻く大気がどれほど薄いか」という間接疑問文で表すことが英語ではよく見られる。how thin the atmosphere around the Earth is などとできる。なお，この文は過去形で表現されているが，「地球を取り巻く大気が薄い」ことは変わらぬ真理なので，時制の一致をさせず現在形で書くこと。

● 前述のとおり，同文は強調構文で表現することもできる。その場合，「地球を取り巻く大気の薄さが，私の中に畏敬の念を呼び起こした」The thinness of the atmosphere around the Earth evoked awe in me. など，もとになる文を整えてから書くと間違いを防げる。主語を強調する文なので It was the thinness of the atmosphere around the Earth that evoked awe in me. となる。

▶下線部第3文

周囲は真っ暗な死の世界であるのに，

英訳 Although the outer space surrounding it is a dark, dead world

● 「…のに」は but でも表せるが，対比が強いので，(al)though / while / whereas などがふさわしいだろう。

● 「周囲」は，「地球を取り囲んでいる宇宙空間」と考えられるので，the outer space surrounding the Earth is a dark, lifeless world などとするとよい。なお，直前の文の最後に the Earth があり，この文の後半にも「地球」が出てくるので，代名詞 it にしておく。

● あるいは「地球は真っ暗な死の世界に取り囲まれている」と読み換えて，the Earth is surrounded by a world of lifeless darkness などともできる。

● 「取り囲まれている」や「死の世界」は，前にも類似表現がある。同じ語句を用いてもよいが，別の語で変化をつけることも考えられる。

地球は生物で満ち溢れている。

英訳 the Earth is filled with living things

● 「地球」は，the Earth でもよいが，繰り返し用いられているので，our planet「私たちの惑星」などと言い換えると英語らしくなる。

● 「～で満ち溢れている」は be filled with 以外に be full of も使える。また，ふんだんなイメージをもっと出したければ，「さまざまな種類の生物」various kinds of living things などと補ってもよいだろう。

Ⓑ(イ) **▶下線部第1文**

使う言葉も，だいたい…ものを使うことになっている。

英訳 Most of the words (that) you〔we〕are supposed to use are those which …

● 「使うことになっている」は，be supposed to use が文字どおり。一般論なので，主語は you もしくは we で表す。

● 「使う言葉も…使うことになっている」は，「使う」が重複し，直訳では意味の通る文にならない。文全体の構造を整え直す必要がある。「あなた〔私たち〕が使うことになっている言葉のほとんどは…言葉だ」というパラフレーズなら，Most of the words (that) you〔we〕are supposed to use are those which … とできる。「あなた〔私たち〕は…ような言葉を使うことにだいたいなっている」とするなら，You〔We〕are mostly supposed to use such words as … とできる。

辞書に載っているような，決まった意味の（言葉）

英訳 (which / as) you〔we〕can find in a dictionary and whose meanings are fixed

● 「あなた〔私たち〕が辞書の中に見つけることができ，それの意味が固定している」などとできる。あるいは，「辞書の中に見つかり，固定した意味を持っている（言葉）」（which / as） are found in a dictionary and have fixed meanings などでもよい。

▶下線部第 2 文

文法も…特に変わったところはない。

英訳 the grammar (that) you〔we〕use is also not unique (to you〔us〕)

- 「文法」は文脈上「文法というもの一般」ではなく，「あなた〔私たち〕が使う文法」なので，そのように言葉を補うのが適切。
- 「も」は also や too 以外に，「前述の単語と同様に」の意で likewise も使える。
- 「変わった」は，文脈上「奇妙な」strange というより，「特殊な」special，「独特な」unique などが妥当。「あなた〔私たち〕に（特有な）」と補うこともできる。
- 「ところはない」は「ではない」と表せば十分である。「何も（特殊な）ものではない」nothing special などとすることもできる。

ほかの人がわかるように言わなければならないから，

英訳 As you〔we〕have to speak so that others can understand you〔us〕

- 「から」は since / as / because の節で表す。
- 「言う」は，「何を」と目的語が必要な say ではなく speak を使うとよい。
- 「ほかの人がわかるように」は，so that S can *do*「S が～できるように」の目的構文を使うか，「S が V できるような仕方で」the way〔in such a way〕S can V で表せる。
- make *oneself* understood (by ～)「（～に）話が通じる，わかってもらう」を使えば，「ほかの人がわかるように」を別の節で表現する必要はなくなる。

▶下線部第 3 文

語彙も文法も，その人だけの独自なところは，まあ，ないのです。

英訳 There is almost nothing about your vocabulary or grammar which is particular to you.

- 「（～に…なところは）まあ，ないのです」は「ほとんどない，まずない」というニュアンスである。There is almost〔next to〕nothing … about ～ / There is hardly anything … about ～ などとなる。なお，「その人だけの独自な」が長いので，〔解答例〕は nothing … about ～ ではなく nothing about ～ which is … となっている。
- 「その人」は「あなた／私たち」とここまでの一般論の主語とそろえるか，この文が前述のこととほぼ同じ内容であるため，「ある特定の人」a certain person などとしてより一般的なイメージを出すこともできる。
- 「～だけの独自な」は「～に特有の」peculiar to ～，「～に独特の」particular to

〜,「〜に独自の」original to 〜 などが使える。

- 「語彙も文法も」は (about) vocabulary or grammar が文字どおり。否定文中で *A* or *B* は「*A* も *B* も…ない」の意になる。より意味を明確にしたければ either を前に添えるとよい。なお，この「語彙・文法」は「その人の使う語彙・文法」の意なので，your / our / his (or her) をつけること。
- 全体を「語彙も文法もその人に特有なものではない」と整理して Neither vocabulary nor grammar is original to a certain person. などとすることもできる。

▶下線部第4文

誰でも言いそうなことばかり毎日言っているのに，

英訳 Even though you〔we〕only say what everyone else is likely to say every day

- 「〜のに」は「〜にもかかわらず」(even) though / although / while などで表せる。
- 「〜ばかり毎日言っている」の主語はここでも前とそろえて「あなた／私たち」を使う。「〜ばかり言っている」は，反復的行為を表す現在進行形で are saying とすることができる。もちろん現在形でも習慣的行為は表せるので say でもよい。
- 「毎日」は every day でよいが，「来る日も来る日も」というニュアンスが感じられるので day after day が使える。
- 「誰でも」は，「あなた〔私たち〕以外の」を補って，everyone else とする。あるいはあっさりと「他の人たちが」others〔other people〕としてもよいだろう。
- 「言いそうな」は「言う可能性が高い」と考えて，is〔are〕likely to say とできる。

なぜ，その人独自のユニークさが現れているのだろう。

英訳 why does you own uniqueness show itself in it?

- 「なぜ…だろう」は why 以外に how come が使える。ただし，how come のあとは平叙文の語順になるので注意。
- 「その人独自のユニークさ」は，your〔our〕own uniqueness が文字どおり。「何かその人に独自のもの」something unique to you〔us〕ともできる。ここでの「ユニークさ」は「その人らしさ」，つまり「その人独自の性格」と読み換えて your〔our〕unique personality〔character〕などとすることもできる。
- 「現れている」は「出現する」の意の appear というより，「うちに隠れているものが表に出る」というニュアンスであり，show〔reveal〕itself「自らを示す，あらわにする」や be expressed「表現されている」などとするのが妥当。また理屈から考えて「言っていることの中に」を表現するべきだろう。そこから「言っていることがユニークさを表現する，あらわにする，反映する」と読み換えることもできる。
- なお，全体を原文と同じように1文で表現することもできるが，直前までの「個人に独自なところはない」という内容をそのまま受ける「誰でも言いそうなことばかり毎日言っている」を独立させ,「それならなぜ…」と後半の筆者の疑問を目立たせるのもよいだろう。

(ロ) ▶下線部第1文

いつもと違う道を歩いていて,石ころに蹴躓いて倒れたら,

英訳 If you walk along a different street from the one you usually take, and you trip over a stone and fall to the ground

● 3つの動詞(歩く,蹴躓く,倒れる)をif節中にそのまま列挙してもよいし,「歩いている」そして「蹴躓いて転ぶ」と大きく2つにまとめてもよい。また,ifを使わずに,「歩いているときに蹴躓いて倒れ,(それから宝を見つける)」と列挙することもできる。主語は一般の人を表すyouが適切。

●「いつもと違う道」は,文字どおりに表せばa different street〔a street different〕from the one you usually〔always〕takeとなる。この場合は「～を歩く」はwalk on〔along〕～とできる。「なじみのない道〔経路〕をとる」take〔follow〕an unfamiliar routeなどと簡潔にまとめることもできる。

●「～に蹴躓く」はtrip〔stumble〕on〔over〕～を使う。「倒れる」はfall to the groundなどとできる。あるいはfall over a stoneとすれば「石に蹴躓いて転ぶ」を一気に表すことができる。

そこに宝が落ちていたなんてこともあるかもしれない。

英訳 you might find a treasure there.

●「…なんてこともあるかもしれない」はmay〔might〕を使う。文全体をIt might happen that … と形式主語の中に収めることもできる。

●「そこに宝が落ちていた」は,倒れた「あなた」の目線で考えて「あなたはそこに宝を見つける」you may〔might〕find a treasure thereとするとよい。「落ちている」をfallやdropなど「落ちる」の直訳から作ろうとしても,英語では意味を成すものにはならない。また,「落ちていた」という字面で過去形にするのも不可である。

●「宝」treasureは可算・不可算の両方の扱いがあるが,目の前にあるものという具体性から可算扱いが妥当だろう。なお,「石に蹴躓いて転ぶ」をfall over a stoneとしたのなら,「そこ」にあたる語が含まれていないので,find a treasure on the groundとする。

▶下線部第2文

●長い文なので,全体の運びをよく整理すること。骨組みは「『心を開いていること』が大切だ」である。形式主語を用いて原文どおりに書くこともできるが,「大切なことは『心を開いていること』だ」と逆転させても文意には影響しない。

それゆえ，…（する）くらいに「心を開いていること」が大切です。

英訳 That is why it is important to “stay open-minded” enough to …

- 「それゆえ」は Therefore / Hence などの副詞で処理するか，That is why とする。
- 「(『～すること』) が大切です」は，前述のとおり形式主語を用いるなら it is important to ～，逆転させた文なら what is important is to ～ などとできる。
- 「～するくらいに『心を開いている』」は，「～するくらい十分に心を開いた状態でいる」“stay open-minded” enough to ～「～するくらい十分に心を開いていようとする」“try to open your mind” enough to ～ などとできる。『 』を英文でも引用符で表現してもよい。

少しでも興味のある分野の本なら，…まずは手に取ってみる（くらいに）

英訳 (enough) to just pick up any book in the field (which) you have even a little interest in

- 「手に取ってみるくらいに」は，enough to pick up … と文字どおりに表現できる。「まずは」は「ともかく」というニュアンスなので just を pick up の前に入れるか without questioning をあとに添える。
- 「少しでも興味のある分野の本なら」となっているが「手に取る」の目的語に「本」を使う必要がある。また，後述するように「たとえ～でも」に even if を使うことになるので，「なら」は if 節ではなく any「どんな～でも」を使って表すのが得策だろう。
- 「少しでも興味のある分野の」は「あなたがわずかでも興味を抱く分野の」(any book) in the field (which) you have even a little interest in,「あなたが少なくともちょっと興味のある主題に関する／主題を扱っている」(any book) on〔dealing with〕a subject (which) you are at least a little interested in などとできる。関係代名詞節の最後にある in を前に回して，in which としてもよい。

当面の仕事や勉強に役に立たなくても，

英訳 even if it is not useful for you present job or study

- 「たとえ～でも」は even if の節で表せる。主語は前述の本を受けるので it を使う。
- 「～に役に立たない」は it is not useful for ～ が文字どおり。it is of no use for ～ ともできる。少し深読みをすれば，のちには役に立つことになるかもしれない本なので，seem to や you think を補って「役に立たないと思える」としておくのもよい。
- 「当面の」は「現在の」present と文字どおり形容詞で表現する以外に，「今は／当面は（役に立たない）」と副詞に読み替えて，文末に now や for the time being などを置くこともできる。

(A) The darkness of outer space is so deep, and in this lifeless universe is the Earth, which is indescribably beautiful. What made me feel that way, in particular, was the thinness of the atmosphere wrapping the Earth. Although the outer space surrounding it is a dark, dead world, our planet is filled with living things.

〈別解〉 The universe is extremely dark, and our Earth, which is too beautiful for words, hangs in that lifeless universe. What evoked awe in me was, among others, how thin the atmosphere around our planet is. While it is surrounded by a world of lifeless darkness, the Earth is full of living things.

(B)(イ) （文学部の志願者）

Most of the words (that) you are supposed to use are those which you can find in a dictionary and whose meanings are fixed. As you have to speak so that others can understand you, the grammar (that) you use is also not unique (to you). There is almost nothing about your vocabulary or grammar which is particular to you. Even though you only say what everyone else is likely to say every day, why does your own uniqueness show itself in it ?

〈別解〉 We are mostly supposed to use such words as are found in a dictionary and have fixed meanings. Likewise, the grammar (that) we use is nothing special, since we have to make ourselves understood. Neither vocabulary nor grammar is original to a certain person. Day after day, we are saying what others are likely to say. Then, how come it reveals our unique personality ?

(ロ) （文学部以外の学部の志願者）

If you walk along a different street from the one you usually take, and you trip over a stone and fall to the ground, you might find a treasure there. That is why it is important to "stay open-minded" enough to just pick up any book in the field (which) you have even a little interest in, even if it is not useful for your present job or study.

〈別解〉 It might happen that you fall over a stone when you are following an unfamiliar route and find a treasure on the ground. Therefore, what is important is to "try to open your mind" enough to pick up, without questioning, any book dealing with a subject (which) you are at least a little interested in, even if it seems to be of no use for your job or study now.

解答例

83

2019年度 外国語学部〔4〕

次の日本文の下線部(1)～(3)の意味を英語で表しなさい。

NHKという大組織の中にいても，私はその頃から孤独を楽しんでいた。

他の女性たちはというと，誘い合ってお茶を飲んだりご飯を食べに行ったり……。(1)私はほとんど参加しなかった。つき合いが悪いと思われそうで，最初のうちは一緒に行っていたが，人の噂話ばかりで全く無駄な時間だと思えたからである。

そのうちに，私がスタジオで何か書いていることに気づいたディレクターが，外部のライターに出していた仕事を，そんなに好きならやってみたらと回してくれたので，番組の台本書きの仕事もくるようになった。

多少つき合いは悪かったかもしれないが，そんな私を認めてくれる人もいた。

(2)普通の会社であっても空き時間の使いようで，一人の時間を確保することはできる。それが仕事への反省ややる気につながり，将来への夢を育ててくれる。

現在の仕事に全力をそそぐのはもちろんだが，その中でも空き時間を一人で考えることに使っていると，必ず将来につながる。

私の場合，ともかく物書きになりたいという夢があったので，空き時間はすすんでそのために使った。(3)それが他人の目に留まり，「夢のハーモニー」*のための詩や物語を書くことが出来，あれは誰の作品？　と反響があると嬉しかった。それを続けているうちに，ある出版社から「面白いから本にしないか」という話が持ち込まれ，第一作が生まれたのだ。

（下重暁子『極上の孤独』）

注 *著者がかつて関わったNHKのラジオ番組

解　説

(1) ▶**下線部第１文**

私はほとんど参加しなかった。

英訳　I rarely took part in such a gathering.

● 「ほとんど～ない」は，参加する頻度のことなので，「めったに～ない」の意の rarely，seldom を用いる。

● 「参加する」は participate / take part だが，「何に」（in ～）参加しなかったのかを補わないと言葉足らずに見える。下線部の前に述べられている「同僚の女性たちがお茶を飲んだりご飯を食べたりする集まり」がそれにあたるが，文章の流れの中なので，「そんな集まりに」in such a gathering 程度でよいだろう。もっと簡単に「彼女たちの仲間にほとんど加わらなかった」I seldom joined them. としてもよい。

▶**下線部第２文**

● 「ほとんど参加しない」という状況になる前のことを述べているが，過去完了にする必要はなく，一連の出来事として過去形で書けばよい。

つき合いが悪いと思われそうで，最初のうちは一緒に行っていたが，

英訳　At first, I went with them as I feared that they might think I was unsociable, but …

● 「最初のうちは」は at first が文字どおり。これで同文を書き始めれば，話がさかのぼっていることがわかり，前述のとおり過去完了にする必要はない。

● 「一緒に行っていた」は「彼女らと」を補って I went with them と文字どおりでよい。together のみは不可。これは主語に複数のものを使って，「それらが一緒に」の意の副詞である。（*ex.* Tom and Mary went to school together.）I went together with them. なら問題ない。「最初は参加していた」At first, I took part とすることもできる。ここは「何に（参加していた）か」は省略してよい。

● 「(～と思われ）そうで」は「(思われること）を恐れたので」as I feared (that) ～ や since I was afraid (that) ～ などとできる。あるいは，分詞構文を用いることもできる。

● 「～と思われる」は，日本語では「不利益・被害」を感じさせる受け身の表現になっているが，fear や be afraid を使うことでそのニュアンスは出ている。「彼らが私をつき合いが悪いと思う（かもしれない／だろう)」と能動で表現すればよい。「思う」は think (that) … / think〔consider〕*A* (to be) ～ や「*A* を～と見なす」regard〔think of〕*A* as ～ などの表現が使える。

● 「つき合いが悪い」は「非社交的な」unsociable / not sociable や「友好的でない」unfriendly / not friendly とする以外に，「一緒にやっていきづらい」difficult to get along with などとできる。think that … を使う場合は，時制の一致に注意。

- 「(行っていた) が」は but で 1 文にしても文法的には問題ないが，やや文が長くなりだらだらした感じになる。いったん切ってすっきりした文にすることも考えられる。However は接続詞ではなく副詞なので，これを使う場合は必ず文を切り，あとにカンマを打つこと。

人の噂話ばかりで全く無駄な時間だと思えたからである。

英訳 but they did nothing but gossip, so I concluded that it was totally a waste of time to be with them.

- 「からである」は下線部冒頭の「私はほとんど参加しなかった」の理由を表しているが，ここまでの文の運び方では訳出は不要である。ただし，つながりがわかるようにするために，「思えた」は seemed とするより「(無駄な時間だ) と結論を下した」concluded，「～と判断した」decided などとしておくほうがよいだろう。「から」を because などで表すなら，「無駄な時間だと判断した，なぜなら人の噂話ばかりだったからだ」などとするとよい。
- 「人の噂話ばかりで」は「彼女たちは噂話しかしなかった」they did nothing but gossip (gossip は「噂話をする」という動詞)，「彼女たちはいつも人のことばかり話していた」they were always talking〔chatting / gossiping〕about other people などとできる。後者の進行形は always や forever とともに使って「～ばかりしている」という非難の気持ちを表す。なお，rumor はすでに広まっている真偽の明確ではない話，風評のことであり，この文意では使えない。
- 「全く無駄な時間だ」は「何が」を明確にして「彼女らと一緒にいることは完全に時間の無駄だ」it was totally a waste of time to be with them とできるが，「私はただ自分の時間を無駄にしている」I was only wasting my time などとしても内容が不明確になることはない。ここも時制の一致に注意。

(2) ▶**下線部第1文**

普通の会社であっても空き時間の使いようで，一人の時間を確保することはできる。

英訳 Even in an ordinary office, it is possible to find time to spend alone if you use your free time wisely.

- 「普通の会社であっても」は even in an ordinary office が文字どおり。「どんな職場でも」in any workplace や「どこで働いていても」wherever you work などとしてもよいだろう。
- 「空き時間の使いようで」は「空き時間を賢く使えば」if you use your free〔spare〕time wisely としたり，「空き時間を賢く使うことによって」by making wise use of your free time，「空き時間を最大限に活用することによって」by

making the most of your free time としたりできる。

- 「～することはできる」は it is possible to ～ / you can ～ が使える。
- 「確保する」は「見つける」find,「作る」make,「持つ」have などと読み換えれば容易。
- 「一人の時間」は「一人で過ごす時間」と言葉を補い，time to spend by yourself〔alone / on your own〕などと表せばよい。また，time の反復が気になるなら，ここを「一人でいることができる」it is possible to be alone などとしてもよい。

▶下線部第２文

それが仕事への反省ややる気につながり，

英訳 This leads to your reflection on your job and motivation

- 「～につながる」は lead to ～ が文字どおり。help *A* (to) *do*「*A* が～するのを助ける」を用いることもできる。enable〔allow〕*A* to *do*「*A* が～するのを可能にする」を使うことも考えられる。なお「それ」は文字どおりは it だが，直前のことを指し示し「まさにそのことが」の意を強く表す this を使うほうが原文の流れをよりよく表す。
- 「仕事への反省ややる気」はそのまま名詞で表現すれば your reflection on your job and motivation〔morale〕となる。動詞を使うパターンなら「あなたが仕事を振り返ったり，やる気を起こしたり（させる）」(help〔allow / enable〕) you to reflect on your job and become motivated などとできる。

将来への夢を育ててくれる。

英訳 …, so that you can further your ambitions for the future.

- この部分は，前の「振り返ったり，やる気を起こしたり」と並列して「将来の夢を作る」develop a dream for the future としてもよいし,「振り返り，やる気を起こしたり」することが，さらに「将来の夢につながる」と考えて,「したがって〔その結果〕未来への自分の野心を推し進めることができる」…, so that you can further your ambitions for the future などとすることもできる。

(3) **▶下線部第１文**

それが他人の目に留まり,「夢のハーモニー」のための詩や物語を書くことが出来，

英訳 My efforts drew others' attention and I got an opportunity to write poems and stories for "Harmony of Dreams."

- 原文どおりに１文で書くこともできるが，内容に展開があるので「出来た」でいったん切るとよいだろう。
- 「それ」は下線部の前で述べられている筆者の努力を指す。簡単に it を使うことも考えられるが，my efforts などとすればわかりやすい。

- 「他人の目に留まり」の「他人」は「他の人たち」others が直訳だが，このあとに述べられる仕事の機会を与えてくれた「ある人」someone とすることも考えられる。「他人の目に留まり」は「他人の注意を引き」drew others'〔someone's〕attention とできる。「他人」を主語にして，others〔someone〕noticed ～ とすることもできる。
- 「～のための詩や物語を書くことが出来」は，他人の目に留まったことから，この仕事をする機会を得た〔与えられた〕というつながりだと考えられるので，それを補って and I caught〔got / found〕an opportunity to write poems and stories for ～ / and I was given〔offered〕a chance to write poems and stories for ～ などとするとよい。前半を someone noticed としたのなら，and gave〔offered〕me an opportunity〔a chance〕to … とできる。
- 「夢のハーモニー」がラジオ番組であることは注に述べられているが，正式な英語名は示されていないので，文字どおり Harmony of Dreams か Dream Harmony としておけばよい。番組のタイトルなので前置詞以外は頭文字を大文字表記にすること。なお，このタイトルの前に「ラジオ番組」を補って a radio program, "Dream Harmony." とすれば「読者に親切な」英文になる。

あれは誰の作品？ と反響があると嬉しかった。

英訳 I was delighted when I received responses, like asking whose work that was.

- 「嬉しかった」は I was happy〔glad / delighted / pleased / flattered〕などとなる。
- 「あれは誰の作品？ と反響があると」は，「あれは誰の作品？」が反響の一例であり，「『あれは誰の作品か』と尋ねるような反響をもらったときは」when I received responses, like asking whose work that was,「たとえば，あれは誰の作品かと尋ねる，リスナーから反響をもらったときは」when I received responses from listeners, asking, for example, whose work it was などとできる。

▶下線部第2文

それを続けているうちに，ある出版社から「面白いから本にしないか」という話が持ち込まれ，

英訳 As I continued, a publisher told me that my works were interesting and suggested publishing them as a book.

- 「それを続けているうちに」は「(そのようなことを）続けている間に」as I continued / while I was doing all of this などとできる。
- 「ある出版社から『面白いから本にしないか』という話が持ち込まれ」は，直接話法のように書かれている部分を含むが，英文でそのまま表現するのは難しい。「ある出版社が『私の作品は面白い』と言い，本として出版することを提案した」a publisher told me that my works were interesting and suggested publishing them

as a book などとまとめ直す必要がある。意味を汲んで「ある出版社が私の作品に興味を持ち，本にまとめたがった」a publishing company took interest in my works and wanted to compile them into a book などとすることも考えられる。

第一作が生まれたのだ。

英訳 Thus, my first book was born.

- 原文では1文の最後の部分だが，いったん切って独立させると，重みが増す。
- 「このようにして私の最初の本が生まれた」Thus, my first book was born. や「それが私の最初の本が出版された経緯だった」That was how my first book was published. などとできる。

(1) I rarely took part in such a gathering. At first, I went with them as I feared that they might think I was unsociable, but they did nothing but gossip, so I concluded that it was totally a waste of time to be with them.

〈別解〉 I seldom joined them. At first, I took part, being afraid that they would regard me as difficult to get along with. However, they were always chatting about other people, and so I decided that I was only wasting my time.

(2) Even in an ordinary office, it is possible to find time to spend alone if you use your free time wisely. This leads to your reflection on your job and motivation, so that you can further your ambitions for the future.

〈別解〉 Wherever you work, you can make time to be on your own by making the most of your spare time. This helps you to reflect on your job, become motivated, and develop a dream for the future.

(3) My efforts drew others' attention and I got an opportunity to write poems and stories for "Harmony of Dreams." I was delighted when I received responses, like asking whose work that was. As I continued, a publisher told me that my works were interesting and suggested publishing them as a book. Thus, my first book was born.

〈別解〉 Someone noticed it and gave me a chance to write poems and stories for a radio program, "Dream Harmony." I was flattered when I received responses from listeners, asking, for example, whose work it was. While I was doing all of this, a publishing company took interest in my works and wanted to compile them into a book. That was how my first book was published.

解答例

84

2018年度 外国語学部以外〔4〕

次の日本文(A)と(B)のそれぞれの下線部の意味を英語で表しなさい。ただし，(B)では，**文学部の志願者は(イ)を，文学部以外の学部の志願者は(ロ)を**選んで解答しなさい。

(A) **(すべての学部の志願者)**

こんな経験はないだろうか。独りでいると寂しいのに，あまり長い時間，皆で一緒にいると，どこか鬱陶(うっとう)しくなる。人類の場合，社会をつくることが生物学的に決まっているわけではないので，集団をつくってともに生きることは自然なことではない。そのために人類はどのような工夫をしているのだろうか。

大村敬一「動物を通して家族をつくる」『FIELDPLUS no. 14』

(B)

(イ) **(文学部の志願者)**

文化とは，人が自ら住んでいる地域内での生存の手段として形成したもので，個々人が集団から継承した社会的遺産を意味する。ある特定の文化内で，我々はコミュニケーションという手段を通して他者との関係を築き，自分に与えられた仕事を遂行し，目標を達成している。そして１つの世代から次の世代への文化の発展，維持そして伝達や，複数の世代にわたる文化的目標と文化的価値をより堅固なものにするという意味においても，コミュニケーションは重要な役割を果たしている。このように，我々が文化と文化に即した行動に対する影響を理解する上で，コミュニケーションは特別な役割を果たしているのである。

南雅彦『言語と文化』

(ロ) **(文学部以外の学部の志願者)**

科学者が謙虚に自然現象の謎を解き明かして，「法則」に対する認識を深めるとき，法則の先にある奥深い世界がとらえられる。そして，それまで無関係だと思っていた複数の法則が自然現象の異なる表現であって，実は相互に関連し合っていることが分かれば，一段深いレベルでの理解に達したことになる。そのとき，自然は全く新たな形で人々の前に現れるだろう。

酒井邦嘉『科学という考え方』

解　説

(A) ▶下線部第1文

独りでいると寂しいのに，

英訳 You feel lonely when you are alone, but

● 下線部の前に「こんな経験はないだろうか」と読者に問いかけており，主語には you を用いるのが適切。

●「独りでいると（きには）」は文字どおり if〔when〕you are alone とする以外に，「独りぼっちで放っておかれると」when you are left alone とすることも可能。それぞれ分詞構文で being alone / (being) left alone と簡潔に表現することもできる。

●「寂しい」は文字どおりには you are lonely だが，「独りでいるとき」という場合分けがされており，変わらぬ状態を思わせる be 動詞より，「寂しく感じる」you feel lonely としたほうがしっくりくる。

●「のに」は but を使う以外に，「～にもかかわらず」(al)though や，「～する一方で」while / whereas が使える。while / whereas は文頭に置くことも，この部分のあとに置くこともできる。

●「のに」にいずれの表現を使っても，when you are alone, you feel lonely より，you feel lonely when you are alone の順のほうが，文のまとまりがよい。

あまり長い時間，皆で一緒にいると，

英訳 when you spend too much time with others

●「皆」は，everybody や everyone が思い浮かぶかもしれないが，これらは特定の集団を前提として「そのすべての人」を表す。この文章では特定の集団のことが述べられていないので使えない。漠然と「他の人たち」other people / others とするか，一定の人数の集団と考えて a group of people などとする。

●「あまり長い時間～で〔と〕一緒にいる」は be with ～ for too long (a time) が文字どおり。「あまりにも長い時間を～と一緒に過ごす」spend too much time with ～ とすることもできる。「いる／過ごす」は一般論として現在形でよいが，「一緒にいた／過ごしたあと鬱陶しくなる」と考えて現在完了にすることもできる。with の代わりに in the company of ～「～と一緒に」を使うと連れ合いであることを強調できる。

どこか鬱陶しくなる。

英訳 you become somehow annoyed

●「どこか」は「なにが理由とは言えないが，なんとなく」のニュアンスであり，somehow が使える。「なんらかの理由で」for some reason (or other) とすることもできる。

- 「鬱陶しくなる」は，この文では「煩わしく，いらいらしてくる」というニュアンス。become annoyed や begin to feel irritated などで表せる。

▶下線部第2文

人類の場合，社会をつくることが生物学的に決まっているわけではないので，

英訳 Human beings are not biologically predetermined to build society, so

- 「人類の場合」は，直訳の副詞句にするより「人類は」と主語にするのが妥当。直訳しても主語は必要であり，文がもたつくだけである。「人類」は human beings / humans とする。無冠詞単数の man もこの意味になるが，今はあまり好まれないだろう。
- 「～することが生物学的に決まっているわけではない」は，「～するように生物学的にあらかじめ決められて〔作られて〕はいない」と整理し，are not biologically predetermined〔destined / designed〕to *do* などとする。「わけではない」は日本語では一定の意味合いを伝えるが，英語では特に訳出する必要はない。not always など部分否定を使うと「生物学的に決まっている場合もある」ことを含意し，誤訳になる。
- 「社会をつくる」の「つくる」に make は使わない。build〔form〕(a) society とする。society は一般に無冠詞で用いるが，「共通の利害や文化を有する社会，共同体」の意味合いでは可算扱いもできるので不定冠詞を入れても間違いではない。build〔organize / form〕a community などとすることもできる。
- 「ので」は文頭に as / since / because を用いて表してもよい。

集団をつくってともに生きることは自然なことではない。

英訳 it is not natural for them to form a group and live together.

- 「～することは自然なことではない」は形式主語を用いる。日本語では文脈的に自明だが「人間にとって」を補うのが妥当。なお，human beings でも humans でも，あらかじめ we human beings〔humans〕「私たち人間」としておくのでなければ，3人称複数である。
- 「自然なことではない」の「こと」は訳出不要。日本語では「何はどんなだ」のタイプの文で補語に「こと／もの」を添えて述部に重みをもたせるが，英語では形容詞だけで十分な場合も多い。英訳するとき「こと／もの」がなければ文意が変わってしまうかどうか考えてみること。
- 「集団をつくる」も make ではなく，form a group とする。
- 「ともに生きる」は文字どおり live together でよい。「(集団の) 他のメンバーとともに」with other members と言葉を補って，文末が軽くなるのを避けることも考えられる。

(B)(イ) ▶下線部第1文

ある特定の文化内で，我々はコミュニケーションという手段を通して…

英訳 In a particular culture, we … through means of communication.

- 「ある特定の文化内で」の「ある特定の」は a certain / a specific / a given などの表現もある。「～内で」は within を使うこともできる。
- 「～という手段を通して」は through (the) means of ～ が文字どおり。by means of ～「～（という手段）を使って」もよく使われる表現である。
- 「ある特定の文化内で」と「コミュニケーションという手段を通して」の2つの副詞句は，文頭に2つ並べると英文としては少々すっきりしない。通常は文頭と文末に振りわけてバランスをとるが，「コミュニケーション」を文末にするとこの文章のキーワードが目立たず，3つの動詞すべてにかかることがわかりづらくなるのもやや難点。かといって「ある特定の文化内で」を文末に回すと，述べようとしている内容の「舞台」（状況設定）が最後までわからず，読者はイメージを描きにくい。こうした点を解消するために強調構文を用いて「我々が～するのは，コミュニケーションという手段を通して，である」とすることも考えられる。

（我々は）他者との関係を築き，自分に与えられた仕事を遂行し，目標を達成している。

英訳 (we) build relationships with others, carry out the jobs given to us, and achieve our goals

- 「～との関係を築く」は build relationships with ～ が文字どおり。動詞は establish も使える。なお，「人間関係」の意では relation より relationship のほうがよく使われるようである。
- 「自分に与えられた仕事を遂行する」は carry out〔accomplish / perform〕the jobs (which are) given to us などとなる。「仕事」には「任務」tasks も使えるが，work は具体的な項目や役割を表す語ではないので不適。「与えられた」は「割り当てられた」assigned とすることもできる。3つの動詞が列挙されることになるので，which are を省いて過去分詞だけにするのがすっきりする。あるいは，「自分の仕事」our jobs〔tasks〕と簡単にまとめることも考えられる。なお，「自分」をすぐに「私」と置き換えてしまう癖のある人は要注意。「自分」がだれのことを指すかは文章による。
- 「目標を達成している」は achieve〔attain〕our goals などとなる。「自分の目標」と所有格を補わなくては，目標というもの一般を表し，意味を成さない。「～している」は進行中の意味ではなく，変わらぬ事実を表すので現在形を使う。なお，列挙の最後の2つの間には等位接続詞（この場合は and）を補うこと。

▶**下線部第2文**

そして…という意味においても，コミュニケーションは重要な役割を果たしている。

英訳 And communication also plays an important part〔role〕in …

●「〜という意味において重要な役割を果たしている」は play an important part〔role〕in 〜 で十分表せる。「観点」の意での「意味」には meaning は使えないので，訳出するなら in the sense that S V「S が V するという意味で」となるが，後続の部分が「S が V する」という節の形をとっていないため，これも使えない。in terms of 〜「〜という点から」という表現は使えるが，これなら in だけでも大差はない。なお，also があれば「追加」の情報であることが明らかなので，And は省いてもかまわない。

1つの世代から次の世代への文化の発展，維持そして伝達

英訳 the development, preservation and transmission of culture from one generation to the next

●「1つの世代から次の世代への」は，from one generation to the next が文字どおり。from one generation to another とすることもできる。

●「文化の発展，維持そして伝達」は the development, preservation and transmission of culture が文字どおり。the を最初にだけ置くことで of culture が3つの名詞すべてにかかることを表せる。「文化を発展させ，維持し，伝達すること」developing, preserving and transmitting culture と動名詞を使って表すこともできる。「維持（すること）」には maintenance / maintaining,「伝達すること」には passing on / handing down も使える。

（や，）複数の世代にわたる文化的目標と文化的価値をより堅固なものにする

英訳 the reinforcement of cultural aims and (cultural) values over generations.

●「〜をより堅固なものにする」は，前半の「発展，維持，伝達」という名詞表現に合わせるなら，「〜の強化」the reinforcement of 〜となる。動名詞を使うなら，reinforcing〔strengthening / fortifying〕となる。

●「文化的目標と文化的価値」は cultural aims and cultural values が文字どおり。2つめの cultural は省いてもよいだろう。「目標」は goals / objectives も使える。

●「複数の世代にわたる」は over generations が文字どおりで，そのままでよい。「複数の」はあえて訳出しなくても，複数形にすれば十分。

●「…文化の発展，維持そして伝達」と「…をより堅固なものにする（こと）」は，原文では「や」でつながれているので，通常は and が浮かぶ。しかし，and はそれぞれの部分にも使われており，2つの大きなまとまりがあることが伝わりにくい。「…だけでなく〜も」not only … but also 〜 / 〜 as well as … を使うと2つのまとまりがはっきりする。なお，これらのまとまりはいずれも play a part in 〜「〜において役割を果たす」の in の目的語であるが，本来〈前置詞＋名詞〉が副詞句をなしており，in not only … but also ～ ではなく，not only in … but also in ～ とするのが適切。

(ロ) ▶下線部第１文

…ことが分かれば，

英訳 if they realize that …

● 「～（す）れば」は if でも when でも通用する内容である。「～ことが分かる」は realize〔understand / find〕that ～などが使える。

● 主語を何にするかはいくつかの考え方がある。ひとつは，文章冒頭にある「科学者」を受けて「彼ら」they とすることである。もうひとつは，下線部第２文で「自然は…人々の前に現れるだろう」と一般論として述べていることから「私たち」we を使うことである。この場合，筆者も含めて新たな形の自然に相対するイメージなので you は不向き。ほかには「～ことが発見される」it is found that ～と受動態にして「だれが」を伏せる，「(法則が) ～だと判明する」prove〔turn out〕to be ～とすることが考えられる。

それまで無関係だと思っていた複数の法則

英訳 several principles（which）they thought（to be）unrelated to one another

● 「思っていた」の主語は「人間」であり，先に検討した主語に合わせるのが妥当。ひとまず「彼ら」で書くと，もとになる文は①「彼らは複数の法則が無関係だと思っていた」they thought several principles（to be）unrelated to one another と，② they thought that several principles were unrelated to one another が考えられる。several principles を先行詞として書き直すと，① several principles（which〔that〕）they thought（to be）unrelated to one another，② several principles which〔that〕they thought were unrelated to one another となる。なお，②のもとの文にある thought に続く接続詞 that はこのパターンでは残すと関係代名詞と紛らわしくなるため，必ず省略する。thought の代わりに believed / considered でも同じパターンで書ける。「～と無関係である」は have nothing to do with ～ を使うこともできる。

● 「それまで」は特定の時期が示されていないので，until then などとすることは不可。訳出するなら「以前は」formerly などとできるが，動詞を過去形にすることで意味合いは表せている。

● 「無関係だ」には「何と」が示されていないが，英語ではこれがないと不自然。「互いに」を補う。２者間では each other，３者以上は one another が原則だが，３者以上でも each other が使われることもある。

● 「複数の」は several が妥当。「法則」は principle 以外に law も使える。

(複数の法則が）自然現象の異なる表現であって,

英訳 are different expressions of a natural phenomenon

● 「自然現象」は,「ひとつの自然現象が異なる法則で表されている」という文意なので単数にする。the same「同じ」を使えば意味がいっそう明快である。

● 「表現」は逆に,「異なる複数の法則で表されている」ということなので複数形にすること。

実は相互に関連し合っている

英訳 and (are) in fact related to one another

● 「…であって,〜ている」の2つの動詞をつなぐ接続詞 and を忘れないように注意。

● 「実は」は in fact 以外に actually / in reality などが使える。

● 「関連し合っている」は, are linked to each other などとすることもできる。

一段深いレベルでの理解に達したことになる。

英訳 it follows that they have reached a deeper understanding.

● 「〜ことになる」は,「(前述の当然の帰結として) 〜となる」it follows that 〜 以外に,「〜と言える」it can be said that 〜 などとできる。後者は safely「差し支えなく, 問題なく」を伴って, it can safely be said that 〜「〜と言ってもまず大丈夫だろう」とされることがよくある。

● 「一段深いレベルでの理解に達した」は「より深い理解に達した」they have reached a deeper understanding とできる。reached の代わりに achieved も使える。「レベル」level を訳出する場合, deep level ではなく high level を使う必要があるので,「より高いレベルでの理解を成し遂げた」they have achieved an understanding at a higher level となる。

● 「達した」を過去形で表すことはできない。過去形は実際に起きた出来事を表すため, 基本的に一般論では使わない。現在完了を用いる。

▶下線部第2文

そのとき, 自然は全く新たな形で人々の前に現れるだろう。

英訳 At that moment, nature will appear in a completely new form before them.

● 「そのとき」は at that moment / then などが使える。at that time は過去のことを指して「当時は」の意味合いで使われることが多いので避けておくのが無難だろう。

● 「自然は現れるだろう」は文字どおり nature will appear でよい。nature は無冠詞で用いる。この文意なら「現れる」には come も使える。

● 「全く新たな形で」は in a quite〔completely〕new form〔shape〕となる。

● 「人々の前に」の「人々」は直前までの主語に合わせて them / us にするか, 文字どおり people を使う。「～の前に」は in front of ～が使える。in で始まる前置詞句の連続を避けたければ「～の面前に」の意味で before を用いることもできる。

(A) You feel lonely when you are alone, but you become somehow annoyed when you spend too much time with others. Human beings are not biologically predetermined to build society, so it is not natural for them to form a group and live together.

〈別解〉 You feel lonely being left alone, whereas you begin to feel irritated if you are in the company of other people for too long. As we humans are not biologically designed to organize a community, it is unnatural for us to form a group and live together with other members.

(B)(イ) （文学部の志願者）

In a particular culture, we build relationships with others, carry out the jobs given to us, and achieve our goals through means of communication. And communication also plays an important part not only in the development, preservation and transmission of culture from one generation to the next, but also in the reinforcement of cultural aims and (cultural) values over generations.

〈別解〉 Within a certain culture, it is by means of communication that we establish relationships with others, accomplish our tasks, and attain our goals. Communication also plays an important role in strengthening cultural aims and values over generations as well as in developing, preserving and transmitting culture from one generation to another.

(ロ) （文学部以外の学部の志願者）

(And) if they realize (that) several principles they thought unrelated to one another are different expressions of a natural phenomenon and in fact related to one another, it follows that they have reached a deeper understanding. At that moment, nature will appear in a completely new form before them.

〈別解〉 (And) when several laws which we believed had nothing to do with each other prove to be different expressions of the same natural phenomenon and actually linked to each other, it can safely be said that we have achieved an understanding at a higher level. Then nature will come in front of us in a quite new shape.

解答例

85

2018年度 外国語学部〔4〕

次の日本文の下線部(1)〜(3)の意味を英語で表しなさい。

(1)僕は本を楽しみたいという気持ちで，わくわくしながら開きます。少なくとも「この本，全然おもしろくなかった」と僕が誇らしげに言うことはありません。自分がおもしろさをわからなかっただけじゃないかと思うんです。自分が楽しみ方を間違えたのではないかと。

自転車に一度では乗れなかった僕が，何回も練習して自在に乗れるようになった。あの時の快感が忘れられません。だから，自分の才能を棚にあげて適当な発言はできない。どうせ読むなら，楽しむという指標において，本＋自分の読み方の総合点では誰にも負けたくないです。誰よりもおもしろく読みたい。

(2)どれだけ腹が減っていても不味い飯は存在します。それでも，どんな店に行っても「不味い，不味い」と口癖のように言っている人に腹立ちませんか。そんなに，自分が好きな店を見つけられないものかなと思います。好きな店の気配を嗅ぎわける嗅覚が育たないものかなと思うんです。お前は何回同じ過ちを繰り返せば気が済むのかと。

(3)読書も同じで，徹底的に否定して批判して溜飲を下げるというスタイルをとっている人や，名作と呼ばれるものをこき下ろすことによって個性を出したい人もいて，それが気持ち良いならそれでいいんですけど。評論家じゃなくて，趣味の読書なら楽しんだ方が得だし自分のためにも良いと思うんです。

（又吉直樹『夜を乗り越える』）

解　説

(1) **▶下線部第１文**

僕は本を楽しみたいという気持ちで，わくわくしながら開きます。

英訳　I open a book with my heart beating with the joy of reading it.

- 文字どおりなら「僕は本を開きます」が骨組み。この場合の本は特定のものではなく，また一度に複数の本を読み始めることは通常はないので a book が適切。
- この骨組みに付帯状況として「(本を) 楽しみたいという気持ちで，わくわくしながら」を添える。「〜という気持ちで（開く)」と「わくわくしながら（開く)」は別個の修飾句というより，「〜という気持ちにわくわくして」「読む喜びで胸がどきどきして」with my heart beating with the joy of reading it などとまとめるのが妥当だろう。
- 原文を「本を開くときは，わくわくして楽しみたいと思う」などと整理すれば When I open a book, I feel excited and want to enjoy it. と簡単に表現できる。

▶下線部第２文

少なくとも…と僕が誇らしげに言うことはありません。

英訳　At least, I never say proudly …

- 「少なくとも」at least が何を修飾するのかわかりにくい。冒頭に置いて処理するのが無難である。あるいは，文意にそれほど大きな影響をおよぼしてはいないと思われるので，あえて訳出しないことも考えられる。
- 「誇らしげに」は proudly でよいが，直後の文や下線部のあとの文に「(おもしろくないと思っても，それは) 自分の落ち度，自分の能力不足が原因ではないか」という気持ちがあると述べられていることから，その逆の態度を表す「横柄に」arrogantly,「自慢そうに」boastfully,「自信たっぷりに」confidently なども使える。
- 「言うことはありません」と「言いません」のニュアンスの違いを読み取りたい。たとえば,「言うことがあります」なら sometimes say,「言うことがよくあります」なら often say のように,「あります／ありません」の表現は頻度を表している。したがって，この場合 don't say ではなく,「言う頻度はゼロ」を表現して never say とする。

「この本，全然おもしろくなかった」

英訳　"This book was not interesting at all."

- 原文が「　」に入っており，英語でも直接話法を使えば容易。「全然〜ない」は not 〜 at all 以外には not 〜 in the least などもある。これらは not at all, not in the least と一つにまとめて置くこともできる。なお，引用符の前にカンマを打つこと。正しい記号の使い方も評価の対象である。

- 間接話法で書く場合，文字どおりの訳は通用しない。筆者の習慣的行為を表す I never say に続けて，手元にある特定のものを表す this が不自然であり，また，実際に起きた（1回限りの）出来事を表す過去形を使うことにも無理がある。したがって，(say) that a book is not interesting at all「ある本がまったくおもしろくない（と言う)」などとする必要がある。あるいは，find を使えば実際に読んでみたことが表せるので，これを現在完了形にして (say) that I have found a book completely〔totally〕uninteresting「ある本を読んでみたらまったくおもしろくないとわかった（と言う)」などとすることもできる。

▶下線部第3文

自分がおもしろさをわからなかっただけじゃないかと思うんです。

英訳 I think that I just cannot appreciate it properly.

- 骨組みの「私は…と思う」は I think that … で問題ないが，think の代わりに feel を使うこともできる。また，原文にはないが，前文からの流れで「むしろ」rather を冒頭か I のあとに置くことも考えられる。
- 「～じゃないか」と否定疑問のようになっているが，あえて文字どおりにする必要はなく，「自分がおもしろさをわからなかっただけだと思う」で十分である。「ニュアンスを出したければ may / might「～かもしれない」があるが，使い方には工夫が必要。これについては後述する。「だけ」には just を使うとよい。
- 「おもしろさをわからなかった」の「わかる」は，「真価を正しく評価する」appreciate が適語。これを使えば「おもしろさ」を訳出しなくても済む。物足りなければ「ちゃんと，正しく」properly，「十分に」adequately を添えるとよい。「理解する」understand / see を使うなら「その（本の）おもしろさ」its interest とする。あるいは言葉を広げて「それについて何がおもしろいのか」what is interesting about it,「それの魅力的な面」its fascinating aspects,「その魅力のある特色」its appealing features などとすることもできる。
- この部分全体の意味を汲むと「おもしろくないと思ったのは，自分が悪いのだ」ということなので，I think that the fault is on my part and that I just cannot appreciate it properly などとできる。またこのように言葉を補えば「自分が悪いのかもしれない」と may / might を補いやすくなる。「そう思ったのは自分のせいかもしれないと感じる」I feel that it might be my own fault to have found so などとなる。

(2) **▶下線部第1文**

どれだけ腹が減っていても

英訳 no matter how hungry you are

● 「どれほどSがCでも」no matter how C S be を使う。no matter how の代わりに however / regardless of how も使える。また，動詞部分は may be ともできる。主語は一般論として you にする以外に，筆者自身のことと考えて I を使ってもよい。

不味い飯は存在します。

英訳 some dishes taste bad

● 「不味い飯は存在する」は「不味い飯もある」のニュアンス。some を使って表現できる。there are some dishes that taste bad がほぼ文字どおりだが，there is 構文にせずに，some dishes taste bad とするのがよい。あるいは「美味い／不味い」は食べる人の主観と言えるので「あなた〔私〕はある食事が不味いと思うことがある」you〔I〕sometimes find a meal horrible などとすることもできる。

▶下線部第２文

それでも…人に腹立ちませんか。

英訳 Even so, don't you get angry with a person …?

● 「それでも」は But や However でも表せるが，Even so / Yet / Still などを使えば，対比がよりよく出せる。

● 「人に腹が立つ」は前置詞に注意。get angry with a person が基本。at も使えるが，about や over は「事」が続く。angry の他に irritated も使える。また，「人が…と言っているのを聞くと腹が立つ」と読み換えて，get angry〔irritated〕to hear someone saying … などとすることもできる。

● 「腹立ちませんか」は，読者に問いかけていると考えられるので you を主語にした否定疑問文にする。

「不味い，不味い」と口癖のように言っている（人）

英訳 (a person) who always says, "This dish is terrible,"

● 「口癖のように言う」は「いつも言う」と読み換えれば容易に表現できる。また，always や constantly などの副詞とともに進行形を使うと「～してばかりいる」というい ら立ちを表すことができるので，who is always saying とするのもよい。

● 「不味い，不味い」は形容詞の bad や terrible を２回書いても英語では意味をなさない。そのとき食べている料理を主語にして「この料理は不味い」"This dish is terrible," / "This dish tastes bad," などとする。なお，直接話法で書くときは，ここではまだ文が終わらないので，引用符の最後にはピリオドではなくカンマを打つこと。間接話法で書く場合は，今目の前にあるものを指す this が使えないので「その料理」the dish とすること。

どんな店に行っても

英訳 regardless of the restaurant he or she goes to

● 「店」は文意からして「飲食店」なので restaurant を使う。

- 「どんな店に行っても」は文字どおりには no matter what restaurant he (or she) goes to となるが，第1文で no matter や … ever を使っているときは，表現に変化をもたせるのがよいだろう。他には「訪れるどんな店でも」at any restaurant he (or she) visits などとすることもできる。なお，a person を受ける代名詞として they を使うこともできる。

▶下線部第3文

そんなに，自分が好きな店を見つけられないものかなと思います。

英訳 I wonder if it is so difficult to find a favorite restaurant.

- 「～かなと思います」は「疑問に思う」の意なので wonder if ～ が使える。あるいは，「～だろうか」と疑問文にすることもできる。
- 「そんなに～を見つけられないものかな」は「～を見つけるのがそんなに難しいか」と読み換えれば表現しやすい。(wonder if) it is so difficult to find ～ / Is it so difficult to find ～? などとなる。不定詞の意味上の主語 for them〔him (or her)〕を補うこともできる。
- 「～を見つけるのがそんなに難しいか」と読み換えると，この文が反語，つまり「そんなに難しくないだろう」という筆者の気持ちが見えてくる。そこから「なぜその人（たち）は…を見つけるのにそんなに苦労するのかわからない」I don't understand why he (or she) has〔they have〕so much difficulty finding … などとすることもできるだろう。
- 「自分が好きな店」は「お気に入りの店」a〔his (or her) / their〕favorite restaurant と考えれば容易。「彼（ら）がそこの料理を気に入る店」a restaurant whose dishes he (or she) likes〔they like〕などとすることもできる。
- なお，he or she / him or her / his or her は a person を正しく受ける代名詞だが，これらが何度も繰り返されると読むのにわずらわしく，優れた文とは言い難い。数を抑えるように工夫するか，they / them / their に統一するのがよい。

(3) ▶日本文では1文になっているが，「読書も同じで（ある）」「～人や…人もいる」「それが気持ち良いならそれでいいんですけど」と3つに分けるのが妥当。「～で」「～して」という表現で思い浮かぶのは and だろうが，これら3つの部分は「そして」と並列されるような内容ではない。

読書も同じで，

英訳 The same thing is true with reading.

- 「読書も同じで」を Reading is the same と直訳しても意味を成さない。「同じことは読書にもあてはまる」という意味。「～にあてはまる」be true with〔of / for〕～を使って The same thing is true with reading. とする。「同じことは読書に関しても言える」The same (thing) can be said about reading. などとすることもできる。

徹底的に否定して批判して溜飲を下げるというスタイルをとっている人や，…人もいて，

英訳 Some people feel satisfied by strongly denying and severely criticizing a book, and others …

● 「～人や…人もいる」は Some (people) ～, (and) others … が定番の表現。2文に分けてもよい。

● 「徹底的に否定して批判して」はどちらの動詞も目的語が必要。文意から考えて「本を」books / a book を補うこと。「否定する」deny 以外に reject「拒絶する」が，「批判する」は criticize 以外に attack が使える。「徹底的に」は動詞によって使える語が異なるので注意。「完全に〔強く〕否定する」absolutely〔strongly〕deny / completely〔totally〕reject，「厳しく批判する」severely〔bitterly / harshly〕criticize〔attack〕などとなる。この部分は「溜飲を下げる」手段と考えて，「～することによって」by *doing* の形にする。あるいは「否定して批判して，それで（…, and then）溜飲を下げる」などとする。

● 「溜飲を下げる」は「(心から) 満足する」feel (heartily) satisfied などと読み換える。そう考えると「否定して批判して」の部分とのつながりを「(否定して批判) することに満足を見出す」find satisfaction in *doing* と処理することもできる。

● なお，「～というスタイルをとっている」は，普段からそうしているという習慣的行為だと考えれば，現在形の動詞で表現すれば十分である。style や way のような「やり方，様式」を表す語を使うと，何の様式なのかがかえって不明になる。

名作と呼ばれるものをこき下ろすことによって個性を出したい（人もいて），

英訳 (others) try to demonstrate their personality by harshly attacking a so-called masterpiece.

● 「個性を出したい」は「個性を発揮しようとする」try to demonstrate their personality と考える。「～したい」ではあるが want to *do* は「～したいと思う」という心情であって，必ずしも行動に現れているわけではない。文意からすると，「個性を出そうと行動で示している」はずであり，try を使うのが適切。「～を発揮する」は demonstrate 以外に display も使える。「個性」は individuality でもよい。あるいは，「自分が他の人とは異なることを示そうとする」try to distinguish themselves などと表現することもできる。

● 「名作と呼ばれるもの」は「いわゆる名作」a so-called masterpiece / what is called a masterpiece とできる（不定冠詞の位置に注意)。複数形にしてもよい。

● 「～をこき下ろす」は「厳しく批判する」のところで挙げた表現を重複しないように使う。「(公然と) 批判する」denounce もある。これも「～することによって」

by *doing* の形で使う。

それが気持ち良いならそれでいいんですけど。

英訳　If they are happy doing so, I don't care.

● 言葉を補って整理すると「もし彼らがそうすることで幸せなら，私は気にかけない」If they are happy (in) doing so, I don't care. などとなる。if 節を care のあとにおくと，「彼らが幸せかどうか私は気にかけない」の意味に取れるので避ける。

● 「気持ち良い」は「満足している」とも読み換えられる。「溜飲を下げる」と同じ表現にならないように be content(ed) to *do*〔*doing*〕などとする。

● 「それでいいんですけど」は「私には何も文句（の理由）はない」I have no (cause for〔of〕) complaint / I have no reason〔cause〕to complain などとも表現できる。この場合は if 節がうしろでもかまわない。

解答例

(1) I open a book with my heart beating with the joy of reading it. At least, I never say proudly, "This book was not interesting at all." I think that I just cannot appreciate it properly.

〈別解〉 When I open a book, I feel excited and want to enjoy it. I never say arrogantly that I have found a book completely uninteresting. Rather, I feel that it might be my own fault to have found so.

(2) Some dishes taste bad no matter how hungry you are. Even so, don't you get angry with a person who always says, "This dish is terrible," regardless of the restaurant he or she goes to? I wonder if it is so difficult to find a favorite restaurant.

〈別解〉 Regardless of how hungry I may be, I sometimes find a meal horrible. Yet don't you get irritated to hear someone constantly saying that the dish tastes bad, at any restaurant they visit? I don't understand why they have so much difficulty finding a restaurant whose dishes they like.

(3) The same thing is true with reading. Some people feel satisfied by strongly denying and severely criticizing a book, and others try to demonstrate their personality by harshly attacking a so-called masterpiece. If they are happy doing so, I don't care.

〈別解〉 The same can be said about reading. Some find satisfaction in totally rejecting and bitterly attacking books. Others try to distinguish themselves by denouncing what are called masterpieces. If they are content to do so, I have no cause for〔of〕complaint.

86

2017年度 外国語学部以外〔4〕

次の日本文(A)と(B)のそれぞれの下線部の意味を英語で表しなさい。ただし，(B)では，**文学部の志願者は(イ)を，文学部以外の学部の志願者は(ロ)を選んで解答しなさい。**

(A) **（すべての学部の志願者）**

幼稚園でほんとうに自由遊びをさせている幼稚園は，保護者の評判が悪いんです。「先生がなんにもしてくれへん」と言うて。ところが，ほんとうに子どもに自由に遊ばせている先生というのは，すごいエネルギーがいるんです。子どもはいろんなことをするから，危ないと思いながら，ずっと見守っていなければならないでしょう。これは，ある程度，腹がすわってないとできない。

安野光雅・河合隼雄『人が，ついとらわれる心の錯覚』

(B)

(イ) **（文学部の志願者）**

いよいよ神様に召されるその時が来て，この世とのお別れの記念にこれまで愛聴してきた数多（あまた）の名曲の中からただ一曲を聞きながら死んでゆけるとしたら，どの曲を自分は選ぶだろうか。

ひとり私に限らず，時間とともに消えてゆくゆえに美しい音楽の愛好者なら一度はこの問いを自らに発して楽しいような切ないような思いに暫（しば）し浸ったことがあるのではないか。

熊沢雅晴「最期の一曲」

(ロ) **（文学部以外の学部の志願者）**

変化をどう受け入れていくかで人生が変わっていきます。変化を拒絶すれば，思いどおりにならない現実に直面し，ストレスを感じることでしょう。「昔は良かったのに」といつまでも悔やんだり，懐かしんで過ごすことになります。「変化は当たり前のこと」と柔軟に受け入れていけば，人生の流れと調和しながら生きることができます。

藤野由希子『世間体にしばられない生き方』

解 説

Ⓐ ▶下線部第1文

…ている先生というのは，すごいエネルギーがいるんです。

英訳 It takes a teacher a great deal of energy to …

- 「先生（というの）は，エネルギーがいる（エネルギーを必要とする）」A teacher needs energy と，日本語の構造どおりに訳すこともできるだろうが，文章の主旨をより適切に表すためにひと工夫したい。「自由遊びをさせている幼稚園は，先生がなにもしてくれない」という不満が誤解であることを伝えようとしているので，①「遊ばせることは先生にとって労力がかかる」，②「遊ばせる先生は労力を使っている」というように，「先生に負担がかかっている」ことが伝わる文に整理するとよい。①は上記の英訳以外に It takes a great deal of energy for a teacher to … とも書ける。②なら A teacher … spends (an) enormous (amount of) energy (in / on) doing so. や A teacher … devotes a vast deal of energy to doing so. などとなる。
- 一般論なので，「先生」は無冠詞複数形も使えるが，内容上「子ども」は複数形でなければならず，代名詞がいずれも3人称複数では読みづらい。「先生」を単数にするとよい。この場合，これを受ける代名詞は厳密には he or she となるが，文がもたつくので he か she のどちらかで書けばよい。

ほんとうに子どもに自由に遊ばせている

英訳 let children play completely freely

- 「遊ばせ（てい）る」の「～させる」は許可の意なので，「子どもを遊ばせる」は let children play や allow children to play となる。permit は「規則などが公に許可する」ニュアンスが強いので，この文では少々合わない。
- 「ほんとうに自由に（遊ぶ）」は（play）really freely が文字どおり。「ほんとうに」を「完全に」completely，entirely としてもよい。-ly の副詞が重なるのを避けたければ「ほんとうに好きなように」really as they like などとすることもできる。

▶下線部第2文

- 文全体の構造（修飾関係）や語句の意味を丁寧に考えなくてはならない。「子どもはいろんなことをするから」は「危ない」にかかるのか，「見守っていなければならない」にかかるのか。「危ないと思いながら」の「ながら」は「テレビを見ながら食事をする」と同じ同時進行を表すのか，それとも「僭越ながら」のように「だが，にもかかわらず」と逆接や譲歩を表すのか。こうした点を，各部分の論理的な関係性が明快で整合的になるように整理する必要がある。そのためにはかなり言葉を言い換えたり補ったりしなくてはならない。

子どもはいろんなことをするから，危ないと思いながら，…

英訳 As children do various unexpected things, she is probably afraid that something dangerous might happen. But …

● 「子どもはいろんなことをするから」は，文字どおりに書けるが，unexpected「予想できない」を補ったのは，単にすることが多様なだけでは「危ないと思う」ことにつながらないからである。

● 「～するから」を「危ないと思う」にかかると考えると英訳のようになる。この解釈なら「ながら」は，「しかし，だが」となる。長くなるので文を切るとよい。

● 「危ないと思う」を she〔he〕thinks (that) it is dangerous などとしたのでは it が何を指すのか不明である。英訳のように「おそらく先生は，何か危険なことが起こるかもしれないと心配する」などとしっかり言葉を補いたい。

● ここを「子どもは，危険なことも含めて，いろんなことをすると思い〔知ってい〕ながら」とまとめると，While she〔he〕knows that children try many different things, including risky ones, などとなる。while は「～しながら」という同時進行とともに「～するけれども」と譲歩の意も持つ。「する」には「試してみる」try も使える。ここでも「いろんなこと」には「危険なこと」が含まれていることを補う。

ずっと見守っていなければならないでしょう。

英訳 (But) she patiently has to keep watch over them all the time instead of helping or stopping them.

● 「…でしょう」は，読者に同意を求める表現だが，筆者に確信があるときに使われることが多いので，無理に訳出せず言い切ればよい。

● 「ずっと」は always でもよいが，「絶えず」と時間が途切れないことを all the time，constantly などでよりよく表せる。

● 「見守る」は watch だけでも表せるが，(keep) watch over ～という表現もある (keep を入れると watch は「見張り，監視」の意の名詞)。いずれにしても目的語が必要なので「彼ら（子どもたち）を」を忘れないように補うこと。

● 「何か危険なことが起こるかもしれないと心配する」ことと「見守っていなければならない」ことは，そのままでは「しかし」でつなぐ関係にならないことに注意。むしろ「心配だから見守っていなければならない」のほうが自然に見えてしまう。したがって，「ながら」が整合性を持つように，「心配する。しかし，子どもに手出しをせずに，（ただ）見守っていなければならない」と言葉を補う。この場合の「せずに」は，「～する代わりに」instead of *doing* を使う。「手出し」は「手助けをする」help や「やめさせる」stop などが実際に起こりそうな行動であろう。また，「心配する」とつい手出ししたくなるところを「ぐっとこらえて」見守っている様子を伝えるために，原文にはないが「忍耐強く」patiently を補った。

● 「～する代わりに」を使わずに，「手出しするのを抑えて，見守らなければならない」とすることもできる。「手出しするのを抑える」は「子どもを管理するのを抑制する」restrain herself〔himself〕from controlling children などと表現できる。

(B)(イ) ▶下線部第1文

いよいよ神様に召されるその時が来て，

英訳 When you are about to die,

● 主語に何を置くかは2通り考えられる。文章全体を一般論として「あなた」を使うのと，第2文に「ひとり私に限らず」とあるので，第1文は筆者の自問自答と解釈して「私」を使うというものである。

● 「神様に召される」は be called by God / be called to〔by〕Heaven という表現があり，文字どおりの訳は，When the time to be called by God finally comes となる。「召される」がわからなければ「いよいよ死のうというとき」when you are〔I am〕about to die,「この世を去るとき」when you〔I〕leave this world などと，意味を汲んだ訳ができる。

この世とのお別れの記念にこれまで愛聴してきた数多の名曲の中からただ一曲を聞きながら死んでゆけるとしたら，

英訳 if you〔I〕could die listening to only one of the many masterpieces you〔I〕have loved as a farewell gift,

● 「～を聞きながら死んでゆけるとしたら」は仮の話なので，仮定法過去を使う。「聞きながら」は分詞構文で，listening to ～ とできる。「死んでゆける」は「死ねる」で十分。したがって，if you〔I〕could die listening to ～となる。

● 「これまで愛聴してきた数多の名曲の中からただ一曲」は only one of the many masterpieces you have loved〔enjoyed〕となる。one of ～「～の中のひとつ」は of のあとを複数形にすること。「～の中から」の直訳は from among ～ だが，これは「選ぶ」などの動詞とともに使うのでここでは不可。なお「これまで愛聴してきた」は事実なので直説法を使い，現在完了で表す。

● 「この世とのお別れの記念に」の「記念」は commemoration, remembrance では，「(あとに残された人たちが) 亡くなった人を思い出すよすが」の意になるので文意に合わない。「この世へのお別れとして」as a farewell to this world,「この世と別れる際の (死にゆく人への) 贈り物として」as a farewell gift などと考えたい。

どの曲を自分は選ぶだろうか。

英訳 which one would you〔I〕choose ?

● 直訳で問題ない。日本語では「曲」が繰り返されているが，英語では代名詞 one を使うか，which だけにするのが自然。

● 「選ぶ」は select も使える。こちらのほうが「厳選する」ニュアンスが強い。

▶下線部第 2 文

ひとり私に限らず…音楽の愛好者なら

英訳 People, including me, who love music, …

● 「私を含めた音楽の愛好者」ということなので上記のような訳になる。他には「私のような音楽の愛好者」music lovers like me などとできる。

● 「ひとり私に限らず」は「私だけではなく」の意味なので,「音楽の愛好者なら」を「他の音楽愛好者も」として,別解のように Not only I but also other music lovers, …とすれば書きやすい。「他の」と補うのは,「私」も音楽愛好者だからである。

時間とともに消えてゆくゆえに美しい（音楽の愛好者）

英訳 (music,) which is beautiful because it disappears as time passes

● 主語の部分をどのように表現したかによって,整え方が変わる。music を先行詞にできる書き方をしていれば上記のような文字どおりの訳にできる。ただし,音楽全般の特徴を述べているので which の前にカンマを打ち,非制限用法にすること。カンマを打たない制限用法だと,「時間とともに消えてゆかない音楽」との区別を表してしまう。music lovers を使った場合,これを先行詞とせざるを得ないので「時間とともに消えていくから音楽を美しいと思う（音楽の愛好者)」とし,(music lovers,) who regard music as beautiful because it disappears with time, のようにする。

● 「時間とともに消えてゆく」は「はかない」(music, which is) transient〔ephemeral / fleeting〕などとまとめることもできる。

一度はこの問いを自らに発して…ことがあるのではないか。

英訳 might〔must〕have asked themselves this question at least once

● 「一度は」は,at least once が文字どおり。

● 「この問いを自らに発する」は,「自分にこの質問をする」ask themselves this question が文字どおりで,このままでよい。

● 「ことがあるのではないか」は疑問文の形をとっているが,筆者の推測や確信を表す。「発したことがあるかもしれない」might have asked,「発したことがあるにちがいない」must have asked などとできる。

楽しいような切ないような思いに暫し浸った（ことがあるのではないか。)

英訳 (might〔must〕have …) and felt both happy and sad for a while.

● 「思いに浸る」は steep *oneself* in the feelings / be steeped〔immersed〕in the feelings という表現があるが,「～と感じる」feel や「思いを持つ」have the feelings と簡単に表現してもよいだろう。「暫し」は,「少しの間」briefly, for a (little) while などが使える。

● 「楽しいような切ないような（思い）」は，簡単に「楽しくも悲しくも感じる」feel both happy and sad と表せる。相反する気持ちが入り混じっていることは have〔experience〕the mixed feelings of joy and sorrow「楽しみと悲しみの複雑な思いを抱く」などとすればよりよく表せる。

(ロ) ▶下線部第1文

変化を拒絶すれば，

英訳 If you resist changes,

● 筆者が読み手を諭すような内容なので，主語は you を用いるのが適切。

● 「変化を拒絶する」とは，「変化を受け入れない」「変化に抵抗する」ことであり，refuse to accept changes / resist changes などとできる。

思いどおりにならない現実に直面し，ストレスを感じることでしょう。

英訳 you are likely to be faced with realities that don't go as you want them to and feel stressed.

● 「…ことでしょう」は will で表してもよいが，「…する可能性が高い」be likely to *do* を使うこともできる。

● 「～に直面する」は be faced with ～ / encounter が使える。

● 「現実」reality は，ここでは「現実一般」という抽象的なものではなく，自身が直面する「現実の具体的な出来事」であり，a reality / realities と可算扱いにするのが適切。

● 「思いどおりにならない」は「あなたがそうなってほしいと思うように〔望むように〕進まない」that doesn't〔don't〕go as you want it〔them〕to / that doesn't〔don't〕proceed〔progress〕as you wish などとできる。

● 「ストレスを感じる」は feel stressed が文字どおり。「思いどおりにならない」というところから「挫折〔欲求不満〕を感じる」feel frustrated とすることもできる。

▶下線部第2文

「昔は良かったのに」といつまでも悔やんだり，懐かしんで過ごすことになります。

英訳 And you will end up living your life filled with regret(s) and nostalgia for the good old days.

● 「昔は良かったのに」は「悔やんで」いる内容ではなく，「懐かしんで」いる気持ちなので，英文では入れる場所を変える。

● 「～することになる」は will で単純に未来のこととして表してもよいが，「結局～することになる」end up *doing* が使える。

● 「～して過ごす」に spend を使う場合は，目的語を必要とするので「日々を」などを補い，spend your days *doing* とする。また，live も life を目的語（同族目的語）にとるので，live your life とできる。これを使えば「後悔と古き良き時代への郷愁に満ちた人生を送る」live your life filled with regret(s) and nostalgia for the good old days などと一気にまとめることも可能。「昔は良かったのに」は「古き良き時代」で，「いつまでも」は「人生を送る」という表現に含意される。

- 「いつまでも悔やんだり」と「懐かしんで過ごす」を分けることも考えられる。「いつまでも悔やんだり」は「絶え間ない後悔につきまとわれる」be haunted by continual regrets などとできる。
- 「『…』と懐かしんで過ごす」は「『…』と，郷愁を抱いて，思いながら日々を過ごす」spend your days thinking with nostalgia, " … " などと整理できる。
- 「昔は良かった（のに）」は，Things were better in the old days. などがほぼ決まり文句として使われている。

⒜ It takes a teacher a great deal of energy to let children play completely freely. As children do various unexpected things, she is probably afraid that something dangerous might happen. But she patiently has to keep watch over them all the time instead of helping or stopping them.

〈別解〉 A teacher who allows children to play really as they like spends an enormous amount of energy in doing so. While he knows children try many different things, including risky ones, he must restrain himself from controlling children and watch over them all the time.

⒝⑴ （文学部の志願者）

When you are about to die, if you could die listening to only one of the many masterpieces you have loved as a farewell gift, which one would you choose ? People, including me, who love music, which is beautiful because it disappears as time passes, must have asked themselves this question at least once and felt both happy and sad for a while.

〈別解〉 When the time to be called by God finally comes, if I could die listening to only one of the many masterpieces I have enjoyed as a farewell to this world, which one would I select ? Not only I but also other music lovers, who regard music as beautiful because it disappears with time, might have asked themselves this question at least once and briefly experienced the mixed feelings of joy and sorrow.

⑵ （文学部以外の学部の志願者）

If you resist changes, you are likely to be faced with realities that don't go as you want them to and feel stressed. And you will end up living your life filled with regret(s) and nostalgia for the good old days.

〈別解〉 If you refuse to accept changes, you will encounter a reality that doesn't proceed as you wish and feel frustrated. Then, you will be haunted by continual regrets and (you will) spend your days thinking with nostalgia, "Things were better in the old days."

解答例

87

2017 年度 外国語学部〔4〕

次の日本文の下線部(1)～(3)の意味を英語で表しなさい。

(1)人はどういうわけか，年齢を重ねれば重ねてゆくほど，「童心に帰りたい」という本能が強まってくるようで，その本能を満足させるために趣味を持つのではないか。そんなふうにも思えてくる。

(2)無心になって没頭できるような趣味を持つ人には，若々しい人が多い。たぶん，そうやって，ちょくちょく童心に帰って遊んでいるから老け込むことがないのではないだろうか。

それはともかく，(3)年をとってから新しいことを始めるよりも，子供の頃に多少なりとも経験していたことを復活させるほうが，抵抗感なく，すーっとその世界に入り込むことができるだろう。また，その趣味を途中で投げだしてしまわないコツになるのではないだろうか。

子どものころ，だれでも，ときを忘れるほど夢中になったものがあるだろう。（いまさら）などと思わずに，あのときの心のトキメキを思い出してみよう。

（斎藤茂太 『笑うとなぜいいか？』）

解 説

(1) ▶下線部第1・2文

人はどういうわけか，年齢を重ねれば重ねてゆくほど，「童心に帰りたい」という本能が強まってくるようで，

英訳 It seems that the older people get, the more eager they are to return to their childhood for some reason,

- 全体の構成は，「～するように思える」It seems that ～を土台とし，that 節内に「～すればするほどますます…」を表す the＋比較級～, the＋比較級… の構文を使うのが書きやすいだろう。あるいは「～するにつれて」の意の接続詞 as を使い，「～ようで（ある）」を「本能が強まってくる」だけにかけることも考えられる。
- 「どういうわけか」は for some reason「何らかの理由で」以外に somehow も使えるが，これは the＋比較級～，the＋比較級… の構文では置きどころが難しい。as「～するにつれて」で書く場合に使うとよい。
- 「年齢を重ねれば重ねてゆくほど」は「年をとればとるほど」the older people get,「年をとるにつれて」as people get older で表せる。
- 「～したいという本能が強まる」とあるが,「本能」instinct は「（遺伝子に組み込まれた）生得の衝動」を表す。この文では「欲求」desire と読み換えるのが妥当。「～したいというより強い欲求を持つ」have a stronger desire to *do*,「～したいとよりしきりに思う」be more eager to *do* などとなる。
- 「『童心に帰りたい』」の「童心」は，a child's mind / a childlike heart などが文字どおりだが,「帰る」という語との組み合わせを考えると,「子ども時代に帰る」return to their childhood,「子ども時代の無邪気さに戻る」return to the innocence of childhood,「再び子どもになる」be a child again などとするのが適切。あるいは「子どものように無邪気に物事を楽しむ」enjoy things innocently like a child などと説明的に表現することもできる。

その本能を満足させるために趣味を持つのではないか。そんなふうにも思えてくる。

英訳 and I even think that they pursue hobbies in order to satisfy the desire.

- 第2文の「そんなふうにも」の「そんな」は第1文の後半の内容を受けているので,「…ではないかとも思えてくる」とまとめるのがよいだろう。
- 「思えてくる」の「くる」は訳出不要。直訳的に come to *do*「～するようになる」などを入れると,「以前はそうではなかったのが変化する」ことを表すが，原文からはそうした変化を伝えようという含みはない。
- この文は筆者の個人的な思いであり,「にも」の「も」の意を汲んで,「私は～とさえ思う」I even think〔feel〕～ などとする。「～ではないか」とはあるが，疑問を抱いているのではないので，wonder は避けたい。訳出せずに済ませることもできるし，「～かもしれない」may / might を補うことも考えられる。

- 「趣味を持つ」の「持つ」は have「持っている」でもよいかもしれないが，「すでに持っている」という状態より，「本能を満足させるために『動く』」イメージにするのが文意に合う。「～（趣味）を追究する」pursue や「～（趣味）を始める」take up などが使える。なお，「趣味」は特定のもののことは述べておらず，さまざまなものがあるので hobbies と無冠詞複数形が妥当。
- 「その本能を満足させるために」は，前述のとおり「本能」を「欲求」に読み換えて in order to satisfy〔gratify〕the desire とすればよい。

⑵ ▶下線部第１文

…人には，若々しい人が多い。

英訳 Many of the people who … look young for their age.

- 「…する人が多い」というパターンは，英語では「多くの人が…する」と表現するのが一般的。この文では「多くの人は若々しい」となる。そこに「…人には」を加えると，「…する人の多くは若々しい」となる。
- 「若々しい」は「若く見える」look young でよいが，主語が長いので for their age「年齢の割には」や「若くてはつらつとして見える」look young and vigorous などと言葉を補ってバランスを取るとよい。
- the people who は those who とすることもできる。

無心になって没頭できるような趣味を持つ（人）

英訳 (people who) have hobbies they are completely absorbed in

- 「趣味を持つ（人）」は people who have hobbies と文字どおりでよい。
- 「無心になる」と「没頭する」は，何かに夢中になる様子を表しているので，「完全に～に没頭する」be completely〔totally / utterly / fully / thoroughly〕absorbed in〔devoted to〕～／ completely devote *oneself* to ～ などとする。これを，hobbies を先行詞にした関係代名詞節で使う。
- 関係詞節の中にもう一つの関係詞節があるという構造をすっきりさせたければ，「完全に趣味に没頭できる（人）」(people who) can fully devote themselves to their hobbies などとしてもよいだろう。

▶下線部第２文

たぶん，そうやって，ちょくちょく童心に帰って遊んでいるから老け込むことがないのではないだろうか。

英訳 Probably because they often play innocently like children, they don't age.

- 「…のではないだろうか」は，筆者の推測を表しており，「たぶん」probably という副詞で概ね表現できている。あるいはI guess〔assume〕(that)…「私は…と推測する」などとすることもできる。

- 「そうやって」は「趣味に没頭して」ということであり，前文と内容が重複するため，訳出は不要だろう。
- 「ちょくちょく童心に帰って遊んでいる」は，「しばしば子どものように（無心に）遊ぶ」などと整理できる。「遊ぶ」は文字どおり play でもよいし，「楽しむ」have fun / enjoy themselves などとすることもできる。「遊んでいる」の「ている」は習慣的行為を表すので，現在進行形ではなく，現在形を使うこと。「子どものように」は like children が文字どおり。「まるで子どもであるかのように」as if they were children と仮定法を使うこともできる。
- 「老け込むことがない」は「年をとらない」don't age / don't grow old とすれば容易。「若いままである」stay young とすることも考えられる。

(3) **年をとってから新しいことを始めるよりも，子供の頃に多少なりとも経験していたことを復活させるほうが，**

英訳 Rather than starting something new when you are older, taking up again something in which you had even a little experience when you were a child

- この文は一般論であり，主語には you を使う。
- 全体が長いので，構成をよく考えること。「～するよりも…するほうが」を無生物主語にすれば「あなたを抵抗感なくその世界に入り込ませてくれる」と整えられる。「～するよりも…するほうが簡単である。そうすれば，あなたは抵抗感なくその世界に入り込める」と2文に分けることもできる。
- 「新しいことを始めるよりも」の「よりも」は rather than を使えば冒頭に置くことができる。もちろんうしろに than で続けてもよい。「新しいことを始める」は start something new が文字どおり。a new thing はやや不自然。「何か新しいこと」というニュアンスをくみとりたい。他には「新しい趣味を試してみる」try a new hobby などともできる。
- 「年をとってから」は「年をとったとき」when you are older / when you get older などとする。日本語ではある事態がすでに起きて（済んで）いることを想定する場合，「～した」と過去形のような言い方をするが（*ex.*「ご飯を食べたら，歯を磨きなさい」），この部分は過去の話ではないので，現在形を使う。
- 「子供の頃に多少なりとも経験していたこと」は，「子供のときにたとえ少しでも経験したこと」something in which you had even a little experience when you were a child などとするのがほぼ原文どおり。「子供のときにある程度楽しんだ趣味」a hobby (which) you enjoyed to some extent as a child などとまとめることもできる。

● 「〜を復活させる」は「再び行う」の意。take up again や resume が使える。

（…させるほうが，）抵抗感なく，すーっとその世界に入り込むことができるだろう。

英訳 … will help you involve yourself in the hobby easily.

● 「その世界に入り込む」は「その趣味を楽しむ」enjoy the hobby，「その趣味に夢中になる」involve yourself in the hobby などと整えられる。「その世界」を the world と直訳しても意味は伝わらない。the world of hobby「趣味の世界」と言葉を補ったとしても，「政治の世界」や「医者の世界」のように，ある特定の領域全体を表すため，この文では合わない。あっさりと「その趣味」と言い換えるのが適切。

● 「抵抗感なく，すーっと」はほぼ同語反復であり，「簡単に」easily，「たいして苦労せずに」without much difficulty などで表せる。

解答例

(1) It seems that the older people get, the more eager they are to return to their childhood for some reason, and I even think that they pursue hobbies in order to satisfy the desire.

〈別解〉 Somehow, people, as they get older, seem to have a stronger desire to enjoy things innocently like a child, and I even feel that they take up some hobbies in order to gratify the desire.

(2) Many of the people who have hobbies they are completely absorbed in look young for their age. Probably because they often play innocently like children, they don't age.

〈別解〉 Many of those who can fully devote themselves to their hobbies look young and vigorous. I guess they stay young as they frequently have fun as if they were children.

(3) Rather than starting something new when you are older, taking up again something in which you had even a little experience when you were a child will help you involve yourself in the hobby easily.

〈別解〉 It is easier to resume a hobby (which) you enjoyed to some extent as a child than to try a new one when you get older. By doing so, you can enjoy it without much difficulty.

88

2016年度 外国語学部以外〔4〕

次の日本文(A)と(B)それぞれの下線部の意味を英語で表しなさい。ただし，(B)では，**文学部の志願者は(イ)を，文学部以外の学部の志願者は(ロ)を選んで解答しなさい。**

(A) **（すべての学部の志願者）**

人間の精神状態が環境に大きく左右されてしまうのは直感的に理解できるし，あまりにも自明なことのように思われるが，それを科学的に証明するのは実際のところ容易ではない。しかもそれが健康状態と密接な関係があることを立証するとなると事はいっそう複雑である。

大石和欣「病める精神と環境感受性」

(B)

(イ) **（文学部の志願者）**

現代の若者にとって重要な価値を帯びているのは「コミュニケーション」と「承認」である。それは多くの若者の幸福の要因であるとともに，それが得られない若者にとっては決定的な不幸すら刻印する。たかがコミュニケーションの問題が幸・不幸に直結してしまうのは，「現状が変わらない」という確信ゆえである。

斎藤環『承認をめぐる病』

(ロ) **（文学部以外の学部の志願者）**

文字が文化を進めるのに大きなはたらきをするのはたしかであるが，文字があらわれたために失ったものもある。そのひとつが，記憶力である。文字がないと，大事なことは，記録して保存するということができない。すべては頭の中へ刻み込まれ，記憶として保持される。記憶はきわめて重要な保存の手段，唯一の方法であった。

外山滋比古『知的生活習慣』

解 説

(A) ▶下線部第1文

人間の精神状態が環境に大きく左右されてしまうの（は）

英訳 that our mental state is greatly affected by our environment

- 「の」は「こと」の意で，that 節にまとめられる。
- 「精神状態」は，psychological condition / state of mind,「大きく左右されてしまう」は strongly influenced などとも表現できる。なお,「しまう」は主語にそのつもりがない事態が出来することを表すものであり，訳出不要。
- 「環境に」は「環境によって」by our environment〔surroundings〕とできる。「自分が置かれている環境」ということなので，our をつける。特に environment は the では「自然環境」の意に解されるので注意。また surrounding は「環境」の意では複数形で用いる。

直感的に理解できるし，あまりにも自明なことのように思われる

英訳 … is intuitively understood and seems too apparent

- 「…左右されてしまうこと」を主語にするなら，形式主語 it を用いる。
- 「私たち」を一般論の主語，that 節を目的語にして書くこともできるが，その場合は,「私たちは…ことを直感的に理解でき，それは自明のことのように思われる」We intuitively understand that …, and it seems too apparent のようにする必要がある。
- 「直感的に」は in an intuitive way や instinctively,「私たち」を主語にする場合は, with our intuition も使える。
- 「あまりにも」の too の前に all や only を添えると，強調の度合いが強まり，語調もよい。「自明な」は obvious, (self-)evident ともできる。

…が，それを科学的に証明するのは実際のところ容易ではない。

英訳 …, but actually, it is not easy to prove it scientifically.

- ほぼ直訳で問題ない。
- いったん文を切り，However, … とすることもできる。
- 「実際のところ」は，in fact も使える。
- 「容易ではない」は単純に not を使う以外に，far from easy「簡単どころではない」, anything but easy「まったく簡単ではない」などの表現もある。
- 「証明する」は demonstrate,「科学的に」は in a scientific way なども使える。

▶下線部第 2 文

しかもそれが健康状態と密接な関係があることを立証するとなると

英訳 And when it comes to proving that it is closely related to the state of our physical health,

- 「しかも」は,「その上」の意の moreover / furthermore などを通常は使うが，あとに「いっそう複雑である」と比較級を用いるので，ここでは簡単に and でつないでおけばよい。
- 「(…を立証する）となると」は，when it comes to … が使える。この to は不定詞の to ではなく前置詞なので，続く動詞を動名詞にすること。「立証する」は第1文の「証明する」と同じで prove や demonstrate が使える。

● 「それが…と密接な関係があること」that it is closely related to … 以外に，it has a close relation to … が使える。なお「それ」は文字どおりでは it だが，この位置では何を指すのかややあいまいなので，「私たちの精神状態」と改めて示しておくとよいだろう。

● 「健康状態」は文意から「肉体の健康状態」と考えられる。the state of our physical health 以外に，our physical condition，あるいは単純に our physical health「私たちの肉体的健康」とすることもできる。

事はいっそう複雑である。

英訳　things are even more complicated.

● 「事は」のように，関わる事柄や物事一般を大まかに表すのには things がよく使われる。

● 「いっそう」は，第1文に「証明が難しい」ことが述べられ，第2文で「さらに」難しいことが挙げられているため，ただ比較級にするだけではなく，even / still を添えたい。much や far は「ずっと，はるかに」と「差が大きい」ことを表すので，この文意では不適。「複雑な」は complicated / complex / intricate が使える。

● なお，when it comes to を使わず，全体を「…を立証することは，いっそう複雑である」と簡単にまとめてもかまわないだろう。

(B)(イ)　▶下線部第1文

現代の若者にとって重要な価値を帯びているのは

英訳　What is immensely valuable to young people today

● 「…のは」の「の」は「もの」の意，「帯びている」を「もっている」と考えれば，上記のようになる。また，「のは」を強調構文と見なせば，It is … that have important value for today's young people となる。

「コミュニケーション」と「承認」である。

英訳　is "communication" and "approval."

● 「である」の be 動詞は，主語に what を用いた場合，補語が複数でも is が可能。What is … are ～ / What are … are ～ としてもよい。

● 強調構文を用いた場合は，It is と that の間に "communication" and "approval" を置く。

● 「承認」には「受容，受け入れ」acceptance も使える。

▶下線部第2文

それは多くの若者の幸福の要因であるとともに，

英訳 They are not only factors of happiness for many young people,

- 「それ」とはなっているが,「コミュニケーション」と「承認」の2つなので,「それら」They や「これら（2つ）」These (two) などとし，動詞や「要因」の数にも注意を払うこと。
- 「～の要因」は factors of〔for〕～ 以外に,「～の要素」elements of ～ も使える。あるいは,「それらは多くの若者を幸福にするものである」They are what make many young people happy と原因を表す無生物主語を使って表現することもできる。
- 「…であるとともに」は「…であるだけでなく～」not only … but also ～ とすれば容易。または，それらが幸福の要因であるなら,「逆に言うと，裏を返せば」それらを得られなければ不幸であるということから，conversely, to put it the other way around などともできる。

それが得られない若者にとっては決定的な不幸すら刻印する。

英訳 but they can also be causes of irreversible misfortune for those who cannot attain them.

- 「不幸を刻印する」は直訳では意味をなさない。前半部分とのつながりを考えると,「それらはまた…不幸の原因でもある」などと整える必要がある。
- 「決定的な不幸すら」の「決定的な」は最終文で「『現状が変わらない』という確信」とあることから，一度不幸になったら元には戻せないといったニュアンスと考えて irreversible や unchangeable などが使える。「不幸」は unhappiness でもよい。「すら」は even を使うこともできるが，ここでは「不幸の原因にもなりうる」という意味合いに解釈した。
- 「それらが得られない若者にとっては」は for those who cannot attain〔get〕them「それらを達成できない人たちにとっては」とほぼ文字どおりでよい。「コミュニケーションできなかったり，承認されていると感じられなかったりする人たちは，不幸を運命づけられている」those who cannot communicate or feel accepted are doomed to be unhappy などと読み換えることもできる。

▶下線部第3文

たかがコミュニケーションの問題が幸・不幸に直結してしまう

英訳 the trivial problem of communication leads directly to their happiness or unhappiness

- 「たかがコミュニケーションの問題」は,「コミュニケーションという些細な問題」the trivial problem of communication や「コミュニケーションという小さなこと」the minor〔simple〕matter of communication などとできる。
- 「幸・不幸に直結してしまう」は，lead directly to their happiness or unhappiness / be directly linked to their fortune and misfortune などほぼ文字どおりの訳でかま

わない。「幸・不幸」一般ではなく，「若者たちの」幸・不幸なので，their を添えておくとよいだろう。

（直結してしまう）のは，…ゆえである。

英訳 The reason why … is that ～.

● 「（直結してしまう）理由は～ということである」と英訳のようにするか，「（直結してしまう）のは～のせいである」It is because of ～ that … と強調構文を使う。

「現状が変わらない」という確信

英訳 they assume that their present conditions are "unchangeable"

● この部分は，「（直結してしまう）のは～ゆえである」をどのように表現するかによって変わる。The reason why … is that ～ のパターンであれば，that のあとは節（S.V を含む）であり，英訳のように「『現状が変わらない』と彼らが思いこんでいる」となる。日本語文どおりの「確信」という名詞にまとめるなら，同格節を使って their assumption that … となる。

● 「確信（する）」は conviction / be convinced が浮かぶが，これらは事実に基づく確信の意味合いが強い。assumption / assume は「～と思いこむ（こと），～と決めてかかる（こと）」の意で，文意に適している。

● 「現状が変わらない」は上記の英訳以外に their current situation will remain unchanged「彼らの現状は変わらないままだろう」などともできる。「現状」は「若者たちの」現状なので their を添えておく。なお，原文では「現状が変わらない」全体を引用符で囲っているが，that "…" という使い方は不自然。引用符はつけないか，つけるとすれば，文意の要点となる「変わらない」の部分だけにする。

(ロ) ▶下線部第1文

文字が文化を進めるのに大きなはたらきをする

英訳 writing plays a major role in developing culture

● 「文字」は，letters and characters とすることもできるが，文意からするとより包括的に「文字を書くこと，その仕組み」writing (system) や「書き言葉」written language などと考えられる。

● 「…に大きなはたらきをする」は，「…で大きな〔重要な〕役割を果たす」play a major〔important / key〕role〔part〕in … とする以外に，「…に大いに貢献する」contribute greatly〔largely / significantly〕to … などともできる。

● 「文化を進める」は，「文化を発展させる」develop〔advance〕culture とできる。「文化の発展」the development〔advancement〕of culture と名詞にまとめてもよい。

…のはたしかであるが，

英訳 It is true …, but

●It is true のあとに「文字が…はたらきをする」を置く。

●他にも Indeed〔Certainly〕, … but などの表現もある。

文字があらわれたために失ったものもある。

英訳 some things have been lost with its appearance.

●「あらわれたために」は,「その出現とともに」with its appearance 以外に,文字どおり because of its appearance ともできる。

●「失ったものもある」は,「いくつかのものが失われた」some things have been lost とするか,一般論の主語 we を使って「私たちはいくつかのものを失った」we have lost some things とする。第2文以下の内容から,「その発明は,私たちの能力のいくつかを低下させた」its invention has caused some of our abilities to decline などとより具体的に述べてもよいだろう。

▶下線部第2文

そのひとつが,記憶力である。

英訳 One of them is our ability to remember things.

●「記憶力」は memory だけでもかまわないが,「思い出」の意ではないことをはっきりさせるために,the〔our〕ability〔power / capacity〕to remember〔memorize〕things などとしておくとよい。remember も memorize も他動詞なので,漠然と「物事」を表す things を目的語に据えること。

●「そのひとつが…である」は,One of them is … でよいが,… is one of them としても,英文の調子・バランスがよい。

▶下線部第3文

文字がないと,

英訳 If you didn't have any writing system,

●「…と」は,If を使えば仮定法過去,When なら文字がなかった実際の過去のこと(直説法過去)となるが,どちらでも動詞部分の形は同じになる。ただし,主語には仮定法なら you や we が使えるが,直説法では people とするか,あるいは「行為者」を出さずに When there was no written language「文字がなかったころは」などとする。

大事なことは,記録して保存するということができない。

英訳 you could not record and preserve important things.

●「大事なことは」を主語にするなら,「記録され,保存されることができない」could not be recorded and preserved と受動態になるので注意。「文字がないと」で「人」を主語にしているなら,その主語を使って能動で表すのが容易であり,文の流れとしても自然。「記録する」と「保存する」をつなぐ接続詞に and を使えば,

「記録して保存する」が一連のひとまとまりの行為をイメージさせ，or を使えば「記録することも保存することもできない」とどちらもできないということを表す。

解答例

(A) It is intuitively understood and seems only too apparent that our mental state is greatly affected by our environment, but actually, it is not easy to prove it scientifically. And when it comes to proving that our state of mind is closely related to that of physical health, things are even more complicated.

〈別解〉 We understand with our intuition that our psychological condition is strongly influenced by our surroundings, and it seems all too obvious. However, it is in fact anything but easy to demonstrate it in a scientific way. And it is still more intricate to prove that our mental condition has a close relation to our physical condition.

(B)(イ) （文学部の志願者）

What is immensely valuable to young people today is “communication” and “approval.” They are not only factors of happiness for many young people, but they can also be causes of irreversible misfortune for those who cannot attain them. The reason why the trivial problem of communication leads directly to their happiness or unhappiness is that they assume that their present conditions are “unchangeable.”

〈別解〉 It is “communication” and “acceptance” that have important value for today's young people. These two are what make many young people happy, but conversely, those who cannot communicate or feel accepted are doomed to be unhappy. It is because of their assumption that their current situation will remain unchanged that the minor matter of communication is directly linked to their fortune and misfortune.

(ロ) （文学部以外の学部の志願者）

It is true that writing plays a major role in developing culture, but some things have been lost with its appearance. One of them is our ability to remember things. If you didn't have any writing system, you could not record and preserve important things.

〈別解〉 Indeed, letters and characters contribute greatly to the advancement of culture, but they also have caused some of our abilities to decline. The power to memorize things is one of them. When there was no written language, people could not record or preserve important things.

89

2016年度 外国語学部〔4〕

次の日本文の下線部(1)～(3)の意味を英語で表しなさい。

(1)芸術というものは，あってもなくてもいいようなものだけど，それが心に沁(し)みるという人もいる。そういう人がいるから，私は生きていかれるんです。私の絵など，この世にあってもなくてもいいんですから。

私の一本の線は，一生必要のない人がほとんどです。だけど，(2)私の一本の線を，気持ちがすっとした，なんとなく見るたびに自分がいきいきとしてくる，というような気持ちで見てくれる人もいるでしょう。ごくたまには。

(3)絵から，なにかを得たり，なにか考え方のヒントをもらえた，と思っている人がいるとしたら，というそれぐらいのことですよ。少しでも心動かされる人がいれば，描いた甲斐があると思いますね。

ですけど，そういうことが一切なくても，自分はやりたいことをやった，という満足が第一ですよ。人がどう言おうと，自分はこういうものを描きたかった，こういうかたちをつくりたかった，そういうものができれば，それでいい。

（篠田桃紅『百歳の力』）

解 説

(1) ▶下線部第1文

芸術というものは，あってもなくてもいいようなものだけど，

英訳 It doesn't seem to make any difference whether art exists or not, but …

- 「芸術というものは」の「というもの」は，一般論を述べるときの常套表現であり，訳出は不要。また，「いいようなもの」の「もの」も同様。そうすると，全体として「芸術が存在するかどうかは重要ではないように思える」などとまとめ直せる。
- 「…ように思える」は，動詞 seem を使う以外に，seemingly「見たところでは」と副詞で処理をすることもできる。
- 「重要である」は be important というより，「芸術があるかないかで違いが生まれる」というニュアンスを出すのには，make a difference や「大事にかかわる」matter がしっくりくる。
- 「芸術が存在するかどうか」whether art exists or not は名詞節として主語に使えるが，同じ形の節を「芸術があろうとなかろうと」と譲歩の副詞節に使って書くこともできる。その場合，「芸術があろうとなかろうと，それは重要ではないように思える」と，主節の主語を譲歩節の内容を受ける it で設定する。

それが心に沁みるという人もいる。

英訳 some people are deeply inspired by it.

- 「…という人もいる」は some people … が使える。there are some people who … としてもよい。なお，「いう」は文字どおりの「言う」と考えて，(there are) some people (who) say that … とすることもできる。
- 「それが心に沁みる」は，「それ（＝芸術）」が人に感動や感嘆の気持ちをもたらすことを表すと考えれば，「それ（＝芸術）に深く心を打たれる」be deeply inspired〔impressed〕by it,「それが深い印象を与える」it makes〔gives〕a deep impression on them などと表現できる。

▶下線部第2文

そういう人がいるから，私は生きていかれるんです。

英訳 I can live on as an artist because there are such people in the world.

- 「そういう人がいるから」は，because there are such people / because such people exist などと文字どおりの訳ができる。ただし，特に there is 構文の場合は「どこに」を求めるので，「この世に」in the world などと補っておきたい。文字どおりの訳以外には，「(まさに) そういう人の存在が私を生かしている」といった，無生物主語の文を使うこともできる。
- 「生きていかれる」とは，日本文の他の部分を読むと，実際の生死の問題ではなく，

「芸術家として生きていける，続けていける」という意味であり，I can live on〔continue〕as an artist などとするのが妥当。上記の無生物主語の文なら「(まさに) そうした人たちの存在が，私を芸術家として続けていくよう励ます」the (very) existence of such people encourages me to continue as an artist などとすることもできる。

(2) **私の一本の線を，…というような気持ちで見てくれる人もいるでしょう。**

英訳 Probably, some people look at a single line I draw and feel

- 「私の一本の線」は，直訳では意味が伝わらない。筆者が画家であることは，日本文全体の内容から明らかなので，「私が引く一本の線」a (single) line (which) I draw などとするのがよい。
- 「…というような気持ちで見てくれる」は，一見「…という気持ちを抱いて見る」とまとめられそうだが，実際には，見る前から心構えのようにある気持ちを抱いているというより，「見て…という気持ちになる」ということだろう。
- 「…人もいる」は，(1)と同様，some people が使える。
- 「でしょう」は，「おそらく」probably,「ひょっとしたら」possibly,「もしかすると」perhaps などの副詞か，助動詞 may / might「～かもしれない」で表せる。なお，上記の副詞はそれぞれ確信の度合いは異なるが，日本文からはどの程度の確信があるかは判断できないので，いずれでもかまわないだろう。may と might は後者のほうがより控えめだが，これもどちらでも問題ない。

気持ちがすっとした，なんとなく見るたびに自分がいきいきとしてくる，

英訳 (feel) refreshed, or somehow become lively every time they look at it.

- 「(…を見て) 気持ちがすっとした」と，日本語では過去形だが，英語の一般論では現在時制を使う（過去形は，あるとき実際に起こった具体的な出来事を表す)。「気持ちがすっとする」は，「気持ちがさっぱりする」(feel) refreshed,「気力がよみがえる」(feel) spiritually renewed などと表現できる。
- 「…を見て」は see … and feel ～ とする以外に，感情の原因を表す副詞用法の不定詞を用いて，feel ～ to see … とすることも可能。
- 「なんとなく」は somehow / in some way / for some reason (or other) などが使える。
- 「見るたびに」は every time they see it / whenever they look at it などとできる。日本語にはないが，see の目的語「それ（＝私の一本の線)」を補うこと。
- 「自分がいきいきとしてくる」は，「(また) 元気になる」become lively〔energetic〕(again),「活力にあふれる」be〔feel〕full of energy〔vitality / vigor〕などとできる。

(3) ▶**下線部第1文**

…としたら，というそれぐらいのことですよ。

英訳 I draw pictures simply because I hope that …

●この部分は，下線部第2文や最終段の内容を参考にして，かなり言葉を補って英文にする必要がある。「私が絵を描くのは，ただ…ならよいと思うからだ」や，「もし…なら，それが望みうるすべてだ」If …, that is all I can hope for. などとできるだろう。

…と思っている人がいる

英訳 someone thinks (that) …

●I hope that を使うなら英訳のようになる。

●If 節にする場合，someone / somebody も使えるが，anyone / anybody のほうが「いないかもしれないが，もしいれば」のニュアンスが強い。なお，これらを受ける代名詞は，厳密には3人称単数で he or she / he / she などとなるが，煩雑さを避け，男女ともに含むことを表すために複数の they / their / them を用いるのが一般的になっている。

絵から，なにかを得たり，なにか考え方のヒントをもらえた，

英訳 they have got something or received some hints for their way of thinking from my paintings.

●「絵から」は，文脈から考えて「絵」一般ではなく，「私の絵」とするのが妥当。from my paintings〔pictures〕とする。あるいは「私の作品」my works などとしてもよいだろう。

●「得た」，「もらえた」は，下線部(2)の「すっとした」と同様，実際にあった具体的な出来事ではないので，過去形は使わない。現在形でもよいが，現在完了を使えば原文のニュアンスに近くなる。

●「なにかを得た」は，文字どおり have got something とする以外に，「(私の絵の中に) なにかを見出した」have found something (in my paintings) などとすることもできる。

●「なにか考え方のヒントをもらえた」も文字どおり (have) received some hints for their way of thinking とできる。「考え方のヒント」を「どのように考えるべきかに関する何らかの手がかり」some clue(s) as to how they should think などと読み換えてもよい。

▶**下線部第2文**

少しでも心動かされる人がいれば，

英訳 If anyone is moved even a little by my paintings,

●「…する人がいれば」は，there is 構文も使えるが，「だれかが…すれば」と表現するほうがすっきりする。

● 「心動かされる」は，文字どおり is moved でよい。move の他には affect や impress も使える。なお，文脈上自明でも英語では「私の作品〔絵〕によって」by my works〔paintings / pictures〕を補っておくのがよい。そこから，「私の作品がだれかを感動させる」my works impress someone と能動態で表現することも考えられる。

● 「少しでも」は even a little〔bit〕と表せる。

描いた甲斐があると思いますね。

英訳 I feel it's worth making artworks.

● 「描いた甲斐がある」は，「芸術作品を作ることは価値がある」it's worth making artworks や「報われる」I'm rewarded などと表現できる。この「描いた」も過去形ではなく，一般論として現在形を使う。

● 「思いますね」は，文字どおりには I think だが，話し手の考えを述べていることは明らかなのであえて訳出しなくてもよい。訳出するなら，「気持ちとして感じられる」という意味合いで，I feel とするとよいだろう。

(1) It doesn't seem to〔Seemingly, it doesn't〕make any difference whether art exists or not, but some people are deeply inspired by it. I can live on as an artist because there are such people in the world.

〈別解〉 Whether art exists or not, it doesn't seem to matter at all, but some people say that it makes a deep impression on them. The very existence of such people encourages me to continue as an artist.

(2) Probably, some people look at a single line I draw and feel refreshed, or somehow become lively every time they look at it.

〈別解〉 Some people may feel spiritually renewed to see a particular line I draw, or feel full of energy for some reason whenever they see it.

(3) I draw pictures simply because I hope that someone thinks they have got something or received some hints for their way of thinking from my paintings. If anyone is moved even a little by my paintings, I feel it's worth making artworks.

〈別解〉 If anybody thinks they have found something in my paintings or received some clues as to how they should think from my works, that is all I can hope for. I'm rewarded if my works impress somebody even a bit.

解答例

2015年度 外国語学部以外〔4〕

次の日本文(A)と(B)のそれぞれの下線部の意味を英語で表しなさい。ただし，(B)では，**文学部の志願者は(イ)を，文学部以外の学部の志願者は(ロ)**を選んで解答しなさい。

(A) **（すべての学部の志願者）**

今私たちのまわりにいるバクテリアは38億年という歴史を持つ存在なのです。リスもヒトも同じこと，すべての生きものが38億年という時間がなければ今ここには存在しないという事実を忘れてはなりません。眼の前を小さなアリがはっていると，なにげなくつぶすこともあるのではないでしょうか。でもその時，このアリの中に数十億年という時間がある，それだけの時間があって，このアリはここにいるのだと思ったら，そう簡単にはつぶせなくなります。いのちの重みという言葉には多くの意味が含まれていますが，このとてつもなく長い時間も重みの一つに違いありません。

中村桂子『科学者が人間であること』

(B)

(イ) **（文学部の志願者）**

二つのことが問われている。芸術作品には作り手と受け手がいる。では，なぜ作るのだろう。そして，なぜそれを求めて受けとるのだろう。芸術作品は，必ずどこか理解を超えたものをもっている。受け手にとってだけではなく，作り手にとってもそうだ。作り手は，自分の理解をはみ出たものを自ら作り出してしまう。しかもそれは余分な不要物ではなく，はみ出たそこにこそ，芸術の力と生命とが宿っているように思われる。

野矢茂樹『子どもの難問』

(ロ) **（文学部以外の学部の志願者）**

「歴史」と言われると，われわれはだれしも，なにか，わかったという気がする。歴史は過去にあった事実だ，と考えるのがふつうだ。しかし，そう考えておしまいにしないで，もう一歩踏みこんで，それでは「過去にあった事実」というものの正体は，いったいなにか，と考えてみる。そうすると，これがなかなか簡単には決まらない。人によって意見や立場が違うので，過去の事実はこうだった，いや，そうではなかったと，言い争いになりやすい。

岡田英弘『歴史とはなにか』

解　説

(A)　▶下線部第１文

眼の前を小さなアリがはっていると，

英訳　When you see a small ant crawling in front of you,

- この部分だけを見ると主語は「アリ」だが，主節の「人がアリをつぶす」という内容とのつながりを考えて，「人」がアリに気づくことを表しておきたい。「アリがはっているのを見ると」などとなる。see *A doing*「*A* が～しているのを見る」の構文が使える。主語には一般の人を表す you や we が使える。
- 「アリ」の数は単数 an ant でも複数 ants でもよい。「小さな」は small，little，tiny のいずれも使える。
- 「はう」は crawl が文字どおり。「アリ」を複数形で表すなら，列を成して移動している意味の march「行進する」も使える。
- 「眼の前を」とはあるが，in front of you〔us〕「あなた〔私たち〕の前を」で十分。
- 「…すると」は if ではなく when がふさわしい。if は「見るとつぶすが，見ないとつぶさない」という条件を表すため，文意上不自然。あるいは，無生物主語を使って「見ることはあなた〔私たち〕を～したい気にさせる」などと表現することもできる。

なにげなくつぶすこともあるのではないでしょうか。

英訳　you may sometimes crush it for no special reason.

- 「なにげなく」は「特に理由もなく」for no special〔particular〕reason / without any reason や「何の考えもなく」without (any) thought / without thinking などと表現できる。
- 「つぶす」は crush，squash が文字どおり。結果的にアリが死ぬことになると考えて kill「殺す」を使うこともできるだろう。なお，「アリ」を複数形にした場合，them では行列を成しているアリすべてをつぶすことを表すことになり不自然なので，one or some of them としておくこと。
- 「…こともあるのではないでしょうか」は問いかけの形になっているが，これは独断や断定を和らげるために日本語で用いられる常套表現。英語では「するかもしれない」の意の助動詞 may / might と sometimes「ときには～する，～することもある」を合わせて使えば，ニュアンスの近いものになる。

▶下線部第２文

でもその時，…と思ったら，

英訳　But at such a time, if you think (that) …

- 「でも」は，But でも However でもよいが，However のあとには必ずカンマを打つこと（however は接続詞ではなく副詞）。逆に But のあとには打たない（but は接続詞であり，「つなぐ」働きの語のあとをカンマで「切って」はならない）。日本語の「しかし，…」のようにしないこと。ただ，この文では But, at such a time, …となれば at such a time が挿入のように見える。

- 「その時」は，「そのような時」at such a time とするのがよい。then / at the〔that〕time の「その時」は，基本的に過去のことを表す。ただし，あえて訳出しなくても，文意に大きな影響はない。
- 「…と思ったら」は if you〔we〕think（that）… が文字どおり。「いったん気づいたら」once you〔we〕realize（that）… などとすれば，「なにげなく」との対比をいっそう明確に出せる。
- think や realize の目的語として，「このアリの中に…時間がある」と「それだけの時間が…ここにいるのだ」の2つが続いているが，読点だけで列挙されており，内容も言い換えと考えられる。英文でもカンマだけで列挙するか，that is「すなわち」を挿入しておく。

このアリの中に数十億年という時間がある，

英訳 ants have a history of several billion years,

- 直訳では意味を成さない。下線部の前の部分を読めば，「アリには数十億年の歴史がある」=「アリは数十億年の歴史を持っている」などと言い換えられるだろう。したがって，「このアリ」とはなっているが，「アリという生き物一般」として，無冠詞複数形 ants がふさわしい。
- 「数十億年の歴史」は a history of several billion years となる。「何十億年もの歴史」a history of billions of years としても大きく文意を変えることはない。なお，billion は前者では複数形にしないので注意（hundred，thousand，million も同様。「何百もの…」などと漠然と数が多いことを表すときのみ複数形）。

それだけの時間があって，このアリはここにいるのだ

英訳 it took such a long time for them to evolve into what they are

- ここも直訳では意味を成さない。「それだけの時間」=「数十億年」の進化の歴史の結果，アリという生き物が現在存在しているという内容だということは，これも下線部の前で述べられていることから，考えられる。英訳では，It takes *A B* to *do*「*A* が〜するのに *B*（時間）がかかる」の構文を使って「アリが進化して今のようなものになるのにそれだけ長い時間がかかった」と表現した。他にも「アリはそれだけ長い進化の過程の結果としてここにいる」they are here as a result of such a long process of evolution などと表すことができるだろう。
- ここでも「このアリ」となっているが，内容上「アリという生き物一般」であり，直前の部分の ants を受けて，代名詞 they や them で表せる。

そう簡単にはつぶせなくなります。

英訳 you can't kill them so easily.

- 一般の人を表す主語をここまでのものとそろえること。
- 「つぶす」の目的語を補うのを忘れないように。ants を指す them を入れる。
- 「つぶす」は下線部第1文と同じものでもかまわないが，変化を持たせることもできる。何十億年もかかって生まれた命を簡単に奪うというニュアンスから，ここに kill を使うのが効果的かもしれない。
- 「(つぶせ) なくなる」の「なる」に注意。日本語ではある条件や前提のもとに何らかの状態や行為が現れるときに「なる」を使うことが多いが，英語では具体的な変化を述べているのでなければ訳出不要。単に「つぶせない」でよい。あるいは「〜する気にならない」don't feel like *doing* を使うこともできる。
- 「そう簡単には」は文字どおり so easily でよい。他には「そんなになにげなく，不用意に」so casually などが使える。

(B)(イ) ▶下線部第1文

芸術作品には作り手と受け手がいる。

英訳 Works of art require both creators and appreciators.

- 「芸術作品」は a work of art / an art work。一般論なので無冠詞複数形でもよい。
- 「作り手」は，「(芸術作品を) 創造する人」と考えて，creator がよい。文字どおりには maker だが，作る物の幅が広くしばしば複合語で使うため，少なくとも初めは避けておくのがよいだろう。説明的に「それ (ら) (＝芸術作品) を作る人(たち)」people〔those〕who create it〔them〕/ one〔a person〕who creates it〔them〕とすることもできる。
- 「受け手」は，文字どおり受け取って手にするということではなく，芸術作品を鑑賞することを表していると考えられるので，「鑑賞者」appreciator / audience とするとよい。ただし，audience は集合名詞であり，一人一人の人を表さないので扱いに注意すること (単数扱いが原則)。説明的に「それ (ら) を鑑賞する人 (たち)」people〔those〕who appreciate them / one〔a person〕who appreciates it〔them〕とすることもできる。「作り手」と「受け手」は同じ表現方法でそろえること。
- 「〜がいる」は，「〜が存在する」とも「〜を必要とする」とも解釈できる。後者なら「芸術作品は作り手と受け手を必要とする」Works of art require creators and appreciators. などとできる。原文には明示されていないが，どちらも必要であるという含みが読み取れるので，both … and 〜 としてもよい。前者であれば，「芸術作品が存在するためには，作り手と受け手が存在する必要がある」などと言葉を補って，For an art work to exist, there need to be a creator and an audience. とできる。

▶下線部第2文

では，なぜ作るのだろう。

英訳 But why do the former produce them

- 「では」は話の展開を表し，then / so がよく使われる。他には but がある。これは「作り手と受け手がいるのは当然だが」といった，逆接というより，重要な内容を持ちだす「間（ま）」の役割を果たしている。
- 主語・目的語が示されていないので補う必要がある。「なぜ作り手は芸術作品を作るのだろう」の意なのは明らか。第1文と同じ名詞の反復も考えられるが，代名詞などですっきりと表現するとよい。「作り手」は第1文の「前者」にあたるので，the former や the one を，「芸術作品」は第1文での数と一致させて them か it を使う。なお，the former は複数名詞を受ける場合でも s はつけず，動詞のみ数を一致させる。
- 「作る」は，create / make / produce などが使える。「作り手」，「作る」は何度も出てくるので，適宜変化を持たせておくとよい。
- 「なぜ」は文字どおり why を使えばよいが，「何が *A* に～させるのだろう」what makes *A*＋原形 ～？と無生物主語で表現することもできる。

▶下線部第3文

そして，なぜそれを求めて受けとるのだろう。

英訳 … and the latter seek and appreciate them ?

- 原文では独立した文になっており，英語でもそのように表現してよいが，第2文とまとめて1文にすることもできるだろう。
- 第2文と同様，主語「受け手」を補う。「前者」「後者」の表現を第2文とそろえて，the former には the latter，the one には the other を使う。目的語の「それ」=「芸術作品」の数も第2文と一致させること。
- 「～を求める」は，「要求する」というより「探し求める」の意味と考えられるので seek などが適切。
- 「受けとる」は第1文の「受け手」で考えたように，「鑑賞する」appreciate が使える。「求めて受けとる」全体を，「(芸術作品）を楽しみたいと思う」want to enjoy などと願望の意味でまとめることも考えらえる。

▶下線部第4文

芸術作品は，必ずどこか理解を超えたものをもっている。

英訳 All works of art have something incomprehensible

- 「必ず…をもっている」は，「いつでも常に…をもっている」というより，「すべての芸術作品は…をもっている」の意と考えられるので，All works of art have … / Every art work has … などとできる。

- 「どこか理解を超えたもの」は「どこか」となってはいるが，ちょうど「このコンピュータはどこかおかしい」を Something is wrong with this computer. と表現するように，「何か理解できないもの」something incomprehensible / something which cannot be understood などと表せる。

▶下線部第5文

受け手にとってだけではなく，作り手にとってもそうだ。

英訳 … not only to the audience but also the creators themselves.

- 原文では独立した文になっているが，第4文とまとめてしまうと容易。
- 「～にとって」は，incomprehensible なら to，cannot be understood なら受動態の動作主なので by を使う。「～にとって」に for を使うことができる場合もままあるが，形容詞には to を使うことも多いので注意。
- 「*A* だけでなく，*B* も」は not only *A* but also *B* が定番。also の代わりに as well を最後に置くこともできる。*B* as well as *A* としてもよい。ただし，cannot be understood を使った場合は，否定語が重なるのを避けて（not）either *A* or *B*「*A* も *B* も～ない」とすればすっきりする。
- 「受け手」「作り手」は，改めて the audience，the creator(s) などと示すのがよい。文章がある程度進んだときは，代名詞ばかりを続けて使うと指示内容が不明確になるので，適宜言い直す。those who appreciate it〔them〕「それを鑑賞する人たち」，those who have created it〔them〕「それを作った人たち」などとしてもよい。

▶下線部第6文

作り手は，自分の理解をはみ出たものを自ら作り出してしまう。

英訳 Artists create something beyond their own understanding.

- 「作り手」は，動詞も「作り出す」なので，変化を持たせるとよい。creator を用いるなら make や produce とするとよいだろう。この「作り手」は「芸術家」であることは自明なので，英訳では artist を使った。一般論なので無冠詞複数形にしておく。
- 「作り出してしまう」の「してしまう」は，動作主の意図的な行為ではないことを表す日本語の習慣的表現であり，英語では一般論を表す現在形の「作る」で十分。「してしまう」の字面から現在完了にしないように注意。
- 「自分の理解をはみ出たものを自ら」は，「自分自身の理解を超えたもの」something beyond their own understanding とできる。「自分自身の」としておけば，「自ら」は省いてもかまわないだろう。もう少し説明的に表現するなら「理解を超えた側面を持つもの」things which have an aspect beyond their own comprehen-

sion などとすることもできる。

▶下線部第7文

しかもそれは余分な不要物ではなく，

英訳 And yet it is not unimportant or unnecessary,

- 「しかも」は，「そのうえ」という付加ではなく，「それでも」の意と考えられる。and yet や but (still) が適切。
- 第6文からの流れを考えると，「自分の理解を超えたものを作り出してしまうが，それは余分な不要物ではない。むしろ…」と，文の切り方を変えることもできる。
- 「余分な不要物ではない」の「余分な」と「不要な」はほぼ同じ意味だが，できれば一つにまとめてしまうのではなく，異なる2語で表現したい。「余分な」には extra が思い浮かぶが，「追加の」のイメージなので，この文ではややニュアンスが異なるかもしれない。「過分の」superfluous が近いが，なじみのある語でもないので，「不要な」unnecessary と「重要ではない」unimportant / insignificant などで表せばよいだろう。
- 「不要物」の「物」はあえて訳出しなくてもよい。入れるなら形容詞の前に something をおくとよい。

はみ出たそこにこそ，芸術の力と生命とが宿っているように思われる。

英訳 but that is the very part that contains the power and vitality of art.

- 前半からの「〜ではなく…」の流れは，not 〜 but … で表せる。
- 「はみ出たそこにこそ」の「はみ出たそこ」は直前の部分と重複するので，英語では「それ」などとしてかまわない。「こそ」を語句でしっかり表現するには「それがまさに（〜が宿っている）部分だ」that is the very part などとできる。強調構文を使うことも考えられるが，「それが…するものだ」that is what … と「何は何だ」の文を使うだけでも，かなり強く主語を同定できる。
- 「芸術の力と生命とが宿っている」は「芸術の力と生命を含んでいる」contains the power and vitality of art などとすればほぼ文字どおりである。「芸術に生命と気迫を与える」gives life and spirit to art などともできる（「生命」を前に置いたのは，「まず命を与え，そこから生気が生じる」という順序が自然であるという判断による）。
- 「…ように思われる」は seem が定番だが，あえて訳出しないことも考えられる。「そこにこそ」といった表現に筆者の強い主張が感じられ，むしろ「私は…思う」に近い。しかし，I think でも主張を弱めることになるので，断言でよいと判断した。

(ロ) **▶下線部第1文**

しかし，そう考えておしまいにしないで，もう一歩踏み込んで，…と考えてみる。

英訳 But instead of accepting the view without any more thought, you should go a step further and think

- 「しかし」は But か However でよい。However のあとにはカンマを打つこと。
- 「考えてみる」はそのまま現在形で書くと，事実を示すことになる。文意としては，「考えてみよう」=「考えるべきだ」という筆者の提案とするのが妥当。
- 「そう考えておしまいにしないで」は「それについて考えるのをやめるのではなく」instead of stopping thinking about it や「それ以上考えずにその見方（＝歴史とは過去にあった事実だということ）を受け入れるのではなく」instead of accepting the view without any more thought などと表せる。あるいは，後続の内容と合わせて「それで早々に終わりにする（＝結論とする）べきではなく～すべきだ」you should not conclude hastily with that but *do* などとできる。
- 「もう一歩踏み込んで…と考えてみる」は，go〔move〕a step further and (try to) think … や take one more step and reflect on … など，「一歩踏み込む，踏み出す」という比喩表現は英語でも通用する。「～してみる」「～しようとする」の try to *do* はなくても文意に大きな影響はない。

それでは「過去にあった事実」というものの正体は，いったいなにか，

英訳 what on earth those "past events" really mean

- 「それでは」は特に訳出する必要はない。
- 「『過去にあった事実』というものの正体は，いったいなにか」は言葉を整理する必要がある。「そうした『過去にあった事実』はいったいなにを意味するのか」what on earth〔in the world〕those "past events" really mean,「過去に起きたこととは実際なにだったのか」what it was that actually happened などとできる。「いったい」という強調は，前者では on earth，後者では強調構文で表している。いずれも間接疑問文なので，平叙文と同じ語順にすることに注意。

▶下線部第 2 文

そうすると，これがなかなか簡単には決まらない。

英訳 …, and you'll notice that the question is by no means easy to answer.

- 「そうすると」の「そう」は前文の内容を受けるので，文を改めずに and で続けることができる。文を切るなら Then が適当。
- 「これがなかなか簡単には決まらない」は，前文の「いったいなにか」という問いに簡単には答えられないということである。また，「考えてみると，簡単ではない」では不自然であり，「(簡単ではない) と気づく」を補いたい。
- 「なかなか簡単には…ない」は「…するのはかなり難しい」，「まったく簡単ではない」というニュアンスであり，quite difficult や by no means easy などで表せる。

● 全体をまとめると，「その問いは答えるのがまったく簡単ではないと気づくだろう」you will notice that the question is by no means easy to answer,「この問いにきっぱりとした答えを出すことはきわめて難しいとわかるだろう」you will find it quite difficult to give a decisive answer to this question などとできる。

解答例

(A) When you see a small ant crawling in front of you, you may sometimes crush it for no special reason. But at such a time, if you think ants have a history of several billion years, that is, it took such a long time for them to evolve into what they are, you can't kill them so easily.

〈別解〉 Seeing tiny ants marching in front of you might sometimes make you crush one or some of them for no particular reason. However, once you realize that ants have a history of billions of years, that they are here as a result of such a long process of evolution, you don't feel like killing them so casually.

(B)(イ) （文学部の志願者）

Works of art require both creators and appreciators. But why do the former produce them and the latter seek and appreciate them ? All works of art have something incomprehensible not only to the audience but also the creators themselves. Artists create something beyond their own understanding. And yet it is not unimportant or unnecessary, but that is the very part that contains the power and vitality of art.

〈別解〉 For an art work to exist, there need to be a creator and an audience. Then, what makes the one create it and the other want to enjoy it ? Every art work has something which cannot be understood either by those who appreciate it or by those who have created it. Creators produce things which have an aspect beyond their own comprehension, but that is not superfluous or unnecessary. Rather, it is what gives life and spirit to art.

(ロ) （文学部以外の学部の志願者）

But instead of accepting the view without any more thought, you should go a step further and think what on earth those "past events" really mean, and you'll notice that the question is by no means easy to answer.

〈別解〉 However, you should not conclude hastily with that but take one more step and reflect on what it was that actually happened. Then, you'll find it quite difficult to give a decisive answer to this question.

91

2015年度 外国語学部〔4〕

次の日本文の下線部(1)～(3)の意味を英語で表しなさい。

(1)辞書は必ずしも万能ではないと知り，荒木は落胆するどころか，ますます愛着を深めた。かゆいところに手が届ききらぬ箇所があるのも，がんばっている感じがして，とてもいい。(2)決して完全無欠ではないからこそ，むしろ，辞書を作ったひとたちの努力と熱気が伝わってくるような気がした。

(3)一見しただけでは無機質な言葉の羅列だが，この膨大な数の見出し語や語釈や作例はすべて，だれかが考えに考え抜いて書いたものなのだ。なんという根気。なんという言葉への執念。

（三浦しをん『舟を編む』）

解 説

(1) ▶**下線部第1文**

辞書は必ずしも万能ではないと知り,

英訳 Learning that dictionaries were not perfect,

- 「…と知り」は分詞構文か,when の節を使って「…と知ったとき」と表せる。「知る」は know, learn, find, realize などが使える。
- 「辞書」は,無冠詞複数形 dictionaries を使って,一般論であることを表すとよい。
- 「必ずしも…ない」は,部分否定 not always〔necessarily〕が使えるが,perfect「完璧な」や almighty「万能の」という形容詞を打ち消すだけでも,同様の含みを持たせることができる。部分否定はいわば「100 パーセントではない」という意味であり,「完璧」も「万能」も 100 パーセントを表す言葉だからである。

荒木は落胆するどころか,ますます愛着を深めた。

英訳 Araki, instead of being disappointed, had all the more affection towards them.

- 「落胆する」は,be disappointed と be discouraged が考えられるが,この文意では前者が適切。discourage は encourage「やる気にさせる」の反意語であり,「やる気を失わせる」の意。荒木が何かに取り組もうとしているわけではないので,ここでは合わない。
- 「…するどころか」は「〜するのではなく」instead of *doing* や「まったく〜せず」far from 〜 などが使える。
- 「ますます愛着を深めた」の「ますます」という字面で比較級＋and＋比較級が思い浮かぶかもしれないが,これでは「どんどん愛着の度合いが増していく」という,一定期間にわたる変化を表す。ここでは「(知って) その分いっそう」の意であり,all the＋比較級のほうがふさわしい。「愛着を深める」は「辞書に」を補って,「〜に愛着を抱く」have affection towards 〜, be attached to 〜 が使える。「その分いっそう」の表現があれば,「深める」という変化も表せる。

▶**下線部第2文**

かゆいところに手が届ききらぬ箇所がある

英訳 Sometimes, dictionaries just fell short of what he really wanted to know,

- 「かゆいところに手が届ききらぬ」とは,「肝心なところに迫りながら,あともう少しだけ達していない」ということであろう。ここでは「かゆいところ (＝肝心なところ)」は,「荒木が知りたいと思っていること」である。したがって,fall short of 〜「〜に達しない」を使って「辞書は彼が本当に知りたいことにほんの少し届いていない」dictionaries just fell short of what he really wanted to know などとできる。この場合は,「箇所がある」は直訳ではなく,「届かないことがある」=「ときどき届かない」と sometimes で表せる。「箇所」=「辞書の中の記述の一部」と考えるなら，「辞書の記述の一部は結局最終的な答えを与えられずに終わる」some of their descriptions ended up failing to give the final answer などと表すこともできる。end up *doing*「結局～することになる」，fail to *do*「(力不足で) ～できない」，「最終的な答え」final answer は「これでもう間違いないという満足のいく答え」の意。

…のも，がんばっている感じがして，とてもいい。

英訳　but that seemed to be evidence of their hard work, which he appreciated.

● 「とてもいい」とは「とてもいい，と彼は思った」ということである。ここは，「荒木」の気持ちをそのまま記述した形になっており，英語では過去形で表現しなくてはならないことに注意した上で，全体の構成を十分検討すること。①「(届ききらない) が，それががんばっている証拠に思えて，彼はそれを評価した」や②「(届ききらない) という事実さえ，彼には好ましく思えたが，それはまさにその事実ががんばっている印象を与えたからだ」のように，かなり手を入れる必要がある。

● 「がんばっている」に関しては，実際にがんばっているのは辞書の編纂者であって辞書ではないが，それを書き始めると収拾がつかなくなる。続く下線部(2)で「辞書を作ったひとたち」のことを改めて述べている点も考えれば，ここでは「荒木」が辞書を擬人化して考えていることをそのまま表現すればよい。

● ①では「(届ききらない) が，それが辞書の懸命な努力の証拠に思えた」を …, but it seemed to be evidence of their hard work として，「そしてそれを」を非制限用法の関係代名詞を使い，…, which he appreciated などとすれば，指すものが異なる it が連続するのを避けられる。

● ②では「…という事実でさえも，彼にはとても好ましく思えた」Even the fact that … seemed quite favorable to him という枠組みに，同格の that 節で「届ききらない箇所がある (ということ)」を収め，等位接続詞 for「…というのも～だからだ」を使って，「まさにその事実が…という印象を与えた」the very fact conveyed the impression をつなぐ。再び同格を使うことになるが，the impression の内容として，「辞書ができる限りの努力をしている」dictionaries were trying as best they could などとする。

(2)　**…ような気がした。**

英訳　He felt (that) …

● 主語は「荒木」であることは明らかである。英文の冒頭は「彼は…と感じた」He felt (that) …,「彼には…と思えた」It seemed to him that … などとなる。

決して完全無欠ではないからこそ，むしろ…が伝わってくる

英訳 it was this imperfection that conveyed …

- 「…からこそ，むしろ」は，強調の表現であり，「この不完全さが…を伝えている」this imperfection conveyed … や「この不完全さが彼に…に気づくようにさせる」this imperfection led him to realize … などの主語を強調構文で強調すればよい。

辞書を作ったひとたちの努力と熱気

英訳 how hard and enthusiastically the editors had tried to make good dictionaries.

- 文字どおりには the efforts and enthusiasm of those who had made the dictionaries となる。「作る」には，「編集する，編纂する」edit, compile も使える。また，全体をパラフレーズして「辞書の編纂者たちがどれほど一生懸命にまた熱意を持って辞書を作ろうとしたか」how hard and enthusiastically the editors had tried to make good dictionaries とすることもできる。間接疑問文と呼ばれる形だが，内容としては感嘆文に相当するため，このようにすることで「…からこそ，むしろ」に現れている「荒木」の心情を多少とも含ませることができる。ただし，この場合は「辞書を作ったひとたち」は簡潔に「編集者，編纂者」editors, compilers としたい。

(3) ▶この箇所をどうとらえるかは2通り考えられる。一つは，下線部(1)と同様「荒木」が思ったことを述べているという解釈で，「彼は…思った」などと補うことになる。もう一つは，辞書に関する一般的な記述だという解釈で，現在形で表記するというもの。最後の2文もそのままの感嘆文にするか，あるいはこの部分だけ「荒木は…と思った」などとすることもできるだろう。

▶下線部第1文

一見しただけでは無機質な言葉の羅列だが，

英訳 Seemingly, a dictionary is just a boring list of words, but …

- 「一見しただけでは」は「一見」seemingly, at first sight と簡潔に表せばよい。
- 原文では主語が省かれているので「辞書は」と補う。この場合複数形より，単数のほうがすっきりする。a dictionary と不定冠詞をつけることによって any dictionary「どの辞書でも」の意味合いを持たせることができる。
- 「無機質な」は文字どおりの物体のことを指しているわけではないので，「退屈な」boring,「(アルファベット順に並ぶ) 機械的な」mechanical などが適切。「羅列」は list が文字どおりだが，「(言葉を) 集めたもの」collection とすることもできる。

この膨大な数の見出し語や語釈や作例はすべて，

英訳 all the enormous number of entries, definitions and examples are

- 「…はすべて」は「すべての～は」all the＋複数名詞とできる。あるいは，「～のどの一つも」every one of the ～ とすることもできる。この場合は単数扱いなので，動詞の形に注意。

● 「膨大な数の～」は the enormous〔vast / huge〕number of ～ とできる。「見出し語」は entry word, vocabulary entry だが，文意から entry だけでも通用する。「語釈」とは「(語の) 定義」definition のこと。もしくは「(語の) 説明」explanation としてもよいだろう。「作例」は，その後の「用例」であり，usage example が文字どおり。単純に example でも伝わる。多少説明的に「語の実際の使用例」illustrations of the actual use of words などとしてもよい。

だれかが考えに考え抜いて書いたものなのだ。

英訳 what relevant people have written after thorough consideration.

● 「だれかが」は someone / somebody が思い浮かぶが，実際には辞書の編纂を一人で行うことは考えにくい。「人々」people としたいが，これでは「人間一般」のようになってしまうため，relevant people「携わった人たち」などとしたい。「…はすべて」に every one of … を使えば，「一つの項目を，だれか一人の人がそれぞれに書いた」というイメージになるので，someone / somebody でもしっくりくる。

● 「考え抜いて書いたもの」は「徹底的な考慮ののちに書いたもの」what relevant people have written after thorough consideration などとできるだろう。あるいは「考え抜いた末にやっとできたもの」という意味で fruit「成果」を使い，これに「だれかの注意深い熟慮の」of someone's careful reflection で修飾することもできる。

▶下線部第２・３文

なんという根気。なんという言葉への執念。

英訳 What perseverance! What a deep attachment to words!

● 前述のように，この２文はそのまま感嘆文で表すことができる。

● 「根気」は perseverance や patience が使えるが，不可算名詞なので a（不定冠詞）はつけない。

● 「言葉への執念」は「言葉をぞんざいに扱わない気持ち」，つまり「言葉への深い愛着」a deep attachment to words や，「言葉に対する情熱」an enthusiasm for words などと考えられる。もう少し踏み込めば，辞書の編纂者がこだわっているのは「よい辞書をつくること」であり，それは結局自分たちの仕事に対してのこだわりである。「自分の仕事における根気や忍耐」their patience and persistence in their job などとすることもできるだろう。

● この２文に「荒木は…と思った」を補うなら，感嘆の気持ちを表して，「彼は…に感銘を受けた」He was impressed by … として，by のあとに「根気」と「言葉への執念」を続けるとよい。

(1) Learning that dictionaries were not perfect, Araki, instead of being disappointed, had all the more affection towards them. Sometimes, dictionaries just fell short of what he really wanted to know, but that seemed to be evidence of their hard work, which he appreciated.

〈別解〉 When he found that dictionaries were not necessarily almighty, Araki was far from disappointed but rather became all the more attached to them. Even the fact that some of their descriptions ended up failing to give the final answer seemed quite favorable to him, for the very fact conveyed the impression that dictionaries were trying as best they could.

(2) He felt it was this imperfection that conveyed how hard and enthusiastically the editors had tried to make good dictionaries.

〈別解〉 To him, it seemed as if this imperfection led him to realize the efforts and enthusiasm of those who had made the dictionaries.

(3) Seemingly, a dictionary is just a boring list of words, but all the enormous number of entries, definitions and examples are what relevant people have written after thorough consideration. What perseverance! What a deep attachment to words!

〈別解〉 At first sight, a dictionary may be merely a mechanical collection of words, but in fact, every one of the vast number of vocabulary entries, explanations and illustrations of the actual use of words is the fruit of someone's careful reflection. He was impressed by their patience and persistence in their job.

解答例

92

2014年度 外国語学部以外〔4〕

次の日本文(A)と(B)のそれぞれの下線部の意味を英語で表しなさい。ただし，(B)では，**文学部の志願者は(イ)を，文学部以外の学部の志願者は(ロ)**を選んで解答しなさい。

(A) **（すべての学部の志願者）**

言葉以上におたがいを非常に親しくさせるものはありません。にもかかわらず，その言葉を共有しないとき，あるいはできないとき，知らない国のまるで知らない言葉がそうであるように，言葉くらい人をはじくものもありません。際立って親和的にもなれば，際立って排他的になるのも，言葉です。　長田弘『なつかしい時間』

(B)

(イ) **（文学部の志願者）**

文章を書く場合，多くの人がメモをとるだろう。何も考えずに書き出すと，よほど書き慣れた人でないかぎり，考えが深まらなかったり，まとまらなかったりするのは目に見えている。考えるべき問題について，多方面からメモをとっておく必要がある。それと同じように，会話する場合も自分の主張を本格的に語る前に，人に質問をしたり，出来事を確認したりする。つまり探りを入れながら，だんだんと自分の意見をまとめていくわけだ。　樋口裕一『ホンモノの思考力』

(ロ) **（文学部以外の学部の志願者）**

「知」，あるいは「知る」ということの根底にあるのは，ものを区別し，区別されたものそれぞれに名前を付け，それを明確な形で把握しようとする態度です。それが重要であることは言うまでもありません。　藤田正勝『哲学のヒント』

解 説

(A) その言葉を共有しないとき，あるいはできないとき

英訳 If one doesn't or cannot listen to another person

● この部分は真意を注意深く検討したい。「言葉を共有する」の直訳は share words〔a language〕で，「使う語彙〔言語〕が共通である」という意味になる。しかし，これでは「知らない国のまるで知らない言葉がそうであるように」という比喩が意味をなさない。したがって，「相手の言葉（＝言うこと，主張)」を聞こうとしない，受け入れない」not listen to another person / not accept the opinion of the other person などとしたい。

● 一般論であり，主語には you も考えられるが，それでは後半にある「人をはじく」の部分が書きにくくなるので，一般の人を表す one を使っておく。

言葉くらい人をはじくものもありません。

英訳 nothing makes them more distant with each other than words

● 日本語では最後にあるが，この部分を前に置くほうが英文のまとまりがよい。

● 「…ほど～なものはない」は Nothing V so〔as〕～ as … や Nothing V＋比較級＋than … が定番。原文にはないが，be likely to *do*「～する可能性が高い」を補って，Nothing is more likely to *do* than … とすることもできる。

● 「言葉」は，英語，日本語といった language ではなく，言いたいことを表現するのに使う語句のことであり words がふさわしい。1語だけではないので複数形で。

● 「人をはじく」とは，上記の「言葉を共有しない」の解釈と考え合わせると，「人々を互いによそよそしくさせる」make people distant with each other,「人々を対立させる」bring people into conflict with each other,「人々に，互いに対して身構えた態度を取らせるようにする」lead people take〔assume〕a defensive attitude toward each other などとできるだろう。便宜上「人々」としたが，前述の one と another〔the other〕person を受けることになるので，them とすること。

知らない国のまるで知らない言葉がそうであるように

英訳 similar to a completely unknown language of an unknown country

● ここでの「言葉」は「国の」とある通り「外国語」と考えられるので，language が適切。

● 「知らない」は unknown が文字通り。「なじみのない」unfamiliar も使える。

● 「まるで」は「完全に」completely / totally などが適切。

● 「～がそうであるように」は，「～と似ている，同じようである」の意を持つ similar to ～ や like ～ で表せる。

Ⓑ(イ) ▶下線部第１文

…は目に見えている。

英訳 It is obvious that …

- 主節の述語はこの部分であり，これより前全体が主語なので，形式主語を使う。「目に見えている」は「明らかである」obvious / clear,「予測可能である」predictable などがふさわしい。

何も考えずに書き出すと

英訳 if you start writing without any plan

- 一般論なので主語は you か one を使う。
- 「書き出す」は start〔begin〕to write でも start〔begin〕writing でもよい。
- 「何も考えずに」の直訳は without thinking anything だが，これは書く事柄についてなにひとつ頭の中にない状態を表す。ここでは「（書き進め方の）計画なしに」without any plan や「何を書くか，それをどう書くか，あらかじめざっと思い描かずに」without sketching out〔outlining〕what to write or how to write it beforehand ということである。

よほど書き慣れた人でないかぎり

英訳 unless you are very accustomed to writing

- 「人」は訳出する必要はない。「よほど書き慣れていないかぎり」で十分である。
- 「～しないかぎり」は unless が適切。
- 「書き慣れている」は be accustomed〔used〕to writing とできる。「よほど」は「非常に」と読み換えられるので，very を accustomed〔used〕の前に置く。あるいは「よく訓練できている」be well trained としてもよい。
- unless 節の主語が主節と同じである場合は，be 動詞と合わせて省略することもできる。そうすれば，この節を挿入で用いやすい。

考えが深まらなかったり，まとまらなかったりする

英訳 you cannot develop or organize your thinking

- 日本語では「考え」が主語だが，you や one を主語にして「考えを深めることができない，まとめることができない」としたほうが容易であり，英文の流れとしても自然。
- 「考え」は thinking や ideas でよいが，「だれの」your / one's を添えること。
- 「深める」は deepen が文字通りだが，「考え」との組み合わせでは用例が見受けられず，develop「発展させる」や expand「広げる」が適切。「まとめる」は「系統立てる」organize,「整理する」arrange,「形成する」form などが使える。

▶下線部第２文

考えるべき問題について，多方面からメモをとっておく必要がある。

英訳 It is necessary to make memos on the point in question in advance from many different angles.

- 「〜する必要がある」は人を主語にして need to *do* とするか，形式主語で It is necessary to *do* とする。
- 「〜についてメモをとる」は make memos on 〜 / take〔make〕notes on〔of〕〜 など。日本文にはないが，「書く前にメモをとっておく」という文脈なので，「あらかじめ」beforehand / in advance を補うとよい。
- 「考えるべき問題」は，前文の内容からすると「これから考える，検討することになる問題」ではなく「書こうとするテーマ」ということである。「念頭にある主題，話題」the subject you have in mind,「問題となっている論点」the point in question などとするのが適切。
- 「多方面から」は「多くの異なる観点から」from many different angles や「幅広い情報源から」from a broad range of sources などと解釈できる。

▶下線部第3文

それと同じように，会話する場合も

英訳 Similarly, when you talk with others,

- 「それと同じように」は「同様に」similarly / likewise / in the same way など。
- 「会話する場合も」の「も」は，「同様に」に含意されているので訳出不要。「場合」という語句を用いなくても，「人と話すときに」when you talk with others,「人との会話中に」in conversation with others とすれば容易。原文には「人と(の)」はないが，後の「人に質問をしたり」の「人」がこの会話の相手であると考えられるので，ここで補っておけばつながりが自然になる。

自分の主張を本格的に語る前に

英訳 before you fully express your views

- 「〜する前に」は before S V という節でも before *doing* という句でも，いずれで書いてもよい。
- 「自分の主張を語る」は「自分の意見を表明する」express *one's* views〔opinion(s)〕でよい。tell を使うなら，tell them *one's* views〔opinion(s)〕と「人に」を忘れずに入れること。
- 「本格的に」は「考えを『完全に，全部』言う」と考えて，fully などが使いやすい。また「要点に進む」go into the main issue などとすれば「本格的に」の意味合いは含まれる。

人に質問をしたり，出来事を確認したりする。

英訳 you need to ask them some questions and check facts

- この述語部分は注意を要する。日本文をそのまま英訳すると，単なる事実描写になる。しかし，同文冒頭には，前文の「書く前に準備をする必要がある」という内容を受けて「それと同じように」としている。したがって，「質問したり確認したりする必要がある〔するべきだ〕」と締めくくるのが妥当。need / necessary / should などを補いたい。

- 「人に質問をする」は ask them (some) questions でよい。「出来事を確認する」の「出来事」は事件や問題が起きたという意味合いとは思われないので，「事実確認」程度の内容と考えられる。check (up) facts / confirm things などとできる。

▶下線部第4文

つまり

英訳 In other words

- 「つまり」は「言い換えると」in other words や that is が定番。また，前文の「質問をしたり，確認したりする」ことは「意見をまとめる」手段にあたるので，「このようにして」in this way などとすることもできるだろう。

探りを入れながら

英訳 by collecting materials you can refer to

- 「〜しながら」は分詞構文も考えられるが，「探りを入れることによって」意見をまとめるとも考えられる。by *doing* を使うとよい。
- 「探りを入れる」は通常は「相手の意向や様子をそれとなく調べる」ということだが，同文の後半には「自分の考えをまとめていく」とある。つまり，ものを書く場合のメモにあたるのが，会話の場合の質問や事実確認であり，ここで「探っている」のはむしろ「自分の意見」を組み立てるための材料である。したがって「(意見をまとめるのに) 参照できる材料を集める」collect materials you can refer to や「必要な情報が与えられる」necessary information is provided などとする必要がある。

だんだんと自分の意見をまとめていくわけだ。

英訳 you should gradually form your ideas

- 「だんだんと」は「徐々に」gradually でよい。
- 「自分の意見をまとめる」は下線部第1文で見たように，organize〔arrange / form〕*one's* views〔opinion(s) / ideas〕などが使える。
- should に相当する語句は原文にはないが，「それと同じように」の流れから，再び「〜する必要がある，すべきだ」と補うこともできる。
- また「人と話しているうちに言いたいことがだんだんとはっきりしてくる」と解釈して，one can gradually clarify what one really wants to say などとすることもできる。

(ロ) **▶下線部第1文**

- 「…の根底にあるのは，～しようとする態度です」という日本語からは，強調構文も思い浮かぶが，強調される主語にかなり長い修飾部がつくので，「…の根底に，ある，～という態度が」と，副詞句＋動詞＋主語の順の倒置で書くほうが読みやすい。意訳するなら，「A の根底に B がある」とは，「A は B の結果である」A is a consequence of B,「A は B に基づいている」A is based on B などとできるだろう。

「知」，あるいは「知る」ということの根底にあるのは，…しようとする態度です。

英訳 Under “knowledge” or the act of “knowing” lies the desire to …

- 『知』は「知性」「知恵」などの意にもなるが，後に『知る』とあるので「知識」knowledge とする。「『知る』ということ」は，「知識」が「知っていること」という「静的」な状態であるのに対して，「動的」な知るという「行為」と考えられる。knowing だけでは「知っていること」ともとれるため，the act of knowing とするとよい。いずれも原文に「　」がついているので，英文でも“　”をつけておくこと。
- 「ある」は be 動詞が基本だが，土台となるイメージで「横たわっている」の lie を使うとわかりやすい。
- 「態度」は attitude だが，「～しようとする」に注目すれば，「～したいという気持ち」the desire to *do*,「～しようという試み」the attempt to *do* などと表現できる。

ものを区別し，区別されたものそれぞれに名前を付け，それを明確な形で把握する

英訳 distinguish things, name each of them, and grasp them clearly

- 「ものを区別する」は distinguish things / make distinction among things などとできる。
- 「区別されたものそれぞれに名前を付ける」は give names to each of those distinguished がほぼ文字通り。「区別されたもの」はあえて訳出しなくても，文脈から「それら」them で十分内容は伝わる。
- 「明確な形で把握する」は「形」は訳出しなくても，「明確に把握する」grasp them clearly で十分である。「把握する」は「理解する」understand でも許容範囲だろう。

▶下線部第2文

それが重要であることは言うまでもありません。

英訳 It is needless to say that such a desire is important.

- 「…は言うまでもありません」は，It is needless to say that … / It goes without saying that … が定番。Needless to say, … と副詞句を文頭に置いてもよい。
- 「それが重要である」は it is important が文字通りだが，it では何を指示するのか多少不明確に思われる。「こうした努力」this effort,「そのような願望」such a desire などとしておくとよい。「重要である」は「不可欠である」indispensable / essential なども使える。

(A) If one doesn't or cannot listen to another person, nothing makes them more distant with each other than words, similar to a completely unknown language of an unknown country.

〈別解〉 When one doesn't or cannot accept the opinion of the other person in conversation, nothing is more likely to bring them into conflict with each other than words, similar to an unfamiliar language of an unfamiliar country.

(B)(イ) (文学部の志願者)

It is obvious that if you start writing without any plan, you cannot develop or organize your thinking unless you are very accustomed to writing. It is necessary to make memos on the point in question in advance from many different angles. Similarly, when you talk with others, you need to ask them some questions and check facts before you fully express your views. In other words, you should gradually form your ideas by collecting materials you can refer to.

〈別解〉 It is predictable that you, unless well trained, cannot expand or arrange your ideas if you begin to write without sketching out what to write or how to write it beforehand. You need to take notes beforehand on the subject you have in mind from a broad range of sources. Likewise, in conversation with others, you should ask them some questions and confirm things before going into the main issue. In this way, necessary information is provided and you can gradually clarify what you really want to say.

(ロ) (文学部以外の学部の志願者)

Under "knowledge" or the act of "knowing" lies the desire to distinguish things, name each of them, and grasp them clearly. It is needless to say that such a desire is important.

〈別解〉 "Knowledge" or the act of "knowing" is a consequence of the attempt to make distinctions among things, give names to each of those distinguished, and understand them distinctly. It goes without saying that such an attempt is indispensable.

解答例

93

2014年度 外国語学部〔4〕

次の日本文の下線部(1)～(3)の意味を英語で表しなさい。

(1)同質な社会でばかり生きるデメリットは，その中の価値観にどっぷりと漬かってしまい，知らず知らずのうちに，それ以外の価値観をなかなか理解できなくなってしまうことです。［中略］

(2)かぎられた世界，かぎられた価値観しか知らなければ，それ以外の世界やそこで暮らす人々の状況を想像するのは簡単ではなく，自分の価値観ですべての物事を判断してしまいがちです。(3)これでは，どんどん思考の幅を狭めてしまい，物事の本質を見極めるという状況からますます遠のいてしまいます。

だからこそ，同質な世界だけで生きることは避けるにこしたことはありません。意識的に異質な世界にどんどんかかわっていくべきです。

（伊藤真『本質をつかむ思考法』）

解　説

(1) **同質な社会でばかり生きるデメリットは…です。**

英訳 One of the demerits of living only in a homogeneous society is …

- 「デメリット」は demerit だが，「唯一の欠点」と言っているわけではないと思われるので，「デメリットの一つ」one of the demerits か a demerit としておくとよい。demerit 以外では，disadvantage「不利益」，pitfall「落とし穴」，downside「悪い面」などが使える。これらのあとに of を置き，「生きる」を動名詞 living にして続ける。
- 「～でばかり生きる」は「～でだけ生きる」live only in ～，「ずっと～で生きる」always live in ～ などとできる。
- 「同質な社会」の「同質な」は homogeneous が最適だが，「均質の」uniform も使える。「社会」society は人間社会一般を指すときには無冠詞だが，ここでは形容詞がつき，さまざまな種類のうちの一つという意味で不定冠詞をつけておくとよい。

その中の価値観にどっぷりと漬かってしまい…こと

英訳 that you immerse yourself in its particular values

- 述語部分が「～することです」となっているので，動名詞や不定詞も考えられるが，それでは後半の「できなくなる」が表しにくいので，that 節にして一般論の主語でよく使われる you を用いるとよい。
- 「～にどっぷりと漬かる」は immerse *oneself* in ～ / be immersed in ～ が文字通りの表現だが，「～にあまりにも慣れすぎる」become〔get〕too accustomed to ～，「～を当然のことと思うようになる」come to take ～ for granted などと言い換えることもできるだろう。
- 「その中の価値観」は「その社会の特定の価値観」its particular〔own〕values などと表せる。「価値観」は「物事の考え方」way of thinking，「物事の見方」views of things，「認知の仕方」form of perception などとすることもできる。

知らず知らずのうちに，それ以外の価値観をなかなか理解できなくなってしまう

英訳 and unknowingly become unable to understand those of other societies

- 「知らず知らずのうちに」は「気づかずに」ということなので unknowingly や unconsciously で表せる。他にも without knowing〔realizing〕it や before S know (about) it といった表現がある。また，「自分ではそのつもりがないのに」というニュアンスで in spite of *oneself* も使えるだろう。
- 「なかなか理解できなくなってしまう」は「理解できなくなる」become〔get〕unable to understand で十分。unable to *do* の代わりに blind to ～「～が見えない，わからない」という表現も使えるだろう。また，come to find it quite hard to understand / come to find it rather difficult to understand などとすることもできる。
- 「それ以外の価値観」は other values が文字通りだが，文脈上「それ以外の社会の価値観」と考えられるので，代名詞 those を使い，those of others〔other societies〕とするとよい。

(2) ▶長い文であり，1文で書くと and が続く，少々間延びした印象になる。「簡単ではなく」までで切り，2文にするのがよいだろう。

かぎられた世界，かぎられた価値観しか知らなければ

英訳 If you only know a particular world and the values within it

- 「～しか…ない」は only で表せる。not と併用しないように注意。only の位置は，修飾する語句の直前が基本であり，ここでは目的語の前になるが，否定文で not が入る場所に置くことも多く，know の前でもよい。「かぎられた世界」は a limited world が直訳だが，何がかぎられているのか不明で，英語では不自然。「ある特定の世界」a particular world などとする。文章全体で見ると，(1)にある「同質な社会」のことであり，文脈上「あなたが暮らしている社会」ということになるので，「あなた自身の小さな世界」your own small world などと意訳することもできる。「かぎられた価値観」も同様に，「その特定の世界内部の価値観」the values within it,「それに特有の価値観」the values peculiar to it などとできる。

それ以外の世界やそこで暮らす人々の状況を想像するのは簡単ではなく

英訳 it is not easy for you to imagine what other worlds are like and how people live there

- ここまででいったん文を区切るとよい。
- 「…を想像するのは簡単ではない」は形式主語で it is not easy for you to imagine … とできる。you を主語にして you will find it difficult to visualize … などとしてもよい。
- 「それ以外の世界やそこで暮らす人々の状況」は other worlds and the living conditions of people there などとすればほぼ文字通り。ただし「そこで暮らす人々の状況」は「そこの人々の生活状況」と読み換えてある。あるいは，想像するということは，「どのような様子なのだろう」と思いめぐらすことであり，間接疑問文に押し広げて「他の世界はどのような様子であり，そこで人々はどのように暮らしているのか」what other worlds are like and how people live there などとすることもできる。

自分の価値観ですべての物事を判断してしまいがちです。

英訳 As a result, you are liable to judge everything by your own values.

- 2文に切ったので，前文の内容を受けて，その「結果として」as a result,「そうして」and then などと展開を示す接続表現を補うとよい。
- 「～してしまいがちです」は「～する傾向がある」だが，よくない傾向を表すのには be liable〔apt / prone〕to *do* が適切。
- 「すべての物事を判断する」は judge everything〔all things〕が文字通り。「すべての判断をする」make every judgment などと言い換えることもできる。
- 「自分の価値観で」は by your own values が文字通り。by は判断の基準を表す。「自分自身の判断基準で」by your own standards,「自分自身の判断基準に基づいて」based on your own criteria などとしてもよいだろう。

(3) **これでは，どんどん思考の幅を狭めてしまい**

英訳 Then, your perspective will become narrower and narrower

- 「これでは」は「そうすると」then や「その結果」as a result などとできる。(2)の後半冒頭に使った表現と異なる表現を選ぶとよい。このように文を始めるなら，

「あなたの視野が狭くなる」your perspective will become narrower,「あなたは了見が狭くなる」you will become more narrow-minded などとできる。「これでは」を「これは」と無生物主語にすれば,「これはあなたの視野を狭くする」this will make your perspective narrower,「これはあなたを了見の狭いものにする」this will make you more narrow-minded などとなる。「どんどん」は比較級＋and＋比較級で表せばよい。後にも「ますます」があり，同じ表現の反復を避けたいなら，increasingly を使うとよい。

物事の本質を見極めるという状況からますます遠のいてしまいます。

英訳 and you will become less and less able to grasp the essence of things.

- 「…するという状況からますます遠のいてしまいます」の部分を直訳すると，むしろ意味不明になりかねない。内容を整理して「…することがますますできなくなる」と考えれば，and you will become less and less able to … や and it will make you less and less able to … などと簡単に表現できる。
- 「物事の本質を見極める」は「物事の本質を把握する」grasp the essence of things がほぼ文字通り。「何が本質的なものなのか見て取る」see what is essential などとすることもできる。

解答例

(1) One of the demerits of living only in a homogeneous society is that you immerse yourself in its particular values and unknowingly become unable to understand those of other societies.
〈別解〉 A disadvantage of always living in a uniform society is that you become too accustomed to its own way of thinking and, in spite of yourself, blind to other forms of perception.

(2) If you only know a particular world and the values within it, it is not easy for you to imagine what other worlds are like and how people live there. As a result, you are liable to judge everything by your own values.
〈別解〉 If you only know your own small world, and values peculiar to it, you will find it difficult to visualize other worlds and the living conditions of people there. And then, you will be apt to make every judgment based on your own criteria.

(3) Then, your perspective will become narrower and narrower, and you will become less and less able to grasp the essence of things.
〈別解〉 This will make you more and more narrow-minded, and less and less able to see what is essential.

94

2013年度 外国語学部以外〔4〕

次の日本文(A)と(B)のそれぞれの下線部の意味を英語で表しなさい。ただし，(B)では，**文学部の志願者は(イ)を，文学部以外の学部の志願者は(ロ)**を選んで解答しなさい。

(A) **（すべての学部の志願者）**

電子メールで「しまった！」という経験をお持ちの方は多いかと思います。郵便と違って，発送までにかかる時間が短い分，メールでは「出さなきゃ良かった」文面をそのまま送ってしまうのです。もちろん，こうした事態は以前にもありました。手紙にせよ，印刷物にせよ，文字化した自分の考えやメッセージに後から違和感を抱くということは，しばしば起きます。文章は所詮（しょせん），モノですから，何となく自分の生の声を伝えていないように思えてしまう。書き換えれば良かったと後悔する。書かれたメッセージというのは，それだけ危ういのです。 阿部公彦『英語文章読本』

(B)

(イ) **（文学部の志願者）**

過去を背負って生きざるを得ないのが人間だ。過去の積み重ねがいまの自分なのだから，過去から逃げ出していまの自分を語ることなどできない。もしいまの自分を肯定できない人は，過去の出来事についても後悔ばかりが思い出されるのではないだろうか。反対に，いまの自分を肯定できる人は，過去の出来事についても受け入れられるのではないだろうか。人間とはおもしろいもので，そのときどんなに苦しんだことでも，時間が経つと「なぜ，あんなにつらかったのだろう」と思うから不思議だ。たぶん，いまの自分を肯定できるから，過去の自分も肯定できるのだ。それどころか，つらい経験も「あのつらい経験があるからこそ，いまの充実した自分があるのだ」と思えるのである。 斎藤茂太『自分らしく生きて，死ぬ知恵』

(ロ) **（文学部以外の学部の志願者）**

問題分析や議論の方法を教わってこなかった学生に，「問題分析ができない」とか「自分の意見がない」と批判しても，それはないものねだりである。それはちょうど，まだ泳ぎ方を教わっていない学生をつかまえて，「なぜ泳げないのか」としかるようなものである。問題の原因を探り，歴史的経緯を調査し，可能性のある選択肢をクラスで議論する方法は，自然と身につくものではない。

鈴木健『クリティカル・シンキングと教育』

解説

(A) ▶下線部第1文

文章は所詮，モノですから

英訳 After all, written words are mere objects, so …

- 「文章」は「書かれたもの」writing,「書かれた言葉」written words などがふさわしい。sentence「文」を複数形にしても，一連の内容を持つ，まとまったものの意味にはならない。
- 「所詮」は,「結局のところ」after all,「いずれにしても」anyway などを文頭に置いておけばよい。挿入もできるが，どの位置が自然で適切か判断は難しいので，無理に行う必要はない。
- 「モノ」は thing が思い浮かぶが，ここでは文章を書いた人間とは「別もの」，物理的に存在する，書き手から離れた存在という意味合いである。thing は意味が広く，ニュアンスが伝わりにくいので，object のほうがよい。ちなみに「モノ」というカタカナ書きは,「もの」や「物」と区別して，上述のような意味であることを表すのに，哲学者などが習慣的に使うことのある表記である。
- 日本語には直接現れていないが,「所詮，モノですから」には,「モノにすぎない」「単なるモノである」というニュアンスが感じられる。mere や no more than などを添えておくと伝えたい内容がわかりやすくなる。
- 「から」は，so や and therefore が使える。therefore は副詞なので，and とともに使うか，文を改めるか，いずれかにすること。

何となく自分の生の声を伝えていないように思えてしまう。

英訳 we somehow feel that they don't convey our true voice

- 「何となく」は「どういうわけか，なぜか」の意の somehow が使える。
- 「思えてしまう」の「しまう」は自分の本意ではないことを表すのに使う日本語の習慣的な表現であり，訳出不要。「思える」を seem とするなら,「文章」が主語。「人」を主語にするなら，feel などがふさわしいだろう。
- 「自分の生の声」は，voice に日本語の「声」と同じく「意見」「考え」の意味があるので，*one's* fresh〔live〕voice とほぼ直訳でも通じる。この場合の「生の」とは「本当の，現実の」の意なので，true や real も使える。また「本当に言いたいこと，意図していること」what S really want to say / what S really mean などと意訳してもよい。
- 「伝える」は convey や communicate が使える。「生の声を伝えていない」とは「生の声とは異なる」ということなので，be different from とすることもできる。

▶下線部第2文

書き換えれば良かったと後悔する。

英訳 … and regret that they have not been rewritten.

● この部分は独立させてもよいが,「所詮,モノですから」という理由から「生の声を伝えておらず,書き換えていればと後悔する」と,前文と並ぶ帰結としてまとめることもできる。

● 「後悔する」に regret を使うなら,実際に行ったことを悔いるとしなければ理屈に合わないので,「〜を書き換えなかったことを後悔する」regret that S did not revise 〜,あるいは受動態を使って regret that they（＝the written words）have not been rewritten などとする必要がある。「〜すれば良かった」を生かすなら,実現しなかった願望なので,wish と仮定法過去完了を使い,wish S had rewritten〔revised〕〜 とする。

▶下線部第3文

書かれたメッセージというのは,それだけ危ういのです。

英訳 Thus, written messages are unreliable.

● 「書かれたメッセージ」written message は可算名詞なので,単数形で不定冠詞をつけるか,無冠詞複数形で使う。「メッセージ」という言葉にそれほど重要な意味はないので,「書かれたもの」としてもよい。

● 「それだけ」は,「そのように」と前述の内容を指して使っていると思われるので,thus を文頭に置いて表せる。あるいは,「前述のようなことがあるので,したがって」と考えて therefore とすることもできる。

● 「危うい」は文字通りには dangerous や risky だが,「本当に言いたいことが表せない」という文意からすると,「あてにできない」unreliable,「不確実な」uncertain / insecure のほうが近い。「危険」に当たる語を使うなら,「本当に言いたいことを伝えないというリスクを伴う」などと言葉を補うのが無難である。

Ⓑ(イ) ▶下線部第1文

過去を背負って生きざるを得ないのが人間だ。

英訳 Human beings have no choice but to live with the burden of their past.

● 構造を逆転させて,「人間は過去を背負って生きざるを得ない」とすれば書きやすい。

● 「『人間』という生き物」の意味では human beings がよく使われる。humans も使うが,この意味では前者のほうが普通である。あるいは,人間全般に当てはまる内容なので,初めから一般論の主語の you を使っておいてもよい。一般論ということなら we や「誰でもみんな」everyone などもあるが,第3文以降の「肯定できる人,できない人」という区別を述べる部分で使いにくくなる。

- 「〜せざるを得ない」は，cannot help *doing* や have no choice but to *do* などが使える。「〜しなくてはならない」have to *do* でも十分表せる。
- 「過去を背負って生きる」は，「過去の重みとともに生きる」live with the burden of *one's* past と書けば英語として通用すると思われる。後続の内容を考えてパラフレーズするなら，「生きているかぎり，過去にしたことを受け入れる」accept what S did in the past as long as S live,「過去の上に築きながら生きる」live by building on the past,「生涯ずっと過去を拒否できない」cannot reject the past all through *one's* life などとなるだろう。最後の例では「〜せざるを得ない」は不要。

▶下線部第 2 文

過去の積み重ねがいまの自分なのだから

英訳　Since the accumulation of your past experiences has made you what you are

- 日本語は「S は C だ」S is C の第 2 文型を思わせるが，「過去という時間の積み重ね」は「人」ではないので，直訳は危険である。「過去の（経験の積み重ね）が…をいまの自分にした」(the accumulation of) *one's* past (experience) has made … what S is (now〔today〕),「これまでに経験したことがいまの自分を作った」what S have experienced has created who S is などとしておくとよい。「いまの自分」は what S is now〔today〕が定番だが，who S is「S とはだれなのか」=「S とはどういう人なのか」としてもよい。

過去から逃げ出していまの自分を語ることなどできない。

英訳　you cannot talk about yourself without facing the past.

- 「過去から逃げ出して」は直訳では意味をなさないので，「過去を直視しないで」without facing the past,「過去（にしたこと）を考えずに」without thinking about what S have done in the past など without *doing* のパターンにすれば，cannot … without *doing*「〜せずには…できない，…すると必ず〜することになる」の構文になり，楽に書けるだろう。「〜しないかぎり」の意の接続詞 unless を使って書くこともできる。
- 「いまの自分を語ることなどできない」の「など」は不可能であることを強調する表現であり，cannot possibly で表せる。あえて訳出しなくても問題ない。「〜を語る」は talk about 〜 と文字通りでよい。「いまの自分」は直前に what〔who〕S is があるので，*oneself* と簡単に表現してよいだろう。

▶下線部第 3 文

もしいまの自分を肯定できない人は

英訳　If you cannot accept what you are

- 日本語がねじれているので注意。「もし人が…を肯定できなければ」とする。関係代名詞を使って「…を肯定できない人は」とすることも考えられる。

● 「いまの自分」は何度も繰り返されている。同じ語句・表現の反復使用を避けたければ，the way you are「あなたのありよう」=「いまあなたがどうあるか」，文字通りの your present self などに言い換えてもよいだろう。

● 「〜を肯定する」は「(いまの自分) をよしとする」ということであり，「〜を是認する，よく思う」approve (of) 〜 が使える。「受け入れる」accept でもよい。「〜に肯定的である」be positive about 〜 としてもよいだろう。

過去の出来事についても後悔ばかりが思い出されるのではないだろうか。

英訳 you may always feel regret when looking back on what you have done.

● この部分は丁寧に考える必要がある。「後悔が思い出される」とそのまま受動態で表すと，もとの能動態の文は「あなたは後悔を思い出す」となり，理屈の上で成り立たない。「思い出す」のは「過去のこと」であり，「思い出す」ときに感じる気持ちが「後悔」なので，「過去を振り返るといつも後悔の念を感じる」you always feel regret when looking back on the past / you cannot think of your past without feeling regret for what you have done などと整える。

● 「〜ではないだろうか」は筆者の推測を表す。「おそらく…だろう」の意の副詞 probably を使ったり，it is probable that … としたりして表せる。もしくは助動詞 may を使ってもよい。「…かもしれない」という訳にこだわる必要はない。「…ということもあるだろう，…であってもおかしくない」といったニュアンスでも使われる助動詞である。第4文も同じ締めくくり方なので，異なる表現を使って変化をつけるとよい。

▶下線部第4文

反対に，いまの自分を肯定できる人は

英訳 Conversely, if you can,

● 「反対に」は文字通り conversely「逆に（言えば）」でよい。対照的な内容の列挙なので on the other hand「他方で」としてもよい。

● 「いまの自分を肯定できる人は」は，前文の書き方とそろえるとよい。if you cannot … を使ったなら，if you can accept〔approve (of)〕what you are となる。動詞以下が前文の反復になるので，if you can だけでもよい。前文に関係代名詞を使った場合は，ここもそうしておく。

過去の出来事についても受け入れられるのではないだろうか。

英訳 you are probably able to accept your past as well.

● 「過去の出来事」とあるが，「自分の過去」で十分である。むしろ「events を受け入れる」とするほうが不自然。何か付け加えるとするなら，本来受け入れがたいものである「失敗」failures や「過ち」mistakes などがよい。

● 「も」は also / too / as well のいずれでもよい。

(ロ) ▶下線部第1文

問題分析や議論の方法を教わってこなかった学生に…と批判しても，それはないものねだりである。

英訳 If your students have never been taught how to analyze and discuss problems, it is of no use to criticize them for …

- 混乱のない英語で表現するために，まず日本文の構造を整理する必要がある。「*A* を *B* のことで批判する」criticize *A* for *B* にそのまま日本語の表現を入れると，*A*, *B* ともに非常に長くなる。とりわけ *A* の「～してこなかった学生を」は関係代名詞節を使うことになるので，for *B* の文中での役割がわかりにくい。「もし学生が…を教わってこなかったのなら，彼らを…と批判することはないものねだりである」とすればよい。
- 「学生」は students だが，内容から見て，筆者は読者が教師であると想定して書いていると考えられる。したがって，「学生一般」というより，その教師が担当する学生たちという意味で your students とするのがふさわしい。
- 「問題分析や議論の方法」は「どのように問題を分析し，それについて議論するか」how to analyze and discuss problems などとまとめることも考えられるし，「何らかの問題を分析したり，討論（一般）をしたりする方法〔技術〕」ways〔skills〕to analyze an issue or hold〔have〕a debate と分けることも考えられる。
- 「教わってこなかった」は，「これまで教えてもらったことがなかった」have never been taught,「これまで学んだことがなかった」have never learned などと現在完了で表現すればよい。
- 「批判しても，それはないものねだりである」は，上述のように「彼らを批判することはないものねだりである」と整理できる。「ないものねだりである」は「(～しても）無駄である」ということであり，it is useless to criticize them / it is of no use〔good〕to criticize them / it is no use criticizing them などと書ける。あるいは「～するのは理にかなっていない」it is unreasonable〔not reasonable〕to criticize them としてもよいだろう。

「問題分析ができない」とか「自分の意見がない」と（批判する）

英訳 for not being able to do so.

- 「問題分析ができない（ということで）」for not being able to analyze problems,「自分の意見がない（ということで）」for not having their own opinions となるが，「教わってこなかった」の目的語と内容がほぼ重複するので，for not being able to do so「そうすることができないということで」とまとめてよいだろう。

▶下線部第2文

それはちょうど，まだ泳ぎ方を教わっていない学生をつかまえて，「なぜ泳げないのか」としかるようなものである。

英訳 It is just like scolding a student who has not yet learned how to swim for not being able to swim.

- 「それはちょうど…するようなものである」は It is just like *doing* … が文字通り。「…するのと同じである」It is just the same as *doing* … としてもよい。
- 「学生をつかまえて…としかる」は「学生を…のことでしかる」scold a student for … で十分。「つかまえて」は「～に対して，～を相手に」の意で，多くはその相手に対して不当な行動を行うときに使う表現であり，訳出は不要。ここの「学生」は一般論であり，your は不要。単数でも複数でもよい。
- 「まだ泳ぎ方を教わっていない（学生）」は，（a student）who has not yet been taught how to swim / students who have never learned how to swim などとできる。
- 「『なぜ泳げないのか』と（しかる）」は，第1文の criticize と同じように for not being able to swim とするか，分詞構文を使って「『なぜ泳げないのか』と言って」saying, “Why can’t you swim ?” と表現できるだろう。

(A) After all, written words are mere objects, so we somehow feel that they don't convey our true voice and regret that they have not been rewritten. Thus, written messages are unreliable.

〈別解〉 Anyway, writing is no more than a physical object that is separated from the writer and somehow seems to be different from what is really meant. Therefore, the writer wishes he or she had revised it. Thus, writing involves a risk that it doesn't communicate what you really want to say.

(B)(イ) （文学部の志願者）

Human beings have no choice but to live with the burden of their past. Since the accumulation of your past experiences has made you what you are, you cannot talk about yourself without facing the past. If you cannot accept what you are, you may always feel regret when looking back on what you have done. Conversely, if you can, you are probably able to accept your past as well.

〈別解〉 You have to accept what you did in the past as long as you live. What you have experienced has created who you are, so you cannot talk about what you are now unless you think about your past. Those who find it difficult to approve the way they are probably cannot think of their past without feeling regret for what they have done. On the other hand, those who can approve their present self may calmly look back on even their failures.

(ロ) （文学部以外の学部の志願者）

If your students have never been taught how to analyze and discuss problems, it is of no use to criticize them for not being able to do so. It is just like scolding a student who has not yet learned how to swim for not being able to swim.

〈別解〉 It is unreasonable to criticize your students for not being able to analyze some issues or not having their own opinions if they have never learned the necessary skills to do so. It is just the same as scolding students who have never been taught how to swim, saying, "Why can't you swim ?"

解答例

2013年度 外国語学部〔4〕

次の日本文の下線部(1)~(3)の意味を英語で表しなさい。

人間は誰しも心のなかに傷をもっている。もっともその傷の存在をあまり意識しないで生きている人もいる。そのような人は一般的に言って，他人の心に傷を負わせる——ほとんど無意識に——ことが多いようである。

(1)それではその傷はどのようにして癒されるのか。心の傷の癒しは，古来からもっぱら宗教の仕事とされてきた。いろいろな宗教がそれぞれの教義や方法によって，人間の心の癒しを行ってきた。(2)しかし，近代になって人々が宗教を信じがたくなるのと同時に，心理療法という方法によって，心の癒しができると考え，しかもそれは「科学的」な方法でなされると主張する人たちが現れた。(3)そのような「科学」を絶対と信じる人には，それは時に有効かもしれないが，そうでない人には，人間の心が科学的方法で癒されたりするものではないことは，少し考えるとわかることである。

(河合隼雄『中年クライシス』)

解　説

(1) ▶下線部第１文

それではその傷はどのようにして癒されるのか。

英訳 Then, how are those wounds healed?

- 「それでは」は then で表せる。
- 「その傷」は下線部(1)の前で述べられている「心の傷」であり，１語で表すなら wound が妥当。injury は「名誉やプライドの毀損」といったニュアンスで使えるが，念のため emotional injury などとしておくとよい。その他，emotional〔psychological〕damage〔wound / scar〕, wound of〔in〕the heart などとできる。wound も injury も可算名詞なので，一般論として複数形で使うのが無難。また，「傷ついた心」a wounded heart などとしてもよい。
- 「どのように」は how が使える。文全体を「何が傷を癒すか」と読み換えれば，what を使うことができる。
- 「癒す」は heal が適切。cure や treat でも代用できる。「癒す」は繰り返し出てくるので，これらを適宜振り分けて使うとよい。

▶下線部第２文

心の傷の癒しは，古来からもっぱら宗教の仕事とされてきた。

英訳 Since ancient times, healing of emotional wounds has been considered to be a task exclusively assigned to religion.

- 「心の傷の癒し」は healing of emotional wounds など，第１文で挙げた表現を組み合わせて作れる。
- 「古来から…とされてきた」は「心の傷」を主語にするなら，「長く…と考えられてきた」として，have long been thought〔considered〕to be … などとできる。「古来から」は since ancient times などとして，文頭で処理してもよいだろう。形式主語を用いて，It has long been thought that … としたり，「人々は…と考えてきた」People have long thought that … としたりすることもできる。
- 「宗教の仕事」は a task〔job〕of religion が文字通り。ここでの「宗教」は「宗教というもの全般」を指すので，不可算扱いが妥当。
- 「もっぱら」は辞書的には exclusively だが，この語を使うには「もっぱら宗教だけに割り当てられた（仕事）」a task exclusively assigned to religion などと言葉を補うか，文の構成を見直して「（心の癒しを）『もっぱら』宗教に頼ってきた」depend exclusively on religion などとする必要がある。「宗教『だけ』が癒せる」と only を religion にかけて表すこともできる。

▶下線部第3文

いろいろな宗教がそれぞれの教義や方法によって，人間の心の癒しを行ってきた。

英訳 Various religions have cured the wounds of the heart in their own way based on their religious principles.

- 「いろいろな宗教」は various religions が文字通り。「いろいろ」というなら数が多いということでもあるので，「多くの宗教」a lot of religions としてもよいだろう。
- 「～の癒しを行う」は「～を癒す」とすれば容易。「行ってきた」となっているので，現在完了を使う。
- 「人間の心」は，あえて human など「人間の」を入れると，「人間ではないものの心」との区別を含意してしまうので，「心」the heart だけで十分。文脈からして「心の傷」としてもよい。
- 「それぞれの教義や方法によって」の「～によって」の解釈は「～を使って，～を手段として」by using ～ / by means of ～ と「～にしたがって，基づいて」according to ～ / based on ～ の2通りが考えられる。あるいは，「教義にしたがって」+「方法を使って」と振り分けてもよいだろう。
- 「教義」は（religious）principle / doctrine や「教え」teaching も使えるだろう。dogma は「論争の余地のない真理」と意味が強い。この文意ではそこまで厳密なものではないので，避けておくのが無難。「方法」は way や method が適切。
- 「それぞれの」は各宗教「独自の」の意と考えて，their own とするのが容易。each は「個々の，ひとつひとつの」の意であり，この文でのニュアンスでは使えない。

(2) **しかし，近代になって人々が宗教を信じがたくなるのと同時に**

英訳 In recent times, however, as people have found it difficult to believe in religion

- 「しかし」は however や but が使える。however は副詞なので，後にカンマを打つこと。文中に挿入することもできる。
- 「近代になって」の「なる」は訳出不要。「近代に（は）」は in modern〔recent〕times で十分。
- 「人々が宗教を信じがたくなる」は「人々が宗教を信じることは難しいと思う」と読み換えて，find を第5文型で使うとすっきりする。形式目的語を用い，find it difficult to believe in religion とできる。「～を信じる」は「宗教の正しさを信じる，信仰をもつ」という意味合いなので believe in ～ がふさわしい。この部分を意訳するなら「ますます多くの人が信仰心を失う」などとできる。
- 「～と同時に」は「～するにつれて」の as が使いやすい。at the same time を副詞句として使って書く場合は，「そして同時に」and at the same time と接続詞を補うこと。接続詞として使うなら at the same time as S V とする必要がある。

…する人たちが現れた。

英訳 some people have begun to …

● 日本語と同じ構造で書くと，主語「人たち」を先行詞とする関係代名詞節が長くなり，バランスがよくない。動詞に「現れる」emerge を使うなら，there is 構文のパターンを利用して there have emerged some people who … とするとよい。あるいは「…する人たちが現れた」を「一部の人たちが…し始めた」と読み換えて，some people have begun to … とするのも一つの方法である。

心理療法という方法によって，心の癒しができると考え，しかもそれは「科学的」な方法でなされると主張する

英訳 think that a method called psychotherapy can heal mental scars and they insist that it is "scientific."

● 「…と考え，～と主張する」は，文字通りに訳せば（have begun to）think …and（to）insist〔claim / assert〕～ となるが，think から insist までが遠いので，あらためて主語を示し，they insist とすると読みやすい。現在もその主張がされていると考えられるので，時制は現在形でよいだろう。

● 「…という方法によって，心の癒しができる」は主語がないので，「…という方法によって，心は癒されうる」や「…という方法は心を癒すことができる」などとするとよい。

● 「心理療法という方法」は「心理療法と呼ばれる方法」a method called psychotherapy とすると簡単。

● 「しかもそれは『科学的』な方法でなされる」は，内容の慎重な検討が必要。「それ」は「心理療法」であり，そのまま訳すと「（心理療法を行う）方法が科学的である」という意味になる。文脈から考えると，「科学的」なのは「行う方法」というより，「心理療法」自体であり，「宗教的」癒しとの対比をはっきりさせるためにも，「心理療法は『科学的』である」とするのがよいだろう。また，ここを「心理療法，それをかれらは『科学的』治療と呼ぶのだが」psychotherapy, which they call a "scientific" treatment, と関係代名詞の非制限用法で処理すると，「考え，主張する」が「主張する」とひとつにまとめられる。

(3) **そのような「科学」を絶対と信じる人には，それは時に有効かもしれないが，…**

英訳 Such a method may sometimes be effective to those who believe "science" can do anything, but …

● 「それは」は It や That でもよいが，「心理療法という方法」を受けているのを明快にするために「そのような方法」Such a method などとしておくのもよいだろう。

- 「…には時に有効かもしれない」は may sometimes be effective to … が文字通り。may や can には「～ということもある」の意味合いが含まれているので，sometimes はなくてもよい。
- 「そのような『科学』を絶対と信じる人」の「そのような」は「科学」ではなく，「人」にかかっていることに注意。「そのような」は，下線部(2)の「心理療法で心が癒せると主張するような」ということだが，細かく訳出する必要はなく，「…を信じる人」those who believe … 程度でよい。
- 「『科学』を絶対と信じる」の「絶対」は absolute が思い浮かぶが，この語は通例限定用法（名詞を直接修飾する用法）で使うので，science is absolute のような叙述用法（補語に使う用法）は避けておくのが無難。「『科学』は何でもできる」"science" can do anything,「『科学』はすべてを可能にする」"science" makes everything possible などと考えるとよい。あるいは「『科学』に絶対的な信頼を寄せている」have absolute faith in "science" などと，absolute を限定用法で使えるように読み換えることもできる。

そうでない人には，…ことは，少し考えるとわかることである。

英訳 those who don't will understand with a moment's thought that …

- 日本語の構造を整理する。文字通りは「…は～ことである」が主語・述語だが，「そうでない人は…を理解できる」としたほうが，文がすっきりする。
- 「そうでない人」は「『科学』を絶対だとは信じていない人」だが，前半の those who believe … と形をそろえれば，those who don't だけでも意味が不明確になることはない。
- 「少し考えるとわかる」の「少し考えると」は if 節を使うこともできるが，コンパクトに表現しようと思えば，with a moment's thought〔consideration / reflection〕などとできる。あるいは「容易に理解する，気づく」と読み換えて easily understand としてもよい。他には，「…ことは明らかである」it is clear〔obvious〕that … や，文構造を変えて「短時間の考慮が（そうでない人に）…をはっきりと示す」a moment's reflection clearly shows those who don't ～ that … と無生物主語で表すこともできる。この場合は「そうでない人」は言葉を補っておく方がよいだろう。なお，「わかる」の時制は一般的な現実として現在形でもよいだろうが，「考えると，その結果としてわかる」というように，想定内での時間経過が感じられるので，will を入れることも考えられる。

人間の心が科学的方法で癒されたりするものではない

英訳 human feeling is not something to be healed in a scientific way

- 「人間の心」は a human heart が文字通りだが，「癒す」heal の目的語に使うと英語では不自然。「感情」emotion / feeling などにするか,「傷ついた心」a wounded heart などとしておくとよい。

● 原文と同じように受動態で書けば, human feeling is not (something to be) healed in a scientific way とできる。「するものではない」は「しない」と簡単に表してかまわない。

● 能動態で「科学的方法は人の心を癒さない」scientific methods don't heal human emotion とすることもできる。「癒す」や「心(の傷)」は何度も出てきているので,「心の痛みを和らげる」soothe emotional pains と表現に変化を持たせることも考えられる。

(1) Then, how are those wounds healed? Since ancient times, healing of emotional wounds has been considered to be a task exclusively assigned to religion. Various religions have cured the wounds of the heart in their own way based on their religious principles.

〈別解〉 Then, what can heal emotional scars? People have long thought that only religion can cure wounds of the heart. A lot of religions have healed the heart according to their own methods and principles.

(2) In recent times, however, as people have found it difficult to believe in religion, some people have begun to think that a method called psychotherapy can heal mental scars and they insist that it is "scientific."

〈別解〉 But in modern times, an increasing number of people have lost their religious faith, and at the same time, there have emerged some people who claim that psychotherapy, which they call a "scientific" treatment, can cure emotional wounds.

(3) Such a method may sometimes be effective to those who believe "science" can do anything, but those who don't will understand with a moment's thought that human feeling is not something to be healed in a scientific way.

〈別解〉 It can be effective to those who have absolute faith in "science," but a moment's consideration will clearly show those who don't so firmly believe in it that scientific methods don't soothe emotional pains.

解答例

96

2012年度 外国語学部以外〔4〕

次の日本文(A)と(B)のそれぞれの下線部の意味を英語で表しなさい。ただし，(B)では，**文学部の志願者は(イ)を，文学部以外の学部の志願者は(ロ)**を選んで解答しなさい。

(A) **(すべての学部の志願者)**

科学者たちが正しい答に至る道は，最短距離の直線道路ではありません。彼らはたくさんの失敗を冒すことを怖れないのです。それだけが，正解に至る唯一の道だからです。ただし，失敗の原因をじっくりと精査することを忘れません。多くの失敗から学ぶのが科学者の日常なのです。　岸田一隆『科学コミュニケーション』

(B)

(イ) **(文学部の志願者)**

文章も文法的なまちがいはない，論理もちゃんとしている，冒頭から結論までの道筋もとおっている，それでいて，どうも説得力がない，迫力がない，といった文章にぶつかることがあります。そういう文章は，どこか，魅力がなく，生命の通った感じがしないのです。そんな文章をどうしたら生き生きさせられるでしょうか。表現の面でいいますなら，修辞にくふうを加えることです。

保坂弘司『文章はどう書くか』

(ロ) **(文学部以外の学部の志願者)**

美術作品というものは，ただみて自分なりにいいなとか，よくないとか感じればいいのだ，美術の歴史を研究したりする専門家でもないかぎり，特別な知識などいらないと，よくいわれます。でも，それはあくまでも俗説にすぎません。どうしてこのような俗説がはびこってしまったのでしょうか。ほんとうのところはよくわからないのですが，大きな理由としては，たとえば絵をみるときに，良い悪いのはっきりした基準がない，ということがあげられるでしょう。数学の正解にあたるものが，絵の場合にはないのです。しかし，だからといって，自分の好きかってにみてもいいというものでもありません。自分には「わからない」，だから「価値がない」とかんたんにいわれては困るのです。　本江邦夫『中・高校生のための現代美術入門』

解　説

(A)　▶下線部第１文

科学者たちが正しい答に至る道は，最短距離の直線道路ではありません。

英訳　The route scientists take to reach the right answer is not the shortest or straightest one.

● 全体の構成は「道は…道路ではない」と原文通りでもよいし，「科学者たちは…道を通って正しい答に至るのではない」と読み換えてもよい。

● 「道」「道路」は，ある意味では比喩だが，この程度のものであれば英語でも通用する。「経路」というニュアンスなので route が近いが，road / path / way のいずれも使える。

● 「科学者たちが正しい答に至る（道）」に関係詞節を使うとすると，「その道を通って正しい答に至る」がもとになるが，この「通って」が意外にやっかいである。through は walk through a park「公園を歩いて通り抜ける」のように，一定の空間に入ってそこから抜け出るイメージ。「道」から「出る」のではないため，あえてこの文構造で表現したければ along「～に沿って」となる。「科学者たちが正しい答に至るためにとる道」とした方が無難である。

● 「最短距離の」=「最も短い」the shortest

● 「直線道路」は，「道路」が主語と反復になるので one を使い，「直線の」=「まっすぐの」straight を「最短距離の」とそろえて straightest とするとよい。

● 否定文なので，「最短距離の」と「直線の」は or でつなぐ。

● 「最短距離」と「直線」はほぼ同義なので，shortest だけにしても問題ない。また，「最も速く行ける道」the fastest route などとすることもできる。

▶下線部第２文

彼らはたくさんの失敗を冒すことを怖れないのです。

英訳　They are not afraid of making many mistakes.

● 「～することを怖れる」は be afraid of *doing* や fear *doing*〔to *do*〕が使える。「～するのをいやがる，気にする」mind *doing* / be worried about *doing* としてもよいだろう。

● 「失敗を冒す」make mistakes / commit errors

▶下線部第３文

それだけが，正解に至る唯一の道だからです。

英訳　This is because it is the only way to the correct answer.

● この箇所は原文と同様に独立した１文にする方法と，前文と because でつないで１文にする方法がある。前者の場合，「それは…だからだ」This〔It〕is because …

とすること。because は従属接続詞なので，Because S V. は基本的に不可（Why …？に対する返答は例外)。

● 「正解に至る」は，第1文と異なる語を使うとよい。英語は同語の反復を避ける傾向があるので，類義語の知識を増やす努力をしておこう。

● 「科学者が」失敗を怖れない理由なので，「それだけが…道だと，『彼らは知っている』からだ」と補うことも可能。

▶下線部第4文

ただし，失敗の原因をじっくりと精査することを忘れません。

英訳 Of course, they never forget to examine carefully the causes of their failures.

● 「ただし」は「しかし」but / however で十分。当然の事実の但し書きという文意なので，of course「もちろん」とすることもできる。

● 「失敗の原因」は the causes of failures〔mistakes / errors〕だが，「すでに彼ら科学者が冒してしまった失敗」という文意なので，the や their をつけるのが正しい。「なぜ失敗したのか（という理由)」(the reasons) why they have made the mistakes とすることもできる。なお，「原因」「理由」「失敗」は，何かひとつだけではないので，いずれも複数形にしておくのが適切。

● 「じっくりと精査する」=「注意深く検討する」carefully〔closely〕examine が文字通り。「*A* をよく考える」と読み換えて reflect on〔upon〕*A* としてもよい。

● 「～するのを忘れません」は not〔never〕forget to *do* で十分。「～するのを決して怠らない，必ず～する」never fail〔neglect〕to *do* も使える。

(B)(イ) ▶下線部第1文

● 修飾部の長い文。骨組みは「(人は) …といった文章にぶつかることがある」となる。主語は一般論を表す we や you が考えられるが，どちらかというと筆者自身の経験が重きを成すので，we が収まりがよいと思われる。

…といった文章にぶつかることがあります。

英訳 We sometimes come across writing that …

● 「文章」は writing / a text / a composition など。a passage は厳密には「一節」だが許容範囲。sentence は「1文」であり，これを複数形にしても「ひとまとまりの内容を持った文章」の意味にはならない。なお，writing は「書かれたもの」の意で不可算名詞だが，writings として「諸作品」の意でも使える。

● 「ぶつかる」=「偶然出くわす」で come across が使える。「たまたま見つける」の意で happen on〔upon〕や find も可能。

● 「～することがある」は sometimes / occasionally で表せる。

文章も文法的なまちがいはない，論理もちゃんとしている，冒頭から結論までの道

筋もとおっている（文章）

英訳 (that) is grammatically correct, entirely logical, and well organized from the beginning to the end

- この部分以下は「文章」を先行詞とする関係代名詞節として考える。3つの特徴が述べられているが，同じ品詞にそろえると見やすい文になる。
- 「文章も文法的なまちがいはない」の「文章も」は訳出しない。「文章も文法的なまちがいはない文章」ではかえって奇妙である。have no grammatical errors や be free from mistakes in grammar と文字通りの訳以外に，「文法的に正しい」be grammatically correct と簡潔に表すこともできる。
- 「論理もちゃんとしている」=「論理的である」be logical で十分。「ちゃんとしている」というニュアンスがほしければ，「完全に」completely / perfectly を添えればよい。「文法的なまちがい」を名詞で表現した場合は，illogicality「非論理性」と名詞にそろえるとよい。
- 「冒頭から結論までの」=「始めから終わりまで」from (the) beginning to (the) end や from start to finish といった定番表現にするとよい。
- 「道筋もとおっている」は「首尾一貫している」be coherent や「うまく構成されている」be well organized などと表せる。名詞でそろえるなら incoherence「一貫性のなさ」とできる。

それでいて，どうも説得力がない，迫力がない

英訳 and yet is not persuasive or impressive

- この部分は，新たな関係代名詞節にして but which … としてもよいし，関係代名詞を入れずに but や and yet「それでもなお」として続けてもよい。また，「文章」を修飾する部分の前後を入れ替えて even though～「～であるのにもかかわらず（説得力，迫力がない）」とすることもできる。
- 「どうも」=「どういうわけか」somehow が文字通り。あえて訳出しなくてもよい。
- 「説得力がない，迫力がない」といずれも否定なので，not *A* or *B* / neither *A* nor *B*「*A* でも *B* でもない」を使い，*A* を「説得力がある」persuasive / convincing, *B* を「迫力がある」=「(文章に) 力がある」powerful / forceful と置くことができる。「迫力がある」は「人の心に訴える」と考えれば impressive「印象的な」も可能。もちろん，not や neither を使わずに unpersuasive / unconvincing / unimpressive などとしてもよい。

▶下線部第2文

そういう文章は，どこか，魅力がなく，生命の通った感じがしないのです。

英訳 Such a text somehow lacks in appeal and vitality.

- 「そういう文章」は前述の「文章」にあたる語を such や of this kind で修飾する。

- 「どこか」は第1文の「どうも」と同様，somehow「どういうわけか」が近い。ここでもあえて訳出しなくてもよい。入れるなら，いずれか一方にしておくとよい。
- 「魅力がない」=「魅力を持たない，魅力を欠いている」lack in〔have no〕appeal〔attraction〕とするか，「魅力的ではない」be not appealing〔attractive〕とする。
- 「生命の通った感じがしない」=「生き生きしていない」be not lively〔vital〕などと読み換えると簡単。「魅力がない」と品詞をそろえると文がすっきりするので，lack in や have no を使う場合は，liveliness / vitality とする。

▶下線部第3文

そんな文章をどうしたら生き生きさせられるでしょうか。

英訳 How can we make it livelier?

- 「そんな文章」は第2文にもあるので，代名詞 it〔them〕で十分。第2文で使った「文章」の語と数をそろえることに注意。
- 「どうしたら～でしょうか」は，文字通り how を使うか，「～するために何ができるか」と読み換えて what を使う。主語は第1文とそろえて we にするか，読者に問いかけて「あなたならどうしますか」のニュアンスで you を使う。また，「何ができるか」を受動態にすれば，「だれが」を消すことができる。
- 「(それを) 生き生きさせる」は make it lively が文字通りだが，「現状よりももっと生き生きさせる」という暗黙の比較がある。livelier と比較級にするとよい。第1・2文で「迫力」「魅力」という語が使われているので，more powerful や more attractive などとすることもできるだろう。「(作品など) に命を吹き込む」put life into ～という比喩表現は英語にもあるので，これを使ってもよい。

▶下線部第4文

表現の面でいいますなら，修辞にくふうを加えることです。

英訳 In terms of expression, an answer is to improve its rhetoric.

- 主語「何が」にあたる部分がない。第3文の「どうすればよいか」という問いに対する答えにあたる文なので，「答えは」「方法は」を補う。なお，他にも解決策はあると考えられるので，the ではなく a〔an〕や one を使うこと。
- 「表現の面でいいますなら」は「表現の観点からは」in terms of expression，「表現に関して言えば」as to expression，「表現形式に関する限りは」as far as style is concerned などが考えられる。
- 「修辞」は rhetoric や figure of speech。後者は主に比喩的な表現のニュアンスを持ち，figure が可算名詞なので複数形にして使う。また，「どんな言葉を使うか，その選び方」と考えれば，the choice of words などとすることもできる。
- 「…にくふうを加えることです」はこの文では「前よりよくする」ことなので「改善する」improve が使える。「もっと効果的な修辞を考え出す」figure out more

effective rhetoric や「修辞をよりよくする」make its figures of speech better などとすることも考えられる。「言葉の選択」を使うなら,「言葉のよりよい選択をする」make a better choice of words とできる。

(ロ) ▶下線部第1文

大きな理由としては…ということがあげられるでしょう。

英訳 One of the major reasons may be that …

- この部分は「大きな理由は…ということだろう」とすっきり表現できる。
- 「大きな理由」は a big reason も通用するが,「主な理由」a major reason がふさわしい。「他にも理由はあるだろうが,そのひとつは」というニュアンスなので,a や one を使う以外に,one of the major reasons としてもよい。ただし,main〔principal / prime / chief〕「主な」を使うと the の方が一般的。
- 「それは主に…だからだ」this is mainly because … と読み換えることもできる。

たとえば絵をみるときに

英訳 when you look at a picture, for example

- 「みるときに」は when you look at が文字通りだが,次の「良い悪い」の主語が「絵が」であり,「みる」のは自明のこととも言えるので,訳出しなくても書ける。
- 「たとえば」for example〔instance〕は,「絵」を美術作品の一例として挙げていることがわかる位置に入れたい。
- 「絵」は picture / painting でよいが,特定の絵ではないので the をつけるのは不可。絵画鑑賞の場面を思い描けば,「ある1枚の絵」を前にして頭をひねっている様子が浮かぶ。名詞の数に悩んだら,具体的状況を想像してみると判断のヒントになる。無冠詞複数は一般論によく使われ,この文でも可能だが,「絵というもの」全般を表し,やや漠然としたイメージになる。

良い悪いのはっきりした基準がない

英訳 there is no clear standard by which you can judge whether it is good or bad

- 「はっきりした基準がない」は these is no clear standard / you have no objective criterion などと表現できる。
- 「良い悪いの」は,「基準」へのつなぎ方に注意が必要。standard of good and bad は不可。of のあとにはその基準によって評価される特徴やそれをもとに取られる行為が続く(*ex.* a standard of beauty「美の基準」,a standard of comparison「比較の基準」)。同文では「絵が良いか悪いかを判断する基準」「絵が良い,あるいは悪いと決定するための基準」などとする。関係代名詞を使う場合,「その基準によって…を判断する」judge … by the standard がもとになるので,by which とすることに注意。したがって,(standard) by which you can judge whether a picture is

good or bad となる。「〜するための（基準）」と for を使うなら，(criterion) for deciding that a painting is excellent or poor などとなる。「判断する」を「良い絵と悪い絵を区別する」tell a good picture from a bad one とすることもできる。

▶下線部第2文

数学の正解にあたるものが，絵の場合にはないのです。

英訳 A painting has no equivalent of a correct answer in mathematics.

- 文構造の考え方によって，細部まで変わる。「絵は数学の正解にあたるものを持たない」「数学と違って，絵には正解がない」などが考えられる。
- 「*A* にあたるもの」は an equivalent of〔for〕*A* や a counterpart of〔to〕*A* が文字通り。
- 「(持た) ない」は do not have でもよいが，「そのようなものはまったくない」と強調して have no … とできる。
- 「正解」は a right〔correct〕answer が文字通り。「数学の」は「数学における」in math〔mathematics〕が適切。
- 「数学と違って」を使う場合，unlike math〔mathematics〕が簡単。
- 「正解がない」は there is no correct answer が文字通り。「そんなものなどない」と強調するなら there is no such thing as a correct answer とできる。
- 「絵」は，ここでは「絵画一般」なので a painting でも paintings でもよい。また，「正解がない」のは芸術作品全般に共通なので，art や art works などとしてもよいだろう。

▶下線部第3文

しかし，だからといって…というものでもありません。

直訳 But it does not follow that …

- 「しかし」は But や However で十分。however はこの意味では副詞なので，あとに必ずカンマを打つこと。逆に but は接続詞なのでカンマを打ってはならない。
- 「だからといって…というものでもありません」は，前述のことから必然的に「〜してもいい」という結論〔意味〕にはならないということなので，it does not follow that … や it does not mean that … などが使える。他にも「それはあなたが〜することを許さない」it does not allow you to *do* などと読み換えることもできる。

自分の好きかってにみてもいい

直訳 you can evaluate paintings any way you like.

- 「好きかってに」は「あなたの好きなように」as you like〔want〕が使えるが，「かってに」のニュアンスを強めたければ，「好むどのような方法ででも」any way you like とできる。「何の基準もなく」「そのときの気分しだいで」といった意味合いだと考えれば on a whim「気まぐれに」とすることもできる。

● 「みてもいい」は「みることができる」で can が使えるが，この場合の「みる」は「目で見る」の意味ではなく，「評価する」evaluate，「判断する」judge とすべき。いずれも「何を」が必要な動詞なので，「絵を」あるいは「芸術作品を」と補うこと。

解答例

(A) The route scientists take to reach the right answer is not the shortest or straightest one. They are not afraid of making many mistakes. This is because it is the only way to the correct answer. Of course, they never forget to examine carefully the causes of their failures.

〈別解〉 Scientists don't arrive at the correct answer by taking the fastest route. They don't mind committing a lot of errors, because they know that is the only road to the right answer. However, they never fail to reflect upon why they have made the mistakes.

(B)(イ) （文学部の志願者）

We sometimes come across writing that is grammatically correct, entirely logical, and well organized from the beginning to the end, and yet is not persuasive or impressive. Such a text somehow lacks in appeal and vitality. How can we make it livelier ? In terms of expression, an answer is to improve its rhetoric.

〈別解〉 Occasionally, you may find a text that is neither persuasive nor powerful even though it has no grammatical errors, illogicality or incoherence from start to finish. Writings of this kind are not attractive or lively. What can be done to put life into them ? As far as style is concerned, one way is to make its figures of speech better.

(ロ) （文学部以外の学部の志願者）

One of the major reasons may be that when you look at a picture, for example, there is no clear standard by which you can judge whether it is good or bad. A painting has no equivalent of a correct answer in mathematics. But it does not follow that you can evaluate paintings any way you like.

〈別解〉 This is mainly because you have no objective criterion for deciding that a painting, for instance, is excellent or poor. Unlike mathematics, there is no such thing as a right answer in art. However, it does not allow you to judge artwork on a whim.

97

2012年度 外国語学部〔4〕

次の日本文の下線部(1)〜(3)の意味を英語で表しなさい。

(1)人間の心理というのは不思議なもので，最初はそれほどいいと思わなかった物でも，いったん自分で買おうと決断すると，そのいいところばかりを見るようになる。(2)買う前は欠点に敏感だったあなたも，いったん所有することになると，長所ばかりを強調することになる。そういうわけだから，テレビなどでもっともよくベンツのコマーシャルを見る人間は，今現在ベンツを所有している客自身だということになる。(3)われわれはいったん自分自身で決定を下すと，それがいかにおかしな事態を招くことになるとしても，それに向けて一直線に進んでいく習性を持っているのである。

（植島啓司『偶然のチカラ』）

解　説

(1) **人間の心理というのは不思議なもので**

英訳 Human psychology is mysterious.

- 「人間の心理」は，文字通り human psychology でよい。「私たちの感情」our feelings とすることもできる。大きくパラフレーズして「私たちの物事に対する態度」our attitude toward things,「私たちが物事をどう感じるか」how we feel about things などとすることもできるだろう。
- 「不思議な」は，「謎めいた」mysterious,「奇妙な」strange / odd などが使える。「理解しがたい」hard to understand としてもよい。
- 「〜なもの」「もの」は，物事の一般的な特徴を述べるときの日本語の常套句なので，what や a thing, something などを使って訳出する必要はない。「もの」を訳出したければ，「人間の心理には何か奇妙なところがある」There is something strange about our feelings. などとするとよい。
- 原文は「〜もので」と，以下の部分と1文になっているが，英語ではここでいったん文を切るのがよい。内容が and でつながるような並列関係になっていないからである。1文にするなら，後続の内容は「不思議だ」と筆者が言う根拠なので，…, for〔because〕～「…というのも〔なぜなら〕～だからだ」とする。

最初はそれほどいいと思わなかった物でも

英訳 Even though you see something and don't think it is good at first

- 「～でも」をどう考えるかによって，英訳の方向性が変わる。even though〔even if〕を使うなら，「たとえはじめはある物をいいと思わなくても」となる。日本語の構造どおりに「物」で終わるまとまりにするなら，この名詞を後続の部分の主語や目的語にする必要があり，「最初はそれほどいいと思わなかった物をいったん自分で買おうと決断すると，そのいいところばかりを見るようになる」とか，「いったん自分で買おうと決断すると，最初はそれほどいいと思わなかった物のいいところばかり見るようになる」などとパラフレーズすることになる。以下，even though を使用する方向で説明する。
- 「最初は」は at first（sight）が使える。first は「まず第一に」「最初に（…する）」など解釈の余地の大きい語なので，「最初のうちは」の意味のときは at first を使うようにしておきたい。
- 「それほどいいと思わない」は，一般論の主語として you か we を補って訳す。文字通り you〔we〕don't think it is（so）good とできるが，「いい」は「興味深い」interesting，「魅力的である」attractive なども使える。

いったん自分で買おうと決断すると

英訳 once you decide to buy it

- 「いったん S が V すると」は，once S V が文字通り。「～するやいなや」as soon as ～ としても文意をよく表す。
- 「買おうと決断する」は decide to buy it が文字通り。他にも make up *one's* mind to *do* や choose to *do* が使える。
- 「自分で」は厳密に考えると「他の人に買ってもらうのではなく自分でお金をはたいて買う」「人に勧められてではなく，自ら決断する」などということになるが，ここでは「いったん買うことに決めると」という内容があれば十分意味が通じるので，むしろ訳出しない方が文がすっきりとし，原文の言いたいことの焦点もぶれない。

そのいいところばかりを見るようになる。

英訳 you begin to see its good points only.

- 「～するようになる」は，get〔come〕to *do* が思い浮かぶが，いずれも「徐々に，いつの間にか～するようになる」と，ある一定の期間をかけてそうなるという含みがあり，「ただちに」というニュアンスのある原文とは合わない。「(…したとたんに）～し始める」begin〔start〕to *do* とするのがよいだろう。

● 「そのいいところばかりを見る」の「ばかり」は「だけ」ということ。see only its good points と，文字通りでよい。only は最後に置くこともできる。nothing but ～ を使うこともできる。「いいところ」は advantage / merit / charm などもある。いずれも its をつけて複数形で用いること。

(2) **買う前は欠点に敏感だったあなたも**

英訳 Before buying it, you are sensitive to its disadvantages（, but …）

● 日本語では「買う前は…だった」が「あなた」を先行詞とする関係代名詞節のような構造になっている。しかし，you who are … とすると「…であるあなた」と「…でないあなた」の区別をする制限用法で，「いろいろなあなたのうちのどのあなたか」を述べる文になり不自然。非制限用法で you, who are … とすればそうした内容になることは回避できるが，それなら you are とすれば十分である。

● 「だった」に過去形は使わない方がよい。英語の過去時制は，実際に過去に起きた出来事を述べるのに使う。原文はだれしも経験することを想定した一般論であり，その場合英語では現在時制を使う。

● 「も」は also や too ではない。「敏感だったあなたであっても」のニュアンス。全体を「買う前は敏感だった。でも…」と逆接の接続詞でつなげば，それで表せている。

● 「*A* に敏感である」は，文字通り be sensitive to *A* でよい。「*A* を意識している」be conscious of *A* も使える。なお，「敏感になりがちである」と傾向性の含みが感じられるので，tend to be … としてもよいだろう。

● 「欠点」は，bad〔weak〕point / disadvantage / shortcoming などを，its をつけて複数形で。

● 「買う前」は，before you buy〔purchase〕it というように節にしても，before buying〔purchasing〕it と句にしてもよい。

いったん所有することになると

英訳 the moment you possess it

● 「いったん」は(1)でも挙げた once や as soon as が使える。同じ表現の反復を避ける方が英語としては見栄えがする。その意味で the moment S V「SがVしたとたんに」なども利用できる。

● 「所有することになると」の「ことになる」は訳出不要。日本語は事態の変化や推移がある文意で「なる」を多用する傾向がある。英語で本当に必要かどうかは「なる」の部分を除いて，文意が大きく変わるかどうか確認してみるとよい。この箇所の場合「所有すると」でも述べられる事態に違いがないことがわかる。目的語の it を忘れずに補って，possess〔have〕it などとする。

長所ばかりを強調することになる。

英訳 your attention focuses only on its advantages.

● この箇所の「ことになる」は，(1)の「見るようになる」と同様，「見始める」のニュアンス。ただし，前述のように「強調する」だけにしても大きな意味の差がないので，訳出しなくてもよい。日本語には訳語が直接的には現れないが，一般的傾向や修正を表す will を使うこともできる。

● 「*A* を強調する」は，文字通り emphasize *A* でよい。同意の熟語 place〔put〕emphasis on *A*「*A* を強調する，重視する」もある。「注意が *A* にだけ集中する」your attention focuses only on *A* などとパラフレーズすることもできる。

(3) ●節が3つあり，それらをどう扱うかによって，全体の構成が変わる。考えられる方向性は以下のようになる。

①日本語の順序通りに表現する。

②従属節である第1・2の節を，主節（「それに向けて…持っているのである」）の前後に振り分ける。

③第1の節を，第3の節の「それ」に繰り込み，「自分が下した決定に沿うように努力する」と整理する。

以下，②の考え方を中心に説明する。

われわれはいったん自分自身で決定を下すと

英訳 When we have made up our minds about something

● 「いったん」は3回目だが，この文意では「～したとたんに」と言い換えるのは不自然。once を使うか「決定を下したとき」と考えて when を使う。

● 「決定を下す」は make a decision や make up *one's* mind を使うとよい。これで文型上は完結するが，「あることについて」と補った方が落ち着く。decide は目的語として不定詞や that 節をとるので，ここでは使えない。

● 「自分自身で」は訳出しない。「ある人の決断」を他の人が代わりにすることはできないのは当然であるため。

それがいかにおかしな事態を招くことになるとしても

英訳 no matter how silly the result may be

● 「いかに～しても」は no matter how ～ や however が思い浮かぶ。「その結果がいかにおかしくても」と読み換えると，これらの譲歩が簡単に使える。「たとえその事態がとてもおかしくても」とすれば even if〔even though〕で表現できる。

● 「おかしな」は，(1)・(2)の内容から考えると，「ばかげた」「こっけいな」のニュアンスと言える。ridiculous / silly などがふさわしい。

● 「事態を招くことになる」の「ことになる」は訳出不要。「事態を招く」は「事態を引き起こす」bring about a situation とできるが，前述のように「たとえその事態がおかしくても」としたり，「招かれた事態」=「結果」と考えれば，「招く」を訳出する必要はなくなる。また，「それが私たちをたいへんおかしな事態に導くとしても」などと読み換えることもできる。

それに向けて一直線に進んでいく習性を持っているのである。

英訳 we are apt to go straight in the direction that decision shows

- 「それに向けて一直線に進んでいく」は文字通り go straight と表現できるが，全体の構成によって「それ」を安直に it とできない可能性がある。ここでは「いったん決定を下すと」のあとにこの節が続くので，「その決定が示す方向に」in the direction that decision shows を補っている。直訳を避けてパラフレーズするなら，「下した決定に沿うようにひたすら努力する」make every effort just to live up to the decision,「目標を達成するようにできる限りのことをする」do whatever we can to reach the goal などが考えられる。また「決定事項に専心するあまり，おかしな事態に気づかない」ことを「一直線に進んでいく」と表現していると考えれば，be blind to the situation it brings about「それがもたらす状況が見えない」などともできる。
- 「〜する習性を持っている」は，「〜する傾向がある」と考えれば容易。tend to *do* / be apt〔liable〕to *do* / have a tendency to *do* / have a habit of *doing* などが使える。

解答例

(1) Human psychology is mysterious. Even though you see something and don't think it is good at first, once you decide to buy it, you begin to see its good points only.
〈別解〉 There is something strange about our feelings. What looks uninteresting at first sight starts to make us look at nothing but its charms as soon as we decide to buy it.

(2) Before buying it, you are sensitive to its disadvantages, but the moment you possess it, your attention focuses only on its advantages.
〈別解〉 Even though you tend to be conscious of its bad points before you purchase it, you will place emphasis only on its good points once you have it.

(3) When we have made up our minds about something, we are apt to go straight in the direction that decision shows no matter how silly the result may be.
〈別解〉 We have the habit of making every effort just to live up to the decision we have made even if it may lead us into a very ridiculous situation.

98

2011年度 外国語学部以外〔4〕

次の日本文(A)と(B)のそれぞれの下線部の意味を英語で表しなさい。ただし，(B)では，**文学部の志願者は(イ)を，文学部以外の学部の志願者は(ロ)**を選んで解答しなさい。

(A) **（すべての学部の志願者）**

長年の夢がかなえられることほどうれしいことはない。そのためには，たゆまぬ努力と不屈の精神がなければならないが，さらに，運も味方につけられるかということも夢の成就を左右しているだろう。

(B)

(イ) **（文学部の志願者）**

人類全体が，現在，地球的規模で統一化への道を進みつつあることは，いまや誰の目にも明らかな事実であります。そのこと自体の善悪は別問題といたしまして，ともかく自然科学とテクノロジーの最近の進歩は全世界を科学技術文明の潮流に巻き込み，地球上のあらゆる民族，すべての人々がその波に乗っていわゆる地球社会化に向かって邁進していく，それが人類の現状です。人類のあり方を未来向きの姿勢で考えようとする人々の間で，「地球的」という形容詞がさかんに使われるようになってきたことは決して偶然ではないと思います。「地球社会」はもはやユートピアでも夢想でもない。むしろそれこそが，人類や世界の未来像を描くときに，われわれの直面するすべての深刻な問題を考えるさいの，われわれの思考の座標軸になりつつあるのです。

井筒俊彦『イスラーム文化―その根柢にあるもの』

(ロ) **（文学部以外の学部の志願者）**

鏡に右手を映してみると，鏡には左手が映っている。その逆に，左手を映せば右手となる。われわれは鏡の行なうこの魔術にすっかり馴れてしまっているので，右手と左手が逆に映っていることにさほど驚かない。鏡を壁面に利用している明るい店に入って行っても，車を運転しているときにバックミラーを覗いても，特に奇妙な感じを受けない。おそらく，鏡に映った文字を読もうとして，初めて鏡の存在，鏡の行なうマジックに気がつくのではないだろうか。

黒田玲子『生命世界の非対称性』

解 説

Ⓐ ▶下線部第1文

…ほどうれしいことはない。

英訳 Nothing is more delightful than …

● 「うれしい」は，物事が主語なら delightful / satisfying / exciting など。happy は人が主語になるので要注意。Nothing makes you happier than … / You never feel happier than … などとする必要がある。

長年の夢がかなえられること

英訳 realizing your long-cherished dream

● 「長年の」は，単に「長期に渡る」というより「長年抱き続けた」といったニュアンスで long-cherished がふさわしい。「長く夢見てきたこと」と読み換えれば，for a long time も使える。

● 「かなえられる」と受動表現だが，「(夢) を実現する」realize と能動で十分。あるいは「(夢) が実現する」come true を使う文構造にすることも可能。

▶下線部第2文

そのためには

英訳 In order to do so

● 「そうするためには」と読み換えることができる。do so は realize your dream を受けるので，前文で come true を使った場合は，あらためて in order to realize your dream とする必要がある。

…がなければならない

英訳 you have to …

● 「あなたは…しなければならない」と読み換えれば簡単に表現できる。you need to *do* や you are required to *do* としてもよい。「…が必要とされる」… are needed〔required〕とすることも可能。

たゆまぬ努力と不屈の精神

英訳 strive incessantly and have an iron will

● you have to のパターンに続けるなら「不断の努力をし，鉄の意志を持つ」となる。他には make consistent efforts and have an unyielding spirit などの表現も可能。are needed のパターンなら，主語に constant〔incessant〕efforts and a strong will などと置く。

～が，さらに…も

● 「が」は but ではない。入れるとすれば，not only ～ but also … の形でということになる。その場合，つながれる2つの部分が文構造や品詞の点で同等でなければならないので注意が必要。むしろ「が」を訳出せずにいったん文を切って，「さらに」moreover / in addition / besides などで新たな文を始める方が簡単。あるいは，「〜は言うまでもないが，…もまた」It goes without saying that 〜, but … also とすることも考えられる。

…を左右しているだろう。

英訳 depends on …

● 思い浮かびやすいのは depend on だが，*A* depend on *B*「*A* は *B* に左右される」なので，主語は「夢の成就」the realization〔fulfillment〕of your dream になる。ここまでの流れから it で表現しても誤解は生じないだろう。他には「影響する」influence を使うことができる。

運も味方につけられるかということ

英訳 whether you are blessed with good luck or not

● 「運を味方につける」は，単に「幸運である」be lucky〔fortunate〕でもよいが，物足りない感じもする。「幸運に恵まれる」be blessed〔favored〕with (good) luck〔fortune〕とすれば原文に近づける。さらに意味を強くするなら「運を実力で得る」make *one's* own luck といった表現もある。

(B)(イ) ▶下線部第1文

人類のあり方を未来向きの姿勢で考えようとする（人々）

英訳 try to think positively about the way human beings should be in the future

● 「人類のあり方」は the way humans〔human beings〕should be が文字通り。「人類」は we でも誤解は生じないだろう。「私たちはいかに生きるべきか」how we should live とすることもできる。

● 「未来向きの姿勢で」は直訳では通用しない。この箇所から「人類のあり方」が「未来のあり方」だと読み取れるので，そちらに in the future を入れ，positively「前向きに」，seriously「真剣に」とするとよい。

● 「考えようとする」は try to think が文字通りだが，try to はなくても文意に大きく影響しない。「*A* を考える」は *A* が語句レベルなら think of〔about〕*A* と前置詞が必要であることに注意。「熟考する」と，もう少し強い意味を出したければ reflect on *A* がある。

…人々の間で，「地球的」という形容詞がさかんに使われるようになってきた

英訳 the adjective "global" has come to be used so frequently among those who …

● 「〜するようになってきた」は have come to *do* が文字通り。have *done*「〜するようになっている」，have been *doing*「〜してきている」などと現在完了だけでも「〜するようになる」のニュアンスは出せる。

● 「…人々の間で～がさかんに使われる」は，～ be used frequently among those who … が文字通り。「さかんに」は「頻繁に」frequently / often 以外に「繰り返し」repeatedly や「あちこちで広く」widely と考えることもできる。なお，この箇所全体は「人々がさかんに使う」と能動で表現することも可能。

…ことは決して偶然ではないと思います。

英訳 In my opinion, it is not at all by chance that …

● 「…と思います」は，考えている内容が否定なので I don't think とするのが自然。「私の考えでは」in my opinion〔view〕,「私の見るところでは」to my mind も便利なので覚えておきたい。

● 「…ことは決して偶然ではない」は，強調構文にも形式主語にもなる。It is と that の間に「偶然に」by chance〔accident〕と副詞句を使うなら強調構文，accident「偶然」，accidental「偶然の」と名詞や形容詞を使うなら形式主語になる。「決して～ない」は not ～ at all が使える。「偶然ではない」を名詞で表すなら no accident として否定を強調することもできる。

▶下線部第2文

「地球社会」はもはやユートピアでも夢想でもない。

英訳 A "global society" is no longer a utopia or a wild fantasy.

● 「地球社会」は（a）global society が文字通り。society は無冠詞で用いることも多い。a global community とすることもできる。また，この部分は「地球社会という考え，概念」と読み換えてもよい。

● 「もはや…ない」は no longer が文字通り。not と同じ位置に置くこと。

● 「ユートピア」utopia は「理想郷」だが，もともと「どこにもない所」の意であり，そのまま用いても意味は通じる。「地球社会という考え」と読み換えるなら，形容詞 utopian「夢物語の，非現実的な（考え）」とするとよい。

● 「夢想」は fantasy や（day）dream が使える。「単なる夢」a mere dream や「突拍子もない空想」a wild fantasy〔fancy〕としてもよい。形容詞なら「空想的な」fantastic / fanciful や，意味をくんで「非現実的な」unrealistic / impractical などとすることもできる。

▶下線部第3文

むしろそれこそが…になりつつあるのです。

英訳 Rather, it is becoming …

● 「むしろ」は rather が文字通り。意外性を表す in fact / actually「(ところが）実は」も使える。

● 「…になりつつあるのです」は is becoming … で十分。「人々がそれを…と見なし始めている」people are beginning to regard it as … などと言い換えることもできる。

…を考えるさいの，われわれの思考の座標軸

英訳 the basis of our thoughts when we consider …

- 「座標軸」は，思考の「土台，基準，尺度」ということなので，basis / standard / criterion などが使える。
- 「思考の」は「考えるさいの」と重複するとも言えるので，省略してもよい。
- この箇所を「(それによって) われわれが…を考える基準」と，基準を先行詞とする関係詞節に読み換えることもできる。

われわれの直面するすべての深刻な問題

英訳 all the serious problems we face

- 「われわれの直面する」は「われわれが直面する」の意。「直面する」は confront も使える。face も confront も人を目的語にした他動詞の使い方もあり，受動態で we are faced〔confronted〕with と表現してもよい。
- 「すべての深刻な問題」は all the serious problems〔issues〕と文字通りでよい。all は定冠詞に先行するので注意。

人類や世界の未来像を描くときに

英訳 in picturing the image of the future of human beings and the world

- 「…するときに」は when S V か in *doing* が使える。「考えるさいの」で when を使うなら，when の重複を避ける方が見やすい文になる。
- 「描く」は「思い浮かべる」という意味なので，picture や visualize が適切。
- 「…の未来像」は the future image of … が文字通り。内容上「…の未来」としても大差ないので image は入れなくてもよい。
- 「人類」は human beings が定番。

(ロ) ▶下線部第 1 文

鏡に右手を映してみると，鏡には左手が映っている。

英訳 When you see your right hand in the mirror, it looks like your left hand.

- 直訳できない文なので要注意。鏡に映っているのは実際の左手ではなく，やはり右手であり，それが左手に見えるだけである。全体を「右手を鏡で見ると，それが左手のように見える」「鏡に映った右手は左手のように見える」などとパラフレーズするとよい。
- 日本語では「だれが，だれの」が省かれているが，英語では一般論には「あなた」を用いることが多い。第 3 文に「われわれ」とあるので，始めから「私たち」にしておいてもよい。
- 「*A* を鏡に映す」は reflect *A* in the〔a〕mirror だが，上記のひとつめのようにパラフレーズすれば see *A* in the〔a〕mirror とできる。ふたつめなら主語の部分を

our〔your〕right hand reflected in the〔a〕mirror とできるが，この場合 reflected を省いても意味は同じ。mirror につける冠詞は，どの鏡でも同じで不特定のものと考えれば不定冠詞，そのとき使っている特定の鏡と考えれば定冠詞になる。いずれでもよい。

- 「左手が映る」は「左手のように見える」looks like our〔your〕left hand か，実際には右手なので「あたかも～のように見える」と仮定法を使って looks as if it were our〔your〕left hand とできる。

▶下線部第2文

その逆に，左手を映せば右手となる。

英訳 Similarly, your left hand seems to be your right hand.

- 「(その) 逆に」は conversely が文字通りだが，実は起きている現象は同じなので，むしろ「同様に」similarly / likewise がふさわしい。
- 「左手を映せば右手となる」は，第1文で何をしているのか伝わっているので，「左手は右手に見える」と seem を使って簡単に書いても誤解は生じない。さらに簡潔にするなら，「そして，逆もまた然りである」and vice versa を第1文の最後につけて処理することも可能。

▶下線部第3文

われわれは鏡の行なうこの魔術にすっかり馴れてしまっているので…

英訳 We are so used to this magic of a mirror that …

- 「とても～なので…」の関係が見て取れるので，so ～ that … が使える。もちろん Because / As / Since を使って書いてもかまわない。
- 「*A* にすっかり馴れている」は be so〔completely〕used〔accustomed〕to *A*
- 「鏡の行なうこの魔術」は「鏡のこの魔法」で十分。所有格と this は並べて使えないので，this magic of a〔the〕mirror とすることに注意。「鏡」は，この場合「鏡というもの一般」であり，単数名詞に不定冠詞，定冠詞のいずれでも表せる。あるいは，this mirror magic と mirror を形容詞的に使うことも可能。また，「魔術」は「不思議な効果」mysterious effect などと表現することもできる。

右手と左手が逆に映っていることにさほど驚かない。

英訳 we are not very surprised that our hands appear reversed.

- 「…にさほど驚かない」は we are not very surprised … で十分。基本的に過去分詞は much で修飾するが，surprised や tired のように形容詞に転用されているものは very が普通。so を使うこともできる。また，前半の「鏡の魔術」を it で受けて，「それは私たちをそれほどびっくりさせない」と書くこともできる。surprise を能動態で使ってもよいし，strike *A* as *B*「*A* に *B* という印象を与える」で，does not strike us as very surprising とすることもできる。

● 「右手と左手が逆に映っていること」は，下線部の前半で「右手が左手に，左手が右手に見える」と述べているので，「手（複数）が逆に見えること」と言えば十分。「逆に」は相反することを表す opposite や contrary ではなく，「逆向きの」の意味なので reversed が適切。「映っている」は第１・２文と同様，「～に見える」seem / look / appear でよい。

(A) Nothing is more delightful than realizing your long-cherished dream. In order to do so, you have to strive incessantly and have an iron will. Moreover, it also depends on whether you are blessed with good luck or not.

〈別解〉 You never feel happier than when something you have been dreaming of for a long time comes true. It goes without saying that constant efforts and a strong will are needed to realize your dream, but whether you have good luck or not also influences its realization.

(B)(イ) （文学部の志願者）

In my opinion, it is not at all by chance that the adjective "global" has come to be used so frequently among those who try to think positively about the way human beings should be in the future. A "global society" is no longer a utopia or a wild fantasy. Rather, it is becoming the basis of our thoughts when we consider all the serious problems we face in picturing the image of the future of human beings and the world.

〈別解〉 To my mind, it is no accident that those who reflect seriously on how we should live in the future have been repeatedly using the word "global." The idea of a "global community" is no longer a utopian or fantastic one. In fact, people are beginning to regard it as the very standard by which we work out the solutions of all the significant problems that will confront us when we visualize our future and that of our world.

(ロ) （文学部以外の学部の志願者）

When you see your right hand in the mirror, it looks like your left hand. Similarly, your left hand seems to be your right hand. We are so used to this magic of a mirror that we are not very surprised that our hands appear reversed.

〈別解〉 Our right hand reflected in a mirror looks as if it were our left hand and vice versa. As we are completely accustomed to this mysterious effect of a mirror, it does not strike us as very surprising.

解答例

2011年度 外国語学部〔4〕

次の日本文の下線部(1)〜(3)の意味を英語で表しなさい。

人間に死がなければ，この世の中からほとんどの悲哀，苦悩，孤独などが一掃されるはずである。(1)不滅の生命が保証されているということは，常に永遠の未来と可能性を約束されていることだから，失恋も失敗も失意もほぼなくなるだろう。(2)喜びとか幸せはこれらの裏返しに過ぎないから，もはや鋭く感受されることはあるまい。(3)高次の情緒であるなつかしさなどは，有限の人生に密着しているから，消失するだろう。無限の時間が与えられれば，何かを頑張ってやり抜こう，という情熱も微弱になるだろう。はかない命をおもうことがなければ，人を愛する心は輝きを失うだろうし，草花や悠久の自然に寄せる心も色あせるだろう。

（藤原正彦『数学者の休憩時間』）

解　説

(1) **不滅の生命が保証されているということは**

英訳　If immortal life were assured to us

● 非現実の内容なので，仮定法を用いる。

● 原文の前半の構造は，「*A* することは *B* することだ」*A* is〔means〕*B* である。このままの構造を使うとすると，主語「不滅の生命が保証されているということ」がかなりかさばる。文法的に間違いではないが，「もし保証されているなら，約束されている」と読み換えると文が見やすくなる。

● 「不滅の」は immortal が文字通り。「永遠の」eternal / everlasting とすることもできる。後半部分に「永遠の」を使うので，同じ語の重複を避けるとよい。

● 「保証する」は assure / guarantee で，いずれも第 4 文型 assure〔guarantee〕*A B*「*A* に *B* を保証する」をとる動詞。*B* を主語にした受動態になるので，「*A* に」は to を補って意味を明確にすることができる。「*A* に」は「私たちに」と一般化するとよい。「与えられている」be given を使うこともできる。

常に永遠の未来と可能性を約束されていることだ

英訳　we would have an eternal future and infinite possibilities

● 「約束されている」は文字通りの訳ができない。あえて言うなら再び「保証されている」となるが，「(もし～なら) 永遠の未来と可能性を持っている (ことになる)」と読み換えれば簡単に表現できる。あるいは，「(未来と可能性) をあてにできる」can count on … などと考えることもできる。

● 「永遠の (未来)」には上記の通り，eternal / everlasting が使える。

● 「永遠の可能性」は言葉の組み合わせとして不自然なので，「無限の」infinite / unlimited とする。

● 「可能性」は possibilities や potential 以外に「機会」opportunities も内容上可。

…だから，失恋も失敗も失意もほぼなくなるだろう。

英訳　…, so there would be virtually no broken hearts, failures or despair in the world.

● 「…だから，～」は，結果を表す …, so that ～ が使える。so だけでもよい。

● 「失恋」broken heart / lost love

● 「失敗」failure / blunder

● 「失意」disappointment 以外に，despair「絶望」，loss of hope「失望」ともできる。

● 「なくなる」は「消える」disappear / vanish とほぼ文字通りの語を使うこともできるが，「～はないだろう」there would be no ～ と there is 構文でも表せる。この構文では「どこに」にあたる語句があるのが自然なので，「この世に」in the world

などと補うとよい。他にも「〜に悩まされることがない」と考えて suffer を使った文も書ける。

- 「ほぼ」は「事実上，実質的に」virtually / practically を no にかけるか，hardly any とする。動詞を飾る場合は hardly ever となる。

(2) **喜びとか幸せはこれらの裏返しに過ぎないから**

英訳 As joy and happiness are just the opposite of them

- 「喜び」joy / pleasure / delight など。
- 「幸せ」happiness / fortune など。
- 「これらの裏返し」は「これらの（感情の）逆のもの」と考えて the opposite of them〔these feelings〕とする。文意から，「表裏一体のもののもう一方」という意味なので，the other side of the same coin という慣用表現も使える。
- 「…から」は理由を表す as / since / because で十分。非制限用法の関係代名詞でそのニュアンスを表すこともできる。
- この部分は「事実」と考えられるので，直説法で書く。

もはや鋭く感受されることはあるまい。

英訳 they would not be felt intensely any more.

- この部分は，事実とは異なる想定なので仮定法を使う。
- 「もはや〜あるまい」は no longer や no more を not の位置に入れるか，not … any longer〔more〕と前後に振り分ける。
- 「鋭く」keenly / intensely
- 「感受される」は「感じられる」be felt で十分。be enjoyed「味わわれる」，be experienced「経験される」などとすることもできる。

(3) **高次の情緒であるなつかしさなどは**

英訳 Nostalgia, an emotion of a higher order

- 「なつかしさ」=「郷愁」nostalgia が適当。
- 「高次の」は「前述の感情よりも」と暗に比較の意味が含まれている。of a higher order / higher-level などが考えられる。「より複雑な，高尚な」more complex / more sophisticated などとすることもできる。
- 「情緒」は feeling / emotion が使える。
- 「など」は例示と考えて，*A* such as *B*「*B*（懐かしさ）のような *A*（高次の情緒）」とできるが，それほど大きな意味を持たないとも言えるので，あえて訳出しなくてもよいだろう。

有限の人生に密着しているから

英訳 is so closely related to limited life that …

- 「から」は as / since / because でよいが，「たいへん密着しているから」とも考えられるので so ～ that … が使える。
- 「*A* に密着している」は「*A* に密接に関係している」be closely related to *A* とすれば容易。「*A* と不可分である」be inseparable from *A* などとすることもできる。
- 「有限の人生」は limited life が文字通り。「人生は永遠ではない」life is not eternal と文に広げることもできる。

消失するだろう。

英訳 (it) would disappear.

- 仮定法を用いる。
- 「消失する」は disappear / vanish が文字通り。(2)でも挙げた「感じられない，経験されない」not be felt〔experienced〕とすることもできる。「存在しない」not exist としてもほぼ同意。

解答例

(1) If immortal life were assured to us, we would have an eternal future and infinite possibilities, so there would be virtually no broken hearts, failures or despair in the world.

〈別解〉 If we were given eternal life, we could always count on an everlasting future and unlimited potential, so we would hardly ever suffer lost loves, blunders, or disappointment.

(2) As joy and happiness are just the opposite of them, they would not be felt intensely any more.

〈別解〉 Delight and fortune, which are merely the other side of the same coin, would no longer be keenly experienced.

(3) Nostalgia, an emotion of a higher order, is so closely related to limited life that it would disappear.

〈別解〉 More sophisticated feelings such as nostalgia would not exist because they are inseparable from the fact that life is not eternal.

100

2010年度 外国語学部以外〔4〕

次の日本文(A)と(B)のそれぞれの下線部の意味を英語で表しなさい。ただし，(B)では，**文学部の志願者は(イ)を，文学部以外の学部の志願者は(ロ)を**選んで解答しなさい。

(A) （すべての学部の志願者）

失敗を恐れていては何もできない。しかし失敗を完全に回避することはできない。失敗からこそ学ぶことができる。これまでの人生を振り返った時，順風満帆な時よりも，人生が思うようにならなかった時にこそ人生において大切なことを学んだということはないだろうか。　岸見一郎『不幸の心理　幸福の哲学』

(B)

(イ) （文学部の志願者）

文章を書くことは絵を描くことに似ていると思う。輪郭を直観し，あとは何度も修正しながら，全体に到達するまで線を加え色を重ねてゆく。原稿に決められた枚数があれば，それがキャンバスの大きさ。言葉の線状性をいったん破壊し，細部と細部の呼応をしかけたり，濃密さと希薄さのバランスを変えてみたり。まずまずの絵が見えてくるまで，いくらでも手を入れていい。　管啓次郎「オムニフォン彫刻」

(ロ) （文学部以外の学部の志願者）

自然科学の知識なども，解明し，わかってしまうことによって，対象をつまらなくするものだと思うのは，間違いである。自然界のことは，解明されればされるほど，不思議さが増すばかりなのだ。私たちは，ただ花が美しいと思って見ているときよりも，その花の植物としての性質や生きる仕組みを知ると，一層驚きを深める。月でも星でも，雪のようなものでも同じである。　平山郁夫『絵と心』

解　説

(A) ▶下線部第1文

しかし失敗を完全に回避することはできない。

英訳　However, it is impossible to avoid mistakes completely.

- 「失敗」mistakes / failure(s) とする以外に，making mistakes としてもよい。
- 「完全に」completely 以外に，entirely / altogether なども使える。
- 「～することはできない」 別解のように，一般論の主語 you を使って，you cannot completely avoid (making) mistakes などとしてもよい。

▶下線部第 2 文

失敗からこそ学ぶことができる。

英訳 It is from your mistakes that you can learn.

- 「失敗から学ぶ」は learn from *one's* mistakes だが，「失敗するから学べる」you can learn because you make mistakes と考えることもできる。
- 「～こそ」は強調構文で表せる。

▶下線部第 3 文

これまでの人生を振り返った時

英訳 Looking back on your life

- 「時」 文字通り when を使ってもよいが，文の後半にも when の節が必要なので，if 節や分詞構文にすれば単語の重複を避けられる。
- 「(過去) を振り返る」look back on ～　 when や if の節にする場合，一般論なので「振り返った」を現在形にすること（過去形では実際のある時点で起きた出来事を意味することになってしまう)。

…を学んだということはないだろうか。

英訳 don't you think〔feel〕you have learned … ?

- 「ないだろうか」が筆者の推測を表すと考えて，I suppose〔think〕you learned / you may have learned などとしてもよい。I suppose〔think〕は挿入句的にも使える。

人生において大切なこと 英訳 something important in life

- 「大切なこと」は what is important / important things とすることもできる。
- 「人生において」は「あなたの人生にとって」to your life,「人生に関して」about life としてもよいだろう。

順風満帆な時よりも

英訳 rather than when things were going well

- 「順風満帆な時」=「物事がうまくいっている時」と考えられる。「(物事が) 順調にいく」は go well。things の代わりに everything「すべて」としてもよい。また，「過去のことを振り返って」ということなので，動詞を過去形にすることに注意。
- 「よりも」 ただ than とするだけでは不可（前に比較級相当語がないと使えない)。「～よりもむしろ」と考えて rather than ～ とする。

人生が思うようにならなかった時にこそ

英訳 when things went wrong

● 「人生が思うようにならなかった時」は，「順風満帆な時」when things were going well との対比で考えると，「物事がうまくいかなかった時」とできる。「あなたが困難を抱えていた時」when you were in trouble / when you had difficulty などとしてもよい。

● 「〜にこそ」はあえて訳出しなくてもかまわない。強調構文を使うこともできる。

(B)(イ) ▶下線部第1文

輪郭を直観し

英訳 First, you grasp the outline by intuition

● 「輪郭を直観する」=「輪郭を直観でつかむ」grasp the outline by intuition〔intuitively〕「輪郭」は「対象の大まかな全体像」the rough image of the object などとしてもよい。

● 「まず」に当たる語は原文にはないが，手順を述べているので first を補うとわかりやすい。

あとは何度も修正しながら

英訳 and then, making modifications over and over again,

● 「あとは」=「そしてそれから」and then 文は続けても切ってもよい。

● 「修正する」 make modifications とせず modify / revise / adjust / correct などの動詞も使えるが，すべて他動詞なので it（= the outline）や details「細かいところ」など目的語を補うこと。

● 「〜しながら」 分詞構文が簡単。while *doing* としてもよい。

● 「何度も」over and over (again) / again and again / many times

線を加え色を重ねてゆく。

英訳 you add lines and colors

● 「線を加える」add lines 線は1本ではないので複数に。「色」も同様。

● 「色を重ねる」lay〔put〕on colors といった表現も使えるが，単純に「線と色を加える」と考えて，こちらも add colors でよい。

● いずれも「前に引いた線，塗った色の上に次々と」ということなので，add one line and (one) color after another などとすることもできる。

全体に到達するまで 英訳 until you get the whole picture

● 「〜まで」until〔till〕

● 「全体に到達する」=「絵全体が得られる（完成する）」get〔complete〕the whole〔entire〕picture

▶下線部第2文

原稿に決められた枚数があれば

英訳 If the total number of pages of your manuscript is limited

● 「原稿の総ページ数が制限されていれば」と考えると書きやすい。

● 直訳的に書けば if there is an upper limit to the number of pages となる。

それがキャンバスの大きさ。

英訳 it is equivalent to the size of your canvas

● 「それがキャンバスの大きさに相当する」の意。「〜に相当する」be equivalent to 〜

● 全体を「〜（枚数）は…（大きさ）のようなものである」〜 is like …,「〜（枚数）は…（大きさ）になぞらえられる」〜 can be compared to … などとまとめることも可。

▶下線部第 3 文

言葉の線状性をいったん破壊し

英訳 You can break the linearity of language temporarily

● 「言葉の線状性」the linearity〔linear nature〕of language

● 「いったん」は,「とりあえず一時的に」のニュアンス。temporarily / momentarily など。

● 「破壊する」break / destroy

● なお，文全体は「〜たり，…たり（することができる)」と解釈できるので，You can で書き始めることができる。

細部と細部の呼応をしかけたり

英訳 try new connections between details

● 「しかける」=「試す」try と考えられる。

● 「呼応」は「細部と細部がつながりを持つこと」connection と考えられる。また,「しかける」とのバランスから,「今までにない，新たな」のニュアンスとして new を加えた。

● 「細部と細部の間の」between details 以外にも between one detail and another「ある細部と別の細部の間の」などとできる。

濃密さと希薄さのバランスを変えてみたり。

英訳 and change the balance between emphasis and lightness

● 「〜と…のバランス」balance between 〜 and … / proportion of 〜 and …

● 「濃密さと希薄さ」は，文章を絵画に喩えていることからくる。「色を濃くし塗りを厚くする箇所と，さっと描く箇所」のイメージだが，文章にも通用する表現を考える必要がある。英訳では「強調と軽さ」とした。文字通り thickness〔density〕and thinness や,「強弱」strength and weakness なども考えられる。

▶下線部第 4 文

いくらでも手を入れていい。

英訳 You can make as many corrections as you like

- 「いくらでも」=「好きなだけ多く」as many as you like
- 「手を入れる」=「修正する」make corrections これに「好きなだけ多くの」を足す。

まずまずの絵が見えてくるまで 英訳 until you see a satisfactory picture

- 「まずまずの」=「満足のいく」satisfactory,「なかなかよい」fairly good など。
- 「絵」picture は，比喩で用いた「絵画」とともに「全体像」の意もあるので，ここではそのまま使える。
- 「見えてくるまで」=「見て取れるまで」until you (can) see で十分。

(ロ) ▶下線部第1文

…と思うのは，間違いである。

英訳 It is wrong to think that …

- 形式主語にするのが簡単。「思う」は assume「想定する」でもよい。

自然科学の知識なども…対象をつまらなくするものだ

英訳 the knowledge of natural science makes things uninteresting

- 「なども」「ものだ」は日本語の調子を整えるために添えられている。英訳は不要。
- 「対象」は object だが，「何の」対象なのか示さなければかえって不自然。「物事」things で十分。
- 「つまらない」uninteresting / boring などの他に，「知識がないときに比べて」というニュアンスで less interesting とすることもできる。

解明し，わかってしまうことによって

英訳 by explaining them thoroughly to help you understand

- 「～することによって」by *doing*
- 「解明し」=「物事を完全に説明し」とすれば次とつながりがよくなる。
- 「わかってしまう」の主体は「人（=一般論で「あなた」)」。自然科学の知識は「あなた」が物事を理解するための手助けをする側なので，英訳例では「あなたが理解できるように物事を完全に説明する」とした。

▶下線部第2文

自然界のことは，解明されればされるほど

英訳 The more you learn about the natural world,

- 全体を「あなたが自然界のことを知れば知るほど」と考えれば容易。the＋比較級～，the＋比較級… の構文以外に，as「～するにつれて」を使って書くこともできる。なお，more は「より多くのこと」という名詞であり，learn の目的語。

不思議さが増すばかりなのだ。

英訳 the more mysterious it looks

● 「不思議さが増す」=「自然界がより不思議に思える」ということ。it looks mysterious を the＋比較級の構文に整える。

(A) However, it is impossible to avoid mistakes completely. It is from your mistakes that you can learn. Looking back on your life, don't you think〔feel〕you have learned something important in life when things went wrong rather than when things were going well?

〈別解〉 But you cannot completely avoid making mistakes. It is because you make mistakes that you can learn. If you look back on your life, I suppose, you learned important things about life when you were in trouble rather than when everything was going well.

(B)(イ) (文学部の志願者)

First, you grasp the outline by intuition, and then, making modifications over and over again, you add lines and colors until you get the whole picture. If the total number of pages of your manuscript is limited, it is equivalent to the size of your canvas. You can break the linearity of language temporarily, try new connections between details, and change the balance between emphasis and lightness. You can make as many corrections as you like until you see a satisfactory picture.

〈別解〉 First, you intuitively obtain the rough image of the object. Then, revising it again and again, you add one line and color after another until you complete the entire picture. If there is an upper limit to the number of pages, it can be compared to the size of your canvas. You can momentarily destroy the linear nature of language, try to relate one detail to another anew, and alter the proportions of strength and weakness. You can make as many modifications as you want until you can get a fairly good picture.

(ロ) (文学部以外の学部の志願者)

It is wrong to think that the knowledge of natural science makes things uninteresting by explaining them thoroughly to help you understand. The more you learn about the natural world, the more mysterious it looks.

〈別解〉 You are mistaken if you assume that the knowledge of natural science, which explains things in detail to make you understand, results in making them less interesting. As you learn more about the natural world, it becomes more wonderful.

解答例

101

2010年度 外国語学部〔4〕

次の日本文の下線部(1)〜(3)の意味を英語で表しなさい。

(1)書き込みをした本を売り払ったときは，しばらくすると気になる。私の場合，きまってそうだ。(2)今となってその書き込みが貴重に思われるとか，その本を手放したことで，取り返しのつかないことをしてしまったとか，という後悔とは違う。(3)過去をなつかしむ気持ちもいくらかはある。が，それよりも，見知らぬ人のもとに自分の一部を置き忘れたような落ち着かなさを感じるのだ。まさに「恥じらいと親近感の混じり合った複雑な気持ち」である。　　　　　　　（中村明『現代名文案内』）

解　説

(1)　▶第1文

書き込みをした本を売り払ったときは

英訳　When I sell a book in which I have written some notes

- 「売り払う」は sell off だが，「すっかり全部売ってしまう」というニュアンスはこの原文では特に感じられないので，sell で十分。また，一般論なので過去形ではなく現在形がふさわしい。
- 「書き込みをした本」=「私がその中にメモを書いた本」と考える。「〜にメモを書き込む」write notes in 〜 が使える。a book with my handwritten notes in it「その中に私の手書きメモを持った本」などとすることもできる。

しばらくすると気になる。

英訳　I start to think about it after a while.

● 「しばらくすると」=「少しのちに」after a while
● 「しばらくすると」とのバランスから，「～し始める」start〔begin〕to *do*〔*doing*〕を補う。「気になる」がどういう意味合いなのかは原文のこのあとに述べられている通りだが，ここで「落ち着かなく感じる」としてしまうと，言葉が重複するだけでなく，文章の展開を先にばらしてしまうことになる。むしろ「考え始める」などと核心に迫らない表現にとどめておくくらいでよいだろう。

▶第2文

私の場合，きまってそうだ。

英訳 This always happens to me.

● 「決まってそうだ」=「このことはいつも私の身に起こる」と考えると書きやすい。
● 第1文に always「いつも」と入れて済ませてしまうのもひとつの手段である。

(2) ● 「～思われるとか，…してしまったとか，という後悔」となっているが，「～と思うとか，…してしまったと後悔するとか」と整理した方が書きやすい。「その書き込みが貴重に思われることを後悔する」のではないからである。また「～とか…とかとは違う」は，not ～ or …「～でも…でもない」とつなぐ。

…とは違う。

英訳 It is not that …

● 「違う」different を使わなくても，「…ということではない」と言えば簡単。I don't mean that …「…という意味ではない」なども使える。

今となってその書き込みが貴重に思われるとか

英訳 I realize the importance of the notes now, when the book is no longer at hand

● 「今となって」は now だけでは言葉足らずに感じる。多少長いが「本がもはや手元にはない今」と補う。
● 「書き込みが貴重に思われる」=「書き込みの大切さに気づく」とすればよい。find the notes precious などとすることもできる。

その本を手放したことで，取り返しのつかないことをしてしまったとか，という後悔

英訳 I regret parting with the book, which is an irrecoverable loss.

● 「～を手放す」part with ～　本を売ったということなので sell を使ってもよい。
● 「取り返しのつかないこと」は「本を手放したこと」そのもの。英訳例では非制限用法の関係代名詞で，「それは取り戻せない損失だ」とした。

(3) **▶第1文**

過去をなつかしむ気持ちもいくらかはある。

英訳 I feel some nostalgia for the past.

● 「気持ちもいくらかはある」=「いくらかの…を感じる」として，「なつかしむ気持ち」nostalgia を目的語にすえる。「～に対する郷愁」nostalgia for ～

● There is some nostalgia … とすることもできる。

▶第2文

が，それよりも…落ち着かなさを感じるのだ。

英訳 But more than that, I feel uneasy

● 「が，それよりも」=「しかし，それ以上に」But more than that

● 「落ち着かなさを感じるのだ」=「落ち着かなく感じる」feel uneasy〔ill at ease / nervous / anxious〕

見知らぬ人のもとに自分の一部を置き忘れたような

英訳 as if I had left a part of me behind with a stranger.

● 「～したような」=「あたかも～したかのような」as if I had *done*
as if 節の内容は主節よりも前の事柄なので，仮定法過去完了になる。なお，as if 節の内容に対する確信度が高いときには仮定法を使う必要はない。その場合，この箇所は現在完了形を用いて as if I have *done* とする。

● 「*A* を置き忘れる」leave *A* behind

● 「自分の一部」a part of me〔myself〕

● 「見知らぬ人のもとに」with a stranger　leave *A* with *B*「*B*（人）のところに *A* を残す」を使う。

解答例

(1) When I sell a book in which I have written some notes, I start to think about it after a while. This always happens to me.
〈別解〉 A short while after I sell a book with my handwritten notes in it, I begin thinking about it. This always recurs.

(2) It is not that I realize the importance of the notes now, when the book is no longer at hand, or that I regret parting with the book, which is an irrecoverable loss.
〈別解〉 I neither find the notes precious when it is too late nor do I regret selling the book, doing what I cannot undo.

(3) I feel some nostalgia for the past. But more than that, I feel uneasy, as if I had left a part of me behind with a stranger.
〈別解〉 There is some nostalgia for the past. Rather, I feel nervous, as if I have left a part of myself behind with a stranger.

102

2009 年度 外国語学部以外〔4〕

次の日本文(A)と(B)の意味を英語で表しなさい（下線がある場合は下線部のみ）。ただし，(B)では，**文学部の志願者は(イ)を，文学部以外の学部の志願者は(ロ)を**選んで解答しなさい。

(A)（すべての学部の志願者）

自信をもつ，ということは大事なことである。日常生活の上でもそうだ。スポーツやビジネスの世界においてもそうであろう。

<u>自信のある人は，人と接していても堂々としている。落ち着きがあるし，余裕もある。したがって，自然に相手にやさしくできるし，少々のことで腹を立てることもない。対する人より自信がある分だけ大人としてふるまうこともできそうだ。</u>

五木寛之『人生の目的』

(B)

(イ)（文学部の志願者）

<u>思い出とは不思議なものである。強烈な出来事だけが記憶として残るのかと思えば，どこでつけたか分からないひっかき傷のような些細なことが，忘れかけたころにふと思いだされる。それでなくとも五感に刻み込まれた記憶は，閉じ込めようとしてもなにかの拍子に触発されて，鮮やかに蘇ってくる。</u>

津田晴美『毎日が旅じたく』筑摩書房

(ロ)（文学部以外の学部の志願者）

<u>ゲーテ（Goethe）の言葉，「ひとは解ることだけきいている」のように，人間はきき方が非常に下手である。講演でも講義でも，随分よくきいているつもりでも，ききもらし，きき流すところがある。またきいたけれど，すぐ忘れてしまうところもある。</u>きくことは大変にむずかしい。

高見澤潤子『生きることは愛すること一兄小林秀雄の実践哲学』

解 説

⒜ ▶下線部第1文

自信のある人は

英訳 Those who have confidence in themselves

●confident「自信がある」という形容詞をそのまま使って confident people では，何に自信があるのか不明で言葉足らずになる。self-confident ならよりはっきりするが，上記の例や，People with confidence in themselves / People who have self-confidence のように，後置で表現する方が一般的である。また，「もし自信を持っていれば」と読み換えて If you have confidence in yourself などと表すこともできる。

堂々としている

英訳 look assured

●動詞は be 動詞でも成り立つが，人に与える印象なので look や appear がふさわしい。

●「堂々とした」は，次の「落ち着きがある」「余裕がある」のことも考えて，語を選ぶ。「自信がある人」ということから，その類義語 (self-)assured「確信・自信のある」，(self-)assertive「自信を持って発言する」や，「堂々としている」=「威厳がある」と解釈して have an air of dignity / appear dignified などが使える。

人と接していても

英訳 when they〔you〕talk with others〔someone〕

●「接する」は，具体的な状況を思い浮かべること。この場合，「人と話をしているとき」と考えるのが最も妥当。make contact with ～「～と連絡を取る」などは不適切。

●「～ても」を even when「たとえ～するときでも」とするのは不適切。even は程度が極端だったり，状況が不利であったりすることを表す。ここでは，そのようなニュアンスはない。また，too や also などは，前に同様のことが述べられていなければ使えず不可。このような日本語の「も」は，いくつかの可能性の中から1つを取り出して示すもので，「たとえば～する場合に」といった「例示」を暗示する語だが，英語では基本的に訳出不要。

▶下線部第2文

落ち着きがあるし，余裕もある。

英訳 They〔You〕are calm and relaxed.

●「落ち着いている」=「冷静である」と考えて，calm / self-possessed / collected / composed などが使える。

● 「余裕がある」人の様子，あるいは逆に「余裕がない」人の様子を思い浮かべてみるとよい。「余裕がない人」は「緊張して，力が入っている」。そこから「余裕がある」=「適度に力が抜けて，ゆったりしている」relaxed が思い浮かぶだろう。

● 他にも，「落ち着いた」に近いが，serene / tranquil なども使える。

▶下線部第 3 文

したがって

英訳 Therefore, …

● therefore の代わりに so や thus も可。

自然に相手にやさしくできるし

英訳 they〔you〕can be kind to others in a natural manner

● 「相手」=「他の人」others

● 「～にやさしくできる」can be kind to ～

● 「自然に」は naturally でも可。英訳例では「自然な仕方で」とした。

少々のことで腹を立てることもない。

英訳 and never get angry over trivial matters.

● 「少々のことでは」=「些細なことに関して」over trivial matters〔things〕はほぼ直訳。「少々のことでは～ない」を，「めったなことでは～ない，めったに～ない」と考えて and rarely〔seldom〕get angry としてもよい。

● 「腹を立てる」get angry〔upset / offended〕/ lose *one's* temper

▶下線部第 4 文

対する人より自信がある分だけ

英訳 Since they〔you〕are more confident than those around them〔you〕are

● 「対する人」は，試合などで対戦しているわけではないので，「周りの人たち」those〔people〕around them〔you〕や，「一緒にいる人たち」their〔your〕companions などとする。

● 「自信がある分だけ」は，「自信があるから」と読み換えれば十分。

～することもできそうだ

英訳 they〔you〕seem to be able to ～

● ほぼ直訳で問題ない。くどいと思うなら can だけでもよいだろう。ここでも「も」は特に訳出する必要はない。

大人としてふるまう

英訳 behave more maturely

● 「大人として」は，「大人らしく」=「成熟した様子で」maturely や，「思いやりをもって」considerately などと表現できる。ちなみに，文字通り as adults とするのは英語として不自然。なお，「対する人」との暗黙の比較があるので，比較級にするのが妥当。

Ⓑ(イ) ▶第1文

思い出とは不思議なものである。

英訳 Memory is mysterious.

- 「思い出とは」は不可算の「記憶とは」Memory is でも可算の「思い出」を使って Memories are と複数でもかまわない。
- 「不思議なものである」は単に mysterious でもよいし，主語に合わせて a mysterious thing あるいは mysterious things としてもよい。

▶第2文

- かなりいろいろな意訳が考えられる箇所。続く部分との関係で，「強烈な出来事が記憶されているだけなく，些細なことも思い出される」「強烈な出来事を記憶するのは当然である一方，些細なことも同様に思い出される」などと読み換えると英訳しやすいだろう。以下は2つ目の考え方で英訳した。

強烈な出来事だけが記憶として残るのかと思えば

英訳 While we naturally remember impressive events

- 「～する一方」は，while で表せるほか，2文に分けてあとの文の冒頭に On the other hand と置くこともできる。また，「2つの相反することが同時に起こる」という見方なら，At the same time なども使えるだろう。
- 「強烈な」の訳語には，「印象的な」impressive,「顕著な」outstanding,「注目に値する」remarkable,「記憶すべき」memorable などを使う。なお，「強烈な」の直訳である intense は，通例，光や温度，感情などについて使われることが多い。
- 「記憶として残る」は直訳するより，人を主語にして「～を記憶する」とした方が簡単で正しい文が書ける。
- 「当然」naturally

…が，ふと思いだされる

英訳 we happen to recall

- 「思いだされる」の「される」は受身ではなく自発。「私たちが思い出す」と能動にする方が簡単。
- 「ふと～する」は happen〔chance〕to *do* が使える。「思いがけず」unexpectedly,「突然」suddenly などの副詞で表すこともできる。
- 「思い出す」remember の多用を避けて recall などと言い換えておく。

どこでつけたか分からないひっかき傷のような些細なこと

英訳 unimportant things, such as scratches that we do not even know how we got

- 「～のような」は2通りに解釈できる。「ひっかき傷」が「些細なこと」の一例であるという解釈と，出来事がどれほど些細かを表す比喩であるという解釈。英訳例は一例と考えたもの。別解では後者の考えで書いてある。

● 「些細な」unimportant / trivial / trifling / small
● 「ひっかき傷」scratch
● 「どこでつけたか」how we got のあとに them を入れない。them は目的格の関係代名詞 that〔which〕に変換されている。なお，ここでは「どこで」を「どのように」と解釈して how とした。
● 「分からない」は「覚えていない」だろうが，remember は他の箇所でも多く使うので，know にしておく。同じ語句を使うことは文法的な間違いではないが，英語ではそうした反復を嫌う傾向があるので，英語で書く以上，そうした「癖」にも対応できるのが望ましい。

忘れかけたころに

英訳 when we have almost forgotten (about) them

● 「忘れかけた」=「ほとんど忘れてしまった」と考えると容易。むしろ，どこに置くかが考えどころ。recall〔remember〕*A* when … という語順が自然だが，*A* に関係詞節が続くため，この直後に when を置いただけでは when 節がどこにかかるのかがわかりづらく，やや工夫が必要。英訳例では，「…ひっかき傷のような」の部分をカンマではさんで挿入的に扱うことによって，when の節が主節の we happen to recall … を修飾することを明示した。別解では，いったん文を切り，改めて「面白いことに，そうした些細なことは忘れかけた頃に記憶によみがえる」とした。

▶第 3 文

それでなくとも五感に刻み込まれた記憶は…鮮やかに蘇ってくる。

英訳 In general, memories, which are engraved on〔in〕our senses, come back to us vividly

● 「それでなくとも」は，「前述のような特性を述べるまでもなく，記憶というものは一般に以下のようなものだ」と解釈することが可能。別解は，「記憶とは五感に刻み込まれたものだ。したがって…鮮やかに蘇るのである」という考え方。
● この解釈では，「五感に刻み込まれた」は記憶一般に関する特徴ということになり，関係代名詞の非制限用法で表すことができる。また，「それでなくても」を単に記憶に関する事例の追加を示すものととらえることもできるが，その場合は，すべての記憶が「五感に刻み込まれた」ものであるとは限らないことになるので，memories engraved … と分詞の後置修飾で表現できる。
● 「五感に刻み込まれた」be engraved on〔inscribed on〕our〔the〕(five) senses
● 「鮮やかに蘇ってくる」come back to us vividly

閉じ込めようとしても

英訳 even if we try to confine them

- 「～しても」は even if もしくは even though。
- 「～を閉じ込めようとする」try to confine ～ 「記憶を閉じ込める」は「忘れる」こととも考えられるので，forget を使うこともできる。

なにかの拍子に触発されて

英訳 when they are triggered by something

- 「なにかの拍子に」を「なにかによって」と考えれば容易。
- 「触発されて」be triggered trigger は「(感情・記憶など) を誘発する」の意。stimulate「～を刺激する」も使える。

(ロ) ▶下線部第1文

ゲーテの言葉，「ひとは解ることだけきいている」のように

英訳 As Goethe said, "People hear only what they understand."

- 「ゲーテの言葉…のように」をそのまま訳そうとすると構文上むずかしい。この部分を「ゲーテが言ったとおり，『ひとは解ることだけきいている』」と，独立した文として考えると容易になる。なお，有名人の言葉を引用する場合，その言葉が「今も生きている」という意味合いで，says と現在形にしてもかまわない。「言葉で表現する」の意で put it も使える。
- 「聞く」は listen to も使えるが，hear には「自然に耳に入る」というニュアンスがあり，「注意して耳を傾ける」listen との対比が出る。
- only の位置は hear の前でもよい。only の位置は，修飾する語句の直前が基本だが，not と同じ位置に置かれていることも多い。

人間はきき方が非常に下手である。

英訳 We are very poor at listening.

- 「きき方が下手である」は「きくのが下手である」とすれば容易。「～するのが下手である」be poor〔bad〕at *doing*
- ここでの「きく」は listen であるべき。上記の通り，hear は本人の努力や注意とは無関係に耳に入ることを表すので，上手下手とは相性が悪く，poor at hearing とすると「耳が遠い」ことになってしまう。
- 「きき下手」と考えて，poor〔bad〕listeners とすることもできる。

▶下線部第2文

講演でも講義でも…ききもらし，きき流すところがある。

英訳 During a speech or a lecture, we miss, or pay little attention to, some parts of it

- 「講演でも講義でも」は「講演であろうと講義であろうと」と whether を使った譲歩にすると意味が強すぎるだろう。「講演や講義で」程度で十分。

● 「ききもらす」miss, fail to catch ～ も「きき流す」pay little〔no〕attention to ～ / take no notice of ～ も目的語が必要。それをどう表現するかについては以下の点の検討が要る。

● 「ところがある」は,「私たちにそういう傾向がある」とも,「講義, 講演の中でききもらす箇所がある」ともとれる。英訳例では後者の解釈で,「その一部」some parts of it とした。前者の解釈で we tend to … としても, 結局目的語は必要である。

随分よくきいているつもりでも

英訳 even when we think we are listening very carefully

● 「～つもりでも」=「～と思っていても」even when〔if〕we think

● 「よくきいている」の「よく」は,「注意深く」の意。we are listening very carefully が文字通り。listen の反復を避けたければ,「傾聴する」attend などを使うとよい。

▶下線部第 3 文

また…すぐ忘れてしまうところもある。

英訳 In addition, we sometimes forget (quickly)

● 「また」は in addition を文頭に置いて,「その上, さらに」とすればよい。

● 「すぐ」は quickly だが, あとでみる forget の目的語との関係で, 省略することもできる。

● 「ところもある」 再びこの表現。「傾向」と考えることもできるが, 前述の内容とのバランスを考えると,「～することもある」のニュアンスと言える。sometimes で対応。

きいたけれど

英訳 what we have just heard

● forget の目的語がほしいので,「きいたばかりのことを」とするとよい。ここで just が入るので, 先述の「すぐ」はなくてもよい。

(A) Those who have confidence in themselves look assured when they talk with others. They are calm and relaxed. Therefore, they can be kind to others in a natural manner and never get angry over trivial matters. Since they are more confident than those around them are, they seem to be able to behave more maturely.

〈別解〉 If you have confidence in yourself, you appear dignified when talking to someone. You are self-possessed and serene; thus, you are naturally kind to others and seldom lose your temper. As you are more self-confident than your companions are, you can behave more considerately.

(B)(イ) (文学部の志願者)

Memory is mysterious. While we naturally remember impressive events, we happen to recall unimportant things, such as scratches that we do not even know how we got, when we have almost forgotten about them. In general, memories, which are engraved on 〔in〕 our senses, come back to us vividly when they are triggered by something even if we try to confine them.

〈別解〉 Memories are mysterious. We remember not only remarkable incidents but also as small a thing as a scratch that we do not know how we got. Interestingly, these trifling memories come back to us when we have almost forgotten them. Memories are inscribed on our five senses. Therefore, even though we try to forget them, they are vividly revived when stimulated by something.

(ロ) (文学部以外の学部の志願者)

As Goethe said, "People hear only what they understand." We are very poor at listening. During a speech or a lecture, we miss, or pay little attention to, some parts of it even when we think we are listening very carefully. In addition, we sometimes forget (quickly) what we have just heard.

〈別解〉 As Goethe put it, "People only hear what they understand." We are very bad listeners. While someone is making a speech or delivering a lecture, we fail to catch or take no notice of some parts of what they are saying even if we think we are attending really carefully. Moreover, sometimes, we easily forget a certain thing soon after we have heard it.

解答例

103

2009年度 外国語学部〔4〕

次の日本文(1)から(3)の意味を英語で表しなさい。

(1)駅の外に出ると，彼女はどこに行くとも言わずにさっさと歩きはじめた。僕は仕方なくそのあとを追うように歩いた。直子と僕のあいだには常に一メートルほどの距離があいていた。(2)もちろんその距離を詰めようと思えば詰めることもできたのだが，なんとなく気おくれがしてそれができなかった。僕は直子の一メートルほどうしろを，彼女の背中とまっすぐな黒い髪を見ながら歩いた。彼女は茶色の大きな髪どめをつけていて，横を向くと小さな白い耳が見えた。時々直子はうしろを振り向いて僕に話しかけた。うまく答えられることもあれば，どう答えればいいのか見当もつかないようなこともあった。何を言っているのか聞きとれないということもあった。しかし，僕に聞こえても聞こえなくてもそんなことは彼女にはどちらでもいいみたいだった。(3)直子は自分の言いたいことだけを言ってしまうと，また前を向いて歩きつづけた。まあいいや，散歩には良い日和だものな，と僕は思ってあきらめた。

(村上春樹『ノルウェイの森』)

解　説

(1)　▶第1文

駅の外に出ると

英訳　On getting out of the station,

● 「～の外に出る」 get〔go〕out of ～ や exit が使える。

● 「と」は接続詞を使うなら when「とき」というより，after「(出た) あと」や，そのあとの「さっさと」とのつながりを考えて as soon as 「(出る) とすぐに」がよい。分詞構文で表すこともできる。英訳例では on *doing*「～するとすぐに」とした。

彼女は…さっさと歩きはじめた

英訳　she began walking briskly

● 「～し始める」begin〔start〕*doing*〔to *do*〕 いずれの組み合わせでもよいが，細かいニュアンスの差を言えば，*doing* はその動作がその後も継続する感じを表し，to *do* はその動作が始まる開始の時点に焦点がある。

● 「さっさと」 briskly「きびきびと」だが「事務的に」のニュアンスも持ち，「僕」にかまわないで歩いて行く様子が出る。迷いなく歩き出した行動の素早さからすると，without hesitation / unhesitatingly「ためらわず」なども使える。

どこに行くとも言わずに

英訳 without saying where she was going

- 「〜せずに」without *doing*
- 「どこへ行く」は「彼女がどこへ行くつもりか」「彼女はどこへ行っているのか」という意味。時制の一致に注意すること。「向かっている」として be headed / be heading も使える。
- 「言う」は say 以外に tell も使えるが，tell なら「僕に」という目的語が必要。

▶第2文

僕は仕方なく…歩いた。

英訳 I helplessly followed her

- 「仕方なく」 単語では helplessly「どうしようもなく，困惑して」が近い。「歩くしかなかった」と解釈すれば，had no choice but to *do* が使える。
- 「歩いた」は，「そのあとを」が「追う」にかかるにせよ「歩いた」にかかるにせよ，「彼女のあとを歩いた」という意味にしたい。followed でなければ，walked だけで済まさず behind her などと続けるとよい。

そのあとを追うように

英訳 as if I was chasing her

- 「(あたかも) 〜する (かの) ように」as if〔as though〕〜
- 「追う」は「あとをついて歩く」とははっきり異なる意味を持つ語句でなければならない。chase は単に「後ろを歩く」ではなく「追跡する」の意。

▶第3文

常に一メートルほどの距離があいていた。

英訳 There was a distance of about one meter all the way

- 「あいていた」は「あった」と考えればほぼ直訳で書ける。
- 「常に」は「その道のりをずっと」という意味だと解せるので，all the way とするのがふさわしい。「(あいだの) 距離はずっと一メートルのままだった」と考えれば，The distance remained about one meter とすることもできる。あるいは，「僕は彼女の一メートル後ろを歩き続けた」I kept walking about one meter behind her などと考えることもできる。

直子と僕のあいだには

英訳 between Naoko and me

- 上記のうち最後の I kept walking … の文では，この句は不要。

(2) **もちろんその距離を詰めようと思えば詰めることもできた**

英訳 Of course, I could have closed the distance if I had wanted to

● 「もちろん」 of course 以外にも，naturally「当然」，undoubtedly「まちがいなく」なども使える。

● 「その距離を詰める」 close the distance がほぼ文字通り。「距離を詰める」とは「彼女に追いつく」ことなので catch up with her とすることもできる。この箇所は，実際には行わなかったことなので仮定法過去完了で。

● 「詰めようと思えば」「詰める」が反復になるので，if I had wanted to とする (close the distance 等の省略)。あるいは自動詞の try を使って，if I had tried も可。

…のだが，なんとなく気おくれがしてそれができなかった。

英訳 but for some reason, I hesitated to do so.

● 「なんとなく」「なんらかの理由で」for some reason 以外に「どうしてか」somehow も使える。

● 「気おくれがする」は be diffident という語があるが，「ためらう」と考えれば容易。hesitate が使える。「そうするのがためらわれた」とすれば，「それができなかった」は訳出不要。他には bring *oneself* to *do*「～する気になる」が使える。

(3) ▶**第 1 文**

（直子は）自分の言いたいことだけを言ってしまうと

英訳 After telling me what she had to say,

● 「自分の言いたいこと」what she had〔wanted〕to say

● 「言ってしまうと」は「言ったあと」と考えると容易。また下線部の前に，直子はときどき「僕」に話しかけたことが述べられているので，「(言う) たびに」each〔every〕time を使うこともできる。

● 「(ちょうど言いたいこと) だけ」 それ以上でも以下でもない，つまり「僕」の反応を見たり返事を待ったりすることがないということ。just が使えるが，必ずしも訳出しなくてよい。

また前を向いて歩きつづけた。

英訳 Naoko looked ahead again and continued to walk.

● 「前を向く」 look ahead だが，「僕に背を向ける」turn her back on me とすることもできる。

● 「歩き続ける」 continue to walk〔walking〕

▶**第 2 文**

まあいいや 英訳 Okay

● それ以上深く考えることをやめた，という意味のセリフ。Good / Fine なども使える。あいまいに Well でもよいだろう。

散歩には良い日和だものな

英訳 it's a good〔nice〕day for a walk

- 「日和」は「天気」weather だが，a good〔nice / fine / wonderful / lovely〕day で「天気のよい日」の意になる。
- 「散歩には」for a walk
- ここまでは引用符の中に入れて直接話法にすると書きやすい。

…と僕は思って 英訳 I said to myself

- ここは think でもよいが，心の中のセリフなので say to *oneself*「心の中で思う」とする方がより適切。

あきらめた。

英訳 I gave up trying to talk with her

- 直子は言いたいことだけ言うと僕がどのような反応だろうとおかまいなしだったという描写から，「彼女と話すのをあきらめた」と考えられる。
- 「その状況を自分が操作することをあきらめる」=「なるに任せる」let things slide〔ride〕と考えることもできる。

(注：この解答例は教学社編集部が独自に作成したものです)

解答例

(1) On getting out of the station, she began walking briskly without saying where she was going. I helplessly followed her as if I was chasing her. There was a distance of about one meter between Naoko and me all the way.

〈別解〉 After she exited the station, she started to walk without hesitation and without telling me where she was heading. I had no choice but to walk behind her as though I was chasing her. The distance between Naoko and me remained about one meter.

(2) Of course, I could have closed the distance if I had wanted to, but for some reason, I hesitated to do so.

〈別解〉 Naturally, I could have caught up with her if I had tried, but somehow, I was diffident and could not bring myself to do so.

(3) After telling me what she had to say, Naoko looked ahead again and continued to walk. I said to myself, “Okay, it's a good day for a walk,” and gave up trying to talk with her.

〈別解〉 Every time she said what she wanted to, Naoko turned her back on me and continued walking. I decided to let things slide, saying to myself, “Good. It is a nice day for a walk.”

104

2008 年度 外国語学部以外〔4〕

次の日本文(A)と(B)の意味を英語で表しなさい。ただし，(B)では，**文学部の志願者のみ(イ)**の下線部を，**文学部以外の学部の志願者は(ロ)**を選んで解答しなさい。

(A)

日本語では，相手の意見に合わない，同意できない場合は，はっきりとはいわないで，少しお茶を濁したような言い方をする場合が多い。相手の意見について反対するわけだが，その人の意見に対してというよりは，その人の人格そのものを否定しているととられるおそれがあるからである。　東照二『親しさを増す英語』

(B)

(イ)（文学部の志願者のみ）

（パリの）ジョルジュ・プティの画廊で個展がひらかれた。（中略）画家と彫刻家との合同展。前者はクロード・モネ（Claude Monet），後者はオーギュスト・ロダン（Auguste Rodin）。このふたりの芸術家は，仲良しであった。年齢もおなじく，48 歳。というよりも，たった二日しか誕生日もちがわない。けれども，ふしぎなことに，人間的な資質からいっても，また作品の調子からみても，かなりの距離がある。すでに作風を確立していたモネは，一見してわかるとおり，豊かな色彩によって，見るものに幸福感をあたえる。他方のロダンはといえば，人間の肉体に強烈なことばをあたえ，ひとを挑発してやまない。これほどに異質なメッセージを体現しているのに，おそらくはだれも違和感をいだかなかったにちがいない。計算されつくした構成美が，ふたりのあいだにハーモニーを奏でだすからか。

樺山紘一『美術館を楽しむ 1 号』

(ロ)（文学部以外の学部の志願者）

謙虚になれ，ということを人びとは互いに教え合っています。しかしなかなかそのとおりの気持ちにはなり難いようです。むしろ，自分が愚かである，欠点がある，力が弱い，という事実を直視することによって，人は，言われなくても謙虚にならざるをえないでしょう。そうしてその事実を直視することによって，本当の力が出てきます。　中村元『仏典のことば』

解　説

(A)　▶第 1 文

日本語では

英訳 While speaking Japanese

● 文字通りは in Japanese だが,「日本語で何と言うか」といった語句などのレベルの話ではない。日本語を使っているという状況＝日本人の心性や習慣にしたがってしゃべっている,ということである。

相手の意見に合わない,同意できない場合は,

英訳 if we disagree with another person or have a different opinion

● ほぼ同じ内容のことが並列されている。ひとつにまとめることも考えられるが,原文のように少々表現を変えて2つ挙げるのが無難だろう。

● if〔when〕we do not accept or agree with someone's opinion「ある人の意見を受け入れない,あるいは賛成しない」などとすることもできる。

はっきりとはいわないで,少しお茶を濁したような言い方をする場合が多い。

英訳 we usually do not say it clearly but a little ambiguously

● 「～ような言い方をする」とあるが,「仕方」the way などにこだわるとかえって込み入った文になる。また「お茶を濁したような」とは「あいまいに」ということ。そうすると「はっきりとではなく,少しあいまいに言うことが多い」などとまとめられる。「～場合が多い」は often も可。

▶第2文

…からである

英訳 This is because …

● Because S V …. としないこと。副詞節なので独立して使うことは本来不可（Why ～？に対する返事でのみ,この形を使う）。

● 前文の理由を新たな文で述べる場合,This〔It / That〕is because S V …. にするか,等位接続詞 For S V …. を使う。こうした場合,最初の S V（接続詞なし）が根拠になる必要があるので注意。実際の英文では,これらを全く使わずに始めることも多い。読めば根拠にあたることがわかるからである。

相手の意見について反対するわけだが,

英訳 if we challenge the other person's opinion,

● 上述の通り,This is because で文を始めて,直後に S V が続くとこれが根拠になる。この箇所は根拠ではないので,「もし相手の意見に異議を唱えたら,～となるおそれがある」と整理しなおすことになる。

…ととられるおそれがある

英訳 he is likely to think that …

● 日本語では「とられる」と受身だが,we を主語にすると「私たちが誤解される」は we are misunderstood などとできても,どう誤解されているかを続けることが難しい。「相手が…と考える」とした方が容易。

● 「～するおそれがある」は「～する可能性が高い」be likely to *do* が簡単。may *do*「～するかもしれない」も使える。

その人の意見に対してというよりは，その人の人格そのものを否定している

英訳　we distrust his personality itself rather than his opinion

● 「～に対してというよりは」は「～ではなく，～よりむしろ」などと整理する。「否定する」は deny が思い浮かぶが，deny someone / deny *one's* personality といった用例はない。ここでは「人格・意見を信用しない，拒絶する」distrust / reject などがふさわしい。

Ⓑ(イ)　▶**下線部第１文**

けれども，ふしぎなことに…

英訳　But surprisingly, …

●他にも，Strangely, however, …や Yet, mysteriously, …なども考えられる。

かなりの距離がある

英訳　they differed widely

●主語はモネとロダン。ここでの「距離がある」は「異なる」ということ。「かなり（の）」は greatly / considerably / vastly なども可。

人間的な資質からいっても，また作品の調子からみても

英訳　both in talent and in style

● 「～からいっても」「～からみても」はいずれも「～において（異なっている）」ということ。in で十分。「両方とも」ということをはっきりさせるのに both ～ and …を使う。「人間的な資質」は「才能」talent,「作品の調子」は「作風，表現法」style というように，何を表しているかポイントを見極めたい。

▶**下線部第２文**

●時制に注意が必要である。「モネは，幸福感をあたえる」が骨組みだが，「すでに作風を確立していた」が「過去のある時点ですでに」ということであり過去完了になるはず。したがって，「あたえた」と述語動詞は過去形がふさわしい。

一見してわかるとおり

英訳　One could tell at a glance that …

● 「一見して，人は…とわかる」と考えれば書きやすい。one は一般の人。you を使うこともできる。

すでに作風を確立していたモネは，

英訳　Monet, who had already established his own style, …

●上記の通り，関係詞節は過去完了で。また，「他のモネとの区別」ではないので，非制限用法にすること。

豊かな色彩によって，見るものに幸福感をあたえる。

英訳 used a variety of colors and evoked warm feelings in those who saw his works.

● 「豊かな色彩によって」は through a variety of colors が文字通り。解答例では「豊かな色彩を使って，幸福感をあたえる」と整理しなおした。「幸福感をあたえる」は give happiness でも通用する。解答例では「人の中に，温かい感情を喚起する」と解釈した。

● 「見るもの」は「彼の作品を見る人たち」と補うこと。「作品」の意味では work は可算名詞。

▶下線部第3文

他方のロダンはといえば，

英訳 On the other hand, Rodin …

● 「他方の」は「他方，一方」と副詞句であるべき。「ロダン」を修飾するのは不可。Rodin, on the other hand, …と挿入も可。「～といえば」は訳出不要。

人間の肉体に強烈なことばをあたえ，

英訳 put strong meaning on human bodies,

● 前文のモネの文と合わせて過去形にしておく。「ことばをあたえ」の解釈を十分に。give words など直訳では意味不明。「ことば」は「人に何かを伝える手段」であり，私たちはそれに意味を読み取ろうとする。つまり，「強烈な意味をあたえる」などと解釈できる。give〔attach〕strong meaning to ～ / put deep meaning on ～など。

ひとを挑発してやまない。

英訳 which stimulated people's emotions all the time

● 「挑発する」は和英辞典にある語をそのまま使うことができない。主に「怒らせる，けんかをふっかける」の意の語句が並んでいるからである。ここでは「人の心を刺激する」という意味である。stimulate などになる。その意味では inspire「(人を) 鼓舞する，霊感を与える」も可。また，「人の注意をひきつける」draw people's attention などとも言い換えられるだろう。

● 「～してやまない」は「常に，ずっと（～する)」all the time ということ。また，「必ず～する」never fail to *do* なども可能だろう。

▶下線部第4文

これほどに異質なメッセージを体現しているのに

英訳 Although there was such a large difference between the messages they embodied,

● 文字通りなら骨組みは「彼らがメッセージを体現している」という第3文型。ただ，「違いが大きい」というところに後続の節との対比がある。「彼らが体現しているメッセージにはこれほど大きな違いがあるのに」と整理しなおした。「体現する」embody 以外に，「表現する」express も可。

おそらくはだれも違和感をいだかなかったにちがいない。

英訳 probably nobody had a strange feeling about them.

● 「おそらく」は「〜にちがいない」とあることから十中八九まちがいないことを表す probably が適切。「〜にちがいない」はこの場合訳出する必要はない。I'm sure や surely で表すこともできる。

● 「違和感をいだく」は，作風などがまったく異なるモネとロダンの作品がいっしょにあることに「奇妙な感じをいだく」ということ。have a strange feeling で十分。「その作品に関して」about them などを補う方が英語としては落ち着きがよい。

(ロ) ▶第1文

人びとは…ということを互いに教え合っています。

英訳 People often say to each other that …

● 「教える」といっても teach ではない。具体的な状況の思い浮かびにくい文だが，よく互いに対して「謙虚であれ」ということを口にする，といったところだろう。

謙虚になれ

英訳 they should be modest

● say を使うのであれば，目的語の that 節内は，「謙虚であるべきだ」となる。

▶第2文

しかし

● however でも but でもよい。

そのとおりの気持ちになる

英訳 maintain that attitude

● 要は「謙虚になる」こと。to be modest と繰り返すことも可能。反復を避けるなら「そうした態度を保つ」maintain that attitude などと言い換えるとよい。

なかなか…なり難いようです。

英訳 It seems quite hard to …

● 「…するのは難しいようだ」とすれば容易。形式主語で，seem を使って書ける。

▶第3文

むしろ

● 謙虚な態度を維持しようとする「代わりに」と考えれば instead となる。Or rather などとすることもできる。「しかし，実は」というニュアンスなら actually も可。

…という事実を直視することによって

英訳 by admitting the fact that …

● 「〜することによって」by *doing* 以外に，「もし〜すれば」if 〜 も使える。「直視する」は face も可。admit「認める」を使うなら the fact はなくてもよい。

自分が愚かである，欠点がある，力が弱い

英訳 we are foolish, imperfect, and powerless

● 主語は一般論として we か you が妥当。第1文で people を使ってはいるが，they では不適。筆者も読者も含まないことになるため。

● 3つの述語は，最初が be 動詞，2番目が have などの一般動詞，最後は be 動詞でも一般動詞でも書ける。そのまま列挙しても文法的な誤りではないが，2番目の「欠点がある」を「不完全な」imperfect と形容詞にすればきれいにそろう。

人は…謙虚にならざるをえないでしょう

英訳 we naturally become humble

● 「〜せざるをえない」は can't help *doing* などが思い浮かぶが，そこまで強い意味（「避けられない」）にしなくてよい。「自然に，おのずと」naturally や「きっと」surely などで十分。

● 「謙虚な」は modest を繰り返してもよいが，humble もある。

言われなくても

英訳 without being told to

● 「〜せずに」without *doing* が簡単。「謙虚になれと言われなくても」ということなので，without being told to be humble と考えて，繰り返しになる be humble を省略するのが正しい。

● without being told〔said〕は不可。特に say に「人に〜するように言う」の語法はないので注意。

▶第4文

そうしてその事実を直視することによって

英訳 As we realize this fact

● 「そうして」は And や Thus などが考えられるが，必ずしも訳出はしなくてよい。「〜することによって」は by *doing* を再び使ってもよい。解答例では「〜するとき，〜して」のニュアンスの as を使った。「直視する」も再度同じ動詞でもよいが，「認識する，気づく」realize も可。

本当の力が出てきます。

英訳 our real power will appear

● 「本当の力」real power に「だれの」を補いたい。第2文以降で使っている一般論の主語（we, you）に合わせる。「出てくる」は「現れる」と考えて appear。「力を発揮できる」we〔you〕can show〔exercise〕our〔your〕real power などとすることも可能。

(A) While speaking Japanese, if we disagree with another person or have a different opinion, we usually do not say it clearly but a little ambiguously. This is because if we challenge the other person's opinion, he is likely to think that we distrust his personality itself rather than his opinion.

〈別解〉 While speaking Japanese, when we do not accept or disagree with someone's opinion, we often avoid objecting directly and choose to answer rather ambiguously. It is the opinion that we disagree with, but the other person may think that it is not his opinion but his personality that has been rejected.

(B)(イ) （文学部の志願者）

But surprisingly, they differed widely both in talent and in style. One could tell at a glance that Monet, who had already established his own style, used a variety of colors and evoked warm feelings in those who saw his works. On the other hand, Rodin put strong meaning on human bodies, which stimulated people's emotions all the time. Although there was such a large difference between the messages they embodied, probably nobody had a strange feeling about them.

〈別解〉 However, it was strange that there was a considerable difference between them, not only in resources but also in the impression of their works. Monet already had his own style, and one could tell at a glance that his works gave happiness to those who saw them, through his usage of a wide rage of colors. Rodin, on the other hand, attached strong expressions to human bodies, inspiring people all the time. They expressed their messages very differently, but I suppose no one saw anything inconsistent at the exhibition.

(ロ) （文学部以外の学部の志願者）

People often say to each other that they should be modest. It seems quite hard, however, to maintain that attitude. Instead, by admitting the fact that we are foolish, imperfect, and powerless, we naturally become humble without being told to. As we realize this fact, our real power will appear.

〈別解〉 People advise each other to be modest, but it seems quite difficult to be reserved. Actually, if you face the reality that you are foolish, have weak points, or have low abilities, you will surely become humble even if you are not told to. By facing this reality, you can realize your own capacity.

105

2008年度 外国語学部〔4〕

次の日本文(1)から(4)の意味を英語で表しなさい。

(1)私は程なく穏やかな眠に落ちました。然し突然私の名を呼ぶ声で眼を覚ましました。見ると，間の襖が二尺ばかり開いて，其所にKの黒い影が立っています。そうして彼の室には宵の通りまだ燈火が点いているのです。(2)急に世界の変わった私は，少しの間口を利く事も出来ずに，ぼうっとして，その光景を眺めていました。

その時Kはもう寝たのかと聞きました。Kは何時でも遅くまで起きている男でした。(3)私は黒い影法師のようなKに向かって，何か用かと聞き返しました。Kは大した用でもない，ただもう寝たか，まだ起きているかと思って，便所へ行った序に聞いてみただけだと答えました。(4)Kは洋燈の灯を背中に受けているので，彼の顔色や眼つきは，全く私には分かりませんでした。けれども彼の声は不断よりも却って落ち付いていた位でした。

(夏目漱石『こころ』)

解　説

(1) ▶第1文

私は程なく穏やかな眠に落ちました。

英訳　Before long I fell into a peaceful sleep.

- 「程なく」before long 以外に soon も可。
- 「眠に落ちる」は fall asleep もある。この場合は「穏やかな」は「穏やかに」peacefully と副詞で。

▶第2文

然し突然…眼を覚ましました。

英訳　But I was suddenly awakened …

- 「然し」は but で十分。however「ところが」ほど逆接を強く出す必要はない。

「突然」も suddenly でよい。「眼を覚ましました」は，「声で」と続くことから「眼を覚まされた」と受動にしておくと容易。「～の眼を覚まさせる」は wake (up) / awaken。

私の名を呼ぶ声で

英訳 by a voice calling my name

●文字通りでよい。

(2) **急に世界の変わった私は，…**

英訳 The world around me changed so abruptly that …

●あとの内容を考えると，「たいへん急に変わったので」と so ～ that …構文が使える。「世界の変わった私」は直訳できない。「私を取り巻く世界」としたり，「私は（急に）別の世界にいた」などとする必要がある。「急に」は再び suddenly でもよい。

少しの間口を利く事も出来ずに

英訳 I couldn't speak for a while

●「口を利く事も出来ずに」は「話せなかった」couldn't speak で十分だが，were unable to speak / couldn't utter a word などとすることも可。「少しの間」for a while〔moment / time〕など。

ぼうっとして，その光景を眺めていました。

英訳 and gazed vacantly at the scene

●「ぼうっとして」vacantly / blankly 「その光景」は「景色」に当たる語ではなく，そのときの状況＝「場面」scene がふさわしい。「～を眺める」gaze〔stare / look〕at ～

(3) **▶第１文**

私は…Kに向かって，何か用かと聞き返しました。

英訳 I asked K … what he wanted.

●「聞き返す」は「聞く，尋ねる」でよい。第４文型で「Kに～と尋ねた」とすればよい。「何か用か」は What do you want? という定番の表現があるので，これを間接疑問文にして使う。時制の一致と代名詞に注意。

黒い影法師のような（K）

英訳 (K,) who looked like a black shadow

●「黒い影法師」は「黒い影」a black shadow あるいはただ「影」a shadow でよいだろう。「～のような」は「～のように見えた」looked like ～，「～のようだった」was like と表せる。

▶第2文

Kは…と答えました 英訳 K said that …

- 「答えました」ではあるが，特に answered とする必要はないだろう。「〜と言った」said that 〜か told me that 〜で十分。原文は直接話法的な言葉づかいだが，表記としては間接話法。解答例も間接話法で表してある。

大した用でもない 英訳 it was nothing

- 「何でもない」と考えればよい。主語は漠然と状況を表す it で。あるいは「重要なことではない」it was not important などとすることもできる。

ただもう寝たか，まだ起きているかと思って…聞いてみただけだ

英訳 and that … he had just asked me whether I was asleep or still awake

- said の目的語の2つ目の節になるので，that を忘れずに入れること。「聞いてみただけだ」は had just asked (me) と said よりも前のことなので過去完了に。me はなくても可。「〜と思って」は訳出不要。whether 〜 or …が使える。
- 「もう寝た」は「(もう) 寝ている」asleep,「まだ起きている」still awake と対になる形容詞が簡単。I was と時制の一致だけでなく，代名詞にも注意。

便所へ行った序に

英訳 on the way back from the toilet

- 「行った序に」は「便所からの帰りに」on the way back from the toilet でよい。

(4) **▶第1文**

Kは洋燈の灯を背中に受けているので

英訳 With his back to the lamp

- いろいろと表現法がある箇所。解答例は付帯状況の with を使って「彼の背中が洋燈に向いている状態で」とした。「洋燈の灯が彼の背後で輝いていて」with the light of a lamp shining behind him などともできる。
- あえて副詞句にせず「Kが光を背にシルエットになっていて」K was silhouetted against the light of a lamp, so …などとしてもよい。

彼の顔色や眼つきは，全く私には分かりませんでした。

英訳 I couldn't see what K's face looked like at all

- 「全く私には分かりませんでした」は，「見て取れない，見えない」ということなので，I couldn't see が適切。「全く〜ない」は not 〜 at all でよいだろう。
- 「彼の顔色や眼つき」は，「彼の顔の表情」his facial expression などとすることもできる。
- なお，原文で「Kは」とあるので，いずれかの場所にKを織り込むことが考えられるが，前からのつながりで「彼は (彼の)」とすべて代名詞でもよいだろう。

▶**第 2 文**

けれども

● 前文との対比をはっきりさせるのには however がふさわしい。文頭でもよいが，カンマを打つことを忘れないようにしたい。

彼の声は…位でした 英訳 his voice somehow sounded …

● 「～でした」は was でもよいが，筆者にそう「聞こえた」ということで sounded がよりよい。「位」のニュアンスは，しっかり状況を考えたい。「大したことではない」と言いつつ，わざわざ夜遅くなって部屋に訪ねてきたのだから，何か悩みでもありそうである。それなのに，「どういうわけか」somehow，「予想外に」unexpectedly，「むしろ」rather ということだろう。

不断よりも却って落ち付いていた

英訳 calmer than usual

● 「落ち付いている」は，「穏やかな」calm / composed など。「不断よりも」は比較級 than usual が定番。

(1) Before long I fell into a peaceful sleep. But I was suddenly awakened by a voice calling my name.
〈別解〉 Soon I fell asleep peacefully. But I suddenly heard my name being called and I woke up.

(2) The world around me changed so abruptly that I couldn't speak for a while and gazed vacantly at the scene.
〈別解〉 I was suddenly in a different world, so I just stared at the scene for a moment blankly, unable to utter a word.

(3) I asked K, who looked like a black shadow, what he wanted. K said that it was nothing and that on the way back from the toilet he had just asked me whether I was asleep or still awake.
〈別解〉 I asked K, who was like a shadow, what he wanted. K told me that it was not important and that on the way back from the toilet he just inquired whether I had already gone to bed or not.

(4) With his back to the lamp, I couldn't see what K's face looked like at all. His voice, however, somehow sounded calmer than usual.
〈別解〉 K was silhouetted against the light of a lamp, so I couldn't see his facial expression at all. Unexpectedly, his voice sounded more composed than usual.

解答例

106

2007年度〔4〕

次の日本文(A)と(B)の下線部の意味を英語で表しなさい。ただし，(B)では，**文学部の志願者のみは(イ)を，文学部以外の学部の志願者は(ロ)**を選んで解答しなさい。

(A) **（すべての学部の志願者）**

ぼくが経験した限りでは，どんな楽しい夢でも，楽しい現実には遠く及ばない反面，悪夢のほうは，むしろ現実の不安や恐怖を上まわる場合が多いような気がする。<u>たとえば，何度も繰り返して見た，いちばんなじみ深い夢は，ぼくの場合，笑う月に追いかけられる夢だ。最初はたしか，小学生の頃だったと思う。恐怖のあまり，しばらくは，夜になって眠らなければならないのが苦痛だったほどだ。</u>

安部公房『笑う月』

(B)

(イ) **（文学部の志願者のみ）**

井原西鶴の浮世草子の作品を思い浮かべてもよいが，<u>大阪を中心とする上方文化には，現実的で経済性を重んじる気風があったのである。また，閉鎖的な傾向のある市場の中で，日常的に無駄とも見える会話を重ねることを通して，商機をつかんでいくという商習慣もあって，おしゃべりを嫌わず，むしろ歓迎する気風も育っていたのであろう。</u>

金水敏『ヴァーチャル日本語　役割語の謎』

(ロ) **（文学部以外の学部の志願者）**

言語は，人間にのみ備わった能力である。何か考えごとをするときに，私たちは常に言葉を使っている。<u>言葉はあまりに身近にあるので，その存在を忘れてしまうことさえある。しかし，病や事故などで言葉に不自由を感じるようになって，初めてその存在の大きさに気づくことがあるだろう。</u>

酒井邦嘉『言語の脳科学』

解 説

(A) ▶下線部第１文

たとえば

英訳 for example〔instance〕

●文中でも使える。ただし，この文全体が「例」なので，文中挿入は主語のあとくらいにしか入れられないだろう。

何度も繰り返して見た，いちばんなじみ深い夢は…

英訳 the most familiar dream that I have had many times is …

●「夢」を「何度も繰り返して見た」と「いちばんなじみ深い」の２つが修飾している。前者は関係代名詞節，後者は形容詞を使うことになるだろう。「見た」は過去形も考えられるが，「これまでに何度も見てきた」と現在完了で表すのが無難であろう。「なじみ深い」familiar が使える。

ぼくの場合

英訳 as for me

●in my case も可。日本語では「夢は」のあとだが，「夢」に「ぼくが繰り返し見た」という関係詞がつくことになるので，英文では冒頭がふさわしい。

笑う月に追いかけられる夢だ

英訳 the one in which a laughing moon runs after me

●「夢」は既出なので代名詞 the one にするのが妥当。「月に追いかけられる」は受動態だが，「月がぼくを追いかける」とすれば容易。chase「追跡する」を使うこともできる。「笑う」は現在分詞 laughing「笑っている」。

●なお，関係詞は「その夢の中で」月がぼくを追いかける，という関係なので in which とする。

▶下線部第２文

たしか…と思う 英訳 I remember

●記憶をたぐりよせているので，「…と記憶している」remember で表せる。

最初は…小学生の頃だった

英訳 the first time I had that dream was when I was in elementary school

●「最初は」は「最初にその夢を見たのは」と言葉を補う必要がある。「〜の頃」は the time when 〜の先行詞を省略した形で「〜のとき」とできる。「小学生の頃」は「ぼくが小学校にいたとき」と表せる。

▶下線部第３文

恐怖のあまり，…だったほどだ

英訳 I was so scared that …

● 「とてもこわかったので…」と so ～ that …が使える。「こわい」は be scared〔frightened / terrified / horrified〕など。

しばらくは 英訳 for some time

● 「初めて夢を見てからしばらくは」ということ。for a while も使える。日本語では文中にあるが，「こわくて眠るのが苦痛だった」という文全体にかかるので，冒頭に置くとよい。

夜になって眠らなければならないのが苦痛だった

英訳 I found it distressing to go to bed at night

● 「夜になって」は「夜に」で十分。「～が苦痛だった」は「ぼくがそう思う」という感じを出すなら，I found it distressing to *do* とできる。it was distressing for me to *do* と形式主語でも表せる。「苦痛である」は「憂鬱だ」ということ。distressing 以外に depressing / stressful なども使える。

● 「眠る」go to bed〔sleep〕

(B)(イ) **▶下線部第1文**

大阪を中心とする上方文化には，…

英訳 In the Kamigata culture, rooted mainly in Osaka, …

● 「大阪を中心とする」は，関係詞にせよ，分詞にせよ，「非制限用法」的に使う必要がある。そうしないと，「大阪を中心とした」のではない他の上方文化があることになるからだ。「～を中心とする」は「起源が大阪にある，主として大阪に根付いている」と考えるとよい。

● 英訳例以外に，whose center is Osaka / (which was) originated in Osaka などが考えられる。「上方文化には」は「～においては」in が妥当。

…する気風があったのである。

英訳 people had a tendency to …

● 「気風」は「傾向，風潮」tendency が使える。there was a tendency to *do* でもよい。

現実的で経済性を重んじる

英訳 (to) be realistic and to regard being economical as important

● 「現実的である傾向」と「経済性を重んじる傾向」とが列挙されていると考えると上記のようになる。「…を重んじる」regard … as important 以外に，value …や put emphasis on …などもある。

● 「経済性」は「経済的であること」being economical 以外に「効率性」efficiency，「無駄を省くこと」avoiding waste などと言い換えることもできる。

▶下線部第2文

また，閉鎖的な傾向のある市場の中で，

英訳 Also, in the market, which was rather exclusive,

● 「また」は Also 以外に「それに加えて」Moreover / Besides / In addition など。
● 「市場の中で」in the market 「閉鎖的な」exclusive / closed
● 「傾向のある」は tend to なども使えるが,「かなり,どちらかというと」というニュアンスととらえ,副詞 rather でコンパクトに表現できる。なお,「閉鎖的な傾向のある」を英訳例のように関係詞などの後置修飾で使う場合,他の傾向の市場があるわけではないので,「非制限的」に使うのがよい。in the rather exclusive market と前に修飾語句をつけてもよい。

日常的に無駄とも見える会話を重ねることを通して,

英訳 through everyday conversations that appeared unimportant

● 「会話を重ねることを通して」→「会話を通して」through conversations と簡単に表現できる。by having conversations「会話をすることによって」としてもよい。
● 「無駄とも見える」that〔which〕appeared〔seemed〕(to be) unimportant と関係詞節で conversations を修飾する。「無駄な」は trivial「とるに足らない」, silly「ばかげた」, meaningless「無意味な」なども使える。
● 「見える」は sounded も可。会話なので looked は不適。
● 「日常的に」は,原文では「日常的に」→「重ねる」という修飾関係だろうが,「重ねる」を訳出しないなら「日常的な会話」とすることになるだろう。「日常的な」everyday / daily

商機をつかんでいくという商習慣もあって,

英訳 it was a business〔trade〕practice to seize good opportunities (through everyday conversations)

● 「～という商習慣もあって」→「～というのが商習慣であり,その結果…」と整理して訳すと書きやすい。
● 「商機をつかんでいく」seize〔get〕business opportunities だが,「商習慣」と「商」が重複するので,good opportunities などとするとよいだろう。「～していく」は訳出不要。

…して,おしゃべりを嫌わず,むしろ歓迎する気風も育っていたのであろう。

英訳 …, so that people gradually came to welcome chats rather than avoid them.

● 「気風も育っていたのであろう」は「気風」を主語にするより,「人々が～するようになった」と言い換えれば書きやすい。come to *do*「～するようになる」を使う。gradually「徐々に」を補うと一気になったのではないことがよりよく伝わる。
● 「おしゃべり」chats / conversations でもよい。
● 「嫌わず,むしろ歓迎する」→「歓迎する,嫌うのではなく」とすれば came to につなげやすい。「歓迎する」welcome 「嫌う」はここでは「無駄に見える会話をしない，避ける」の意。dislike などより avoid がふさわしい。

(ロ) ▶下線部第1文

言葉はあまりに身近にあるので，…

英訳 Language is so familiar to us that …

- 「あまりに～なので…」so ～ that …の構文が思い浮かぶ。As〔Because / Since〕language is very ～, …などとしてもよい。
- 「身近にある」→「なじみ深い」familiar が使いやすい。to us「私たちにとって」と補うとよい。be around us「私たちの周りにある」などとすることもできる。この場合は so ～ that … が使えないので，always「いつも」などで強調し，As 等の理由の接続詞で。他にも be accustomed〔used〕to ～「～に慣れている」が使える。この場合は「私たち」を主語にして，to のあとは using language「言語を使うのに（慣れている)」とする。

その存在を忘れてしまうことさえある。

英訳 we even forget about its existence sometimes.

- 「～することさえある」sometimes even ～では副詞がかさばるので，sometimes を文末に回しておく。「～ことがある」を can で表すこともできる。
- 「その存在を忘れる」forget about its existence　主語は we で。

▶下線部第2文

- 「～になって，初めて…」で，It is not until ～ that … が思い浮かぶが，「必ずそうなる」という内容ではないので，微妙にニュアンスが異なる感がある。

しかし

英訳 however

- but でもかまわないが，前述の内容とのギャップが大きい場合，however の方がその感じがよりよく出る。

病や事故などで言葉に不自由を感じるようになって

英訳 when we have difficulty in communication because of an illness or accident

- 「病や事故などで」→「病気や事故のせいで」because of an illness or accident「言葉に不自由を感じる」→「意思疎通に苦労する」と考えれば書きやすい。have difficulty in communication
- 「～ようになって」→「～するとき」when で十分。

初めてその存在の大きさに気づくことがあるだろう。

英訳 we may realize its importance for the first time

- 「～することがあるだろう」は，「～することもあるかもしれない」という推測。may で表せる。

● 「気づく」は身に染みて認識するニュアンスの realize がふさわしい。notice も可。
● 「その存在の大きさ」は直訳より，「その大切さ」its importance などとするのが適切。「それが欠かせないものであること」that it is indispensable / its indispensability などとすることもできる。

(A) As for me, for example, the most familiar dream that I have had many times is the one in which a laughing moon runs after me. I remember the first time I had that dream was when I was in elementary school. For some time after that, I was so scared that I found it distressing to go to bed at night.

〈別解〉 In my case, for example, the recurring dream, which is now familiar to me, is the one in which I was chased by a laughing moon. If my memory serves me correctly, I had the dream for the first time when I was a schoolchild. For a while after that, I was so terrified that I was extremely unwilling to go to bed at night.

(B)(イ) （文学部の志願者）

In the Kamigata culture, rooted mainly in Osaka, people had a tendency to be realistic and to regard being economical as important. Also, in the market, which was rather exclusive, it was a business practice to seize good opportunities through everyday conversations that appeared unimportant, so that people gradually came to welcome chats rather than avoid them.

〈別解〉 In the Kamigata culture, whose center is Osaka, there was a tendency for people to be practical and to put emphasis on efficiency. Besides, in the rather closed market, people spent their time on seemingly meaningless conversations in order to get good business opportunities, which was their trade practice. Consequently, they developed an atmosphere in which they were willing, or ever ready, to talk with others.

(ロ) （文学部以外の学部の志願者）

Language is so familiar to us that we even forget about its existence sometimes. However, when we have difficulty in communication because of an illness or accident, we may realize its importance for the first time.

〈別解〉 We are so accustomed to using language that we can almost forget about it is there around us. However, if we fall ill or have an accident and, as a result, cannot communicate with others, we may notice the value of language for the first time.

解答例

107

2006年度〔4〕

次の日本文(A)と(B)の下線部の意味を英語で表しなさい。ただし，(B)では，**文学部の志願者は(イ)を，文学部以外の学部の志願者は(ロ)を**選んで解答しなさい。

(A)　**（すべての学部の志願者）**

私たちがことばで何かを表現しようとする場合，基本的には話すか書くかのどちらかになるが，話すときには相手の存在が直接意識されているのに対して，文章を書くのは一人きりの営みというイメージが強い。しかし，レポートであれ手紙であれ，私たちが何かを書くときには，意外に複雑な会話が行われている。なぜなら，文章を書くという行為には，誰かとの会話だけでなく，自己との対話がかならず含まれているからである。

(B)

(イ)　**（文学部の志願者のみ）**

日本人は，外国人たちが自分のことをどう見ているかについては，おおむね無知なまま過ごしてきた。その理由は簡単で，日本人が，外国語で書かれた日本についての書物を，なかなか読んでみようとはしないからである。日本のことについてなら，日本語で読めばよい。どうしてわざわざ英語で，あるいはフランス語で，辞書を片手に手間ひまかけて読む必要があるだろうか，というわけである。

(ロ)　**（文学部以外の学部の志願者）**

あなたは右手あるいは左手のどちらかの手で字を書いているという単純な理由で，右利きだとか左利きだとか思いこんでいないでしょうか。しかし，たいていの人は，右利きと左利きの中間にいると言えます。これまでずっと右手で物を書いてきた人が，本当は，左手で用事を済ませていることの方が多いのに，それに気づいていないだけということも大いに考えられるのです。

解 説

(A) ▶下線部第1文

レポートであれ手紙であれ，私たちが何かを書くときには

英訳 Whether we write a report or a letter

● whether *A* or *B* のパターンが使える。続く「私たちが何かを書くときには」と合わせて Whether we write a report or a letter とまとめられる。

●「私たちが何かを書くときには，（それが）レポートであれ手紙であれ」When we write something, whether (it is) a report or a letter ともできる。

意外に複雑な会話が行われている

英訳 we carry out an unexpectedly complicated conversation

● 日本語では「会話が」が主語だが，「私たちは会話を行っている」とすれば容易。「会話を行う」は carry out〔make〕a conversation と表現できる。

●「意外に」unexpectedly / surprisingly

●「複雑な」complicated / complex

▶下線部第2文

●「なぜなら」は because 節だが，これは副詞節なので独立させてはならない。第1文に続けて1文にするか，解答例のように This is because とすること。

文章を書くという行為には…がかならず含まれている

英訳 writing always involves …

● 主語は「書くこと」で十分。文字通り訳して the act of writing も可。

●「*A* が *B* を含んでいる」と考えると容易。ただし，「*A* の中に *B* がある」*A* include *B* というより「*A* は *B* を伴う」であるから involve「必然的に伴う」が適切。*A* is (always) accompanied by *B* も可。

誰かとの会話だけでなく，自己との対話

英訳 a conversation not only with someone else but also with ourselves

●「会話」と「対話」は conversation，dialogue と訳し分ける必要はない。どちらか一方だけにして，「*A* とだけでなく *B* とも」not only with *A* but also with *B* で一度に処理すればよい。

●「誰か（自分とは別の人）」someone〔somebody〕else

(B)(イ) ▶下線部第1文

その理由は簡単で（ある）

英訳 The reason is simple

● 直訳するとこうなる。このあとの続け方は，解答例のようにセミコロンを使ったり，

That is,「すなわち」を補ったりすることになる。

●また,「それは単に～だからである」It is simply because ～としてもよい。

日本人が…を, なかなか読んでみようとはしないからである

英訳 Japanese people seldom try to read …

●「～しようとする」は try to *do* が文字通り。「～する気になる」feel like *doing* / bring *oneself* to *do* などでもよい。

●「なかなか～しない」は「めったに～しない」と考えると seldom や rarely が使える。単純に否定文にしてもよいだろう。

外国語で書かれた日本についての書物

英訳 books about Japan written in foreign languages

●「書物」と「外国語」は一般論なので無冠詞複数形で。

●「日本について外国語で書かれた」と考えて books written about Japan in foreign languages ともできる。

▶下線部第2文

●第2文は第3文と同じく,「日本人の言い分」だから,「日本人は～と考えている」などと補う必要がある。They think〔say〕that ～などで文を始める。

日本のことについてなら, 日本語で読めばよい

英訳 it is good enough to read what is written in Japanese if they want to learn something about Japan

●直訳では言葉足らずになる。「日本について何かを知りたいなら, 日本語で書かれたものを読むので十分よい」とすると, 上記の英文になる。

●英文の前半は「日本について日本語で書かれたものが読める」they can read what is written about Japan in Japanese とまとめることもできるだろう。

▶下線部第3文

●原文がいわゆる修辞疑問で, 英語でもセリフのように表現できる。「～というわけである」は「～と彼らは言う」と考えて They say …とすればよい。

どうしてわざわざ手間ひまかけて…する必要があるだろうか

英訳 "Why do I have to take the trouble to … ?"

●「わざわざ～する」は take the trouble to *do* が使える。

●また,「～するのに手間ひまかける」を逐語的に表現して put in (so much) time and effort to *do*「～するのに時間と労力を投入する」ともできる。

英語で, あるいはフランス語で, 辞書を片手に読む

英訳 read in English or French using a dictionary

●「辞書を片手に」は「辞書を使いながら」で十分。分詞構文を使うと容易。

●「～を参照しながら」と考えて referring to ～とすることもできる。

(ロ) ▶下線部第1文

● 文の骨組みは，形式主語を使い It can be said that ～「～ということが言える」としてもよいし，We can say that ～「私たちは～と言える」でもよい。

たいていの人は，右利きと左利きの中間にいる

英訳 most people are somewhere between being right-handed and left-handed

● 文字通りには most people are between *A* and *B* となるが，各々の人の位置はまちまちであろうから somewhere を入れるとちょうど感じが出る。

● 「右利き」right-handed 「左利き」left-handed は形容詞なので being「であること」を補うこと。

● 文全体の主旨は「たいていの人が実は両方の手を使っている」なので，「右利きでも左利きでもある」both right-handed and left-handed ともできる。

▶下線部第2文

● 文の骨組みは「～ということも大いに考えられる」である。「～という可能性が大きい」と考えて，It is quite possible that ～ / It is very likely that ～とできる。

これまでずっと右手で物を書いてきた人が

英訳 people who have always been writing with their right hand

● that 節中の文の主語にあたる。「人」は英訳例のように people としても，単数で a person としてもよい（続く代名詞や動詞の数の統一に注意）。

● 「これまでずっと物を書いてきた」を関係代名詞 who で続ける。

● 「ずっと」は always でよい。「物を」は訳出不要。

● 「右手で」with their right hand 英語では身体の部分に所有格が付く。

本当は，左手で用事を済ませていることの方が多い

英訳 actually do their tasks more often with their left hand

● 文の骨組みは「（人が）本当は／済ませている／用事を／より多く／左手で」となる。

● 「本当は」は「予想と違って」のニュアンス。actually や in fact が適切。

● 「用事を済ませる」は単純に do things「物事をする」とすることもできる。

● 「より多く」は「仕事のより多くを」more of their tasks とすることも可。

…のに，それに気づいていないだけ（である）

英訳 , which they themselves don't realize

● but they don't notice〔realize〕it が直訳。非制限用法の関係代名詞を使うと英訳例のようにシンプルにまとめられる。

● 「書いてきた人が，左手で済ませていることに気づいていないだけ」とすれば，people who … just don't know that they do …と書くこともできる。

(A) Whether we write a report or a letter, we carry out an unexpectedly complicated conversation. This is because writing always involves a conversation not only with someone else but also with ourselves.

〈別解〉 When we are writing something, whether it is a report or a letter, we are unexpectedly making a complex conversation, because the act of writing is always accompanied by a dialogue with ourselves as well as with somebody else.

(B)(イ) (文学部の志願者)

The reason is simple ; Japanese people seldom try to read books about Japan written in foreign languages. They think that it is good enough to read what is written in Japanese if they want to learn something about Japan. They say, "Why do I have to take the trouble to read in English or French using a dictionary ?"

〈別解〉 It is simply because the Japanese don't feel like reading books written about Japan in foreign languages. They think they can read what is written about Japan in Japanese, and don't understand why they should put in so much time and effort to read in English or French with a dictionary.

(ロ) (文学部以外の学部の志願者)

It can be said that most people are somewhere between being right-handed and left-handed. It is quite possible that people who have always been writing with their right hand actually do their tasks more often with their left hand, which they themselves don't realize.

〈別解〉 We can say that most people are both right-handed and left-handed. It is very likely that people who have always been writing with their right hand just don't know that they actually do more of their tasks with their left hand.

解答例

108

2005 年度〔4〕

次の日本文(A)と(B)の意味を英語で表しなさい（下線がある場合は下線部のみ）。ただし，(B)では，**文学部の志願者は(イ)を，文学部以外の学部の志願者は(ロ)を**選んで解答しなさい。

(A) **（すべての学部の志願者）**

私たちは電話やファックスや電子メールで一瞬のうちに他人から連絡を受けることに慣れてしまったので，手書きのメモはかえって新鮮だ。誰かが時間や考えや努力をついやして，個人的な温かみを添えようとしたことが分かろうというものだ。

(B)

(イ) **（文学部の志願者）**

そこで，自分の言葉の才能の芽を育てようと思えば，やはり本を読むことなんです。<u>できるだけ広い分野で本を読む。それも，早く読むよりはゆっくり読んで，その文章をしっかり受けとめることをしていけば，その人の人生にとって有効な才能として，言葉への才能が残っていく。そして，ほかの分野に行っても，その人は魅力的な人になって，自分らしい人生をつくり出されるのではないかと思います。</u>

大江健三郎『何を学ぶか—作家の信条，科学者の思い』

(ロ) **（文学部以外の学部の志願者）**

最近にいたって，私は自分が余りにも物を知らなさすぎることを，そしてまた，残念なことに余りにも多く誤って物事を知りすぎていることを痛感するようになった。知らないことはご愛嬌だが，間違って知っていることはどうにも救いようがない。

五木寛之『辞書と私』

解 説

Ⓐ ▶第1文

● 全体の構造は，「とても～なので…」と読めるので，so ～ that …が使える。「今や～なので」Now that ～もよい。もちろん because や as 節でもよい。

私たちは…に慣れてしまった

英訳 We are so accustomed to …

● we are accustomed〔used〕to …と現在形で現状を表せば十分。

● 「私たちは～を当然と思っている」we take it for granted that ～でもよい。

電話やファックスや電子メールで一瞬のうちに他人から連絡を受けること

英訳 receiving messages in an instant by telephone, fax, or e-mail from others

● be accustomed to の to（前置詞）の後に続くので動名詞にする必要がある。

● 「連絡を受ける」は being contacted「連絡される」としてもよいだろう。

● 「一瞬のうちに」は，in a second「瞬時に」や副詞 instantly「ただちに」, in the blink of an eye「瞬く間に」なども可。

● 連絡が「他人から」なのは当たり前なので from others は訳出しなくても可。

手書きのメモはかえって新鮮だ

英訳 we find handwritten notes rather remarkable

● 「手書きのメモ」は notes written by hand と過去分詞でも表現できる。

● 「メモ」は note「短い手紙」が適切。memo は memorandum の省略形で「備忘録」の意味なので，ここでは当てはまらない。なお，数は a note でも notes でも可だが，第2文で代名詞を使う場合，それに合わせること。

● 「かえって」は「実際」と考えて in fact / actually などとすることもできる。

● 「新鮮だ」は文字通りには fresh だが，ここでは「珍しい，注目に値する」というニュアンスなので remarkable が語感に合う。

● 「メモ」を主語にして，handwritten notes strike us as something fresh「手書きメモは何か新鮮なものという印象を与える」などとすることもできる。

▶第2文

● 文全体の構成を考える。「手書きのメモは～を分からせてくれる」They make us realize ～，とか「私たちは～を想像できる」We can imagine ～などが可能。

● 「～をついやして…を添えようとしたこと」は単純に and で列挙もできる。また，「…を添えるために～をついやした」took ～ (in order) to add …，「～をついやすことによって…を添えた」add … by taking ～などの表現も考えられる。

誰かが時間や考えや努力をついやして

英訳 the writer took much time, consideration and effort

● someone took (much) time, consideration and effort がほぼ直訳。

●「多くの時間を使い，よく考え，大いに努力して」someone spent a lot of time, thought hard and made a lot of effort と，各々に別の動詞を与えてもよい。

● 主語は「誰かが」となっているが，「そのメモの書き手」まで訳出してよい。

個人的な温かみを添える

英訳 add personal warmth to the message

● 日本語には「メッセージに」はないが，英訳例では add *A* to *B*「*B* に *A* を添える」という add の語法にならって to 以下を付け加えてある。

●「添える」は「表現する」express などとしてもよいだろう。

●「個人的な温かみ」は，「人間的な温かみ」human warmth としてもよい。

(B)(イ) ▶**下線部第 1 文**

できるだけ広い分野で本を読む。

英訳 Read books in as many fields as possible.

●「本を読む」は，前文からの流れで考えると「読まなくてはいけない」というニュアンス。命令文にするか，It is necessary to read や You should read がよい。

●「できるだけ～」as ～ as possible の～の部分に many fields を置くことによって「できるだけ広い」を表現できる。

●「広い分野」は直訳すれば a large field だが，これでは「ひとつの分野の幅が広い」ことになってしまい不適。ここでは「分野がさまざま」ということなので many fields とか various fields などとする。「～で」は in。

▶**下線部第 2 文**

● 内容をいくつかに区切った方が考えやすい。第 1 文を命令文にして，「また，早く読んではいけない。そうではなくゆっくり読み，文章をしっかり受けとめなさい。そうすれば，才能が残っていく」と続けると書きやすい。

早く読むよりはゆっくり読んで，

英訳 don't read fast ; but read slowly

●「～よりは…」の表現は don't read fast と否定命令にし，but read slowly と命令文を続けることで表せる。「～しなさい」がもうひとつ続くので，セミコロンで区切るとよい。

文章をしっかり受けとめる

英訳 try to grasp the contents completely

- 真意は「その文章の内容を十分に把握しようと努力せよ」ということだろう。それを英語に直すと英訳例のようになる。「把握する」は grasp。
- 「内容」は「書かれていること」what is written としてもよい。
- 「しっかり」は fully なども考えられる。

…ことをしていけば，その人の人生にとって有効な才能として，言葉への才能が残っていく

英訳 Then you will develop your ability in language, which is useful in your life.

- 命令文，and ～のパターンも考えられるが，命令文が and で 2 つ列挙されているので，一度切って then でつなぐと読みやすい。
- 「その人」は，ここまで you を主語にしたなら，それにならうこと。
- 「その人の」以下は意訳が必要。「才能が残る」とは，「もとからあった才能がなくならない」ということでなく，むしろ「読後に才能がついていく」ということだから，「あなたは言葉における才能をつけていき，その才能はあなたの人生にとって有効である」とすればよい。
- 「言葉への才能」は ability in language や capacity for language など。

▶下線部第 3 文

- 文の骨組みは「私は～と思います」I think that ～である。

ほかの分野に行っても

英訳 even if you change your field

- 「たとえあなたが自分の分野を変えても」と表現できる。

魅力的な人になって，自分らしい人生をつくり出される

英訳 you will still be attractive and create your own lifestyle

- 分野を変えたときに魅力的に「なる，変わる」become のではなく，「もとの分野でも魅力的で，分野を変えてもやはり魅力的」ということ。
- 「自分らしい人生を…」は「自分独自の生き方を創造する」create your own lifestyle と考えると容易に書ける。
- 第 1 文で命令文にせず，主語に「あなた」を想定しなかった場合は，「読者」the reader を主語にしながら英訳することが考えられる。別解参照。

(ロ) ▶第1文

●骨組みは「私は〜ということ，また…ということを痛感するようになった」である。目的語の that 節「〜ということ」が2つ登場する。

●「最近にいたって」は「最近」recently / lately で十分。

…を痛感するようになった

英訳 I have keenly realized …

●「悟る，気づく」ということなので，realize や become aware が適切。

●keenly「強烈に，しみじみと」，fully「完全に」などの副詞を添えて意味を強めてもよい。

●時制は現在完了で。

自分が余りにも物を知らなさすぎること

英訳 that I know too little

●「余りにもわずかしか知らない」I know too little とか「たいへん無知である」I am very ignorant などとできる。

残念なことに余りにも多く誤って物事を知りすぎていること

英訳 and that, to my regret, I misunderstand too many things

●「残念なことに」to my regret のパターンが使える。副詞 regrettably / unfortunately「残念ながら」も使える。

●「余りにも」以下は，「余りにも多くの物事を誤解している」と整理できる。

●なお，2つの that 節を用いずに「私が知らず，あるいは誤解していることが余りにもたくさんある」there are too many things I don't know, or, regrettably, I misunderstand.とまとめることもできる。

▶第2文

知らないことはご愛嬌だ

英訳 Not knowing things is just a laughing matter

●Not knowing things と目的語に「物事を」を補うとよい。また，「無知は〜」Ignorance is 〜とすることもできる。

●「ご愛嬌だ」の部分は，英訳例では「笑えること」とした。他には，「笑って済ませられる」can be laughed away や「大きな問題ではない」is not a big〔serious〕problem とすることもできるだろう。

間違って知っていることはどうにも救いようがない

英訳 it can't be excused to get things wrong

●英訳例では「物事を間違ってとらえている」get things wrong とした。「(物事を)誤解していること」misunderstanding (things) とすれば容易。

●「どうにも救いようがない」→「どうしようもない」hopeless が直訳だろう。前半との対比で「重大な問題だ」a（very）serious problem などとしてもよい。英訳例では「言い訳できない」can't be excused とした。

(A) We are so accustomed to receiving messages in an instant by telephone, fax, or e-mail from others that we find handwritten notes rather remarkable. They make us realize the writer took much time, consideration and effort in order to add personal warmth to the message.

〈別解〉 Now that we take it for granted that we can get messages in the blink of an eye through phone, fax, or e-mail. So a note written by hand strikes us as something fresh. It draws our attention to the time and effort the sender took in order to express human warmth.

(B)(イ) （文学部の志願者）

Read books in as many fields as possible. Also, don't read fast ; but read slowly and try to grasp the contents completely. Then you will develop your ability in language, which is useful in your life. I think that, even if you change your field, you will still be attractive and create your own lifestyle.

〈別解〉 It is necessary to read books in as various fields as possible. It is also necessary not to read fast, but to read slowly and fully understand what is written. Then the reader will cultivate a capacity for language, which is beneficial to his or her life. I think that, even in a different field, that person also be attractive and create a life in his or her own style.

(ロ) （文学部以外の学部の志願者）

Recently I have keenly realized that I know too little and that, to my regret, I misunderstand too many things. Not knowing things is just a laughing matter, but it can't be excused to get things wrong.

〈別解〉 Lately I have become fully aware that there are too many things I don't know or, unfortunately, I misunderstand. Ignorance can be laughed away, but misunderstanding is totally hopeless. 〔When I don't know something, it's not a big problem, but when I misunderstand something, it is a very serious problem.〕

解答例

109

2004 年度〔4〕

次の日本文(A)と(B)の意味を英語で表しなさい（下線がある場合は下線部のみ）。ただし，(B)では，**文学部の志願者は(イ)を，文学部以外の学部の志願者は(ロ)を**解答しなさい。

(A) **（すべての学部の志願者）**

海外で日本語を教えていて一番有難いのは，学生の素朴な質問に触発されて日本語や日本人に関して教師のわれわれ自身が思いもかけない発見をすることである。

金谷武洋「葉と歯って元々同じだったと思う」

(B)

(イ) **（文学部の志願者）**

偉大な思想家の思想を咀嚼(そしゃく)するには，長期にわたる集中的な読書が必要である。その営みを支援するのに必要なのは，読解力よりはむしろ忠誠心である。知識よりはむしろ信念である。「偉大な思想家」とは「理解できること」よりも「理解できないこと」の方から読者が大きな利益を引き出すことのできる思想家のことである。

内田樹『ためらいの倫理学』

(ロ) **（文学部以外の学部の志願者）**

人間の存在は記憶の堆積である。<u>経験したことも忘れてしまえば，体験しなかったに等しい。あらゆる感覚，情念，思考を記憶にとどめて自由に引き出すことができたら，人生はどんなに豊かになるだろう</u>。しかし，忘れるからこそすべてが新鮮で，発見や再発見の喜びがあるというのも事実だ。

解　説

(A) 海外で日本語を教えていて

英訳 In teaching the Japanese language in a foreign country

● 「海外で日本語を教えているときに」と考えると容易。when の節でもよいし，英訳例のように，in *doing* と句で表すこともできる。
● 「海外で」は副詞の overseas / abroad も可。
● 「日本語」は通常 Japanese だが，teach Japanese だと「日本人を教える」にも取れるので，the Japanese language として意味をはっきりさせる。

一番有難いのは，日本語や日本人に関して教師のわれわれ自身が思いもかけない発見をすることである

英訳 what we are most thankful for is that we teachers … make unexpected discoveries in the Japanese language and people
● 「一番有難く思うことは」と考えると関係代名詞 what の節が使える。
● 「～を有難く思う」は be thankful for ～を最上級にして使うとよい。for を忘れないように（what は for の目的語にあたるので）。「得られる最大の利益は」と意訳して，the greatest benefit we get などとすることもできる。
● 述語の中心は「発見をすること」なので，that 節で表現できる。
● 「発見をする」は動詞 discover や find を使うなら，目的語に「思いもかけないこと」unexpected things を。英訳例では make a discovery を使い，discovery に unexpected を添えた。「発見」は一つではないので，複数形に。
● 「日本語や日本人に関して」in the Japanese language and people 「～に関して」は about も使える。

学生の素朴な質問に触発されて

英訳 inspired by simple questions from the students
● 過去分詞の分詞構文が最適。文末でもよいが，間延びした感じにもなるので，解答例のように文中挿入にする方がよい。
● 「学生の」は解答例では「学生からの」from the students としたが，「学生によって問われた」asked by the students ともできる。
● 「素朴な」は「単純な」simple，「基本的な」basic などが使える。
● 「～に触発されて」は，awakened「気づかされる，喚起される」なども可。

Ⓑ(イ) ▶第1文

偉大な思想家の思想を咀嚼するには

英訳 In order to fully understand a great thinker's thoughts
● 「咀嚼する」は難しく考えなくても「十分に理解する」fully〔completely〕understand と読み換えればよい。
● 「偉大な思想家」a great thinker だが，「思想家」が思いつかなければ「哲学者」philosopher で代用することも可。「思想」は thoughts / ideas など。

長期にわたる集中的な読書が必要である

英訳　a long-term, concentrated reading is needed

- 日本語の骨組みをそのまま使うと reading is necessary〔needed〕となる。一般人称の you を用いて you need reading とするのも可。
- 「長期にわたる」long-term 「集中的な」concentrated / intensive
- なお，全体を無生物主語で組み立てて，「咀嚼することは読書を必要とする」understanding requires reading を骨組みとすることもできる。

▶第 2 文

その営みを支援するのに必要なのは

英訳　What is needed to support that work is

- 「その仕事を支えるために必要とされるものは」と考えれば上記の英文になる。
- 「その活動を支援するために，あなたは～を必要とする」と考えて In order to support that activity, you need ～とすることもできる。

読解力よりはむしろ忠誠心である

英訳　loyalty, rather than reading ability

- *A* rather than *B*「*B* よりもむしろ *A*」のパターンで表現できる。
- 多少ニュアンスは異なるが，「*B* ではなく *A*」と考えて not reading ability but loyalty とすることも可能だろう。
- 「読解力」は「読んで理解する力」reading comprehension も可。

▶第 3 文

知識よりはむしろ信念である。

英訳　It is belief, rather than knowledge.

- 前の文と同じ構造にする。what を使ったなら it is ～，「あなたは～を必要とする」なら再び you need ～で。
- 「信念」は belief 以外に，「確信」という意味で faith / conviction，「主義，信条」と考えて principle なども可。「知識」は knowledge で。

▶第 4 文

- 文の骨組みは，「『偉大な思想家』は思想家だ」となる。補語は，thinker を反復してもよいが，the one と代名詞にするとよい。これを関係代名詞節で修飾する。

「偉大な思想家」とは…読者が大きな利益を引き出すことのできる思想家のことである

英訳　"A great thinker" is the one who enables the readers to derive great benefit

- 「読者が引き出すことを可能にしてくれる（思想家）」の部分は関係代名詞で who enables the readers to derive *A* from *B* と表現できる。
- 全体を「思想家は，読者が…を引き出せたときに，『偉大な思想家』と呼ばれ得る」

A thinker can be called “a great thinker” when the readers can derive …とすることも考えられる。

「理解できること」よりも「理解できないこと」の方から

英訳 from “what they cannot understand”, rather than from “what they can understand”

- 「〜よりも」は第2・3文で使った rather than でよい。
- 「理解できること」は「読者」を主語にして，what they can understand とすればよい。

(ロ) ▶**下線部第1文**

経験したことも忘れてしまえば

英訳 If we forget what we have experienced

- 「もし経験したことを忘れたら」とまとめられる。
- 時制は現在完了が無難だが，過去形でも通用する。

体験しなかったに等しい

英訳 it will be equal to having no experiences

- 主語は，前文の内容を受けて「それは」とする。「〜に等しい」be equal to 〜や「〜と同じである」be the same as 〜が使える。
- 「体験しなかった」→「経験を持っていない」having no experience や単純に no experience「無経験だ」とすることもできる。

▶**下線部第2文**

- 現実にはできないことを述べているので，仮定法過去で。if 節から始めてもよいが，主節が感嘆文なので，見栄えからすると if 節は後半に回す方がよい。

人生はどんなに豊かになるだろう

英訳 How rich our lives would be

- 日本語は「なる」だが，「未来においてある状態が成立している」という場合なので，英語では will be で十分表せる（仮定法なので would be となる）。
- 「人生」は第1文の一般論の主語に合わせて our lives とする。

あらゆる感覚，情念，思考を記憶にとどめて自由に引き出すことができたら

英訳 if we could keep all of our senses, feelings, and thoughts in our memory and take them out freely!

- 「あらゆる感覚，情念…」は all (of) our senses, feelings, and thoughts が文字通り。「情念」は「感情」と解釈して feeling でよい。日本語にはないが，「私たちの」と補うのが適切。また，「私たちが認識し，感じ，考えることを何でも」whatever we perceive, feel and think と読み換えることもできる。

● 「～を記憶にとどめ（る）」は keep *A* in our memory が文字通り。「心に蓄える」store *A* in our mind などとしてもよい。
● 「自由に引き出す」は take them out freely が文字通り。目的語を忘れないように。また，take out は目的語が代名詞の場合，take *A* out の語順になる。
● 「自由に」は any time we like などとすることもできる。

(A) In teaching the Japanese language in a foreign country, what we are most thankful for is that we teachers, inspired by simple questions from the students, make unexpected discoveries in the Japanese language and people.

〈別解〉 The greatest benefit we get when teaching the Japanese language overseas is that we teachers find unexpected things in the Japanese language and Japanese people, awakened by the basic questions by the students.

(B)(イ) （文学部の志願者）

In order to fully understand a great thinker's thoughts, a long-term, concentrated reading is needed. What is needed to support that work is loyalty, rather than reading ability. It is belief, rather than knowledge. "A great thinker" is the one who enables the readers to derive great benefit from "what they cannot understand", rather than from "what they can understand."

〈別解〉 A full understanding of a great thinker's ideas requires a long-term, intensive reading. In order to support that activity, faithfulness, rather than reading comprehension, is necessary. Principle is more important than knowledge. A thinker can be "a great thinker" when his or her readers can get greater benefit from "what they cannot understand" than from "what they can understand."

(ロ) （文学部以外の学部の志願者）

If we forget what we have experienced, it will be equal to having no experiences. How rich our lives would be if we could keep all of our senses, feelings, and thoughts in our memory and take them out freely !

〈別解〉 Forgetting about our own experience is the same as having no experiences. If we could store in our mind whatever we perceive, feel, and think and derive them any time we like, how rich our life would be !

解答例

110

2003年度〔4〕

次の日本文(A)と(B)の下線部の意味を英語で表しなさい。ただし，(B)では，**文学部の志願者は(イ)を，文学部以外の学部の志願者は(ロ)を選んで解答しなさい。**

(A) **（すべての学部の志願者）**

この数年間，私の心を大きく占めたのは，「時間の使い方」ということでした。人間の一生というけれど，結局それは「今」という時間の集積ではないか。充実した人生というのは，必ずしもその長さによるのではなく，密度の濃さにかかっているのではなかろうか。そういったことにこだわったように思います。時間の使い方は，そのまま，生命の使い方なのだ，私という人生の質は，それを形成する時間の質にかかっていると気づいたのは，やはり自分が，"残された"時間を考える年齢に達したからなのかも知れません。

渡辺和子『愛をこめて生きる』

(B)

(イ) **（文学部の志願者）**

日本人はきれいな発音の英語に固執しすぎるが，世界には聞いても理解しがたい英語もある。だがそれでも立派に通じる。要は，話している内容に中身があるかどうかが大事なのだ。特に，会話が弾み，本当に複雑なことを伝えたいときには，いわゆる「英会話」の能力よりも正確に読み書きできる英語の能力の方が問われる。

寺澤芳男『英語オンチが国を亡ぼす』，新潮社

(ロ) **（文学部以外の学部の志願者）**

子どもの頃のわたしは本を読むことは好きだったが，定められた勉強は嫌いだった。そのことを，とても苦にしていた。どうやらいまだに自分は子ども時代の強迫観念からのがれられずにいるらしい。そう考えると可笑しさがこみ上げ，それに誘われるように，長い間想い出すこともなかった子どもの頃の情景が次々に心によみがえってきた。そうした心象風景のひとつひとつは，不思議なくらいに書物の記憶と結びついている。

徐京植『子どもの涙』

解　説

(A)　▶下線部第１文

● 「～ではないか」の部分は，結局自分の意見を述べているので，「私は思う」とできる。文全体を整理すると「人間の一生は，結局～である」とまとめられる。

人間の一生というけれど，結局…ではないか

英訳　a human life is, after all, …

● 「人間の一生は，結局…である」と言い換えると普通のSVCの文になるから，後はCの部分の表現を考えるだけである。

「今」という時間の集積

英訳　the accumulation of the present moments

● 「『今』という時間の」で修飾されるので，accumulation には the をつける。

● 「『今』という時間」は「現在の瞬間」the present moments や「『今』と呼ばれる瞬間」the moments called "now" などとできるだろう。「瞬間の集積」なので，複数形が適切。

▶下線部第２文

● 文全体の骨組みは「人生は／かかっている／長さではなく／濃さに」となる。

充実した人生というのは…にかかっている

英訳　Living a full life depends on …

● 「充実した人生」は文字通りには a full life だが，単独で使用する例は見受けられず，live〔lead〕a full life「充実した人生を送る」という表現で使われる。「充実した人生を送ること」Living a full life とする。

● 「～にかかっている」は「～に依存している」depend on ～が妥当。

必ずしもその長さによるのではなく，密度の濃さに（かかっている）

英訳　not necessarily on the length of one's life but on its substance

● not *A* but *B*「*A* ではなく *B*」を応用して，not necessarily〔always〕～と部分否定を織り込むとよい。*B*, not necessarily *A* とすることもできる。

● 「その」は「人生の」の意。「その長さ」は「どれほど人生が長いか」how long one's life is としてもよい。

● 「密度の濃さ」は「その中身」と考えられるので contents も使える。「長さ」を「どれくらい長いか」とした場合には，そろえて「どれほど実質的か」how substantial it is とすればよい。

Ⓑ(イ) ▶第1・2文

●問題文の日本語は「発音に固執する日本人がいるがそうでない人もいる」と「しかし，彼らは話が通じる」の2文となっているが，英文は「発音に固執する日本人」と「発音は悪くても通じる人たち」と対比する方が効果的だし書きやすい。

日本人はきれいな発音の英語に固執しすぎる

英訳 Japanese people are too particular about correct pronunciations of English.

●「〜に固執しすぎる」は「〜にうるさすぎる」と考えて be too particular about 〜が使える。stick too much to 〜「〜に執着しすぎる」も使える。

●「きれいな発音の英語」の「きれいな」は美醜というよりは「正しい，正確な」だから correct pronunciations of English とするのが適切。

世界には聞いても理解しがたい英語もある

英訳 On the other hand, some people in the world speak such kinds of English as are difficult to understand just by listening

●対比をはっきりさせるために「一方で」on the other hand と補うとよい。

●「日本人」との対照で「世界には，聞いただけではわからないような英語を話す人たちもいる」と考えればよい。

●「世界には話す人たちもいる」→「世界のある人たちは話す」some people in the world speak

●「理解しがたい」→「理解するのがむずかしい」are difficult to understand　S is difficult to *do* は不定詞の意味上の目的語＝文の主語という関係にある。

●「聞いても」→「ただ聞くことでは」just by listening

だがそれでも立派に通じる

英訳 and yet they can make themselves understood well enough

●「だが」は単に but でもよいが，相反する意味合いの強い and yet や but still を使うとよい。

●「立派に通じる」→「話が通じる」は can make *oneself* understood がぴったり。can be understood でもよい。「立派に」は「十分よく」well enough でよい。

▶第3文

要は，…が大事なのだ

英訳 The important thing is …

●文全体を「大事なことは…だ」とすれば書きやすい。

●「大事なことは」the important thing is 以外に what is important is / the point is などとしてもよい。

話している内容に中身があるかどうか

英訳 whether there is something meaningful in your talk

● whether (or not) ～がよい。(if はその節が目的語になるときに使うのが正しい。ここでは補語になるので避けた方がよい。)

● 「話している内容に中身がある」→「話の中に意味のあることがある」とすると英訳例になる。あるいは「あなたの話が，意味のあることを含んでいる」your talk contains something meaningful と考えることもできる。

▶第 4 文

特に，会話が弾み，本当に複雑なことを伝えたいときには

英訳 especially when you have a lively talk and really want to tell very complicated things

● especially は文頭では使わない傾向があるので，この部分は後半に回す。

● 「会話が弾み」→「活発な話をする」have a lively talk〔conversation〕

● 「本当に複雑なことを伝えたい」→「伝える」は convey もあるが tell で十分。

● 「本当に」が「複雑な」と「伝えたい」のどちらを修飾するかは微妙である。英訳例では「たいへん複雑なことを，本当に伝えたいと思う」とした。

いわゆる「英会話」の能力よりも正確に読み書きできる英語の能力の方が問われる

英訳 The ability to read and write correct English is more required than the ability in so-called “English conversation”

● 「読み書き能力が／もっと問われる／英会話能力よりも」が骨組みとなる。

● 「～よりもっと問われる」→「もっと必要とされる」is more required than ～や「もっと重要である」is more important than ～などで表せる。

● 「いわゆる」so-called / what is called

● 「『英会話』の能力」the ability in “English conversation” 「～の」は「～における」in や「～にあたっての」at を使う。

(ロ) ▶下線部第 1 文

● 骨組みは「子どもの頃の情景が／よみがえってきた／次々に」。

長い間想い出すこともなかった子どもの頃の情景が

英訳 The scenes in my childhood, which I had not remembered for a long time

● 「情景」は「景色」ではなく「場面」だから scene がふさわしい。

● 「長い間想い出すこともなかった」which I had not remembered〔recalled〕for a long time〔for (many) years〕「よみがえった」のよりも前のことなので，過去完了にすること。

次々に心によみがえってきた

英訳 occurred to me one after another

- 「頭〔心〕に浮かんだ」occurred to me / came to mind / crossed〔entered / came into〕my mind など。所有格の有無に注意したい。
- 「次々に」は one after another がふさわしい。

▶下線部第2文

そうした心象風景のひとつひとつは

英訳 Every one of those scenes in my mind

- 「私の心の中のそうした場面のどのひとつも」と整理できる。「心象風景」は文字通りには imagined scenery だが，ここでは「想像した」のではなく「心に浮かんだ風景」なので，文脈に合わせて英訳したい。

不思議なくらいに書物の記憶と結びついている

英訳 is, surprisingly, connected to the memories of the books I read

- 「不思議なくらい」→「驚くほど」と考えて surprisingly とできる。
- 「～と結びついている」be connected to ～
- 「書物の記憶」the memories of the books I read　ここで「書物」とは「書物一般」ではなく「自分が読んだ本」である。

(A) I think that a human life is, after all, the accumulation of the present moments. Living a full life depends not necessarily on the length of one's life but on its substance.

(B)(イ) （文学部の志願者）

Japanese people are too particular about correct pronunciations of English. On the other hand, some people in the world speak such kinds of English as are difficult to understand just by listening, and yet they can make themselves understood well enough. The important thing is whether there is something meaningful in your talk. The ability to read and write correct English is more required than the ability in so-called "English conversation," especially when you have a lively talk and really want to tell very complicated things.

(ロ) （文学部以外の学部の志願者）

The scenes in my childhood, which I had not remembered for a long time, occurred to me one after another. Every one of those scenes in my mind is, surprisingly, connected to the memories of the books I read.

解答例

MEMO